Sardaigne

L'ÎLE HYPNOTIQUE

Les eaux en camaïeu de bleu et de vert, de turquoise et de curaçao, de cobalt et de marine font la réputation de la Sardaigne. Ce sont ses plages de sable fin, ses petites criques abritées, ses fonds marins rocheux et ses coraux qui attirent en premier lieu les touristes. De la somptueuse et très recherchée Costa Smeralda aux plages interminables de la Costa Rei, des anses surpeuplées de Stintino aux mini-plages accessibles uniquement par bateau du golfe d'Orosei, le regard est aimanté par des eaux translucides qui laissent voir rochers et poissons. Les amateurs de culture et d'histoire ont eux aussi le moral en poupe dès qu'ils posent le pied sur l'île. Riche d'une histoire documentée qui remonte à la préhistoire, victime de nombreuses attaques et invasions, l'île compte des vestiges archéologiques de toutes les périodes. Cultures du néolithique, marchands phéniciens, guerriers carthaginois, voisins romains, Vandales, Génois, Pisans, Catalans, Aragonais tous ont convoité cette île et laissé une [illegible] raghes et temples à puits té[illegible] très ancienne dont on ne [illegible] Eglises romanes pe[illegible] drales Renais[illegible] festent un[illegible] prennent u[illegible] île où les traditions [illegible] manifestations religieuses à l'occasion de processions animées. Généreuse et mystérieuse, charmeuse et rugueuse, la Sardaigne séduit à tous les coups.

Retrouvez cette offre en page 20

SOMMAIRE

© HUGO CANABI - ICONOTEC

6 INSPIRER

Des idées de séjour, des bons plans, des infos pratiques, des photos hautes en couleur pour vous projeter avec délice dans vos vacances en Sardaigne.

35 DÉCOUVRIR

Nos dossiers approfondis vous permettront d'appréhender toutes les facettes de la Sardaigne, une île riche d'histoires, de traditions et de culture.

91 CAGLIARI

La capitale sarde concentre les charmes des villes méditerranéennes avec ses maisons colorées, ses vestiges historiques et ses musées passionnants.

© CAMILLE RENEVOT

© LUCAMOI - ISTOCKPHOTO

© LEVRANII - SHUTTERSTOCK.COM

Ville principale
Sommet
Limite administrative
Route principale
Route secondaire
Autre route
Altitude (en mètres)
1000
500
250
100
RAZZOLI
BUDELLI
I. SPARGI
SANTA MARIA
ISOLA MADDALENA
ISOLA CAPRERA
SANTA TERESA DI GALLURA
PALAU
ISOLA DEI GABBIANI
PORTO POLLO
PORTO RAPHAEL
CAPO D'ORSO
I. S. STEFANO
BAJA SARDINIA
PORTO CERVO
CANNIGIONE
CALA DI VOLPE
Cala d'Oliva
Île Asinara
ISOLA
ASINARA
AGLIENTU
ARZACHENA
SAN PANTALEO
ISOLA ROSSA
Lac de
Lucia
GOLFO ARANCI
PORTO
ROTONDO
Golfe d'Olbia
LA PELOSA
GOLFE D'ASINARA
TRINITA D'AGULTU
AGGIUS
ISOLA
TAVOLARA
VALLEDORIA
CALANGIANUS
STINTINO
LA CIACCIA
TEMPIO PAUSINIA
OLBIA
CASTELSARDO
VIDDALBA
TERGU
TELTI
ISOLA MOLARA
PORTO TORRES
PERFUGAS
Mt. Limbaria
1362 m.
VALLEDORIA
SEDINI
SAN TEODORO
Lac de
Goghinas
BERCHIDDA
LA NURRA
ARGENTIERA
BUDENI
SASSARI
P. di Senalonga
1078 m.
POSADA
SANTA MARIA LA PALMA
LODE
SINISCOLA
OZIERI
PATTADA
FERTILIA
PORTO CONTE
M. Alban
1057 m.
Capo Caccia
ALGHERO
ONANI
BITTI
IRGOLI
LOCULI
ONIFAI
GALTELLI
OROSEI
P. Palai
1200 m.
NUORO
DORGALI
Capo Marargiu
BOSA
ORANI
OLIENA
CALA GONONE
GOLFO DI
OROSEI
OTTANA
MAMOIADA
ORGOSOLO
GAVOI
GOLFE D'OROSEI

Sardaigne
60 KM
DE SINIS
RIOLA SARDA
FORDONGIANUS
SAN SALVATORE
Etang de Cabrita
Tirso
CABRAS
ORISTANO
Golfe d'Oristano
Capo di Frasca
ARBOREA
MONTE ARCI
MARCEDDÌ
BARUMINI
LACONI
La Marmora 1834 m.
SAN SPERATE
LANUSEI
MANDAS
ULASSAI
JERZU
BARESSA
NAVARRESE
ORROLI
ARBATAX
TORTOLI
BARUMINI
CARDEDU
Lac de Flumendosa
MANDAS
ORROLI
Lac de Mulargia
Flumendosa
SANLURI
DUNES DE PISCINAS
ARBUS
GUSPINI
GONNOSFANADIGA
Mt. Linas 1236 m.
PORTIXEDDU
FLUMINIMAGGIORE
BUGGERRU
MONTEVECCHIO
VALLÉE D'ANTAS
NEBIDA
PTO. FLAVIA
MASUA
DOMUSNOVAS
IGLESIAS
Mannu
SAN SPERATE
P. Serpeddi 1067 m.
ISOLA SAN PIETRO
SERUCI
PORTOSCUSO
CARLOFORTE
CARBONIA
CALASETTA
SANTADI
SAN GIOVANNI SUERGIU
SANT'ANTIOCO
Mt. sa Mirra 1087 m.
CAGLIARI
GOLFE DE CAGLIARI
QUARTU SANT' ELENA
COSTA REI
VILLASINIUS
Capo Carbonara
PULA
TEULADA
ISOLA SANT' ANTIOCO
Capo Sperone
CHIA
Capo Teulada

QUAND Y ALLER

JANVIER

7° / 14°

FÊTE DE SANT'ANTONIO ABATE
Dans le Nuoro, des feux de joie sont allumés pour ce saint qui aurait volé le feu pour le donner aux hommes.

$

FÉVRIER

7° / 15°

SARTIGLIA

© HUGO CANABI - ICONOTEC

La cavalcade de la Sartiglia à Oristano fait partie des fêtes montées les plus vibrantes de Sardaigne.

$

MARS

9° / 17°

CARNAVAL DE TEMPIO PAUSANIA

© JESSICA G. PALITTA - SHUTTERSTOCK.COM

Les chars décorés et les participants masqués défilent dans la ville la semaine avant Mardi gras.

$

JUILLET

21° / 30°

CALA GONONE JAZZ FESTIVAL
Les artistes se produisent en bord de mer ou dans le cadre intimiste de la grotte du Bue Marino.

$$$

AOÛT

21° / 30°

I CANDELIERI
Des candélabres de bois sont promenés à travers Sassari en l'honneur de Notre-Dame de l'Assomption.

$$$

SEPTEMBRE

19° / 27°

AUTUNNO IN BARBAGIA

© EKATERINA POKROVSKY - SHUTTERSTOCK.COM

En Barbagie, des manifestations mettent à l'honneur les traditions et métiers anciens des montagnes de Sardaigne.

$$

La Sardaigne compte deux grandes périodes festives : les carnavals d'hiver qui se tiennent autour de Mardi Gras, et l'été qui mêle fêtes patronales et manifestations culturelles. Les fêtes religieuses sont teintées d'une grande ferveur et permettent aux Sardes de perpétuer leurs traditions folkloriques hautes en couleurs. Chaque village compte sa fête patronale, par conséquent, il est possible d'y assister tout au long de l'année. Celle de Sant'Efisio est sans doute la plus vibrante.

AVRIL

11° / 19°

SA DIE SARDINIA
C'est à Cagliari que la fête qui célèbre la Révolution sarde de 1794 revêt le plus d'importance.

$

MAI

14° / 23°

FÊTE DE SANT'EFISIO

© LORENZA62 - SHUTTERSTOCK.COM

Les Sardes revêtent leur habit traditionnel pour commémorer le saint patron de l'île mort en martyr.

$ $

JUIN

18° / 27°

MARCIA LONGA
Un trail de 8,5 km le long de la côte déchiquetée de La Maddalena est organisé pour fêter la Vierge.

$ $

OCTOBRE

15° / 23°

$ $

NOVEMBRE

11° / 19°

$

DÉCEMBRE

9° / 16°

$

LES BONNES RAISONS D'Y ALLER

© 4FR - ISTOCKPHOTO.COM

DÉGOTER SA PLAGE DE RÊVE

Crique, calanque, anse, baie, langue, ruban : les plages sardes épousent toutes les formes.

DÉVALER LES ROUTES EN LACETS

Parcourir le littoral en voiture ou à moto et découvrir des panoramas spectaculaires.

© 4FR - ISTOCKPHOTO.COM

© ALESSIO ORRU - SHUTTERSTOCK.COM

DÉGUSTER FREGULA ET SALSICCIA

Succomber aux plaisirs de la gastronomie sarde à mille lieues du duo pasta-pizza.

SE PERDRE EN CONJECTURES DEVANT LES NURAGHES

Réussirez-vous à percer le mystère insondable des milliers de nuraghes ?

PARTAGER LA FERVEUR RELIGIEUSE

Rien ne vaut une fête patronale pour découvrir le formidable folklore de la Sardaigne.

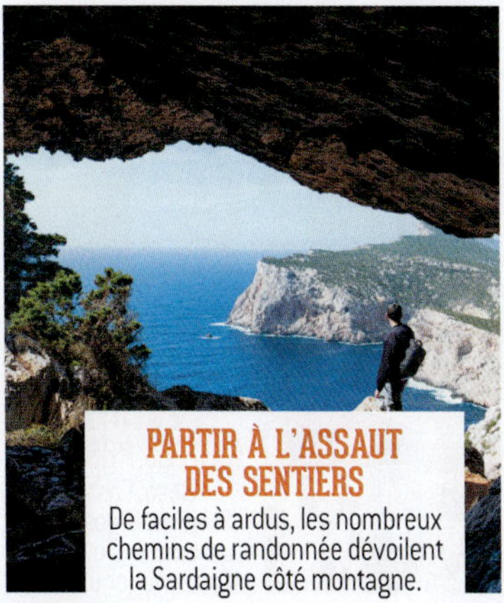

PARTIR À L'ASSAUT DES SENTIERS

De faciles à ardus, les nombreux chemins de randonnée dévoilent la Sardaigne côté montagne.

TOMBER SOUS LE CHARME DES CLOCHERS

La route des églises romanes depuis Sassari fait partie du patrimoine remarquable.

LES BONNES RAISONS D'Y ALLER

PRATIQUER LA « PASSEGGIATA »

Joignez-vous aux Sardes en fin de journée pour prendre le temps de flâner et de papoter.

© SVE_M - SHUTTERSTOCK.COM

© HENRYP982 - SHUTTERSTOCK.COM

PLONGER DANS CE RÊVE BLEU

La Sardaigne se place au top des plus beaux spots de plongée en Méditerranée.

© VIVIANO TEDDE FOTOGRAFIA - SHUTTERSTOCK.COM

ENVOYER DES CARTES POSTALES

Bosa, Castelsardo, Stintino, Orgosolo... : il y a toujours un village d'où envoyer un *bacio*.

LES 12 MOTS-CLÉS

#BERGER

Réputé têtu, ombrageux et jaloux, le berger résume l'identité sarde. Gardien de la culture, il l'est aussi de son troupeau de brebis, autre emblème de l'île. Doué d'une grande sagesse, on lui doit le proverbe : «Celui qui vient d'au-delà des mers est un voleur». Les Espagnols, un temps conquérants, le décrivaient volontiers comme «fou et bagarreur».

#COUTELLERIE

En Sardaigne, le meilleur ami du berger est le couteau. La coutellerie y est élevée au rang d'art et un musée lui rend hommage dans la petite ville d'Arbus. Les plus fines lames proviennent du village de Pattada, dans le Nuoro. Acier de Damas ou ciselé, manche en corne de mouflon : la *resolza* (couteau rétractable) est encore fabriquée à la main.

© FABIANO CADDEO - SHUTTERSTOCK.COM

#DOMUS DE JANAS

Domus de janas signifie « maison des fées » et c'est sous ce nom poétique que les Sardes désignent les cercles funéraires de leurs ancêtres du Néolithique. Ils remontent à une période s'étendant de -4000 à -2700. La légende raconte que les janas étaient des sorcières, parfois malveillantes, parfois malheureuses, qui vivaient dans ces maisons.

© DANIELE FANNI - SHUTTERSTOCK.COM

#LIMBA

Si le mot sonne comme un tube de l'été, il s'agit en réalité de la langue sarde. En l'absence de fixation écrite, le parler sarde connaît des nuances, voire des différences, selon les régions. C'est aujourd'hui la langue la plus proche de celle que parlaient les Romains dans l'Antiquité. Elle est toujours pratiquée par 62 % de la population.

#MALLOREDDUS

Pour déguster la pasta sarde, vous vous tournerez vers les *malloreddus*, aussi appelés localement *cigiones*, *macarones caidos* ou *cravaos*. A base de semoule de blé dur, ces pâtes étaient traditionnellement faites à la main par les femmes à l'occasion d'évènements importants. Elles sont préparées dans une sauce tomate et accompagnées de saucisse.

© ALESSIO ORRU - SHUTTERSTOCK.COM

#MYRTE

Cette baie, à mi-chemin entre le cassis et la myrtille, ne se mange pas. Elle se déguste en liqueur noire et sirupeuse en apéritif ou en digestif. Aux Italiens le limoncello, aux Sardes la murta. Chaque famille possède sa propre recette et ce n'est que récemment que la production s'est «industrialisée» pour promouvoir ce produit typiquement sarde.

#NURAGHE

Il reste plus de 7 000 de ces vestiges de la civilisation nuragique qui a connu son apogée à l'âge du bronze. Les archéologues se penchent toujours sur la signification de ces tours de pierre rondes ou coniques. Disséminés à travers toute l'île, les nuraghes recouvraient probablement plusieurs fonctions : militaire, religieuse et astronomique.

LES 12
MOTS-CLÉS

#PASSEGGIATA
Ce mot résume à lui seul l'art de vivre sarde et le meilleur du lien social. En fin de journée, quand la température baisse, les Sardes sortent de chez eux, tirés à quatre épingles, pour déambuler sur le corso ou la piazza du village. On y flâne en famille, avant de retrouver ses amis, par hasard ou par habitude, pour discuter des heures durant.

#PECORINO
« L'essayer, c'est l'adopter ». C'est ce qu'ont dû se dire les Sardes quand ils ont piqué la recette aux Romains venus les envahir. Ce fromage 100 % brebis, le plus ancien d'Italie, est élevé au rang de produit incontournable sur les tables sardes. Il bénéficie d'une Appellation d'Origine Protégée, tout comme le Fiore Sardo, sa version fumée.

#TANCA
Le paysan sarde a érigé des murs de pierres sèches autour de ses parcelles, redessinant les contours des plateaux et prairies en minuscules lopins de terre. Les Espagnols, inspirés par ces damiers paysagers, leur ont donné le nom de « tancas », qui signifie « fermé », « bouché ». Ces tancas signent toujours un paysage caractéristique de la Sardaigne.

#TENORES
Le chant polyphonique relève d'une très ancienne tradition musicale en Sardaigne. Pratiqué en chœur de quatre hommes, il se caractérise par sa rudesse et une forme d'obstination. Les mélopées s'inscrivent dans un répertoire mélancolique qui se transmet de façon orale. En voie de déshérence, ce type de chant subsiste dans quelques villages du Nuoro.

#TOMBEAU
La civilisation nuragique a laissé des sépultures que les Sardes ont baptisées « Tombeaux des Géants ». Les mausolées de 5 à 10 mètres de long pouvaient renfermer plus d'une centaine de corps. La tombe se compose d'un couloir souvent couvert, à l'extrémité duquel se dresse une rangée de monolithes placés en arc de cercle et posés sur la tranche.

VOUS ÊTES D'ICI, SI...

- Vous prenez possession de votre carré de sable avec un parasol, des fauteuils pliants et une glacière.
- Vous arborez une « tenue de ville », surtout dans les villages de montagne et en soirée.
- Vous pratiquez une conduite sportive sur les routes sinueuses. Mais nous vous le déconseillons pour des raisons de sécurité évidentes et parce que les radars sont nombreux.
- Vous sortez faire votre shopping ou manger une glace à l'heure de la passeggiata, soit entre 18h et 21h.
- Vous prenez le temps de vous rendre dans le centre de l'île, désertée par les touristes.
- Vous saupoudrez vos pâtes de pecorino en copeaux plutôt que de parmesan râpé.
- Vous privilégiez un repas dans un *agriturismo* à la cuisine locale plutôt qu'une pizzeria, réservée aux touristes.
- Vous évitez de poser trop de questions et vous ne vous formalisez pas d'une réponse abrupte. Les Sardes savent se montrer chaleureux, mais il leur faut du temps.

MA SARDAIGNE

avec Astrid Latapie, auteure du guide

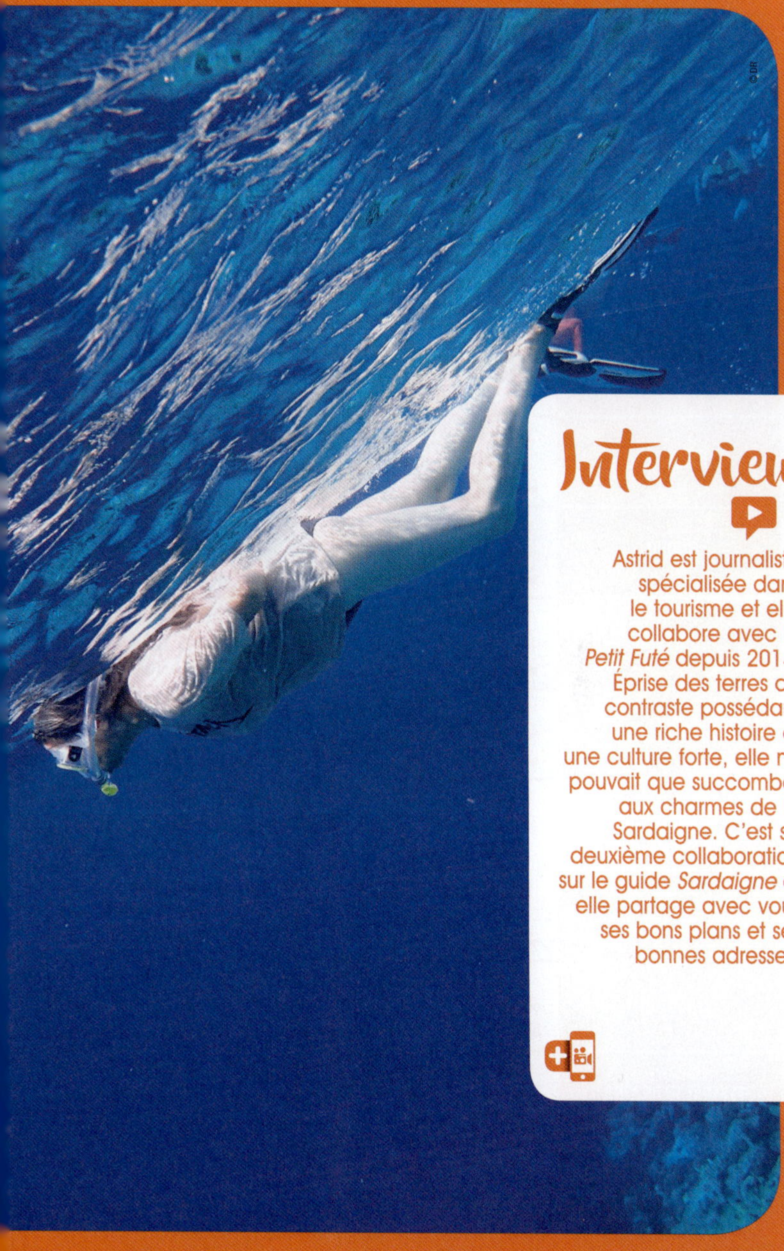

© DR

Interview

Astrid est journaliste spécialisée dans le tourisme et elle collabore avec le *Petit Futé* depuis 2014. Éprise des terres de contraste possédant une riche histoire et une culture forte, elle ne pouvait que succomber aux charmes de la Sardaigne. C'est sa deuxième collaboration sur le guide *Sardaigne* et elle partage avec vous ses bons plans et ses bonnes adresses.

DISTANCES

TEMPS DE TRAJET

	ALGHERO	CAGLIARI	CARBONIA	IGLESIAS	NUORO
ALGHERO		249 KM 2h45 4h	274 KM 3h15 6h	259 KM 3h 6h15	154 KM 2h 5h30
CAGLIARI	249 KM 2h45 4h		74 KM 1h 1h30	60 KM 1h 1h30	179 KM 2h 3h
CARBONIA	274 KM 3h15 6h	74 KM 1h 1h30		24 KM 30mn 1h	205 KM 2h30 4h45
IGLESIAS	259 KM 3h 6h15	60 KM 1h 1h30	24 KM 30mn 1h		192 KM 2h 3h30
NUORO	154 KM 2h 5h30	179 KM 2h 3h	205 KM 2h30 4h45	192 KM 2h 3h30	
ORISTANO	155 KM 1h45 4h45	94 KM 1h 2h	120 KM 1h30 2h30	107 KM 1h30 2h30	88 KM 1h 2h45
PORTO TORRES	37 KM 30mn 1h30	234 KM 2h30 6h30	260 KM 3h 7h	247 KM 2h45 7h	140 KM 1h30 3h45
OLBIA	137 KM 1h30 4h	273 KM 3h 4h45	299 KM 3h15 5h	285 KM 3h 4h45	103 KM 1h 4h
SANTA TERESA DI GALLURA	136 KM 2h 7h30	299 KM 3h30 6h45	325 KM 4h 6h45	311 KM 3h45 6h45	165 KM 2h 5h
SASSARI	37 KM 30mn 1h30	214 KM 2h30 3h35	240 KM 2h45 4h30	226 KM 2h30 4h30	119 KM 1h30 2h15
TEMPIO PAUSANIA	105 KM 1h15 3h15	247 KM 2h45 5h15	273 KM 3h 6h15	259 KM 3h 6h	144 KM 1h45 3h45
TORTOLI	226 KM 2h45 16h45	135 KM 1h45 2h30	203 KM 2h30 4h	190 KM 2h30 4h15	80 KM 1h 1h30

Seule une voie rapide, la SS 131, traverse la Sardaigne du nord au sud. Elle relie Porto Torres à Cagliari en passant par Oristano et Sassari. L'île se prête à des excursions le pied levé pour admirer les paysages de littoral ou de montagne. La route panoramique entre Nuoro et Tortoli est très appréciée des motards en raison de ses nombreux lacets, tout comme celle entre Oristano et Alghero qui surplombe la mer le long d'une côte déchiquetée. Les routes de plages sont souvent très encombrées l'été et se garer peut s'avérer problématique.

ORISTANO	PORTO TORRES	OLBIA	SANTA TERESA DI GALLURA	SASSARI	TEMPIO PAUSANIA	TORTOLI
155 KM 1h45 4h45	37 KM 30mn 1h30	137 KM 1h30 4h	136 KM 2h 7h30	37 KM 30mn 1h30	105 KM 1h15 3h15	226 KM 2h45 16h45
94 KM 1h 2h	234 KM 2h30 6h30	273 KM 3h 4h45	299 KM 3h30 6h45	214 KM 2h30 3h35	247 KM 2h45 5h15	135 KM 1h45 2h30
120 KM 1h30 2h30	260 KM 3h 7h	299 KM 3h15 5h	325 KM 4h 6h45	240 KM 2h45 4h30	273 KM 3h 6h15	203 KM 2h30 4h
107 KM 1h30 2h30	247 KM 2h45 7h	285 KM 3h 4h45	311 KM 3h45 6h45	226 KM 2h30 4h30	259 KM 3h 6h	190 KM 2h30 4h15
88 KM 1h 2h45	140 KM 1h30 3h45	103 KM 1h 4h	165 KM 2h 5h	119 KM 1h30 2h15	144 KM 1h45 3h45	80 KM 1h 1h30
	142 KM 1h30 4h	181 KM 2h 3h	207 KM 2h30 5h	122 KM 1h30 2h45	155 KM 1h45 6h	159 KM 2h 5h30
142 KM 1h30 4h		124 KM 1h30 3h30	101 KM 1h30 5h15	19 KM 30mn 1h	92 KM 1h 2h30	213 KM 2h30 16h
181 KM 2h 3h	124 KM 1h30 3h30		61 KM 1h 2h	103 KM 1h15 2h	46 KM 1h 1h30	176 KM 2h 13h30
207 KM 2h30 5h	101 KM 1h30 5h15	61 KM 1h 2h		104 KM 1h30 2h30	53 KM 1h 2h15	235 KM 3h 17h
122 KM 1h30 2h45	19 KM 30mn 1h	103 KM 1h15 2h	104 KM 1h30 2h30		71 KM 1h 1h15	192 KM 2h15 4h15
155 KM 1h45 6h	92 KM 1h 2h30	46 KM 1h 1h30	53 KM 1h 2h15	71 KM 1h 1h15		217 KM 2h45 16h15
159 KM 2h 5h30	213 KM 2h30 16h	176 KM 2h 13h30	235 KM 3h 17h	192 KM 2h15 4h15	217 KM 2h45 16h15	

IDÉES DE SÉJOUR

La Sardaigne offre de multiples possibilités d'excursions, de quelques heures à plusieurs semaines pour une exploration complète. Il faut compter 3 semaines pour le grand tour de l'île et profiter de ses vestiges archéologiques, de ses beautés naturelles, de ses plages innombrables. Pour une première approche ou un long week-end, faites connaissance avec Cagliari et ses environs. Son atmosphère méditerranéenne, ses nombreux musées, ses ruelles étroites et ses plages toutes proches procurent un dépaysement total. Outre les vestiges nuragiques, la Sardaigne est également peuplée de charmantes églises romanes qui permettent de s'éloigner des plages surpeuplées pendant l'été. Nous avons tout de même sélectionné les plus belles d'entre elles, de la petite crique méconnue, à l'immense plage adossée aux dunes et battue par les vents. Enfin, nul ne peut prétendre connaître la Sardaigne sans avoir rendu visite aux bergers du Nuoro.

LE GRAND TOUR DE LA SARDAIGNE

Ce circuit de 3 semaines permet de découvrir les joyaux de l'île dans son intégralité. Des plus belles plages aux villages de montagnes rustiques, la Sardaigne livre ses multiples facettes. Joies balnéaires, sites archéologiques, splendeurs religieuses, plongée culturelle, il y en a pour tous les goûts. Le circuit effectue une boucle depuis Porto Torres et son débarcadère.

› Sassari

Rendez-vous à Sassari ★★ (p.203), ses ruelles charmantes, sa cathédrale Saint-Nicolas et son église Santa Maria di Betlem. Sortez par le sud de la ville et la route SS131. Effectuez un détour par l'église Santissima Trinita di Saccargia au nord du village de Condorgianus, puis reprenez la direction de Borutta (p.219). Un peu à l'écart du village, la basilique San Pietro di Sorres est l'un des plus beaux exemples d'art roman de l'île. En reprenant la SS131, arrêtez-vous au nuraghe Santu Antine, le plus emblématique de la Sardaigne. Continuez par la SP21 puis la SP43 jusqu'à la nécropole Sant'Andrea Priu. Reprenez la route en direction de Bonorva et admirez les nombreuses chapelles et petites églises. De retour sur la SS131, prenez la direction de Macomer où vous passerez la nuit.

› Vers Bosa

En quittant Macomer (p.242) par le nord et la SS129 bis, arrêtez-vous à la nécropole de Filigosa. A peine 40 km vous séparent de Bosa ★★★★ (p.236) et ses façades colorées. La petite ville médiévale est considérée comme l'une des plus jolies bourgades du littoral. Nuit à Bosa.

› Vers Oristano

Retour à Macomer, puis piquez vers le sud par la SS131 en direction de Ghilarza. A proximité de l'échangeur de Ghilarza, la visite du nuraghe Losa (p.247) s'impose. Récupérez la SP23 pour Fondorgianus et ses termes romains. Empruntez la SS388 en direction d'Oristano, puis prenez la SS131 jusqu'au village de Santa Giusta et sa cathédrale. Remontez à Oristano ★★★ (p.154) qui se trouve quelques kilomètres plus au nord. Nuit sur place.

› Visite de la péninsule de Sinis

Au sud de San Giovanni di Sinis se trouve l'ancienne ville de Tharros édifiée par les Phéniciens sur les ruines d'un ensemble nuragique. En route pour la plage de San Giovanni, faites une halte à la nécropole punique. Ou remontez vers les étangs de Mistras et Cabras (p.159) pour une observation ornithologique. Nuit à Oristano.

› Vers Cagliari

Empruntez la SS131 en direction de Cagliari ★★★★ (p.91) jusqu'à Sanluri, puis la SS197 vers le nord jusqu'au village de Villamar. L'église San Pietro du XIIIe siècle mérite une visite. Continuez sur la même route jusqu'à Barumini et son nuraghe Su Nuraxi. Après la visite, rendez-vous à Cagliari par la SS131. Commencez la visite de la ville par le Castello, le quartier historique. Nuit à Cagliari.

› Cagliari et Nora

Visite de Cagliari dans la matinée. En début d'après-midi, prenez la route SS195 pour Pula ★ (p.140) et la visite de la cité antique de Nora. Retour à Cagliari.

› Remontée vers Arbatax par la SS125

Faites un détour par la plage préservée de Foxi Manna ou les piscines naturelles de Monte Ferru. Nuit à Arbatax et sa célèbre ligne de crête en porphyre rouge.

› Le golfe d'Orosei

Excursion en bateau pour découvrir le golfe d'Orosei ★★ (p.345) et ses superbes criques

Remparts de Cagliari.

Le village médiéval de Castelsardo.

inaccessibles par la terre. Ou journée de plage. Nuit à Santa Maria Navarrese, à 13 km au nord.

› Baunei

Excursion à Baunei (p.334) à 10 km au nord de Santa Maria Navarrese (p.332) et visite des ateliers artisanaux. Prenez la route qui surplombe le village jusqu'à l'altopiano del Golgo et la charmante église San Pietro. Retour à Santa Maria Navarrese et visite de la ville.

› A la découverte des couteaux sardes

Route panoramique SS125 jusqu'à Dorgali ★★ (p.337) connu de longue date pour son artisanat, dont les couteaux sardes.

› Excurions depuis Cala Gonone

Empruntez le tunnel creusé dans la montagne qui permet de gagner Cala Gonone ★★★ (p.341). Le village est le point de départ d'excursions en bateau ou à pied à travers les canyons. Profitez des petites criques de sable fin. Nuit à Dorgali.

› Orgosolo et ses fresques

Les petites routes de montagne SP38, SP46 et SP22 vous mèneront à Orgosolo ★★ (p.310) en passant par Oliena. Orgosolo est connue pour ses fresques murales qui racontent l'histoire de l'île, ses contestations politiques et la vie quotidienne des Sardes.

› La Barbagie

Route par la SP58 jusqu'à Nuoro ★ (p.304) la capitale de la Barbagie. Visite de la ville et du musée Grazia Delleda, du musée de la Vie et des Traditions populaires et de la cathédrale Santa Maria della Neve. Nuit à Nuoro.

› Vers Siniscola

Remontez vers le nord par la SS389 jusqu'au complexe nuragique de Su Romanzesu au-delà de Bitti (p.353). Retour à Bitti et détour par le village d'Onani et ses fresques murales par la SP3. Prolongez la route jusqu'à Siniscola. Nuit à Siniscola ou dans un village environnant en bord de mer.

› San Teodoro

Empruntez les routes de bord de mer jusqu'à San Teodoro ★★ (p.352) et profitez de toutes les plages en route. Nuit à San Teodoro.

› Olbia

Prenez la route SS125 jusqu'à Olbia ★ (p.252) et profitez de la matinée pour flâner en ville et déjeuner dans sa rue piétonne. Prolongez jusqu'au tombeau des géants de Coddu Vecchiu et la nécropole de LiMuri dans les environs d'Arzachena.

› L'archipel de La Maddalena

Partez tôt le matin pour sauter dans un ferry à Palau (p.271) en direction de l'archipel de La Maddalena. Ce site exceptionnel est devenu Parc national en 1994. Empruntez les bus publics pour vous extirper de la ville et profiter de la beauté des îles. Retour à Palau ou Arzachena pour la nuit.

› Tempio Pausania

Prenez la route de Luogosanto et traversez les forêts de chênes-lièges jusqu'à Tempio Pausania ★ (p.287), qui s'est spécialisée dans la production d'un artisanat original à base de l'écorce de l'arbre.

› Tempio

Visite de la ville de Tempio et de sa cathédrale di San Pietro datant du XIIIe siècle. Rendez-vous à la gare pour emprunter le trenino verde qui serpente à travers les collines jusqu'à Palau (1 heure 30). Retour par le train et nuit à Tempio.

› Vers Castelsardo

La SS127 vous mènera jusqu'à Perfugas (p.202). Visitez le puits sacré de Predio Canopoli. Bifurquez ensuite sur la SS134 qui vous mènera à l'une des plus belles églises de style byzantin du XIe siècle : San Pietro di Simbranos. Continuez jusqu'à Castelsardo (p.197) sans manquer le rocher de l'éléphant en route. A Castelsardo, fondée au XIIe siècle, vous pourrez visiter le musée de la vannerie et la cathédrale Sant'Antonio Abate.

› Retour en France

35 km vous séparent de Porto Torres, d'où les bateaux partent en fin de journée pour les côtes françaises. Vous pouvez profiter d'une ultime baignade sur l'une des longues plages entre Castelsardo et Porto Torres.

LE SUD DE LA SARDAIGNE

Une semaine suffit à s'offrir une escapade dépaysante qui donne un avant-goût de la richesse culturelle sarde. Ce mini-circuit permet de découvrir Cagliari en profondeur et de profiter des ambiances différentes de ses quartiers. En louant une voiture, vous pourrez explorer quelques sites d'importance et profiter des eaux translucides de l'île.

› Trois jours à Cagliari et Villasimius

Les deux premiers jours vous permettront de vous familiariser avec la capitale sarde, le quartier historique de Castello, le musée archéologique, le château de San Michele (p.101) ou encore la pinacothèque. Vous pouvez piquer une tête à la plage del Poetto (p.138) en fin de journée. Le 3e jour, explorez la côte en empruntant la route panoramique jusqu'à Villasimius.

petit futé
2021-2022
Sardaigne
VERSION NUMÉRIQUE OFFERTE
COUNTRY GUIDE

› Jour 4 dans la région de Pula

Sortez de la ville en empruntant la SS195 qui traverse le port de Cagliari. Un village de pêcheur a été reconstitué sur la plage de Giorgino juste en face du port. Continuez vers Pula et son Musée archéologique qui renferme des pièces des périodes puniques et romaines. Poussez jusqu'à la presqu'île de **Pula** ★ (p.140) et l'ancienne ville antique de Nora. Après une visite intense, une baignade s'impose sur la magnifique plage de Chia ou celle de Su Giudeu, 20 km plus au sud.

› Jour 5 à 7 : Sant'Antioco et San Pietro

Depuis Chia, empruntez la route sinueuse de la côte jusqu'à gagner la SS195. Mettez le cap en direction de **Sant'Antioco** ★ (p.180). Faites le tour de l'île et attrapez un bateau en fin de journée à **Calasetta** (p.182)pour l'île de San Pietro. Passez la nuit à Carloforte. Le lendemain, louez un scooter pour faire le tour de l'île et profiter de ses petites criques peu fréquentées. Le dernier jour, retour à Sant'Antioco puis Cagliari avant de sauter dans l'avion.

D'ARBATAX À NUORO, ENTRE MER ET MONTAGNE

Région la plus emblématique de la Sardaigne, le Nuoro alterne austérité montagnarde et splendeur maritime. Les falaises abruptes et la côte déchiquetée obligent à des tours et des détours pour dénicher de magnifiques criques. La montagne sauvage résume, à elle seule, l'esprit sarde. Ce circuit à l'écart des grandes foules permet de se plonger dans la culture sarde.

› Arbatax et Santa Maria Navarrese

Arbatax est un bourg pittoresque installé autour d'une tour du XVIIe siècle. Elle est célèbre pour ses roches rouges de granit porphyrique qui s'avancent dans des eaux turquoise ourlées de sable blanc.

Santa Maria Navarrese (p.332), la charmante bourgade, fondée en 1050 par une fille du roi de Navarre, s'organise autour de son église du XIe siècle. Une tour du XVIIe siècle surplombe sa belle plage de sable blanc bordée d'une pinède. Le petit port de plaisance est le point de départ de nombreuses excursions côtières qui cabotent le long du Parc national du golfe d'Orosei.

› Pedra Longa

Entre Osulai et Baunei, une route plonge vers **Pedra Longa** (p.332) et la côte. Elle traverse des paysages de falaises peuplées de lauriers sauvages, de chèvres et de cochons pour déboucher sur une pointe rocheuse dominant deux belles criques aux eaux turquoise. Pedra Longa est un monolithe pyramidal de roche calcaire dolomitique qui pique de façon parfaitement verticale du haut de ses 128 m dans la mer. Cette « pierre longue » servait de point de repère aux marins.

› Baunei

Les maisons de ce gros bourg de l'Ogliastra sont perchées sur une arête calcaire qui domine la plaine jusqu'à la mer. C'est aussi le point de départ d'une petite route qui mène jusqu'au plateau de Golgo et ses sentiers de promenade, dont l'un conduit directement à l'adorable plage de **Cala Goloritze** (p.336).

› Dorgali

Ce village austère perché dans les montagnes est célèbre pour son artisanat et ses maisons de granit gris. Sa rue principale est bordée de boutiques vendant de magnifiques tapis sardes, les châles traditionnels brodés ou encore des bijoux en filigrane d'or et d'argent.

A environ 8 km au nord de **Dorgali** ★★ (p.337), la grotte d'Ispinigoli, un immense gouffre, est parsemée de stalactites et stalagmites géantes. L'une d'entre elles mesure 38 mètres, ce qui en fait la plus longue d'Europe.

› Village nuragique de Serra Orios

Au nord de Dorgali, sur la SP38 en direction de Lula. Ce complexe nuragique habité à l'âge du bronze comprenait une centaine de huttes rondes, dont on peut encore voir les fondations. Mais l'intérêt du site réside dans ses deux temples dotés d'un atrium et de cellules qui devaient héberger les prêtres et peut-être des visiteurs.

Au nord de Dorgali, sur la SP38 en direction de Lula, le **tombeau des géants s'Ena e Thomes** (p.338) présente de belles proportions et a conservé sa couverture d'origine ainsi qu'un imposant monolithe d'entrée.

› Nuoro

Considérée comme la capitale de la Barbagie, la source de l'esprit sarde, **Nuoro** ★ (p.304) regorge de lieux intéressants. Il faut absolument visiter le Musée du Costume perché sur une colline de la ville qui expose d'anciennes tenues traditionnelles des villages environnants ainsi que les costumes de carnaval. Nuoro a vu naître l'écrivaine couronnée d'un prix Nobel Grazzia Delleda. Sa maison d'enfance se visite et on y voit ses objets personnels, des textes ainsi que ses prix. Enfin, le MAN, le Musée d'Art de Nuoro, rend hommage aux artistes sardes du XXe siècle.

SE REPÉRER / SE DÉPLACER

DE L'AÉROPORT AU CENTRE-VILLE

Cagliari. L'aéroport de Cagliari-Elmas est desservi depuis Paris par les compagnies Air France et Ryanair qui assurent des vols réguliers. Il faut compter entre 150 et 500 € pour un aller-retour avec un bagage en soute. Une fois sur place, il est possible de se rendre en ville par le train qui circule entre 5h30 et 23h10. Le trajet dure 10 min et coûte 1,30 €. Le billet se retire aux bornes automatiques et il est impératif de le composter avant de monter à bord. Un bus assuré par la compagnie publique ARST circule entre l'aéroport et la piazza Matteotti entre 5h20 et 22h30. Comme pour le train, il faut compter 10 minutes de trajet et 1,30 €. En taxi, une course vers le centre-ville coûte 25 €. Il y a également de nombreux loueurs de voitures dont les agences sont situées dans deux bâtiments à l'entrée du parking de l'aéroport. Il est impératif de réserver à l'avance en haute saison.

Olbia. L'aéroport d'Olbia-Costa Smeralda dessert le nord de l'île et ses plages paradisiaques. Depuis Paris, les compagnies EasyJet et Transavia assurent des liaisons directes régulières. Il faut compter entre 154 et 300 € pour un aller-retour avec un bagage en soute. Si vous ne louez pas une voiture à l'aéroport, il faut compter 20 € en taxi pour rallier le centre-ville. Les lignes 2 et 10 des bus urbains Aspo desservent Olbia. Le trajet coûte 1,50 € et le ticket se prend à bord. Des bus de la compagnie publique ARST relient l'aéroport d'Olbia aux villes de Santa Teresa di Gallura, Nuoro et Cagliari.

ARRIVÉE EN TRAIN

Il est tout à fait possible de se déplacer en train en Sardaigne, mais pas partout. Le réseau ferré assuré par Trenitalia relie les grandes villes entre elles : Cagliari, Carbonia, Iglesias, Oristano, Olbia, Sassari, Porto Torres. Le réseau secondaire est assuré par ARST qui effectue notamment les liaisons entre Cagliari et Isili au centre, Macomer et Nuoro, Sassari et Alghero, Sassari et Sorso, Sassari et Nulvi. C'est cette même compagnie qui gère le Trenino Verde, ce formidable petit train touristique qui permet de découvrir des régions où les routes ne passent pas d'avril à septembre. Il existe notamment des circuits entre Mandas et Arbatax, Isli et Sorgogno, Macomer et Bosa, Nulvi et Palau via Tempio Pausana. Le train est un moyen pratique, fiable et peu onéreux pour se déplacer à travers l'île. Depuis Cagliari, il faut compter entre 18 et 25 € pour rallier Olbia, Sassari ou Porto Torres et moins de 10 € pour Carbonia, Iglesias et Oristano. Bon à savoir, un aller-retour est moins onéreux que de prendre des trajets simples.

ARRIVÉE EN BATEAU

La Sardaigne est desservie par de nombreuses compagnies maritimes, au départ de la France et de l'Italie. Depuis la France, vous embarquez à Toulon, sur Corsica Ferries. Il existe aussi des liaisons, plus nombreuses, entre la Corse et la Sardaigne au départ de Bonifacio ou Porto Vecchio. Ces liaisons sont assurées par les compagnies Corsica Ferries, Moby et Blu Navy. Il faut compter 13 heures de traversée au départ de Toulon, et 50 min entre Bonifacio et Santa Teresa di Gallura. En Italie, les principaux ports d'embarquement sont Gênes, Livourne et Civitavecchia (Rome). Les liaisons sont assurées par les compagnies Moby, GNV, Tirrenia et Grimaldi Lines. La traversée la plus rapide est celle de Civitavecchia à Olbia qui s'effectue en 5 heures 30. Il faut compter 7 heures de traversée entre Livourne et Olbia et 10 heures entre Gênes et Porto Torres. Les ports de débarquement se trouvent essentiellement au nord et à l'est de l'île : Porto Torres au nord-ouest, Santa Teresa di Gallura à la pointe nord, Golfo Arranci et Olbia au nord-est et Arbatax à l'est. Cagliari est également desservie, mais depuis des ports italiens méridionaux (Rome, Naples et Palerme). Le coût de la traversée dépend de la distance parcourue, de la catégorie du véhicule, du nombre de passagers et des dates de trajet.

TRANSPORTS EN COMMUN

La compagnie de transport publique ARST assure l'essentiel des liaisons intra-îliennes et permet aux Sardes de se déplacer dans toute l'île. Elle gère des lignes de bus là où le train ne se rend pas, notamment sur la façade est et dans le Nuoro, très mal desservis. La compagnie a également obtenu la gestion du transport urbain dans les villes de Sassari (bus et métro), Carbonia, Iglesias, Macomer et Oristano. Enfin, elle opère les deux lignes de métro de Cagliari. Si vous possédez un smartphone, n'hésitez pas à télécharger l'application DropTicket qui vous permettra d'acheter votre billet directement. Celui-ci est valide pour une durée de 90 min. Vous pouvez aussi vous procurer le billet valable 24 heures, qui permet d'effectuer autant de trajets que l'on souhaite.

Toutes les grandes villes de Sardaigne disposent d'un service de bus urbain à moindre coût. D'une manière générale, le billet peut être pris à bord ou dans les offices de tourisme.

VÉLO, TROTTINETTE & CO

La Sardaigne peut se découvrir à vélo, mais cela demande une bonne condition physique et des mollets d'acier, car la topographie est pour le moins escarpée, même sur le littoral. Les villes commencent à se mettre aux mobilités douces avec quelques pistes cyclables aménagées, mais elles demeurent rares. Par conséquent, vous serez le plus souvent plongé dans la circulation générale et la vigilance s'impose. A Cagliari, une très belle piste traverse la lagune du Poetto et fait le tour de l'étang de Molentargius. En ville, la via Sonnino a été aménagée. L'agence New Way Sardinia propose des découvertes de la ville à vélo ou en Segway®. Il est également possible de louer un vélo à partir de 6 € pour 2 heures. A Olbia, vous pourrez louer un vélo chez Bike 4 More, du citadin au VTT en passant par le vélo électrique. Il faut compter un minimum de 12 €/jour. Le vélo peut être livré sur votre lieu de villégiature, jusqu'à Porto Cervo, et moyennant un supplément. Si vous êtes dans le nord-ouest, du côté d'Alghero, Raggi di Sardegna propose des services similaires à des tarifs équivalents.

AVEC UN CHAUFFEUR

Le taxi est un service qui revient relativement cher. Il n'est intéressant que si vous avez l'intention de vous sédentariser complètement pendant vos vacances. Il faut compter en moyenne 2 €/km, ce qui est un peu plus élevé qu'en France. Le plus souvent, votre hôtel ou votre club-vacances sera en mesure d'assurer la navette depuis votre point d'arrivée, à un tarif moindre.

EN VOITURE

Malgré son insularité, la Sardaigne offre des prix de carburant à peu près identiques à la France. En 2020, il fallait compter 1,40 € en moyenne pour un litre de SP95. Les règles de trafic sont les mêmes qu'en France : on s'arrête au stop ou au feu rouge, on cède la priorité à droite et il est interdit de dépasser les limitations de vitesse. Dans les centres-villes ou les villes très touristiques, le stationnement est payant. Il en est de même sur le parking de certaines plages. Le tarif varie en fonction de la ville, mais il faut compter 1 €/h en moyenne. Il convient de faire très attention dans les centres de villes touristiques, car le stationnement et la circulation peuvent être interdits à l'heure de la passeggiata, soit en fin de journée. Si vous avez laissé votre véhicule stationné dans une rue piétonnisée pour l'occasion, vous serez systématiquement verbalisé et vous ne pourrez le récupérer qu'une fois la passeggiata terminée. Renseignez-vous auprès de votre hôtel ou d'un local pour savoir quelles sont les zones concernées.

ACCESSIBILITÉ

Plus vous vous écartez des villes et des centres touristiques, plus il devient difficile de circuler en empruntant des transports publics. Si vous avez l'intention de découvrir le littoral sarde ou des villages perdus dans les montagnes, la location d'un véhicule (ou votre propre voiture) s'avère indispensable. L'accessibilité aux transports pour les personnes à mobilité réduite est aussi développée qu'en France. Si elle est raisonnablement développée dans les villes, elle est quasi inexistante dans les villages. Seules les grandes plages sont équipées de rampes et esplanades permettant de se déplacer en fauteuil roulant, et souvent de façon partielle. L'accès à la mer n'est jamais garanti. Le relief accidenté, même en ville, rend plus difficile le déplacement en fauteuil, certaines côtes pouvant se montrer très raides.

LES ATTRAPE-TOURISTES

Il faut se montrer très attentif si vous louez une voiture. Certaines agences de location exigent une carte de crédit type American Express pour la garantie du véhicule. Si vous n'en possédez pas, elle vous proposera un rachat de franchise à prix d'or qui peut faire doubler le montant de votre location. Le mieux est de passer par une agence ayant pignon sur rue pour effectuer la location et de bien se renseigner sur les modalités de location et de paiement exigées à l'arrivée.

PRATIQUE

A VOIR / A FAIRE

HORAIRES

En haute saison, les musées et sites d'importance sont ouverts entre 10h et 20h. Certains ouvrent leurs portes à 9h. En basse saison, les horaires sont raccourcis de 10h à 18h. Le jour traditionnel de fermeture est le lundi. Pour les églises, les horaires et jours d'ouverture sont très variables. Ouvertes tous les jours et en continu dans les grandes villes, elles n'ouvrent que certains jours avec une grosse coupure en milieu de journée dans les petits villages.

A RÉSERVER

En haute saison, vous avez tout intérêt à réserver votre ferry ou votre excursion à destination des îles de La Maddalena et d'Asinara. Ce conseil s'applique à toutes les sorties en mer.

BUDGET / BONS PLANS

Les tarifs d'entrée dans les musées et les sites archéologiques sont généralement modestes, compris entre 3 et 7 €. Dans les grandes villes, les musées proposent parfois des pass permettant la visite à moindre coût. Il faut alors compter entre 7 et 9 €. Il existe des tarifs réduits pour les enfants et les seniors. Certaines églises à caractère historique sont payantes. Là encore, le droit d'entrée est souvent modique.

LES ÉVÉNEMENTS

En dehors de la période estivale qui attire l'essentiel des touristes sur les plages souvent bondées, la Sardaigne offre un calendrier de festivités typiques et colorées directement lié au calendrier religieux. La période de carnaval qui se déroule de mi-janvier au Mercredi saint occupe beaucoup les Sardes. Les touristes peuvent se montrer nombreux à participer aux défilés dans le Nuoro ou à la Sartigilia d'Oristano qui se tient aux alentours de Mardi gras. La fête de Sant' Efisio, qui se déroule à Cagliari entre le 1er et le 4 mai, attire de nombreux spectateurs, en plus des Sardes venus de toute l'île pour participer aux processions.

VISITES GUIDÉES

L'office de tourisme est toujours le meilleur endroit pour se renseigner sur les visites intéressantes dans une région donnée. Ils sont de plus en plus nombreux à offrir des visites guidées audio, des circuits étudiés téléchargeables en ligne. Pour des excursions insolites du côté d'Oristano, l'agence Escursioni Sardegna Segreta s'impose : rando, visite de mines abandonnées, repas traditionnel, à vous de voir ! Dans le Nuoro, il existe quelques agences très intéressantes qui vous emmènent à la rencontre des bergers ou vous organisent un bivouac en

© HUGO CANABI - ICONOTEC

Cavalier pendant la Sartiglia.

solo, comme Sardegna Nascosta (p.309). Pour visiter la Sardaigne par la mer, les agences sont nombreuses en Gallura, comme Babitours (p.259) à Porto Rotondo, qui organise des excursions à La Maddalena et sur le littoral.

FUMEURS

La législation sur la cigarette est la même qu'en France. Il est interdit de fumer dans les lieux publics, les bars et les restaurants. Il est revanche possible de fumer en extérieur, mais pas à l'approche des hôpitaux, des lieux où se trouvent des enfants ou à proximité des centres de recherche. A noter que certaines communes prennent des arrêtés pour interdire la cigarette sur la plage. Ainsi, à Cabras, tout fumeur doit être muni d'un cendrier sur la plage, sous peine de s'exposer à une amende de 500 €.

C'EST TRÈS LOCAL

La passeggiata, déjà mentionnée dans ce guide, est la véritable institution quotidienne qui rassemble, des plus jeunes aux plus vieux. Les Sardes sortent en famille sur le coup de 18h pour déambuler dans les centres-villes ou occuper les bancs des places de village. Il convient de s'habiller convenablement pour cette pratique sociale.

LES PHRASES CLÉS

Bonjour, puis-je avoir deux entrées adultes et un enfant s'il vous plait ?
Salve, posso avere due ingressi per adulti e uno per un bambino, per favore?

Le tarif enfant est jusqu'à quel âge ? Et pour les seniors, est-ce qu'il y a une réduction ?
Fino a che età è valida la tariffa per bambini? E per gli anziani, c'è uno sconto?

Est-ce qu'il y a des visites guidées en français ou un audioguide ?
Ci sono visite guidate in francese o audioguide?

Combien de temps faut-il pour faire la visite ?
Quanto tempo serve per completare la visita?

J'ai du mal à monter les escaliers, avez-vous un ascenseur ?
Non ce la faccio a salire le scale. C'è un ascensore?

Excusez-moi, pouvez-vous me dire où sont les toilettes ? Merci beaucoup.
Mi scusi, mi può dire dove sono i bagni, per favore? Grazie mille.

SE RÉGALER

HORAIRES

Les horaires d'ouverture des bars et restaurants sont sensiblement les mêmes qu'en France. Les cafés ouvrent en continu la journée. La plupart des restaurants assurent un service midi et soir, entre 12h et 14h et 19h et 23h. Les bars ouvrent jusque tard dans la nuit. En bord de mer et en haute saison, la plupart des établissements travaillent en continu et certains bars restent ouverts jusqu'au petit matin. Quand fermeture hebdomadaire il y a, elle est traditionnellement le dimanche.

BUDGET / BONS PLANS

Il est possible de se restaurer pour une quinzaine d'euros dans les pizzerias et snacks de plage. Il faut compter une trentaine d'euros pour un restaurant traditionnel et l'addition peut vite monter à 50 ou 70 € dans les restaurants branchés des stations balnéaires chics de la Gallura. La carte bleue est largement acceptée.

EN SUPPLÉMENT

Si les additions sont présentées taxes et service compris, il est régulièrement ajouté des suppléments à celles-ci qui peuvent nous paraître étranges. Ainsi, le pain et les couverts (*pane e coperto*) sont souvent facturés autour de 2 € par convive. En début de repas, un serveur n'hésitera pas à poser des gressins ou un bol d'olives sur votre table. Là encore, ces petites attentions se retrouveront sur votre addition, et parfois même si vous n'y avez pas touché. Un pourboire de quelques euros sera forcément apprécié, mais il n'est pas obligatoire.

C'EST TRÈS LOCAL

Les spaghettis et autres pâtes longues se mangent avec une fourchette et non une cuillère. Le serveur pourra se montrer surpris si vous lui en faites la demande. Le vin rouge est servi à température ambiante, même lorsqu'il fait chaud, et demander à le mettre en glace peut passer pour une hérésie.

A ÉVITER

Si vous ne voulez pas contrarier vos hôtes, évitez de couper vos pâtes avec un couteau, même des spaghettis malaisées à enrouler autour de sa fourchette. De la même manière, on n'ajoute jamais de ketchup à ses pâtes, conseil qui s'ap-

Fromages des bergers.

plique aussi aux enfants. Enfin, le cappuccino se prend au petit-déjeuner, avec quelque chose de sucré, et pas à toute heure du jour. Bien sûr, vous serez servi si vous en commandez un en journée, mais avec un regard oblique.

FUMEURS

Il est interdit de fumer dans les lieux recevant du public. Comme en France, il est toujours possible de fumer en terrasse d'un café ou d'un restaurant.

LES ATTRAPE-TOURISTES

L'arnaque la plus courante, et qui s'applique dans presque tous les endroits très touristiques du monde, consiste à gonfler exagérément les prix ou à ne plus avoir de disponibles que les plats les plus chers à la carte.

LES PHRASES CLÉS

Bonjour, je voudrais réserver une table pour deux personnes pour ce midi ou ce soir.
Salve, vorrei prenotare un tavolo per due persone per ora di pranzo o per la cena.

Avez-vous un menu en français ou en anglais ?
Avete un menù in francese o in inglese?

Je suis végétarien, y a t-il des plats sans viande ?
Sono vegetariano, avete piatti non a base di carne?

Je n'ai vraiment plus faim mais avez-vous une carte des desserts ?
Non ho più fame, davvero. Avete un menù dei dolci?

Puis-je avoir l'addition s'il vous plait ? Je peux payer par carte ou en espèces ?
Potrei avere il conto, per favore? Posso pagare con carta o in contanti?

C'était très bon, nous reviendrons. Merci et à bientôt.
Tutto molto buono, ci ritorneremo. Grazie e a presto.

FAIRE UNE PAUSE

HORAIRES

Les cafés sont ouverts en continu à partir de 7h30 et ferment vers 19h. Il est souvent possible d'y grignoter une tartine en journée. Les glaciers ouvrent plus tard en matinée, mais ferment plus tard aussi, notamment dans les centres-villes où les flâneurs sont nombreux en soirée.

BUDGET / BONS PLANS

Compter entre 0,80 et 2 € pour un espresso, entre 2,50 et 5 € pour un demi de bière et 2 € pour un soda.

A PARTIR DE QUEL ÂGE

La consommation d'alcool est interdite aux moins de 16 ans, tout comme la vente. Le titrage en alcool ne peut excéder 10°. A partir de 18 ans, la consommation et l'achat de n'importe quel type d'alcool sont possibles. Par conséquent, l'accès dans un bar ou une boîte de nuit est interdite aux moins de 16 ans.

C'EST TRÈS LOCAL

Les Sardes ont pour habitude de s'arrêter dans les cafés le matin pour un cappuccino - et uniquement le matin -, et à toute heure du jour pour un ristretto ou un espresso. Les cafés sont surtout fréquentés par les travailleurs dans les villes et par les anciens dans les villages. Les Sardes ne dédaignent pas non plus un petit apéritif à l'heure de la passeggiata, de préférence un mirto, cette liqueur à base de myrte.

ENFANTS

Comme en France, les enfants ne sont acceptés dans les débits de boisson qu'accompagnés d'un adulte. Ils peuvent tout à fait se rendre seuls dans une *gelateria* (glacier) ou un salon de thé.

FUMEURS

Il est interdit de fumer dans les lieux recevant du public. Il faut impérativement être en extérieur pour fumer.

LES PHRASES CLÉS

Bonjour, quelle est la spécialité de la maison ? Nous voulons découvrir.
Salve, qual è la specialità della casa? Vorremmo provarla.

Avez-vous de la place en terrasse ?
Avete posto sulla terrazza?

Quel est votre nom ? Je m'appelle… Ravi de vous rencontrer !
Come si chiama? Mi chiamo... Piacere di conoscerla!

A votre santé ! Zut, j'ai renversé mon verre… pouvez-vous m'aider ?
Alla salute! Accidenti, ho rovesciato il bicchiere... Mi può aiutare?

C'était très bon. Nous allons reprendre la même chose s'il vous plait.
Era molto buono. Prendiamo la stessa cosa, per favore.

PRATIQUE

(SE) FAIRE PLAISIR

HORAIRES

Les magasins sont généralement ouverts entre 9h et 13h et 16h et 20h. Le jour de fermeture hebdomadaire est le dimanche et parfois une demi-journée en semaine. En haute saison, dans les lieux touristiques, les magasins sont ouverts en continu et tous les jours.

BUDGET / BONS PLANS

Le niveau de vie est sensiblement le même en Sardaigne qu'en France et cela se ressent sur les prix. Il n'y a pas de différence significative entre les deux pays. Il peut tout de même s'avérer intéressant de ramener des produits gastronomiques sardes ou italiens de qualité.

SOLDES

Les soldes s'étendent sur des périodes de 6 à 8 semaines. Elles démarrent début janvier pour se terminer début mars pour les soldes d'hiver et de début juillet à mi-août pour les soldes d'été.

C'EST TRÈS LOCAL

Vous trouverez dans notre section «Découvrir/Que ramener de son voyage» les produits typiquement sardes à se procurer sur placer. Dans la mesure du possible, privilégiez les artisans des petits villages avec pignon sur rue, aux grandes enseignes des zones péri-urbaines.

LES ATTRAPE-TOURISTES

Vous verrez fréquemment des camelots sur les plages vendant des marchandises de contrefaçon, des vrais-faux pashminas. Attention, la France interdit la possession d'articles de contrefaçon et vous vous exposez à une saisie immédiate et une amende si les douanes vous contrôlent.

LES PHRASES CLÉS

Bonjour, c'est superbe, mais combien ça coûte ?
Salve. È bellissimo, ma quanto costa?

Vous auriez ma taille ? Où se trouvent les cabines d'essayage ?
Avete la mia taglia? - Dove sono i camerini?

Est ce que je pourrai vous le rapporter et l'échanger si ça ne va pas ?
Posso restituirlo o cambiarlo nel caso non andasse bene?

J'ai trop dépensé aujourd'hui, pouvez-vous me faire une réduction sympa ?
Ho speso troppo oggi... Potrebbe farmi un po' di sconto?

Je prendrai celui-ci. Pouvez-vous me faire un paquet cadeau ?
Prenderò questo. Mi può fare un pacchetto regalo?

Vous prenez la carte de crédit ? Où puis-je trouver un distributeur de billets ?
Accetta carte di credito? Dove posso trovare un bancomat?

PRATIQUE

BOUGER & BULLER

BUDGET / BONS PLANS

La Sardaigne offre nombre d'activités gratuites pour agrémenter votre séjour. La plupart des visiteurs profitent des plages en premier lieu. N'oubliez pas vos palmes, votre masque et votre tuba pour profiter des fonds et des poissons. La randonnée se pratique partout sur l'île : le long du littoral pour dénicher une crique déserte ou en montagne pour profiter de points de vue somptueux. Si vous venez en voiture, n'oubliez pas d'accrocher le VTT à l'arrière afin de parcourir les sentiers de maquis. La *passeggiata*, la petite promenade apéritive très pratiquée par les Sardes, permet de voir du monde et de faire du lèche-vitrine sans piocher dans le portefeuille.

C'EST TRÈS LOCAL

La fête votive revêt une singularité qui échappe au non-initié. Il faut absolument assister à une fête patronale pour voir les Sardes revêtir leur costume traditionnel et se livrer à des processions, des chants, des danses empreints de magie et de religion.

VOS PAPIERS SVP

- **Voiture/moto :** vous pouvez circuler en Sardaigne avec votre permis français, que ce soit votre véhicule ou une location. Vous devez être pourvu de la carte grise et de l'assurance du véhicule.
- **Bateau :** un permis n'est pas nécessaire pour une embarcation à moteur de moins de 40 chevaux ou pour un voilier à moins de 6 miles d'un abri. Au-delà, un permis bateau de plaisance obtenu dans l'UE est indispensable.
- **Plongée :** un certificat de plongée et un certificat médical de moins d'un an sont indispensables pour se livrer à ce loisir. La certification PADI est la plus reconnue.

A RÉSERVER

En haute saison, les excursions les plus populaires (archipel de La Maddalena, plages et grottes de Cala Gonone...) sont à réserver au moins la veille.

LES ÉVÉNEMENTS

La Sardaigne est une île où la religion catholique est très prégnante. Chaque village célèbre son saint patron avec des processions très colorées. Les fêtes de Noël et la Semaine sainte sont également l'occasion de grandes célébrations.

LES ATTRAPE-TOURISTES

Attention lorsque vous louez un véhicule, certaines compagnies exigent une carte de débit (type American Express) pour le dépôt de garantie. Si vous ne possédez qu'une carte de crédit, une surcharge, parfois très élevée, vous sera appliquée. Sans être véritablement une arnaque, cela peut gâcher votre séjour dès le départ, car la plupart des loueurs se gardent bien de préciser cette exigence au moment de la réservation.

LES PHRASES CLÉS

Bonjour, comment puis-je me rendre à... ? Est-ce loin ?
Salve. Come posso raggiungere... - È lontano?

J'aimerais aller courir. Il y a un coin sympa pour cela dans la ville ?
Vorrei andare a correre. Qualche bel posticino in città?

J'adore cuisiner. Savez-vous où je peux trouver des cours de cuisine ?
Adoro cucinare. - Sa dove posso trovare dei corsi di cucina?

Vous pourriez m'indiquer une salle de sport pas très loin ?
Mi saprebbe indicare una palestra non troppo lontana da qui?

Quel est le sport national ?
Qual è lo sport nazionale?

Pensez-vous que nous pourrions voir cela ou même participer ?
Pensa che potremmo andare a vedere o addirittura partecipare?

PRATIQUE

SORTIR

HORAIRES

Les horaires sont les mêmes qu'en France, à savoir une fermeture aux alentours de minuit pour les bars classiques, et une fête garantie jusqu'au bout de la nuit dans les boîtes de nuit. En été, les horaires se rallongent et fluctuent en fonction de la fréquentation. Le «happy hour» se pratique généreusement entre 17h et 20h.

BUDGET / BONS PLANS

Les prix sont sensiblement les mêmes qu'en France. Il faut compter au moins 5 € pour un verre de vin, 10 € pour un cocktail. Attention, les prix peuvent flamber dans les stations balnéaires branchées de la Costa Smeralda. Il faut compter entre 45 et 60 € pour une entrée en boîte de nuit, avec des tarifs de boissons qui peuvent s'avérer exorbitants une fois à l'intérieur. Le monde de la nuit revient très cher.

TRANSPORTS NOCTURNES

A Cagliari, le métro circule entre 6h15 et 22h30 sur la ligne 1 et 6h15 et 21h30 sur la ligne 2. A Sassari, le métro circule de 6h15 à 21h. Il n'y a pas de bus de nuit et le taxi s'impose pour les retours tardifs.

A PARTIR DE QUEL ÂGE

La consommation d'alcool est interdite aux moins de 16 ans, tout comme la vente. Le titrage en alcool ne peut excéder 10°. A partir de 18 ans, la consommation et l'achat de n'importe quel type d'alcool est possible. Par conséquent, l'accès dans un bar ou une boîte de nuit est interdite aux moins de 16 ans.

C'EST TRÈS LOCAL

Certains bars branchés et surtout les boîtes de nuit imposent un dress code. Les lieux de nuit du littoral vendent de la fête et du rêve et les tenues doivent être ad-hoc.

FUMEURS

Il est interdit de fumer dans les lieux recevant du public. Il faut impérativement être en extérieur pour s'en griller une petite.

LES PHRASES CLÉS

Bonsoir, comment puis-je me rendre à…
Buonasera. Come posso raggiungere…

Est ce que cet endroit est tranquille ? Il n'y a pas de problème de sécurité ?
È un posto tranquillo? C'è qualche problema di sicurezza?

J'aimerais voir un spectacle typique ! Qu'est-ce qu'il y a en ce moment ?
Mi piacerebbe assistere a uno spettacolo tipico. Ce n'è qualcuno in programma in questo periodo?

Je ne comprends pas… pouvez-vous répéter s'il vous plait ? Merci.
Non ho capito, può ripetere per favore? Grazie.

Est-ce que je peux vous offrir un verre ? Quel est le meilleur cocktail de la maison ?
Posso offrirle un drink? Qual è il miglior cocktail della casa?

J'ai la gueule de bois, auriez-vous quelque chose pour que j'aille mieux ?
Ho ancora i postumi di una sbornia, avrebbe qualcosa per farmi stare meglio?

PRATIQUE

SE LOGER

BUDGET / BONS PLANS

En moyenne, il faut compter entre 35 € et 50 € pour une chambre d'hôtel modeste ou une chambre d'hôte toute simple, entre 70 € et 100 € pour un hôtel sympathique, et 120 € et plus pour un hôtel haut de gamme. Attention, les prix flambent l'été sur toute la côte et particulièrement en août, qui est le mois de vacances des Italiens. Ils peuvent être multipliés par 2.

A RÉSERVER

Il est impératif de réserver le plus tôt possible si vous comptez vous rendre en Sardaigne entre le 15 juillet et le 31 août. Le mois d'août est le mois de vacances estivales des Italiens et le littoral déborde de touristes. La pression est bien moindre à l'intérieur des terres et dans les montagnes.

FUMEURS

Il est interdit de fumer dans les lieux recevant du public, donc dans votre chambre d'hôtel. Il faut impérativement être en extérieur pour s'en griller une petite.

LES PHRASES CLÉS

Bonjour, avez-vous de la disponibilité pour une chambre double pour ce soir ou demain soir ?
Salve, ha una camera doppia disponibile per stasera o domani sera?

Avez-vous un code wifi… les enfants ne tiendront pas sans !
Potrei avere la password del Wi-Fi? Non riuscirei a intrattenere i bambini senza...

C'est bruyant, est ce que je peux changer de chambre ?
C'è molto rumore... Posso cambiare stanza?

Jusqu'à quelle heure est-ce que nous pouvons aller à la salle de sport et à la piscine ?
Fino a che ora è possibile utilizzare la palestra e la piscina?

Est-ce que je peux laisser mon bagage et revenir plus tard le récupérer ?
Posso lasciare i bagagli qui e tornare a prenderli più tardi?

Est-ce que vous pouvez nous appeler un taxi ? Merci beaucoup.
Mi può chiamare un taxi, per favore? Grazie mille.

PRATIQUE

VIE QUOTIDIENNE

ALLO ?

L'indicatif pour la Sardaigne est le +39. Il convient de composer le numéro entier, y compris le 0 du début. Les numéros débutant par 032, 033, 034 et 039 correspondent à des numéros de téléphone mobile. Les frais d'itinérance ont été abandonnés au sein de l'Union européenne et vous pouvez passer et recevoir des appels et SMS sans surcoût.

ACCESSIBILITÉ

Plus vous vous écartez des villes et des centres touristiques, plus il devient difficile de circuler en empruntant des transports publics. Si vous avez l'intention de découvrir le littoral sarde ou des villages perdus dans les montagnes, la location d'un véhicule (ou votre propre voiture) s'avère indispensable. L'accessibilité aux transports pour les personnes à mobilité réduite est aussi développée qu'en France. Si elle est raisonnablement développée dans les villes, elle est quasi inexistante dans les villages. Seules les grandes plages sont équipées de rampes et esplanades permettant de se déplacer en fauteuil roulant, et souvent de façon partielle. L'accès à la mer n'est jamais garanti. Le relief accidenté, même en ville, rend plus difficile le déplacement en fauteuil, certaines côtes pouvant se montrer très raides.

SANTÉ

Pensez à faire votre demande de Carte Vitale européenne auprès de votre CPAM. Vos frais de santé dans les hôpitaux publics ou chez le médecin vous seront remboursés.

URGENCES SUR PLACE

Il existe plusieurs numéros d'urgence à avoir en tête. En cas de doute, composez le 112, commun à toute l'Europe.

- Urgence sanitaire : 118
- Pompiers : 115

SÉCURITÉ

Il existe plusieurs numéros d'urgence à avoir en tête. En cas de doute, composez le 112, commun à toute l'Europe.

- Police : 113
- Gardes-côtes et sauvetage en mer : 1530
- Feux de forêt : 1515

La plage de Rena Bianca.

LGBTQ

La Sardaigne est une terre traditionnaliste, mais aussi très accueillante. Vous pouvez compter sur le respect et l'hospitalité des hôteliers. Plus d'informations sur les endroits *gay friendly* sont disponibles sur le site web du mouvement homosexuel sarde www.movimentomosessualesardo.org.

AMBASSADE ET CONSULATS

En cas d'ennui important (santé, décès, judiciaire...) ou si vous vous installez en Sardaigne, vous pouvez vous rapprocher de l'agence consulaire de Cagliari située au 4 via Giacomo Puccini (tél. : +39 348 456 6546). Le représentant du consulat est M. Vincent Gerbe.

L'ambassade de France se trouve à Rome.

POSTE

Une grande partie des bureaux de poste ne sont ouverts que le matin. Vous pouvez vous procurer des timbres chez les débitants de tabac et marchands de journaux. Le timbre pour une carte postale ou une lettre classique coûte 1,15 € à destination de n'importe quel pays de l'UE. Il faut compter entre 3 et 5 jours pour l'acheminement de votre courrier.

MÉDIAS LOCAUX

La télévision italienne compte un grand nombre de chaînes aux programmes de qualité diverse. Le média national est la RAI qui comprend 3 stations de radio, 5 chaînes télévisées généralistes et 8 chaînes télévisées thématiques. Sur le plan touristique, vous pouvez visiter les sites Internet suivants pour préparer votre voyage :

- **Regione Autonome della Sardegna :** www.regione.sardegna.it. Le site officiel de la Sardaigne comprend de nombreux liens vers les sites des offices de tourisme et des infos utiles. Malheureusement, il n'est disponible qu'en italien.
- **Sardegna Cultura :** www.sardegnacultura.it. Ce site reprend toutes les informations culturelles indispensables et le calendrier des évènements.
- **Sardegna Turismo :** www.sardegnaturismo.it. Le site officiel de l'office de tourisme sarde donne plein d'infos, de listes d'envies, d'idées originales... en français !

LES PHRASES CLÉS

Bonjour, mon téléphone ne fonctionne pas, pouvez-vous m'aider s'il vous plait ?
Buongiorno, il mio telefono non funziona, può aiutarmi per favore?

Je ne me sens pas bien, pouvez-vous m'amener à l'hôpital le plus proche ?
Non mi sento bene. Può accompagnarmi all'ospedale più vicino, per favore?

Est-ce que vous avez un médecin qui parle français ?
C'è un medico che parla francese?

Je viens de me faire voler mes papiers, où est le poste de Police le plus proche ?
Mi hanno appena rubato i documenti, dov'è la stazione di polizia più vicina?

Est-ce un quartier dangereux ou je peux y aller sans crainte ?
È un quartiere pericoloso o posso andare senza timori?

Avez-vous des timbres pour une carte postale à envoyer en France ? C'est combien ?
Vende francobolli per una cartolina da spedire in Francia? Quanto costa?

DÉCOUVRIR

Si ce sont les plages immaculées et les eaux cristallines qui séduisent au premier abord, la culture sarde, complexe et mystérieuse, prend vite le pas. L'île peuplée depuis 6 000 av. J.-C. a connu de nombreuses périodes d'invasion qui ont constitué un héritage unique où la magie côtoie la religion catholique très présente. L'île est traversée par des festivals hauts en couleur où les Sardes revêtent leur costume traditionnel et entonnent des chants surgis de la profondeur des temps. Pour s'imprégner de la Sardaigne, il est impératif de délaisser la douce torpeur du littoral pour explorer l'intérieur des terres. C'est là que l'artisanat local s'exprime le mieux, du célèbre couteau sarde de berger à l'huile d'olive protégée par une appellation. La Route des nuraghe permet de parcourir l'île du nord au sud, en quête de ses tours sentinelles, ultimes vestiges d'une civilisation antique considérée comme fondatrice de la culture sarde.

LA ROUTE DES NURAGHES

La civilisation nuragique a laissé de nombreux vestiges mégalithiques dont la fonction et l'usage n'ont jamais été certifiés. Aujourd'hui ce sont près de 7 000 nuraghes, des tours de pierres sèches, qui dominent la campagne sarde. Véritables sentinelles, il semble incontestable que ces constructions possédaient avant tout des visées défensives. Mais l'évolution de leur structure ainsi que la complexité des édifices les plus récents laissent à penser que ces nuraghes remplissaient d'autres fonctions. Ils étaient aussi probablement destinés à héberger le chef de la communauté et revêtaient peut-être une fonction religieuse. Nous vous proposons un itinéraire qui relie Cagliari et son Musée archéologique national à Torralba, porte d'entrée – ou de sortie -, de la vallée des nuraghes. Ce parcours de 300 km permet de découvrir les plus beaux sites d'une civilisation considérée comme fondatrice de la culture sarde.

Le mystère du peuple nuragique

Malgré les nombreuses traces laissées en héritage, on ne sait presque rien de la culture nuragique. Elle s'épanouit durant l'âge de bronze et l'âge de fer, soit de 1 800 av. J.-C. jusqu'à 300 av. J.-C. Les spécialistes conviennent que le peuple des nuraghes qui occupait l'île descend de civilisations antérieures. On sait toutefois qu'il ne s'agit pas d'un peuple venu par la mer avec ses us et coutumes puisqu'aucune autre trace équivalente n'a été découverte dans le bassin méditerranéen. En l'absence de traces écrites - l'écriture ne fera son apparition sur l'île qu'avec les Phéniciens -, aucun témoignage ne vient documenter la façon de vivre de ce peuple. Par conséquent, on ignore comment lui-même s'appelait et s'il avait seulement conscience de former une culture propre. Les différentes civilisations qui se sont succédé au Néolithique ont laissé de nombreux vestiges archéologiques qui permettent de suivre l'évolution de celles-ci : sédentarisation, apparition de la céramique, culte des morts, statuettes en pierre, développement de l'agriculture, élevage, armes et éléments défensifs… Alors que la civilisation nuragique démarre, les hommes ont quitté leurs grottes depuis longtemps et sont rassemblés dans de petits villages. Les différentes tribus communiquent entre elles et échangent. Mais c'est aussi la période où le besoin de se protéger se fait sentir. Les premières structures défensives apparaissent durant les civilisations prénuragiques de Monte Claro et d'Abealzu-Filigosa. Les habitats sont installés dans des zones escarpées, défendues par d'épaisses murailles. Le métal, argent et cuivre, est travaillé depuis au moins 1 500 ans. Alors, pourquoi la civilisation nuragique a-t-elle tant marqué l'histoire antique de la Sardaigne ?

Nuraghe de Barumini.

Les caractéristiques de la civilisation nuragique

L'élément caractéristique de la civilisation nuragique est le nuraghe, aussi appelé *nuraxi* en sarde. Il s'agit d'une tour en pierres sèches dont la forme va évoluer au fil du temps. Le spécialiste de la culture nuragique, Giovanni Lilliu, distingue trois grandes périodes. Le Nuragique I, entre 1 800 et 1 500 av. J-C., voit apparaître les premiers proto-nuraghes. Il s'agit de constructions mégalithiques appelées « nuraghes en couloir » dont la forme épouse le terrain. De faible hauteur, semi-enterré, l'intérieur est traversé d'un ou plusieurs couloirs, et on y trouve parfois une petite chambre. Il ne reste que peu de vestiges de cette époque. Il est possible que les pierres aient été récupérées pour l'édification de nuraghes aux périodes suivantes. Le Nuragique II s'étend entre 1 500 et 900 av. J.-C. Les tours prennent de la hauteur et épousent une forme conique. L'intérieur abrite une ou plusieurs chambres en étage couvertes par une fausse voûte. On parle alors de « nuraghes en tholos », renvoyant aux édifices de plan circulaire de la Grèce antique. La période du Nuragique III, de 900 à 300 av. J.-C., présente des constructions plus complexes et plus imposantes. Des tours sont adjointes au nuraghe principal et sont reliées entre elles par des murs d'enceinte. Les plus vastes de ces complexes comprennent une cour intérieure et un puits ainsi que plusieurs murs de défense. Ils ressemblent aux ancêtres de nos châteaux forts. Les innombrables vestiges de nuraghes qui veillent sur la Sardaigne témoignent d'une unification civilisationnelle. Alors qu'il existait des disparités entre le nord et le sud, désormais l'île sarde possède un mode de vie unique, mais cela ne signifie pas pour autant qu'il existe un sentiment d'unité entre les différents villages ou un sentiment d'appartenance à une nation. La Sardaigne est alors organisée en petites communautés soumises à l'autorité d'un chef. Celui-ci est souvent représenté en pasteur, vêtu d'un manteau et doté d'un bâton noueux. Son pouvoir de domination s'étend à son village, au chemin emprunté par les troupeaux et parfois à un port, quand le village est proche de la mer. Il est chargé d'assurer la pérennité de sa communauté, ce qui implique la sécurité. Les nuraghes sont des éléments militaires aussi bien destinés à impressionner les voisins qu'à se défendre en cas d'attaque. Leur évolution de plus en plus imposante et sophistiquée laisse à penser à une persistance de conflits et à une nécessité de protection accrue. Le nuraghe permet la surveillance et le contrôle des points stratégiques : voie d'accès, ruisseaux, terres arables et de pâturage… Les archéologues conviennent que le nuraghe remplit désormais une fonction à la fois civile et militaire et possiblement religieuse. Il sert de résidence fortifiée au chef de la communauté et il permet aux habitants vivant hors les murs de se protéger en cas de nécessité. La période du Nuragique III correspond notamment aux invasions phéniciennes et carthaginoises et il convient de faire face aussi aux dangers venus de la mer. La civilisation nuragique se caractérise également par son architecture funéraire. On retrouve dans toute la Sardaigne des tombes de géants, de longs couloirs couverts destinés à accueillir les morts et gardés par des dolmens imposants. Autres constructions intéressantes, les temples-puits. Le peuple nuragique vouait un culte à l'eau. On a retrouvé des vases brisés au fond des puits sacrés ainsi que des statuettes votives en bronze à proximité de sources et de puits.

La route des nuraghes

Il reste aujourd'hui près de 7 000 vestiges de nuraghes en Sardaigne, et on pense qu'il y en a eu au moins le double. L'île a entrepris de gros efforts pour sauvegarder et valoriser l'héritage d'une civilisation considérée comme fondatrice de la culture sarde. Un itinéraire officieux, reliant Cagliari à Torralba à travers un parcours de 300 km, permet de se familiariser avec cette civilisation méconnue.

Cagliari. Si la région de Cagliari était habitée à la période nuragique, il n'en reste aucun vestige visible. En revanche, la capitale sarde abrite un formidable Musée archéologique national (p.103) qui rassemble des pièces uniques de cette civilisation. Il s'agit de la plus grande collection nuragique au monde.

Nuraghe de Barumini. Classé au patrimoine mondial de l'Unesco, le nuraghe de Barumini figure parmi les monuments mégalithiques les mieux conservés d'Europe. Véritable emblème de la Sardaigne antique, la photo du site est reprise sur de nombreuses brochures touristiques. Le site est occupé à partir du XIIIe siècle av. J.-C. et l'édification de la tour centrale date de la fin du Nuragique II. Haute de 15 mètres, elle comprend deux étages encore intacts. Sa cour intérieure en forme d'hémicycle abrite un puits. Les 4 tours latérales et le mur d'enceinte qui les relie ont été ajoutés ultérieurement, probablement vers 700 av. J.-C. Les amas de pierres de forme circulaire situés à l'extérieur de l'enceinte sont les restes des maisons.

Sanctuaire nuragique de Santa Vittoria. A l'ouest du village de Seri. Ce temple nuragique tire son nom de la petite église construite à proximité. Il comprend un temple-puits avec un atrium et une fosse à sacrifice, une enceinte de fêtes où les pèlerins se rassemblaient et la cabane du prêtre.

Is Paras. A la sortie du village d'Isili. Le nuraghe d'Is Paras est l'un des plus beaux exemples de nuraghes en tholos. Sa haute voûte de 12 mètres est particulièrement harmonieuse. Le site archéologique comprend également un *domus de janas* ou « cercle de fées » remontant au Néolithique.

© GIGI PEIS - SHUTTERSTOCK.COM

Site archéologique de Santa Cristina.

Tombe des géants d'Aiodda. Au sud de Nurallao. Il ne reste pas grand-chose de cette tombe nuragique. Les stèles du plafond et de l'entrée se sont effondrées. En revanche, le couloir oblong est bien conservé.

Menhirs et dolmens de Laconi. A 20 minutes au nord de Nurallao, il faut pousser un peu plus loin vers le nord, en pleine campagne, pour admirer les menhirs de Pedra Iddocca et le dolmen de Corte Nora. Laconi, surnommé « le village des menhirs » abrite un Musée de la statuaire préhistorique en Sardaigne très intéressant.

Fordongianus. Une longue traversée du désert s'impose avant de rallier de nouveaux sites nuragiques d'importance. Sur la route de Laconi à Fordongianus, via Ruinas, vous pouvez vous arrêter au domus de janas Genna Salixi. A Fordongianus, autre époque, autre style, de très beaux thermes romains vous attendent.

Site archéologique de Santa Cristina. Au sud de Paulilatino. C'est ici que se trouve le plus bel exemple de temple-puits de Sardaigne. L'archéologue sarde Giovanni Lilliu l'a décrit avec emphase, lui trouvant des proportions si équilibrées et une composition géométrique inégalée pour un ouvrage remontant au Ier millénaire av. J.-C. Le site comprend également une « cabane de réunions » qui s'accompagne d'une dizaine de salles qui servaient probablement de logement. A 200 mètres de là, un second site héberge le nuraghe Santa Cristina remontant au Nuragique II.

Nuraghe Losa. Au sud d'Abbasanta, à 10 km au nord de Santa Cristina. Ce nuraghe du début du Nuragique II est l'un des mieux conservés. Outre la base de la tour bien présente, on distingue clairement le bastion et le rempart qui ceint le village. Le tout est construit en roche basaltique.

Nécropole de Filigosa. Au nord de Macomer. La nécropole de cette civilisation qui a précédé celle des nuraghes figure parmi les sites archéologiques d'importance en Sardaigne. Il comprend également le nuraghe de Ruggiu.

Fontaine de Lumarzu. Aux abords du petit village de Rebeccu, à l'est de Bonorva. Cette fontaine de la période nuragique se rapporte au culte de l'eau alors en vigueur. Il s'agit en réalité d'une construction en pierre adossée à la source. L'eau filtre à travers les pierres et vient remplir un bassin surmonté d'une petite chambre en coupole. La fontaine est précédée d'une esplanade qui était probablement couverte et encadrée de bancs. A quelques centaines de mètres de cette fontaine se trouve l'important domus de janas Sant'Andrea Priu.

Nuraghe Santu Antine. Au sud de Torrabla, sur la SP21. Des nombreux nuraghes de la région, celui de Santu Antine est le plus emblématique. Très bien conservé, sa tour centrale en pierre de trachyte de 17,50 mètres de haut impressionne. Il est possible de visiter le dédale d'escaliers et de coursives à l'intérieur de la tour et d'admirer les deux étages à coupole en tholos. Le troisième étage s'est lui effondré. La tour est encadrée par trois autres tours de moindre importance. Les cabanes du village ont conservé leurs fondations circulaires. Les bâtiments de forme rectangulaire datent eux de l'époque romaine. Il semble que le site de Santu Antine ait été habité jusqu'au Moyen Âge.

Torralba. A 5 min au nord du nuraghe Santu Antine. Le petit village de Torralba marque l'entrée de la vallée des nuraghes. Nombre d'entre eux sont en mauvais état de conservation, voire en ruine complète. Le village abrite le Musée de la vallée des nuraghes qui conserve notamment le résultat des fouilles effectuées à Santu Antine.

GÉOGRAPHIE

Les Grecs l'avaient baptisée Sandaliotis, car ils voyaient dans la Sardaigne une trace de pas. Des prêtres bien inspirés assurèrent que Dieu avait ici laissé son empreinte. Si aucune étude scientifique n'est venue confirmer cette thèse, la Sardaigne est bien née aux origines du monde. Il s'agit de l'une des plus anciennes terres d'Europe, émergée dès l'Ere primaire. Son intense et longue formation géologique a enrichi ses sous-sols en minéraux convoités, que l'homme s'est empressé d'exploiter. Au-dessus du niveau de la mer, la Sardaigne fait apparaître des paysages de montagnes et de collines qui dessinent des contours de criques déchiquetées et de falaises abruptes baignant dans des eaux turquoise. Seules quelques plaines ont réussi à faire s'écarter les vallées, qui font partie des aires industrielles de la Sardaigne contemporaine. Les Sardes se les sont réappropriées, délaissant quelque peu leurs chères montagnes.

Une île en Méditerranée

Deuxième plus grande île de la Méditerranée, la Sardaigne affiche de belles proportions. Ses 24 000 km² déclinent des paysages de plaines et de montagnes, de côtes déchiquetées et de plages de sable fin. Au cœur de la Méditerranée occidentale, c'est aussi l'île la plus éloignée des terres continentales : 188 km de la pointe Torre Ciana en Toscane, 190 km de la tunisienne Bizerte, 330 km de Toulon. Mais l'île n'est séparée que par 12 petits kilomètres de la Corse et de Bonifacio. Elle est gardée par quelques archipels et îlots sentinelles. Asinara au nord-ouest est passée de quartier pénitentiaire de haute sécurité à Parc national (p.277) en 1997. L'archipel de la Maddalena à la pointe nord figure parmi les joyaux touristiques de l'île. L'île de Tavolara et son sommet de 565 mètres barrent l'accès à la rade d'Olbia. Enfin, le site archéologique de Sant'Antioco ★ (p.180) et la petite ville de pêcheurs de Carloforte sur San Pietro au sud-ouest attestent de l'occupation de longue date de ces deux îles. La capitale de la Sardaigne, Cagliari, se trouve au sud de l'île, dans l'une des rares baies naturelles abritées, repérée dès l'Antiquité par les Phéniciens à l'origine de la fondation de la cité portuaire. Pour des raisons aussi bien géographiques qu'historiques, la Sardaigne compte peu de villes portuaires d'importance. Les invasions constantes et un relief côtier peu propice à l'établissement de cités ont poussé les habitants à occuper plus volontiers l'intérieur des terres. On peut cependant citer Alghero au nord-ouest et Olbia au nord-est. Sassari au nord, Oristano à l'ouest et Nuoro à l'est sont repliées dans les terres ou dans les montagnes. Le dernier recensement officiel de 2011 fait état de 1 639 362 habitants, dont la majorité vit en zone rurale ou dans des bourgs de seconde importance. Seuls 37 % des Sardes vivent en zone urbaine. L'île est découpée administrativement en 5 provinces distinctes : Cagliari et sa métropole au sud, la Sardaigne du Sud, l'Oristano à l'ouest, Sassari au nord et Nuoro à l'est.

Formation géologique

En 1936, le géographe français Maurice Le Lannou déplorait des « connaissances sur le relief de la Sardaigne extraordinairement précaires ». Il s'agit pourtant, avec quelques massifs alpins et la pointe de la botte italienne, des terres les plus anciennes d'Europe. La base granitique de la partie méridionale de l'île remonte à l'orogenèse varisque, soit au début de l'Ere primaire il y a 419 à 252 millions d'années. Durant cette période, les plaques continentales s'emballent et se chevauchent. Au cours de l'Ere tertiaire (-65 à -2 millions d'années), des mers secondaires transforment l'île en archipel, avant que de grandes éruptions ne viennent souder les éléments entre eux. La plaine du Campidano au sud-ouest de la Sardaigne n'est qu'un vaste fossé empli d'eau au début du Tertiaire avant de devenir une plaine alluvionnaire très riche à la fin de la même ère. Il y a 20 millions d'années, Corse et Sardaigne ne forment qu'une seule et même île et s'éloignent progressivement du continent. On retrouve les mêmes roches et coulées de lave dans ces îles et dans le massif des Maures ou celui de l'Esterel qui laissent à penser que Sardaigne et Corse ont été rattachées au continent. Les mouvements tectoniques ont fragmenté la masse basaltique primitive pour former les montagnes qui parcourent l'île. Le plancher des failles a été progressivement comblé par des effusions trachytiques, sur lesquelles se sont déposés calcaire et marnes. Ce sont quinze massifs qui se renvoient leurs montagnes aux sommets bosselés dos à dos. La plus haute, la Marmora, veille à 1 834 mètres sur le massif du Gennargentu dans la province du Nuoro. Les massifs sont reliés par de hauts plateaux, tandis que les plaines marquent les lignes de fractures. La plaine du Campidano traverse le sud-ouest de l'île sur un axe Cagliari-Oristano, laissant sur sa gauche les massifs de basse altitude du Sulcis et de l'Iglesia. Au nord-ouest de l'île, la plaine de la Nurra sépare Sassari de la mer. Hormis ces deux grandes plaines, la Sardaigne est parcourue de reliefs de plus ou moins grande intensité.

Par conséquent, l'île n'offre que peu de longues plages. Ses 1 896 kilomètres de côte sont ponctués de petites criques étendues au pied de parois calcaires ou granitiques et ses fonds marins parcourus d'anfractuosités rocheuses font le plaisir des plongeurs.

Les côtes sardes

Si les Sardes ont le regard tourné vers les massifs du Nuoro, les touristes, eux, apprécient sans réserve les eaux cristallines qui baignent la côte. L'eau de Sardaigne compte parmi les plus belles du monde : les côtes aux couleurs contrastées plongent dans une mer revêtant toutes les nuances de bleu. La façade ouest offre des paysages très morcelés, une côte déchiquetée qui fait apparaître des criques accessibles parfois que par la mer. De l'abrupt Capo Falcone, face à l'île d'Asinara, à Alghero, le littoral se révèle haut et escarpé. Le cap Mannu se dresse au nord de la péninsule de Sinis, avec des falaises de calcaire jaune de 50 m de hauteur. Un peu plus bas, un plateau solitaire de calcaire friable se jette dans la mer de ses 25 mètres. Une alternance de criques, de rochers blancs et de plages fait face à l'Isola di Mal di Ventre, plate et distante, et, vers l'intérieur, à une vaste étendue de champs et de cultures. La Costa Verde, au sud d'Oristano, est plus ventée. D'immenses dunes pouvant atteindre une trentaine de mètres y côtoient un arrière-pays couvert de maquis méditerranéen. Plus au sud, le littoral est bordé de roches calcaires à la couleur violacée, contrastant avec l'énorme Pan di Zucchero, imposant îlot de 132 m de hauteur qui lui fait face. Sur cette côte, l'isobathe se fige à 200 mètres à seulement 20 mètres du littoral. Au sud, la côte qui part de Villasimius jusqu'à la Costa Rei se caractérise par sa linéarité et son absence de relief. Les plages se côtoient, très longues et plates, sur plusieurs kilomètres. Dans l'arrière-pays, on trouve de nombreuses plantations d'agrumes. Sur la côte est, en revanche, les montagnes élevées plongent à pic dans la mer formant une barrière infranchissable, notamment entre Arbatax et Orosei. En remontant vers Porto Cervo, la Costa Smeralda réserve à ses visiteurs une infinité de petites criques et de plages bordant une mer émeraude. Les membres de la jet-set en ont fait leur paradis estival et se réservent les plus beaux panoramas balnéaires de l'île. Sous l'eau aussi le paysage est spectaculaire, avec des failles plongeant à 1 000 mètres à seulement 15 kilomètres de la côte. La Costa Paradiso, au nord, entre Santa Teresa di Gallura et Castelsardo, se caractérise par une alternance de roches de porphyre rouge et de plages. Le cap du Faucon (Capo Falcone), fait de roches schisteuses, se dresse à l'extrémité de la presqu'île de Stintino, face à l'île d'Asinara. La couleur sombre de ses roches contraste avec la limpidité de l'eau et la blancheur du sable de la plage de La Pelosa, l'une des plus belles de l'île. Parmi les plages notables, citons l'adorable Cala Luna et ses grottes mystérieuses, celle de Budelli au sable rose ou l'étonnante Cala Brandichini entre mer et lagon qui rappelle Tahiti.

Ressources naturelles et minières

Les populations choisissent de délaisser les belles zones côtières dès la période nuragique (1 800 av. J.-C.), leur préférant les zones de plateaux, entre 500 et 600 mètres d'altitude. Cela

Vue panoramique du massif La Marmora.

Le barrage Santa Chiara sur le fleuve Tirso.

leur permettait de surveiller l'environnement et de voir venir toute tentative d'invasion. Mais le délaissement des plaines fertiles du Campidano a entraîné un gros effort d'adaptation. Les roches érodées se montrent peu propices à l'agriculture. Par conséquent, les habitants optent pour un mode de vie pastoral. Les troupeaux paissent sur les plateaux de maquis, de lande et de garrigue, où presque rien ne pousse. Mais ce sont bien les richesses géologiques qui ont attiré les Phéniciens, puis les Carthaginois et enfin les Romains, pour tenter de s'emparer de la Sardaigne. Le sous-sol regorge de richesses minières, dont la très convoitée obsidienne, une roche de lave vitreuse riche en silice. Elle sert à la confection d'outils et fait l'objet d'un marchandage intense en Méditerranée dans l'Antiquité. La plaine du Campidano, en plus d'offrir des terres fertiles favorables à la culture du blé, regorge de zinc et de plomb, notamment dans la région d'Arbus et de **Montevecchio** (p.175). Les environs de Carbonia la bien-nommée connaissent l'extraction du charbon et du fer dès la venue des Phéniciens. Mais c'est bien sûr l'invention de la dynamite et l'industrialisation qui vont intensifier cette industrie minière au XIXe siècle. L'extraction de l'argent va attiser les convoitises des Romains qui s'en servaient pour frapper monnaie aussi bien que celle des industriels miniers de la fin du XIXe siècle. Le gisement du Sarrabus au sud-est de la Sardaigne provoque une véritable ruée dans les années 1870. Exceptionnellement riche, les chercheurs obtiennent 1 kilo d'argent pur par quintal de plomb, quand habituellement ce sont 200 à 300 grammes chèrement extraits. Mais on trouve également des mines de cuivre et de fer en Barbagie, d'antimoine en Sarrabus-Gerei, de calamine en Iglesiente. Cette exploitation des sous-sols a laissé de nombreuses traces sur le territoire, à commencer par des noms de lieux sans équivoque : Argentiera, Capo Ferrato, Carbonia, Montiferru…

Au fil de l'eau

La position géostratégique de la Sardaigne au cœur du bassin méditerranéen occidental n'a pourtant pas engendré de grands navigateurs. Les Sardes ont préféré se tourner vers l'intérieur des terres. L'île est baignée par la mer de Sardaigne à l'ouest, la mer Tyrrhénienne qui la sépare de la botte italienne à l'est et les Bouches de Bonifacio au nord. Comme nous l'avons vu, la côte bien souvent torturée n'est que peu propice à l'établissement de ports. La plupart d'entre eux sont des constructions récentes, des marinas protégées par des digues de béton, destinées à abriter en mouillage les navires et yachts des touristes. L'île compte quatre fleuves principaux qui prennent leur source dans les torrents de montagne : le Tirso (152 km) se jette à Oristano ; le Flumendosa (127 km) finit sa course dans la mer Tyrrhénienne ; le Coghinas (116 km) arrose le nord de l'île ; le Cedrino (80 km) dévale les pentes des montagnes du Nuoro jusqu'à Orosei. Des barrages ont été aménagés sur ces rivières, afin de créer des bassins de rétention destinés à l'irrigation des cultures. Le barrage de Santa Chiara del Tirso au centre de l'île a ainsi permis de créer le plus grand réservoir d'Italie, le lac Omodeo. Le seul lac naturel de la Sardaigne est celui de Baratz, au nord d'Alghero, pas très impressionnant.

TOP 10

PLAGES SARDES

Nombreuses sont les plages sardes à intégrer le haut des classements des plus belles plages d'Italie. Criques accessibles uniquement en bateau, calanques bordées de rochers colorés, longues étendues de sable blanc battues par les vents, anses baignées d'eau turquoise, on les déniche tout autour de l'île.

SPIAGGE DI VILLASIMIUS

Les plages de Villasimius sont les plus belles du sud de l'île et profitent d'un sable blanc poudreux.

© MARCIN KRZYZAK - SHUTTERSTOCK.COM

CALA SABINA

Véritable perle du Parc national de l'Asinara, cette petite crique sauvage de sable blanc possède des fonds marins paradisiaques.

© ELISA LOCCI - SHUTTERSTOCK.COM

SPIAGGIA DI CALA BRANDINCHI

Le sable fin et doux de cette plage, ses eaux d'un turquoise profond attirent les vacanciers.

© EMILIANO PANE - SHUTTERSTOCK.COM

SPIAGGIA DI SCIVU

Adossée à des dunes de sable doré, la plage de Scivu conserve un caractère sauvage. Sa fréquentation modeste est son autre atout.

© CA IRENE LORENZ - SHUTTERSTOCK.COM

SPIAGGIA LA SPERANZA

Au pied d'une côté escarpée, entre Bosa et Alghero, la «plage de l'espoir» profite d'un cadre enchanteur et de superbes fonds.

© YASSMIN PHOTO - SHUTTERSTOCK.COM

SPIAGGIE DI SINISCOLA

Les 3 kilomètres de dunes de sable blanc, la mer transparente, les rochers rosés donnent à la plage de Berchida un aspect sauvage.

© ALEX'S TREK - SHUTTERSTOCK.COM

SPIAGGIA DI IS ARUTAS

Les petits grains de quartz blanc, vert ou rouge donnent des reflets uniques à cette plage intégrée à une aire marine protégée.

© ALESSIO ORRU - SHUTTERSTOCK.COM

SPIAGGIA ROSA

Cette plage de l'archipel de La Maddalena est la plus photographiée en raison de son sable rose. Et la plus protégée aussi.

© ALEXANDRA SUSLOVA - SHUTTERSTOCK.COM

CALA CARTOE

Les roches de calcaire blanc et de basalte noir forment un écrin naturel contrasté qui a servi de décor pour un film avec Madonna.

© TORRUZZLO - SHUTTERSTOCK.COM

CALA MARIOLU

Cala Mariolu arrive souvent en tête des listes des plus belles plages de Sardaigne et même d'Italie. Accessible uniquement par bateau.

© GABRIELE MALTINTI - SHUTTERSTOCK.COM

NATURE

C'est rarement par intérêt pour sa faune ou sa flore que les visiteurs se rendent en Sardaigne, à l'exception de ses fonds sous-marins réputés parmi les plus beaux de Méditerranée. L'île offre pourtant une grande variété d'espèces, notamment ornithologiques. Plus de 300 espèces d'oiseaux sont ainsi répertoriées, dont le délicat flamant rose qui peut être observé toute l'année ou l'imposant vautour fauve aussi appelé griffon. La végétation typique du climat méditerranéen évolue au fil de l'altitude. D'un maquis foisonnant et dense aux abords du littoral, elle se réduit à peau de chagrin sur les plus hauts sommets du Nuoro. Les forêts présentent une variété d'espèces limitée : chênes, frênes, noisetiers ou châtaigniers pour l'essentiel. La meilleure période pour profiter de la belle végétation sarde est le mois d'avril. L'île se pare alors de mille couleurs délicates et les fleurs égayent ses moindres recoins, des dunes aux plateaux.

Une terre de maquis

Au premier coup d'œil, la végétation de Sardaigne ne semble pas très foisonnante. L'île battue par les vents affiche une végétation touffue, compacte, contractée. Pourtant, la diversité des sols et de climats permet à une grande variété de plantes de s'épanouir. L'expression végétale la plus commune est le maquis qui se caractérise par des arbrisseaux résistants à la sécheresse dont la nature varie selon l'altitude. Le terme de maquis renvoie à l'aspect tacheté des paysages qui forment comme un patchwork de verdure sur des sols pelés. Entre le niveau de la mer et 300 mètres d'altitude, il se compose de genévriers de Phénicie, de caroubiers, d'oléastres (oliviers sauvages), de lentisques, de myrte et d'euphorbe arborescente. Cette belle diversité de plantes odorantes livre ses notes entêtantes au crépuscule. Palmier, pin d'Alep et pin parasol poussent à cette même altitude. Les pins ont été importés et plantés pour freiner l'avancée des dunes de sable à l'intérieur des terres. Entre 300 et 1 100 m d'altitude, le maquis se rabougrit ; il pousse moins haut. Euphorbe et genévrier de Phénicie sont remplacés par le ciste, le pistachier, le calicotome aux belles fleurs jaunes, les bruyères arborescentes et à fleurs, l'arbousier. Le chêne fait son apparition. Le chêne-liège occupe une zone qui s'étend du nord de la Gallura à la Barbagie. Encore très présent, son écorce si particulière est largement exploitée autour de Tempio Pausana. Le chêne vert pousse sur l'ensemble du territoire, mais de façon éparse. Les vastes forêts qui recouvraient l'île se sont dégradées et ont été malmenées par les incendies. Le chêne côtoie le noisetier, le châtaignier, l'aulne cordé, le charme-houblon, le frêne, le pin maritime et de rares bouquets de cyprès d'Italie. A l'étage supérieur, là où la température moyenne annuelle se situe entre 10 et 13 °C, le maquis laisse la place aux bois de chêne pubescent.

Capo Testa.

© IVAN CANAVERA - SHUTTERSTOCK.COM

Flamant rose à l'étang de Molentargius.

L'érable de Montpellier, le houx, l'if, le cormier font leur apparition tandis que pins, châtaigniers et noisetiers tendent à disparaître à partir de 1 000 m. Le maquis est essentiellement constitué de bruyères arborescentes et de genêts à balai. Enfin, à plus de 1 500 mètres d'altitude, là où la température moyenne annuelle n'excède pas 10 °C, les arbres cèdent le pas aux buissons de genévrier commun et d'épine-vinette de l'Etna.

Avril en fleur

La floraison s'étend sur une période relativement courte, en avril. Alors l'île se pare de toutes les couleurs et diffuse d'agréables parfums. Elle montre un visage à l'opposé de sa sobriété estivale. Les arbrisseaux laissent éclater le jaune, le blanc, le mauve, le rose, qui donneront pour certains des fruits. Concernant les fleurs, on peut notamment citer le ciste de Montpellier à la délicate corolle blanche, le liseron de Provence aux fleurs mauves ou le lis de mer qui tapisse les dunes de blanc. En bordure de plage, l'iris sauvage laisse éclater ses pétales violets pour une demi-journée seulement. Le galactite cotonneux, à la floraison en étoile, colonise les friches et talus qu'il habille de blanc. Les botanistes les plus férus tentent de débusquer la sauge de Sardaigne, étonnante plante endémique. Ses fleurs duveteuses blanches et lilas ressemblent à des boutons d'orchidée.

Le paradis des ornithologues

Etangs, marécages, mer, lagons, montagnes, rochers, plaines forment autant d'habitats naturels accueillants pour des centaines d'espèce d'oiseaux. La situation géographique de la Sardaigne, au centre de la Méditerranée, constitue une étape incontournable pour les oiseaux migrateurs. A elle seule, la Sardaigne rassemble 70 % de l'avifaune italienne. Elle est largement constituée d'espèces aquatiques. Sur les côtes, on ne compte pas les mouettes ou les sternes. Le goéland d'Audouin se fait rare, contrairement au cormoran commun ou au cormoran huppé. Les étangs accueillent de larges colonies de canards, d'érismatures à tête blanche, de fuligules milouins, de foulques, de grèbes, de râles d'eau, d'aigrettes ou de hérons. Les flamants roses ont élu domicile à l'année du côté de Cagliari (étangs de Molentargius). Mais le meilleur moment pour les observer reste mai et juin, quand ils viennent donner naissance à leurs petits, avant de poursuivre leur migration vers le nord. Il faut alors se rendre aux étangs de San Teodoro sur la Costa Smeralda ou aux étangs de Cabras à côté d'Oristano. La Sardaigne abrite certaines espèces devenues rares, comme la mésange charbonnière, le pic épeiche, le geai des chênes ou l'avocette. Si dans les montagnes l'avifaune est moins variée, elle n'en est pas moins spectaculaire. Les vastes espaces déserts attirent volontiers faucons, aigles royaux ou de Bonelli, éperviers et même le massif griffon qui peut être aperçu dans la région de Bosa. Avec ses 2,80 mètres d'envergure et ses 10 kg, il ne passe pas aperçu lorsqu'il plane dans le ciel. Pour se familiariser avec l'avifaune sarde, il existe un Musée ornithologique à Siddi, dans l'ouest de l'île, qui expose 300 espèces différentes.

Faune côté terre… et mer

A l'exception des sangliers qui abondent, il faut s'armer de patience pour observer les mammifères de l'île. Cerf, belette, renard et lièvre souffrent de la réduction de leur habitat naturel. Le mouflon et ses longues cornes enroulées peut toujours être aperçu dans les montagnes. Une autre espèce enthousiasmante est le petit cheval sauvage qui galope sur l'altiplano de la Giara di Gesturi. A noter que les espèces sauvages communes sont toutes plus petites que celles que l'on peut observer sur le continent. En mer aussi, la raréfaction des mammifères devient la norme. Le phoque moine a disparu des côtes sardes dans les années 1980. On peut cependant observer baleines de Méditerranée et dauphins au large des Capo Falcone et Capo Ferro. Une loi de protection interdit de s'en approcher à moins de 60 mètres ou de nager avec eux. Les eaux claires et poissonneuses de la Sardaigne sont très appréciées des plongeurs. Le corail rouge attise en particulier toutes les convoitises, aussi bien photographiques que commerciales. Il est récupéré par quelques rares pêcheurs licenciés au large d'Alghero, des îles d'Asinara et de Santa Teresa di Gallura puis transformé en bijoux magnifiques. Cette pêche très encadrée a permis jusqu'à présent de préserver son écosystème.

CLIMAT

Localisée en plein centre de la Méditerranée occidentale, la Sardaigne présente un climat méditerranéen, caractérisé par des étés chauds et secs, des hivers doux et humides et une forte exposition aux vents. Les températures côtières, agréables tout au long de l'année, permettent de profiter d'activités en extérieur en toute saison. En montagne, les hivers sont plus marqués, la neige s'invite régulièrement sur les sommets et le mercure descend régulièrement en dessous de 0 °C à plus de 1 000 mètres d'altitude. En été, la fraîcheur des soirées procure un répit appréciable par rapport aux plaines du Campidano ou de l'Oresiente. C'est en montagne qu'il pleut le plus, avec des précipitations moyennes entre 900 et 1 000 mm, soit deux fois plus que sur les côtes du sud. La pluie tombe plus abondamment en automne et en hiver, d'octobre à mars. En été, elle se manifeste surtout sous forme de pluies orageuses, qui peuvent se montrer violentes.

Un climat généreux

Le climat méditerranéen procure des hivers doux mais variables, tandis que les étés sont chauds et secs, plutôt stables. En hiver, la Sardaigne est soumise aux dépressions tempérées venues des latitudes moyennes, tandis qu'en été elle bénéficie des anticyclones subtropicaux qui lui procurent un ciel dégagé. La topographie accidentée de la Sardaigne génère des différences notables entre météo côtière et de montagne. Si le climat est le même, la météo de montagne est plus accentuée : températures proches de 0 °C en hiver et pics de chaleur pouvant atteindre 40 °C en été ; pluviométrie plus abondante et orages plus violents. Sur la côte et en plaine, le mercure descend rarement en-dessous de 10 °C (en moyenne) et se stabilise autour de 30 °C en juillet et août. L'écart de température entre mer et air n'est jamais très élevé. Les eaux du littoral sarde affichent une température moyenne de 13 °C en hiver et de 25 °C au cœur de l'été qui la rend propice à la baignade et aux sports nautiques. Il ne pleut jamais plus de 60 jours par an. Les intersaisons, particulièrement agréables, affichent des températures moyennes comprises entre 15 et 27 °C, avec un bel ensoleillement. Il est possible de se baigner jusqu'en octobre dans une eau à 21 °C, notamment au sud de l'île, plus abrité. Le printemps, lui, permet de profiter des sites archéologiques et de randonner en toute tranquillité.

Ile sous les vents

En raison de son isolement relatif et de son éloignement des côtes, la Sardaigne est surtout sujette aux vents soufflés des quatre points cardinaux. Le ponant arrive de l'ouest, tandis que le mistral, venu du nord-ouest, souffle un vent froid et asséchant. En hiver, il peut provoquer des tempêtes, tandis qu'en été, il rafraîchit agréablement l'atmosphère. Le sirocco peut se manifester au printemps et à l'automne lorsqu'une dépression se creuse au-dessus de la mer Méditerranée. Ce vent chaud venu du Sahara charrie avec lui sable et poussières et peut souffler à 100 km/h. Le grec arrive par le nord-est à une vitesse modérée qui excède rarement 60 km/h, mais qui amène avec lui le froid. Le levant arrive par l'est et vient battre les montagnes du Nuoro à l'automne. Vent doux, il charrie avec lui de gros nuages qui peuvent déverser des torrents en quelques heures. Il est aussi redouté des marins, car il rend la mer très houleuse. Placée sous les bons auspices d'Aquilon, la Sardaigne se prête aux sports de voile. La navigation de plaisance permet de mouiller dans des criques désertes, les plages de Villasimius, Cagliari et La Maddalena attirent véliplanchistes et kitesurfeurs en toute saison.

Avec son climat généreux, la Sardaigne attire beaucoup de touristes l'été. Ils profitent des plages ensoleillées, des eaux chaudes et translucides, des activités aquatiques. Mais printemps et automne sont également des saisons agréables et tranquilles, avec des tarifs plus abordables.

© IVAN CANAVERA - SHUTTERSTOCK.COM

Phare de Calasetta.

DÉCOUVRIR

HISTOIRE

La Sardaigne a toujours attiré les peuples du bassin méditerranéen en raison de sa position stratégique et de ses terres fertiles. Les premières traces de colonies remontent à 6 000 av. J.-C., engendrant une série de civilisations aux rites païens et mortuaires complexes. L'apogée de la Sardaigne survient avec la culture nuragique, qui démarre vers 1500 av. J.-C. pour s'éteindre avec l'arrivée des Romains sur l'île. Profondément marquée par l'Empire qui va en faire son grenier à blé, l'île passe de mains en mains au cours de l'Histoire : Byzantins, Arabes, principautés italiennes, Espagnols. Malgré ces diverses dominations, la Sardaigne a su conserver une culture propre. Protégée par son insularité et ses ressources modestes, la Sardaigne demeure à l'écart des conflits qui agitent l'Europe sous Napoléon et durant les deux guerres mondiales. Elle obtient son autonomie en 1948 qu'elle négocie à la proclamation de la République d'Italie.

- 150 000

Des silex trouvés dans l'Anglona, au nord de la Sardaigne, attestent de la première présence humaine sur l'île. Il pourrait s'agir de Toscans arrivés par la Corse ou l'île d'Elbe.

- 6 000

Attirées par l'obsidienne qui fait l'objet d'un commerce en Méditerranée, des populations venues d'Italie centrale s'installent durablement sur l'île. Elles viennent avec leurs bêtes et du blé et profitent des terres fertiles. Les archéologues se réfèrent à la civilisation de Filiestru.

- 4 500

Des peuples venus de Ligurie par la Corse s'installent au nord de la Sardaigne, dans la région d'Arzachena. Des sanctuaires apparaissent sous la forme de cercles funéraires, comme celui de Li Muri.

© MACROLIFE - SHUTTERSTOCK.COM

Nécropole de Li Muri.

- 3 000

De nouvelles communautés arrivant du sud de l'Italie, de Malte et de l'est de la Méditerranée prennent possession des régions de Mara et de Cabras à l'ouest de l'île. Elles fondent la civilisation de Bonuighini et laissent en témoignage des cabanes, des grottes aménagées, des poteries décorées, des bijoux et des objets de culte.

- 2000

De nombreux témoignages archéologiques manifestent une colonisation importante de l'île à cette période. Les colons arrivent par le sud de la Sardaigne, probablement d'Afrique du Nord ou de Crète. Ils vont remonter jusqu'au nord-ouest de l'île, essaimant de petits villages ou occupant les grottes. La civilisation d'Ozieri est réputée pour ses céramiques et ses bijoux. Elle laisse en héritage les ***domus de janas***, ou « maisons des fées », qui servaient de sépulture à tout un clan, et le goût de la guerre.

© MARCO ALIEN - SHUTTERSTOCK.COM

Domus de janas.

- 1 500

Ouverture de la période nuragique, fondatrice de la civilisation sarde. Le nom provient de « nuraghe », cette tour de pierre aux fonctions toujours mystérieuses. Les premiers nuraghi, en tunnel, et les tombes de géants font leur apparition.

© SKOVALSKY - SHUTTERSTOCK.COM

Intérieur du nuraghe Sa Dom'e S'orcu.

- 1 200

La guerre de Troie – si elle a eu lieu – provoque un exode dont certains réfugiés débarquent en Sardaigne. Cette période coïncide avec la construction de nuraghi en tholos, de forme circulaire et conique et coiffés d'un toit en ogive. La culture nuragique ne tarde pas à atteindre son apogée.

- 900

Les Phéniciens utilisent le sud de la Sardaigne comme relais vers la partie occidentale de la Méditerranée. Ils développent des ports, échangent avec les tribus locales et importent l'écriture. Barumini devient l'un des nuraghes les plus importants de l'île.

© MILOSK50 - SHUTTERSTOCK.COM

Nuraghe Su Nuraxi à Barumini.

- 545 Les Carthaginois tentent de s'emparer de l'île. Le général Malchus débarque à la tête d'une flotte de 50 000 hommes, mais se fait repousser. Ils signent une alliance avec les habitants des côtes, c'est-à-dire les Phéniciens, pour parvenir à leurs fins.

- 523 La domination carthaginoise est presque totale. Les Sardes se réfugient dans les montagnes à l'est de l'île, réputées inaccessibles. Les Phéniciens agrandissent les cités portuaires et fondent Karalis, l'actuelle Cagliari. L'île devient une base militaire et commerciale importante.

La nécropole de Tuvixeddu est un vestige carthaginois de Karalis.

- 238 Les Romains convoitent les richesses de la Sardaigne depuis plusieurs décennies. Ils profitent d'une violente révolte des Sardes pour exiger la cession de l'île par les Carthaginois. Cet épisode marque la fin de la période nuragique.

- 176 Les Romains défont les montagnards sardes et achèvent leur conquête de l'île. 27 000 iliens sont massacrés durant les deux dernières années de guerre. Ils développent l'île en construisant des routes et des ponts qui leur permettent d'acheminer hommes et marchandises plus aisément.

19 Tibère envoie 4 000 juifs en exil en Sardaigne, peine pénale la plus élevée dans le code romain. Des tombes avec des inscriptions en hébreu et latin ont été retrouvées dans les catacombes de Sant'Antiocho.

175 L'empereur Marc Aurèle réputé pour sa persécution à l'encontre des chrétiens en fait déporter en nombre sur l'île. Par ce biais, il importe la religion en Sardaigne, qui va lentement se diffuser.

312 L'empereur Constantin se convertit au christianisme. Les persécutions à l'encontre des chrétiens cessent. Mais les cultes païens perdurent, notamment en Sardaigne.

314 Fondation de l'évêché de Cagliari.

456 Après s'être installés au nord de l'Afrique et avoir pris Carthage, les Vandales envahissent la Sardaigne, qu'ils arrachent aux Romains. L'île devient le grenier à blé de leur empire.

22 NOVEMBRE 498 Symmaque devient le premier pape d'origine sarde.

534 L'empereur byzantin Justinien rassemble 16 000 hommes pour conquérir la Sardaigne. L'administrateur civil prend ses quartiers à Cagliari tandis que le chef militaire occupe la place forte de Fordongianus. Les Byzantins accablent les Sardes de taxes et d'impôts.

© S74 - SHUTTERSTOCK.COM

Les thermes romains de Fordongianus.

590 Le pape Grégoire entreprend de convertir les Sardes de Barbagie, jusque-là réfractaires. Il envoie des moines byzantins qui introduisent en outre pommiers, vigne, figuiers et oliviers.

663 Déstabilisé par les guerres contre les Perses, puis les Arabes, l'Empire byzantin délaisse la Sardaigne. Abandonnée, l'île revient à ses traditions nuragiques en matière de gouvernance.

27 OCTOBRE 710 Les Sarrasins du califat omeyyade profitent de la vacance byzantine pour s'emparer à leur tour de la Sardaigne.

778 Une révolte populaire chasse les Arabes, qui tenteront de nouvelles incursions, sans succès, dans les décennies suivantes. La Sardaigne s'organise administrativement en fondant 4 territoires indépendants : l'Arborea, Calaris (Cagliari), Gallura et Logoduro (Torres). Ces « Judicats » sont placés sous l'autorité d'un juge qui détient les responsabilités civiles et militaires.

1015 L'émir Mujahid al-Amiri débarque à Torres avec une flotte de 125 navires. Le Judicat de Logoduro tombe sous son contrôle.

1017 Le pape Grégoire VIII oblige Pise et Gênes à s'allier pour former une flotte destinée à reprendre la Sardaigne. Apprenant la nouvelle, l'émir Mujahid quitte l'île.

1100 En tant qu'entité indépendante, chaque Judicat s'organise comme il l'entend. Ainsi, le Judicat de Calaris passe une alliance avec Pise tandis que celui de Logoduro se rapproche de Gênes. Ces deux républiques garantissent un protectorat dans un premier temps avant d'opérer une domination.

1218 Le Judicat de Gallura tombe sous l'influence de Pise.

1259 Adelasia de Torres, *judicessa* de Logoduro, décède sans laisser d'héritier. Le Judicat est séparé entre celui d'Arborea et les puissantes familles génoises Doria et Malaspina.

14 AVRIL 1297 Le pape Boniface VIII créé *ex-nihilo* le royaume de Sardaigne et de Corse et offre le titre à Jacques II d'Aragon. Seul le Judicat d'Arborea maintient son indépendance.

1323 Le Judicat d'Arborea s'allie avec le roi Jacques II d'Aragon pour chasser les Visconti de Pise et les familles Doria et Malaspina. Un an plus tard, le Royaume de Sardaigne et de Corse devient effectif.

1355 Le premier *cortès* (parlement) se réunit. Les trois ordres y sont représentés : ecclésiastique, militaire et civil. Pierre IV d'Aragon se désintéresse de la Sardaigne et le Judicat d'Arborea exerce son emprise, à l'exception d'Alghero et de Cagliari.

1383 Hugues III d'Arborée impose une domination tyrannique qui conduit à une révolte des insulaires. Martin Ier d'Aragon entreprend de récupérer la Sardaigne.

1390 Eléonore d'Arborea met en place le premier Code civil d'Europe, qui sera maintenu jusqu'en 1827.

1409 Martin Ier défait Guillaume II, vicomte de Narbonne et juge d'Arborea à Sanluri.

1419 Guillaume II vend ses derniers territoires sardes au roi d'Aragon pour 100 000 florins.

1448 Castelsardo, toujours sous la domination des Doria, tombe. La Sardaigne est unifiée.

1500 Faute d'héritier, la couronne d'Aragon passe dans l'escarcelle de Charles Quint.

1ER NOVEMBRE 1700 Charles II roi d'Espagne, des Pays-Bas, des Indes, de Naples, de Sardaigne et de Sicile, duc de Bourgogne et de Milan, décède sans héritier. Une longue guerre entre la Maison d'Autriche et Louis XIV s'engage pour récupérer le trône d'Espagne et ses nombreuses colonies.

1713 Les traités d'Utrecht partagent l'Empire espagnol entre la Grande-Bretagne, la France, l'Autriche et les Pays-Bas. Philippe V, petit-fils de Louis XIV, hérite du trône d'Espagne. En échange, l'Espagne cède ses possessions italiennes à l'Autriche, et la Sicile revient au prince de Savoie.

1718	Le prince Victor-Amédée II de Savoie échange la Sicile avec la Sardaigne. Le Royaume de Sardaigne comprend en sus les Etats de Savoie, le Piémont et le comté de Nice.
1793	Les Français tentent une invasion de la Sardaigne, vite repoussée par les iliens.
28 AVRIL 1794	Exaspérés par le refus des Savoie de prendre en compte les propositions statutaires des états généraux sardes, une révolution éclate. Giovanni Maria Angioy, juge à la Cour suprême du Royaume de Sardaigne, prend la tête de la révolte.
28 AVRIL 1796	A la suite d'une guerre éclair, la France napoléonienne emporte la Savoie et le comté de Nice. Giovanni Maria Angioy est défait près d'Oristano. Il prend la fuite pour Paris.
5 DÉCEMBRE 1798	La France déclare la guerre au roi de Sardaigne Charles-Emmanuel IV et envahit Turin. Le roi perd le Piémont érigé en République et se réfugie sur l'île. Le Piémont sera uni à la France en 1802.
4 JUIN 1802	Charles-Emmanuel IV décide d'entrer dans les ordres et cède son trône à son frère Victor-Emmanuel Ier.
9 JUIN 1815	Le Royaume de Sardaigne récupère le Piémont, la Savoie, Nice et gagne Gênes à la faveur du Congrès de Vienne qui démembre l'Empire napoléonien. Les Habsbourg reprennent possession de la Lombardie, de la Vénétie, de Modène et de la Toscane.
30 NOVEMBRE 1847	Inspiré par les Lumières et la Révolution française, Victor-Emmanuel Ier fusionne la Sardaigne aux Etats continentaux du Piémont, de Savoie et de Ligurie. Institutions et maison royale s'installent à Turin au grand dam des Sardes désireux de préserver leur autonomie. C'est le début du *Risorgimento*, la « résurgence », qui conduira à l'unité italienne.
1848	Charles-Albert de Sardaigne, allié à d'autres Etats italiens insurrectionnels, déclare la guerre aux principautés autrichiennes. Après quelques victoires, certains Etats rappellent leurs troupes. Le pape et le roi des Deux-Siciles se désengagent.
24 MARS 1849	L'armistice de Vignale voit les Autrichiens victorieux et met fin à la première guerre d'indépendance italienne. Le roi abdique en faveur de son fils, Victor-Emmanuel II.
28 JANVIER 1855	Un traité est signé entre le Royaume de Sardaigne et l'alliance Franco-austro-britannique empêtrée dans la guerre de Crimée.
16 AOÛT 1855	Victor-Emmanuel II fait envoyer 21 000 Sardes pour prendre part à la bataille de Tchernaïa. Seuls 250 hommes trouveront la mort au cours du combat. Mais 2 400 périront du choléra et des privations.

30 MARS 1856

Cavour, ministre du roi de Sardaigne, se bat pour participer aux négociations de paix avec la Russie. L'Autriche s'oppose à sa présence. Si la question italienne n'est pas évoquée, Cavour obtient de Napoléon III la signature d'un mémorandum soutenant les Sardes dans leur droit « des peuples à disposer d'eux-mêmes », donc à œuvrer pour l'unification italienne contre l'Autriche.

© KRAFT74 - SHUTTERSTOCK.COM

Statue de Camillo Cavour à Rome.

21 JUILLET 1858

Cavour sait que l'unité italienne ne pourra avoir lieu sans l'appui de la France. Il rencontre secrètement Napoléon III à Plombières. Ce dernier accepte de soutenir le Royaume de Sardaigne s'il se trouvait attaqué par l'Autriche. Il voit aussi l'opportunité de récupérer la Savoie et Nice.

1859

Cavour amasse des troupes à la frontière entre le Piémont et la Lombardie. L'empereur François-Joseph ne peut qu'opposer un ultimatum à la Sardaigne. Napoléon III s'oblige de sa promesse et dirige lui-même l'armée française.

4 JUIN 1859

L'alliance franco-sarde remporte la bataille de Magenta et pénètre dans Milan trois jours plus tard.

24 JUIN 1859

Une autre bataille décisive est emportée à Solférino. Le grand-duc de Toscane et le duc de Modène s'enfuient en Autriche tandis que le duc de Parme se réfugie en Suisse.

11 JUILLET 1859

Napoléon III propose un armistice aux Autrichiens, sans même consulter Cavour. Il est signé à Villafranca di Verona. L'Autriche cède la Lombardie à la France qui la rétrocède au Royaume de Sardaigne.

1860

Des plébiscites entrepris dans différents Etats unissent le Royaume de Sardaigne, la Toscane, la Romagne, Parme, Modène et la Lombardie. Victor-Emmanuel II siège sur le trône de cette nouvelle monarchie constitutionnelle. Mais la Sardaigne ne gagne rien à l'unification de l'Italie toute tournée vers l'expansion continentale.

22 AVRIL 1860

Afin de garantir l'appui de Napoléon III à la toute nouvelle monarchie, Victor-Emmanuel II consent à céder la Savoie et le comté de Nice à la France. Le traité de Turin est signé.

17 MARS 1861

Victor-Emmanuel II prend le titre de roi d'Italie alors que le royaume des Deux-Siciles a été annexé par la force. Seules Rome, sous l'autorité du pape, et Venise n'ont pas intégré le nouveau royaume. La Sardaigne, à vocation agropastorale, sombre dans la misère. Le banditisme se développe, durement réprimé par les institutions italiennes.

© VLAD1988 - SHUTTERSTOCK.COM

Statue de Victor-Emmanuel II à Rome.

1862

La Sardaigne est la seule portion de territoire à ne pas bénéficier du chemin de fer. Un consortium italo-britannique se crée pour relier Cagliari à Iglesias, Porto Torres et Olbia.

AVRIL 1871

Inauguration de la première portion de voie ferrée entre Cagliari et Villasor, à 30 kilomètres au nord-ouest de la capitale sarde.

© ANDREALIGAS - SHUTTERSTOCK.COM

Chemin de fer sarde.

15 JUILLET 1877

Une loi rend l'instruction obligatoire entre 6 et 9 ans, afin d'apprendre les rudiments de l'écriture, de la langue italienne, des mathématiques et du système métrique. Mais en Sardaigne les écoles n'existent pas.

23 MAI 1915

L'Italie s'engage dans la Première Guerre mondiale aux côtés de la France et ses alliés. La Sardaigne envoie la brigade « Sassari », très indisciplinée mais qui se distingue au combat.

MAI 1918

Un opuscule intitulé *Per l'autonomia* paraît à Cagliari, publié sous pseudonyme.

11 NOVEMBRE 1918

L'armistice est signé. Les Sardes ont perdu 13 602 des leurs au combat. Ils constatent avec amertume que l'Italie ne leur rend pas ses sacrifices. Aucune action n'est prise en vue d'améliorer le sort économique des Sardes.

16 NOVEMBRE 1919

La Sardaigne envoie 3 élus régionalistes au Parlement à l'occasion des élections générales.

17 AVRIL 1921

Emilio Lossu, ancien combattant de la brigade Sassari, fonde le Parti sarde d'action, aux velléités autonomistes, et aux valeurs laïques et démocratiques, antifascistes et anti-communistes.

1922	Le Parti sarde d'action remporte 150 communes lors des élections locales.
31 OCTOBRE 1922	Benito Mussolini accède au pouvoir après sa marche sur Rome. Le fascisme s'implante en Sardaigne.
FÉVRIER 1943	Cagliari est bombardée par les Alliés pour des raisons stratégiques. Près de 2 000 civils trouvent la mort.
3 SEPTEMBRE 1943	L'Italie signe un armistice secret avec les Alliés. L'Allemagne envoie la Wehrmacht en Sardaigne, qu'elle abandonne rapidement pour renforcer ses positions sur le continent. Les Américains prennent le contrôle de Cagliari qui offre une position stratégique en Méditerranée.
10 SEPTEMBRE 1943	Une guerre civile opposant fascistes et anti-fascistes éclate en Italie.
3 JUIN 1946	Les Italiens décident de mettre fin à la monarchie à l'occasion d'un référendum institutionnel.
14 JUIN 1946	Umberto II, roi d'Italie, quitte le trône et s'exile au Portugal.
1ER JANVIER 1948	La République d'Italie est promulguée. La Sardaigne obtient un statut spécial qui lui confère de larges pouvoirs législatifs et une grande autonomie financière.
26 FÉVRIER 1948	Une loi constitutionnelle précise les contours de l'autonomie sarde. L'île est divisée en trois grandes régions : Cagliari, Nuoro et Sassari. La province d'Oristano vient rapidement s'ajouter. Le pouvoir exécutif est administré par une junte régionale et le pouvoir législatif est assuré par un Conseil régional. Le Conseil régional élit un président chargé de diriger l'exécutif. Le droit de légiférer ne peut concerner que des problématiques régionales.
8 MAI 1949	La Sardaigne organise ses premières élections régionales. Luigi Crespellani, du parti de la Démocratie chrétienne, devient le premier président de la commission régionale. Il faudra attendre 1979 pour qu'un autre parti politique obtienne le siège suprême.
1982	Mario Melis du Parti sarde d'action devient président de la région.
2016	Un nouveau découpage administratif intervient, instaurant 4 régions et la zone métropolitaine de Cagliari : Sassari au nord, Oristano à l'ouest, Nuoro à l'est et la Sardaigne du Sud.
2019	Les dernières élections régionales portent au pouvoir Christian Solinas du Parti sarde d'action.

LES JUDICATS

LES PRÉMICES D'UNE AUTONOMIE SARDE

Malgré l'intérêt réitéré des diverses puissances méditerranéennes pour la Sardaigne, cette dernière n'a que peu inspiré les littérateurs des temps anciens. Par conséquent, il n'existe aucune source historique rapportant la fondation des Judicats. Le premier document attestant de l'existence de ces royaumes date de 864. Le pape Nicolas Ier adresse aux juges de Sardaigne une lettre les invitant à éviter la consanguinité. Si jusque-là personne ne s'était soucié de la nouvelle organisation administrative de l'île, les Sardes peuvent être assurés qu'enfin on se préoccupe de leur futur. Les historiens penchés sur le berceau sarde s'accordent à dire que la naissance est antérieure de plusieurs décennies, voire d'un siècle. L'Empire byzantin en proie aux appétits féroces des Arabes s'est désintéressé de la destinée sarde pour tenter de sauver sa peau, sans succès. Les Sardes profitent du regard détourné des Byzantins pour s'organiser différemment. Quatre régions se dessinent, constituées en territoires indépendants placés sous l'autorité d'un juge ou roi élu. Le Judicat de Cagliari occupe le sud, délimité par une ligne qui va de Portixeddu au golfe d'Orosei. La province d'Arborea forme une large poche qui s'enfonce à l'est d'Oristano jusqu'au centre de l'île. Le haut de la Sardaigne est divisé en deux Judicats, celui de Logoduro (Torres) à l'ouest et celui de Gallura à l'est.

Une administration bien rodée

L'organisation administrative des Judicats s'inspire de l'héritage byzantin. Le *logu* définit le territoire géographique. Il est divisé en districts, les *curadorias*, délimités en fonction du nombre d'habitants. Certaines populations pouvaient être déplacées d'un district à l'autre, afin de maintenir un équilibre. Le *curadore* dispose de pouvoirs essentiellement judiciaires. Il a également la charge de nommer les *majore*, ou chefs de village choisis parmi les notables. Il est nommé par le juge pour un mandat à la durée définie. Chaque *curadoria* se réunit en assemblée qui compte le *curadore*, les *majore* et les *piscamos*, les prélats. Cette assemblée élit les représentants envoyés au Parlement de l'île, la *Corona de Logu*, qui dispose du pouvoir d'élire les juges et de ratifier les lois applicables dans l'ensemble des Judicats. Contrairement aux systèmes féodaux en cours à l'époque à travers l'Europe, les Judicats reposent sur une organisation équitable et relativement démocratique.

La poussée catholique

Chaque Judicat est indépendant. Il existe des frontières fortifiées entre les régions afin de protéger leurs intérêts politiques et commerciaux. Malgré ce séparatisme territorial, la période des Judicats marque l'unification de la culture sarde. La langue sarde émerge comme en attestent les *condaghe*, ces documents administratifs compilés entre les XIe et XIIIe siècles. La religion catholique s'impose sous la pression des papes de Rome. Durant leur occupation, les Byzantins avaient placé autant d'énergie à contraindre les âmes qu'à les sauver. Eglises et monastères orthodoxes commençaient à s'inscrire dans le paysage. Mais en 1054, Rome opère un schisme avec l'Eglise d'Orient. Le pape Victor II se met en relation avec les juges de Sardaigne pour soustraire les iliens à l'influence orthodoxe et garantir leur salut dans l'Eglise catholique romaine. Eglises et chapelles poussent comme des champignons, et ce témoignage constitue encore un des plus beaux attraits touristiques de l'île.

La faiblesse militaire

L'ère des Judicats ne marque pas pour autant la pacification de l'île. Les incursions arabes s'enchaînent et les Judicats peinent à faire face à la puissance de l'adversaire. En 1015, ce sont 125 navires qui débarquent à Torres et soumettent le Judicat de Logoduro, avant de pénétrer celui de Gallura. Le pape Benoît VIII demande aux républiques de Pise et de Gênes de voler au secours de l'ami sarde. Trop contentes d'intervenir au nom de leur chef spirituel et surtout d'espérer glaner quelques nouveaux territoires, les républiques s'obligent. Si l'alliance permet de repousser l'ennemi, Pisans et Génois s'incrustent. Pise, à l'apogée de sa puissance, étend sa domination sur le Judicat de Cagliari. Les papes tirent les ficelles en coulisses soutenant tour à tour chaque république afin qu'aucune d'entre elles n'obtienne la totalité du gâteau. Le Judicat d'Arborea réussit à maintenir son indépendance jusqu'en 1323. Devant la poussée vindicative de ses voisins, elle s'associe à Jacques II d'Aragon, laissant entrer le loup dans la bergerie. Les Espagnols parviennent à évincer Pise et Gênes et obtiennent le contrôle total de l'île en 1420. C'est la fin des Judicats.

TOP 10

PERSONNAGES HISTORIQUES

Mal documentée, l'histoire sarde ne retient que peu de ses héros indigènes. En revanche, de nombreuses personnalités ont fait valoir leur droit à l'ingérence pour s'immiscer dans le bréviaire historique sarde. Des papes aux princes de Savoie, tous témoignent de l'intérêt porté à cette île stratégique.

GÉNÉRAL MALCHUS

Ce général carthaginois et ses 80 000 hommes essuient une lourde défaite face au peuple nuragique.

SYMMAQUE

(460-514) Premier pape d'origine sarde, il fait construire la première résidence papale au Vatican.

GIOVANNI ANGIOY

(1751-1808) Avocat sarde il mène une révolution contre les loyalistes savoyards, mais échoue.

© WIKIMEDIA COMMONS

BONIFACE VIII

(1230-1303) Le pape fonde le Royaume de Sardaigne en 1297 qu'il donne à Jacques II d'Aragon.

© NASTASIC - ISTOCKPHOTO.COM

EMILIO LUSSU

(1890-1975) Homme politique sarde, il fonde le Parti sarde d'action aux ambitions indépendantistes.

MARTIN Ier D'ARAGON

(1356-1410) Il remporte le Judicat d'Arborea à la bataille de Sassari et unifie la Sardaigne.

© PEDRO NÚÑEZ Y ENRIQUE FERNÁNDEZ - WIKIMEDIA COMMONS

VICTOR-AMÉDÉE II

(1666-1732) Il échange la Sicile contre la Sardaigne lors du partage des colonies espagnoles.

© MARTIN VAN MEYTENS - WIKIMEDIA COMMONS

ELÉONORE D'ARBOREA

(1340-1404) Première femme juge, elle promulgue un Code civil qui restera en vigueur jusqu'en 1827.

© LUXXIO - SHUTTERSTOCK.COM

MARIANO IV D'ARBOREA

(1319-1375) Juge d'Arborea, il s'allie avec la dynastie des Aragon pour repousser Pise et Gênes.

ANTONIO GRAMSCI

(1891-1937) Fondateur du Parti communiste italien, ses idées ne fleurissent pas sur sa terre natale.

© SERGIO DELLE VEDOVE - SHUTTERSTOCK.COM

LES ENJEUX ACTUELS

La Sardaigne a obtenu une autonomie régionale renforcée dès la constitution de la République d'Italie en 1947. Elle forge son destin à distance raisonnable des préoccupations transalpines. Elle a relevé le pari de sortir ses habitants de la misère, dans le respect de ses traditions, mais en se montrant flexible. Industrie minière ou chimie fine appartiennent au passé ? Qu'à cela ne tienne ! La Sardaigne se jette à corps perdu dans le développement touristique ou les énergies durables. Elle fait preuve de créativité malgré des freins structurels, et parfois conjoncturels, importants. Si l'insularité procure un terreau fertile aux velléités indépendantistes, elle constitue un défi de taille sur le plan économique. Le manque de diversification des activités la rend peu attractive et dépendante de sa tutelle italienne. Par conséquent, l'île connaît un taux de chômage élevé et des perspectives de développement limitées.

L'autonomie insulaire

La Sardaigne jouit d'un statut spécial conféré par une loi constitutionnelle datant de 1948. Elle lui octroie le pouvoir de légiférer de façon exclusive dans certains domaines (administration locale, urbanisme, agriculture, industrie et commerce, tourisme, transports terrestres, eaux et forêts, chasse et pêche) ou de renforcer l'arsenal juridique de l'Etat dans d'autres domaines (santé, assistance publique). Elle dispose d'une autonomie financière importante et peut retenir jusqu'à 70 % de l'impôt sur le revenu, 90 % des droits d'enregistrement et 50 % des droits de succession. Les Sardes élisent leurs représentants au Conseil régional (assemblée législative) ainsi que le président de la région, tous les 5 ans. L'exécutif est rassemblé au sein d'une junte régionale. Les dernières élections de 2019 ont été emportées par une large coalition de centre-droit menée par le parti populiste de la Ligue. Néanmoins, le président de région est le chef de file du Parti d'action sarde, Christian Solinas. Une dizaine de partis exclusivement sardes occupent l'échiquier de la représentation. Ils représentent les sensibilités culturelles et politiques qui vont d'un régionalisme renforcé à l'indépendance totale. Un sondage effectué en 2012 par l'Université de Cagliari montre que les deux tiers de la population se sentent sardes et italiens. Ceci conduit à penser que l'intégration de la Sardaigne comme région autonome au sein de l'Italie convient aux îliens.

Les principales ressources

La Sardaigne possède une tradition agricole ancestrale. L'agriculture, l'élevage et la pêche constituent la base économique de l'île. Dans certaines de ses régions, les pépinières de plantes et les cultures de vignes, d'oliviers et de vergers s'étendent sur des kilomètres. La région produit essentiellement du blé dur, du riz et des pommes de terre. Les productions secondaires sont les artichauts, les cardons, les fèves, les endives, les radis et les betteraves à sucre. L'élevage revêt une grande importance et les Sardes sont très attachés à leurs troupeaux. Ce sont près d'un million de chèvres et 4 millions de moutons qui paissent sur les plateaux de l'île. Pour soutenir cette activité, la région reçoit de nombreuses subventions, surtout dans la partie orientale de l'île. La production du lait de chèvre et du fromage est aussi encouragée. Quant à la pêche, elle est pratiquée surtout dans les étangs et dans les embouchures des fleuves. La pêche en mer, pratique apportée par les Siciliens au début du XXe siècle, prélève essentiellement thons, calmars, poulpes et crustacés. Le tourisme constitue le deuxième pilier économique de l'île. Il n'a cessé de se développer depuis les années 1960 pour connaître un véritable essor dans les années 1990.

© DARDESPOT - ISTOCKPHOTO.COM

Culture des vignes.

DÉCOUVRIR

© ROMAN BABAKIN - SHUTTERSTOCK.COM

Oliveraie sarde.

Les infrastructures – autant d'accueil que les modalités de venue sur l'île- se sont multipliées. La Sardaigne accueille 10 millions de visiteurs par an, dont 80 % visitent l'île en juillet et août. Parmi les visiteurs étrangers, les touristes allemands sont les plus nombreux, suivis par les Espagnols et les Russes. Les visiteurs plébiscitent les plages à 95 %, notamment celles de la Costa Smeralda et autour de Cagliari. A elle seule, la province de Sassari reçoit 50 % des touristes. Du côté de l'industrie lourde, le tableau se fait beaucoup plus sombre. La Sardaigne a longtemps vécu de l'exploitation de ses ressources minières. Mais celle-ci s'est effondrée dans les années 1990 et aujourd'hui les mines se visitent comme des vestiges archéologiques. Dans les années 1960, l'île fait le pari de la chimie et développe des zones industrielles, notamment du côté de Porto Torres. Mais lorsque le secteur de la chimie s'effondre pour des raisons mondiales, la Sardaigne se retrouve une fois de plus à la peine. Depuis, elle investit massivement dans le secteur des énergies renouvelables et plus particulièrement dans l'éolien et le photovoltaïque.

Perspectives et enjeux

Sur le plan politique, la Sardaigne semble avoir trouvé un consensus stable qui la fait basculer de coalitions de centre-gauche à des coalitions de centre-droit au gré des élections. Aujourd'hui, le personnel politique sarde cherche surtout à se débarrasser de l'intense présence militaire italienne et de l'OTAN qui possèdent de nombreuses et larges bases. Mais l'enjeu majeur demeure l'industrialisation de l'île pour favoriser son développement et réduire durablement le taux de chômage. En 2019, l'île comptait 14,7 % de chômeurs, contre 10 % sur le territoire national. Mais le taux s'envole lorsqu'il s'agit des jeunes, pour atteindre 45 %. L'agriculture peine à renouveler son modèle de production archaïque peu rentable et à mettre en place des systèmes d'irrigation qui permettraient de gagner en surface et en productivité. Par conséquent, le secteur n'attire que peu les jeunes, malgré la possibilité de valoriser la production grâce à l'obtention de labels de qualité. Le pecorino, l'huile d'olive ou encore le safran bénéficient d'AOP. Le tourisme, à l'activité très saisonnière, ne peut absorber à lui seul l'excédent de main-d'œuvre sarde. Les autorités s'emploient à promouvoir le potentiel historique et culturel de l'île, en aménageant les nombreux sites archéologiques et les monuments importants (nuraghes et églises romanes notamment). Au-delà de la préservation stricte du patrimoine, il s'agit d'attirer une clientèle plus diversifiée, susceptible de s'intéresser à d'autres régions que la bande côtière et prête à venir en dehors de la période estivale. La pandémie de Covid-19 montre que l'économie sarde ne saurait se reposer presque uniquement sur son industrie touristique. Celle-ci a subi de plein fouet la première phase aigüe de l'épidémie et il est trop tôt pour se prononcer sur ses effets durables. La Banca d'Italia voit en revanche la volonté de développer les énergies renouvelables d'un bon œil. La moindre dépendance au charbon peut permettre non seulement de réduire les émissions de CO_2, mais aussi d'accroître la productivité sarde à moyen terme. Cela ne suffira pas à équilibrer la balance commerciale largement déficitaire et comblée par la solidarité nationale. L'île importe beaucoup plus qu'elle n'exporte, notamment des produits manufacturés, et le manque de diversification de son économie ne peut que réduire les ambitions indépendantistes de certains.

ARCHITECTURE

Petite terre aux vastes horizons, la Sardaigne abrite, dans les méandres de ses reliefs escarpés et de ses plaines fertiles, un patrimoine multimillénaire. Difficile de croire que cette destination touristique prisée possède l'un des plus riches patrimoines préhistoriques au monde, émanant notamment de la culture nuragique. A leur tour, Phéniciens, Romains et Byzantins y ont laissé leur empreinte avant de céder la place à un Moyen Age haut en couleur, entre splendeur romane et effervescence gothique catalane, que l'on observe dans les églises autant que dans les forteresses et les palais. Sous les royaumes de Savoie et d'Italie, la Sardaigne se fait néo-classique, puis se pare des atours de la modernité, mais sans jamais dénaturer son riche passé. Son patrimoine rural et minier dit aussi beaucoup de celle qui fut longtemps le grenier d'abondance des grandes puissances. Vous l'aurez compris, un voyage surprenant et inoubliable vous attend !

Aux origines

Du Néolithique nous sont parvenus des cercles mégalithiques, des dolmens et des tombes creusées directement dans la roche, que l'on baptisa *Domus de Jana*… ou Maison des Sorcières ! La Nécropole d'Anghelu Ruju (p.225) avec ses dizaines de chambres funéraires rocheuses en est un bel exemple. Les premiers villages fortifiés font aussi leur apparition, mais c'est durant la période nuragique qu'ils vont surtout se développer. Cette culture tire son nom du nuraghe, haute tour de pierre de forme conique. A l'intérieur, l'édifice suit un plan circulaire dont la pièce principale, par laquelle on accède par un couloir, est couverte d'un dôme. Un escalier intérieur en spirale permet d'accéder aux différents étages. Véritable prouesse technique, le nuraghe est composé de pierres de taille parfois cyclopéennes et pourtant assemblées sans aucun mortier. Mais la vraie particularité de ces nuraghes est qu'ils sont la partie la plus visible d'un système extrêmement hiérarchisé. Le site de Su Nuraxi l'illustre très bien. Le nuraghe principal est protégé par une enceinte et des tours angulaires. Les recherches ont permis de montrer que cette tour était la demeure d'un roi-berger, elle-même entourée de nombreuses cabanes circulaires abritant les sujets du roi. Les différents afflux de population ont agrandi le village et entraîné la construction de nouveaux bastions et enceintes de protection. Le site de Santa Cristina avec sa « cabane ronde » munie de sièges circulaires montre la sophistication de cette société organisée en conseils pour administrer les affaires. Le site de Santu Antine montre, lui, combien ce travail de la pierre pouvait se faire fin et précis, comme le prouve le bastion trilobé protégeant la tour centrale. En parallèle, la culture nuragique a vu se développer d'autres types de structures dont les surprenants temples à puits, liés à la vénération des divinités de l'eau. Le plus beau est sans doute celui du Sanctuaire de Santa Cristina. Cerné par une enceinte sacrée prenant la forme d'une serrure, il est composé de pierres subtilement taillées selon des motifs géométriques, tandis qu'à l'intérieur on peut admirer une chambre surmontée d'anneaux concentriques créant l'effet d'une coupole, et un escalier dont l'agencement donne un aspect d'escalier renversé. Enfin, la culture nuragique s'est également exprimée à travers les « tombeaux des géants », des chambres funéraires longues de 20 à 30 m, et hautes de 2 à 3 m, originellement recouvertes d'un tumulus ressemblant à une coque de bateau renversée. A l'extérieur, la « façade » de ces chambres funéraires suit la forme d'un demi-cercle de pierres, au centre duquel trône une stèle monumentale dans laquelle est percée une petite entrée, elle-même fermée par un gros bloc de pierre. Sa Ena'e Thomes et Coddu Vecchiu comptent parmi les tombeaux les plus impressionnants.

Sanctuaire Santa Cristina.

DÉCOUVRIR

© SKOVALSKY - SHUTTERSTOCK.COM

Basilique de San Saturnino.

Des Phéniciens aux Byzantins

Phéniciens et Carthaginois ont durablement modifié le visage de l'île, créant ports et comptoirs commerçants le long de ses côtes escarpées et aménageant les premiers réseaux routiers. Parmi les plus beaux sites puniques, ne manquez pas la Nécropole de Tuvixeddu avec ses nombreuses tombes creusées dans la roche calcaire et pouvant atteindre jusqu'à 7m de profondeur. Nora (p.142), ancienne cité punique, possède un étonnant exemple de tophet, sanctuaire où l'on pratiquait des sacrifices en l'honneur de la déesse Tanit - sur le site, un temple lui est également dédié. Pragmatiques, les Romains s'attachent à continuer le développement du réseau routier, tout en développant une ingénieuse architecture de l'eau, comme le prouvent les vestiges du site de Tharros, parmi lesquels se trouvent des thermes et un *castellum aquae* ou réservoir relié à l'aqueduc de la cité. Les Romains se font également maîtres de l'urbanisme en établissant leurs cités selon des plans géométriques structurés par de grandes avenues, comme le Cardo Maximus du site de Tharros. Ces cités abritent des édifices symboles des différents pouvoirs (religieux, politique, culturel…) et c'est à Cagliari que vous pourrez en voir les plus beaux témoins. La ville est surplombée par un magnifique amphithéâtre dont la *cavea* (gradins) a été en grande partie préservée. Vous pourrez également y voir les vestiges de temples et tombeaux, sans oublier ceux de la *Villa de Tigellius*, très bel exemple d'architecture urbaine, le complexe comprenant trois *domus* disposant d'atriums aux riches colonnades. Le site de Nora est aussi un incontournable pour découvrir l'architecture de la Rome antique. C'est sous la domination de Rome que se développent les premiers cultes chrétiens avant de prendre leur plein essor sous la domination de Byzance. Se multiplient alors les édifices religieux suivant les plans de la célèbre basilique Sainte-Sophie. La basilique San Saturnino (p.101), bâtie aux Ve et VIe siècles et composée à l'origine selon un plan en croix grecque surplombé d'un dôme, en est un bel exemple. Les Byzantins sont également les créateurs des premières grandes forteresses de l'île, à Austis, Armungia et Nuragus notamment.

Effervescence médiévale

Dès le XIe siècle, le roman se diffuse largement en Sardaigne grâce à la présence de nombreux ordres monastiques. Venant des quatre coins de l'Europe, ces derniers vont teinter le roman d'influences provençales, bourguignonnes ou rhénanes, mais l'influence la plus prégnante est bien sûr celle de Pise, cité-Etat sous l'autorité de laquelle se trouve alors la Sardaigne. Le roman pisan se caractérise par un style très décoratif, une polychromie des marbres et des mosaïques, l'utilisation de formes géométriques comme le losange, des façades étagées de galeries à colonnades superposées et de portiques à arcades, le tout dans une recherche constante de pureté formelle. Ce style sera adapté à la « sensibilité » locale, chaque village exprimant son identité à travers son architecture. Parmi les plus belles églises romanes, notons : la Santissima Trinita (Saccargia), avec sa superbe polychromie de calcaire clair et pierre de basalte foncée et ses chapiteaux ornés de bas-reliefs ; Sant'Antioco di Bisarcio (Ozieri) avec son alternance de pierres noires et rouges créant une polychromie aux effets géométriques, son arcade décorée d'une rosace et son abside ornée de losanges ; ou bien encore San Gavino (Porto Torres), l'une des plus grandes et des plus anciennes églises romanes de l'île. Déterminés à défendre leur présence sur cette île stratégique, les Pisans multiplient les fortifications autour des grands centres urbains, à l'image de celles de Cagliari. Sur les quatre tours originelles ne subsistent que la tour de San Pancrazio et surtout la Tour de l'Eléphant ainsi baptisée car un éléphant de marbre y est placé sur une console à près de 10 m de haut ! Sous la domination aragonaise, la Sardaigne va voir se multiplier les édifices de style gothique catalan qui se caractérise par des édifices jouant davantage sur la largeur que sur la hauteur, développant des voûtes étirées d'une grande beauté. De plan simple, le plus souvent à nef unique, les églises gothiques catalanes possèdent souvent des contreforts entre lesquels sont construites des chapelles latérales. De façon générale, les volumes sont compacts et d'une grande clarté formelle. La basilique Notre-Dame de Bonaria est l'un des plus beaux exemples de ce style. Notez sa belle abside polygonale et ses chapelles latérales à voûtes en ogives. Pour vibrer au rythme aragonais, il faut se rendre à Alghero avec sa superbe cathédrale dont la coupole surplombe les remparts et son église San Francesco dont on admire surtout le campanile et le cloître à la très belle ornementation. Dans les rues de la ville, vous remarquerez également de très belles demeures patriciennes datant de cette époque et que l'on reconnaît à leur cour centrale accessible par un portail très travaillé, et par le premier étage qui se distingue par sa riche décoration en façade, via notamment des galeries et arcades. En parallèle, les Aragonais construisent de nombreux châteaux et fortifications. Les tours de guet jalonnent les côtes, tandis que de puissantes forteresses protègent les villages isolés. Parmi les vestiges des grands châteaux à ne pas manquer : Sanluri, l'un des mieux préservés, Monreale avec son mur d'enceintes à 8 tours, Acquafredda, perché à 256 m de haut, et Serravalle, originellement du XIIe siècle, mais reconstruit au XVIe siècle.

Du néoclassicisme à l'éclectisme

Sous les royaumes de Savoie et d'Italie, la Sardaigne se pare des atours du néoclassique, que l'on emploie aussi bien pour la construction de nouveaux édifices que pour la restauration d'édifices anciens, notamment les églises, à l'image de l'église San Giacomo de Cagliari, sanctuaire gothique catalan mais à la façade pleine de rigueur classique. C'est toute la ville qui va d'ailleurs se transformer à la fin du XIXe siècle. Une grande partie des remparts est rasée pour permettre aux quartiers bourgeois de se développer le long de nouvelles grandes artères comme la Via Roma. Dans le quartier historique du Castello, des terrasses sont aménagées sur les anciennes fortifications. Les anciens bastions sont ainsi dotés de façades à frontons et colonnades aux allures d'arcs de triomphe s'ouvrant sur de monumentaux escaliers. La ville de Sassari possède également de nombreux exemples de style néoclassique comme son Théâtre Municipal avec son intérieur s'inspirant d'un amphithéâtre antique ou bien son église San Giuseppe et sa superbe façade à colonnes reposant sur d'imposants piédestaux. Au tournant du siècle, la Sardaigne va se doter d'édifices opérant une synthèse assez étonnante entre éclectisme historicisant et décoration Art nouveau, appelé Liberty en Italie. A Cagliari, le Palazzo Civico est ainsi un bel exemple de néogothique catalan (arches, tours), rehaussé de bronzes et mosaïques aux motifs typiquement Liberty. Sur la Via Roma, vous trouverez de nombreux autres exemples de ce mélange des genres. Ne manquez pas non plus le Palazzo Balletto avec ses trois séries superposées de bow-windows, son jeu de polychromie entre le granit de la base, le parement de brique et les cadres de pierre, et ses motifs décoratifs végétaux.

Cabane de berger typique.

© CRISTINA ARBUNESCU - SHUTTERSTOCK.COM

Village fantôme d'Ingurtosu.

Patrimoine rural et minier

Dans les plaines sardes, les terres sont partout quadrillées de murs de pierres sèches (technique consistant à assembler les pierres sans mortier) et abritent un petit patrimoine à ne pas manquer, comme les cabanes de berger le plus souvent de plan circulaire, disposées sur un soubassement de pierre, et possédant un toit conique de bois ou de chaume. A l'intérieur, une cheminée chaulée éclaire un mobilier rudimentaire. Ces cabanes communiquent souvent avec la bergerie toute proche via une fine cloison à claire-voie. Les corrals ou enclos complètent l'ensemble. En parallèle, vous pourrez également observer des maisons traditionnelles, assez modestes au nord et plus élaborées au sud. Les premières ne disposent que d'un espace intérieur largement occupé par l'âtre, tandis que les secondes s'organisent autour de plusieurs cours et possèdent parfois une loggia ou galerie couverte desservant les différentes pièces de la maison. Beaucoup de ces exploitations rurales se sont aujourd'hui converties à l'agrotourisme et accueillent les visiteurs dans un cadre résolument champêtre ! Moins pittoresque, mais tout aussi fascinant, le patrimoine minier de l'île est un incontournable. De nombreux sites ont d'ailleurs été regroupés pour former le Parc Géominier Historique et Environnemental de la Sardaigne, classé au patrimoine mondial de l'Unesco. Parmi les sites incontournables, ne manquez pas l'étonnant village fantôme d'Ingurtosu avec le « Château de la Direction » de style néogothique; ou bien encore la superbe Mine de Nebida située sur un promontoire rocheux avec vue sur la mer, où l'on peut admirer la laverie Lamarmora avec ses quatre volumes superposés et décorés d'arcs, les bureaux administratifs avec leurs corniches crénelées et leurs fenêtres à ogives, et tout un ensemble de constructions pour mineurs (habitations, école, hôpital...), sans oublier le patrimoine technique avec chevalements, puits et galeries. C'est pour glorifier ces ressources minières que Mussolini fit construire, dans les années 1930, la ville de Carbonia. Pensée selon les codes du fascisme, Carbonia se voulait une cité idéale, adoptant un plan en étoile quadrillé par de larges avenues et organisé autour d'une place centrale comprenant l'église, le palais du podestat (terminologie médiévale reprise par les fascistes pour désigner le gouverneur) et la maison du fascisme. Destinée à loger les mineurs, la ville se composait de volumes bas et espacés pouvant s'étendre à l'infini. Un passé complexe mais révélateur de l'importance de la mine dans l'histoire de la Sardaigne.

Sardaigne contemporaine

La Sardaigne n'a pas été épargnée par les ravages de la guerre. S'en est suivie une période de reconstruction sans véritable plan d'ensemble, voyant s'accumuler les constructions de béton sans âme. Un phénomène renforcé par le développement du tourisme dès les années 1960 avec apparition de marinas, hôtels et résidences de luxe, notamment sur la très populaire Costa Smeralda. Cependant, ne vous laissez pas tromper par la vue d'ensemble et regardez de plus près. Là, vous découvrirez les réalisations de Jacques Couëlle. Cet architecte autodidacte est l'un des pionniers de l'architecture-sculpture pensée pour se fondre harmonieusement dans son environnement. Maisons étagées suivant le relief accidenté, terrasses végétalisées et grandes ouvertures caractérisent ses maisons-paysages. La Villa Monte Mano en est un bon exemple, tout comme l'Hôtel Cala Di Volpe, sur lequel il travailla avec son fils Savin Couëlle, qui réalise aujourd'hui encore de superbes villas dans la tradition des maisons-paysages de son père. La Villa Sirea à Porto Cervo le montre bien. La grande architecte milanaise Cini Boeri, adepte elle aussi d'une architecture respectueuse de son environnement, a créé la Villa Rotonda, superbe maison circulaire dont les courbes sont soulignées par la blancheur du béton ; la Casa Bunker dont le gris anthracite répond au relief rocheux environnant ; ou bien encore la très fonctionnelle et personnelle Villa Sbandata. D'autres villas aux lignes épurées, aux volumes simples et à la sobre décoration continuent de se construire, comme la Villa Grintosa de Stefania Sera dont les différents espaces en plateaux suivent la topographie du lieu. Et en parallèle, la Sardaigne continue de préserver son patrimoine historique qui fait sa fierté !

BEAUX-ARTS

Peuplée dès le Paléolithique, la Sardaigne a accueilli une succession de civilisations sur ses terres. Les Nuraghes développent dès le XVIIIe siècle avant notre ère un art d'une habileté exceptionnelle. Par la suite, peu de peuples ont résisté aux attraits de la Sardaigne. Loin d'affaiblir le peuple sarde, ces influences renforcèrent le sentiment identitaire local. Ne serait-ce que pour son patrimoine archéologique, la Sardaigne est une destination de choix. Pourtant, la sculpture et la fresque publique ont par la suite connu un essor exceptionnel pour une île. On peut dire que le street-art s'est épanoui à Orgosolo avant même que le terme existe ! Un arrêt s'impose à San Sperate, transformé en village-musée par un génie créatif. Si la plupart des artistes sardes partent se former de-ci de-là, rares sont ceux qui ne reviennent pas faire carrière sur leur île. Il serait donc impossible de trouver plus inspirante que la Sardaigne ?

Les premiers hommes

La Sardaigne a été occupée dès l'âge de pierre. La civilisation la plus marquante des débuts de l'histoire sarde est certainement celle des Nuraghes. Son nom provient de l'élément architectural le plus distinct du paysage, les tours coniques en pierre éparpillées dans toute la Sardaigne. Dès le XVIIIe siècle av. J.-C., les artisans nuraghes produisent des vases décorés et des statuettes en bronze. Ces *brunzittus,* coulées à cire perdue, illustrent toutes sortes de thèmes : vie quotidienne, divinités, navires, animaux. La plus grande collection de vestiges archéologiques sardes se trouve au **Musée archéologique de Cagliari.** (p.235) L'histoire de l'île de la Préhistoire à l'ère byzantine est reconstituée à travers des statuettes de la Déesse Mère, des bronzes nuraghes et des joyaux romains notamment.

Les sites en plein air permettent d'explorer les vestiges laissés par les Romains il y a deux mille ans. Situés en bord de mer, les sites Tharros et Nora invitent à compléter une tranche de culture antique par un petit plongeon.

La sculpture : une tradition sarde

Les premiers exemples de sculpture sarde remontent au Néolithique. En plus de statuettes de la divinité mère, on trouve des bas-reliefs sculptés des têtes taurines dans les *domus de janas*, les « maisons de sorcières » courantes sur l'île.

Il faut cependant attendre le XIVe siècle pour que l'art de la sculpture voit se démarquer des artistes prestigieux. A leur tête, Nino Pisano a taillé des œuvres en métal et en bois. La sculpture sur bois ne se développe pas avant le XVIIIe siècle, avec les maîtres de Sassari, Antonio Sanna et Francesco Carta. Antonio Cano et Andrea Galassi sont les sculpteurs les plus appréciés de l'île.

Moine franciscain, le sculpteur Antonio Cano naît à Sassari en 1775. Il reçoit une formation néoclassique à l'architecture, sous la direction de Canova à Rome. Toutefois c'est vers le style rococo qu'il se tourne, trouvant le moyen d'exprimer au mieux sa personnalité. On en trouve un exemple dans la sculpture de l'Immacolata qu'il a réalisée pour l'église de Santa Maria de Betlem à Sassari.

Mosaïque au site romain de Nora.

Le néoclassicisme est représenté par Andrea Galassi. Né en 1793, Andrea Galassi est lui aussi formé par Canova. Parmi ses œuvres néoclassiques, notons le monument funèbre à Maria Luisa de Savoia conservé dans le dôme de Cagliari, ainsi que la statue en marbre du Beato Amedeo, dans l'église de Sant'Anna à Cagliari. Galassi a par ailleurs sculpté les autels et la statuaire de la cathédrale d'Oristano.

Sculpteur sarde le plus prestigieux du XVIIIe siècle, Giuseppe Antonio Lonis naît à Senorbì en 1720. Très jeune, il travaille à Naples auprès des plus grands graveurs sur bois de l'époque. Lonis se dédie exclusivement à la sculpture de simulacres sacrés. De retour en Sardaigne, il ouvre un atelier et aura pignon sur rue jusqu'à sa mort, en 1805. Le style de Lonis va du baroque napolitain au néoclassicisme, avec une prédilection pour la polychromie et des influences hispaniques très évidentes. Ses œuvres se rencontrent sur toute l'île.

Emergence de la peinture sarde

La peinture se développe sur l'île à partir du XIVe siècle avec une dominance pour l'art du retable jusqu'à la fin du siècle suivant. La pinacothèque de Cagliari regroupe les principaux courants picturaux du XVe siècle à nos jours. On peut y découvrir des œuvres de l'école de Stampace, dont Pietro Cavaro fut le grand initiateur. Peintre du XVIe siècle, Cavaro fréquente les artistes barcelonais et napolitains avant de s'établir à Stampace, quartier de sa ville natale de Cagliari. Il devient alors l'organisateur et le représentant majeur de ce qui prendra le nom de Scuola di Stampace, mouvement artistique qui domine l'île au XVIe siècle. Parmi ses plus belles œuvres, on pourra admirer, au Palazzo Comunale (hôtel de ville) de Cagliari, le grand retable représentant l'hommage des conseillers de la ville à la Vierge Marie, réalisé entre 1527 et 1539. Aux XVe et XVIe siècles, des maîtres anonymes réalisent des sujets religieux pour les églises de l'île. On connaît mal la vie de ces artistes remarquables. Le maître d'Ozieri, le maître de Castelsardo et le maître de Sanluri sont peut-être les plus estimés. Le premier a vécu au XVIe siècle et a travaillé dans le nord de la Sardaigne. Son style est d'influence sardo-hispanique et on y retrouve la parenté de Pietro Cavaro. Le maître de Castelsardo, actif aux XVe et XVIe siècles, réunit des composantes de la peinture italienne de la Renaissance et des influences flamandes. D'origine catalane, il se rend en Sardaigne vers 1490 car on lui a confié la réalisation du retable della Porziuncola. Placé dans l'église de San Francesco à Cagliari, ce dernier a depuis été divisé en plusieurs pièces aujourd'hui conservées par la pinacothèque de la ville.

© SILDF - SHUTTERSTOCK.COM

La ville-musée de San Sperate.

Vers l'époque actuelle

Par la suite, les artistes sardes se formèrent autour du bassin méditerranéen. Pour la plupart, ils firent carrière à la fois sur leur île et sur le continent. Des styles individuels affirmés naquirent de ces échanges. Ils proposèrent leur vision de l'art sarde, mêlant des influences picturales d'ailleurs et des préoccupations sardes. Parmi ceux-ci, le peintre et écrivain Antonio Ballero né à Nuoro en 1864. A l'âge de 30 ans, il entame sa carrière de peintre avec une prédilection pour les scènes de genre folkloriques : fêtes, bals, coutumes, paysages. Son parcours d'artiste est en accord avec les courants prédominants du temps, le vérisme et le divisionnisme, auxquels il ne se conformera jamais entièrement.

Francesco Ciusa est le premier sculpteur sarde à être remarqué à la Biennale de Venise. Né à Nuoro en 1883, Francesco Ciusa remporte à l'âge de 20 ans le premier prix de la Biennale avec *La Madre dell'ucciso* (*La Mère de l'assassiné*). Au mépris des canons classiques, l'œuvre représente l'attitude résignée de l'île face à ses dominateurs. En 1928, il expose à la Biennale de Venise une de ses dernières grandes œuvres, *L'Anfora sarda* (*L'Amphore sarde*).

Né en 1887, Mario Delitala acquiert très jeune une renommée qui l'emmène à Rome, Bologne, Turin, Venise. Cependant, le tournant de sa carrière a lieu en 1924, quand il est chargé de décorer la salle du conseil de l'hôtel de ville de Nuoro, qu'il orne d'une peinture célébrant les « valeurs sacrées » de la culture sarde. On lui confie ensuite les travaux de décoration de la cathédrale de Lanusei, de la grande salle de l'université de Sassari ainsi que de la cathédrale d'Alghero. Il participe à la fin des années 1920 à la Biennale de Venise et à la Quadriennale de Rome.

Pinuccio Sciola (1942-2016) est célèbre dans le monde entier pour ses pierres sonores, des sculptures qui émettent des sons dès qu'on les

Peinture murale à Orgosolo.

effleure. Dès 1968, il décide de faire de San Sperate un village-musée. Il se forme aux murales au Mexique avant de recouvrir les murs à la chaux des maisons de San Sperate de fresques et d'installer des sculptures sur les places du village. Désormais, on peut visiter son Giardino Sonoro (le jardin sonore) qui rassemble une centaine de ses œuvres musicales. A découvrir.

Naissance de l'art des rues

Le muralisme italien a sa capitale en Sardaigne. En même temps que Pinuccio Sciola lançait son projet de village-musée, la petite commune d'Orgosolo accueillait sa première peinture murale en 1969. Ce sont désormais 150 fresques qui s'étalent dans les rues et sur les places du village. La première impulsion fut donnée par le collectif anarchique Dioniso. Peu après, un enseignant de Sienne réalisa en collaboration avec des collégiens une œuvre publique pour commémorer la Libération du fascisme italien. Les peintures collectives nées de la ferveur politique montrent aussi des scènes de la vie rurale. Les années 1980 se tournent plus radicalement vers les transformations que connaît la société italienne.
Peu à peu, les rues deviennent le lieu d'expérimentations à vocation esthétique. Tous les styles se côtoient : réalisme, naïf ou encore impressionnisme. Le muralisme sarde reste cependant attaché à la notion d'art collectif et populaire. Les espoirs, les peurs et les aspirations de toute une communauté qui s'est peut-être sentie, à un moment de son histoire, exclue du monde extérieur se cristallisent sur ces murs.

Art contemporain

La Galerie municipale d'art abrite la plus vaste collection d'artistes sardes des XIXe et XXe siècles avec un accent sur les années 1960 et 1980. Plus de 650 œuvres d'artistes italiens dont de grands noms du futurisme sont représentés : Balla, Depero, Boccioni ou encore De Pisis.
L'abattoir municipal de Calasetta a été restauré pour abriter le musée d'art contemporain. Sa collection, constituée par le peintre Ermanno Leinardi, couvre les principales tendances européennes des années 1960 et 1970. Le premier étage se partage entre la collection d'art constructiviste et l'art abstrait. La section des constructivistes français est particulièrement riche (Sonia Delaunay, Jean Leppien, Aurelie Nemours, Yves Popet et beaucoup d'autres), mais des artistes italiens renommés sont aussi exposés, tels que Lucio Fontana, Mauro Reggiani ou Luigi Veronesi pour ne citer qu'eux.
La galerie AB Factory défend les talents de demain. Paola Falconi, née à Cagliari en 1968, reste marquée par les contes de son enfance. Formée à Florence, elle pratique le dessin, la peinture et la sculpture. Depuis peu, elle s'intéresse à la réalité contemporaine, sans mettre de côté le monde de l'imaginaire. Plusieurs musées et galeries exposent son travail imprégné de la Sardaigne.
Giorgio « Jorghe » Casu a été art thérapeute avant de se lancer dans une carrière artistique en 2002. Son univers onirique, empli de délicatesse et de mélancolie, a séduit jusqu'à la Maison Blanche qui conserve désormais son portrait du président Obama.
Cédric Dasesson est un photographe et artiste conceptuel basé à Cagliari. Il expérimente l'espace pour en proposer une définition contemporaine. Ses photographies fascinantes sur le thème de l'eau montrent la Sardaigne sous un jour particulièrement original.

MUSIQUES ET SCÈNES

Grande sœur de la Corse, flottant à ses pieds, la Sardaigne est un des morceaux d'Italie qui nous est le plus familier. Les quelques similitudes qu'elle entretient avec l'île de Beauté n'y sont certainement pas pour rien, à commencer par l'importance de ses chants polyphoniques, appelés ici « cantu a tenore ». Mais en dehors de ces cousinages, la Sardaigne présente de nombreuses singularités qui la distinguent culturellement dans le bassin méditerranéen, tels que le « launeddas », cet instrument ancien composé d'un ensemble de trois tuyaux. Île de traditions et de fête, la Sardaigne se laisse découvrir toute l'année, au travers de centaines de rendez-vous comme le grand carnaval de février, les nombreuses processions ou encore les célébrations de village qui sont autant d'occasions d'approcher toute l'originalité de la culture de l'île.

La musique traditionnelle

Peut-être est-ce la proximité géographique ? Mais, tandis qu'il est rare en Méditerranée, le chant polyphonique est un des points communs majeurs entre l'île de Beauté et la Sardaigne. Le *canto a tenore,* le chant polyphonique sarde, est pratiqué depuis des millénaires par des bergers poètes. S'inspirant du timbre guttural de la langue sarde, il est exécuté par un chœur (*gruppa*) composé généralement de quatre voix masculines, chacune ayant une fonction bien définie. La *boghe* (« la voix ») chante le texte et dirige les autres voix. La *mesa boghe* (« milieu ») est la voix la plus aiguë et sert d'accompagnement, brodant et liant les différentes sonorités de façon relativement indépendante par rapport au *gruppa*. La *contra* est la voix centrale du chœur, et c'est autour d'elle que s'accordent les trois autres. La *bassu* (basse) est une voix grave, voire gutturale, très liée à la *contra*. Ces trois dernières voix ne chantent pas de paroles, mais des syllabes sans signification dont les modulations rythment et accentuent les intonations de la *boghe*. Les chanteurs disent que ces voix imitent celles du monde pastoral : la *bassu* imiterait le bœuf, la *contra* le mouton, la *mesa boghe* serait la brebis tandis que la *boghe* serait tout simplement la voix du berger, signifiant ainsi la proximité du *canto a tenore* avec la nature. L'ensemble produit un effet extrêmement poétique et émouvant. Le chant se passe le plus souvent d'instruments, lors d'une réunion de village, et parle de l'histoire actuelle et passée de la Sardaigne, de ses idéaux, de ses révoltes… Les stars du genre sont sans conteste Tenores di Bitti « Mialinu Pira », groupe se distinguant par le raffinement de son style, palpable dans la plupart de ses enregistrements (à commencer par le captivant *S'amore 'e mama*). Véritable trésor, le *cantu a tenore* a été proclamé « chefs-d'œuvre du patrimoine oral et immatériel » en 2005 par l'Unesco. Sur place, on peut être certain d'en entendre le 30 septembre pour la Fête de Bitti, le village d'où sont originaires les plus fameux *tenores* (chœurs). Il est aussi courant d'en croiser lors de diverses célébrations comme la Cavalcata Sarda, l'une des plus belles fêtes de Sardaigne et occasion unique d'admirer costumes, danses, chants ou récitals de poésie sarde.

Autre forme typique de l'île (particulièrement répandue au nord), le *Cantu a chiterra* est un chant monodique, généralement exécuté en sarde et gallurais et accompagné à la guitare. Probablement pratiqué depuis des siècles, le genre se caractérise par la « gara », joute musicale où l'on doit rivaliser de souffle et d'inventivité pour chanter, chacun son tour, des textes puisés dans le répertoire poétique local. Poésie chantée toujours, le *mutu* est une forme improvisée traditionnellement réalisée par les femmes en réponse aux hommes.

Pipiolus.

Les instruments traditionnels

En Sardaigne, outre les chants, les origines les plus anciennes de la musique méditerranéenne nous sont racontées par des instruments très rares comme le *launeddas*. Unique en son genre, cette clarinette polyphonique en roseau à triples tuyaux et à anche simple symbolise l'attachement de la Sardaigne à la musique, l'île ayant réussi à préserver son existence et sa pratique au travers des siècles. Bien qu'elle soit difficile à dater, l'origine de cet instrument remonte probablement à l'époque nuragique comme semble l'attester la figurine de bronze datant du VIIIe siècle av. J.-C. représentant un homme jouant d'une flûte à trois tuyaux (exposée au Musée archéologique de Cagliari). Bien qu'il soit le plus souvent joué lors de cérémonies et de danses religieuses, le *launeddas* a été maîtrisé par quelques prodiges comme Efisio Melis (1890-1970). Ce musicien folklorique sarde a été l'un des plus grands joueurs de *launeddas* au monde, considéré même par certains musicologues comme le Bach ou le Mozart de sa discipline.

Parmi les autres instruments répandus en Sardaigne, on trouve *su pipiolu* « flûte du berger » en roseau à quatre trous, le *serragia*, un instrument typique constitué d'un roseau creux et d'une vessie de porc gonflée ou encore les *tumbarinu*, tambourins originaires de Gavoi qui cadencent les fêtes et les danses.

Si les traditions musicales locales sont parvenues à être conservées pendant des siècles, c'est également grâce à certains artistes qui ont osé les marier à différents genres modernes (jazz, rock, pop, etc.). C'est notamment le cas de la soprano Elena Ledda qui a réinterprété les chants populaires sardes librement ou du trompettiste Paolo Fresu, qui explore les frontières du jazz en l'enrichissant de sonorités locales.

La musique populaire

A partir des années 1990, de nombreux artistes sardes ont fait leur entrée sur la scène italienne, avec des textes en dialecte sarde et des adaptations des sonorités traditionnelles aux rythmes rock et pop. C'est le cas des Tazenda, le groupe musical sarde le plus connu du pays. Son soliste, Andrea Parodi (1955-2006), reste parmi les voix les plus appréciées du panorama musical italien. Également très connu en Italie, le *girls band* Balentes a acquis une solide réputation avec un répertoire mélangeant chansons traditionnelles sardes retravaillées et morceaux originaux, le tout souvent chanté a cappella. Autre interprète remarquable, Franca Masu est célèbre pour ses chansons en alguérois - variante sarde du catalan - et sa recherche sur les croisements de styles. La tradition sarde-catalane de la région d'Alghero représente d'ailleurs un important courant musical, qui s'exprime principalement à travers les *cobles*. Le groupe Calic est un bon représentant de ces anciennes compositions poético-musicales. Mais si les Sardes ont pu faire entendre et voyager leur patrimoine musical, c'est aussi parce qu'il a été porté par de grands artistes comme l'inoubliable chanteur-poète Fabrizio De André ou la fabuleuse Maria Carta. Artiste emblématique de l'île, cette dernière a embrassé un large panel de la musique traditionnelle sarde (en particulier *le cantu a chiterra*) et reste aussi célèbre pour avoir été actrice chez Coppola.

Launeddas.

La danse

Danse et musique sont étroitement liées en Sardaigne. Elles sont l'occasion pour les hommes et les femmes de revêtir le costume traditionnel et de renouer avec les chorégraphies ancestrales. Une des danses les plus populaires est le *ballo tondo* (ou *ballu tundu*). Pratiquée généralement en cercle fermé ou ouvert, elle voit les musiciens ou chanteurs se placer au centre, entourés par les danseurs qui se tiennent la main, ne bougeant pratiquement que les pieds tandis que leur buste reste totalement statique.

Les diverses fêtes de l'île sont bien entendu d'excellentes occasions d'assister à des représentations de danses sardes, à commencer par la Festa Di Sant'Elena de Cagliari, célébration de la patronne de la ville. Autrement, chaque dernier dimanche d'août, la Processione Del Redentore rassemble des milliers de personnes dans les rues de Nuoro pour une procession accompagnée de chants, danses et musiques traditionnelles (de *launeddas*). Autre procession, la Marcia Longa de La Maddalena célèbre la Sainte Vierge Marie avec des compétitions sportives ainsi que des danses sardes.

LITTÉRATURE

L'âme sarde pourrait être représentée par un nuraghe, ces tours rondes qui se découvrent au détour des chemins mais dont l'histoire a tout autant oublié l'utilité que l'origine même du nom. Sur cette île centrale de la Méditerranée, qui aura connu maintes vagues de colonisation, la culture italienne s'est imposée et est progressivement devenue dominante, à l'image de la langue décrétée officielle en 1760 et désormais utilisée par la majeure partie de la population. Le sarde - terme que l'on utilise usuellement pour désigner l'ensemble des dialectes locaux d'origine romane mais néanmoins plus proches du latin que de l'italien - n'a accédé à une standardisation encadrée de sa forme écrite qu'en 2006. Pourtant, les natifs sont très fiers de leur identité, en témoignent le Musée de la Fable sarde à Boroneddu, la transmission des coutumes (fêtes, danses, costumes) ou encore la Nouvelle vague qui a frappé la littérature insulaire dans les années 1980.

Colonisation, tradition et prix Nobel

Il serait sans doute réducteur de dire que les écrivains sardes ont longuement subi les influences des puissances étrangères qui, tour à tour, avaient revendiqué l'île et imposé leur culture, en se contentant de les imiter. Certes, Enzio de Sardaigne (env. 1224-1272), par ailleurs roi, est assimilé à l'École de Sicile et use d'un italien populaire pour rédiger son œuvre, tandis qu'Antonio de Lofraso, poète du XVIe siècle, choisit le castillan pour *Les Dix livres de Fortune d'amour* qu'il achève en 1573, tout comme le fera au siècle suivant Joseph Zatrillas Vico, l'auteur de *Engaños y desengaños del amor profano* (1688) et de *Poema heroico al merecido* (1696). Pourtant, de la même manière que la Sardaigne sut faire cohabiter fêtes païennes et religion catholique, l'identité littéraire sut se transmettre par une voie détournée, celle de la tradition orale, particulièrement vive au moins sous deux formes. La première prend la forme des contes qui se transmettent de génération en génération et que l'on découvrira avec délice en français dans le recueil *La Porte d'argent* de Lauranne Milliquet publié aux éditions Slatkine, la seconde porte le nom de *gara poetica*, ces joutes orales organisées lors des fêtes patronales durant lesquelles plusieurs poètes s'affrontent en improvisant autour d'un thème tiré au sort. Cette pratique a fait l'objet d'une étude ethnologique réalisée par Maria Manca, disponible aux éditions de la Maison des sciences de l'homme sous le titre *La Poésie pour répondre au hasard*. Rien ne le laissait vraiment présager et pourtant le début du XXe siècle va assister à une déflagration, la Sardaigne jusqu'à présent si discrète sur la scène littéraire va être mise sous le feu des projecteurs. En effet, le prix Nobel de littérature 1926 est attribuée à une écrivaine sarde, Grazia Deledda. Née à Nuoro en septembre 1871, rien ne la destinait vraiment

© SABINO PARENTE - SHUTTERSTOCK.COM

Intérieur de la bibliothèque de Cagliari.

à devenir romancière puisque dans cette zone reculée, quasiment coupée du monde, les filles n'avaient souvent pas la chance de pouvoir prolonger leurs études, situation à laquelle remédièrent ses parents en confiant son instruction à un proche. Elle commença à publier dans des revues alors qu'elle n'était qu'à peine majeure, excitant une nouvelle fois la désapprobation populaire, ce qui ne freinera en rien sa vocation mais la contraindra à user de pseudonymes. Elle finira par quitter ce monde restreint - dont elle garde pourtant la nostalgie et qu'elle n'a pas manqué de dépeindre dans ses nombreux romans et nouvelles - au bras de son mari avec qui elle s'installera à Rome, c'est lui encore qui mettra sa propre carrière entre parenthèses pour promouvoir celle de son épouse. Le chef-d'œuvre de Grazia Deledda est certainement *Elias Portolu* (1903) que les éditions Cambourakis ont eu la judicieuse idée de rééditer. Il y est question d'un homme qui tombe amoureux de sa belle-sœur et qui décide en guise de rédemption d'entrer dans les ordres, mais quand son frère décède, un dilemme se pose… Explorant les voies du naturalisme, l'écrivaine s'attachera ensuite à explorer les méandres de la psyché humaine. La mort la fauchera en 1936 alors qu'elle s'était décidée à écrire sur son enfance… Deledda aurait-elle eu une influence sur Salvatore Satta, né lui aussi à Nuoro ? Toujours est-il qu'en 1975, après que l'homme, juriste de profession, a poussé son dernier soupir, ses héritiers découvrirent un manuscrit, sans doute en partie autobiographique, dans lequel un narrateur égrenait ses souvenirs comme autant d'amertumes. Publié à titre posthume et tout d'abord boudé par les critiques, *Il Giorno del giudizio* finira par rencontrer le succès à la faveur d'une réédition.

Nouveau souffle et Nouvelle vague

La littérature sarde du XXe siècle s'émaille de quelques titres qui gagnent la faveur du public, et tous ont un point commun : la Sardaigne. Il faudra ainsi citer Giuseppe Dessì (1909-1977) qui puise dans la bibliothèque secrète de son grand-père l'envie de se consacrer aux lettres et qui finira honoré par le Prix Strega qui lui sera remis en 1972 pour *Paese d'ombre*, ou encore Gavino Ledda, né en 1938, petit pâtre analphabète qui profite de son service militaire pour accéder à la culture qui lui avait été refusée. Son autobiographie - *Padre Padrone : l'éducation d'un berger sarde* - eut un tel retentissement qu'elle lui ouvrit les portes de la carrière à laquelle il aspirait. Et puis il y a surtout trois écrivains à qui l'on prête l'honneur d'avoir initié ce qui sera désigné sous le terme de Nouvelle vague : Salvatore Mannuzzu (1930-2019), Giulio Angioni (1939-2017) et Sergio Atzeni (1952-1995). Si le troisième va surtout s'intéresser dans ses

© SOLODOV ALEKSEI - SHUTTERSTOCK.COM

Grazia Deledda.

intrigues à l'histoire de son pays, très ancienne et plus récente, les deux premiers vont initier un genre qui deviendra rapidement populaire en Sardaigne : celui du roman noir. Ainsi, Manuzzu va signer *Procedura* - adapté au cinéma par Antonello Grimaldi sous le titre *Un delitto impossible*, dans lequel un procureur meurt empoisonné sous les yeux de sa maîtresse. Quant à Angioni, il campe dans *L'Or sarde* la disparition d'un enfant sur laquelle enquêtera le maire du village de Fraus. C'est dans cette brèche que vont s'engouffrer deux auteurs qu'il n'y aura pas de difficultés à trouver en traduction française : Giorge Todde, qui a un goût marqué pour les ambiances sanguinaires, et Marcello Fois qui leur préfère les circonvolutions psychologiques et n'hésitera pas à explorer d'autres veines romanesques. Si la Sardaigne sert de toile de fond quasi systématique, le dialecte est également mis à l'honneur par cette nouvelle génération et d'aucuns n'hésitent pas à placer ce vocabulaire spécifique dans la bouche de leurs personnages, à l'image de Salvatore Niffoi, qui a su également inventer le « réalisme magique à la sarde », ou de Milena Agus qui, bien que née à Gênes, n'a rien renié de ses racines sardes, elle a d'ailleurs décidé d'enseigner à Cagliari. *Mal de pierres* est certainement son œuvre la plus connue mais dans *Une saison douce*, paru en 2021, elle situe l'action dans un petit village sarde confronté à la question très contemporaine de l'immigration. Enfin, autre plume féminine, Michela Murgia livre avec son premier roman, *Accabadora* (éditions Points), une bouleversante histoire de transmission où elle explore les coutumes insulaires. Un talent qui se confirme avec *La Guerre des saints* et *Leçons pour un jeune fauve*, également traduits par Seuil.

TOP 10

LECTURE

Il aura sans doute fallu plusieurs siècles et autant de dominations pour que les Sardes gagnent l'envie de promouvoir leur langue et leurs traditions à travers le prisme de la fiction. Depuis que Grazia Deledda, prix Nobel 1926, a ouvert les vannes, la Nouvelle vague ne semble pas prête à se tarir.

UNE SAISON DOUCE

La plus célèbre des auteures sardes interroge la question des flux migratoires vécus par un tout petit village.
Milena Agus, *éditions Liana Levi.*

SARDAIGNE ET MÉDITERRANÉE

© BARTILLAT

L'écrivain britannique délaisse un temps la Sicile où il séjourne pour découvrir la Sardaigne indomptée, et il en rapporte une description fabuleuse.
D.H. Lawrence, *éditions Bartillat.*

LE LIERRE SUR L'ARBRE MORT

© CAMBOURAKIS

Passion et déchéance, les clefs d'un roman qui, bien qu'écrit en 1908, garde toute sa fraîcheur.
Grazia Deledda, *éditions Cambourakis.*

LA GÉNÉALOGIE MUETTE

L'auteure piste un mot sarde énigmatique et en fait un prétexte pour étudier l'histoire et les traditions d'un pays insulaire parfois étrangement silencieux.
Marinella Carosso, *CNRS éditions.*

LA THÉOLOGIE DU SANGLIER

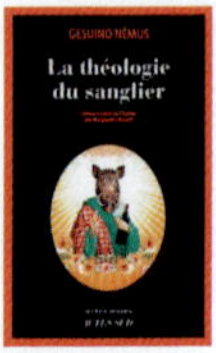

© ACTES SUD

Un homme en fuite est retrouvé mort dans un fossé. L'enquête va révéler quelques secrets de famille et autres mystères révolutionnaires.
Gesuino Nemus, *éditions Actes Sud.*

LA MAISON À DROITE DE CELLE DE MA GRAND-MÈRE

© LE LIVRE DE POCHE

À la faveur d'un souci familial, un homme revient dans son île natale qu'il a finalement bien du mal à quitter.
Michaël Uras, *éditions Le Livre de poche.*

MA CUISINE SARDE

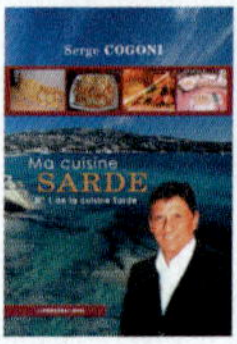

© LES PRESSES DU MIDI

Des recettes précieusement transmises de génération en génération et enfin dévoilées aux fins gourmets et aspirants gastronomes.
Serge Cogoni, *éditions Presses du Midi.*

LES GRANDS CLASSIQUES DE LA POÉSIE EN LANGUE SARDE

© L'HARMATTAN

Plus qu'une anthologie, le portrait d'une douzaine de poètes sardes pour la première fois traduits en français.
Manlio Brigaglia, *éditions L'Harmattan.*

SANTULUSSURGIU

© ATELIER EXB ÉDITIONS

Après Tulle, le photographe promène son appareil en Sardaigne et en ramène 130 images qui gravent l'âme d'un peuple.
Patrick Faigenbaum, *Atelier EXB éditions.*

L'ÎLE DES ÂMES

Des jeunes filles sont victimes de meurtres rituels. Pour leur première enquête, Mara Rais et Eva Croce vont devoir arpenter la Sardaigne ancestrale.
Piergiorgio Pulixi, *éditions Gallmeister.*

À L'ÉCRAN

La Sardaigne a la faculté d'attirer autant les touristes que les réalisateurs. Pendant les années 1960, elle fait partie des sites favoris du « western spaghetti », le cinéma de cow-boys dont l'Italien Sergio Leone en est le principal réalisateur. Durant plusieurs décennies, les thèmes du banditisme et des bergers teintent le cinéma sarde. L'œuvre la plus représentative de ces sujets est, sans nul doute, *Bandits à Orgosolo*, véritable référence du cinéma en Sardaigne. Grâce à ses magnifiques paysages, la Sardaigne attire depuis toujours de nombreux réalisateurs italiens et étrangers comme Guy Ritchie (*À la Dérive*), Paolo Sorrentino (*Silvio et les autres*) ou Kiyozumi Norifumi (*Tottoi*). À noter que James Bond entretient un rapport particulier avec la Sardaigne puisque Roger Moore interprète le célèbre agent 007 sur la plage de Cala di Volpe dans *L'Espion qui m'aimait* et que l'actrice Caterina Murina, originaire de Cagliari, campe une James Bond Girl dans *Casino Royale*, en 2006.

Des débuts aux années 1990

Les premières manifestations du cinéma en Sardaigne datent sans doute du début du XXe siècle. En 1916, le réalisateur italien Febo Mari réalise sur les terres sardes *Cenere* (*Les Cendres du passé*), œuvre muette adaptée du roman *Braises* de l'écrivain Grazia Deledda. En 1954, c'est le réalisateur italien Mario Monicelli qui signe le premier succès tourné sur les terres sardes : *Proibito*. Cependant, quand on parle de cinéma en Sardaigne, c'est d'abord *Bandits à Orgosolo* (1961) du Sicilien Vittorio de Seta, qu'on évoque. Cette œuvre sur le banditisme sarde reçoit le prix du meilleur premier film au Festival de Venise. De Seta avait déjà tourné un documentaire, trois ans auparavant, sur les bergers d'Orgosolo (*Pastori di Orgosolo*). Plusieurs œuvres comme *Une question d'honneur* (1966, Ugo Tognazzi), *Padre Padrone* (1977, les frères Taviani) ou *Disamistade* (1988, Gianfranco) abordent également les thèmes traditionnels des bergers et du banditisme. Dans les années 1990, Gianfranco Cabiddu est le premier réalisateur à abandonner ces sujets chers au cinéma sarde. Son film le plus représentatif est *Il Figlio di Bakunìn* (*Le Fils de Bakounine*, 1997), évoquant les thèmes centraux de l'histoire de la région au XXe siècle : le fascisme, les batailles des ouvriers, l'occupation des terres dans l'après-guerre, l'autonomie. Dans un tout autre registre, la Sardaigne inspire également le dessin animé japonais *Tottoi* (1992, Kiyozumi Norifumi), tiré du livre de Gianni Padoan.

Des années 2000 à nos jours

Le début des années 2000 est marqué par la sortie d'*Un Crime impossible* (Antonello Grimaldi, 2001) dont l'intrigue se passe dans la ville de Sassari, *Danse à trois pas* (Salvatore Mereu), primé au Festival de Venise, ainsi qu'*À la Dérive* (2003, Guy Ritchie), avec Madonna, remake du film italien de Lina Wertmuller tourné en 1974 (*Swept away*). En 2008, Salvatore Mereu revient avec *Sonetàula*, présenté au Festival de Berlin. En 2011, Leonardo Pieraccioni tourne la comédie *Finalement le bonheur* à Santa Margherita di Pula, une production italienne nationale importante. Deux ans plus tard, *Il Rosa Nudo* du réalisateur sarde Giovanni Coda, tourné à Quartu Sant'Elena et à Siliqua, se fait remarquer au Queer Lion de la Mostra de Venise. Plus récemment, *Silvio et les autres* (2018, Paolo Sorrentino), *5 est le numéro parfait* (2019, Igort) ainsi que *Domino : la guerre silencieuse* (2019, Brian de Palma) placent tous une partie de leur tournage en Sardaigne. La popularité de l'île parmi les réalisateurs étrangers convainc la région de la Sardaigne de créer la Sardegna Film Commission, chargée de monter des centres de production internationaux. Parmi eux, la Fabbrica del Cinema est située dans les minières abandonnées de la région du Sulcis. À noter également que chaque année, en juillet, la Sardaigne accueille sur l'île de Tavolara le festival Isole del Cinema.

© ALESSIO ORRU - SHUTTERSTOCK.COM

Bandits à Orgosolo a été tourné dans les alentours d'Orgosolo.

POPULATION

L'origine des Sardes demeure un mystère, et ce malgré les nombreux vestiges archéologiques mis au jour et les progrès scientifiques portés par la génétique. Si l'archéologie nous renseigne sur les premières présences humaines et les différentes cultures qui se sont succédé, elle répond mal à la question : « D'où venaient-ils ? ». La génétique livre ses premières réponses passionnantes, sans toutefois réussir à percer un autre mystère : la longévité des habitants du Nuoro. C'est en Sardaigne qu'a été mise au jour la première « zone bleue » qui comprend un nombre anormalement élevé de centenaires. Cela peut-il s'expliquer par la faible densité de population en Sardaigne ? Par la préservation d'un mode de vie traditionnel ? Outre une belle espérance de vie, la Sardaigne présente comme particularité la préservation de sa langue venue tout droit de l'Antiquité romaine. Ou de ses langues… car là encore l'île apparaît très fragmentée.

Les premiers Sardes

Des galets clactoniens ainsi que des squelettes incomplets font remonter les premières traces humaines au Paléolithique supérieur (-45 000 à –11 700 ans), ce qui fait de la Sardaigne l'une des dernières régions d'Europe à se peupler. Son éloignement des côtes et la nécessité de posséder un navire solide pourrait expliquer ce peuplement tardif. Les premiers colonisateurs arrivaient vraisemblablement de zones géographiques proches, comme les péninsules italienne et ibérique. Les premiers cercles funéraires et structures mégalithiques distinctifs de la culture d'Arzachena (-4 200 à -3 800 ans) viendraient de peuples de la France méridionale. Les statuettes féminines en os propres à la culture d'Ozieri (-3 300 à -2 500 ans) font écho à des pratiques crétoises et des Cyclades. Les bocaux en terre cuite de culture campaniforme et les nouvelles méthodes de travail du métal de l'âge du cuivre (-2 500 à -1 800 ans) proviendraient de peuples franco-ibériques et d'Europe centrale. Ce ne sont que quelques tribus qui débarquent à chaque fois, amenant avec elles des savoir-faire nouveaux qui donnent lieu à des développements sociaux : villages, routes, développement militaire, culte des morts… La civilisation nuragique (-1 800 à -238 ans), véritable âge d'or de la Sardaigne, voit arriver des tribus en plus grand nombre. L'île s'organise autour d'ethnies clairement identifiées, mais aux origines parfois controversées. Les Corsi traversent les Bouches de Bonifacio pour s'installer à la pointe nord de l'île. Les Balari, venus de la péninsule Ibérique et du Midi de la France, occupent un territoire qui s'étend jusqu'à Bosa et Orosei. Les Ilienses, aussi appelés Ioleïs, posent leurs armes et leurs outils dans la grande moitié sud de la Sardaigne. Entre mythes, légendes et recherche scientifique, les sources se télescopent, mais s'accordent pour faire venir cette ethnie de Grèce. En revanche, s'agit-il de Troyens fuyant le conflit, de Béotiens suivant leur héros Iolaos, de peuplades venues d'Aegean il y a bien longtemps ? Le mystère demeure… Durant cette période constitutive de la culture sarde, l'île se développe. Les échanges provoqués par les incursions phéniciennes et carthaginoises vont laisser des traces culturelles et cultuelles, et le goût de la guerre. Des inscriptions puniques font leur apparition sur des stèles. Et les habitants des côtes se replient vers l'intérieur des terres pour fuir les velléités carthaginoises. En -238, les Romains s'emparent de l'île. Adieu les Africains, bonjour les Européens. Rome envoie des habitants par milliers, quelques esclaves et des exilés pour coloniser l'île. S'ensuivent l'invasion arabe, l'influence pisane et génoise sur les Judicats, la domination espagnole, le retour dans le giron de Piémont-Savoie, l'exploitation minière qui amène son lot d'immigrés, la misère que fuient les Siciliens... Difficile de déterminer l'origine du Sarde dans cet incessant va-et-vient de l'Histoire, qui ne semble jamais laisser la Sardaigne en paix.

© FEDERICO.CROVETTO - SHUTTERSTOCK.COM

Cercle funéraire arzachena.

Femmes en costumes traditionnels.

L'apport de la génétique

Le boom de la génétique dans les années 1990 et la fin du séquençage du génome humain en 2003 permettent de grandes avancées dans la compréhension des origines des Sardes. Des recherches sont entreprises pour déterminer le patrimoine génétique des premiers Sardes aussi bien que des Sardes contemporains. L'étude la plus récente menée par l'Université de Chicago et parue dans la revue *Nature Communications* en 2020 montre que les Sardes du Néolithique moyen partagent un patrimoine génétique similaire à ceux des Européens de la même période. L'étude de l'ADN prélevé sur 70 squelettes de l'Antiquité montre également que l'évolution génétique est demeurée stable jusqu'à la fin de la période nuragique. Ceci signifie que les apports de population sur l'île sont restés très modérés, car à la même période le patrimoine génétique des continentaux s'est diversifié du fait d'échanges importants à travers l'Europe et au-delà. A partir de 500 av. J.-C., les chercheurs notent une contribution des Phéniciens et des Carthaginois dans la carte génétique sarde. Il en résulte aujourd'hui un pool génétique commun avec celui des Européens, mais présentant des variants isolés. La génétique nous apprend aussi que Basques et Sardes sont les peuples possédant un ADN le plus semblable, sans que cela puisse s'expliquer par l'apport espagnol au Moyen Âge. Enfin, les généticiens se penchent avec un intérêt prononcé sur le peuple sarde afin de percer le mystère de certaines maladies auto-immunes, mais surtout le secret de longévité des hommes.

La zone bleue du Nuoro

A la fin des années 1990, Gianni Pes, docteur en recherche clinique et en médecine expérimentale, repère une région de Sardaigne où les hommes semblent vivre aussi vieux que les arbres. Quelque part dans les montagnes du Nuoro, nombreux sont les hommes et les femmes à dépasser les 100 ans et dans de bonnes conditions physiques. Il fait part de sa découverte lors d'un colloque spécialisé, auquel assiste le géographe belge Michel Poulain. Tous deux décident alors de mener l'enquête sur le terrain. Ils se munissent d'une carte et partent compter les centenaires comme d'autres comptent les moutons à l'heure de s'endormir. Ils entourent en bleu les localités où la densité de centenaires est particulièrement élevée et isolent la région de Punta la Marmora. On y dénombre près de 31 centenaires pour 100 000 habitants, un record ! A l'échelle mondiale, les chiffres, bien qu'incertains, projettent plutôt 7,13 centenaires pour 100 000 habitants. Dan Buettner, explorateur membre de la National Geographic Society, prend connaissance des résultats de la « zone bleue » du Nuoro. Il propose aux deux chercheurs de partir à la conquête du monde et de voir s'il existe d'autres zones bleues. Depuis 2002, 4 régions comptant un nombre anormalement élevé de centenaires ont été répertoriées : Okinawa au Japon, l'île d'Ikaria en Grèce, la péninsule de Nicoya au Costa Rica et une communauté adventiste en Californie. La comparaison de ces 5 sociétés a permis de faire ressortir un régime essentiellement végétarien, une faible consommation d'alcool, une vie saine et en plein air comme points communs. Ce mode de vie était sans aucun doute celui de la famille Melis. En 2012, des journalistes italiens rassemblent sur une même photo 9 frères et sœurs qui à eux tous totalisent 818 ans. Avec des âges compris entre 78 et 104 ans, la « plus vieille famille du monde » fait son entrée dans le Guinness Book des Records.

© DAVIDE SARRU - SHUTTERSTOCK.COM

Femme sarde.

Démographie

Si l'on meurt vieux en Sardaigne, à 83 ans en moyenne, on y naît peu. C'est la région qui compte le plus bas taux de fertilité en Italie, avec seulement 1,07 enfant par femme. Avec 45 % de célibataires dans un pays très catholique où le mariage demeure la norme, la repopulation de la Sardaigne ne semble pas à l'ordre du jour. La pyramide des âges en forme de plume de stylo montre un net déficit de population entre 0 et 29 ans. La moyenne d'âge est de 47 ans et 16,66 % de la population a entre 45 et 54 ans. L'île présente une balance démographique négative, perdant 10 800 habitants par an. Lors du dernier recensement de 2011, la Sardaigne comptait 1 639 362 habitants. Un quart de la population réside dans la zone métropolitaine de Cagliari, capitale et plus grande zone industrielle de Sardaigne. A l'échelle de l'île, la densité de population s'élève à 68 habitants par km², contre 200,27 habitants par km² en Italie. Cette densité tombe à 37 habitants par km² dans la province du Nuoro, la plus montagneuse. Dans les années 1930, la majorité de la population vivait entre 500 et 600 mètres d'altitude, pour des raisons historiques aussi bien qu'environnementales. Les plaines marécageuses étaient infestées par le paludisme et il faut attendre 1951 pour que l'île soit enfin débarrassée de ce fléau. Quelques années plus tard, l'essor touristique de la Sardaigne va achever l'exode des régions du centre vers les côtes. L'exploitation minière jusque dans les années 1940 puis le boom touristique vont entraîner un léger flux migratoire. Aujourd'hui, les résidents étrangers représentent 3,43 % de la population, soit 5 points de moins que la moyenne nationale. Le premier contingent vient de Roumanie et il n'y a que 800 Français à vivre en Sardaigne à l'année. L'immigration n'a que peu d'impact sur la cohésion sarde, notamment la langue.

Limba Sarda Comuna

L'italien n'est importé que tardivement sur l'île, en 1760, quand la Sardaigne tombe entre les mains de la principauté de Savoie. La langue est cependant imposée et c'est celle que l'on enseigne dans les écoles. Il faut attendre 1997 pour que le sarde soit reconnu comme une langue à part entière et que son usage soit transmis en milieu scolaire. Son enseignement pose problème, car il n'existe pas une langue sarde commune, mais des parlers régionaux. Les deux principales branches sont le *campidanesu* (campidanien), parlé dans le sud, et le *logudoresu* (logodurien) usité dans le centre et l'ouest de l'île. Le sarde est une langue néo-latine de tradition orale qui puise dans la langue romaine antique. Elle est parlée par 62 % des Sardes et comprise par 97 % d'entre eux. Malgré ces bons chiffres, la langue est considérée comme en danger de disparition par l'Unesco. En 2006, la Sardaigne adopte la Limba Sarda Comuna (LSC) pour la rédaction de ses documents officiels. Il s'agit de la forme scripturale du sarde chargée de créer un standard unique compris par tous. Depuis, la LSC est de plus en plus communément employée dans les articles de presse ou sur les réseaux sociaux. Des cours sont donnés gratuitement dans certaines villes ou sur le site Internet de la Région Autonome de Sardaigne. Des livres sont traduits en sarde et mis à disposition en ligne. La création d'une langue écrite doit permettre d'unifier l'usage de la langue et d'en assurer son avenir. Mais il existe aussi des dialectes sardes fortement menacés. Le *tattaressu* parlé dans la région de Sassari est un mélange de pisan et de corse ; le *nugoresu* aux accents corses proches de la ville de Sartène est employé en Gallurie, dans le nord-est de l'île. Le mille-feuille linguistique comprend également quelques dialectes importés de l'étranger. Une variante du catalan oriental est encore usitée par les anciens à Alghero. Le *tabarchino*, descendant du génois, résume à lui seul la complexité des mouvements de population en Méditerranée. Au XVIe siècle, la famille génoise des Lomellini obtient la concession de l'exploitation du corail sur l'île de Tabarka en Tunisie. Elle y envoie 50 personnes. Deux siècles plus tard, 156 familles émigrent pour l'île de San Pedro au sud-ouest de la Sardaigne, amenant avec eux leur dialecte. Celui-ci ne se pratique plus désormais qu'à San Pedro et Sant'Antioco. Enfin, le vénitien est parlé par quelques familles venues d'Italie sous le fascisme qui se sont installées à Fertilia et Arborea.

SOCIÉTÉ

La société sarde demeure profondément patriarcale, dominée par la figure masculine toute puissante et décisionnaire. La femme est traditionnellement renvoyée à son foyer, à l'éducation des enfants et à l'élaboration des repas. Pour autant, cette place n'est pas sans importance, car la famille constitue le pilier inaltérable de la société sarde et le mariage en est son garant. Dans les villages de l'intérieur, les générations cohabitent encore régulièrement sous le même toit et *la mamma* en est le point de repère bienveillant. Le courant d'émancipation de la femme qui a traversé l'Europe occidentale au mitan des années 1970 n'a pourtant pas contourné la Sardaigne. Aujourd'hui, nombre de femmes travaillent et participent aux dépenses ménagères. Elles obtiennent une reconnaissance à l'extérieur du foyer, et certaines figures féminines comme la femme de lettres Grazia Deledda ou la chanteuse Maria Carta ont contribué à faire rayonner la Sardaigne à travers le monde.

La famille, fondement de la vie sociale

Traditionnellement, plusieurs générations cohabitent sous le même toit. Les plus âgés ne connaissent pas l'isolement et tissent des relations étroites avec les plus jeunes. Si c'est encore vrai dans les montagnes et les villages reculés, les familles sont plus éclatées dans les villes. Nombreux sont ceux à être descendus de la montagne pour occuper des emplois sur la côte. Certains jeunes quittent l'île pour poursuivre des études sur le continent et ne reviennent jamais, si ce n'est à l'occasion des fêtes. Si la famille demeure le pilier social inébranlable, il est tout de même étonnant de constater que la Sardaigne est la région italienne affichant le plus bas taux de natalité. La vie sociale est rythmée par le calendrier religieux, les fêtes patronales nombreuses, les mariages, les naissances et les décès. Au quotidien, les locaux se donnent rendez-vous sur les places publiques, les bancs ombragés ou à la terrasse des cafés. A l'heure de la sieste, les rues sont désertées, avant de s'animer à nouveau pour la *passeggiata*, la promenade apéritive du soir. Il suffit de déambuler dans les rues des villes ou des villages pour embrasser en un rien de temps la sociabilité sarde. Tout le monde semble se connaître, s'arrête pour discuter avec un ami ou un voisin, les générations s'entremêlent dans un sentiment de bonne humeur.

Les 3 M

Les Sardes disent volontiers que les « 3M » se fondent dans un creuset pour former le socle de leur vie. Mais que représentent ces mystérieux M ? La Madone tout d'abord. La religion occupe une place d'importance en Sardaigne. Chaque village accueille une église, quand ce n'est pas plusieurs, des chapelles ont été érigées dans les campagnes sur les lieux de culte païens, des calvaires se dressent à la croisée de chemins. En tant que mère du Christ, messager de Dieu, la Vierge jouit d'un statut spécial en Sardaigne. Elle est *de facto*, la mère de tous les chrétiens. C'est vers elle que se tournent les Sardes pour implorer un miracle, demander une grâce, quémander un bout de bienveillance. A l'occasion du 15 août, le *ferragosto* en italien, de nombreuses villes et villages tirent des feux d'artifice, donnent des concerts, organisent des évènements pour marquer le coup. La plus belle fête est donnée à Sassari au soir du 14 août. Les habitants se rassemblent en procession pour la Descente des Chandeliers sur la Piazza Castello. Des cierges en bois enluminés, surmontés de fanions et d'ex-voto sont portés jusqu'à l'église Santa Maria di Betlem pour renouveler le vœu fait à la Vierge qui sauva la ville de la peste. Comme toujours, les Sardes mêlent religiosité et magie, religion et légende.

© D.SERRA1 - SHUTTERSTOCK.COM

Costume traditionnel lors d'une procession religieuse.

DÉCOUVRIR

Le deuxième M rend hommage à la *mamma*. La mère tient le premier rôle au sein de la famille. Si le père détient l'autorité sur le cercle familial, la mère est chargée de l'éducation des enfants, de leur prodiguer amour et bienveillance. Elle détient le rôle nourricier. Si saint Pierre est assis à la droite de Dieu pour bénéficier du bonheur éternel, la *mamma* est assise à la droite de la *Madonna* dans l'imaginaire collectif. Tout comme la Vierge veille avec bonté sur les croyants, la *mamma* veille sur ses petits avec tendresse. Le troisième M renvoie à la nourriture, le manger, *mangiare*. Les repas cimentent les membres d'une même famille. Le contenu de l'assiette est tout aussi important que l'acte de partager le repas. Toute la famille se rassemble autour de la table pour partager la cuisine – toujours délicieuse - de la mère. On y raconte sa journée, les petits et grands évènements de la communauté.

Le mariage

L'union d'un homme et d'une femme passe encore pour l'acte le plus sacré d'une vie. Le rite a perdu beaucoup de ses spécificités traditionnelles, mais le mariage constitue toujours une fin en soi : fonder un foyer, perpétuer la lignée. De nombreuses coutumes et superstitions sont liées à l'évènement. Les jeunes femmes célibataires avaient pour habitude de placer trois fèves sous leur oreiller à la veille de la Saint Jean (24 juin). La première était pleine, la deuxième à moitié écossée et la troisième complètement écossée. Au réveil, la jeune femme tirait une fève au hasard. Le résultat lui indiquait le statut de fortune de son futur mari. La demande en mariage et les noces suivaient un rituel très précis, long et codifié. Lorsqu'un jeune homme désirait se marier, il devait d'abord obtenir le consentement de son père. Après l'avoir donné, ce dernier se rendait chez les parents de la promise pour faire la demande. S'ensuivait un dialogue abstrait entre les deux pères, où le nom de la jeune fille n'était pas prononcé, mais où il était question d'emmener une génisse à la beauté parfaite brouter dans de nouveaux pâturages fertiles. Si le père de la jeune fille donnait son accord, le montant de la transaction (*segnali*) était alors fixé, ainsi que la date de sa remise. Le jour venu, le père du fiancé se rendait alors chez la jeune fille, accompagné de parents et d'amis choisis, ainsi que des cadeaux convenus. La famille de la fiancée se tenait barricadée dans la maison et devait attendre que la famille du futur époux ait rameuté les habitants du village avant d'ouvrir leur porte. Les cadeaux pouvaient être remis à la famille de la fiancée et un repas se tenait où les deux familles s'asseyaient à la même table. Cette cérémonie permettait de rendre publique la future alliance entre les deux familles. Le mariage ne pouvait se tenir qu'après constitution complète et transport du trousseau. Le futur époux se présentait monté sur un cheval et suivi du nombre de chariots suffisant chez sa promise. Chaque élément est scrupuleusement étudié, montré et placé dans les chariots : meubles, ustensiles de cuisine, draps, blé. La meule occupait toujours le dernier chariot, tandis que la cruche dont la future mariée se servirait pour puiser l'eau était placée sur un coussin porté par la plus belle jeune fille du village. Les familles des futurs mariés se rendaient alors en procession bruyante et colorée chez l'époux. Les chariots étaient vidés, les meubles mis en place dans la maison. La cérémonie de mariage pouvait alors se tenir. Elle se déroulait dans le village de la mariée. L'époux se présentait accompagné du prêtre de son village. Après forces pleurs et lamentations, la jeune femme obtenait la bénédiction de sa mère et était remise

Mémorial de la Vierge sur la plage de Portu Maga sur la Costa Verde.

© GIANFRI58 - SHUTTERSTOCK.COM

Chaque année en septembre, le village de Selargius célèbre une union suivant les rites traditionnels.

au prêtre de l'époux, tandis que celui-ci était confié au prêtre de l'épouse. Les deux familles se rendaient séparément à l'église, précédées par une fanfare. A l'issue de la cérémonie, les convives se rendaient chez la femme pour le repas de noces. Les mariés étaient assis pour la première fois côte à côte et partageaient une soupe servie dans une assiette unique et avec une seule cuillère. A un signal donné, l'épouse était assise sur un cheval caparaçonné conduit par le témoin du marié. Les deux familles suivaient la mariée jusqu'à sa nouvelle maison, en procession, deux par deux. Arrivée à bon port, la belle-mère distribuait *la grazia* (la grâce) en répandant quelques gouttes d'eau dans la cour de la maison et en jetant des poignées d'un mélange de blé, de sel et de dragées. La mariée baisait alors la main des parents de son époux, en signe de respect, avant d'être conduite dans la chambre nuptiale. Un nouveau festin se tenait en soirée, où les mariés mangeaient à nouveau dans la même assiette et avec les mêmes couverts. S'ensuivaient un bal avec musique et chants traditionnels. Aujourd'hui, la cérémonie matrimoniale est grandement simplifiée et suit les rites occidentaux. Pour autant, chaque année, le village de Selargius célèbre une union suivant les rites traditionnels en septembre.

La place de la femme

La Sardaigne répond à une organisation patriarcale, assez machiste. L'homme porte la responsabilité du soutien financier de la famille. Il détient également l'autorité et prend les décisions importantes concernant la famille. La femme, elle, veille à la bonne tenue de la maisonnée, s'occupe des enfants et prépare les repas. Ce schéma traditionnel tend à s'effacer pour laisser la place à une répartition des responsabilités et des tâches plus équilibrées entre les époux. Beaucoup de femmes travaillent et participent aux revenus de la maisonnée. Elles sont même légèrement plus nombreuses à occuper un emploi que les hommes en Sardaigne. Cette vie nouvelle, plus tournée vers l'extérieur, est-elle de nature à expliquer le faible taux de natalité en Sardaigne ? Ce sont les femmes étrangères qui participent le plus au taux de renouvellement de la population, avec un taux de natalité deux fois supérieur à celui des femmes sardes. Malgré une société encore très marquée par la domination masculine, la Sardaigne a connu quelques personnalités féminines emblématiques. La première d'entre elles vécut au temps des Judicats. Eleonora d'Arborea a marqué son expérience du pouvoir en promulguant le premier Code civil de l'île. Il fallut attendre 1827 pour que le Code de Savoie remplace la Carta de Logu mise en place en 1392. Le seul prix Nobel remporté par un Sarde le fut par une femme, Grazia Deledda. Née en 1871 dans une famille de classe moyenne de Nuoro, elle n'achève même pas ses études de primaire, chose fréquente pour les filles à l'époque. Néanmoins, elle se met à écrire à un très jeune âge et publie ses premiers textes à 17 ans. A la surprise générale, elle est récompensée par un prix Nobel de littérature en 1927, pour son œuvre teintée d'amour, de douleur et de mort qui se heurtent au péché et à la fatalité. Maria Carta a révélé la musique sarde sur la scène internationale. Chanteuse folk des années 1970, elle entremêle les sonorités traditionnelles de son île natale à des compositions personnelles contemporaines qui la mèneront du Festival d'Avignon à New York, en passant par San Francisco. Elle aura également une courte carrière d'actrice. Francis Ford Coppola la repère et la retient pour le rôle de la mère de Vito Corleone dans le *Parrain II*.

RELIGIONS

La Sardaigne, comme le reste de l'Italie, est profondément chrétienne. La religion catholique imprègne aussi bien la vie quotidienne que les temps extraordinaires partagés en groupe. De son histoire multimillénaire, la Sardaigne a conservé le sens du sacré, traversé de croyances populaires héritées des cultes païens. Malgré une présence accrue depuis le Moyen Âge, l'Eglise catholique n'a jamais réussi à abolir complètement ces croyances qui interpénètrent la pratique de la foi à l'occasion de fêtes et de rites spécifiques. Néanmoins, le développement économique de l'île, assuré essentiellement par le tourisme, et qui s'opère depuis les années 1960, est en train de transformer radicalement les rituels religieux. L'exode rural et l'avènement d'une classe moyenne tendent à rapprocher la Sardaigne des campagnes de celle des élites italiennes dans une pratique cultuelle qui se défait progressivement de ses croyances païennes.

Croyances et foi

Les premiers vestiges archéologiques sardes témoignent de la présence de cultes païens. Statuettes de divinités, cercles funéraires, stèles cultuelles, fontaines sacrées jalonnent l'île et dénotent la force de croyances populaires très ancrées. A l'issue du concile de Nicée en 325, Rome concède la liberté de culte. La Sardaigne devient chrétienne sans pour autant abandonner certaines croyances. Leurs reliquats ont fait l'objet de nombreuses études scientifiques, notamment au XXe siècle dans l'immédiate après-guerre. L'Italie communiste se penche sur les traditions populaires de ses régions les plus pauvres, là où le dogme de l'Eglise ne semble pas avoir réussi à s'emparer complètement du contrôle des âmes. Le philosophe sarde Antonio Gramsci, cofondateur du Parti communiste, pose la théorie que les classes subalternes échappent aux « conceptions élaborées systématiquement et politiquement organisées » de l'Eglise et destinées aux classes supérieures. Il en résulte une charte de croyances mêlant magie, païen et chrétien, mieux à même de répondre à leurs besoins que la doctrine officielle. Dans son roman *Le Christ s'est arrêté à Eboli* (1948), l'écrivain antifasciste Carlo Levi décrit ces classes rurales miséreuses, qui mêlent magie et relation mercantile à l'expression de leur foi : « Devant toutes les portes, les paysans attendaient la procession, une corbeille de blé à la main et ils en jetaient à pleine poignée sur le passage de la Madone afin qu'elle pensât aux récoltes et leur portât bonheur. [...] Devant la porte de quelques maisons, à des élargissements de la route, on avait dressé des tables recouvertes de nappes blanches, semblables à de petits autels rustiques. La procession s'arrêtait devant elles [...] et les paysans et les femmes accouraient porter les offrandes ».

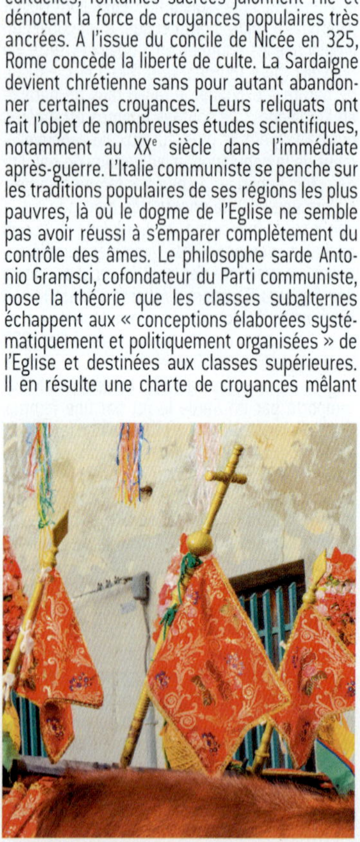

© DENISESERRA - ISTOCKPHOTO.COM

Les processions religieuses sont nombreuses en Sardaigne.

De longues fêtes

Fêtes patronales, pèlerinages et fêtes traditionnelles occupent encore une place importante dans le calendrier sarde. Il s'agit de remercier le saint patron, de commémorer un miracle, mais aussi de quémander de bons auspices pour une bonne récolte et une vie meilleure. Il s'agit aussi de briser le cercle de la misère et de faire pénétrer l'abondance, comme à l'occasion des « longues fêtes ». Pendant neuf jours, la hiérarchie sociale est abolie et les habitants se retrouvent dans une salle prévue à cet effet en amenant force provisions qu'ils vont s'occuper à consommer. Ces pèlerinages singuliers ont été étudiés par l'anthropologue Carla Gallini dans son ouvrage *La Consommation du sacré. Fêtes longues en Sardaigne*. Elle y note néanmoins que « l'émigration, le passage de nombreux paysans au secteur tertiaire, l'accroissement des classes moyennes, sont en train sinon de déraciner, du moins de transformer radicalement les contenus religieux et les fêtes traditionnelles ». Elle confirme que l'amélioration économique mène à faire disparaître les traditions païennes, comme cela a été le cas pour la danse de l'argia, une forme d'exorcisme éteinte dans les années 1970.

QUE RAPPORTER ?

Avec son folklore puissant et des ressources naturelles en abondance, la Sardaigne possède un artisanat diversifié et de qualité. Il explore aussi bien la gastronomie que la joaillerie, le textile, la coutellerie, la vannerie, la poterie… Chaque région possède ses particularités et savoir-faire. Corail d'Alghero, couteau de Pattada et mirto forment un triptyque incontournable de produits authentiquement sardes. Les objets et vêtements en liège, les bijoux en filigrane d'or ou d'argent ou le pecorino font l'objet de cadeaux originaux. Si vous avez un peu de place dans le coffre de votre voiture, ne manquez pas de ramener un bidon ou quelques bouteilles d'huile d'olive de Sardaigne, réputée parmi les meilleures d'Italie. En revanche, laissez sur la plage le sable que vous foulerez ou les coquillages qui viennent s'y échouer : il est strictement interdit d'en collecter, sous peine de s'exposer à une peine passible de prison.

Mirto

Les Sardes apprécient la liqueur de myrte en toute occasion. Pour les fêtes, aux mariages, en apéritif ou après le repas, la bouteille traîne toujours sur un coin de table. La liqueur noire aux notes astringentes s'obtient par un long processus de fabrication. Les baies de myrte sont cueillies à maturité puis lavées et séchées quelques jours au soleil. Elles sont ensuite mises à macérer pendant 40 jours dans de l'alcool et dans le noir. Le jus de macération est filtré avant d'y ajouter du sirop de sucre qui va venir adoucir la préparation. Les bouteilles sont entreposées deux mois avant dégustation. Cette liqueur aux origines populaires était autrefois préparée dans les cuisines ou les cours de ferme. Il y avait autant de recettes que de préparateurs. Il existe désormais une production industrielle et les bouteilles investissent les rayonnages des cavistes et des supermarchés. Le breuvage doit être dégusté entre 2 et 15 mois après la mise en bouteille. En vieillissant, les notes organoleptiques et l'astringence se volatilisent, la couleur violacée vire au rouge sang. La liqueur de myrte se conserve au congélateur et se boit glacée.

Corail d'Alghero

Les fonds marins autour d'Alghero regorgent de *corallium rubrum*, considéré comme le plus beau corail de Méditerranée. Son rouge profond et sa densité exceptionnelle signent des bijoux d'une grande beauté qui viennent orner les vitrines des magasins d'Alghero. Colliers, sautoirs, boucles d'oreilles, bracelets mais aussi objets de décoration parent le centre-ville. Face à la pression de la contrefaçon en plastique asiatique, la ville a mis en place un label qualité destiné à certifier la provenance, l'originalité et la pureté du corail. Cherchez les panneaux « Alghero, La riviera del corallo » à l'entrée des bijouteries pour être certain de vous offrir un produit en véritable or rouge de Sardaigne.

Huile d'olive

L'huile d'olive de Sardaigne bénéficie d'une DOP (équivalent de l'AOP française) très réputée et largement appréciée en Italie. Son élaboration répond à un cahier des charges précis. L'huile doit être composée à au moins 80 % d'une des principales variétés d'olives de l'île : bosana, tonda de Cagliari, noire de Villacidro ou Semidana. Les 20 % restants proviennent d'olives locales à la culture plus confidentielle. Les olives sont pressées à froid et sans traitement chimique afin d'obtenir une huile extra vierge riche en antioxydants. Il existe une trentaine d'huileries en Sardaigne, et les plus réputées sont ancrées dans la province de Sassari. Pour vous procurer un flacon de ce produit d'excellence, vous pouvez vous rendre directement chez le producteur ou dans une boutique de produits du terroir.

Mirto.

© CHICCODODIFC - SHUTTERSTOCK.COM

Pecorino.

Pecorino

Ce fromage à base de lait de brebis est l'un des produits phares de l'Italie, au même titre que la mozzarella ou le parmesan. Son goût diffère légèrement selon la région de production. Les Sardes se sont appropriés la recette au temps des Romains et élaborent un fromage protégé par une DOP : le pecorino sardo. Mi-cuite, la pâte présente des notes douces proches du lait de brebis quand il est jeune, et plus piquantes lorsqu'il vieillit. Il ne faut pas confondre le pecorino sardo avec le pecorino romano, qui peut aussi être fabriqué en Sardaigne. Le second est une pâte cuite pressée affinée entre 5 et 8 mois, aux arômes puissants et piquants, tout aussi délicieux. Parmi les 32 fromages de l'île, le fiore sardo mérite une mention spéciale. Lui aussi à base de lait de brebis, il se présente sous forme de pâte dure non cuite au goût de fumé prononcé.

Miel d'eucalyptus

L'eucalyptus n'est apparu en Sardaigne que dans l'entre-deux-guerres. Il fut planté dans les zones marécageuses, car on pensait alors que l'arbre repoussait les moustiques anophèles responsables du paludisme. S'il a fallu attendre les années 1950 et l'intervention des Américains pour se débarrasser du fléau, il en résulte des hectares d'eucalyptus à travers l'île. Le meilleur miel d'eucalyptus provient de la région d'Oristano, au pied de l'ancien volcan de Monte Arci. Il présente une belle couleur brune, une texture crémeuse et un goût proche du caramel.

Poutargue

Ce mets recherché entre dans la confection de plusieurs recettes en Sardaigne. Il s'agit d'œufs de poisson, le plus souvent du mulet, conservés dans leur poche matricielle. Les poches sont salées puis mises à sécher. La poutargue se déguste râpée dans des spaghettis ou des *linguine*, ou découpée en fines tranches agrémentées d'un filet d'huile d'olive et d'une pointe de citron. Les régions de Cabras, Stintino et Alghero sont particulièrement réputées pour leur poutargue. Vous pouvez vous la procurer chez un poissonnier ou dans une épicerie fine.

Vin

L'île aux mille terroirs procure une grande diversité de vins, souvent corsés, dont certains sont élaborés à partir de cépages autochtones. Le plus célèbre des vins sardes est le ***cannonau*** (grenache) produit aussi bien dans les montagnes de Barbagia que le bas Campidano. Dans le Nuoro et les villages de Dorgali, Orgosolo ou Oliena, il prend le nom de ***nepente***. Le cépage ***bovale*** prend sa revanche sur le mépris autrefois affiché par les vignerons qui le surnommait le ***nieddu mandroni*** (« noir poltron »). Il fait désormais partie des étoiles montantes sardes et jouit d'une belle notoriété dans les concours internationaux. Le ***cagnulari,*** d'origine espagnole, est largement répandu dans le nord-ouest de la Sardaigne et donne des vins rouges harmonieux. Côté blancs, il faut compter sur le ***vermentino*** aux arômes fruités et floraux assez proches du viognier, qui s'épanouit en Gallura et du côté de Sassari. La région d'Oristano donne deux productions confidentielles de vins blancs tout à fait plaisantes : la douce ***malvasia*** au nord, et la très ancienne ***vernaccia*** au sud.

Couteau

Meilleur ami du berger, le couteau sarde fait l'objet d'un artisanat respecté et reconnu. La *leppa* est un couteau à manche fixe et la *resolza* est un couteau à lame rétractable, mais sans virole de sécurité. Les couteaux se distinguent également par la forme de leur lame. Celle en forme de feuille de laurier (*foglia di lauro*), large et incurvée, convient aux chasseurs. Celle en forme de feuille de blé (*foglia di grano*), plus fine et pointue, est largement utilisée par les bergers. Le couteau sarde se décline en une infinité de styles, matériaux et tailles. Pattada, Arbus et Guspini forment les trois grands centres de coutellerie artisanale. Chaque village possède ses caractéristiques propres et ses artisans de renom.

Filigrane

Les mines d'or et d'argent ont donné lieu à la fabrication de bijoux ciselés qui reprennent la technique délicate du filigrane. Elle consiste à souder entre eux des fils d'or ou d'argent pour former des motifs géométriques fins comme de la dentelle. Sertis de pierres précieuses, ces bijoux entrent dans la tenue traditionnelle des femmes sardes. Le plus typique est l'anneau sarde qui s'offrait en promesse de mariage et qui symbolise la prospérité. Boutons, broches et pendentifs renvoient à l'appartenance à une communauté et font toujours partie de l'expression culturelle.

Céramique

La poterie se pratique en Sardaigne depuis la nuit des temps, comme en témoignent les nombreuses pièces archéologiques qui remplissent les musées de l'île. La tradition demeure vivace avec des singularités selon les régions. Ainsi, la céramique de Dorgali, Oristano ou Assemini se caractérise par l'utilisation du jaune ou du vert, tandis que celles de Cagliari, de Sassari ou de Cabras sont à dominantes blanches. Assiettes, bols, amphores sont ornés de motifs puisés dans le répertoire de la vie rurale : animaux, fleurs, personnages…

Liège

Exploité en Gallura et notamment du côté de Tempio Pausania, le liège entre dans la confection de nombreux objets et vêtements, bien loin de l'incontournable bouchon. Tabourets, bancs, lits, robes, sacs, paniers, semelles de chaussures, les artisans débordent d'imagination pour donner une fonction à ce matériau léger et imputrescible. A Luogosanto, un artisan confectionne des crèches de Noël qui s'inspirent des maisons de son village.

Châle brodé

Oliena est la capitale du châle noir brodé qui entre dans la tenue traditionnelle des femmes. De forme triangulaire et bordés de longues franges, les châles sont finement brodés de motifs géométriques ou floraux. Les plus travaillés, et les plus précieux, sont brodés de fils d'or ou d'argent.

Panier ou corbeille

La vannerie figure dans les traditions artisanales de premier plan en Sardaigne. Elle se pratique encore dans de nombreux villages. La matière première est aisément accessible et les outils nécessaires à la fabrication sont peu nombreux. Paille, asphodèle, raphia, palme, osier entrent dans la confection de paniers, corbeilles, tamis, cribles, mais aussi de tout un tas d'objets utiles dans la vie quotidienne. Chaque village possède sa propre technique, ses motifs et ses couleurs. Ainsi, les villages de Sinai et de San Vero Milis utilisent la technique complexe du tressage en spirale. Ceux de Castelsardo, Sorso et Sennori affectionnent l'utilisation du jonc et du raphia. Flussio, Ollollai, Lozai et Tinnuro préfèrent l'asphodèle, plus élastique et plus pratique pour fabriquer les *corbule* (corbeilles) qui font leur réputation. Le village de Castelsardo jouit d'une renommée particulière dans la pratique de la vannerie.

A ne surtout pas rapporter

En Sardaigne, la collecte de sable, galets et coquillages est strictement interdite. Certaines communes ont mis en place un système de surveillance des touristes pour éviter la dégradation des plages. Des citoyens veillent au grain pour s'assurer que nul ne se laisse tenter par l'envie de ramener un petit-souvenir-qui-ne-coûte-pas-cher. En 2019, un couple de Français s'est fait contrôler par les douanes. Elles ont trouvé 40 kg de sable blanc dans leur coffre. Le couple encourt entre 1 et 6 ans de prison. En Sardaigne, on ne rigole pas avec la préservation du littoral.

© GIAMPIERO ACRI - SHUTTERSTOCK.COM

Paniers artisanaux.

SPORTS ET LOISIRS

Comme dans toute l'Italie, on se passionne en Sardaigne pour les grands sports collectifs (football, rugby, basket-ball), mais aussi pour le cyclisme ou l'automobile. La Sardaigne possède notamment un club de football qui évolue au plus haut niveau, en Serie A : le Cagliari Calcio, fondé en 1920. En 1970, il remporte le championnat d'Italie. Depuis, pas de coup d'éclat, mais il continue de déchaîner les passions sardes. Côté activités, on trouvera une foule d'options en Sardaigne. La mer est un formidable terrain de jeu : on y pratique principalement la voile, la plongée sous-marine, la planche à voile, le kitesurf, le surf, le wakeboard ou le kayak. Sur terre, on découvre la nature sarde avec des chaussures de randonnée ou d'escalade, mais aussi à cheval, en canoë, en vélo, en quad ou en moto. De superbes terrains de golf et de nombreux courts de tennis attendent aussi les amateurs des petites balles blanches et jaunes.

Sur l'eau, sensations garanties

▶ **Voile.** La Sardaigne est l'une des places capitales des régates en Europe. Les eaux environnant l'archipel de La Maddalena sont les plus appréciées par les amateurs, mais c'est sur la Costa Smeralda que se déroulent les compétitions internationales principales de juin à octobre.

▶ **Planche à voile, kitesurf, surf, wakeboard.** La Sardaigne possède de très bons spots pour la pratique de la planche à voile et du kitesurf. Les meilleurs endroits pour la pratique du funboard et du kitesurf sont les suivants : plages de Cala Piscina, Rena Majore et Marina delle Rose à Santa Teresa di Gallura, Capo Mannu près d'Oristano, et plage de Chia vers Cagliari pour les amateurs de grosses vagues. Pour la pratique du slalom, c'est à la plage de Porto Pollo sur l'Isola dei Gabbiani, entre Palau et Santa Teresa di Gallura, qu'ont lieu des championnats de kitesurf. Les grosses vagues ne sont pas rares à cet endroit, qui se targue d'être l'un des sanctuaires mondiaux de la planche à voile. De nombreux clubs y louent tout le matériel. Les autres plages renommées sont les plages des Salines et de Calagrande à Sant'Antioco, de la Pelosa à Stintino et de Poetto à Cagliari. Enfin, pendant que les surfeurs prendront la direction de la région de Sinis, à l'ouest de l'île, les wakeboardeurs mettront le cap vers la plage de Cagliari ou du lac Flumendosa.

▶ **Kayak.** Le kayak de mer peut se pratiquer le long du golfe d'Orosei. La côte, bordée de petites criques et de grottes à explorer, est idéale.

Sous l'eau, un magnifique aquarium naturel

Les fonds marins de la Sardaigne offrent une tout autre vision de l'île, silencieuse et fascinante. La faune et la flore y sont très bien préservées. Si certains se contentent d'une petite session de snorkeling, les plongeurs expérimentés pourront faire des plongées très intéressantes pour découvrir épaves et vestiges des civilisations disparues. L'infrastructure est excellente avec une centaine de centres de

VTT sur le chemin vers Cala Luna.

plongée, installés sur toute l'île et ouverts pour la plupart d'avril à octobre, permettant l'exploration de ce magnifique aquarium.
L'archipel de La Maddalena est sûrement l'un des meilleurs spots. En effet, son titre de parc naturel lui confère un statut privilégié, et seuls les plongeurs accompagnés d'instructeurs des Diving Centers autorisés par le parc pourront y avoir accès. Les centres de plongée se trouvent à Palau, sur l'île dei Gabbiani, à Santa Teresa di Gallura, à Arzachena et à La Maddalena.
La Costa Smeralda est riche en épaves (Relitto Omega et Relitto di Molara), et ses eaux vertes et transparentes peuvent être explorées à partir de Porto Rotondo, Olbia, Budoni et Golfo Aranci. Vers Cala Gonone, la côte recèle d'innombrables grottes et des épaves d'avions et de bateaux.
Dans le sud de l'île, les îles de Sant'Antioco et de San Pietro, ainsi que la région de Chia, sont intéressantes pour leur faune riche en murènes, langoustes, thons et autres poissons.
Enfin, le côté nord-ouest de l'île, qui peut être exploré depuis Alghero ou Stintino, possède une bonne quinzaine de sites. Grottes et épaves riches en poissons et coraux de toutes sortes feront le bonheur des plongeurs de tous les niveaux.

Dans les terres, à l'assaut de la nature

Canoë, kayak, rafting. Les lacs du centre de la Sardaigne se prêtent très bien à la pratique du canotage. Le lac de Gusana, près de Gavoi, en Barbagia, et, non loin, le lac Omodeo, avec ses nuraghes submergés, sont parfaits pour la pratique du kayak, tout comme le lac de Mulargia, près de Cagliari. Le lac de Coghinas, en Gallura, se prête aussi à la pratique du rafting. Mais hormis ses quatre grands lacs, la Sardaigne compte aussi 7 000 ha de lagunes et un grand fleuve, le Flumendosa.

Randonnée. La Sardaigne ne possède pas de chemins de randonnée très longs ou très renommés. Cependant, la diversité du paysage se prête très bien à la randonnée, qu'il est conseillé de pratiquer plutôt au printemps ou en automne. Attention, mieux vaut vous procurer les cartes de trekking avant votre arrivée en Sardaigne. Vous ne trouverez pas toujours sur place de cartes précises de randonnées, et le balisage laisse un peu à désirer. Partez bien équipé ou faites-vous accompagner par des guides locaux.

Equitation. L'équitation est très pratiquée en Sardaigne, où vous trouverez des dizaines de centres équestres. C'est un excellent moyen de découvrir des sites difficilement accessibles à pied et rien ne vaut les balades le long des sentiers muletiers ou des chemins de bergers. Les meilleures balades se font dans la plaine d'Oristano, dans l'Iglesiente, dans le parc de Giara di Gesturi, au sud vers Pula, et au cœur de la Barbagia à partir d'Oliena.

© VINCIBER - SHUTTERSTOCK.COM

Canoë sur le lac Cedrino.

Vélo. Les régions d'Alghero et du Capo Caccia, avec leurs petites routes bordées de lauriers-roses et leurs beaux paysages de côtes, peuvent être visitées en quelques jours à vélo. Vous pourrez ainsi passer par le nuraghe Palmavera et la nécropole d'Angelu Ruju, et visiter la superbe ville d'Alghero. La péninsule de Sinis, autour d'Oristano, est également un endroit idéal pour les cyclistes, qui pourront rouler entre les marais et les étangs, et partir à la découverte de la ville phénicienne de Tharros, ainsi que flâner le long des plages de sable blanc d'Is Arutas. Sans oublier le parc de Giara di Gesturi, aussi très agréable à parcourir à vélo pour partir à la rencontre des chevaux sauvages. Les régions de la Gallura, la Barbagia et les environs d'Iglesias offrent aussi de beaux parcours à VTT.

Moto et quad. Avec ses hauteurs, ses plages et ses magnifiques paysages, la Sardaigne offre d'exceptionnels parcours en moto et en quad. Sur la côte ouest, les dunes de Piscinas et les restes des minières de Montevecchio et du Sulcis se prêtent très bien à cette pratique, tout comme les environs du lac de Gusana, en Barbagia.

Escalade. Le golfe d'Orosei, avec ses hautes falaises, est un paradis pour les amateurs d'escalade. Les voies situées vers Cala Luna, Cala Sisine et les gorges de Gorropu sont les plus connues.

Golf. La Sardaigne compte quelques terrains de golf de grand prestige comme le Pevero Golf Club (p.261), non loin de la Cala di Volpe (Costa Smeralda), un des plus beaux et des plus prestigieux au monde, conçu par l'architecte américain Robert Trent Jones. On peut également travailler son swing au golf d'Is Molas (p.144), à Pula, ou à Is Arenas, au nord d'Oristano.

GASTRONOMIE

Presque aussi grande que la Sicile, la Sardaigne possède seulement un tiers de la population de sa voisine, offrant ainsi un terroir vierge et une tradition paysanne ancienne qui a su persister. Le climat généreux de l'île permet la culture d'une profusion de fruits et de légumes gorgés de soleil, alors que les herbes du maquis méditerranéen parfument admirablement les plats. Si la situation insulaire de la Sardaigne est propice à la pêche, les locaux se sont souvent tournés vers l'intérieur des terres où sont produits fromages et charcuterie d'exception. Les apports extérieurs ont été plus réduits que dans d'autres régions italiennes même si l'on remarque par exemple des influences catalanes, datant de la période où l'île était sous contrôle de la couronne d'Aragon. Les desserts affichent un goût certain pour les amandes, l'orange et le miel, alors que côté vins, la Sardaigne présente l'un des plus riches vignobles d'Italie.

Pecorino et autres fromages

Il y a plus de 2 000 ans, Homère et Virgile chantaient déjà les louanges du pecorino. Le *pecorino sardo* est le fromage le plus emblématique de l'île. A base de lait de brebis, il ne peut être produit qu'en Sardaigne et se présente sous deux formes : doux ou affiné (qui requiert une maturation plus longue, de 2 à 12 mois) au goût plus piquant. Malgré son nom, le *pecorino romano* est bien produit en Sardaigne – mais également dans le Latium – et nécessite une maturation de 5 à 8 mois. Enfin, la *fiore sardo* est un fromage à pâte dure, au lait entier de brebis, qui est fumé avant son affinage qui dure au minimum 105 jours. Ces trois fromages bénéficient d'une DOP (Denominazione di Origine Protetta).

Citons aussi le *bonassai*, à pâte douce, avec une croûte fine, qui demande une maturation de moins d'un mois. Le *casizolu* est un fromage au lait de vache aussi connu sous le nom de *peretta* ou «petite poire» en raison de sa forme.

© HIBISCUS81 - SHUTTERSTOCK.COM

Peretta.

La *ricotta*, crémeuse, est produite dans toute la moitié sud de l'Italie. Enfin le *dolce sardo* est un fromage au lait de vache connu pour son affinage très court lui donnant une fine croûte blanchâtre et une pâte crémeuse à la saveur délicate.

La Sardaigne est aussi connue pour quelques bizarreries comme le *callu*, produit avec le lait contenu dans la caillette, un organe faisant partie de l'estomac des agnelets et des chevreaux avant qu'ils ne commencent à brouter. Après abattage, ces caillettes sont récupérées, salées et suspendues jusqu'à leur séchage complet. Le lait caille naturellement grâce à la présence de présure donnant un fromage très puissant. Cette technique très ancienne est à la base des fromages actuels.

Cependant, la palme de l'étrangeté revient au *casu marzu*, littéralement «fromage pourri» en sarde. Il s'agit en réalité d'un *pecorino sardo* dans lequel on laisse les moucherons du fromage (*Phiophila casei*) déposer leurs œufs. Les larves se nourrissent du fromage et, avec leurs enzymes digestives dissolvent l'intérieur du *casu marzu* qui se transforme en une crème très piquante que l'on consomme en l'étalant sur le pain, sur lequel on peut voir gigoter les asticots. Ce produit – considéré comme techniquement avarié – est interdit à la vente en UE. Il est souvent cité comme le fromage le plus dangereux du monde, les enzymes produits par les asticots pouvant provoquer des vomissements, nausées et douleurs abdominales, même si les effets semblent largement exagérés.

Pain, charcuterie et huile d'olive

Le pain sarde le plus connu est le *pane carasau*, un pain rond croustillant extrêmement fin surnommé *carta da musica* (papier à musique), servi habituellement chaud et arrosé d'huile d'olive. Très proche, le *pistoccu* s'en distingue par sa forme rectangulaire. Le *pane coccoi* - à base de farine de blé dur – se caractérise par sa mie très dense et ses formes variées, tou-

© ALESSIO ORRU - SHUTTERSTOCK.COM

Charcuterie sarde.

jours ciselé de petites piques. Le *civraxiu* est un pain plus classique, assez moelleux, à base de semoule de blé.

Comme dans le reste de l'Italie, la charcuterie de l'île est excellente. Les termes *salciccia* et *salame* désignent deux types de saucisses plus ou moins sèches proches d'un saucisson, souvent parfumées avec des graines de fenouil et parfois fumées (*affumicata*). Le *lardo al mirto* est un type de lard presque entièrement composé de gras, parfumé aux feuilles de myrte.

50 000 hectares du territoire sarde sont consacrés à la culture de l'olivier. L'huile d'olive est produite un peu partout sur l'île, chaque région lui donnant sa saveur particulière et son parfum. L'*olio extravergine d'oliva di Sardegna D'Olia* bénéficie d'une DOP. La Sardaigne se prête fort bien à la fabrication du miel. Le miel d'arbousier, un arbre local, est connu pour son étonnante saveur amère.

Les classiques de la cuisine sarde

Souvent considéré comme le «plat du pauvre» par excellence, le *pane frattau* se compose de *pane carasau*, ré-humidifié, puis couvert de sauce tomate, de pecorino et d'un œuf poché. La *panada sarda* est une tourte garnie de pâtes, de viande d'agneau, de pomme de terre et de tomate, alors que la *pizzetta sfoglia* est un petit chausson fourré de purée de tomate, câpres et anchois. Le *tortino di carciofi* est quant à lui un flan d'artichaut au pecorino. La *zuppa gallurese* – malgré son nom – n'a rien d'une une soupe mais se présente sous la forme d'un gratin à base de pain imbibé de bouillon de viande et de fromage gratiné. Enfin la *su filindeu* est une soupe de Nuoro composée de vermicelles présentées sous forme de fines plaques que l'on casse et que l'on cuit dans un bouillon avec du pecorino.

Les pâtes sont très appréciées en Sardaigne. Les plus célèbres sont les *culurgiones*. Ces délicieux raviolis, en forme de chaussons plissés, sont généralement nappés de sauce tomate. Leur farce se compose de pomme de terre, de pecorino et de menthe fraîche. Les *malloreddus* sont des gnocchis sardes faits de semoule. Ils sont parfois colorés avec du safran. Ils sont communément servis avec une sauce tomate agrémentée de chair à saucisse (*malloreddus alla campidanese*). Sinon testez les *macarrones de busa*, de longues pâtes épaisses en tubes, ou les *lorighittas* en forme d'anneaux torsadés originaires de Morgongiori. Enfin la *fregola* se compose de petites boules de semoule grillées au four, que l'on fait cuire dans un bouillon. La recette la plus célèbre est la *fregula cun còciula* ou *fregola con arselle*, aux palourdes.

En effet les pâtes accompagnent souvent les produits de la mer. Citons les *spaghetti all'astice* (homard), *all'aragosta* (langouste) ou *ai ricci* (corail d'oursin). Les *spaghetti alla bottarga* sont garnies de *bottarga di muggine* : ces poches d'œufs de mulet séchées puis fumées accompagnent très bien des pâtes relevées d'huile d'olive et de persil. Citons également la *burrida a sa casteddaia*, de la roussette – un petit requin – dans une sauce aux noix et au vin ou le *pesce a scabecciu*, un poisson cuit dans une sauce tomate très vinaigrée. L'*aragosta alla catalana* (langouste) ou le *tonno alla catalana* (thon) désignent un chaud-froid de poisson ou fruits de mer, servi sur un lit de tomates fraîches et d'oignon avec de l'huile d'olive. La *cassola sarda* est une soupe de fruits de mer, parfumée à la tomate. Les amateurs d'insolite essayeront les *orziadas*, des beignets d'anémones de mer, servis avec du citron.

Le *porceddu* est la grande spécialité de Sardaigne. Ces cochons de lait, rôtis au feu de bois et parfumés de feuilles de myrte sauvage, sont proposés dans certains restaurants et dans des fermes d'agritourisme. L'artichaut, légume très prisé, accompagne délicieusement l'agneau dans la recette de *l'agnello con carciofi*, à moins de préférer le bœuf avec le *su ghisadu*, un ragoût parfumé à la tomate et au vin rouge. Les abats, également à l'honneur dans la cuisine sarde, se déclinent à travers plusieurs recettes : le *zimino* (intestins et tripes de veau) qui est traditionnellement servi avec des légumes – crus ou cuit – lors de festivités estivales originaires de la ville de Sassari, appelées *ziminadda*, la *sa trattalia*, des brochettes d'abats de chèvre ou de mouton (cœur, foie, tripes, etc.) ou alors la *sa cordula*, uniquement composée d'intestins d'agneau, longuement grillés à la braise. Autre produit du terroir, les escargots sont très populaires. Les *lumache sarde* ou escargots à la sarde cuisent dans une sauce à base de tomate, persil, ail et piment.

Dolci sardi et alcools

Miel, amandes, écorces d'orange, raisins secs, ricotta et safran sont les ingrédients de base de la plupart des *dolci* de l'île. Pour chaque fête, on prépare des gâteaux différents et certains sont de véritables œuvres d'art. Les *seadas* ou *sebadas* sont les plus populaires des desserts sardes. Ces chaussons sont fourrés de fromage frais (pecorino non affiné) et servis chauds, parfumés à l'écorce d'orange et recouverts de miel. Les *pistiddu*, des tartes fourrées de zestes d'orange et d'une pâte de moût de raisin, sont traditionnellement offertes en janvier pendant les fêtes de Santo Antonio.

Les *amarettus* ou *amaretti di Oristano*, biscuits croquants à base d'amande, se dégustent au moment du café. Les *pardulas* sont des tartelettes à base de ricotta, d'œufs et de safran typiques des fêtes de Pâques, alors que les *pabassinas*, agrémentés de raisins et de noix, sont des sablés de Noël. Les *pastissus* , des biscuits fourrés d'une pâte d'amande, sont décorés d'un glaçage blanc pur. Tout comme les *pistoccheddus*, des anneaux sablés au citron. Les *caschettes de Belvì*, des beignets en forme de rose, sont fourrés d'une pâte de noisette, parfumée au miel et à l'écorce d'orange. On les offrait à la mariée le jour de ses noces. Enfin, évoquons également les *aranzadas*, des bouchées mêlant amandes, miel et écorces d'orange confite, les *gueffus*, spécialités d'Ozieri, en forme de boulettes d'amandes à la fleur d'oranger et les *candelaus*, confectionnés en pâte d'amande enrobée de sucre et très finement décorés.

En Sardaigne, le vin a une histoire extrêmement ancienne. Le climat particulier de l'île donne des vins de qualité qui concurrencent les meilleurs vins des autres régions italiennes : 17 vins sardes possèdent une DOP. Parmi les rouges vient en premier lieu le cannonau – le cépage le plus utilisé en Sardaigne – représentant plus de 20 % des surfaces exploitées sur l'île. On n'oubliera pas non plus le carignano et le monica. Côté blanc, le vermentino est le vin le plus produit en Sardaigne. Le nuragus est un vin blanc cultivé dans les régions de Cagliari et d'Oristano. Enfin on s'arrêtera sur le vernaccia et les muscats de Sardaigne comme le malvasia, le nasco et le moscato.

Plus alcoolisée, la *grappa*, eau-de-vie traditionnelle de raisin, est parfumée aux herbes. Généralement, sa teneur en alcool est d'environ 40°, mais fait maison il peut atteindre 70°. Le *mirto* est un alcool de myrte purement sarde. Distillé à partir des baies de cette plante du maquis, que l'on trouve partout sur l'île, son degré d'alcool atteint 30-35°. On ne manquera pas de vous servir à la fin du repas un petit verre, généralement glacé. Il existe une variante blanche de cette liqueur, habituellement rouge, obtenue à partir des feuilles, et non des baies de la plante.

Seada au miel.

AGENDA

Le calendrier des fêtes et manifestations est intense en Sardaigne. Il puise essentiellement dans la tradition religieuse. Chaque village possède et célèbre sa fête patronale au son des *launeddas*, la flûte traditionnelle sarde. Le début de l'année, qui correspond aussi à une période de faible activité professionnelle, voit s'enchaîner les carnavals. De la mi-janvier à mardi gras, les villages sortent de leur torpeur et se déguisent en suivant des rites ancestraux. Le printemps est marqué par les festivités pascales où se mêlent chants religieux et processions aux flambeaux. L'été voit apparaître les productions artistiques avec ses concerts et représentations théâtrales. Enfin, à l'automne, la Sardaigne met à l'honneur son patrimoine gastronomique et artisanal, notamment avec le très intéressant « Autunno in Barbagia ». L'île marque une trêve festive avec l'arrivée de l'hiver. Les Sardes se reposent avant la célébration de Noël.

FÊTE DE SANT'ANTONIO ABATE

16 janvier 2022. A Dualchi, Bortigali et Birori dans le Nuoro.

Cette fête se déroule aux quatre coins de l'île mais revêt une ambiance particulière dans les montagnes du Nuoro. Elle célèbre Antonio Abate qui, selon la légende, aurait dérobé le feu aux Enfers pour le donner aux hommes. Des feux de joies sont allumés un peu partout pour lui rendre honneur. Les villageois se réunissent autour de ces feux qui sont bénis par un prêtre. A la cérémonie religieuse succède une fête populaire ou se mêlent danses et chants. On déguste le *su pistiddu*, un gâteau préparé pour l'occasion. Cette fête marque le début de la saison de carnaval.

MAMMUTHONES E ISSOHADORES

Mamoiada

16 et 17 janvier 2022.

Parmi les grandes fêtes qui ouvrent la saison de carnaval, celle qui se tient à Mamoiada attire de nombreux curieux. Les participants à la procession se divisent en deux clans. Les Mammuthones arborent des vestes en peaux de mouton et des masques en bois noir aux traits marqués, limite inquiétants. Face à eux, les Issohadores portent un masque blanc, inexpressif. Ils sont chargés de mener la danse et de capturer des femmes dans la foule avec une corde. Se faire attraper au lasso par un Issohadore était un présage de bon augure et un signe de fertilité.

SARTIGILIA

Les 27 février et 1er mars 2022.

A Oristano, la fin du carnaval revêt une couleur particulière. Organisée par les *gremi*, les corporations de menuisiers et d'agriculteurs, la Sartiglia mélange les répertoires folkloriques. La fête débute par une proclamation lue en espagnol sur la Piazza Eleonora. Elle se poursuit par l'habillage du *compoidori*, un chevalier vêtu en noble espagnol par de jeunes femmes en tenue traditionnelle sarde. La foule l'attend sur la via Duomo pour assister à la sortija : le cavalier lancé au galop doit transpercer un anneau placé sur son parcours avec sa lance.

CARNAVAL DE TEMPIO PAUSANIA

1er mars 2022.

C'est autour de Mardi Gras que les carnavals se multiplient à travers l'île et gagnent en intensité. Pour une dernière fois, avant la période de Carême qui mènera jusqu'à Pâques, les Sardes font la fête et défilent en processions animées et festives. Celui de Tempio Pausania attirent les habitants de toute l'île. Les chars décorés et les participants masqués défilent dans la ville toute la semaine qui précède Mardi Gras. Le dernier jour, la figure du roi Giorgio, qui représente le chef de file du carnaval, est brûlée. De nombreux bals et fêtes sont donnés.

SETTIMANA SANTA

Du 10 au 16 avril 2022

La Sardaigne prépare le dimanche de Pâques et la résurrection du Christ avec ferveur. A Alghero, la semaine sainte qui précède Pâques est l'occasion d'immenses processions nocturnes menées aux flambeaux. Les Jermans blancs de la Confraternita della Misericordia organisent les processions, les chœurs et les litanies psalmodiées tout au long du parcours. La foule suit un crucifix du XVIIe siècle provenant d'une épave espagnole et craché par la mer. Des représentants de villages catalans sont invitées à participer à la procession dans leurs habits traditionnels.

S'INCONTRU

Le 17 avril 2022

Le dimanche de Pâques est l'occasion de se faire rencontrer les statues de Jésus-Christ et de la Vierge Marie dans de nombreux villages sardes. La Rencontre d'Oliena figure parmi les plus intéressantes en raison de ses paysages magnifiques et des costumes traditionnels endossés par les participants. La procession fait défiler la statue du Christ ressuscité depuis la petite église de San Francesco da Paola à l'est de la ville jusqu'au portail de l'élise Santa Maria Maggiore en plein cœur de la vieille ville. Les statues se rencontrent sur la place exactement.

LUNISSANTI

18 avril 2022

Les cérémonies religieuses se tiennent durant toute la Semaine sainte à Castelsardo, mais la plus importante se déroule le dernier jour, le Lundi de Pâques (*Lunissanti*). Une longue procession part de la citadelle fortifiée pour rallier le village voisin de Tergu. Des hommes vêtus de froc blanc chantent des cantiques anciens tout au long du chemin. Le pèlerinage parcourt 10 km jusqu'à l'ancienne église de Nostra Signora, érigée vers 1300. Le retour se fait à la lumière des bougies et des lampes à huile, dans une ferveur religieuse très émouvante.

FIERA CAMPIONARIA

Fin avril-début mai. Dates à confirmer

Dans l'immédiate après-guerre Cagliari se dote d'une foire commerciale destinée à valoriser production agricole et savoir-faire artisanal locaux. 70 ans plus tard, cette foire est devenue l'un des évènements majeurs de l'île. Plus de 400 000 visiteurs se précipitent au Palais des Congrès de la capitale pour parcourir les stands qui proposent à peu près tout à la vente. En 2019, l'organisation a fait coïncider la foire avec la Fête de Sardaigne et la Sant'Efisio, deux autres évènements majeurs. A voir si cette idée sera maintenue dans la période post-Covid.

SA DIE DA SARDIGNA

28 avril

Tous les 28 avril les Sardes célèbrent leur fête qui commémore la révolution de 1794 contre les Piémontais. Devant le refus du Vice-Roi de Savoie et Piémont Victor-Amédée III de considérer la tenue d'états généraux en Sardaigne, les habitants de Cagliari se révoltent et expulsent les fonctionnaires piémontais de la ville. Si la fête se tient dans toutes les localités de l'île, c'est à Cagliari qu'elle bat son plein. On y rejoue la journée décisive à l'occasion d'une représentation théâtrale organisée dans les rues du quartier de Castello et du bastion San-Remy.

FÊTE DE SANT'EFISIO

Cagliari

Du 1er au 4 mai.

Tous les 1er mai la Sardaigne se retrouve en costume traditionnel pour rendre hommage à Efisio, le saint patron de l'île mort en martyr à l'époque de Dioclétien. En 1656, les Sardes l'invoquent pour sauver l'île de la peste. Le

Cavalcata sarda.

miracle se produit et depuis Cagliari organise une grande procession qui part du quartier de Stampace jusqu'à la plage de Nora, reprenant le parcours d'Efisio de sa prison au lieu de sa mise à mort. Chars à bœufs, chevaliers, joueurs de *launeddas* foulent des rues parsemées de pétales de rose à la suite de la statue du saint.

CAVALCATA SARDA

Sassari

Avant-dernier dimanche de mai

Une fois n'est pas coutume, cette fête ne repose sur aucune motivation religieuse. Créée en 1951, la *cavalcata sarda* célèbre le printemps lors d'une chevauchée fantastique dans les rues de la ville de Sassari. Les Sardes font étalage de la diversité de leurs costumes traditionnels et parent leurs chevaux de jougs à grelots et de rubans brodés de motifs fleuris. Le défilé coloré et animé se poursuit par des danses folkloriques, des chants traditionnels et des récitals de poésie en sarde. C'est une occasion unique d'apprécier la culture sarde dans le nord de l'île.

MARCIA LONGA

La Maddalena

2 jours à la mi-juin

Les îles de la Maddalena entrent dans l'été avec un festival dédié au poisson. S'y mêlent des processions à l'église de la Trinità et des célébrations en l'honneur de la Vierge Marie, sainte patronne du quartier de la Moneta. Le festival est essentiellement animé par des compétitions sportives, dont la « longue marche », un trail de 8,5 km ou 6 km le long des sentiers de la côte déchiquetée. En raison de la Covid-19, la date a été reportée au mois d'octobre en 2020. Vérifiez bien les dates pour 2021 auprès des organisateurs si vous souhaitez vous y inscrire.

ARDIA DI SEDILO

Sedilo

7 juillet

Tous les 7 juillet se déroule l'une des fêtes les plus impressionnantes de l'île : des centaines de jeunes cavaliers intrépides se retrouvent pour courir l'Ardia dans le petit village de Sedilo, au centre de l'île. La course à cheval est organisée en l'honneur de l'empereur romain Constantin. S'il n'a jamais été sanctifié par l'Eglise, les Sardes l'appellent San Costantino en raison de sa légendaire compassion envers les plus faibles et les plus démunis. Les cavaliers galopent à brides abattues autour de l'église, soulevant des colonnes de poussière.

© TANIA ATZORI PH - SHUTTERSTOCK.COM

Ardia di Sedilo.

FESTA DI SAN GIOVANNI BATTISTA

Quartu Sant'Elena

Dernier samedi de juillet pendant 3 jours.

La célébration la plus ancienne et la plus fascinante de Quartu Sant'Elena remonte aux rituels des Phéniciens et au culte du dieu Adonis. Sept jeunes filles richement vêtues et embijoutées paradent sur un char en scandant des *muttetus*, des improvisations poétiques. Celles-ci décrivent les différentes phases des festivités et demandent protection à Saint Jean-Baptiste pour l'ensemble des participants. Le festival est organisé par la Confrérie des éleveurs d'ovins et de caprins de la ville, et leurs descendants, car ils sont de moins en moins nombreux.

LA NOTTE DEI POETI

Pula

De mi-juillet à fin juillet.

Depuis 1983 le théâtre antique de Nora accueille la « Nuit des Poètes ». Il s'agit de l'une des plus importantes manifestations culturelles dans la région de Cagliari. Le festival programme des manifestations très différentes : de l'opéra, des concerts de musique contemporaine, du théâtre. Il se déroule en extérieur dans le cadre extraordinaire de l'un des plus beaux coins sauvages de la Sardaigne. Les invités prestigieux de renommée internationale se bousculent : Paolo Conte, Alessandro Barrico, la chanteuse sarde Elena Ledda, le Cuban Jazz & Blues Quartet…

SANTA MARIA MADDALENA

La Maddalena

21 juillet

La patronne de l'île est célébrée pendant deux jours à l'occasion de manifestations laïques et religieuses. Les festivités démarrent en couleur avec un grand feu d'artifice tiré depuis Cala Galetta. S'ensuit un festival gastronomique qui met le poisson à l'honneur. Plus de 6 tonnes de poissons frits sont écoulées et offertes à la population. Un défilé de costumes sardes fait aussi parti des réjouissances qui se terminent par une inévitable procession menée aux flambeaux. La statue de la sainte est promenée depuis les rues du centre jusqu'à un bateau sur la mer.

CALAGONONE JAZZ FESTIVAL

Cala Gonone

Mi-juillet à début août

Ce festival musical ravira les amateurs de jazz. Les artistes se produisent au Village du Jazz installé en bord de mer dans le parc de Palmasera ou dans la grotte intimiste del Bue Marino. La programmation s'étire en longueur avec une à deux dates par semaine et un enchaînement de concerts payants et d'autres gratuits. Monté pour la première fois en 1987, le festival attire désormais de grandes pointures qui prennent plaisir à égrener leurs notes dans les nuits chaudes de la petite cité balnéaire de l'est de la Sardaigne. Attention, les dates sont changeantes.

I CANDELIERI

Sassari

14 août

Il en faut des muscles pour porter les hauts candélabres de bois dans les rues de Sassari ! Des bougies géantes pesant 200 kg sont promenées en procession à travers la ville en l'honneur de Notre-Dame de l'Assomption. Elles sont au nombre de 9, mesurent 3 mètres de haut, et sont portées par les *gremios*, membres de la confrérie des artisans. La procession part du haut de la ville et s'étire jusqu'à la petite église de Santa Maria di Betlem. À l'origine de cette tradition, un vœu pieu pour remercier la Vierge d'avoir sauvé la ville de la peste au XVIe siècle.

PROCESSIONE DEL REDENTORE

Nuoro

Dernier dimanche d'août

Cette fête très populaire rassemble des milliers de personnes qui, vêtues de leur plus beau costume traditionnel, se rassemblent en procession dans les rues de Nuoro jusqu'au Mont Ortobene où se dresse l'imposante statue de bronze du Christ Rédempteur. Au même moment, une autre procession démarre à l'église de Delle Grazie pour converger vers le même point. Le tout est mené au son des *launeddas* et des chants folkloriques. Le soir, un *ballo tondo*, une danse traditionnelle se joue dans l'amphithéâtre du village avec les meilleurs danseurs de l'île.

AUTUNNO IN BARBAGIA

De septembre à décembre à travers la Barbagie.

Ce festival multiculturel conduit les visiteurs à travers les villages de l'intérieur des terres. Nuoro, Dorgali, Mamoiada, Fonni, Oliena, Tonara, entre autres, accueillent des manifestations qui mettent à l'honneur les traditions et métiers anciens des montagnes de Sardaigne. Un parcours de ville en ville permet de s'initier aux variations de la gastronomie locale, aux différents produits artisanaux et de découvrir les costumes traditionnels et danses folkloriques toujours en vigueur. Les manifestations se déroulent le week-end pendant trois mois.

CORTAS APERTAS

Oliena

Début septembre

Il flotte encore un air d'été lorsque s'ouvrent les 3 jours de « cours ouvertes » à Oliena. La municipalité ouvre une quinzaine de cours de bâtiments historiques dans son centre-ville pour présenter le foisonnement de son artisanat et de sa gastronomie aux visiteurs. Chaque cour décline une thématique particulière ou présente un métier d'art : forgeron, bijoutier, couturier, vin, miel, huile d'olive, fromage… Les artisans-producteurs présents partagent leur savoir-faire et prodiguent de bons conseils. Repas, concerts et bals ponctuent gaiment les journées.

MARIAGE TRADITIONNEL DE SELARGIUS

Selargius

2e dimanche de septembre

Rares sont les couples à suivre la cérémonie traditionnelle sarde de mariage. En 1962, la petite localité de Selargius située entre Cagliari et Quartu Sant'Elena a eu l'idée d'organiser un mariage qui respecte les coutumes ancestrales. Depuis, le *spozalisio selargino* se tient tous les ans et rassemble tous les habitants du village. Le couple et les deux familles revêtent le costume traditionnel et défilent en processions séparées derrière les joueurs de *launeddas*, la fûte sarde. Sel et grain sont jetés sur le couple de mariés en vœux de prospérité.

CAGLIARI

Ville aux dimensions modestes et séduisantes, Cagliari ne doit pas être délaissée au profit d'un séjour exclusif à la plage. Elle mérite une visite, au moins le temps d'une journée, afin de se laisser emporter par l'ambiance des villes méditerranéennes. Ses ruelles étroites, ses maisons de couleur ocre, ses tours de guet et ses clochers d'églises, ses terrasses de café, ses bons restaus et bars à vin sont autant d'atouts à découvrir. Les personnes intéressées par la civilisation nuragique ne manqueront pas de visiter le Musée Archéologique en premier lieu, afin de saisir quelques clés de cette culture pleine de mystères. L'église Sainte Eulalie et ses vestiges archéologiques en sous-sol permettent d'embrasser en un coup d'œil des siècles d'occupation de Cagliari, depuis les Romains jusqu'à nos jours. Dernier trésor à ne pas manquer, l'amphithéâtre romain, dont une partie des gradins a été taillée à même la roche.

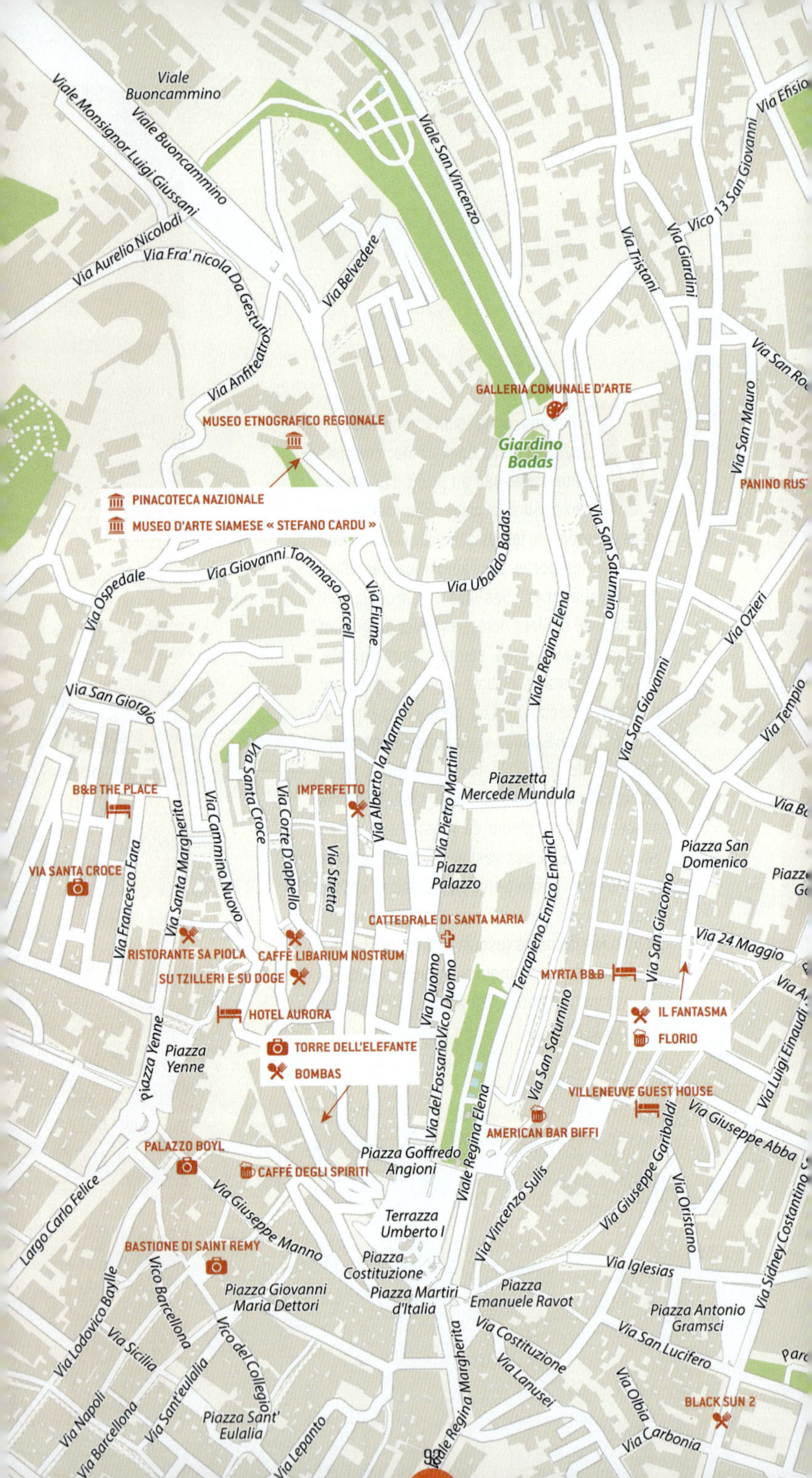
Viale Buoncammino
Viale Monsignor Luigi Giussani
Viale Buoncammino
Via Aurelio Nicolodi
Via Fra' nicola Da Gesturi
Via Belvedere
Viale San Vincenzo
Via Efisio
Vico 13 San Giovanni
Via Tristani
Via Giardini
Via San Ro
Via Anfiteatro
MUSEO ETNOGRAFICO REGIONALE
GALLERIA COMUNALE D'ARTE
Giardino Badas
Via San Mauro
PANINO RUS
PINACOTECA NAZIONALE
MUSEO D'ARTE SIAMESE « STEFANO CARDU »
Via Ospedale
Via Giovanni Tommaso Porcell
Via Fiume
Via Ubaldo Badas
Via San Saturnino
Viale Regina Elena
Via Ozieri
Via San Giorgio
Via Tempio
Via San Giovanni
Via Alberto la Marmora
Via Pietro Martini
Piazzetta Mercede Mundula
Via Bo
B&B THE PLACE
Via Santa Margherita
Via Cammino Nuovo
Via Santa Croce
Via Corte D'appello
IMPERFETTO
Via Stretta
Piazza Palazzo
Terrapieno Enrico Endrich
Piazza San Domenico
VIA SANTA CROCE
Via Francesco Fara
CATTEDRALE DI SANTA MARIA
Via San Giacomo
Via 24 Maggio
RISTORANTE SA PIOLA
CAFFÈ LIBARIUM NOSTRUM
SU TZILLERI E SU DOGE
Via Duomo
Vico Duomo
MYRTA B&B
HOTEL AURORA
IL FANTASMA
FLORIO
Piazza Yenne
Piazza Yenne
TORRE DELL'ELEFANTE
BOMBAS
Via del Fossario
Viale Regina Elena
Via San Saturnino
VILLENEUVE GUEST HOUSE
Via Giuseppe Abba
Via Luigi Einaudi
AMERICAN BAR BIFFI
PALAZZO BOYL
CAFFÈ DEGLI SPIRITI
Piazza Goffredo Angioni
Via Vincenzo Sulis
Via Giuseppe Garibaldi
Via Oristano
Via Sidney Costantino
Largo Carlo Felice
Via Giuseppe Manno
Terrazza Umberto I
BASTIONE DI SAINT REMY
Piazza Costituzione
Via Iglesias
Vico Barcellona
Via Lodovico Baylle
Piazza Giovanni Maria Dettori
Piazza Martiri d'Italia
Piazza Emanuele Ravot
Piazza Antonio Gramsci
Via Sicilia
Vico del Collegio
Via Costituzione
Via San Lucifero
Via Lanusei
Via Olbia
Via Napoli
Via Barcellona
Via Sant'eulalia
Piazza Sant' Eulalia
Via Lepanto
Viale Regina Margherita
BLACK SUN 2
Via Carbonia

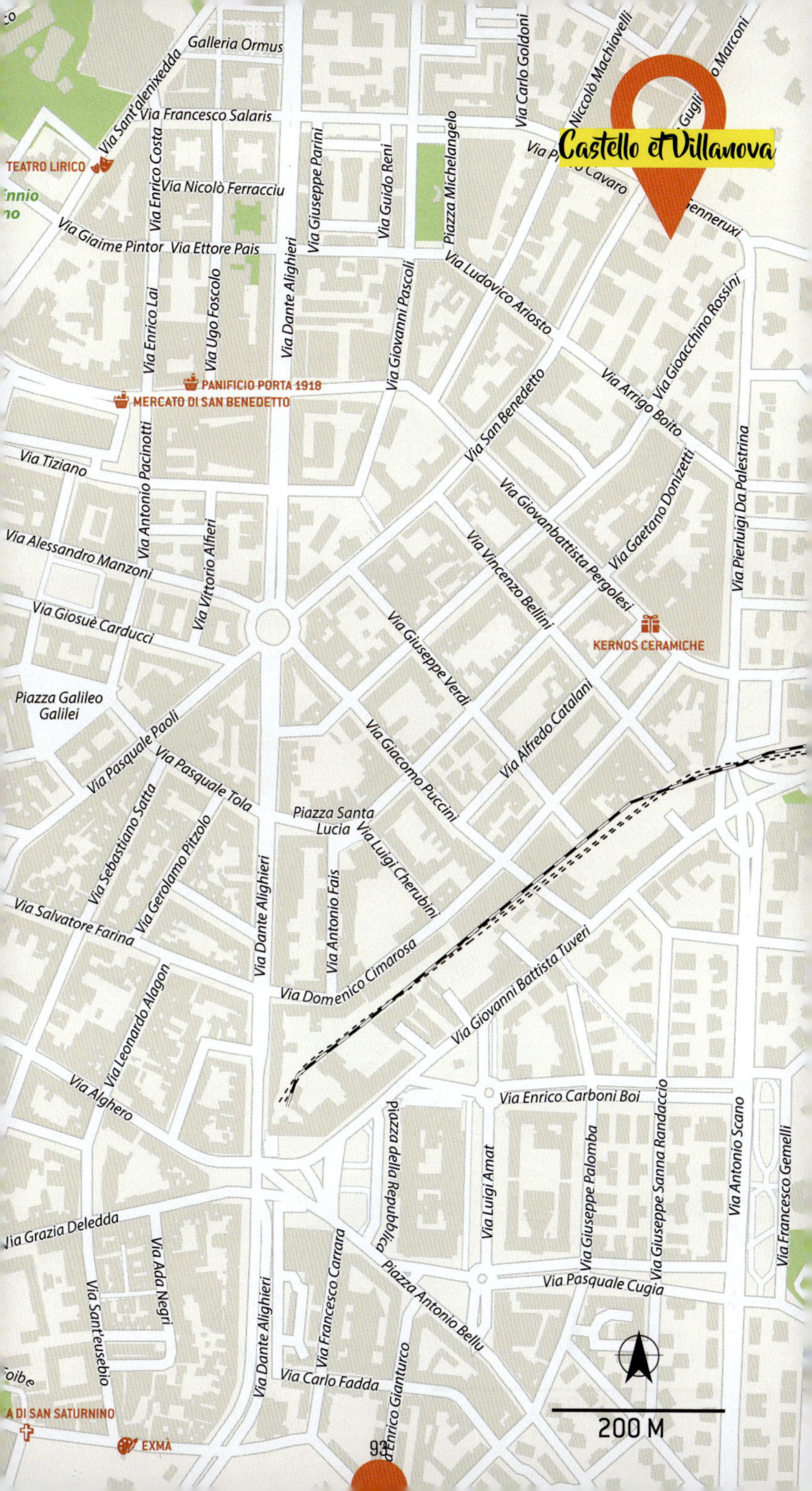
Castello et Villanova
Galleria Ormus
Via Sant'Alenixedda
Via Francesco Salaris
TEATRO LIRICO
Via Enrico Costa
Via Nicolò Ferracciu
Via Giaime Pintor
Via Ettore Pais
Via Giuseppe Parini
Via Guido Reni
Piazza Michelangelo
Via Carlo Goldoni
Niccolò Machiavelli
Marconi
Cavaro
Genneruxi
Via Ludovico Ariosto
Via Giovanni Pascoli
Via Dante Alighieri
Via Ugo Foscolo
Via Enrico Lai
PANIFICIO PORTA 1918
MERCATO DI SAN BENEDETTO
Via Gioacchino Rossini
Via Arrigo Boito
Via San Benedetto
Via Tiziano
Via Antonio Pacinotti
Via Giovanbattista Pergolesi
Via Gaetano Donizetti
Via Pierluigi Da Palestrina
Via Alessandro Manzoni
Via Vittorio Alfieri
Via Vincenzo Bellini
Via Giosuè Carducci
Via Giuseppe Verdi
KERNOS CERAMICHE
Piazza Galileo Galilei
Via Pasquale Paoli
Via Pasquale Tola
Via Giacomo Puccini
Via Alfredo Catalani
Piazza Santa Lucia
Via Sebastiano Satta
Via Gerolamo Pitzolo
Via Luigi Cherubini
Via Antonio Fais
Via Salvatore Farina
Via Domenico Cimarosa
Via Giovanni Battista Tuveri
Via Leonardo Alagon
Via Alghero
Via Enrico Carboni Boi
Piazza della Repubblica
Via Luigi Amat
Via Giuseppe Palomba
Via Giuseppe Sanna Randaccio
Via Antonio Scano
Via Francesco Gemelli
Via Grazia Deledda
Via Ada Negri
Via Sant'Eusebio
Via Francesco Carrara
Piazza Antonio Bellu
Via Pasquale Cugia
Via Carlo Fadda
Via Enrico Gianturco
200 M
EXMÀ

Via Carloforte
Via Palabanda
Via Sant'Ignazio Da Laconi
Via Ospedale
Via Giovanni Siotto Pintor
Via Carlo Bur
B&B IL GIARDINO SEGRETO
ORTO BOTANICO
CHIESA DI SAN MICHELE
Via Caprera
Corso Vittorio Emanuele II
Via Portoscalas
Via Dom
IL BRIGANTIN
Via Goffredo Mameli
FRAMENTO
OLD SQUARE PUB
Viale Trieste
Via Isola Tavolara
Via Maddalena
Via Malta
LOCANDA CADDEO
KYOTO SUSHI
Via Sassari
Vico Malta
SA DOMU SARDA
TRENINO CAGLIARITANO
HÔTEL FLORA
Piazza del Carmine
INU SARDINIAN WINE BAR
Via Maddalena
Via Giovanni Maria Angioy
Via Roma
Piazza del Carmine
B&B ANGIOY 18
Largo Carlo Feli
B&B LA TERRAZZA SUL PORTO
Via Francesco Crispi
B&B SARDINIA DOMUS
CAFFE SVIZZERO
Via del Mercato
Via Francesco Crispi
HÔTEL DUE COLONNE
Via Sassari
Piazza Giacomo Matteotti
Piazza Giacomo Matteotti
RISTORANTE ITALIA
OYSTER
HOTEL
DULCIS PASTIC
RINASCENTE
Viale la Plaia
Via Molo Sant'agostino
Via Sassari
Via Riva di Ponente
Calata Azuni
Lungomare New Y
Molo Sant'agostino
Porto Di Cagliari
Porto Pontile della Sanità
Passegg
150 M

Stampace et Marina
CHIESA DI SANT'EFISIO
HOTEL LA TERRAZZA
COCCODI
KASBAH DI BEBBO
FUORI DI ZUKKA
CITY TOUR CAGLIARI BUS
GLI STEFINI
SPHERA LOCURA
HOSTEL MARINA
MARTINELLI'S
HOTEL DEDONI
TRATTORIA LILLICU
SEVENTYFIVE
B&B BLANCO
ARTIGIANATO SARDO
DELIZIE DI SARDEGNA
OSTERIA PARADISO
LUIGI POMATA
HOTEL REGINA MARGHERITA
DAL CORSARO
BOX OFFICE
RAFÈ
Bastione Santa Croce
Piazza Palazzo
Piazza Carlo Alberto
Piazza Goffredo Angioni
Terrazza Umberto I
Piazza Costituzione
Piazza Martiri d'Italia
Piazza Emanuele Ravot
Piazza Savoia
Piazza San Sepolcro
Piazza Giovanni Maria Dettori
Piazza Sant' Eulalia
Giardino Sotto Le Mura
Via Cammino Nuovo
Vico 3 dei Genovesi
Via Corte D'appello
Via Stretta
Via Pietro Martini
Terrapieno Enrico Endrich
Via Francesco Fara
Via Santa Margherita
Via Santa Croce
Via dei Genovesi
Via Alberto la Marmora
Via Nicolò Canelles
Via Duomo
Vico Duomo
Via San Giuseppe
Via del Fossario
Via Università
Piazza Yenne
Viale Regina Elena
Via San Giovanni
Vico 2 Vincenzo Sulis
Via Vincenzo Sulis
Via Giovanni Spano
Via Giuseppe Manno
Via Gaetano Cima
Via Giuseppe Mazzini
Via Giuseppe Garibaldi
Vico Barcellona
Piazza Dettori
Via Principe Amedeo
Via Torino
Piazza Costituzione
Via Costituzione
Via Lanusei
Via Sicilia
Via Barcellona
Vico del Collegio
Via del Collegio
Via Sant'eulalia
Piazza Sant Eulalia
Piazza Sant'eulalia
Vico Regina Margherita
Via Lepanto
Via dei Pisani
Via Sigismondo Arquer
Via Vittorio Porcile
Viale Regina Margherita
Via dei Mille
Via Concezione
Via Camillo Benso di Cavour

SE REPÉRER SE DÉPLACER

La capitale de la Sardaigne est bien desservie par les transports, autant publics que privés, et à des tarifs raisonnables. Dotée de deux lignes de métro, la ville comprend également un réseau de bus assez dense qui permet de sillonner la ville, de son centre historique à la plage du Poetto. Depuis Cagliari, vous pourrez rallier aisément toutes les villes principales de l'île, en bus ou en train. Certaines compagnies de taxi assurent même la liaison entre la capitale et toutes les destinations de l'île. Cela peut s'avérer plus intéressant que de louer une voiture, si vous prévoyez de ne pas bouger une fois arrivé à votre destination de villégiature. L'aéroport, tout proche de la ville, n'est qu'à 10 minutes en transport en commun. Cette facilité de mouvement fait de Cagliari une destination idéale pour un week-end prolongé. Vous ne perdrez pas des heures précieuses dans les embouteillages ou des trajets à rallonge.

AÉROPORT D'ELMAS

Via dei Trasvolatori
✆ +39 070 211 211
www.cagliari-airport.com

De jour comme de nuit, l'arrivée par avion à Cagliari est magnifique et procure la sensation d'amerrir. L'aéroport de Cagliari est le plus important de l'île. Il a été construit selon les technologies les plus avancées. Pour la structure de l'édifice, remarquable en particulier pour ses grandes fenêtres, l'acier a été utilisé ainsi que, naturellement, le granit et le calcaire de la Sardaigne. Vous trouverez sur place un office de tourisme, un distributeur et de nombreux loueurs de voitures. Vous pouvez rejoindre le centre-ville en bus, en train ou en taxi.

AIR FRANCE

✆ +33 9 69 39 02 15

Compter 300 € pour A/R en réservant longtemps à l'avance.

La compagnie française assure un vol direct le samedi et le dimanche à destination de Cagliari. Il en est de même pour le vol retour. En semaine, elle compte sur ses partenaires aériens que sont KLM et Alitalia pour assurer la liaison entre Amsterdam et Cagliari ou Rome et Cagliari. Attention, l'itinéraire peut se compliquer avec parfois 2 correspondances et un temps de trajet de 18 heures ! La crise sanitaire liée au Covid exige de se renseigner au moins une semaine avant le départ prévu pour connaître les conditions de vol et s'assurer que celui-ci est maintenu.

GARE DE CAGLIARI

Piazza Matteotti ✆ +39 070 892 021
www.trenitalia.com

Billetterie ouverte de 6h15 à 20h10. Automates également disponibles.

Tous les horaires et les prix sont disponibles sur le site de Trenitalia, en français. Les billets aller/retour (*ritorno*) sont plus économiques.

- **Cagliari/Aéroport :** un train toutes les 15 à 20 minutes entre 5h30 et 23h10. Trajet : 10 min.
- **Sassari :** 7 départs / jour de 6h30 à 18h30. Trajet : de 3 heures à 3 heures 40.
- **Oristano :** 16 départs / jour de 6h30 à 22h. Trajet : 1 à 2 heures.
- **Iglesias :** 20 départs / jour de 5h26 à 20h45. Trajet : 1 heure.
- **Porto Torres :** 2 départs / jour. Trajet : 4 heures.
- **Olbia :** 6 départs / jour de 6h30 à 18h30.

GARE ROUTIÈRE ARST

Piazza Matteotti ✆ 800 865 042
www.arst.sardegna.it

Située à la sortie de la gare ferroviaire en bordure de la place Matteotti et des quartiers Stampace et de la Marina. Les horaires sont affichés à l'entrée de la gare.

- **Cagliari :** billets valable 90 min, 2h ou 24h selon le tarif.
- **Nuoro :** 2 bus / jour, 2 heures 40.
- **Olbia :** 1 bus / jour avec Turmotravel (www.gruppoturmotravel.com). 4 heures.
- **Iglesias :** 2 bus / jour en semaine. 1 heure 15.
- **Oristano :** 2 bus / jour en semaine. 2 heures.
- **Pula, Chia et Teulada :** une dizaine de bus / jour (réduits hors saison). Entre 50 min et 1 heure 50.
- **Villasimius :** 8 bus / jour. 1 heure 30.

AUTOSERVIZI MEREU

Piazza Giovanni XXIII, 38
✆ +39 070 494 345
www.autoservizi.com

Cette compagnie à gestion familiale est le grand spécialiste de la location. Vous pouvez louer une voiture avec ou sans chauffeur, mais surtout des véhicules de grande capacité tels des minibus et autocars. La société organise des tours de Sardaigne, dont vous pouvez déterminer les différentes étapes en amont. Certains circuits sont fixes en fonction du thème choisi. Enfin, Autoservizi possède une flotte adaptée aux personnes à mobilité réduite. La compagnie est présente dans toutes les grandes villes de Sardaigne et d'Italie.

CARBUSTEC

1/B via Sassari ✆ +39 070 498 399
www.carbustec.com

Ouvert du lundi au samedi de 9h à 13h et de 16h30 à 19h. Le dimanche de 10h à 11h et de 18h à 19h.

Un grand choix de véhicules disponibles : motos, de la plus puissante à la Vespa tranquille, voitures sortant de la gamme habituelle, mini ou décapotables à des prix serrés. Ouverture annuelle (y compris le dimanche). Grâce à leur nouvelle implantation tout près de la gare ferroviaire vous pourrez accéder à l'aéroport en 5 minutes (liaison en petit train chaque 20 minutes). Politique des prix serrés avec des véhicules économiques. Accueil et réservation en français (Pier Paolo). Des prestations sérieuses avec conseils sur mesure. Très bon rapport qualité-prix.

CTM CAGLIARI

Viale Trieste, 159
✆ +39 070 20 911
www.ctmcagliari.it

Horaires, lignes et fréquences sur le site Internet. 1,30 € le ticket valable 90 mn.

CTM est la compagnie qui gère les bus publics à Cagliari. Le plan des lignes est disponible à l'office de tourisme et aussi dans certains musées. Le ticket peut être utilisé durant 90 minutes sur le réseau. Attention, une majoration est appliquée si le ticket est acheté directement auprès du conducteur. Il existe également un ticket valable 2 heures permettant d'alterner les modalités de transport et d'emprunter le métro. Il est aussi possible d'acheter un ticket valable 24 heures ou 7 jours à utiliser sur l'ensemble du réseau de bus et de métro.

MÉTRO DE CAGLIARI

Piazza Repubblica

1,30 € pour 90 minutes. Carnet de 12 tickets : 13 €.

Cagliari est dotée de deux lignes de métro. La ligne 1 part de la Piazza della Repubblica au centre de la ville pour rallier l'hôpital universitaire de Monserrato au nord. La ligne 2 relie San Gottardo au nord de la ville aux banlieues de Selargius et Settimo San Pietro. Le métro circule tous les jours de 6h30 à 22h, à une fréquence de 10 minutes (20 minutes les dimanches et jours fériés). Le métro inauguré en 2008 utilise d'anciennes voies ferroviaires. Un projet d'extension de la Piazza della Repubblica à la Piazza Matteoti est en cours.

RADIO TAXI CAGLIARI ROSSOBLU

Via del Duomo, 19
✆ +39 070 66 55
www.radiotaxirossoblu.com

24h/24. Compter 17 € de l'aéroport au centre-ville.

A Cagliari, les taxis sont blancs. La compagnie Rossoblu se distingue par un bandeau bleu et rouge apposé sur les portières de ses véhicules. Les conditions tarifaires sont identiques à celles de la compagnie Quattro Mori. Une surcharge est également appliquée par tranche de 5 min entre le moment de l'appel à la compagnie et celui de la prise en charge par le taxi à votre adresse. La compagnie assure les courses longue distance avec des tarifs fixes.

RADIO TAXI QUATTRO MORI

Via Is Maglias, 5b
✆ +39 070 400 101
www.cagliaritaxi.com

24h/24. 17 € de l'aéroport au centre-ville.

Aisément reconnaissable à ses voitures blanches bardées d'un grand autocollant jaune et rouge, la flotte de taxis de Cagliari s'est montée en coopérative en 1981. Tous équipés d'un système GPS, ils empruntent non seulement le meilleur itinéraire en fonction du trafic, mais la centrale peut aussi repérer le taxi le plus proche de votre lieu de prise à bord. Un supplément s'applique la nuit entre 22h et 7h, les jours fériés, au-delà de 10 kg de bagage et du troisième passager. Le paiement par carte de crédit est accepté dans tous les véhicules.

LES QUARTIERS DE CAGLIARI

Si la ville de Cagliari s'étend sur 84 km^2, son centre historique s'est développé en bordure de la partie la plus abritée de la baie éponyme. Les différents quartiers occupent les collines qui parsèment la ville et forment des frontières naturelles assez nettes. Le quartier du Castello constitue le cœur historique de la ville. Il est bordé par ceux de Marina, Villanova et Bonaria qui forment le port de plaisance. Stampace et San Benedetto ferment le centre-ville, respectivement à l'ouest et à l'est du Castello. Les grandes infrastructures telles que l'hôpital ou l'université, mais aussi les grands parcs urbains, se trouvent au nord, en direction d'Is Mirrionis. Enfin, à l'est de Bonaria, le grand parc de Monte Urpinu, les étangs de Molentargius et une partie de la longue plage du Poetto sont rattachés à la ville et font partie des sites naturels aménagés pour attirer les Cagliaritains en nombre le week-end.

Castello et Villanova

Le quartier du Castello est solidement gardé par des fortifications moyenâgeuses. Il faut franchir des portes percées dans l'épaisse muraille pour pénétrer en son sein. Le bastion Saint-Rémy, la tour dell'Elefante ou la tour di San Pancrazio en sont les plus beaux exemples. Des ascenseurs panoramiques ont été installés au pied du bastion et de la tour dell'Elefante afin de faciliter le passage piéton entre la ville basse et la ville haute. La via Alberto Lamarmora qui descend du nord au sud est bordée de brocantes et d'antiquaires. Sa parallèle, la via dei Genovesi, a conservé son caractère pittoresque et permet de remonter du sud vers le nord. Le quartier du Castello est fermé par la via Ospedale à l'ouest et la viale Regina Elena à l'est. De l'autre côté de cette large avenue, le quartier de Villanova étale ses immeubles cossus, ses boutiques chics et ses belles rues arborées. Ce qui n'était qu'un coin de campagne de Cagliari est devenu son quartier le plus cossu. Les rues qui jouxtent le port abritent de nombreuses boutiques et des ateliers d'artisans. Au nord, la via San Giovanni et les rues alentour abritent des ateliers de menuiserie, de peinture, des boutiques de cordonnerie ou encore des barbiers. Les nombreuses églises du quartier de Villanova témoignent de l'influence espagnole et de l'occupation aragonaise. Certaines possèdent des cloîtres, comme l'église di San Mauro ou la chiesa di San Domenico. Flâner dans les rues de Villanova en quête de ses hôtels particuliers et petits palais, de ses artisans toujours à l'œuvre, de ses boutiques et bars branchés est un vrai plaisir.

Quartier de Castello.

Stampace et Marina

Le quartier de Marina est le plus animé de Cagliari. Il fait le lien entre le Castello et le port et est devenu le cœur battant de la ville moderne. Les rues sont vivantes et agréables et celles au pied des murailles sont parmi les plus belles de la ville. De ces rues piétonnes ponctuées de restaurants et de cafés émergent de belles églises, dont celle de Sant'Agostino, seul exemple de style Renaissance à Cagliari. Le quartier de Stampace prolonge celui de la Marina vers l'ouest. Les rues accueillent toujours plus de restaurants, de cafés, de bars et de terrasses animées. Des immeubles récents et pas toujours gracieux s'insèrent entre deux maisons ocre plus traditionnelles. Plus on progresse, plus le quartier devient résidentiel. Le corso Vittorio Emanuele II piétonnisé qui part de la joyeuse piazza Yenne est sans conteste l'artère la plus agréable de Stampace.

À VOIR / À FAIRE

Cagliari, la capitale de la Sardaigne, dont le nom *casteddu* en sarde signifie «château», possède une longue histoire. Les premières traces d'habitation remontent au néolithique. La ville s'est beaucoup développée durant la période phénico-punique et est devenue le principal centre urbain de l'île sous l'occupation romaine. Il se dégage de Cagliari une atmosphère typique des villes méditerranéennes avec ses ruelles étroites, ses façades ocre, le bleu du ciel et ses édifices historiques. Construite sur plusieurs collines, la ville possède des points de vue plongeants jusqu'à la mer, le plus fréquenté étant le bastion Saint-Rémy. Les nombreuses églises font partie intégrante du paysage et il en existe de toutes les époques et de tous les styles. Il fait bon flâner à Cagliari à toute heure du jour et plus particulièrement en début de soirée, quand vient la *passeggiata*, et que ses habitants se mêlent pour se montrer et boire un verre.

OFFICE DE TOURISME DE CAGLIARI

via Roma 145
✆ +39 070 677 7397
www.cagliariturismo.it
Ouvert tous les jours du 1er avril au 30 octobre de 10h à 20h ; Fermé de 13h à 14h et le dimanche après-midi en hiver.

Plusieurs points d'information sont installés dans différents quartiers de la ville chacun. Le bureau principal est celui situé au 145 de la via Roma, sous les arcades. Vous serez renseigné par un personnel polyglotte et efficace.
Le site Internet permet de télécharger plusieurs parcours thématiques à faire dans les quartiers du centre historique de Cagliari. L'audio en MP3 est disponible en français et la carte est aussi téléchargeable en format PDF.

WELCOME TO SARDINIA

93 via Roma
✆ +39 070 796 6254
www.welcometosardinia.it
Agence ouverte du lundi au vendredi de 9h30 à 13h et de 14h30 à 18h, le samedi de 9h30 à 13h.

Welcome to Sardinia propose des visites de Cagliari et de sa baie, mais de façon originale. Les quartiers historiques de la capitale sarde se parcourent en triporteur décapotable. Vous pourrez pousser jusqu'à la plage du Poetto, aux étangs de Molentargius ou à la colline San Michele. Quelle meilleure façon de découvrir la ville qu'avec ce moyen de transport mythique qui fleure bon l'Italie de Fellini et de Mastroianni ? Avec Welcome to Sardinia, la baie de Cagliari se parcourt en voilier ou en bateau gonflable, pour quelques heures ou la journée complète.

CAGLIARI TOURING

107 Via Roma
✆ +39 346 875 9213
www.cagliaritouring.com
Tarif : 10 €. 30 à 40 mn de visite. Réserver la visite au préalable par téléphone.

Cagliari Touring offre une façon originale et *italianissima* de visiter la ville de Cagliari. A bord du mythique triporteur pétaradant Ape, votre chauffeur vous conduit à travers les petites rues du centre historique. On se sent transporté comme dans un film de Nanni Moretti. Il est aussi possible de réserver un tour sur mesure, de nuit ou pour un «reportage» photographique. Claudio connaît tous les recoins de sa ville et assure la visite en italien, en espagnol ou en français dans la bonne humeur et avec beaucoup d'humour. A ne pas manquer.

CITY TOUR CAGLIARI BUS

Piazza Yenne
✆ 800 422 850
www.citytourcagliari.com
Tarif : 12 € (6 € -12 ans). Départs toutes les heures et demies entre 9h30 et 18h30.

Le départ s'effectue sur la Piazza Yenne, au cœur du quartier historique, juste devant le Café Yenne. Le petit bus vert à toit ouvrant arpente le centre historique de Stampace en passant par les quartiers de Castello et de la Marina. Le parcours se poursuit jusqu'au sanctuaire de Bonaria puis vers le parc de Molentargius et ses flamants roses. Le bus reprend la direction de la ville en passant par le Bastion Saint-Rémy, l'amphithéâtre romain, la citadelle des musées et la cathédrale. A bord, l'audioguide est disponible dans toutes les langues.

GUIDE ROME

✆ +39 348 260 3892

www.guiderome.com

Ce réseau génial de guides-conférencières francophones a été fondé à Rome en août 2002. Le réseau s'est étoffé et c'est désormais le territoire italien dans son ensemble qui est couvert. En Sardaigne, votre guide sera Silvia, une guide dynamique originaire d'Olbia. Elle a dessiné elle-même ses circuits à Cagliari et ailleurs dans l'île. Car Silvia peut aussi bien vous faire découvrir une ville le temps d'une journée que vous mener pendant plusieurs jours à travers l'île ou vous «décoder» les coutumes à l'occasion d'un festival.

SARDINIA MAGIC EXPERIENCE

✆ +39 340 47 97 091

www.sardiniamagicexperience.com

Organisation de tours. Tarifs sur demande.

Depuis 2010, cette association travaille à la promotion de la culture et du patrimoine sardes en proposant des tours et visites guidées des différents sites de Cagliari et de la Sardaigne. Il existe différentes formules qui permettent de respecter toutes les envies et tous les budgets : dégustation de vins, cours de cuisine, plages enchanteresses, découverte par la mer... Les guides sont qualifiés et ont une connaissance exhaustive des sites qu'ils font visiter.

NEWWAY SARDINIA

91 Via Sardegna ✆ +39 347 053 3196

www.newwaysardinia.com

Location de mars à décembre. Tarif : 11 € de l'heure et 15 € pour 24h. Visite guidée de 20 à 50 €.

New Way Sardinia a choisi une implantation centrale, entre la via Roma qui longe la marina et l'église Sant'Eulalia. L'agence propose des visites guidées en Segway et en vélo. Elle offre également des scooters électriques en location qui permettent de gagner en autonomie, notamment lors d'un court séjour. Les circuits sillonnent la vieille ville à la découverte de ses plus beaux coins et de ses richesses historiques. Ceux qui prennent la clé des champs vous mèneront au phare du Cap Sant'Elia ou aux étangs de Molentargius pour admirer les flamants roses.

TRENINO CAGLIARITANO

Piazza del Carmine

✆ +39 070 655 549

www.trenino.it

Tarif 8 € (gratuit pour les -3 ans). Horaires en ligne.

Un petit train rouge arpente les vieilles rues du quartier médiéval de Castello. Le départ s'effectue depuis la Piazza Carmine toutes les heures, entre 10h et 12h puis de 16h à 19h. En 45 min, vous pourrez avoir un aperçu de la vieille ville. Le train offre aussi l'avantage immense de s'éviter la montée à pied au Castello, assez pénible, surtout sous un soleil de plomb. Il est possible de descendre à la demande et d'emprunter un autre train pour continuer le trajet. Le billet se prend directement à bord du train, donc vous pouvez sauter dedans à tout moment !

TUTT'IN SUP - SARDINIA SUP TOURS

Via Marina Piccola

✆ +39 393 904 7185

www.tuttinsup.com

Tous les jours sur réservation. Compter entre 30 et 75 € pour une sortie entre 1 heure 30 et la journée complète.

Tutt'in SUP propose des sorties très originales, puisqu'il s'agit de découvrir le littoral autour de Cagliari depuis un stand-up paddle. Armé(e) de votre pagaie et debout sur une planche à l'excellente flottaison, vous partirez pour quelques heures à la découverte de la Selle du Diable, à la pointe de Cagliari. La promenade peut s'effectuer au coucher du soleil ou tôt le matin, avec un pique-nique. Les photos et vidéos prises lors de votre sortie vous seront données par la suite.

BASILICA DI SAN SATURNINO ★

Piazza San Cosimo
✆ +39 070 656 991
Ouvert le vendredi de 15h à 19h, le samedi et le 1er dimanche du mois de 9h à 19h.

C'est l'un des plus anciens monuments chrétiens de Sardaigne. La première structure date du IVe ou Ve siècle et aurait été édifiée à l'endroit même où saint Saturnin a été martyrisé en 304. Une coupole lui a été ajoutée à l'époque byzantine. Au XIe siècle, les moines de Saint-Victor de Marseille lui donnent un aspect romano-provençal. Endommagée par les bombardements de la Seconde Guerre mondiale, elle a bénéficié d'une importante restauration après la guerre.

BASTIONE DI SAINT REMY ★★

Accès libre.

Ce monument emblématique de Cagliari fait partie de l'histoire récente. Il fut construit en calcaire blanc entre 1899 et 1920 pour relier la partie haute et la partie basse de la ville. Son escalier monumental et sa terrasse panoramique offrent un superbe point de vue sur la ville. Il est l'un des exemples les plus représentatifs des travaux entrepris à la fin du XIXe siècle par Ottone Bacaredda pour moderniser la ville. Notez que lors de notre dernière visite, les ascenseurs permettant d'accéder à la partie haute de l'édifice étaient hors service.

EXMÀ ★

Via San Lucifero, 71
✆ +39 070 666 399
www.exmacagliari.com
Ouvert du mardi au dimanche de 9h à 13h et de 16h à 20h. Tarif : entre 3 € et 5 € selon la programmation.

Le centre expérimental pour les arts et la culture contemporaine a investi les anciens abattoirs municipaux de la ville. L'acronyme EXMA signifie *Exhibiting and Moving Arts*, avec l'anglais en bandoulière comme signe de modernité. La salle d'exposition de 270 m² et une grande esplanade extérieure permettent d'accueillir des expositions temporaires et des concerts et spectacles très variés : photographie, design, danse, artisanat. Le projet d'EXMA est de promouvoir toutes les formes d'art contemporain pour devenir un lieu de socialisation et de rencontre.

CASTELLO DI SAN MICHELE ★★

Via Sirai
Accès gratuit.

Posé au sommet d'une des sept collines de Cagliari, le château Saint-Michel domine le nord de la ville. Il était autrefois en pleine campagne et permettait de voir les ennemis arriver de la plaine du Campidano ou de la mer. La ville a grignoté du terrain et rattrape désormais le Castello. La colline était un lieu de culte païen sous les Romains et les Byzantins, avant qu'un monastère de l'ordre de Saint-Michel ne s'y installe. Au Xe siècle, sous l'ère des Judicats, une tour-sentinelle est érigée à l'emplacement du monastère abandonné. Lorsque les Pisans prennent Cagliari, ils renforcent la structure en établissant des fondations. Au XIIIe siècle, deux tours sont ajoutées sur le flanc est. La quatrième tour sera ajoutée par les Aragonais et Berengario Carroz qui reçoit la colline en fief du roi d'Espagne. Il entreprend d'importants travaux à partir de 1325 pour transformer les lieux en forteresse et résidence luxueuse. Le château est renommé Bonvehi, en raison du panorama à couper le souffle. Le dernier membre de cette famille à habiter les lieux est la Comtesse Violante, dont on prétend que son fantôme hante encore les couloirs du château. Le château tombe en désuétude au XVIe siècle et devient lazaret durant la grande peste de Sant'Efisio en 1652. Il est à nouveau abandonné un siècle durant puis il est équipé de canons en 1793 pour empêcher l'invasion de l'armée de Napoléon. La forteresse devient par la suite résidence privée, puis station télégraphique de la Marine. C'est aujourd'hui un centre culturel d'art contemporain.

© TORRUZZLO - SHUTTERSTOCK.COM

CAGLIARI

CATTEDRALE DI SANTA MARIA ★★★

Piazza Palazzo, 4
✆ +39 070 663837
www.duomodicagliari.it
Ouvert de juin à sept du lun au sam de 8h à 20h. Fermé entre 13h et 16h30 le dim et tous les jours d'octobre à mai.

La cathédrale de Cagliari a connu de nombreuses modifications à travers les siècles, ce qui lui confère son style si particulier. Sa structure d'origine remonte aux XIIe et XIIIe siècles. Elle est l'œuvre des Pisans, alors très présents au sein du Judicat de Cagliari. A l'origine, l'église présentait un plan carré avec une nef et deux ailes. Au XIVe siècle, un transept lui est ajouté et la cathédrale affiche alors un plan en croix latine. La façade est agrémentée d'une fenêtre à meneau de style gothique et le clocher est modifié. Les rénovations entreprises aux XVIIe et XVIIIe siècles optent pour un style résolument baroque. Les incrustations de marbre rouge, blanc, gris et noir forment des motifs géométriques sur les sols et les murs des chapelles, les stucs ornent généreusement les plafonds, les ferronneries sont très travaillées. Mais le chef-d'œuvre remarquable de la cathédrale est l'ambon du maître Gugliemo. Prévue initialement pour la cathédrale de Pise, la chaire a été installée dans celle de Cagliari en 1312. A noter également, le mausolée du roi aragonais Martin Ier de Sicile, mort durant la conquête de la Sardaigne, ou celui de l'archevêque de Cagliari Bernardo de la Cabra, décédé pendant la vague de peste en 1655. La crypte abrite le sanctuaire des martyrs, dont les 179 niches contiennent les reliques des martyrs de la ville trouvées pendant des fouilles au XVIIe siècle. Le trésor est exposé au Museo del Duomo situé à droite de la cathédrale.

GALLERIA COMUNALE D'ARTE ★★

Largo Giuseppe Dessi ✆ +39 070 6777 598
sistemamuseale.museicivicicagliari.it
Ouvert tous les jours de 10h à 18h, jusqu'à 20h en été. Fermé le lundi. Entrée : 6 € (gratuit -6 ans).

Un élégant bâtiment du XVIIIe siècle abrite le legs fait par les héritiers du collectionneur Francesco Paolo Ingrao. 500 œuvres des XIXe et XXe siècles signées d'artistes célèbres sont rassemblées dans des pièces palatiales : Boccioni, Balla, Depero, Morandi, Severini ou De Pisis. « Les chambres du collectionneur » situées au rez-de-chaussée réunissent d'autres œuvres : tableaux, dessins, incisions, bronzes, le tout disposé dans un désordre fascinant. Cette collection permanente sublimée par un éclairage moderne est très agréable à visiter.

GIARDINI PUBBLICI ★

Largo Giuseppe Dessì
Ouvert du matin au soir, jusqu'à minuit de juillet à septembre. Entrée libre.

L'endroit est très paisible et donne à voir de beaux points de vue sur la capitale. Situés juste derrière le quartier des musées aux confins du Castello, le cadre est parfait pour une halte après de longues heures dans les salles. Une grande allée arborée, des fontaines, des pelouses et des bancs permettent aux visiteurs de flâner ou de se reposer à l'ombre d'un arbre. A l'intérieur de ces jardins publics se trouve un petit palais ravissant qui accueille la Galerie Municipale d'Art Moderne (Galleria Comunale de Arte Moderna).

Cathédrale Santa Maria.

MONTE URPINU ★★

Entrée via Pietro Leo ou viale Europa

Ouvert de l'aube à la tombée de la nuit. Ouvert jusqu'à 22h en juin, juillet et août. Entrée gratuite.

A 20 min à pied du centre-ville, le parc Monte Urpinu domine les étangs de Molentargius d'un côté et la ville de l'autre. Il s'agit du plus ancien parc de la ville, où chaque habitant a ses habitudes selon les heures. Le matin on y croise plutôt des joggeurs ou des retraités en quête d'un bain de soleil. Dans l'après-midi les mamans et leurs enfants profitent des aménagements prévus pour les petits. En soirée, ce sont plutôt les couples pas encore officiels ou les jeunes en quête de flirt qui se retrouvent ici. Deux cafés à l'entrée permettent de se rafraîchir.

MUSEO D'ARTE SIAMESE « STEFANO CARDU » ★

Piazza Arsenale, 1

✆ +39 070 651 888

Ouvert de 10h à 20h, jusqu'à 18h en hiver. Fermé le lundi. Entrée : 2 €. Gratuit le 1er dimanche du mois.

Le musée d'art siamois (de Thaïlande dont l'ancien nom était le Royaume de Siam) a fêté son centenaire en 2020. Il s'agit d'une importante collection d'objets donnés à la ville par Stefano Cardu, un marin sarde qui vécut au Siam au XIXe siècle. Les poteries chinoises Ming et Qing sont remarquables, ainsi que la collection d'armes à feu du XIe au XIXe siècle. Attention, en raison du Covid, la jauge de visiteurs est réduite. La réservation au moins 48h à l'avance est indispensable.

MUSEO ETNOGRAFICO REGIONALE ★

Piazza Arsenale, 1

Ouvert tous les jours de 9h à 20h. Fermé le lundi. Entrée : 3 €.

La collection du plus récent musée de la Citadelle des Musées est composée de plus de 2 000 objets relatifs à la culture sarde, dont la plupart date du XIXe siècle et du début du XXe siècle. Si vous ne prévoyez pas de vous rendre à Nuoro, une visite de ce musée s'impose pour s'approprier la culture sarde. Dans la grande salle d'exposition, on peut admirer surtout des tissus typiques et artisanaux traditionnels de la Sardaigne, des bijoux religieux et des objets d'usage domestique.

MUSEO ARCHEOLOGICO NAZIONALE ★★

Piazza Arsenale, 1 ✆ +39 070 6051 8245

www.museoarcheocagliari.beniculturali.it/

Ouvert de 9h à 20h. Fermé le lundi. Entrée : 7 €. Billet combiné avec la Pinacoteca : 9 €.

Le riche passé de la Sardaigne lègue un musée archéologique précieux. Il renferme la plus importante collection nuragique au monde. Les pièces exposées proviennent de collections privées aussi bien que publiques et constituent un héritage inestimable. La muséographie est conçue autour d'itinéraires thématiques répartis sur 4 étages. Lors de notre dernière visite, les étages étaient en cours de réorganisation.

- **Rez-de-chaussée.** Les œuvres exposées permettent d'embrasser de façon synthétique l'histoire des Sardes du Néolithique au haut Moyen Âge. Le visiteur traverse les différentes cultures qui ont façonné l'île en admirant parmi les plus beaux témoignages de ces différentes époques.
- **Premier étage.** Deux thèmes se côtoient à cet étage : le passé antique de Cagliari et les sites nuragiques d'importance. La première partie met en lumière l'évolution de la cité à travers l'exploration des sites de Tuvexiddu, de Santa Gilla et de Monte Claro.
- **Deuxième étage.** Le visiteur explore les plus beaux sites archéologiques de l'île comprenant Monte Sirai, Sant'Antioco, Bithia et Nora. Les œuvres d'importance côtoient des pièces plus mineures et permettent de traverser les âges préhistoriques jusqu'à l'époque romaine.
- **Troisième étage.** Cet étage est entièrement dédié aux statues nuragiques trouvées sur le site de Mont'e Prama. Une installation interactive permet d'apprendre à distinguer les différents types de statues et leurs usages. Cet étage accueille également les expositions temporaires.

© PAOLO CERTO - SHUTTERSTOCK.COM

CAGLIARI

PALAZZO BOYL ★

Bastione di San Remy

Ne se visite pas.

Le palais, qui donne sur la terrasse du Bastion Saint-Rémy, date de 1840. Il tient son nom de la famille Boyl originaire de Valence et arrivée en Sardaigne durant la période des Judicats. Il ne reste malheureusement que peu de choses de sa splendeur passée. Les quatre statues de la façade personnifient les quatre saisons, alors que des boulets de canon incrustés sur le mur extérieur rappellent les trois sièges, français, anglais et espagnol, subis par Cagliari. Vous pourrez ensuite descendre l'escalier monumental qui mène au quartier de la Marina.

LA TORRE DELL'ELEFANTE ★

Via Università

✆ +39 3662 562 826

www.beniculturalicagliari.it

Ouvert tous les jours de 10h à 19h, jusqu'à 17h en hiver. Entrée : 3 €.

Accessible également depuis la rue Santa Croce, elle a été construite par les Pisans en 1307. Son nom vient du petit éléphant en pierre sculpté sur sa façade. Sous la domination espagnole, on accrochait à la herse de la tour les têtes des criminels exécutés. Les pratiques étant devenues moins barbares, au XIXe siècle, la tour se convertit en prison pour les prisonniers politiques. En passant sous la tour et en empruntant la via Università, vous longez l'université construite à la fin du XVIIIe siècle sous le règne de Carlo Emanuele III.

PARCO DI MONTE CLARO ★

Entrées via Cadello et via Liguria

Ouvert toute l'année de 7h à 21h, jusqu'à 22h de mai à octobre. Accès gratuit.

Il n'y a que peu d'espaces verts accessibles depuis la vieille ville de Cagliari. Le parc du mont Claro se trouve au nord de la ville et couvre plusieurs hectares. Véritable poumon vert, il permet aux Cagliaritains de se livrer à un peu d'exercice ou de flâner dans la verdure. Agréablement aménagé avec ses allées impeccables et ses terrains de sport, le parc comprend même un vaste espace dédié aux chiens. Au printemps et en été, des concerts de jeunes groupes locaux, des spectacles de capoeira ou des tournois de jeux de rôle live sont organisés.

TORRE DI SAN PANCRAZIO ★

Piazza Indipendenza

✆ +39 3662 562 826

www.camuweb.it

Fermé pour restauration lors de notre visite.

La tour de Saint-Pancras fut édifiée en 1305 par l'architecte Giovanni Capula pour protéger l'accès nord du Castello. Erigée au sommet du point culminant de la ville et haute de 36 mètres, elle permettait de voir arriver l'ennemi de loin. Dès 1328, elle est transformée en mess pour les officiers et point de stockage. Au XVIIe siècle, la tour devient prison. Ce n'est qu'au XXe siècle qu'elle retrouve son aspect originel : le mur côté vieille ville est abattu, la structure est renforcée et certaines de ses caractéristiques défensives sont soulignées.

PINACOTECA NAZIONALE ★

Piazza Arsenale, 1

✆ +39 070 66 24 96

www.pinacoteca.cagliari.beniculturali.it

Ouvert de 9h à 20h. Fermé le lundi. Entrée : 4 €. Billet combiné avec le musée archéologique : 9 €.

Bien que de dimension nationale, ce musée s'intéresse à la peinture sarde. Il offre un intéressant panorama pictural dont une collection de retables des XVe et XVIe siècles, importés d'Espagne, puis produits et imités en Sardaigne par des artistes le plus souvent anonymes. On remarquera les œuvres de Pietro Cavaro, qui inaugurera un style connu sous le nom d'« école de Stampace ». L'essentiel de la production artistique des XVIIe et XVIIIe siècles est constitué de tableaux importés, alors que les toiles du XIXe siècle sont signées par des peintres locaux.

VIA SANTA CROCE ★

Accès libre.

La rue qui relie la Tour de l'Eléphant à l'ancien ghetto juif figure parmi les passages obligés à Cagliari. Bordée d'églises et de maisons anciennes, il s'en dégage le charme typique des villes méditerranéennes. Sa vue plongeante sur la ville basse et la baie ne gâche rien. Il faut y venir en fin de journée, quand la lumière se fait rasante et que les ocres se teintent d'or. C'est l'heure où les habitants sortent et se livrent au rite immuable de la *passeggiata*. N'hésitez pas à vous arrêter à l'une des terrasses de café qui bordent la rue.

BALADE

FLÂNERIE DANS LE CASTELLO

Depuis l'esplanade du Bastion Saint-Remy admirez la vue sur le port de Cagliari. Traversez l'esplanade et continuez tout droit jusqu'à l'ancienne mairie, un petit palais jaune et rose. Vous pouvez visiter la cathédrale Sainte-Marie ou le Palazzo Regio qui se trouvent sur la même place. En continuant à remonter la via Pietro Martini, vous débouchez sur la piazza dell'Independenzia avec à droite la tour San Pancrazio. Passez sous l'immeuble rose qui barre la perspective et continuez tout droit jusqu'au portail à colonnes surmonté d'un blason en bronze où est inscrit « Regio arsenale ». Vous voilà arrivé à l'ancien arsenal royal qui abrite aujourd'hui la Citadelle des Musées dont le fabuleux Musée archéologique.

ANFITEATRO ROMANO ★

Viale San Ignazio
www.beniculturalicagliari.it
Ouvert tous les jours de 10h à 19h jusqu'à 17h en hiver. Entrée : 3 €.

Il s'agit du plus grand amphithéâtre en Méditerranée à plan elliptique creusé à flanc de roche. Il remonte au IIe siècle. Petit par sa taille, ses 20 rangées de gradins pouvaient accueillir 10 000 personnes. Une partie de ceux-ci sont encore visibles ainsi que la *cavea* (fosse aux fauves). Pendant la Seconde Guerre mondiale, ses galeries souterraines ont servi d'abris antiaériens et d'arsenal. Aujourd'hui, cette superbe structure est utilisée en été pour des manifestations culturelles exceptionnelles, dont le programme est disponible à l'office de tourisme.

AREA ARCHEOLOGICA DI SANT'EULALIA ★★

Vico Collegio, 2
✆ +39 070 66 37 24
Ouvert de 9h30 à 19h, jusqu'à 18h en avril et mai et septembre et octobre, et 16h de novembre à mars. Entrée : 5 €.

Le cœur du quartier médiéval de Marina abrite des vestiges archéologiques étonnants. Découverte par hasard en 1990 lors des travaux de restauration de l'église de Sant'Eulalia, cette zone archéologique, dont l'accès se fait par la basilique, comprend des vestiges des périodes romaines, médiévales et modernes. Les fouilles ont permis de découvrir les strates des installations humaines dans la ville à différentes époques. Le visiteur déambule dans les ruines de ces anciennes villes et parcourt sur quelques centaines de mètres plus de 6 000 ans d'histoire. Les vestiges les plus anciens remontent au IVe siècle av. J.-C. A l'époque, Cagliari s'appelle Krly et est occupée par les Puniques. Un sanctuaire fréquenté jusqu'au Ier siècle atteste de leur présence ici. Au Ve siècle de notre ère, le quartier devient résidentiel et est relié au centre-ville par une large rue pavée. Sur les 13 mètres aménagés qui subsistent, on peut encore observer les traces du passage des chars. A partir du VIIe siècle, ce coin de la ville est abandonné en raison d'invasions régulières par la mer. Le site tombe dans l'oubli et est recouvert par la poussière et la terre. Lorsque les Aragonais s'emparent de Cagliari, ils font ériger une église dédiée à la sainte patronne de Barcelone, Eulalie, recouvrant les vestiges antiques pour plusieurs siècles. La visite débute par une crypte aménagée en bunker où les Cagliaritani se cachaient pendant les bombardements de la Seconde Guerre mondiale.

CHIESA DI SAN MICHELE ★

Via Ospedale, 2
✆ +39 070 65 86 26
Ouvert de 8h à 11h et de 19h à 20h30, de 9h à 12h et de 19h à 21h le dimanche et jours fériés.

L'église San Michele figure parmi les trésors de l'art jésuite. Sa façade en pierre calcaire datant du XVIIe siècle est surmontée d'un lanternon dont la niche abrite l'archange Michel brandissant son épée. La nef est surmontée d'une coupole reposant sur un tambour octogonal et percée de fenêtres hexagonales qui laissent passer la lumière naturelle. L'intérieur de l'église contraste grandement avec la sobriété de l'extérieur. Les autels en marbre, les œuvres en stuc et les peintures affichent un style rococo assez rare en Sardaigne.

CHIESA DI SANT'EFISIO ★

Via Sant'Efisio
✆ +39 340 4649 423
Ouverte uniquement pour la messe, le dimanche à 9h et le lundi à 17h.

Cette petite église de style espagnol, à la façade baroque d'ocre et de blanc, est construite au cœur du quartier de Stampace, à l'emplacement même où le saint aurait été emprisonné avant d'être martyrisé à Nora. C'est d'ailleurs d'ici que part la procession du 1er mai en direction de Nora, la plus importante à Cagliari et probablement en Sardaigne. La statue du saint, promenée dans les rues, est conservée dans cette église. L'intérieur est richement décoré avec des autels en marbre polychrome, de nombreux tableaux et des statues datant du XVIIIe siècle.

VILLAGE DES PÊCHEURS DE GIORGINO ★★

Face au port de Cagliari, de l'autre côté du pont, un petit village de pêcheurs a été reconstitué. Il s'agit de quelques maisons et d'une église qui forment un pâté de maisons au bord de la plage de Giorgino. Les retours sur les lieux sont mitigés. Certaines personnes trouvent l'endroit charmant, d'autres sans intérêt. Les maisons des pêcheurs accueillent poissonneries et restaurants. L'endroit permet de faire une escapade à l'écart de la ville sans aller bien loin.

ORTO BOTANICO ★

Viale Sant' Ignazio da Laconi, 11
✆ +39 0706 753 512
www.ortobotanicoitalia.it/sardegna/cagliari
Ouvert de 9h à 20h, jusqu'à 18h au printemps et à lautomne, 16h en hiver. Entrée : 4 €/6 € avec visite guidée.

Les jardins s'étendent sur plus de 5 ha et rassemblent plus de 200 spécimens venus des cinq continents : lentisques du maquis méditerranéen, cactus des déserts américains, plantes tropicales, ficus magnoliodes monumentaux. Au nord du jardin, une section est consacrée aux gastéropodes. Lors des visites guidées, d'autres parties du jardin sont ouvertes, en particulier une zone archéologique qui comprend des puits et des citernes romano-carthaginois. Un beau parc sans doute, néanmoins, malgré l'effort des fonctionnaires, certaines parties manquent d'entretien.

SE LOGER

Cagliari dispose d'une offre hôtelière variée, même s'il n'y a que peu d'hôtels de luxe. Elle investit des immeubles anciens, des demeures historiques, de vieux palais au cœur des quartiers historiques. Il est très facile de trouver à se loger à proximité des sites à visiter, quel que soit le budget. De la chambre d'hôte modeste à la suite avec terrasse dans un boutique-hôtel de charme, la fourchette varie d'une quarantaine d'euros la nuit à plus de 200 €. Nombre des établissements sélectionnés se situent dans le quartier de La Marina, entre ville ancienne et le port. Mais vous en trouverez aussi à Stampace et au Castello et dans des coins un peu plus excentrés. Les plus beaux hôtels se trouvent souvent aux confins du centre historique. Pour un hôtel de grand luxe, il faut regarder du côté du littoral, Cagliari ne possédant pas d'offre de ce type. De même, les hôtels avec piscine sont rares.

B&B ANGIOY 18 €

18 Via Angioy
✆ +39 371 113 9897
www.angioy18.com
A partir de 80 € pour une chambre double, petit-déjeuner compris. Air conditionné.

Ce B&B jouit d'un emplacement idéal à deux minutes de la gare, au calme. Ouvert en 2016, cet appartement clair dessert trois chambres modernes avec de belles salles de bains. La décoration épurée révèle la beauté des sols d'origine, qui diffèrent dans chaque pièce. Fabio est un professionnel du tourisme et d'une grande gentillesse, il sait accueillir comme il se doit et il vous aiguille sur les bonnes adresses de la ville. Une cuisine est à la disposition des hôtes et le petit déjeuner servi le matin est basé sur des produits de qualité.

B&B BLANCO €

3 via Concezione
✆ +39 349 3392 945
www.blancobb.it
A partir de 65 € pour une chambre double, petit-déjeuner compris. Air conditionné.

Sans doute l'un des meilleurs rapports qualité-prix dans le quartier prisé de La Marina. Dix ans déjà, mais l'accueil chaleureux et le soin apporté aux chambres n'ont pas bougé. Antonio vous laissera la clé de l'appartement à la décoration de magazine, à dominante blanche. L'appartement comprend deux chambres doubles calmes et confortables, et une troisième plus grande et lumineuse avec balcon sur la via Roma et la mer. Toutes sont équipées de TV, wifi, climatisation et salles de bains modernes. Fruits et gâteaux sont laissés à la disposition des clients.

B&B LA TERRAZZA SUL PORTO €

Largo Carlo Felice, 36
✆ +39 070 65 89 97
www.laterrazzasulporto.com
A partir de 60 €, petit déjeuner compris. Au 3e et 4e étages sans ascenseur. Air conditionné.

Cette chambre d'hôtes possède tout pour plaire : de petits prix en toute saison, un accueil sympathique et une terrasse avec vue sur la ville et le port. Si les chambres sont simples, les propriétaires des lieux ont su leur donner une âme. Cependant, toutes ne sont pas équipées d'une salle de bains attenante. Il est possible d'utiliser la cuisine, la machine à laver et le barbecue sur demande. Thé et café sont disponibles à discrétion. De quoi se sentir comme à la maison.

HOSTEL MARINA €

2 Scalette Santo Sepolcro
✆ +39 070 67 08 18
www.hostelmarinacagliari.it
A partir de 22 € en dortoir et 60 € en chambre double, petit déjeuner compris.

Cette auberge de jeunesse est très bien située dans la vieille ville, dans un ancien monastère du XIVe siècle. L'ensemble, qui a conservé son charme ancien, a été complètement rénové pour les besoins de l'activité hôtelière. Les chambres (simples, doubles, quadruples, sextuples et dortoirs) affichent des aménagements minimalistes et sans cachet particulier, mais le patio couvert où l'on prend le petit déjeuner est fort agréable. L'ambiance est forcément jeune et «sac à dos», car il s'agit d'un des logements les moins chers à Cagliari.

HOTEL AURORA €

19 Salita di San Chiara
✆ +39 070 658 625
www.hotelcagliariaurora.it
A partir de 35 € la chambre simple et 55 € la chambre double.

Cette auberge située à deux pas de la très animée piazza Yenne propose des chambres au confort simple mais suffisant. Les murs volontairement «déchiquetés» laissent apparaître les vieilles pierres originelles. Attention, toutes les chambres ne disposent pas de leur salle de bains. Elles sont plus chères lorsque c'est le cas. Le lieu est propre et l'accueil de Gian Luigi, dit « Gigi », chaleureux. Cela fait 50 ans que l'hôtel reçoit touristes et Sardes de passage. Pour plus de tranquillité, demandez une chambre qui ne donne pas sur la rue.

MYRTA B&B €

Via Piccioni, 131
✆ +39 340 81 722 99
www.myrta.it
A partir de 60 € la chambre double, petit déjeuner compris.

Simple et coquet, voici un B&B accueillant aux prix corrects. Deux des trois chambres sont situées dans le quartier de Villanova tandis que le studio de 30 m² qui peut héberger 3 personnes est installé dans Castello. La déco tonique et contemporaine opte pour des couleurs acidulées qui mettent de bonne humeur. Chaque chambre possède sa salle de bains privative mais pas toujours attenante. Le petit déjeuner est compris pour les chambres tandis que le studio dispose de sa propre kitchenette. Un bon point : la place de parking incluse dans la location.

B&B IL GIARDINO SEGRETO €€

16 Via Sant'Ignazio da Laconi
✆ +39 339 4784575
www.ilgiardinosegretocagliari.com
A partir de 70 € pour une chambre double, petit déjeuner compris.

A proximité du jardin botanique, cet hôtel possède une atmosphère particulière et un charme fou. Il suffit de pousser le portail de l'établissement pour succomber à l'envoûtement de ce véritable jardin secret. L'hôtel ne comprend que 4 chambres aux noms de plantes et décorées selon la tradition sarde. Toutes possèdent réfrigérateur, wifi et coffre-fort. Le petit déjeuner est servi dans la salle commune qui fait aussi office de réception. Maurizio, le propriétaire, vous donnera avec plaisir tous les conseils nécessaires pour un séjour réussi en Sardaigne.

B&B SARDINIA DOMUS €€

26 Largo Carlo Felice
✆ +39 070 659 783
www.sardiniadomus.it
A partir de 74 € la chambre double, petit déjeuner compris. Au 1er étage sans ascenseur.

Ce B&B aux allures de petit hôtel est idéalement situé au centre de la ville, dans un beau bâtiment d'époque à la façade rose ancien. Régulièrement rénové, l'intérieur gagne toujours plus en charme. Les chambres cosy déclinent des tons paisibles, du crème des dessus de lit au rose pâle des salles de bains. Chacune est équipée d'une connexion Internet, de la télé satellite et d'une ample salle de bains attenante. L'accueil, très sympathique, parfait le séjour. Si le B&B affiche complet, la même équipe possède le Cagliari '900, situé à deux pas.

B&B THE PLACE €€

59 Via Sant'Efisio
✆ +39 070 680 165
www.theplacecagliari.com
A partir de 87 € pour une chambre double, petit déjeuner compris.

A quelques pas des principaux centres d'intérêt de la ville, voici un B&B dont la déco marie design et tradition. L'immeuble est une ancienne maison populaire répartie sur trois étages étroits. Dans les chambres, le clin d'œil high-tech ne dénote pas avec l'esprit d'ensemble qui reste profondément sarde. Exquis, le petit déjeuner servi dans la salle du rez-de-chaussée ne manque de rien : tartes, fruits frais, yaourts, charcuteries et œufs. Serviable et sympathique, Lucas se tient à la disposition de ses clients pour partager ses bonnes adresses.

CAESAR'S HOTEL €€

2 Via Charles Darwin
✆ +39 070 30 4768
www.caesarshotel.eu
A partir de 100 € pour une chambre double, petit déjeuner compris.

Les amateurs de design seront séduits par ce bel établissement Art déco. A 15 minutes de l'aéroport, l'hôtel est situé dans un quartier calme et proche de la plage du Poetto. Il propose 48 chambres spacieuses et meublées sobrement. Le restaurant gastronomique figurant au Michelin fait la réputation de l'établissement. Les pâtisseries sont à tomber et la carte des vins est prestigieuse. L'hôtel existe depuis une vingtaine d'années et jouit d'une grande renommée grâce à ses prestations de qualité. Idéal pour un voyage d'affaires ou un week-end en amoureux.

EFAMORESCA €€

8 Via Sant'Efisio
✆ +39 373 8545198
www.efamoresca.it
A partir de 70 e pour une chambre double, petit déjeuner compris. Air conditionné.

A l'Efamoresca, on se sent comme à la maison mais avec tout le confort que peut apporter un hôtel. Les trois chambres de style traditionnel sont jolies : meubles anciens, parquet et poutres apparentes. Issue du concept « boutique design », cette charmante maison d'hôtes cherche aussi à promouvoir les artistes émergents dont les œuvres décorent les chambres. Les hôtes veillent à apporter à leurs invités toute l'attention nécessaire et contribuent à ce que leur séjour se passe au mieux. Le petit déjeuner peut être servi en chambre ou dans l'espace commun.

LA GHIRLANDA €€

7 Via Ludovico Baylle
✆ +39 070 2040610
www.bnblaghirlanda.it
A partir de 50 € la chambre simple et 70 € la chambre double, petit déjeuner compris.

Ce B&B est situé dans un ancien palais du quartier de la Marina. Les chambres spacieuses sont décorées avec soin. Le linge est délicatement brodé. Des couleurs pastel habillent les murs et assurent une ambiance feutrée. Les meubles anciens revisités apportent une vraie touche de charme et d'originalité tandis que l'épaisseur des murs vous garantit des nuits paisibles que vous soyez côté cour ou côté rue. Un accueil chaleureux est assuré par la maîtresse des lieux qui parle français. Pour plus de souplesse le petit déjeuner est servi au café Roma voisin.

HOTEL DEDONI €€

69 A Via Cavour
✆ +39 070 664 871
www.hoteldedoni.it
A partir de 60 € la chambre double, petit déjeuner compris. Possibilité de demi-pension et pension complète.

A 500 m du port et au cœur du centre historique dans le quartier de La Marina, ce petit hôtel est parfait pour découvrir la ville. Il propose une vingtaine de chambres dans les étages supérieurs avec ascenseur, tandis que le rez-de-chaussée est dédié à la salle des petits déjeuners et au bar. Les chambres sont modernes et confortables, équipées d'un écran plat et d'un mini bar. La direction est particulièrement attentive au bien-être de ses hôtes et vous réservera le meilleur accueil. Possibilité également de locations d'appartements à prix modérés.

HÔTEL DUE COLONNE €€

4 Via Sardegna
✆ +39 070 658 710
www.hotel2colonne.it
A partir de 114 € la chambre double, petit déjeuner inclus.

Cet hôtel de 27 chambres est situé dans le quartier historique de la Marina, au cœur des activités. C'est un ancien palais rénové de façon classique et sobre. Les chambres sont spacieuses, propres et bien équipées, certaines possèdent même une baignoire avec hydromassage. L'accueil y est chaleureux et professionnel. Le petit déjeuner est servi sous forme de buffet. L'hôtel met également à la disposition de ses clients des appartements superbes, lumineux et fonctionnels à louer pour quelques jours ou une durée plus longue. Ils sont équipés d'une cuisine.

HÔTEL FLORA €€

45 Via Sassari
✆ +39 070 658 219
www.hotelfloracagliari.it
A partir de 140 € pour une chambre double, petit déjeuner compris.

Dans le quartier de Stampace, cet hôtel est une véritable institution. Géré depuis trois générations par la même famille, il a bénéficié d'une rénovation qui lui confère un style absolument unique. Il offre des prestations haut de gamme, une décoration élégante et des chambres spacieuses. Une incroyable collection de jouets anciens investit la réception et les étages. Le petit déjeuner copieux se compose de produits frais et locaux. Par ailleurs, l'hôtel met à votre disposition un parking situé à côté de la gare et un service de navette pour l'aéroport.

HOTEL ITALIA €€

31 Via Sardegna
✆ +39 070 660 410
www.hotelitaliacagliari.com
À partir de 89 € la chambre double, petit déjeuner compris.

Avec près d'un siècle d'existence, cet hôtel d'une centaine de chambres est une véritable icône. Situé dans le quartier de La Marina, il a été entièrement rénové en 2016 et possède désormais une terrasse panoramique avec vue mer, une «tisanerie», un spa et une salle de fitness. Les chambres aux couleurs douces sont sobrement meublées, dotées de salles de bains confortables. Les suites au dernier étage possèdent une terrasse avec vue sur la mer. L'hôtel met à disposition de ses clients une place de parking, bien utile en centre-ville.

HOTEL LA TERRAZZA €€

21 Via Santa Margherita
✆ +39 070 668 652
www.laterrazzahotel.com
A partir de 69 € pour une chambre double, petit déjeuner compris.

La position privilégiée de cet hôtel entre les quartiers de Stampace et Castello conviendra aux touristes désireux de découvrir la ville à pied. A 20 m de la très animée Piazza Yenne, idéale pour les sorties nocturnes, l'hôtel se tient dans une rue pourtant très calme. L'endroit se veut simple et accueillant. Toutes les chambres sont climatisées et disposent de leur salle d'eau privative, de la télévision et d'un minibar. Le petit déjeuner se prend au café voisin. Discret et sans prétention, c'est un des meilleurs rapports qualité-prix de Cagliari.

HÔTEL-RÉSIDENCE ULIVI E PALME €€

25 Via Bembo
✆ +39 070 485 861
www.uliviepalme.it
A partir de 54 € la chambre double et 119 € l'appartement 4 personnes en résidence.

Cet établissement qui domine le périphérique nord de la ville propose une vingtaine de chambres et 122 appartements avec kitchenette, frigo et 1 ou 2 chambres. Si le quartier manque de charme, l'hôtel, pourvu d'une piscine, d'une belle salle de sport et de deux courts de tennis, ravira les clients en quête d'aménagements détente. Le restaurant offre une belle vue panoramique. La famille qui gère l'établissement depuis plusieurs générations accueille une clientèle d'habitués.

LOCANDA DEI BUONI E CATTIVI €€

96 Via Vittorio Veneto
✆ +39 070 73 45 223
www.locandadeibuoniecattivi.it
A partir de 57 € la chambre double, petit déjeuner compris.

L'Auberge des Gentils et des Méchants s'invite dans une élégante villa entourée d'un beau jardin. L'étage accueille 5 chambres, un grand salon et une bibliothèque au charme fou. Le petit déjeuner à l'italienne est servi à la grande table du salon avec confitures artisanales, fruits bio, biscuits et gâteaux faits maison. Le plus réside dans l'équipe, chaleureuse, recrutée par une association sarde qui s'occupe d'enfants et de jeunes en difficulté.

MAJESTADE €€

2 Via Sidney Sonnino
✆ +39 340 7020503
A partir de 60 € la chambre double, petit déjeuner compris.

A quelques kilomètres de la plage du Poetto et à peine 100 mètres du port, dans le quartier de Villanova, Majestade fait figure d'agréable petit cocon. Les chambres sont toutes équipées de salles de bains privatives, d'air conditionné et du wifi. Le salon est commun aux occupants et permet de se lier avec ses voisins temporaires. Tous les matins, un petit déjeuner copieux vous est servi. La chambre d'hôtes propose de visiter la ville avec un guide. Une location à la semaine est possible, à prix intéressant. Renseignements sur demande.

RESIDENCE KASTRUM €€

Via Canelles, 78
✆ +39 070 662 304
www.kastrum.eu
A partir de 50 € pour une chambre double.

Situé au cœur du Castello, ce B&B offre quatre chambres et une suite de caractère, perchées au dernier étage d'un ancien palais. Un ascenseur vous conduit directement au cœur de l'appartement. Meubles patinés, cheminées en marbre, parquet lustré, tableaux anciens habillent élégamment les chambres, qui disposent toutes de leur salle de bains privative. Il s'en dégage un charme certain qui s'inscrit dans le style bourgeois italien. Le plus qui vous laissera sans voix : la terrasse panoramique (vue à 360°) découvrant tout Cagliari et ses alentours.

VELA ROOMS €€

83 Via Roma
✆ +39 320 361 1483
A partir de 66 € la chambre double, petit déjeuner compris.

Ouvert récemment, ce B&B installé au 3e étage avec ascenseur d'un immeuble historique se situe face au port de plaisance. Il est baigné d'une atmosphère chaleureuse, notamment grâce aux couleurs poudrées (blanc cassé, beige, rose) qui l'habillent. Les chambres sont confortables et dotées d'un mobilier blanc de style contemporain, tandis que les salles de bains bien équipées présentent une décoration originale. Un pied-à-terre idéal pour visiter Cagliari et ses environs (gare et bus à proximité). L'accueil se veut courtois et discret.

LA VILLA DEL MARE €€

248 viale Lungo Mare Poetto
✆ +39 070 389 296
www.lavilladelmare.com
Compter de 99 à 199 € selon la saison pour une chambre double standard, petit déjeuner compris.
Cette grosse villa cossue de 1902 fait face à la plage du Poetto. Elle permet de profiter des attraits de Cagliari tout en résidant en bord de mer. Il n'y a que la rue à traverser pour aller piquer une tête dans la baie des Anges et se délasser après une journée de visite. Les chambres sont agréablement aménagées dans un style marin rafraîchissant. Vous aurez à disposition la climatisation, une télé LCD, un minibar, le wifi, un sèche-cheveux et un kit de courtoisie. Les plus belles chambres donnent sur la mer et possèdent même une terrasse ou un balcon.

VILLENEUVE GUEST HOUSE €€

3 via San Mauro
✆ +39 340 574 6150
www.villeneuvecagliari.com
A partir de 70 € pour une chambre double, petit déjeuner compris.
Cette villa de famille est un havre de paix, à deux pas du marché San Benedetto. Trois grandes chambres rénovées et décorées avec soin, dans le respect de l'ancien, occupent les deux premiers étages. Le sol d'origine somptueux, des meubles du début du siècle, de riches étoffes exsudent le charme de l'ancien. La villa compte un joli jardin, chose rare en ville. Les deux grandes chambres doubles avec salle de bains au rez-de-chaussée donnent directement dans le jardin. La chambre simple a elle aussi de grands atouts, puisqu'elle à son étage pour elle seule.

HOTEL REGINA MARGHERITA €€€

44 Viale Regina Margherita
✆ +39 070 670 342
www.hotelreginamargherita.com
A partir de 137 € pour une chambre double.
Voici un hôtel comme il en existe peu à Cagliari. Installé dans un immeuble moderne, mais dans le quartier historique de La Marina, son offre est d'abord tournée vers une clientèle d'affaires. Les services sont nombreux, le cadre soigné bien que quelque peu impersonnel, le personnel est professionnel et discret. L'hôtel comprend une centaine de chambres confortables et bien pourvues : télé HD, minibar, sèche-cheveux, coffre-fort et air conditionné. Un bistro-gastro et un bar permettent de se restaurer et de se détendre sans avoir à ressortir.

HÔTEL VILLA FANNY €€€

Via San Giovanni Bosco, 8
✆ +39 070 858 7300
www.hotelvillafanny.it
A partir de 134 € pour une chambre double, petit déjeuner compris.
Ouvert récemment, ce somptueux boutique-hôtel est situé dans le quartier résidentiel de Cagliari. Un jardin luxuriant entoure cette ancienne demeure du XIXe siècle restructurée avec goût. Poutres au plafond, murs blancs et pierres apparentes, œuvres d'art créent un lieu magique et intime à la fois. Les 18 chambres sont très élégantes, tandis que les suites sont haut de gamme. Une bibliothèque, un bar anglais et un petit salon donnent l'impression d'être dans une maison de campagne. Idéal pour un séjour romantique ou tout simplement pour se détendre.

SARDEGNA HOTEL €€€

Via Lunigiana, 50
✆ +39 070 286 245
www.sardegnahotelcagliari.it
A partir de 89 € pour une chambre double, petit déjeuner compris.
Assez excentré au nord de la ville, l'hôtel attire avant tout une clientèle d'affaires habituée des lieux. Situé à seulement quelques minutes en voiture de l'aéroport, l'hôtel accueille régulièrement des séminaires d'entreprise ou des conférences. Le service est impeccable, tout comme l'offre. L'établissement récemment rénové propose près de 90 chambres bien conçues où l'espace est parfaitement optimisé. Les salles de bains vitrées manquent toutefois d'intimité. Une navette assure des liaisons régulières avec l'aéroport, mais aussi avec la plage du Poetto.

T-HOTEL €€€

Via dei Giudicati, 66
✆ +39 070 474 000
www.thotel.it
A partir de 120 € pour une chambre double, petit déjeuner compromis.
Avec une position centrale, face à l'opéra, ce grand hôtel moderne possède 207 chambres insonorisées et climatisées, aménagées de lits *king* ou *queen size*. Si l'hôtel vise une clientèle d'affaires, il convient très bien pour une escapade touristique. La déco opte pour des notes modernes et des tons chauds. Au restaurant et au bistrot, le chef suit le rythme des saisons et signe des plats issus des traditions sardes et méditerranéennes. Le centre de bien-être propose un parcours régénérant dans la grande piscine à hydrojets. Wifi et parking gratuits.

SE RÉGALER

Difficile de ne pas trouver son bonheur gastronomique à Cagliari, tant les nourritures terrestres s'avèrent essentielles pour les Sardes. La capitale est bien entendu une étape de choix pour se familiariser avec les subtilités de la cuisine ilienne, mais aussi pour déguster poissons et coquillages d'une grande fraîcheur. Les restaurants tournés vers le bleu de la mer sont nombreux et il semble que les Cagliaritains aient décidés de se détourner quelque peu des charcuteries, fromages et ragouts de porc si chers aux Sardes. Plus généralement, les amateurs de cuisine italienne y trouveront aussi leur compte et pourront s'attabler dans de charmantes trattoria ou de délicieuses pizzerias aux menus pléthoriques. Profitez-en, les spécialités italiennes ne sont pas toujours bien représentées à travers l'île. Enfin, vous dégoterez aisément des *paninerias*, des *gelaterias* et même des kebabs pour combler les petits ou gros creux à moindres frais.

© SEAN PAVONE - SHUTTERSTOCK.COM

Cagliari.

BLACK SUN 2 €

Via Sonnino, 183
✆ +39 338 971 0632
Ouvert du mardi au dimanche de 15h à 22h. Fermé le lundi.

Pour changer de la *gelateria* et combler un petit creux en cours de visite, cette adresse façonne les meilleures gaufres et crêpes de la ville. A déguster sur place ou à emporter, les recettes vont du très classique au très original et proposent des combinaisons salées ou sucrées. La myrte se glisse dans la pâte de la crêpe saucisse sèche et pecorino, les crêpes remplacent les pâtes des lasagnes, le chocolat blanc s'accompagne de banane et de spéculoos, le compteur calorique s'affole avec la gaufre Nutella et chocolat blanc. C'est bon, mais pas léger !

BOMBAS €

37 Via Universita
✆ +39 070 753 4511
Ouvert du mardi au dimanche de 20h à 23h. A partir de 15 € pour un hamburger.

Le succès de cette «hamburguerie» sarde ne se dément pas malgré les années qui passent. Fabrizio Muscas a su séduire une clientèle exigeante avec ses hamburgers gourmands essentiellement composés de produits venus de Sardaigne. Le pecorino remplace le cheddar, la viande de mouton le steak haché de bœuf, le jambon de pays le bacon... Les sandwiches sont composés comme de véritables œuvres architecturales dans lesquelles s'empilent en étages produits de saison et sauces faites maison. La cuisine est installée au cœur d'une haute salle voûtée de pierres blondes.

CAFFÈ LIBARIUM NOSTRUM €€

33 via Santa Croce
✆ +39 346 522 02 12
Ouvert tous les jours de 7h à 2h. Compter 20 € pour un repas.

A l'angle de la Santa Croce, à fleur de remparts, se cache sans doute la plus belle terrasse de la ville. Le Libarium est l'adresse chic où l'on se retrouve pour un cocktail face au panorama sublime sur la marina. Salon extérieur cosy, tables hautes ou tabourets de bar, ce restaurant tire profit de son cadre avec un service continu du petit déjeuner jusqu'au milieu de la nuit. Il y en a pour tous les palais, du croque-monsieur au caviar. Une belle carte de vins italiens et une très belle carte de champagnes. Service un peu snob.

HOTEL RISTORANTE FLORA €€

Via Sassari, 45
✆ +39 070 658 219
www.hotelfloracagliari.it
Ouvert du lundi au samedi, de 12h à 15h30 et de 20h à 23h30.

L'un des meilleurs hôtels de la ville ne saurait se priver d'une bonne table. C'est ici qu'il faut venir pour s'initier à la cuisine sarde dans un cadre feutré. Le chef reprend certaines grandes spécialités régionales, qu'il modernise et allège. Les produits sont soigneusement sélectionnés auprès des meilleurs fermiers de l'île et savamment rehaussés par les talents du sommelier qui puise dans sa collection de flacons prestigieux. Vous avez le choix entre la salle à manger bourgeoise de style Art déco ou l'adorable jardin d'hiver calfeutré entre quatre murs.

IL FANTASMA €

Via San Domenico, 94
✆ +39 070 655 016
Ouvert du lundi au samedi de 20h à minuit. Fermé le dimanche. Compter 10 € pour une pizza.

La pizzeria Il Fantasma a pignon sur rue depuis de nombreuses années et régale les Cagliaritains de ses pizzas. Le restaurant occupe une longue salle voûtée et étroite. Ici, tout est fait maison, de la pâte à pizza aux desserts. Si votre cœur balance entre deux pizzas, pas d'inquiétude, vous pouvez faire une moitié-moitié. Essayez de garder une place pour le cheesecake à la ricotta, copieux mais délicieux. Devant le succès de l'enseigne, une adresse sœur a ouvert quelques mètres plus haut, au n° 77, mais le cadre plus moderne est nettement moins charmant.

L'IMPERFETTO €€

Via dei Genovesi, 111
✆ +39 070 461 9909
Ouvert du mardi au samedi de 20h à 23h, le dimanche de 13h à 15h. Fermé le lundi. Compter 30 € pour un repas.

Dans le quartier historique, cette belle adresse au cadre tant rustique qu'élégant ravira les fins palais de sa cuisine typiquement sarde saupoudrée d'une touche créative. Traditions et modernité s'y allient à merveille, dans la déco comme dans l'assiette. Les produits régionaux y sont mis à l'honneur. Le menu offre un choix assez sélectif de pâtes et de viandes s'opposant à une carte des vins fournie. Et pour finir sur une note sucrée, on pourra tester les typiques *seadas* [fameux gâteaux sardes au fromage] ou le *semifreddo i pecorini* [fromage au lait de brebis].

MYTILUS BISTROT €€

Viale Bonaria, 112
✆ +39 070 734 2645
Ouvert du mardi au samedi de 10h30 à 15h et de 18h à minuit, le lundi de 10h30 à 15h. Compter 40 € pour un repas.

Le Mytilus a posé ses paniers et ses filets dans une agréable petite salle à la déco minimaliste. Bistrot urbain aussi bien que poissonnerie réputée, les amateurs de produits de la pêche y trouvent leur compte : coquillages, fruits de mer et crustacés ont ici la part belle. Le poisson d'une fraîcheur extrême est cuisiné avec talent ; c'est donc avec plaisir que l'on découvre le steak de thon relevé au vin cannonau ou l'espadon aux câpres et tomates cerises ou le tartare de crevettes. Présentation soignée, tout autant que les saveurs.

PANINO RUSTICO €

5 Piazza San Rocco
OUvert du lundi au vendredi de midi à 15h30 et de 19h30 à 22h30. Fermé le week-end.

A deux pas du marché San Benedetto, ce snack démontre que le panino peut être élevé au rang d'art. Le chef n'utilise que des produits frais et de provenance locale quand c'est possible. Le pain croustille sous la dent, l'acidité de la tomate séchée contraste avec la douceur salée de la mortadelle, l'huile de truffe, la crème d'artichaut ou celle d'olive posent leur touche d'originalité. La salle au cadre soigné et rustique ne compte qu'une douzaine de couverts. En mangeant sur place, vous pourrez accompagner votre sandwich d'une bière artisanale.

RISTORANTE SA PIOLA €€

3 Vico I Santa Margherita
✆ +39 070 666 714
Ouvert tous les jours de 12h30 à 16h et de 19h45 à 23h. Compter 30 € pour un repas.

Sa Piola, c'est toute la Sardaigne résumée dans un restaurant. Giuseppe, le chef, propose une carte qui puise allègrement dans le répertoire traditionnel bien sûr, mais il veille surtout à travailler des produits ultra-frais, de saison, proposés par ses amis producteurs ou pêcheurs. Ainsi, le thon rouge se décline en carpaccio, les gambas sont carrément servies crues, les lorighittas viennent de Morgongiori. Gabriele accompagne cette cuisine plaisante avec des flacons soigneusement sélectionnés, qui flirtent avec la tendance nature.

SA CARDIGA & SU SCHIRONI €€

SS 195 localita Maddalena Spiaggia
✆ +39 070 71 652
Ouvert du mardi au dimanche de midi à 14h30 et de 20h à 23h. Fermé le lundi (sauf en août). Compter 30 € pour un repas.

Sur la rive opposée des étangs de Cagliari, face à la plage de La Maddalena, ce restaurant jouit d'une incroyable renommée. Créé en 1967 par la famille Murgia, il fait partie des adresses incontournables lors d'un séjour dans la capitale. Les nombreux habitués apprécient la belle salle à manger cossue comme un carré de yacht en tek. On y sert des poissons, coquillages et crustacés d'une grande fraîcheur, dont une délicieuse friture d'anémone de mer. Le restaurant s'accompagne d'une *enoteca* et choisir le vin qui accompagnera le repas fait déjà tourner la tête.

SU TZILLERI E SU DOGE €€

17 via Santa Croce
✆ +39 327 154 2216
Ouvert tous les jours de midi à 16h et de 19h à minuit. Compter 30 € pour un repas.

Claudio Ara fait partie de ces cuisiniers à succès qui possèdent plusieurs restaurants. Su Tzilleri e su Doge, «la Grenouille et le Doge», est un ancien cercle privé réaménagé dans l'esprit d'une maison typique de campagne de la Sardaigne. Les bottes de foin vous accueillent sur le pas de porte, les nappes à carreaux habillent les tables de l'agréable terrasse, paniers en osier et outils de la ferme ornent les murs et les plafonds. La cuisine, rustique, rend hommage aux paysans qui donnent le meilleur d'eux-mêmes pour offrir des produits sains et goûteux.

T-RESTAURANT €€

Via dei Gudicati, 66
✆ +39 070 474 00
www.thotel.it
Ouvert du lundi au samedi, au déjeuner et dîner. Fermé le dimanche. Compter 25 € pour un repas.

La créativité du chef suit le rythme des saisons et coordonne la fraîcheur des produits qu'il sélectionne aux spécialités de tradition sarde et méditerranéenne. Menu minceur, végétarien ou dégustation, les propositions s'avèrent alléchantes. Le chef a un clair penchant pour les produits de la mer et fait la part belle aux poissons pêchés au large de Cagliari. La sélection pointue de vins venus de l'île et d'autres coteaux d'Italie accompagne subtilement les assiettes. Le tout est servi dans un cadre résolument moderne, mais un peu froid.

AMMENTOS €€

120 via Sassari
✆ +39 070 651 075
Ouvert de 12h30 à 15h et de 19h30 à 23h30. Fermé le mardi. Compter 22 € pour un repas.

Conçu comme une auberge typique, le restaurant Ammentos vous emmène dans les montagnes de Barbagie le temps d'un repas. Casseroles en cuivre et paniers en osier transforment la salle en arrière-cuisine de ferme sarde. Les plats sont servis sur de grandes planches en bois posées sur la table, prêtes à être partagées. Elles sont garnies de légumes grillés, des meilleures charcuteries et de délicieux fromages, de fregola et de raviolis, de cochon de lait rôti et de saucisses grillées. Pour finir le repas, un verre de muscat est apporté avec de petits gâteaux secs.

ANTICA CAGLIARI €€

49 Via Sardegna
✆ +39 070 7340198
www.anticacagliari.it
Ouvert tous les jours de 12h30 à 15h et de 19h30 à 23h30. Compter 32 € pour un repas.

Cette adresse gastronomique a ouvert ses portes il y a une dizaine d'années, et depuis son succès ne se dément pas. A tel point que l'Antica Cagliari a fait des petits avec un bistro, une pizzeria ou encore un restaurant «vue sur mer». Le chef travaille les produits les plus nobles remontés des filets par les pêcheurs locaux : dorade, loup de mer, homard... Nous ne saurions trop vous recommander de goûter à la *fregula* aux coquillages, la pâte sarde façonnée comme une semoule, ou aux spaghettis aux palourdes et à la poutargue, une autre spécialité locale.

ANTICA HOSTARIA €€

Via Cavour, 60 ✆ +39 070 665 870
www.anticahostaria.it
OUvert tous les jours de midi à minuit, le dimanche de midi à 16h. Compter 45 € pour un repas.

Vous voici dans l'un des plus anciens restaurants de la capitale sarde, ouvert en 1852. A l'époque, il s'agissait d'une auberge équipée d'écuries où s'arrêtaient les Sardes descendus des montagnes à cheval. Les propriétaires actuels ont embourgeoisé le cadre avec des tables nappées, des chaises en taffetas rouge et un parquet massif. La carte dévoile une sélection de plats classiques bon teint (chateaubriand, escalope milanaise), quelques spécialités sardes, dont les *malloreddus*, ou encore des produits d'exception comme les oursins, la truffe blanche ou le homard.

COCCODI €

9 Via Santa Margherita
✆ +39 070 670 468
panificiococcodi.todosmart.net
Ouvert du mardi au dimanche de 8h à 22h30. Fermé le dimanche. Compter 12 € pour une grande salade.

A un jet de pierre de la piazza Yenne, Coccodi c'est un peu la petite cantine dotée de quelques tables, en terrasse ou en intérieur, idéale pour se restaurer sur le pouce (ça change des sandwiches) ou pour faire une pause sucrée. Ici le concept est simple : on choisit d'abord entre deux tailles d'assiettes (petite ou grande) proposées à deux prix différents et on sélectionne la garniture en vitrine (viandes, poissons, légumes, spécialités...). L'accueil est un peu pressé aux heures d'affluence, mais l'ambiance reste conviviale.

DAL CORSARO €€€

Viale Regina Margherita, 28
✆ +39 070 664 318
www.stefanodeidda.it
Ouvert midi et soir du mercredi au dimanche et le mardi midi. Fermé lundi. Compter 100 €. Réservation recommandée.

Cela fait trois générations que Dal Corsaro porte haut le génie culinaire de la Sardaigne. Le chef Stefano Deidda explore avec talent les spécialités de son terroir en y incorporant modernité et technicité pour un résultat bluffant. Le menu dégustation de 7 ou 11 plats permet de s'offrir un tour d'horizon du meilleur de la Sardaigne. Le cadre raffiné et élégant, le service d'une grande discrétion, la beauté et l'équilibre des plats font de Dal Corsaro le meilleur restaurant de l'île. Attention, le menu s'impose à l'ensemble des convives d'une même table.

DOWN TOWN €

Piazza Yenne, 19
✆ +39 070 668 931
Ouvert tous les jours de midi à 14h30 et de 19h à minuit. Compter 15 € pour un repas.

En plein sur la belle place Piazza Yenne, le Down Town offre une étape incontournable pour ouvrir une soirée animée à Cagliari. La belle salle aux pierres apparentes n'est détrônée que par la grande et agréable terrasse, toujours bondée les soirs d'été. On sert ici de très bonnes pizzas cuites au feu de bois et d'onctueuses spécialités de pâtes. L'ambiance entre habitués et novices est très sympathique. Un des responsables du restaurant, Alessio, parle le français couramment et vous donnera plein de conseils pour visiter la ville.

FRAMENTO €

Corso Vittorio Emanuele II, 82
✆ +39 070 6670370
www.framento.it
Ouvert tous les jours de 19h à 23h. Compter 20 € pour un repas.

Pour de nombreux Cagliaritains il s'agit de la meilleure pizzeria de la ville. Toujours bondée, l'atmosphère qui s'en dégage est bruyante et joyeuse. Mais la rigolade s'arrête aux portes de la cuisine. Le pizzaïolo veille avec le plus grand soin à la sélection des produits. La pâte à pizza est ici rigoureusement préparée avec du levain-mère, quant à la farine des pâtes, elle est choisie pour ses qualités digestives. Goûtez à la pizza « transhumance » à base de mozzarella moelleuse, de mulet fumé, de tomates cerises et de pecorino sarde, introuvable ailleurs !

FUORI DI ZUKKA €

12 Piazza Yenne
✆ +39 070 757 3776
Ouvert tous les jours de 11h30 à 22h30. Pizzeria, sur place ou à emporter. A partir de 1,50 €.

A Cagliari, manger une *pizzetta* avant de sortir ou en rentrant de soirée est une habitude culinaire particulièrement prisée par la jeunesse. Fuori di Zukka, idéalement située au cœur de la ville, propose un large choix de *pizzettas*, ces mini-pizzas repliées que l'on mange par deux ou trois. Les prix serrés permettent de combler un creux sans se ruiner, tout en se régalant. Le choix est vaste avec pas moins de 56 propositions différentes. A accompagner de l'étonnante bière de garde « Gare de Roubaix » de la brasserie italienne Mezzavia.

IL BRIGANTINO €€

Via Azuni, 56
✆ +39 070 753 8053
Ouvert du mardi au dimanche de midi à 15h et de 20h à minuit. Fermé le lundi. Compter 30 € pour un repas.

Au pied de l'église de Sant'Efisio, cette adresse propose une cuisine traditionnelle et créative à la fois. Le poisson frais s'impose au menu, et les recettes changent selon les arrivages journaliers : spaghettis aux langoustines, fritures de poisson, antipasti chauds et froids de la mer, carpaccio de thon et d'espadon ou grillades épurées sont parfaitement cuisinés et joliment présentés. Le service attentionné et chaleureux permet de passer un agréable moment. Le petit brigand, bien inoffensif, n'ambitionne même pas de vous détrousser : les prix sont étudiés.

LA KASBAH DI BEBBO €

Via Santa Magherita, 10
✆ +39 331 779 256
Ouvert tous les jours de 11h30 à 15h30 et de 18h30 à minuit. Compter 15 € pour un repas.

La Kasbah di Bebbo propose une cuisine tournée vers l'autre rivage de la Méditerranée. Wahid ben Salah mijote tajines et couscous, étage les feuilles de brick pour confectionner de savoureux chaussons farcis, nappe ses pâtisseries de sirop de sucre à la fleur d'oranger. Il concocte également des spécialités italiennes comme la pizza ou le panino qu'il n'hésite pas à agrémenter de saveurs orientales. Les couleurs des tables et de la salle vous transportent immédiatement dans la médina de Tunis. Le chef veille à se fournir en produits exclusivement halals.

KYOTO SUSHI €€

71 via Sassari
✆ +39 070 451 7779
Ouvert tous les jours de 12h30 à 15h et de 19h30 à 23h. Compter 16 € à midi et 26 € le soir pour la formule à volonté.

Avec la mer aussi proche, pourquoi ne pas s'offrir un repas de poisson cru ? Kyoto Sushi propose une formule maligne où l'on peut piocher à volonté dans la carte. Certains produits comme la crevette crue, l'huître ou la coquille Saint-Jacques ne sont disponibles que le soir. Sushi, sashimi, temaki, futomaki, uramaki : le choix est vaste et les connaisseurs apprécieront. Les sauces qui nappent les makis ne sont pas toujours très orthodoxes, mais le résultat n'en est pas moins bon. Nouilles, tempura ou brochettes pour les réfractaires au cru.

LOCANDA CADDEO €

75 Via Sassari
✆ +39 070 680 491
Ouvert tous les jours de 11h30 à 23h. Compter moins de 10 € pour une focaccia.

La Locanda Caddeo est l'endroit idéal pour grignoter un morceau. Ses généreuses planches de charcuterie et de fromage, ses focaccias fourrées de légumes, ses pizzas moelleuses en petites portions accompagnent un verre à l'apéritif. Au déjeuner, l'établissement propose un choix de salades et de plats du jour. Les cocktails sont servis dans des jarres en verre et les bières artisanales proviennent de la brasserie 4 Mori à Montevecchio. On aime (beaucoup) la grande terrasse installée sous les arcades et l'ambiance urbaine cool qui y règne.

LOCANDA DEI BUONI E CATTIVI €€

96 Via Vittorio Veneto,
✆ +39 070 73 45 223
www.locandadeibuoniecattivi.it

Ouvert de 13h à 15h et de 20h à 23h30. Fermé le dimanche soir. Compter 35 € pour un repas. Réservation conseillée.

La Locanda dei Buoni e Cattivi est située au rez-de-chaussée d'une belle villa. Ses formules permettent de découvrir les saveurs traditionnelles sardes. La cuisine créative se fonde avant tout sur la qualité des matières premières et des produits locaux bio. Le résultat savoureux, délicat et raffiné a été récompensé à maintes reprises par les plus grands guides gastronomiques d'Italie. On aime aussi le cadre relax et intime et l'équipe enthousiaste.

LUIGI POMATA €€

14 viale Regina Margherita
✆ +39 070 672058
www.luigipomata.com

Ouvert de 13h à 15h et de 20h à 23h. Fermé le lundi midi. Compter 50 € pour un repas. Réservation recommandée le soir.

Luigi Pomata a fait de son restaurant gastronomique l'équivalent d'un étoilé en France. Issu d'une grande famille de restaurateurs et d'hôteliers, il a su préserver la tradition en mettant à l'honneur le thon sous toutes ses cuissons. Après avoir traversé de nombreux pays et autant d'expériences culinaires, la recette de ce bel endroit avec sa grande terrasse est une cuisine délicate, des produits d'exception provenant de toute l'île et d'élégants dressages. Le chef ne s'arrête pas là et a créé le Pomata Bistrot plus accessible et le bar lounge NEXT.

MANÀMANÀ €€

15 via Savoia
✆ +39 070 651 759

Ouvert du lundi au samedi de 13h à 15h et de 18h à minuit. Fermé le dimanche. Compter 25 € pour un repas.

Sur la petite place des artistes la Piazza Savoia, à l'ombre des arbres s'est installée la terrasse de ce restaurant et café littéraire. Loin du tumulte des terrasses des ruelles avoisinantes, elle diffuse un certain charme romantique. Le couple de restaurateurs s'affaire autour de bons plats et desserts maison. L'endroit est le spot agréable et pas cher pour le déjeuner et un havre de paix romantique le soir. A l'intérieur aussi règne une belle atmosphère et une décoration *arty*. Une recommandation pour une dizaine d'euros : les *Trofiette a la Manàmanà*.

MARTINELLI'S €€

18 Via Principe Amedeo
✆ +39 070 654 220
www.martinellis.it

Ouvert du mardi au samedi de 20h30 à minuit, de 13h à 15h le dimanche. Fermé le lundi. Compter 35 € pour un repas.

Cet ancien restaurant-pizzeria ouvert en 1987 a choisi il y a quelques années de se consacrer pleinement à la gastronomie. Aujourd'hui, plus de pizzas au menu, mais une cuisine créative réussie à la présentation soignée où les produits de la mer garnissent généreusement les assiettes, sous l'œil avisé du chef Roberto Raccis, propriétaire de l'établissement. Si la salle au décor sobre, dotée de quelques pans de murs en brique, présente une atmosphère chaleureuse, elle est en revanche assez bruyante. Réservation conseillée, car l'adresse est assez prisée.

L'OCA BIANCA €

38 via Napoli
✆ +39 070664339

Ouvert tous les jours de 19h à 22h et de 12h30 à 15h le week-end. Fermé le lundi. A partir de 10 €.

Ce restaurant qui détient lui aussi sa terrasse extérieure, est réputé pour ses pizzas à pâte fine. Au cœur du quartier piéton de la Marina, mieux vaut réserver si vous souhaitez dîner dehors. A l'intérieur, une décoration assez moderne arbore des tableaux graphiques. La carte propose un large choix de pizzas et des options « ethniques » qui revisitent des classiques indiens, chinois, marocains ou libyens plus ou moins relevés. L'essentiel de la clientèle préfère cependant opter pour les charmes de la cuisine italienne, bien maîtrisée.

OSTERIA PARADISO €€

Via Sardegna, 126
✆ +39 070 640 7811

Ouvert de 12h à 15h30 et de 18h30 à 23h30 ; de 18h30 à 23h30 le samedi. Fermé le dimanche. Comptez 15 € pour un repas.

A mi-chemin entre le bar à vin, le restaurant et la boutique de produits gourmands, l'Osteria Paradiso est devenue le QG des gourmets. Les spécialités viennent des quatre coins de l'Italie, dont les succulentes *piadine*, une belle sélection de focaccias, de pâtes, de plats mijotés, de charcuteries et de fromages à accompagner de pains typiques. Cocktails, vins et bières artisanales sont à siroter dans un chaleureux décor boisé ou en terrasse. Pour ceux qui veillent à garder la ligne, les soupes – sans gluten pour la plupart – et les belles salades sont à découvrir.

OTIUM €€

128 Lungomare Poetto
✆ +39 348 759 7737
Ouvert tous les jours de 7h30 à minuit. A partir de 15 € pour un repas.

A l'extrémité sud de la plage du Poetto, à deux pas de la Marina Piccola, l'Otium se démarque tant par sa cuisine goûteuse et généreuse que par son excellent rapport qualité-prix. Une grande terrasse boisée parée de mobilier blanc permet de profiter d'une belle vue sur la mer. Elle se prolonge vers la salle intérieure fermée par des baies vitrées. Côté cuisine, les spécialités sardes et les poissons et fruits de mer se taillent la part du lion. Mention spéciale pour les traditionnelles *fregola* sardes cuisinées en copieux ragoût de fruits de mer. Un délice !

RISTORANTE ITALIA €€

26 Via Sardegna
✆ +39 070 657 987
Ouvert du lundi au samedi de 12h30 à 15h et de 20h à 23h. Fermé le dimanche. Compter 25 € pour un repas.

Cette institution de Cagliari fête ses 100 ans cette année. La famille Mundula a su tenir ce restaurant de génération en génération, toujours avec la même recette : de bons plats locaux qui s'inspirent aussi bien de la terre que de la mer. Cet ancien magasin de sel propose une ambiance différente entre son restaurant tourné vers les spécialités locales et le bar à vin qui décline une belle carte d'huîtres et de champagnes. Ici, vous pourrez goûter au porc à la sarde, à la *fregola* aux palourdes, à la soupe de poisson faite maison ou au ris de veau.

SA DOMU SARDA €€

Via Sassari, 51
✆ +39 070 653 400
Ouvert tous les jours de 12h30 à 15h et de 19h30 à 23h. Compter 30 €. Réservation conseillée le soir.

Derrière la porte assez discrète de ce restaurant se cache l'une des meilleures tables de la ville. Adresse vraiment authentique, elle propose des plats typiques préparés avec les meilleurs ingrédients. Le porc vient d'une filière traditionnelle qui élève ses animaux de façon responsable. Ce n'est donc pas par hasard si le restaurant est depuis 20 ans mentionné dans le guide du réseau Slow Food. Les plats sont parfumés et copieux. Si vous aimez le mélange sucré et salé, n'hésitez pas à prendre en entrée le pecorino chaud au miel et aux noix.

SEVENTYFIVE €€

75 Via Roma
✆ +39 070 652 121
Ouvert tous les jours de 7h à 23h, jusqu'à 21h le jeudi. Compter 20 € pour un repas.

Le Seventyfive est l'une de ces adresses branchées au concept hybride à mi-chemin entre épicerie fine et restaurant. Les produits présentés en vitrine ont le pouvoir de vous mettre en appétit, à commencer par le panel de fromages. Si vous décidez de passer à table, vous avez le choix entre la salle toute de blanc vêtue située à l'étage ou la grande terrasse installée sous les arcades. Des bouteilles exposées çà et là donnent un aperçu des vins susceptibles d'accompagner pâtes fraîches, salades, poissons grillés ou assiettes de charcuterie et de fromages.

TRATTORIA GENNARGENTU €

Via Sardegna, 60
✆ +39 070 658 247
Ouvert au déjeuner du mardi au jeudi et midi et soir vendredi et samedi. Compter 25 € pour un repas.

Que le sol carrelé et les murs tapissés de lambris ne vous fassent pas tourner les talons ! Cette trattoria familiale du quartier touristique de la Marina fait figure d'institution. Les Cagliaritains viennent ici avec bonheur pour déguster les produits de la mer préparés avec soin et talent. Les poissons sont ultra frais, les fritures pas trop grasses, les pâtes assaisonnées comme il faut. On peut s'essayer sans risque au thon alla Carlo Fortina ou à la burrida cagliaritana, deux spécialités locales. En été, préférez la terrasse tout de même plus agréable.

TRATTORIA LILLICU €

Via Sardegna, 78
✆ +39 070 652 970
www.lillicu.com
Ouvert tous les jours de 13h à 15h et de 20h30 à 23h. Compter 25 € pour un repas.

De dehors on aperçoit la grande et belle terrasse très vite prise d'assaut le soir. A l'intérieur, l'ambiance de cette cantine de quartier est assurée par une clientèle d'habitués. L'odeur alléchante de sa cuisine semi-ouverte et la petite salle simple tout en longueur et sans artifices font de cette trattoria l'une des institutions de la basse ville. S'il fait beau, profitez de la terrasse vous serez un peu plus au calme. Bonnes spécialités sardes à base de poissons entiers ou viandes, lasagnes maison, pâtes et fruits de mer.

FAIRE UNE PAUSE

Pour bien profiter de Cagliari, mettez vous à la même heure que ses habitants. Commencez par prendre un café qui se décline sous un nombre invraisemblable de recettes (les grandes enseignes américaines n'ont rien inventé). Faites une pause sur une terrasse ombragée pour grignoter une salade ou une bruschetta. Enchaînez sur une sieste qui vous permettra de tenir jusqu'à tard le soir. Vous pourrez ainsi profiter de la *passeggiata* avec les Cagliaritains et boire un verre ou déguster une glace rafraîchissante. Après un bon dîner, vous pouvez enchaîner dans l'un des bars de nuit, avec une âme, que nous renseignons ici. Vous remarquerez vite que tous les bars possèdent leur terrasse, bien souvent installée directement sur le trottoir. Profiter au maximum de l'extérieur et s'y retrouver entre amis fait partie intégrante des habitudes locales. Et souvenez-vous, le café, c'est uniquement le matin et jamais après un repas !

AMERICAN BAR BIFFI

6 Via San Giovanni
✆ +39 338 941 6591
Ouvert tous les jours de 22h30 à 2h, à partir de 21h le week-end.

Ce bar est l'adresse du siècle… dernier ! Au détour de la ruelle San Giovanni, il faut sonner avant de pénétrer dans ce petit lieu Art déco. On s'installe sous une voûte de briques dans des fauteuils de velours rouge et une ambiance feutrée. Le barman en costume veille sur sa « bouteillothèque » comme s'il s'agissait d'un trésor nuragique. L'été, le bar investit la place Giovanni pour y déposer de gros fauteuils et des tables. L'ambiance y est bien différente qu'à l'intérieur, mais les cocktails de qualité prodiguent les mêmes effets.

ANTICO CAFFÈ

Piazza Costituzione, 10/11
✆ +39 070 658 206
www.anticocaffe1855.it
Ouvert tous les jours de 7h à 2h. Plat autour de 15 €.

Au cœur du centre historique, tout proche du Bastion Saint-Rémy, cet établissement existe depuis 1855 ! Il a vu passer tout ce que la Sardaigne a compté d'artistes et d'hommes politiques. Aujourd'hui encore l'Antico Caffè est l'endroit à la mode. Hommes d'affaires, intellectuels ou étrangers s'y retrouvent autour d'un cocktail, pour déjeuner ou dîner sur la terrasse ou dans l'élégante salle. Les suggestions du chef sont créatives et savoureuses. L'ambiance du début de siècle est relaxante. Seul bémol, le service n'est pas toujours très rapide, ni cordial.

CAFFÉ DEGLI SPIRITI

Bastione San Remy
✆ +39 070 311 03 73
Ouvert mardi au dimanche de 10h à 18h, jusqu'à 3h du matin en saison. Fermé le lundi. Dîner sur réservation.

Au cœur du quartier du Castello, là où bat le pouls de Cagliari, sur l'esplanade du Bastion Saint Remy, la terrasse du Degli Spiriti prend ses aises. L'établissement fait office de café et de bar *lounge*. Il constitue un passage obligé pour y déguster un cocktail, une bière ou un verre de vin. En cas de petite faim, il est possible de se délecter d'une *bruschetta* ou d'une pizza… tout en admirant la vue impressionnante. Cagliari s'étale sous vos yeux et au loin brille la mer. Malgré l'emplacement touristique, les prix sont très attractifs. Un incontournable.

CAFFE SVIZZERO

Largo Carlo Felice, 6/8
✆ +39 070 653 784
Ouvert de 6h 30 à 22h en semaine, à partir de 7h30 le week-end.

Elégance et tradition se donnent rendez-vous au Caffè Svizzero installé dans un ancien palais tout près du port. Beaucoup le considèrent comme le plus beau café de Cagliari et il est vrai que les boiseries lustrées, les vitrines scintillantes et les sols de marbre impressionnent. On peut prendre un café sur la belle terrasse vitrée ou grignoter un *panino*, prendre un verre accompagné de tapas ou encore commander un plat de pâtes en salle. Accueil agréable, en anglais si besoin, et ambiance familiale. C'est un peu l'équivalent du Café de Flore à Paris.

DONEGAL

Via Caprera, 7

✆ +39 070 654 777

Ouvert du lundi au vendredi de 12h à 15h et de 20h à 3h, le samedi de 20h à 4h.

L'Irlande a accosté en Sardaigne il y a déjà pas mal d'années pour ouvrir un pub qui fait toujours merveille auprès de la jeunesse cagliaritaine. Les formules déjeuner à petit prix, les soirées à thèmes, les retransmissions de matchs de foot permettent de renouveler la clientèle. Le Donegal propose une cuisine de bar basée sur des salades, des hamburgers, des paninis arrosés de bière Guinness ou Ichnusa. Les dimanches-karaoké rencontrent un franc succès, à tel point que le public en redemande parfois le mercredi soir. L'ambiance est à son comble à la Saint Patrick.

DULCIS PASTICCERIA

Via Baylle 25

✆ +39 0706 74043

Ouvert du mardi au samedi de 9h à 19h30, le samedi et lundi de 9h à 15h. Fermé le dimanche.

Ce café dédié aux plaisirs sucrés, mais aussi salés, ne manque pas de charme avec ses meubles anciens et sa décoration éclectique à l'atmosphère cosy. Des gâteaux maison qui vous allèchent en vitrine, au café à l'arôme intense, en passant par la sélection de vins sardes à accompagner de miniatures salées, tout est bon. Si ce n'est pas déjà fait, goûtez les *pardulas*, ces mini-gâteaux sardes à la ricotta parfumés au safran. La spécialité est une tourte à la crème pâtissière (*torta della Nonna*) que vous pouvez apprendre à confectionner à l'occasion d'un cours.

FLORIO

90 via San Domenico

✆ +39 328 0395 414

Ouvert de 17h à 1h le lundi, de 10h à 1h du mardi au jeudi, jusqu'à 2h le vendredi et samedi, jusqu'à 23h45 le dimanche.

Le Florio est le bar de Villanova où tout le monde se retrouve pour boire un verre. On y grignote des salades originales où la mayonnaise est à l'ail noir, où le concombre rencontre la poutargue et le chou-fleur la prune. Les recettes inspirées sont élaborées par le Old Friend Bar & Bistrot, une adresse tendance de la ville. Le Florio propose une programmation musicale pointue tournée vers l'électro. Certains soirs, des concerts live ou des DJ set mix sont donnés. Le bar minuscule n'est qu'un prétexte à envahir la terrasse posée sur une agréable place arborée.

GLI STEFINI

Via Dettori, 30

✆ +39 328 674 0937

Ouvert tous les jours de midi à 23h, jusqu'à 23h30 vendredi et samedi, et 22h le dimanche.

Bien que le choix des parfums soit assez restreint, on peut dire qu'ici c'est la qualité qui prime. Certains diront d'ailleurs qu'il s'agit là des meilleures glaces de toute la Sardaigne ! Cet artisan-glacier n'utilise ni conservateur ni additif. Les glaces sont conservées à l'abri dans des récipients en inox qui permettent de préserver les textures. Et cela ajoute une touche de surprise à la dégustation. Les glaces sont élaborées en toute transparence puisque l'atelier est visible depuis l'extérieur. Un banc vous attend pour savourer tranquillement votre glace.

IL GELATO ARESU

Via Vincenzo Monti 58

✆ +39 366 527 1048

Ouvert du mardi au samedi de 8h30 à 14h et de 15h à 21h, de 11h à 13h15 et de 15h30 à 21h le dimanche. Fermé le lundi.

Une *gelateria* très petite mais parmi les plus appréciées de la ville. Les parfums très originaux suivent des recettes étrennées depuis longtemps, à base de produits frais uniquement. On vous conseille de goûter à la pomme-cannelle, à la poire aux noix, à la banane au caramel et noix, au chocolat au piment ou à l'orange. Pour les plus aventureux, il y a aussi des saveurs encore plus atypiques, comme la bière, la *pardula* (petit gâteau sarde) le tzatzíki, ou encore le granité au fenouil sauvage. Aresu élabore aussi des granités rafraîchissants de mars à octobre.

INU SARDINIAN WINE BAR

Via Sassari, 50

✆ +39 070 667 0414

www.inusardinianwinebar.it

Ouvert tous les jours de 10h à 20h pour la boutique, à partir de 20h pour le bar à vin.

« L'INU » est ancré dans le paysage nocturne de Cagliari. Ce bar à vin au décor branché propose une belle carte de vins sardes. On déguste les grands et les moins grands crus de Sardaigne, accompagnés de planches des meilleures charcuteries et fromages de l'île, de tartines de pâtés et autres amuse-bouche gourmands. L'endroit est prisé surtout à l'heure de l'apéritif. Une adresse à ne pas manquer ! Et si vous fondez pour un des produits dégustés, vous pourrez vous le procurer à la boutique. Le jeudi soir, c'est soirée musicale avec un concert live.

L'ISOLA DEL GELATO

Piazza Yenne, 35
✆ +39 070 659 824
Ouvert tous les jours de 7h à 2h.

Avec ses horaires élargis et sa position centrale, c'est tout Cagliari qui se retrouve chez ce glacier-pâtissier. Le matin, on vient y chercher des croissants et autres viennoiseries, puis plus tard dans la journée et en soirée, ce sont les glaces qui prennent le relais. Difficile de choisir parmi tous les parfums proposés. Le glacier pense même à ceux qui veulent préserver leur ligne avec sa création de glaces sans sucre ni matière grasse. A manger sur la terrasse ou à commander directement à l'intérieur du magasin (moins cher).

LE PLUS BON

13 via Giovanni Giolitti
✆ +39 070 652 976
Ouvert du lundi au samedi de 7h à 21h30.

On passera allègrement sur la faute de français pour vérifier si les pâtisseries vendues ici sont les meilleures de la ville. Elles sont en tout cas très appétissantes et plutôt pop. Les fruits rouges colorent des moelleux au chocolat nappés de crème moka, éclats de noix de Pécan et de pistache recouvrent des muffins tout chauds... Pour Pâques, la maison perpétue la tradition de la colombe, une grosse brioche parfumée au chocolat, à la pistache ou à l'amande. Outre les pâtisseries, on peut s'arrêter dans ce cadre futuriste pour grignoter sur le pouce.

OLD SQUARE PUB

46 Corso Vittorio Emanuele II
✆ +39 070 658099
Ouvert tous les jours de 11h à 2h, jusqu'à 3h le vendredi et samedi.

Vous trouverez toutes les traditions d'un pub irlandais, sur le Corso Vittorio Emanuele II à l'écart de l'animée Piazza Yenne. La carte affiche plus de 70 variétés de bières et une cuisine authentique (viandes, poissons, *snacks*...), que l'on peut déguster jusque tard, ce qui est rare. Le cadre respecte les codes avec son long bar en bois, ses étagères de bouteilles rétro-éclairées et ses tabourets hauts. Une bonne ambiance règne dans ce pub fréquenté par les locaux et qui dispose d'une agréable terrasse souvent pleine le soir.

RAFÈ

58 A Via Sardegna
✆ + 39 070 753 8032
Ouvert tous les jours de 8h à minuit, jusqu'à 0h30 du lundi au mercredi et 1h du vendredi au dimanche.

Ce récent café moderne change des lieux typiquement sardes. Il dispose d'une belle terrasse d'angle pour profiter d'un *caffè latte* le matin comme d'un verre le soir. Avec sa décoration design et sa cuisine de produits frais, le service continu profite à tous La petite carte soignée de sandwiches gourmands et salades recherchées est bien alléchante. Le soir, la longue carte d'alcools attire les noctambules. Ils s'attablent et commandent des plateaux de charcuterie-fromage pour accompagner l'apéro. L'endroit n'est pas donné mais le Rafé joue la carte de la qualité.

OYSTER

Via Sardegna, 30
✆ +39 070 657 987
Ouvert tous les jours de 12h30 à 15h et de 19h à 23h. Fermé le dimanche.

Ce bar à vins, huîtres et champagne partage ses cuisines avec l'historique Ristorante Italia. L'un fournit l'autre en vins fins et fruits de mer ultra frais, quand l'autre fournit l'un en bons petits plats originaux et légers. L'endroit est devenu le repaire des branchés qui souhaitent boire un verre tout en dégustant de bons produits. Des tables en bois estampillées « Oyster » accueillent les assiettes de crustacés. Des planches de charcuterie et fromage sont aussi là pour accompagner le large choix de vins français, italiens et la cave à champagne.

SPHERA LOCURA

31 via Giovanni Maria Dettori
✆ +39 351 616 7703
Ouvert du mardi au dimanche de 17h30 à 3h.

Ce bar très conceptuel accueille une clientèle très jeune au sens de la fête très prononcé. On sert ici des «chupitos» ou shots de liqueurs sucrées. Il en existe à tous les goûts ou presque : pomme, melon, poire, bubble-gum... Le must est de les faire flamber ou de mêler plusieurs liqueurs et alcools qui vont former des tranches napolitaines ou des effets de cervelle dans le verre. Ces petites bombes sucrées sont à déguster avec modération, car les effets sont assez puissants. Les noms de ces cocktails donnent le ton : «blue balls», «ovolollo», «acid cookie»...

(SE) FAIRE PLAISIR

En tant que capitale de l'île, Cagliari compte de nombreuses boutiques sympas pour une virée shopping. Vous y trouverez aussi de nombreux magasins pour ramener des souvenirs artisanaux authentiques, soigneusement sélectionnés à travers la Sardaigne. Que vous ayez été séduit par le piquant du pecorino sarde, la délicatesse de la céramique ou des bijoux en filigrane, que vous souhaitiez faire le plein de produits italiens ou dégoter un souvenir unique tel que le couteau sarde, vous trouverez sans problème de quoi combler vos envies. Les spécialités uniques ne manquent pas en Sardaigne : huile d'olive AOP, fromage, charcuterie, poutargue, pâtes raviront les plus gourmands. Coutellerie, broderie, corail, bijoux en or ou argent, poterie, vannerie ne sont que quelques exemples de l'artisanat au savoir-faire ancestral à glisser dans sa valise. N'espérez pas repartir de Sardaigne les mains vides !

COLTELLERIA CLEMENTE BINELLI

Via Angioy, 72-74
✆ +39 070 685 07 37
Ouvert de 9h à 13h et de 16h à 19h. Fermé le samedi et le dimanche.

Si vous n'avez pas l'occasion d'aller explorer les régions du Nuoro ou de Carbonia, très réputées pour leurs couteaux, vous trouverez votre bonheur dans cette coutellerie traditionnelle. Clemente Binelli élabore des couteaux de collection respectueux de la tradition sarde et a pignon sur rue depuis 1979. *Pattadese* à lame pointue, *arburese* pour couper le cuir ou chasser, *corrina* à feuille d'olivier et manche en corne de chèvre, vous y trouverez forcément votre bonheur.

ANTICA ENOTECA CAGLIARITANA

Via Rovereto 8
✆ +39 070 655 611
www.enotecacagliaritana.it
Ouvert tous les jours de 9h à 13h et de 16h à 20h.

C'est le bon endroit pour découvrir la Sardaigne mise en bouteille. Les cavistes connaissent les vins typiques sur le bout de leurs papilles. Ils sauront vous recommander cannonau, vermentino di Gallura, vernaccia di Oristano selon le plaisir que vous recherchez. Vous pourrez également dénicher liqueur de myrte, eaux-de-vie ou bières locales. Un plus et non des moindres, le cadre sympathique avec ses canapés et fauteuils profonds propices à la dégustation.

DELIZIE DI SARDEGNA

Via Sardegna, 22
✆ +39 070 669 380
www.deliziedisardegnacagliari.it
Ouvert tous les jours de 9h30 à 20h30.

Ce grand magasin dédié aux saveurs artisanales de l'île est situé dans la centrale et touristique via Sardegna. La réputation de cette épicerie fine n'est plus à faire et vous pouvez vous y fournir les yeux fermés. Les prix ne sont pas toujours les plus compétitifs, mais c'est une bonne option pour acheter quelques souvenirs et petits cadeaux gourmands. La boutique propose également quelques objets artisanaux, comme les céramiques colorées. Si vous êtes en mal de pecorino, de fiore sardo ou de charcuteries sardes, Delizie di Sardgna livre dans le monde entier.

MERCATO DI SAN BENEDETTO

Via Cocco Ortu Francesco et Via Tiziano
✆ +30 392 461 1964
www.mercatosanbenedetto.it
Ouvert du lundi au samedi de 7h à 14h. Fermé le dimanche.

Quoi de plus sympathique pour découvrir l'âme d'une ville et se mêler aux locaux que de faire un tour au marché ? Celui de San Benedetto est le plus grand marché alimentaire traditionnel de la ville. Les épices, fruits et légumes, fromages et viandes sont au premier étage et les étals de poissons se trouvent en bas. Les ménagères viennent remplir leurs paniers tôt le matin, pour débusquer les plus beaux produits et les plus frais. Le samedi matin l'affluence est telle qu'il devient difficile de naviguer dans les allées, entre les étals qui débordent.

PANIFICIO PORTA 1918

Via Cocco Ortu, 21
✆ +39 389 634 8041
www.porta1918.it
Ouvert tous les jours de 8h15 à 14h et de 16h à 21h, le dimanche de 9h15 à 13h.

Cette boulangerie légendaire a ouvert ses portes à Cagliari il y a plus d'un siècle. Quatre générations se sont succédé au fournil pour sortir des pains à la mie aérée, des panettones généreux, des tartes aux fruits du verger. Parmi les alléchantes spécialités, le pain au levain naturel, les pâtes fraîches, les croquants aux amandes et la pizza à la part emportent tous les suffrages. Dernier né des projets : un potager destiné à fournir la boulangerie en fruits et légumes frais. Nombreux autres points de vente en ville et en Sardaigne, notamment Via Mameli 224.

ARTIGIANATO SARDO

Via Roma, 49
✆ +39 070 663 416
Ouvert tous les jours de 10h à 20h.

Fiorenza Elisabetta connaît son île comme personne. Elle a gravi toutes les montagnes, pacouru toutes les plaines et visité tous les villages pour en ramener le meilleur de l'artisanat sarde. Corail d'Alghero et filigranes du Nuoro, tapis de Mogoro et broderies à point noué, céramiques de Dorgali ou Siniscola, paniers de l'Oristano et bibelots de partout, aucun savoir-faire de Sardaigne ne manque à l'appel. L'adresse est excellente pour se pourvoir en cadeaux ou tout simplement s'initier aux différents artisanats avant d'entreprendre le tour de l'île.

SAPORI DI SARDEGNA

1 Vico dei Mille
✆ +39 070 684 8747
Ouvert du lundi au samedi de 9h30 à 20h30 et le dimanche de 9h30 à 13h et de 16h à 20h.

Dans une ruelle derrière les arcades de La Marina, ne manquez pas cette boutique. On y vend des produits artisanaux de grande qualité et de grande finesse. Tout est sourcé 100 % sarde, du lait de brebis ou de chèvre à la viande utilisée pour les salaisons. C'est ici qu'il faut venir pour se ravitailler en véritable pecorino sarde, proposé à différents stades d'affinage. Les charcuteries, parfaitement assaisonnées et séchées, affichent une belle mine. Vins, pâtes, conserves, sucreries et gâteaux, vous ne pourrez qu'y trouver votre bonheur.

ISOLA

Via Bacaredda, 176-178
✆ +39 070 492 756
www.isola-cagliari.com
Ouvert de 9h30 à 13h et de 15h30 à 19h, jusqu'à 13h le samedi. Fermé le dimanche.

Isola se veut la vitrine de la création artistique et artisanale en Sardaigne. La vaste boutique regorge de produits traditionnels et de créations originales inspirées par un savoir-faire ancestral. Vous pourrez admirer la variété de l'artisanat de l'île, sa grande finesse et la naïveté de ses motifs récurrents. On y trouve aussi bien des tapis que des céramiques, des paniers, des meubles, des statuettes en bois, des paniers et abat-jour en osier... Une véritable caverne d'Ali Baba, mais aérée et bien rangée. Les produits sont bon marché et de bonne qualité.

LA RINASCENTE

Via Roma, 143
✆ +39 070 60 451
www.rinascente.it
Ouvert tous les jours de 10h à 20h30.

La Rinascente, c'est l'équivalent des Galeries Lafayette. Véritable temple de la consommation à Cagliari, vous y trouverez toutes les grandes marques du moment, ainsi que les plus confidentielles qui font parler d'elles en Italie. Le cadre ressemble à celui de tous les grands magasins du monde : de larges allées, des portants et des «corners», un éclairage presque aveuglant. On y trouve sacs à main, accessoires design, mode homme et femme, maquillage... A visiter impérativement entre deux achats : l'élégant café Niu, qui donne directement sur la mer.

KERNOS CERAMICHE

Via Pergolesi, 58
✆ +39 070 401 471
www.kernosceramiche.com
Ouvert du lundi au vendredi de 9h30 à 13h et de 16h30 à 20h. Fermé le week-end.

De cet atelier sortent des objets contemporains en céramique inspirés des motifs traditionnels. Graziella di Murtas et Andrea Spiga maîtrisent la technique du graffito qui consiste à graver le biscuit avec une pointe dure. Les céramiques subissent deux cuissons qui leur donnent leur lustre. Les collections sorties de l'imaginaire des deux femmes proposent des assiettes, des vases, des plats aux lignes et décorations sobres. Un show-room estival prend ses quartiers sur la place de Carloforte sur l'île de San Pietro (au sud de la côte ouest).

Tournée vers la mer, la ville de Cagliari dispose de peu d'infrastructures en ville pour se défouler. Les Cagliaritains fréquentent assidument la plage du Poetto dès que le temps le permet. Bronzette et trempette forment alors les deux piliers du week-end. Il existe quelques clubs de voile où l'on peut s'initier ou s'améliorer en windsurf, surf, kitesurf ou voile. Les amateurs de jogging apprécieront le vaste Parc di Monte Urpinu à l'est de la ville, à proximité des Etangs de Molentargius. Le tour des étangs est aussi un moyen agréable de s'oxygéner juste à la sortie de la ville. Au nord de Cagliari, un autre grand parc se prête au footing. Le Parc de Monte Claro se situe non loin de l'université, mais il manque un peu de verdure et les allées ne sont pas toujours ombragées. Les amateurs de détente trouveront quelques spas et salons de beauté en ville, qui prodiguent soins et massages salvateurs après une longue journée de visite.

ITALO SAILING YACHT

1 Calata via Roma Ormeggio
✆ +39 348 266 1557
Tarif sur demande.

Ce splendide «one-off» de 21 mètres peut être loué à la journée pour des croisières de rêve dans la baie des Anges. L'*Italo* a débuté sa carrière dans des régates exigeantes en 2004 et coule désormais des jours plus paisibles en emmenant les touristes croiser au large de la capitale. A vous les plaisirs du voilier qui glisse sous le vent sans autre bruit que les vagues qui viennent taper contre la coque. L'équipage vous fera découvrir le charme de la côte proche de Cagliari, avec ses falaises calcaires, ses grottes et ses criques secrètes.

WINDSURFING CLUB CAGLIARI

Via Marina Piccola
✆ +39 070 372 694
www.windsurfingclub.it
Compter 185 € les 6 cours windsurf, 260 € les 6 cours catamaran/laser, 60 € les 2 cours SUP/surf.

A l'extrémité ouest de la plage du Poetto, c'est ici que de nombreux Cagliaritains ont appris à tenir sur une planche à voile, à empanner en catamaran ou à lire les vagues pour mieux les surfer. Le très chic Windsurfing Club de Cagliari est installé juste à côté du non moins chic Yacht Club. De nombreuses formules existent pour s'initier ou progresser en paddle, surf, catamaran, laser et windsurf. Le club propose aussi des stages d'une semaine pour les enfants de 6 à 15 ans.

KITEZONE

Lungomare delle Stelle Capoterra
✆ +39 393 79 00 074
www.kitezone.it
Compter 60 € la leçon individuelle, 370 € l'immersion totale (8 leçons).

Pourquoi ne pas vous mettre au kitesurf le temps de votre séjour à Cagliari ? Cette école dispense des cours pour tous les niveaux, sur plusieurs plages autour de la capitale. A vous de choisir celle qui vous convient le mieux : le Poetto, Costa Rei au sud-est ou la plage de La Maddelena du côté de Chia. En 8 leçons, Kitezone se lance le défi d'apprendre le kitesurf aux débutants, du cours théorique aux premières sensations depuis la plage, jusqu'au grand saut dans la grande bleue. Les pratiquants confirmés peuvent s'initier à l'hydrofoil ou au freestyle.

T SPA

66 Via dei Giudicati ✆ +39 070 474 050 28
www.thotel.it
Ouvert du mardi au samedi de 9h30 à 22h, jusqu'à 15h30 le dimanche et de 17h à 22h le lundi. Massage de 35 € à 63 €.

Le T Hotel est doté d'un spa dernier cri qui associe piscine à jets hydromassants et douches de chromothérapie et d'aromathérapie. Tous les sens sont cocoonés grâce à des jeux de lumière subtils, au doux clapotis de l'eau ou aux bienfaits d'huiles essentielles. La piscine baigne dans un environnement serein où la pierre est reine. Le spa propose un passeport de 90 min qui permet de se détendre complètement et accessible aux clients de l'hôtel comme aux personnes de l'extérieur. Des massages dos et nuque ou complets sont aussi proposés à des tarifs raisonnables.

Cagliari compte une belle salle dédiée aux musiques classiques et lyriques, le Teatro Lirico. Elle propose, en général, une programmation abordable constituée des grands standards du répertoire. En été, la programmation s'étoffe et certains spectacles d'exception se jouent dans l'ancien amphithéâtre romain. Même si le spectacle ne vous tente que moyennement, dites-vous que le cadre est exceptionnel. La plage du Poetto est aussi l'un des rendez-vous privilégiés de l'été, avec une scène installée en bordure de mer. Festivals d'envergure ou concerts pop se jouent ici, sans risque de déranger les voisons. Vous pourrez vous procurer les billets de tous les spectacles produits sur l'île au Box Office, une billetterie officielle installée à l'est du quartier de La Marina. Certains cafés et bars branchés proposent des groupes ou DJ sets en concert live, le soir, sur leur terrasse, afin d'attirer du monde.

BORA BORA CLUB

72 viale Trieste

✆ +39 331 972 5132

Ouvert tous les soirs de 22h30 à 5h30.

Si la journée à arpenter les rues de la vieille ville de Cagliari ne vous a pas paru assez chaude, le club Bora Bora se propose de pimenter votre nuit. Cette discothèque coquine propose des shows de lap dance. De jeunes danseuses dénudées émoustillent les sens en ondulant au plus près de la barbe de ces messieurs. Outre ces shows chauds, l'établissement fait office de boîte de nuit coquine sans être libertine, jusqu'aux petites heures du matin. Le club est bien entendu réservé aux majeurs et accueille une clientèle essentiellement masculine.

BOX OFFICE

Viale Regina Margherita, 43

✆ +39 070 657 428

www.boxofficesardegna.it

Du lundi au vendredi de 10h à 13h.

En face de l'hôtel Regina Margherita, le Box Office occupe le rez-de-chaussée d'un petit immeuble. Ne vous laissez pas impressionner par l'aspect peu engageant de l'endroit. C'est ici que sont vendus les billets de spectacle à Cagliari et dans toute l'île. Le programme peut être consulté sur leur site Internet. Concerts, théâtre, spectacles de danse, festivals et manifestations sportives, tous les arts vivants sont représentés. L'inconvénient réside dans les horaires d'ouverture. Il faut venir le matin, et parfois tôt, pour les spectacles les plus attendus.

BFLAT JAZZ CLUB

9 via del Pozzetto

✆ +39 347 938 9791

www.bflat.it

Ouvert du jeudi au dimanche de 21h à 3h.

Le B-Flat («si bémol» en français) donne le ton des soirées jazz à Cagliari. Ce club est l'un des rares endroits où l'on peut écouter une musique live dans la capitale. Les groupes de jazz, de tous les styles, se produisent sur la petite scène chaleureuse et créent une atmosphère cosy ou au contraire complètement emportée. Les spectateurs sont installés à des tables rondes, éclairées par des bougies, et sirotent un cocktail choisi parmi la longue liste qu'offre le bar. L'endroit est idéal pour clôturer une journée sans fausse note.

TEATRO LIRICO

Via Sant' Alenixedda

✆ +39 070 408 2230

www.teatroliricodicagliari.it

Programmation à consulter sur le site Internet.

Musique et danse classiques, chant lyrique se retrouvent dans ce bel édifice aux lignes épurées. Cagliari s'est dotée d'une salle de concert digne de ce nom en 1993. Elle est située juste au-dessus de l'ancien amphithéâtre romain qui continue d'accueillir quelques productions intéressantes en été. La programmation du Théâtre Lyrique est somme toute classique : *Requiem* de Mozart, *Pierre et le Loup* de Prokoviev, la *Symphonie n° 9* de Beethoven ou *Aïda* de Verdi permettent de réviser ses gammes des grands standards. Les spectacles ont lieu en soirée, à partir de 21h.

REGION DE CAGLIARI

Il suffit de s'éloigner à peine de la capitale pour saisir d'emblée ce que la Sardaigne a à offrir. Des paysages somptueux de falaises, des côtes déchiquetées entrelardées de petites criques, des eaux variant du bleu profond au vert émeraude et des vestiges archéologiques. De nombreuses excursions d'une journée peuvent être envisagées depuis la capitale. En remontant vers le nord, le nuraghe di Barumini ou le château d'Eleonora d'Arborea méritent une visite. En route, San Sperate rend hommage au sculpteur Pinuccio Sciola avec un étonnant jardin sonore. De l'autre côté de la baie de Cagliari les jolies plages et les petites cales se dévoilent au détour d'une route panoramique. Le site de Nora, ancienne ville phénicienne, punique puis romaine attire les amateurs d'archéologie. A l'est, Villasimius est devenue une destination touristique de luxe, en raison de ses eaux incomparables protégées par une aire marine.

SP65
E25
Siddi
Las Plassas
Vers BARESSA
Vers BARUMINI
MANDAS
SS128
Lunamatrona
Villanovafranca
Collinas
Villamar
Villanovaforru
Gesico
SS126
SS131
SP48
SS197
SP35
Pabillonis
SANLURI
Guasila
Guamaggiore
Furtei
Segariu
SS547
GUSPINI
San Gavino Monreale
Ortacesus
ARBUS
SP59
Pimentel
GONNOSFANADIGA
SS196
Samatzai
SP60
Villagreca
Barrali
Villacidro
SS128
SS196DIR
Nuraminis
Serramanna
SS131
E25
SS293
SS196
Ussana
Monastir
Serdiana
Vallermosa
SAN SPERATE
SP3
SP9
DOMUSNOVAS
SP89
Decimoputzu
Villaspeciosa
SS131
Musei
SS130
SP90
Assemini
Sestu
SS130
SP86
SP2
SP2
SS554
Selargius
CAGLIARI
SS195
Terraseo
SS293
SP78
Rio Murtas
Capoterra
Perdaxius
Nuxis
Torre degli Ulivi
Poggio dei Pini
Foresta di Monte Arcosu
Frutti D'oro
Villaperuccio
Tratalias
Giba
SANTADI
SS195
Piscinas
SS195
Villarios
Villa San Pietro
Porto Columbu
SP70
PULA
SS195
TEULADA
SS195
Is Morus
CHIA

Région de Cagliari
Vers ORROLI
SP13
SP10
Goni
SP23
San Basilio
Ballao
SS387
SS125
SP25
Silius
Armungia
Villasalto
San Nicolò Gerrei
SP27
SP28
Mer Méditerranée
San Vito
Villaputzu
Muravera
SP14
Burcei
SS125
SP20
Sinnai
Olia Speciosa
Sant'Isidoro
COSTA REI ★★
ELENA
Sant'Andrea
Flumini
Capitana
SP19
SP18
Geremeas
SS125
Torre delle Stelle
Solanas
SP17
VILLASIMIUS ★
Golfe de Cagliari
Mer Mediterranée
15 KM

PAGES

SANLURI

Située à mi-chemin entre Cagliari et Oristano dans la vaste plaine du Campidano, Sanluri fut l'enjeu d'une bataille historique en 1409. C'est ici que se sont affrontées les armées aragonaises de Martin le Jeune et celles du Judicat d'Arborea, menées par Guillaume II, vicomte de Narbonne. La victoire revint aux Aragonais, qui mirent ainsi fin à la période des Judicats. Aujourd'hui, Sanluri est un bourg tranquille de 8 500 habitants, entouré de champs et de vergers.

Transports

Au départ de Cagliari, compter 40 mn en voiture par la SS131 et 1 heure 15 avec le bus 122. Au départ d'Oristano, compter 45 mn en voiture par la SS131 et 1 heure 15 avec le bus 444.

MUSEO CASA DEL PANE

Via Municipio, 3
✆ +39 070 9307184
www.coopculture.ti
Ouvert le week-end sur réservation de 10h à 13h et de 16h à 19h30. Entrée 4 : €. Ticket combiné avec le château : 7 €.

La ville de Sanluri, qui s'élève au cœur de terres parcourues de blés blonds, a développé une tradition boulangère bien ancrée dans les traditions locales. Sa miche de pain, la *civraxu*, pèse bien 2 kg, avec sa forme ronde, sa mie moelleuse et sa croûte croquante. La qualité de la farine, la durée de la levée et les spécificités du pétrissage sont explicités dans ce petit musée original exclusivement dédié au pain. Il offre au visiteur une visite amusante où les sens sont sollicités. Pour 1 € de plus sur l'entrée au château de Sanluri, faites le détour.

CASTELLO D'ELEONORA D'ARBOREA ★★

Via Generale Nino Villasanta
✆ +39 070 930 7105
www.castellodisanluri.it
Ouvert tous les jours de 10h à 13h et de 16h à 19h30. Entrée : 6 €. Billet combiné avec la Casa del Pane : 7 €.

Baptisé Château d'Eleonora d'Arborée, nul ne sait si le château de Sanluri a jamais hébergé la juge ne serait-ce qu'une seule nuit. En revanche, situé à la lisière des Judicats d'Arborée et de Cagliari, son emplacement stratégique fut longtemps convoité. Le premier édifice remonte au XIIe siècle. Les quatre tours quadrangulaires furent ajoutées au XIVe siècle. Ce château fort est célèbre pour la bataille qui s'y est déroulée le 30 juin 1409. Les soldats de Sanluri sont capturés et, parmi eux, une très belle jeune fille dont Martin Ier de Sicile tombe amoureux. La légende raconte que le roi et sa belle se sont aimés passionnément dans la forteresse de Sanluri pendant à peine un mois, jusqu'à la mort surprenne le roi le 25 juillet 1409. Laissé à l'abandon, le château est acheté en 1927 par le comte Nino Villasanta qui le restaure et le transforme en lieu de résidence et musée. Les salles ouvertes au public déclinent 4 espaces dédiés à des thématiques différentes. Deux d'entre elles se consacrent aux guerres mondiales, aux campagnes d'Afrique et au fascisme. La troisième expose une étonnante collection de statuettes de cire dont les plus anciennes remontent à la Renaissance florentine. La quatrième se consacre à l'histoire de la région à travers des peintures et des sculptures remontant au XVIe siècle. On y pénètre par la cour d'honneur qui fait face à un escalier monumental. Des 88 châteaux médiévaux de Sardaigne, c'est le seul encore habitable.

Le village de Sanluri.

PARCO E MUSEO GENNA MARIA ★★

Piazza Costituzione, 4
✆ +39 070 930 0050
www.gennamaria.it
Ouvert du mardi au dimanche de 9h30 à 13h et de 15h30 à 18h. Parc ouvert de 14h30 à 19h.
Entrée : 5 €.

Installé dans l'ancien grenier municipal, le musée présente les pièces découvertes sur le site nuragique de Genna Maria. Le *nuraghe* compte un bastion trilobé avec un donjon central datant du XVe siècle av. J.-C. ainsi que trois tours latérales. Il était entouré d'un village de huttes, en partie construites sur les murs d'enceinte dont on aperçoit encore les vestiges. Bien qu'en mauvais état, il reste l'un des plus importants de Sardaigne pour sa planimétrie particulière.

ANTICHE TERME DI SARDARA

Loc. Santa Maria de Is Acquas
✆ +39 070 938 7200
www.termedisardara.it
Soins à la carte entre 13 € et 55 €.

Les bienfaits de l'eau thermale de Sardara ont été découverts par les Romains qui développèrent la ville en un centre urbain très peuplé. Longtemps oubliées, les vertus de la source ont été redécouvertes à la fin du XIXe siècle et Sardara a regagné son statut de station thermale. Aujourd'hui, les thermes sont gérés par la société Aquathermae qui développe toute une série de soins dans un cadre mêlant moderne et ancien. Les eaux de Sardara influent sur plusieurs pathologies : troubles respiratoires et allergiques, maladies de peau, cellulite, troubles musculaires.

GONNOSFANADIGA

Gonnosfanadiga s'élève sur le versant est du Monte Linas qui englobe les montagnes de Linas, de Marganai, de l'Oridda et de Monti Mannu. Les origines remonteraient à environ 7 000 ans, lorsque les premiers hommes du Néolithique s'installèrent en Sardaigne. Le village compte de très belles églises : Santa Barbara, Sant'Elia, Sant'Efisio, le Sacro Cuore ou encore l'église plus récente consacrée à la Sainte Vierge Marie de Lourdes. Il est très agréable de se promener dans la vieille ville où l'on peut aussi déguster des plats typiques de la cuisine *campidanese*. A l'automne, la fête du pain et celle des olives permettent de déguster les produits locaux.

SAN SPERATE

San Sperate est l'un des plus importants centres agricoles de la Sardaigne. Le village bénéficie d'une position opportune dans la pleine du Campidano entre deux fleuves. Mais ce sont surtout ses fresques murales qui attirent les touristes, et son étonnant musée dédié à l'oeuvre de l'enfant du pays, le sculpteur Pinuccio Sciola. San Sperate est le premier village de Sardaigne à avoir exposé ses artistes locaux sur les pignons des maisons. Les grandes fresques illustrent les traditions locales et la vie quotidienne. Le Musée Pinuccio Sciola permet de découvrir les oeuvres musicolithiques du sculpteur. Son travail révèle la musicalité de la pierre.

MUSEO PINUCCIO SCIOLA - GIARDINO SONORO ★★★

Via Marongiu, 21 ✆ +39 349 143 7709
www.fondazionesciola.it
Visite guidée de 10h à 20h de juin à septembre, de 10h à 17h en semaine en octobre, avril et mai.
Entrée : 5 €.

Pinuccio Sciola, originaire de San Sperate, est l'un des artistes sardes les plus connus dans le monde. Rendu célèbre par ses *Pietre Sonore*, ses sculptures résonnent au toucher. Il déclarait : « Ce n'est pas ma musique que vous entendez, c'est un son qui vient de l'intérieur ». C'est une expérience quasi mystique que d'écouter ces sons de menhirs de calcaire et basalte dans le *Giardino Sonoro*, le jardin sonore, où les visites sont guidées avec démonstration musicale.

BARUMINI

Cette petite bourgade accueille les plus importants vestiges nuragiques de Sardaigne. Le site de Su Nuraxi est inscrit au patrimoine mondial de l'Unesco. Datant du XVIIe siècle av. J.-C., ces ruines très bien conservées sont considérées par les spécialistes comme le plus bel exemple de leur puissance. Le village compte également un charmant palais de style espagnol du XVIe siècle, la Casa Zapata.

Transports

Depuis Cagliari, compter 1 heure en voiture et entre 1 heure 30 et 2 heures en empruntant les bus 436 ou 501. Depuis Oristano, compter 50 min en voiture et 1 heure 15 par le bus 437.

CASA ZAPATA ★

Piazza Giovanni XXIII
✆ +39 070 936 8476
www.fondazionebarumini.it
Ouvert de 10h à 20h en été. Entrée : 14 € (avec Su Nuraxi). Visite guidée obligatoire. Départ toutes les 30 mn.

Le petit palais espagnol Zapata s'élève dans le centre de Barumini et fait face à l'église de l'Immaculée. Il fut construit au XVIe siècle et habité jusqu'en 1980 par la dynastie des Zapata arrivés vers 1300. La maison principale est agrémentée d'un beau jardin et pourvue de dépendances agricoles ajoutées par la suite. Lorsque la mairie rachète la maison en 1987, elle entreprend des travaux de restauration et découvre des vestiges nuragiques. Les plans de ce qui devait devenir un musée sont repensés. Les pièces du palais sont démantelées pour permettre les fouilles. Des jeux de passerelles et des planchers en verre sont mis en place, permettant de profiter d'une vue aérienne du complexe. Giovanni Lilliu rebaptise le lieu Su Nuraxi e Cresia, qui signifie «le nuraghe de l'église». Il comprend un ensemble trilobé composé d'une tour centrale, et d'un mur d'enceinte triangulaire gardé par 3 tours. Les archéologues ont pu mettre au jour le pavage d'origine, ainsi qu'une partie du village qui se situait au nord du nuraghe. La construction de la Casa Zapata sur les ruines du nuraghe rend les fouilles complexes et celles-ci continuent encore. La partie muséale de la Casa Zapata occupe trois bâtiments dans les dépendances. Le premier abrite une collection d'objets trouvés sur les sites de Su Nuraxi et du nuraghe de l'église. Le deuxième présente des documents historiques ayant appartenu à la famille Zapata. Le troisième expose des objets de la vie quotidienne des Sardes durant le XIXe siècle et le début du XXe siècle.

GIARA DI GESTURI ★

✆ +39 070 936 4277
www.parcodellagiara.it
Excursion sur réservation. Compter 10 € par personne.

Le haut plateau basaltique de Giara di Gesturi occupe une surface de 5 000 ha. Sa flore est dominée par le chêne-liège dont l'écorce est recueillie tous les 9 ans. Le maquis méditerranéen composé de lentisques, cistes, myrtes, sauge et lavande embaume. De nombreux animaux trouvent refuge dans cette oasis : renards, sangliers, martres, chèvres et, surtout, des chevaux sauvages. On peut visiter le parc à pied (les excursions peuvent aller de 2h à une journée), mais également à vélo, à cheval ou en 4x4. Le printemps est la meilleure saison pour le visiter.

SANTUARIO NURAGICO DI SANTA VITTORIA DI SERRI ★

Serri, dans la région du Sarcidano, au pied de la Giara di Serri (650 m)
Ouvert tous les jours de 9h au tomber du jour. Entrée : 4 €, 5 € pour la visite guidée.

Le complexe situé sur le plateau de Giara di Serri permet d'observer l'évolution de la culture nuragique, de l'âge de bronze à celui du fer. Il comprend un nuraghe en couloir des premières heures de la civilisation, un temple à puits et un village de la période centrale. On y a aussi retrouvé des objets d'origine étrusque, phénicienne ou chypriote qui témoignent de l'échange entre les populations. L'église voisine de Santa Vittoria qui donne son nom au site date du Moyen Age.

SARDEGNA IN MINIATURA ★★

Strada Comunale Barumini Turri, km 1,5
✆ +39 070 936 1004
www.sardegnainminiatura.it
Ouvert tous les jours de 9h à 19h de début juin à fin octobre, le week-end le reste de l'année. Entrée : 18 €.

Ce parc d'attractions comprend plusieurs sites et musées, destinés en priorité aux enfants. Le clou de la visite est la reconstitution miniature des principales curiosités de la Sardaigne. Mais le site comprend également un pavillon nuragique, un chemin botanique, une volière à perroquets, un jardin des dinosaures. une biosphère, un aquarium, un musée d'astronomie et un planétarium. Un train électrique parcourt le parc tandis qu'une rivière qui se descend en bateau à un rythme de sénateur coule au milieu de la Sardaigne miniature.

HÔTEL SU NURAXI €€

Viale Su Nuraxi 6
✆ +39 070 936 8305
www.hotelsunuraxi.it
Compter 80 € pour une chambre double, petit déjeuner compris. Réductions en basse saison.

A seulement 150 mètres du complexe nuragique, cet hôtel offre 11 chambres de plain-pied en pleine nature. De construction récente, le bâti s'inspire des anciennes maisons sardes. Les chambres, joliment rustiques, proposent un confort simple et douillet. Climatisées, elles sont toutes équipées d'un réfrigérateur et d'une télévision et profitent d'une belle vue sur les environs. L'ensemble est très agréable. Le petit-déjeuner est servi au restaurant de l'hôtel, où vous pouvez aussi souscrire pour une demi-pension ou la pension complète.

SU NURAXI DI BARUMINI ★★★

Viale Su Nuraxi ✆ +39 070 93 68 128
www.fondazionebarumini.it

Ouvert de 9h à 19h en été. Entrée : 14 € (avec Casa Zapata). Visite guidée obligatoire. Départ toutes les 30 mn.

Le bon état de conservation du nuraghe et son agrandissement au fil des siècles rendent sa visite particulièrement intéressante. C'est d'ailleurs le nuraghe le plus visité de Sardaigne et le plus connu. Sa construction a commencé au XVe siècle av. J.-C. avec une tour en tholos à visée défensive qui s'élevait à 18,60 m au-dessus du sol. A l'âge du bronze moyen, le donjon fut entouré d'un quadrilobe formé de 4 tours placées aux points cardinaux et reliées par un épais mur de 4 mètres d'épaisseur. L'accès au bastion se faisait par le mur sud-est. Il ouvrait sur une cour semi-circulaire pourvue d'un puits. Chacune des tours cardinales comptaient deux chambres superposées et non-reliées entre elles. Le premier village s'installe à la même période, au pied du mur du bastion, mais il n'en reste que peu de traces. Entre 1 100 et 900 av. J.-C. le mur qui protège le quadrilobe est agrandi et pourvu de nouvelles tours. Le mur du quadrilobe lui-même est rénové par un anneau mural de 3 mètres d'épaisseur. L'entrée, désormais surélevée, est déplacée sur le mur nord-est. Le village se développe et les vestiges actuels datent de cette période. Chaque maison se compose d'une hutte circulaire au mur de pierre, surmonté par un toit fait de bois et de branchages. La structure la plus importante du village est la cabane de réunion qui servait probablement de lieu d'assemblée. La salle, de forme circulaire, est plus grande que les huttes d'habitation, et comprend 5 niches où des objets de culte ont été retrouvés. Il semble que le nuraghe et son village ont été presque entièrement détruits au début de l'âge du fer, vers 800 av. J.-C. Une nouvelle agglomération a vu le jour à proximité des ruines, utilisant de nouvelles techniques qui témoignent de l'évolution de la civilisation nuragique. Les nouvelles maisons possèdent une cour centrale et plusieurs pièces à l'intérieur de la hutte. L'occupation punique qui se produit à compter du Ve siècle av. J.-C. et marque le déclin de la civilisation nuragique. Le village cesse de se développer, mais continuera d'être habité jusqu'au IIIe siècle. Mises au jour vers 1950 par le grand archéologue sarde Giovanni Lilliu, les ruines de la forteresse se trouvaient enfouies sous une colline couverte de végétation. Aujourd'hui, parfaitement restauré, le nuraghe est inscrit sur la liste du patrimoine mondial de l'Unesco. A quelques dizaines de mètres du site archéologique, le pôle d'exposition G. Lilliu présente notamment une maquette reconstituée du site qui permet de visualiser son ampleur.

MANDAS

Mandas est un petit village situé sur les collines de la région du centre de la Sardaigne appelée « Trexenta », autrefois considérée comme le « grenier » de Rome. On y cultivait des céréales sur ses terres fertiles, destinées à approvisionner la capitale de l'empire. De ce passé lointain sont encore témoins les collines qui entourent le village qui prennent la couleur or du blé pendant l'été. En 1614, Mandas devint le siège du seul duché de la couronne espagnole en Sardaigne et le resta jusqu'en 1843. De cette période ducale, la ville garde de nombreux monuments et objets d'art conservés dans les églises, les couvents et musées de la vieille ville.

HÔTEL CASTELLINARIA €€

✆ +39 078 284 7604
www.hotelcastellinaria.com
A partir de 110 € la chambre double, petit déjeuner compris.

A deux pas des lacs Mulargia et Flumendosa, cette demeure de charme compte seulement 7 chambres. Chaleureuses grâce à leur cheminée et à leurs plafonds aux poutres anciennes, chacune dégage une atmosphère réconfortante. Rosa la propriétaire tient les fourneaux et veille à sélectionner les meilleurs produits locaux. Elle propose une cuisine végétarienne et végane sur demande. Le bar aux confortables fauteuils anglais jouxte la salle du restaurant. A l'écart du village, en pleine nature, voilà un endroit propice à une escapade pour découvrir cette sublime région.

ANTICA LOCANDA LUNETTA €€

Via Roma, 10 ✆ +39 349 360 7889
www.anticalocandalunetta.it
A partir de 130 € la chambre double, d'avril à septembre. Fermé en basse saison.

Sur les hauteurs d'une colline à une quinzaine de kilomètres de Barumini se trouve Mandas. C'est là que Barbara a décidé de redonner vie à un relais de poste du XVIIe siècle. La lourde porte dissimule une splendide demeure dotée de 4 chambres d'exception aux murs de pierre et poutres anciennes. La décoration raffinée crée une ambiance feutrée où le temps semble s'être arrêté. Les chambres douillettes au plancher de bois, le salon convivial et délicat en font un endroit idéal pour une échappée belle à la découverte de l'arrière-pays et de ses traditions.

BARESSA

Petit village de la région de Marmilla, Baressa est entouré de charmantes collines qui se transforment en bouquet géant lorsque les amandiers sont en fleur. Le fruit est célébré lors de la *sagra della mandorla* en septembre. Les visiteurs sont alors nombreux pour venir déguster les spécialités très locales d'*amaretti*, *gueffus* ou *gateau*. Ils découvrent également les paniers en branche d'olivier, l'huile d'olive ou le vin qui font aussi la réputation de Baressa. Le long des ruelles du centre historique vous pourrez admirer les anciens portails, typiques de la région, les maisons rurales et les grandes peintures murales, parmi les plus belles de Sardaigne.

ORROLI

Ce village de 2 500 âmes est lové sur le plateau de Pranemuru, au cœur d'une nature généreuse. En se baladant dans le bourg, on pourra faire halte à l'église San Vincenzo Martire ou à celle dédiée à San Nicola. Par ailleurs, dans les alentours d'Orroli se trouvent deux sites archéologiques remarquables : la nécropole de Su Motti et le nuraghe Arrubiu. Les lacs Mulargia et Flumendosa, situés au nord et au sud de la ville, sont fréquentés par les amateurs de pêche sportive et de navigation. Si vous êtes dans la région le 1er dimanche du mois de juin, vous pourrez également assister à la procession en l'honneur de sainte Catherine, la patronne d'Orroli.

ALBERGO DIFFUSO IL MANDORLO €€

Via Is Tellaias
✆ +39 393 9047185
www.albergodiffusoilmandorlo.it
A partir de 90 € la chambre double, petit-déjeuner compris.

Cette bâtisse en vieilles pierres des années 1800 se cache dans une ruelle étroite du centre historique. Récemment restaurée, elle propose 8 chambres spacieuses à la décoration typiquement sarde : poutres en bois, ferronneries, cotonnades. Le salon au rez-de-chaussée se prolonge grâce à une belle terrasse extérieure pavée et fleurie. A quelques pas de là se trouve la Casa Casu une extension de l'hôtel pour héberger famille ou amis : 3 chambres et 2 appartements totalement indépendants.

QUARTU SANT'ELENA...

Avec ses 70 000 habitants, Quartu Sant'Elena est la troisième ville de Sardaigne. Située sur le golfe de Cagliari, de l'autre côté des étangs de Molentargius, elle n'était qu'un village jusqu'aux années 1960, tirant sa subsistance de l'agriculture, de l'artisanat et de l'exploitation du sel. Aujourd'hui, elle est considérée comme la banlieue résidentielle de Cagliari. Ses premiers habitants de la période nuragique occupaient les petites collines de la côte. Phéniciens et Romains ont aussi apprécié sa situation privilégiée. La structure urbaine de Quartu remonte au Moyen Âge, mais elle ne fut considérée comme une ville à part entière qu'en 1956.

MONTE DEI SETTE FRATELLI ★

Accès libre.

Ce parc naturel tire son nom des 7 monts qui entourent Cagliari et qui forment une barrière naturelle entre la capitale et la côte est. Il offre de superbes randonnée et des vues spectaculaires sur la mer. La forêt domaniale s'étend sur 9 communes et offre des paysages grandioses. Outre les chênaies et le maquis d'arbousiers et de myrtes, ce sont les formations naturelles qui retiennent l'attention. L'érosion a façonné des sauts de roche, des gorges profondes et des parois vertigineuses. La Caserma forestale di Campu Omu donne de précieuses informations.

CHIESA DI SANT'AGATA ★

Piazza Azuni

Cette petite église du centre-ville est la plus ancienne de Quartu et remonte au XIIe siècle. Son extérieur austère et son crépi écaillé dissimulent la beauté polie de sa pierre blonde. Il faut faire le tour de cette petite église pour en apprécier ses airs campagnards et son clocher-mur. La bâtisse originale comportait une travée unique, puis elle a été agrandie sur son côté droit. On peut toujours distinguer les voûtes de style roman. Le tableau de la Crucifixion placé dans le chœur remonte à 1600 et a été réalisé par le maître génois Orazio Di Ferrari.

MUSEO PRIVATO « IL CICLO DELLA VITA » ★★

271 Via Eligio Porcu

✆ +39 070 812 462

Ouvert de 9h à 13h et de 17h30 à 21h de mai à octobre, de 9h à 13h et de 16h30 à 19h de novembre à avril. Entrée : 5 €.

Installé dans une maison traditionnelle du XIXe siècle, ce musée privé contient environ 5 000 pièces consacrées aux traditions paysannes. Meubles, documents, vêtements, outils, livres, photos et objets sacrés proviennent de toute la Sardaigne et datent du XVIIIe au XXe siècle. Le parcours de la visite est organisé selon les étapes de la vie humaine, de la naissance à la mort, dans la société paysanne et bergère sarde. Des expositions temporaires sont régulièrement montées.

DIVERLAND WATER PARK VILLAGE ★

SS 125, km 19,5

✆ +39 070 829 9012

www.diverland.it

Ouvert de 9h30 à 18h, à partir de 10h en juin et septembre. Fermé d'octobre à mai. Entrée : 20 €.

Ce parc aquatique, le plus grand de Sardaigne, a ouvert il y a quelques années en bordure d'autoroute et de zone industrielle. Suffisamment vaste pour oublier l'environnement peu engageant, le parc compte une immense piscine, une île artificielle et 6 toboggans. Un espace plus calme est spécialement aménagé pour les plus petits. L'hôtel adjacent compte une dizaine de bungalows et deux ailes qui donnent sur une grande piscine agrémentée de bains à bulles.

SA DOMU 'E FARRA ★

Via Eligio Porcu 143

Ouvert du lundi au samedi de 10h à 18h. Entrée : 5 €.

Cette maison typique de Campidanie est le premier musée ethnographique créé en Sardaigne. Il a ouvert ses portes en 1978 pour conserver et présenter le passé agricole de la plaine nourricière de l'île. On peut notamment y observer des outils servant aux travaux agraires, pour certains remontant au XVIIe siècle. Les meubles typiques des fermes de Quartu ont été copiés. Dans cet esprit, le musée a été choisi en 2020 pour accueillir le Musée multimédia de la Poésie Improvisée. La «Maison de la Farine» devient le recueil interactif des *is cantadoris*.

SALINE DI QUARTU ★

Sentiero delle Saline

Les salines de Quartu Sant'Elena occupent l'étang situé derrière la plage du Poetto. La culture du sel a longtemps été la ressource essentielle de Quartu. On peut traverser les salines en suivant le sentier salant et s'arrêter pour observer les oiseaux. La lagune est un véritable paradis ornithologique où l'on peut notamment admirer les fameux flamants roses, les chevaliers d'Italie, les hérons et les hiboux des marais. Véritable paradis pour les photographes équipés d'un bon zoom, c'est aussi une promenade très agréable qui fait oublier la ville toute proche.

SPIAGGIA DEL POETTO ★

Viale Poetto

On ne peut pas la comparer aux plages de Chia ou de Villasimius, mais la longue plage du Poetto permet de profiter de la mer à la sortie de la ville. On regrette que son sable blanc et très fin autrefois soit aujourd'hui plus grossier. Il a en effet été mélangé avec un sable prélevé au fond de la mer suite à une opération d'agrandissement de la plage. L'opération, connue comme *ripascimento*, a été très critiquée par les habitants de Cagliari, qui n'arrivent toujours pas à pardonner à la mairie d'avoir changé son aspect. Cette belle plage s'ouvre largement sur la baie de Cagliari et protège les marais salant de Quartu Sant'Elena. Fréquentée majoritairement par les locaux, ce sont les arrêts de bus qui distinguent ses différentes zones. Par exemple, la zone la plus chic est celle de la *prima fermata* (premier arrêt). On y trouve des clubs de kayak, de voile et de windsurf et le yacht club. Il Poetto est très animé le soir. Les Cagliaritains y sortent été comme hiver à l'heure de la passeggiata. D'ailleurs les kiosques de plage sont ouverts toute l'année. On y vend le *panianari* du cavallucio, aussi appelé *caddozzis*. L'été, les jeunes Cagliaritains se rendent à la discothèque Ilido, ou encore au Sax Beach. L'hiver, c'est le JKO qui rassemble la jeunesse locale. Pendant l'été, le Poetto est aussi une des étapes du championnat italien de beach volley, qui débarque à la *sesta fermata* avec un vrai village, où tout le monde peut participer. Les tournois itinérants de *beach rugby* et celui de *beach foot* s'y déroulent aussi.

SPIAGGIA DI CALAMOSCA ★★

Viale Calamosca

La petite plage de Calamosca et sa cousine naturiste de Cala Fighera occupent l'extrémité du cap Sant'Elia, à proximité de la grande plage du Poetto. Leur sable caillouteux n'est pas des plus agréable, mais les petites criques sont toujours à l'abri du vent, ce qui constitue un atout certain par rapport au Poetto très exposé. Les plages sont coincées entre le mont de la Sella del Diavolo et une vaste zone militaire. De nombreux sentiers pédestres permettent de rallier quelques sites d'intérêt comme le phare du cap Sant'Elia ou la tour Calamosca.

STAGNO DI MOLENTARGIUS ★

✆ +39 070 3791 9201

www.parcomolentargius.it

Ouvert en semaine de 8h30 à 20h et le week-end de 9h à 20h30. Entrée libre.

L'étang a été transformé en zone écologique protégée lorsqu'en 1993 une colonie de flamants roses y a élu domicile. Jusqu'alors ces échassiers n'étaient pas observés en Sardaigne, leur arrivée a donc créé la surprise, d'autant que des milliers de naissances ont rapidement suivi. Son statut de parc régional obtenu en 1999 a permis la mise en place d'installations performantes pour assurer la tranquillité des oiseaux, particulièrement pendant la période de reproduction. Les flamants ont été imités par des avocettes, des mouettes, des cormorans et des hérons.

BEST WESTERN RESIDENCE ITALIA €€

Via Panzini, 67

✆ +39 070 827 070

www.bestwestern.it/italia_ca

A partir de 103 € la chambre double, petit déjeuner compris. Réductions sur le site Internet.

A 15 minutes de route de Cagliari et à 10 minutes à pied de la plage, voilà un bon compromis pour visiter la région tout en profitant de la plage. Cet hôtel moderne propose 83 chambres spacieuses. Le confort l'emporte sur le cadre, un peu compassé. La direction a pensé aux familles avec des studios et de petits appartements équipés d'une kitchenette. Un parking gratuit au pied de l'hôtel est réservé aux clients. Navette aéroport. Animaux admis. Très bon rapport qualité-prix.

TOMBA DEI GIGANTI SA DOM'E S'ORCU ★

Loc. Is Concias

© SKOVALSKY - SHUTTERSTOCK.COM

Cette tombe des géants est mieux connue sous le nom de Is Concias, du nom de la localité où elle se trouve. Difficile à débusquer au détour de bosquets de myrte, le site est peu fréquenté. Pourtant, la construction en pierres granitiques figure parmi les plus intéressantes et les mieux préservées de l'île. Sa forme taurine, symbole de fertilité, est toujours reconnaissable. L'entrée située au centre de la façade de l'exèdre donne sur la profonde chambre funéraire.

HÔTEL SETAR 4 TORRI €€

Via Leonardo da Vinci, 1

✆ +39 070 892 031

www.hotelsetar.it

Compter entre 60 € et 110 € la chambre double selon la saison, petit déjeuner inclus.

Ce 4-étoiles installé dans la localité S'oru e Mari n'est pas loin de la plage et dispose de 106 chambres et 12 suites simples et confortables récemment rénovées. On y trouve un confort et une gamme de services élargis comme la climatisation, un téléviseur, un minibar, le wifi et un balcon ou une terrasse. Entre gros hôtel et mini-resort, il dispose d'une très belle piscine et d'une salle de sport. Les amateurs de plongée ne sont pas en reste puisqu'un centre certifié PADI emmène les plus aventureux explorer les fonds marins et les épaves échouées non loin.

SA IDE E S'OLLIA €€

Via Cagliari 169

✆ +39 347 761 8240

Ouvert du lundi au samedi de 12h30 à 14h30 et de 20h à 22h30, le midi le dimanche. Compter 30 € pour un repas.

Cette très bonne table qui ne paie pas de mine avec son décor rustique est une véritable découverte. La cuisine qui fait la part belle aux produits du marché est une réussite. Vous dégoterez toujours un plat d'inspiration sarde et d'autres plus «italiens» comme les lasagnes ou la polenta. Le vendredi, c'est friture de la mer à volonté. Les menus à prix serrés permettent de se laisser aller à une expérience culinaire intégrale sans trop d'efforts. Celui servi au déjeuner est une véritable aubaine et permet de résister à une après-midi de visite ou de plage.

ARKE

Viale Colombo, 3 ✆ +39 070 883 663

www.arkeristorante.it

Ouvert tous les jours de 10h à minuit. Menu dégustation de 30 € à 55 € eau et vin compris, menu végétarien à 25 €.

Ce restaurant parmi les plus élégants de la ville occupe une belle salle voûtée aux pierres apparentes. Bougies, nappes blanches, lumière tamisée garantissent une atmosphère cossue. Le chef propose une cuisine inventive et raffinée qui n'hésite pas à formuler des associations surprenantes. Le poulpe se repose sur une crème de carotte et gingembre, la gamba épouse la burrata et la réglisse, le porc s'accompagne de myrte. Les présentations aériennes et soignées des assiettes n'enlèvent rien au plaisir. Une très belle cave permet l'accord parfait avec l'assiette.

PAN ARTE

21 Via XX Settembre

✆ +39 070 821 370

www.panarte.it

Ouvert du lundi au samedi de 7h à 14h.

Cette boulangerie historique s'intéresse aux spécialités de la région depuis 1945. On aime son pain au levain à poussée lente, ses ciabattas craquantes à la mie moelleuse qui se déclinent de plusieurs façons. La boulangeries propose aussi quelques gâteaux qui valent le détour. Les biscuits secs à la confiture et aux amandes ou le *pani'e saba* font partie des incontournables. Ce dernier est le gâteau traditionnel de Quartu préparé pour toutes les festivités entre la Toussaint et Pâques, à base de fruits secs et de moût de raisin.

PULA ★

Pula est un véritable paradis pour vacanciers. Située en face de Cagliari, elle compte 7 000 habitants en hiver et quelques kitesurfeurs. En été, la population se démultiplie en raison des plages dorées, des eaux translucides, des vestiges antiques, du lagon de Nora et ses oiseaux rares ou encore de somptueux levers de soleil sur la Méditerranée. A seulement 30 km de Cagliari, Pula s'est transformée en cité balnéaire de luxe, avec une pléiade d'hôtels, certes, mais affichant des tarifs prohibitifs.

Transports

Depuis Cagliari, compter 30 mn en voiture par la SS 195. Le bus 129 part toutes les 30 mn en été entre 5h25 et 20h35. Compter 50 mn et 2 € pour le trajet.

CHIESA DI SANT'EFISIO ★★

Ne se visite pas pendant les offices.

L'église a été bâtie à l'emplacement où saint Efisio aurait été martyrisé. Elevé sur les fondations d'une église paléochrétienne et consacré au début du XIIe siècle, l'édifice, à l'intérieur plutôt austère, est intéressant pour son architecture d'influence franco-catalane. Le 2 mai, une interminable procession partie de Cagliari la veille atteint l'église vers midi. La statue du saint, transportée en carrosse, est accompagnée par la foule et par des groupes folkloriques locaux. Le festival s'étend sur 4 jours avec des concerts, des danses folkloriques et autres.

MUSEO ARCHEOLOGICO GIOVANNI PATRONI ★★

Corso Vittorio Emanuele, 67
✆ +39 070 920 9610

Ouvert de 9h à 20h l'été, jusqu'à 17h30 le reste de l'année. Fermé le lundi. Entrée : 2,50 €.

La ville de Pula rend hommage à l'archéologue Giovanni Patroni avec ce petit musée qui a le mérite de recontextualiser l'histoire de la région. Il rassemble les objets phéniciens, carthaginois et romains, mis au jour lors des fouilles menées sur le site de Nora : amphores, ancres marines, céramiques, lampes à huile, statues... Certains artefacts possèdent une grande valeur historique et permettent de mieux appréhender les cultures qui se sont succédé pendant 1 200 ans.

PRO BIKE

Corso Vittorio Emanuele, 118
✆ +39 070 920 8077
www.probikeinresort.com

Compter de 15 € à 70 € par jour. Vélos enfants à 8 € par jour.

Pro Bike est le loueur de vélos de la région et le commerce présente l'avantage de délivrer ladite bicyclette directement sur votre lieu de villégiature. Les tarifs peuvent sembler élevés, mais le choix se fait parmi une sélection de vélos dernier cri de très haute technologie. Vélo de ville, à assistance électrique, de route ou VTT, vous pourrez sélectionner le deux-roues qui conviendra le mieux à vos sorties. Pro Bike propose une multitude de services complémentaires bien utiles, comme la location d'un GPS, d'un casque ou des sorties accompagnées.

HÔTEL SU GUNVENTEDDU €

Su Guventeddu
✆ +39 070 920 9092
www.sugunventeddu.com

Compter de 60 € à 120 € pour une chambre double selon la saison, petit déjeuner inclus.

Cette auberge familiale profite d'une belle position à seulement 100 m de la plage. Ouverte depuis 40 ans, une clientèle de fidèles y a pris ses habitudes. Il n'y a que 12 chambres, dont deux simples, qui sont souvent prises d'assaut en haute saison. Pas de chichis dans la décoration, mais quelques touches d'inspirations locales suffisent à vous rappeler que vous êtes en Sardaigne et en bord de mer. Du bleu, du blanc, de la broderie habillent discrètement les chambres au mobilier fonctionnel. Celles-ci donnent sur les palmiers et les pins des abords paysagers.

VILLA ALBERTA GUESTHOUSE €

76 Viale Antonio Segni ✆ +39 070 9245 447
www.villa-alberta.com

Compter de 65 € à 125 € la chambre double selon la saison, petit déjeuner inclus.

Situé en centre-ville de Pula, cette chambre d'hôtes est idéale à condition d'avoir un moyen de locomotion pour atteindre les plages, tout en profitant de la ville à pied. Les six grandes chambres sont bien tenues avec salle de bains, réfrigérateur et climatisation. Trois sont au rez-de-chaussée, et même si l'insonorisation est bonne, préférez l'une des chambres de l'étage. Une salle de petit déjeuner et un jardin complètent l'ensemble, tout aussi confortable que certains hôtels du coin bien plus chers. Possibilité de lit supplémentaire dans les chambres.

ANTICA CITTA DI NORA ★★

Loc. Nora ✆ +39 070 921 470

Ouvert de 9h à 20h en été et jusqu'à 17h30 en hiver. Entrée 5 € et 6 € avec la visite guidée.

Selon la légende, Nora serait la plus ancienne ville de Sardaigne et aurait été fondée par le héros phénicien Norax, fils d'Hermès et de la nymphe Erithya. Il est plus probable que cette ville ait vu le jour vers 700 av. J.-C. grâce à des marchands phéniciens qui se croisaient en mer Méditerranée pour commercer. Ils choisirent la presqu'île du Cap Pula et son promontoire rocheux pour jeter les bases de leur cité. C'est à Nora qu'a été découverte la fameuse stèle datée du début du VIIIe siècle avant notre ère et qui passe pour être le plus ancien document écrit de l'histoire occidentale. C'est aussi sur cette stèle que figure le mot de *Shrdn*, dont serait dérivé le nom actuel de Sardaigne. Hormis cette stèle, il ne reste que peu de traces de l'occupation phénicienne. La cité portuaire est prise par les Carthaginois au début du VIe siècle av. J.-C. Sous leur occupation, la cité prospère et grossit. Elle passe de 300 habitants à 3 000. Les constructions se font alors en pierres sèches.

Les Romains s'emparent de l'île en 238 av. J.-C et continuent de développer Nora. Ils y construisent un amphithéâtre et un forum encore visibles aujourd'hui et, vers 150 apr. J.-C., des thermes et un marché (*macellum*). Ils y aménagent également un réseau routier et un système d'égouts efficace. Certains de ces ouvrages conservent encore leurs décorations en mosaïques, l'une des spécificités de la ville antique de Nora. On pense, en effet, que vers la fin du IIe siècle apr. J.-C., une école de mosaïque se serait ouverte à Nora, ce qui expliquerait l'épanouissement qu'a connu cet art dans la ville romaine aux IIIe et IVe siècles. Sa principale caractéristique est l'utilisation presque constante des couleurs blanche, ocre et noire, dont on retrouve les belles harmonies, notamment sur les pavements du frigidarium des thermes du centre. Les Romains améliorent les constructions, utilisent des briques, taillent les pierres et les scellent avec du mortier. Nous ne saurions trop vous recommander d'opter pour la visite guidée du site archéologique afin d'en tirer tout le bénéfice. Certaines zones du site ne dévoilent leur intérêt qu'avec les lumières d'une personne érudite.

En été, c'est dans l'amphithéâtre romain de Nora que se tient le festival de la Nuit des Poètes (en italien). Depuis l'aire archéologique de Pula, vous pouvez admirer la Torre del Coltellazzo toute proche. La tour espagnole, perchée sur un promontoire de roche volcanique dominant la plage de Nora, a été construite entre 1580 et 1610 pour défendre la côte contre les envahisseurs arabes.

© AGATHE ANDRIEU

Plage de Pula.

HÔTEL SANTA GILLA €€

Via Ustica, 13
+39 070 710 832
www.hotelsantagilla.it
Compter de 115 € à 187 € la chambre double selon la saison, petit déjeuner compris. Fermé de novembre à mars.

On accède à cet hôtel récent adossé aux étangs de Capoterra par un petit pont. Les 71 chambres sont réparties dans des bâtiments en arc de cercle, sur deux niveaux, agencés autour d'un beau parc paysager. Chaque chambre est dotée d'une terrasse ou d'un balcon avec vue sur la grande piscine ou le golfe de Cagliari. Le petit déjeuner est préparé en buffet et le soir le restaurant met des spécialités sardes à sa carte. Il se dégage de l'ensemble une ambiance relaxante. L'endroit est idéal pour qui veut rayonner autour de Cagliari et profiter des plages.

IS MOLAS RESORT €€

Localita Is Molas
+39 070 924 1006
www.ismolas.it
Compter 1 503 € la semaine en chambre double, petit déjeuner compris. Fermé de novembre à avril.

L'hôtel a été rénové en 2016 et affiche une décoration luxueuse de très bon goût. Il jouit d'une belle situation dans un océan de vert au cœur d'un terrain de golf. Les chambres élégantes disposent toutes d'une vue sur le jardin ou la mer au loin. Climatisées et dotées du wifi, d'une garde-robe, d'une télévision digitale, d'un mini bar et d'un coffre-fort, tout a été conçu pour un séjour confortable et sécurisé. Le chef Ivano Congiu propose une délicieuse cuisine méditerranéenne. Seul inconvénient, l'hôtel exige une réservation de 7 nuits minimum.

NORA CLUB HOTEL €€

Viale Nora,
+39 070 924 422
www.noraclubhotel.it
Compter de 126 € à 210 € pour une chambre double selon saison, petit déjeuner compris. 7 nuits minimum en haute saison.

Niché dans un très beau jardin paysager, cet hôtel de luxe agrémenté d'un spa est parfait pour un séjour détente. Les chambres occupent des bungalows de plain-pied. Tomettes anciennes au sol, meubles cirés, literie épaisse, le charme agit. La belle piscine entourée de parasols et de palmiers permet de se rafraîchir. Côté spa, vous pouvez profiter de la salle de sport, d'une piscine à jets, d'un hammam pendant 1h30 tous les jours ainsi que de soins payants. Il ne manque que le clapotis de la mer pour bercer les journées. L'hôtel se trouve à 1 km du littoral.

FORTE VILLAGE RESORT €€€

SS 195, km 39,600
+39 070 921 8818
www.fortevillageresort.com
A partir de 660 € pour une chambre double en demi-pension.

Le Forte Village a fait peau neuve pour ouvrir son royaume haut de gamme en 2016. 7 hôtels de standings différents, des restaurants, des villas de luxe avec jardin et piscine privés ou des bungalows familiaux, ici, on a l'embarras du choix. Le resort s'étend sur 50 hectares de forêts, de jardins et de plage. On profite d'une panoplie d'activités et de services : terrains et salles multisports, Spa à ciel ouvert, piscines et bassins pour les petits, chambres spacieuses et restauration de qualité. Ce Forte Village rime avec le trio gagnant : luxe, calme et volupté.

HOTEL FLAMINGO €€€

Santa Margherita di Pula
✆ +39 070 920 8361
www.hotelflamingo.it

Compter de 190 € à 380 € pour une chambre double selon la saison, petit déjeuner compris. Fermé de novembre à mi-mai.

Ce village de vacances très accueillant pour les familles occupe le segment du luxe. Les tarifs sont élevés, mais les prestations nombreuses : deux belles piscines, une plage privée de sable blanc où sont alignés transats et parasols, un centre de détente et bien être, deux restaurants et des animations prévues pour les enfants et les parents. L'hôtel veille à ce que les animations ne dérangent pas ceux qui ne souhaitent pas y participer. Toutes les chambres disposent d'un balcon avec vue sur la mer ou sur le parc, de la climatisation et d'un minibar.

HOTEL MARE PINETA €€€

Località S. Margherita
✆ +39 070 9209406
www.hotelmarepineta.it

Compter de 150 € à 280 € la chambre double, selon la saison, petit déjeuner compris.

L'hôtel Mare Pineta appartient au même groupe que l'hôtel-club de luxe Costa dei Fiori. Il bénéficie du même savoir-faire et du même sérieux. Il jouit en plus d'une superbe localisation, directement en bord de mer, avec accès direct à la plage privée. Entouré d'une pinède, l'intimité est garantie. Les chambres confortables et claires ont été rénovées il y a une dizaine d'années. Elles donnent toutes sur la piscine ou sur la mer. Il se dégage de cet établissement de dimension raisonnable une atmosphère chaleureuse entretenue par un personnel accueillant.

PIZZERIA ELEONORA €

35 VIa Nora
✆ +39 07 0924 5638

Ouvert de 16h à 23h. Fermé le jeudi. Compter moins de 15 € pour une pizza.

Cette pizzeria située juste après la Piazza del Popolo est l'adresse que recommandent les locaux, un bon signe. Le bar garde l'entrée du restaurant et ses deux grandes salles à la déco vieillotte et au carrelage suranné. S'il reste de la place, optez pour la petite terrasse qui se trouve derrière la maison. La carte propose une sélection d'une cinquantaine de pizzas à la pâte fine et croustillante, en version normale ou géante, pour les très gros appétits ou une famille entière. Au menu également les incontournables fruits de mer frits ou poissons grillés.

CUCINA MACHRI €€

Via Lamarmora 53
✆ +39 070 920 9205
www.cucinamachri.it

Ouvert tous les soirs de 19h30 à 23h. Fermé le dimanche hors-saison. A partir de 40 € pour un repas.

Un peu à l'écart du centre-ville, mais à proximité du quartier des hôtels, cette table séduira les gourmets. Le cadre agréable et moderne, tout de blanc, sert d'écrin à une cuisine de l'épure très inspirée. Le chef autodidacte Christian Pollu sélectionne les meilleurs produits pour l'essentiel pêchés au large de la Sardaigne. Il les sublime avec des préparations minimalistes d'inspiration sarde. Cucina Machri est considéré comme la meilleure table de Pula. Préférez une table à l'intérieur, la terrasse extérieure donne sur la rue qui est parfois bruyante.

DA GIANCARLO €€

Viale Nora, 8-10
✆ +39 070 924 6164

Ouvert de 19h30 à 23h et le dimanche de 12h30 à 14h30 et de 19h30 à 22h30. Fermé lundi. Compter 35 € pour un repas.

Da Giancarlo est l'institution de Pula. Un restaurant mythique et très fréquenté, où le service s'affaire à vouloir placer tout le monde durant l'été. Ici les places sont chères, pas les plats. Outre les pizzas qui comptent parmi les meilleures de la ville, les crustacés, les pâtes et spécialités sardes sont à l'honneur. Le restaurant est grand mais arrive à sortir une cuisine fraîche et goûteuse. Le clou du spectacle, autre que le plaisir de l'assiette, est le vivier de langoustes astucieusement dissimulé dans une barque échouée en pleine salle.

FRADIS MINORIS €€

Laguna di Nora
✆ + 39 070 9209544
www.fradisminoris.it

Ouvert de 13h à 14h30 et de 19h30 à 22h. Fermé le lundi. Compter 55 € pour un repas.

Il n'existe pas de plus bel emplacement que ce restaurant planté au cœur de la lagune de Nora. La terrasse et la salle à manger donnent sur le soleil couchant qui se reflète dans les eaux calmes du lagon. Le talentueux chef Davide Atzeni, 30 ans à peine, propose une cuisine inspirée et délicate puisée dans les fonds marins. Les œufs sont cuits à basse température et assaisonnés à la noisette et au jus de citron, les spaghettis accompagnent des langoustines et les poissons sont entourés de légumes joliment disposés dans l'assiette. Un lieu magique.

SA CARDIGA E SU SCHIRONI €€

Loc. Maddalena Spiaggia ✆ +39 070 716 52
www.sacardigaesuschironi.it
Ouvert de midi à 14h30 et de 20h à 23h. Fermé le lundi. Compter 30 € à 40 € à la carte. Réservation conseillée.

A mi-chemin entre Pula et Cagliari, à l'embouchure des étangs de Capoterra et de Cagliari, ce restaurant est réputé pour ses plats traditionnels à base de poisson et de fruits de mer. C'est aussi une *enoteca*, donc une cave fournie et de qualité. La belle terrasse avec vue sur la mer est souvent prise d'assaut par les bourgeois de Cagliari. Cette institution ouverte depuis 1967 s'est fait une spécialité de plateaux de fruits de mer, avec huîtres importées de France et d'Irlande, et de langouste. Pour ne pas vous ruiner, préférez la pêche du jour ou la friture.

SU FURRIADROXU €€

Via XXIV Maggio
✆ +39 070 924 6148
Ouvert de 20h à 22h15. Fermé le mercredi. Comptez 25 € environ pour un repas. Réservation conseillée.

Cette bonne adresse typiquement sarde de Pula est l'endroit parfait pour déguster les plats régionaux. Situé en centre-ville, après la Piazza de Popolo sur la droite, le portail bleu ouvre sur une grande et agréable terrasse à ciel ouvert où rôtissent les porcelets à la broche. Sur les petites tables à nappes à carreaux défilent les planches recouvertes de fromage de brebis, de charcuterie, de gnocchis maison et de viandes grillées allongées sur un lit de feuilles de myrte. Certainement le meilleur spot du centre-ville de Pula avec Da Giancarlo.

DULCIS IN FUNDO

91 Via Nora
✆ +39 3482840519
Ouvert tous les jours. Glace à partir de 2,50 €.

Sous un petit nuage bleu, le glacier artisanal Dulcis in Fundo étale ses bacs remplis de crèmes glacées aériennes et colorées. Ces glaces faites maison sont considérées comme les meilleures de Pula. Les portions sont généreuses et les tarifs modiques. La grande variété de parfums fera plaisir à tous les membres de la famille. Le classique chocolat, l'étonnant fraise-tomate, le rafraîchissant citron, le sardissime myrte ou encore le très estival abricot font partie des best-sellers. Les pus audacieux – et affamés–, se laisseront tenter par le Nutella.

DIVING CENTER FRA LO MAR

Porto di Cala Verde
✆ +39 335 347 631
www.fralomar.eu
Ouvert tous les jours de 7h à 19h. Compter entre 60 € et 250 € pour une plongée.

Le centre de plongée se trouve dans un cabanon installé sur le port de Margherita di Pula. Francesca vous accueillera en français et vous donnera toutes les explications nécessaires pour partir à la découverte des fonds des environs. Les plongées s'adaptent à tous les niveaux et vont de la plongée loisir à la plongée technique sous Nitrox. Le temps de plongée est d'une quarantaine de minutes, mais il faut compter au moins deux heures de temps, entre la préparation, le trajet sur site et le retour. Certificat médical obligatoire.

DOLCE VITA BIKE TOURS

Via Cimarosa, 18
✆ +39 070 920 9885
www.dolcevitabiketours.com
Compter 50 € pour une journée découverte à vélo. Nombreux circuits de 5 jours à 12 jours, tous niveaux.

Cette compagnie s'est spécialisée dans une découverte de la Sardaigne à vélo. De la découverte loisir d'Oristano à la randonnée VTT d'une semaine ou plus sur des sentiers exigeants, en passant par le tour sur route de l'île, il y en a pour toutes les envies et tous les niveaux. Les circuits proposés comprennent toujours l'hébergement, le petit déjeuner et les cartes lorsque ceux-ci ne sont pas guidés. Dolce Vita Bike Tours a aussi concocté deux itinéraires de randonnée pédestre pour les réfractaires à la pédale. Une façon originale est sportive de découvrir l'île.

IS MOLAS GOLF CLUB

Loc. Is Molas
✆ +39 070 924 1006
www.ismolas.it
Compter entre 80 € et 120 € pour le 18-trous et de 45 € à 60 € pour le 9-trous, selon la saison.

Is Molas n'est pas le plus beau golf de Sardaigne, il fait partie des plus réputés d'Italie. Il compte un parcours 9 trous et un parcours 18 trous, ainsi qu'une « académie » supervisée par Dan Williamson, issu d'une lignée de golfeurs. Vous pourrez vous initier au sport ou alors progresser grâce à des technologies très poussées. Une vidéo en *slow motion* vous permettra de décomposer votre swing et apporter les améliorations nécessaires. Un système de radar permet d'analyser les trajectoires de vos balles. Toutes les conditions sont réunies pour un « *hole-in-one* ».

CHIA ★★

Chia est réputée pour ses plages magnifiques, parmi les plus belles du sud de la Sardaigne. Sable blanc poudreux, eaux émeraudes sont au rendez-vous. Depuis l'ancienne tour de Chia, les petites criques s'enchaînent : su Portu, sa Colonia, Monte Cogoni... Notre préférée est celle de su Giudeu, adossée à l'étang di Sali. Cette large et longue langue de sable donne sur la mer azur d'un côté et l'étang de l'autre. Chia est aussi le point de départ de la très belle route panoramique jusqu'à Porto Teulada.

Transports

En voiture, compter 50 mn par la SS 195 depuis Cagliari. Le bus 129 par toutes les 30 mn de Cagliari. Compter 1h20 et 5 € pour le trajet.

B&B AL NURAGHE €€

Via Giosuè Carducci
✆ +39 333 135 1415
www.alnuraghechia.com
Compter entre 60 € et 80 € pour une chambre double selon la saison, petit déjeuner compris.

Sabrina et Ricardo vous ouvrent les portes de leur joli *B&B* sur la colline de Chia, entre mer et montagne. L'endroit est parfait pour passer quelques jours de vacances et profiter du sud de la Sardaigne. Le petit-déjeuner généreux servi sur la terrasse fait la part belle aux produits locaux. Les chambres décorées avec soin donnent sur le jardin et offrent de très belles vues sur la nature environnante. La maison est un point de départ idéal pour des randonnées à pied ou à vélo. Le couple vous indiquera avec plaisir les bonnes adresses dans la région.

CAMPING TORRE CHIA €

Via del Porto, 21
✆ +39 070 923 0054
www.campeggiotorrechia.it
Compter entre 10 € et 15 € pour un emplacement, et de 8 € à 10 € par adulte. Bungalow 4 personnes de 70 € à 135 €.

Ce camping de taille moyenne occupe une position privilégiée en amont de l'une des plus belles plages de Chia, la spiaggia di su Portu. Ses 108 emplacements et 18 bungalows voient revenir une clientèle fidèle et régulière, composée de familles. Il faut dire qu'avec la proximité immédiate de la plage, la pizzeria, le supermarché, le terrain de tennis et l'aire de jeux pour les enfants, il n'y a qu'à planter la tente et profiter. Les bungalows affichent un confort spartiate, avec une chambre double et deux canapés-lits dans le salon-kitchenette.

CHIA HOTEL SPARTIVENTO €€

Via Belvedere ✆ +39 070 92 310
www.hotelspartivento.it
Compter de 150 € à 296 € pour une chambre double selon saison, petit déjeuner compris. Fermé de novembre à avril.

Cet hôtel 3*** possède un charme fou avec son parc qui surplombe la magnifique plage de Chia. Les chambres offrent une vue sur jardin ou sur mer, avec un balcon ou une terrasse pour en profiter pleinement. Spacieuses, elles sont soigneusement meublées dans le style sarde traditionnel et offrent tout le confort. Le restaurant de l'hôtel s'ouvre sur la grande terrasse couverte qui entoure le bâtiment principal et propose une cuisine méditerranéenne et sarde. Piscine, court de tennis, et aussi un golf 18-trous à quelques mètres de l'hôtel pour les plus sportifs.

REGION DE CAGLIARI

© CAMILLE RENEVOT

Les eaux cristallines de Chia.

CHIA LAGUNA RESORT €€€

© +39 070 9239 3431
www.chialagunaresort.com
Compter de 279 € à 1 159 € la chambre double en demi-pension, selon la saison et l'hôtel. Fermé en hiver.

Chia Laguna est un énorme complexe hôtelier de luxe niché sur les hauteurs. Il comprend 4 espaces hôteliers différents : le Laguna et ses 5*****, le Spazio Oasi et son concept exclusif, le Baia et ses 4**** et le Village aux 240 chambres. A chaque espace sa piscine, ses services exclusifs, son restaurant… Le *resort* est conçu pour les familles où chaque génération va profiter de ses vacances à son rythme. Madame se prélasse au spa, Monsieur s'adonne à la plongée et les enfants s'éclatent au club pour enfants. Tout est conçu pour ne se préoccuper de rien.

BITHIA €

Viale Chia, 6
© +39 070 923 0069
www.ristorantebithia.com
Ouvert tous les jours de midi à 15h et de 19h à 23h30, en soirée les mercredis et samedis. Compter entre 10 € et 50 €.

Bithia est un restaurant chic niché dans un cadre enchanteur. A l'écart de la route et de l'animation des plages, la belle salle ronde et sa grande véranda donnent sur un jardin impeccable encadré de collines. En plus d'une carte sarde typique alliant produits de la terre et de la mer, le restaurant propose aussi des pizzas. La sélection limitée fait la part belle aux produits frais et de qualité. Les pizzas se déclinent en version «rouge» ou «blanche», avec ou sans sauce tomate. Pensez à réserver si vous voulez profiter d'une table en terrasse.

RISTORANTE MIRAGE €

Viale Chia, 10
© +39 070 923 0249
www.miragechia.it
Ouvert de midi à minuit. Fermé le mardi midi en haute saison. A partir de 25 € pour un repas.

Le Mirage est la bonne petite taverne du coin où déguster les grands classiques de la cuisine sarde, de la *fregula* aux palourdes en passant par les spaghettis aux fruits de mer ou encore la *burrida cagliaritana*. Dans un agréable cadre rustique on pourra également lorgner sur une pizza cuite au four à bois traditionnel, telle que la spéciale aux *vongole e bottarga* (palourdes et poutargue). Comme souvent en Sardaigne, les pizzas ne sont servies que le soir : il fait trop chaud en journée pour allumer le four. Ambiance animée en été.

SANTADI

Santadi est une petite ville de 3 500 habitants coupée en deux par la rivière Mannu. La partie haute de la ville remonte au XVe siècle et accueille à chaque début du mois d'août un "mariage mauritanien" célébré dans la tradition locale. La partie basse, donnant sur la plaine du Sulcis est tournée vers l'agriculture et plus particulièrement la vigne. Les grottes Is Zuddas accueillent un grand nombre de visiteurs venus admirer ses impressionnantes concrétions de roche.

Transports

A 60 km à l'ouest de Cagliari, comptez une heure par la SP130, la SP2 et la SS 293. Le bus 520 quitte une fois par jour la Piazza Matteotti à Cagliari. Comptez 1h15 de trajet.

GROTTE IS ZUDDAS

© +39 0781 955741
www.grotteiszuddas.com
Visite guidée de 10h à 12h15 et de 14h30 à 18h de juin à août. Voir calendrier pour les autres mois. Entrée : 10 €.

Les grottes formées il y a 530 millions d'années offrent une promenade souterraine magique qui réveillera votre cœur d'enfant. Le parcours de 500 m est ponctué de cascades de stalactites, de buissons de stalagmites, de canules forgées par les écoulements et de concrétions rocheuses de toutes formes. La visite guidée dure à peu près une heure et quart. Les curieux s'amuseront de voir, en début de visite, les restes d'un ancien rongeur, dont l'espèce s'est éteinte il y a environ 400 ans. Une petite trattoria permet de se restaurer à l'entrée des grottes.

AGRITURISMO LA GROTTA DEL TESORO €€

SP 70 Santadi-Teulada
© +39 0781 955 893
www.lagrottadeltesoro.com
A partir de 50 € pour une chambre double, petit déjeuner compris.

Cette chambre à la ferme est certainement l'une des meilleures options si vous comptez faire étape dans la région de Santadi. La vaste maison de construction récente est située à proximité de la route régionale. Son charme modéré est vite éclipsé par les superbes paysages alentour, l'accueil chaleureux et les chambres coquettes et simples. Madame Pirosu concocte des plats sardes authentiques et savoureux servis dans la salle à manger ou sur la terrasse couverte.

OSTERIA VINERIA CIBUS €

Via Umberto Pirmo, 24

✆ +39 349 392 5289

Ouvert de midi à 14h et de 19h à 23h. Fermé le jeudi. Compter 35 € pour un repas.

Nous avons eu un coup de cœur pour cette adresse de Santadi, où un personnel dévoué vous accueille dans un jardin agréable. Le menu fait honneur aussi bien aux saveurs de la terre que de la mer ainsi qu'aux producteurs locaux. Alors faites votre choix entre les antipasti de fromage et charcuterie ou de poisson et crustacés, entre un plat de fregola aux moules ou une grillade de poisson, des seadas recouvertes de miel ou bien un parfait glacé à la noisette et au chocolat. Les amateurs de pizza ne seront pas déçus, car le chef en prépare, le soir uniquement.

CANTINA SANTADI

Via Cagliari, 78

✆ +39 0781 950127

www.cantinadisantadi.it

En haute saison, ouvert de 8h à 13h et de 16h30 à 19h. Fermé le samedi après-midi et dimanche.

Ouverte en 1960, cette cave a placé les vignobles de Carignano del Sulcis sur la carte vinicole de la Sardaigne. Avec la cuvée 1984 est né le premier rouge élevé en barrique de l'île, le Santadi Terre Brune au palais velouté et aux notes de fruits rouges (prune, myrtille), de tabac et de chocolat. La visite guidée des caves vous permettra de découvrir une gamme étoffée : vins d'excellence dont plusieurs primés, vin de garde ou vin de table et même pétillant et grappa. La cave s'assure d'accompagner toutes vos envies. Visites et dégustations sur réservation.

VILLASIMIUS ★

Une station balnéaire comprenant une multitude de plages incrustées dans un paysage splendide. Les ruelles du centre sont bordées de boutiques sympathiques et de cafés branchés. Le soir, à l'heure de la passeggiata, visiteurs et et autochtones se retrouvent sur la via del Mare ou la piazza Gramsci. Mais ce sont surtout les environs de Villasimius qui méritent votre attention. Le capo Carbonara dévoile un panorama splendide sur les îles dei Cavoli et de Serpentara au centre d'une aire marine protégée. En voiture, compter une heure depuis Cagliari. Le bus 101 assure une dizaine de liaisons quotidiennes en haute saison (1h10 et 3 € le trajet).

FORTEZZA VECCHIA ★★

Via Gramsci, 1

✆ +39 070 793 0232

www.villasimiusweb.com/fortezza.asp

Ouvert de 9h à 13h. Entrée : 5 € combiné avec le Musée archéologique et le Musée de la mer.

Austère, la forteresse de Villasimius domine un promontoire rocheux qui permet d'embrasser la vue orientale du golfe de Cagliari. Les premières pierres furent posées au XIVe siècle. Au XVIe siècle, alors sous la pression d'offensives turques, Philippe II fait édifier des tours défensives le long de la côte. La tour de Villasimius est agrandie et renforcée. Elle sert de cache pour les bateaux de pêche au corail et au thon. La tour est laissée à l'abandon en 1847 lorsque son dernier capitaine est débarqué. Elle est restaurée en 1968 et transformée en musée.

REGION DE CAGLIARI

L'ancienne forteresse de Villasimius.

Plage de Villasimius.

ESCURSIONI SARDEGNA SECRETA

7 Via Esterlizi
✆ +39 345 574 2421
www.escursionisardegnasecreta.it

Amoureux de sa terre natale, Roberto vous la fait découvrir en 4x4. Depuis une quinzaine d'années, il sillonne inlassablement les pistes insolites pour vous en faire profiter : minières de Montevecchio, faune, flore et patrimoine dans toutes les régions de l'île. Il organise aussi des randonnées, des repas insolites et des sorties personnalisées. Bonne humeur et émerveillement garantis ! Pour les individuels ou les groupes, départ de Cagliari, d'Olbia ou d'ailleurs.

AGRITURISMO GLI ULIVI €€

Via San Pietro, 48 ✆ +39 070 995 027
www.agriturismo-gli-ulivi.com

A partir de 30 € par personne en appartement de 2 ou 3 personnes. Restaurant en de mai à septembre.

Andrea Cesaro a aménagé dans sa ferme dix appartements confortables et bien équipés, précédés d'une véranda pour profiter de la vue imprenable sur la mer. Il s'occupe de ses oliviers, de ses vignes, des ses pêchers et de ses serres pendant que vous êtes à la plage, à seulement 1 km. Le soir, vous pourrez vous délecter des produits locaux et de la ferme au restaurant. Les repas sont préparés avec soin, et vous pouvez être sûr que les pâtes fraîches sont faites maison. Quelques emplacements sont mis à la disposition des campeurs sur le vaste terrain de la ferme.

CAMPING SPIAGGA DEL RISO €

Loc. Capo Carbonara ✆ +39 070 791 052
www.villaggiospiaggiadelriso.it

Adulte : 9 à 16 €. Emplacement en supplément l'été : 4 €. Bungalow et chambres en location. Fermé de novembre à mars.

Le camping 3-étoiles est idéalement situé, à l'ombre d'une pinède et en bordure de mer. La plage del Riso fait partie des plus agréables dans la région. Les infrastructures communes sont nombreuses, propres et bien équipées. Tout comme les services à disposition : supérette pourvue en produits frais et locaux, tabac-presse, restaurant et bar. Une équipe se charge d'encadrer les journées de vos enfants avec de nombreuses animations. Vous avez trouvé ici la solution meilleur marché pour séjourner à Villasimius, que ce soit sous la tente, en caravane ou en bungalow.

HÔTEL CALA CATERINA €€€

Via Lago Maggiore, 32 ✆ +39 070 797 410
www.hotelphilosophy.net/hotel_cala_caterina_villasimius_sardegna-19.html

Compter de 247 à 564 € pour une chambre double standard, petit déjeuner compris. Fermé d'octobre à avril.

Cet hôtel est un enchantement. Conçu dans un style méditerranéen, il est entouré d'un jardin odorant et d'une grande piscine bordée de chaises longues et de parasols. Sa position dominante ouvre sur le bleu infini de la mer et donne directement sur la petite plage de Cala Caterina. Une véritable sérénité règne dans ce lieu aux tons doux, décoré avec soin et raffinement. Les chambres somptueuses sont dotées de tout le confort rêvé : climatisation, minibar, wifi, peignoir, mais surtout une grande salle de bains et une terrasse ou un balcon pour certaines chambres.

SPIAGGE DI VILLASIMIUS ★★★

Parking : 5 € la journée.

Le cap Carbonara est bordé de plages paradisiaques baignées par les eaux d'une aire marine protégée, propices à la plongée et au PMT (palmes-masque-tube). Très fréquentées l'été, elles redeviennent sauvages et plus paisibles en arrière-saison :

- **Simius :** long ruban de sable d'un kilomètre, il s'agit de la plage principale de Villasimius et la plus proche de la ville. Gardée à chaque extrémité par un promontoire rocheux, c'est surtout une succession de plages privées des hôtels environnants.
- **Timi Ama :** petite crique située au bout de la plage de Simius à l'entrée de l'étang de Notteri. Ses eaux claires et peu profondes sont tout indiquées pour la pratique du PMT.
- **Porto Giunco :** Spectaculaire, elle borde l'étang de Notteri qui héberge des flamants roses. À l'autre extrémité, elle est dominée par une superbe tour aragonaise, la Torre di Porto Giunco. Pour la rejoindre, empruntez le chemin qui part du bout de la plage et traverse le maquis en passant par la petite crique de Porto Giunco.
- **Cala Caterina :** sur le versant ouest du cap Carbonara, ces deux minuscules criques font partie des secrets les mieux gardés de Villasimius. Difficiles à trouver au milieu des villas de luxe qui occupent ce bout de presqu'île, il n'y a guère la place que pour quelques serviettes.
- **Riso :** à la sortie de la marina de Villasimius, la plage du « riz » tient son nom de son sable, de petits grains de granit façonnés par les marées. Pas vraiment belle comparée aux autres de la région, elle est néanmoins un des meilleurs endroits pour apprécier le coucher du soleil.
- **Campulongu :** cette longue plage de 500 mètres est prise d'assaut par les locaux qui apprécient la finesse de son grain de sable et ses eaux peu profondes et calmes, parfaites pour les jeunes enfants. La présence d'hôtels et de résidences font qu'elle est vite saturée. Mieux vaut venir tôt.
- **Porto Luna :** entre Simius et Punta Molentis, la côte est bordée de criques rocheuses idéales pour le PMT.
- **Punta Molentis :** La plage ferme la baie du Cap Carbonara au nord. Elle rend hommage à l'âne (*molentis*) qui était utilisé pour charrier les blocs de granit nombreux dans les environs. Très prisée par les locaux et les touristes pour ses eaux cristallines et son cadre intime, la plage ne peut plus accueillir que 500 personnes par jour, moyennant un droit d'entrée modique. Pour espérer y poser sa serviette, il faut y venir tôt, à l'ouverture à 8h. Vous pouvez aussi opter pour la location d'un transat au restaurant de la plage I Due Mari. Plus cher, mais vous pouvez venir quand l'envie vous chante... sous peine d'avoir réservé.

PULLMAN TIMI AMA SARDEGNA €€€

Loc. Notteri ✆ +39 070 797 91
www.pullman-timiama-sardegna.com

Compter entre 176 € et 555 € pour une chambre double classique en demi-pension. Fermé de novembre à juin.

Perle sarde, ce superbe établissement du groupe Accor affiche complet à chaque saison. Situé entre un lac salé où nidifient les flamants roses et une plage de sable fin digne des Maldives, ce bel ensemble domine une baie idyllique. Services, cadre et prestations sont conformes à ce que l'on attend d'un 5-étoiles : 275 chambres au confort absolu, 4 restaurants exquis qui varient cuisine locale et internationale, 4 bars, un centre de bien-être et des animations tous les jours.

SA TANKITTA €€

Via Umberto I, 240
✆ +39 070 791 338

Ouvert tous les soirs de 18h30 à 22h30. Compter 25 € pour un repas. Réservation recommandée.

Dans ce restaurant à l'ambiance totalement italienne, on se régalera de succulentes spécialités de la mer. Spaghettis ou risotto aux fruits de mer, moules marinières, poisson frit, salade de poulpe et même langouste. Tous les plats sont copieux, appétissants et proposés à des prix très raisonnables. Gardez une petite place pour le dessert, car le tiramisu mérite de s'y attarder. Le service aimable et attentif concourt à l'ambiance agréable. Pensez à réserver et si possible en terrasse, car il y a toujours beaucoup de monde, notamment une clientèle d'habitués.

AU TEMPS DES PIRATES

Dans le passé les incursions des pirates semaient la terreur. Ils pillaient, tuaient et enlevaient les habitants qu'ils réduisaient en esclavage. Parmi les pirates légendaires Khair ed-Din, surnommé Barbarossa, qui naviguait sous le drapeau de Soliman le Magnifique. Pour protéger leurs côtes, les habitants de l'île ont multiplié tours et forteresses. La Fortezza Vecchia était l'une des plus importantes de l'île. Sa visite ajoutée à celle du musée de la Mer et du musée Archéologique de Villasimius permet d'obtenir une vision saisissante de la piraterie.

IL RAGNO BLU €€€

6/a Via Lago di Garda
✆ +39 070 797061
Ouvert tous les jours de midi à 0h30, à partir de 19h le lundi. Pizza à partir de 15 €, menu à partir de 40 €.

Ce restaurant familial au cadre agréable et élégant attire la clientèle des hôtels chics de Cala Caterina. Il propose une belle carte marine aux produits raffinés : spaghettis au homard ou à la langouste, soupe de coques et palourdes, risotto à l'encre de seiche, bar aux olives, tomates et pommes de terre ou malfatti, de délicieuses boulettes lombardes aux épinards et à la ricotta. Entre deux plats, vous profiterez de la vue incroyable sur la baie de Santo Stefano et son bleu azuréen. Une adresse incontournable à Villassimius.

SU TEA ROOFTOP - PULLMAN TIMI AMA €€€

Viale dei Ginepri, 3
✆ +39 070 797 91
Ouvert le soir de 20h à 22h. Fermé le lundi. Compter 50 € pour un repas. Réservation obligatoire.

Si vous rêvez d'un endroit romantique où le regard se perd dans le bleu de la mer, cette adresse vous attend. La terrasse sur le toit du resort Timi Ama contemple un paysage enchanté donnant sur le lac salé de Notteri avec ses flamants roses et la baie de Porto Giunco avec sa plage de sable fin. Un panorama qui se marie avec les délices du chef Fabio Cirillo qui propose un menu gastronomique à base de produits du terroir. Le restaurant est réservé aux plus de 14 ans.

BACCUSARDUS

15 Via del Mare ✆ +39 070 791029
www.baccusardus.com
Ouvert de 10h à 15h et de 18h à 23h du lundi au jeudi, de 18hà 23h le vendredi en continu de 10h à 23h le week-end.

Ce bar à vin très agréable offre une ambiance conviviale. On y vient pour l'apéro ou se faire conseiller une bonne bouteille à emporter. L'établissement propose plusieurs endroits décontractés. De la terrasse qui donne sur la rue à la véranda ou encore la terrasse à l'étage : vous trouverez toujours une table où vous glisser. Laissez-vous conseiller un verre de vin sarde ou une bière locale pour accompagner une assiette de charcuterie et de fromages artisanaux. Un DJ accompagne régulièrement les soirées. Vous pouvez prolonger le plaisir sur la boutique en ligne.

GELATERIA CHICCHERIA

Via Vittorio Emanuele 2
www.chiccheria.com
Ouvert tous les jours de 14h à minuit.

A deux pas du Musée archéologique de Villasimius, ce glacier propose une belle variété de parfums derrière une façade discrète. Ne manquez pas le gros cornet blanc sur fond bleu et entrez dans cette boutique aux glaces élaborées à partir de produits naturels. Le «km 0» y est prôné, ce qui signifie que les glaces sont produites, vendues et mangées localement. Elles se cachent dans des bacs réfrigérés opaques. Il faut donc réussir à déchiffrer les étiquettes pour commencer à saliver. Les parfums changent tous les jours au gré des saisons.

AIR SUB DIVING

Via Roma, 121
✆ +39 070 79 20 33
www.airsubdiving.com
Plongée à partir de 43 €. Compter 380 € pour l'Open Water Diver et 200 € pour une plongée Nitrox.

Air Sub Diving est l'un des tout premiers clubs de plongée de Sardaigne. Vincenzo Sicbaldi a ouvert sa première structure en 1970 à Cagliari. En 2000, lorsque naît l'aire marine protégée de la baie de Santo Stefano, il concentre ses activités sur Villasimius en s'entourant d'une équipe très compétente. Le club certifié PADI propose de nombreux types de sorties, de la plongée simple à la journée complète, voire à la semaine dans les eaux sardes. Il est aussi possible de s'initier à l'apnée et à la plongée libre PADI en suivant des stages très complets.

THALASSA SEA&SPA

Loc. Notteri
✆ +39 070 79 791
www.pullman-timiama-sardegna.com
Ouvert du lundi au samedi de 8h à 20h. A partir de 90 € pour un massage de 50 mn et 38 € pour l'accès à la piscine spa.

Le centre de bien-être de l'hôtel Pullman Timi Ama accueille tous les jours sur réservation les clients de l'établissement comme les personnes de l'extérieur. Ce véritable paradis des sens propose différentes gammes de soins, dont le fascinant parcours sensoriel : pendant deux heures, stations de jets, hammam, bio sauna, fontaine de glace, douche aromatique, chambre de sel, salle émotionnelle et tisanerie. Mention spéciale pour le rituel sarde, un soin à base de figues de Barbarie et d'arbouses. Plusieurs programmes de thalassothérapie et de soins sont proposés.

SUD-OUEST

D'Oristano à l'île de Sant'Antioco, le sud-ouest de la Sardaigne est sans doute la partie la plus délaissée par les touristes. Ses longues plages assez ventées, son littoral entre marais et dunes protégés, ne sont que peu propices à un développement hôtelier massif. La région présente pourtant des paysages variés, entre mer et montagne, et des activités multiples. Les plus sportifs choisissent le lagon qui fait face à Sant'Antioco pour s'adonner au kitesurf sur le meilleur spot de l'île. Les plus mélancoliques traversent les étonnants étangs de Sinis en quête d'oiseaux merveilleux ou du village «mexicain» de San Salvatore. Les plus sauvages arpentent les plages immenses des dunes de Piscinas. Les plus curieux se livrent au fantastique héritage minier de l'Iglesiente et de Carbonia. L'intense exploitation des sous-sols pendant un siècle laisse d'étranges mines abandonnées dans les montagnes ou en bord de mer.

Sud-Ouest
Bosa Marina
BOSA
Macomer
Porto Alabe
Tresnuraghes
Cugliari
Lago Omodeo
Santulussurgiu
Abbasanta
Nur. Losa
Ghilarza
Tadasuni
Paulilatino
Sta. Cristina
Stagno de Is Bénas
BUSACHI
PUTZU IDU
C. Mannu
PENINSULE DE SINIS
FORDONGIANUS
RIOLA SARDA
Pta Is Arutas
Stagno di Cabras
Samugheo
Isola di Mal di Ventre
SAN SALVATORE
CABRAS
Nur. Pirarba
ORISTANO
Torre Grande
Tharros
STAGNO DI STA.GIUSTA
LACONI
GOLFO DI ORISTANO
MONTE ARCI
Giara di Gesturi
Nur. Isparas
ARBOREA
Gesturi
Isil
MARCEDDÌ
Terralba
Uras
BARUMINI
Nur. Genna Maria
Nur. Su Naraxi
Villanovatorru
Sardara
Villamar
Marina di Arbus
DUNES DE PISCINAS
Tempio di Antas
San Gavino Monreale
Sanluri
COSTA VERDE
GUSPINI
Inguttosu
ARBUS
GONNOSFANADIGA
Samassi
Villacidro
PORTIXEDDU
FLUMINIMAGGIORE
BUGGERRU
MONTEVECCHIO
VALLÉE D'ANTAS
Cala Domestica
NEBIDA
IGLES
Pan di Zucchero
Montecani
DOMUSNOVAS
PTO. FLAVIA
MASUA
IGLESIAS
Siliqua
Assemini
Golfo di Gonessa
Gonnesa
Cast. di Acquafreda
SERUCI
ISOLA SAN PIETRO
Scavi del Monte Sirai
RES. NATURALLE FORESTA DI MTE. ARCOSU
CAGLIA
PORTOSCUSO
Narcao
La Punta
CARBONIA
Capoterra
Golfo di Angeli
CARLOFORTE
Necr. del Monte Essu
Nuxis
Cala Caletta
CALASETTA
SAN GIOVANNI SUERGIU
Saline
Lago di Monte Pranu
Piscinas
SANT'ANTIOCO
Giba
Cala Lunga
Golfo di Palmas
Cala de Saboni
Cannai
Maladroscia
Sant Anna Arresi
Nora
ISOLA SANT' ANTIOCO
Golfo di Teulada
12 KM

PAGES

RÉGION D'ORISTANO

IGLESIENTE

ÎLE DE SANT'ANTIOCO

ÎLE DE SAN PIETRO

ORISTANO ★★★

La grande ville de l'ouest de la Sardaigne ne compte que 32 000 habitants et diffuse un charme convaincant. Ses anciens palais de style néo-classique construits par les Espagnols, ses tours médiévales qui rappellent la période des Judicats, ses églises, son musée archéologique de premier ordre, sa grande plage animée et son hôtellerie abordable en font une étape touristique de choix. Elle s'anime au moment du carnaval, en février, lorsque se joue une joute équestre remontant au Moyen-Âge et mettant en lice 120 cavaliers. Oristano est une bonne base pour explorer la péninsule de Sinis et ses plages splendides ou écumer l'ancienne ville de Tharros.

CATTEDRALE DI SANTA MARIA ASSUNTA ✞ ★

Piazza Duomo

Datant du XIIIe siècle, l'édifice à plan octogonal a été construit selon un plan à trois nefs. De sa structure originelle gothique, seuls la chapelle et l'embasement du campanile sont restés intacts. Au-dessous de la coupole, on peut admirer des masques en trachyte ; ils représentent des figures grotesques qui évoquent le carnaval d'Oristano. La façade date du début du XVIIIe siècle. La chapelle del Rimedio présente des scènes sculptées dans le marbre intéressantes.

CHIESA DI SAN FRANCESCO ★

Via Sant'Antonio

Cette église de style néoclassique a été construite sur le site d'une autre église du XIIIe siècle dont un bout de la façade originelle subsiste. Elle dépend du monastère franciscain voisin. Les colonnes de style ionique de la façade soutiennent un tympan, faisant penser à un temple grec. A l'intérieur, elle conserve une pièce de grande valeur, objet d'une vénération populaire, un crucifix polychrome appelé *Crocifisso di Nicodemo*, œuvre gothique d'un artiste catalan anonyme de la fin du XVe siècle. Son Christ grandeur nature est d'un réalisme impressionnant.

MUSEO ANTIQUARIUM ARBORENSE ★

Piazza Corrias ✆ +39 0783 791 262

www.antiquariumarborense.it

Ouvert tous les jours de 9h à 20h ; coupure entre 14h et 15h le week-end. Entrée : 5 €.

Le Palazzo Parpaglia, de style néoclassique, expose les trésors archéologiques du site de Tharros et de la péninsule de Sinis. Ce musée, le plus important de la ville, réunit les collections de plusieurs archéologues en herbe du XIXe siècle.

▸ **Collection Efisio Pischedda.** En 1938, la municipalité d'Oristano acquiert la collection de cet avocat passionné d'archéologie. Les témoignages collectés dans les tombes de Tharros et sur les sites d'anciens nuraghes permettent de saisir l'histoire sarde de la période pré-nuragique au début du Moyen Âge. Vases votifs du nuraghe de Sianeddu, poteries phéniciennes et étrusques de Santu Marcu, vaisselle précieuse punique, lampes à huile ou flasques à onguents romaines, lampes à huile et céramiques des périodes vandales et byzantines font partie des milliers de pièces trouvées par Pichedda. Au même étage, des amphores romaines retrouvées dans des épaves entourent la maquette reconstituant la ville de Tharros.

▸ **Collection Angelo Carta.** Elle fut donnée par son propriétaire en 1947 et comprend des pièces exceptionnelles, comme ce guttus de l'Attique au protomé léonin qui remonte au Ve siècle av. J.-C. La lampe à huile et le gobelet athéniens datent de la même époque. La collection comprend également un grand nombre de poteries et de lampes à huile de la Rome impériale.

▸ **Collection Titino Sanna Delogu.** Cette collection fut donnée à l'Antiquarium en 1966, l'année même où de précieux bronzes et des pièces de joaillerie ont été volés. La pièce maîtresse réside dans une statue en grès d'une déesse-mère remontant à la Culture d'Ozieri. On notera également deux cruches étrusques et une farandole de kernophoroï, ces brûle-parfums anthropomorphiques qui représentent peut-être la déesse grecque Demeter.

▸ **La collection Pepetto Pau.** Cette collection comprend des pièces en céramique et en pierre remontant à l'ère prénuragique et à l'époque romaine. Figurent notamment un poids en argile en forme de haricot, un vase de la Culture campaniforme, un askos complet du VIIe siècle av. J.-C. et de très beaux vestiges de la période phénicienne.

▸ **La collection Cominacini-Boy.** Cette collection donnée en 1994 comprend 25 pièces trouvées dans la nécropole romaine de San Giovanni di Sinis, dont une urne cinéraire phénicienne, un très bel askos tourné ou de la vaisselle byzantine.

▸ **La collection Vitiello d'Urso.** Cette donation ne compte que 4 objets, mais en très bon état et qui racontent l'histoire des premières manufactures de poteries.

BASILICA DI SANTA GIUSTA ★

Via Giovanni XXIII, 228

Cette ancienne cathédrale construite en trachyte, joyau du XIIe siècle, est l'œuvre de maîtres pisans, lombards, arabes et locaux. Ses nefs sont soutenues par des colonnes toutes différentes, qui proviennent des anciennes villes phénicienne, punique et romane de Neapolis, Tharros et Othoca. La basilique a subi quelques modifications au cours des siècles dont la reconstruction de son clocher en 1906. Le parvis de la cathédrale est le meilleur endroit d'où l'on peut suivre la régate d'Is Fassonis, qui a lieu le premier dimanche d'août sur l'étang en face du bourg.

PALAZZO DEGLI SCOLOPI ★★

Piazza Eleonora d'Arborea

Ne se visite pas.

Le palais du XVIIe siècle, occupé aujourd'hui par l'hôtel de ville, était autrefois un couvent et une école piaristes. L'actuelle salle de réunion n'est autre que l'église San Vincenzo qui s'est retrouvée incorporée à l'édifice au moment de sa construction. C'est aujourd'hui la salle où se tient le conseil municipal. L'école occupait les salles adjacentes. Dans le hall d'entrée, une plaque rappelle que c'est dans ce lieu qu'a été fondé le Parti sarde d'action (Psd'a) en 1921. Devant l'hôtel de ville, un monument est érigé en l'honneur d'Eleonora d'Arborea.

SPIAGGIA DI TORRE GRANDE ★

Située à dix kilomètres d'Oristano, elle s'étend sur 3 kilomètres, de la marina à l'embouchure du Tirso. Son sable doré et ses nombreux équipements attirent touristes comme locaux. Ce sont les pêcheurs et les agriculteurs de la région qui l'ont en premier équipée. Il est possible de la parcourir à cheval, à pied, en vélo, en patins à roulettes ou avec un skateboard. Animée de jour comme de nuit, la plage est le lieu de rendez-vous privilégié de la ville. Elle tient son nom de la tour espagnole, la plus grande de l'île, construite entre 1542 et 1572.

TORRE DI MARIANO II (SAN CRISTOFORO) ★

Piazza Roma

La tour de 29 mètres est mentionnée pour la première fois en 1500 sous le nom de Tour Porte-et-Pont. Par la suite, elle apparaît dans les archives municipales sous le nom de Tour de Saint-Christophe. Elle aurait été ainsi baptisée pour le retable représentant le saint patron des voyageurs conservé à l'intérieur. Cette porte faisait partie du mur d'enceinte édifié sous le judicat de Mariano II à la fin du XIIIe siècle. Elle était équipée d'un pont-levis et d'un système défensif.

AVIS

Via Liguria, 17

✆ +39 0783 310 638

www.avis.com

Ouvert du lundi au vendredi de 9h à 13h et de 15h30 à 19h et le samedi de 9h à 12h.

Curieusement, l'agence de location de voitures est mal située… quand on n'est pas véhiculé. A 500 mètres au nord du centre-ville, elle est loin de la gare et encore plus de l'aéroport. Vous pourrez toutefois y louer une petite citadine pour une courte escapade, une berline pour entreprendre le tour de l'île ou un monospace si vous vous déplacez en famille ou avec beaucoup de bagages. Les clients fidèles à la marque et souscrivant au programme de fidélité Avis Preferred peuvent bénéficier d'un surclassement ou de jours de location gratuits.

GARE FERROVIAIRE

Piazza Ungheria

✆ +39 892 021

www.trenitalia.com

A l'est de la ville, la gare d'Oristano est bien reliée au reste de l'île avec de nombreux passages de train quotidiens. La petite gare date de 1872.

- **Cagliari :** une dizaine de départs par jour. Trajet entre 1 heure et 1 heure 30. 6,70 €.
- **Sassari :** environ 7 départs par jour, dont 3 directs. Trajet d'environ 2 heures 20. 11 €.
- **Olbia :** environ 6 départs par jour, dont 4 directs. Trajet 3 heures. 12,50 €.
- **Macomer :** environ 10 départs par jour. Trajet entre 45 min et 1 heure 20. 4,30 €.
- **Alghero :** pas de solution directe, il faut passer par Sassari.

IRIDE €

Via Bellini, 29

✆ +39 347 48 17976

www.guesthouseiride.com

Compter de 65 à 80 € la chambre double, petit déjeuner compris.

Iride fait partie des bonnes surprises d'Oristano avec ses 6 appartements tout confort dans un bel édifice au cœur de la ville. Vous ne pourrez pas rater sa façade rouge pétard. De taille modeste, les studios comprennent un coin cuisine et une salle de bains séparée. Tous sont personnalisés avec une couleur spécifique que l'on retrouve dans les accessoires et la décoration. Dans chaque pièce, vous pourrez admirer des tableaux réalisés par de jeunes artistes locaux. La propriétaire Paola, chaleureuse et pétillante, est passionnée par l'histoire de l'art.

HOSTEL RODIA €€

Viale Repubblica, 103

✆ +39 0783 251 881

www.hostelrodia.it

A partir de 80 € la chambre double avec petit déjeuner ; à partir de 50 € la chambre double en appartement partagé.

Les tarifs peuvent sembler élevés pour une auberge de jeunesse, mais il s'agit en réalité d'un hôtel. Il est installé dans un ensemble moderne, à 8 minutes du centre historique en voiture. Les chambres sont très agréables, décorées dans des tons pastel. Une grande piscine et un restaurant sont ouverts à tous les résidents. Vous pouvez opter pour la formule hôtelière classique ou la formule auberge de jeunesse. Dans ce cas, vous louez une chambre dans un appartement de 2 chambres et vous partagez la salle de bains avec les autres locataires.

HÔTEL IL DUOMO €€

Via Vittorio Emmanuelle, 34

✆ +39 078 377 8061

Compter entre 75 € et 95 € la chambre double selon la saison, petit déjeuner compris.

Cet ancien manoir du XVIIe siècle a été récemment restauré pour offrir une ambiance chaleureuse et raffinée. Le charme de l'ancien opère. Un grand escalier mène aux chambres élégantes lovées sous leur plafond voûté. On aime le coin lecture pensé au 1er étage. Le restaurant est une annexe de Somu, une table créative et branchée de Baja Sardinia. Ce boutique-hôtel de renom géré par Pradelli Gestioni depuis 2016 (un gage de qualité) est l'adresse idéale pour faire du shopping, flâner dans les ruelles du centre ou bien passer un séjour en amoureux.

HÔTEL MISTRAL 2 €€

Via XX Settembre, 34

✆ +39 0783 210 389

www.hotelmistral2oristano.it

A partir de 54 € la chambre double, petit déjeuner compris.

Très proche du centre-ville, cet hôtel 4-étoiles de 130 chambres est une adresse appréciée des tour-opérateurs et des congressistes. Il propose un confort et une gamme de services complète à un tarif très raisonnable. La décoration standardisée manque quelque peu de charme mais l'hôtel n'en est pas moins chaleureux avec sa piscine, ses chambres spacieuses et son accueil irréprochable fort sympathique. TV LCD, minibar, service en chambre feront que vous vous y sentirez comme chez vous. Bon restaurant de spécialités locales à tester.

TRATTORIA GINO €

13 Via Tirso

✆ +39 0783 714 28

Ouvert de 12h30 à 15h et de 20h à 23h30, fermé le dimanche. Compter 20 € pour un repas.

Cette très bonne trattoria se situe un peu à l'écart du centre historique, à une cinquantaine de mètres de la tour Mariano II. A midi les tables sont prises d'assaut et pour cause, la maison propose de superbes plats de poisson et autres spécialités sardes dans un cadre très agréable. Ce sont aussi les prix raisonnables qui attirent la clientèle de réguliers. Pasta, friture, poissons grillés ou cuits *al forno* s'inscrivent au menu. En dessert, profitez-en pour goûter les typiques *seadas* chaudes couvertes de miel. Un pur délice.

AGRITURISMO TERRA NOAS €€

Loc. Sa Meliana ✆ +39 0783 441 28

www.terranoas.it

Ouvert toute l'année sur réservation. Compter 25 € pour un repas.

Cette ferme d'agritourisme est située à 400 m d'altitude, dans un petit village à environ une demi-heure à l'est d'Oristano. Les hôtes, Roberto et Maurizio, deux frères, ne parlent pas français, mais sont très chaleureux et aux petits soins pour leurs clients. La cuisine y est délicieuse : antipasti, raviolis ricotta-épinards, gnocchetti sardes, charcuterie, viandes délicieuses, le tout fait maison. La ferme produit de l'huile d'olive, du vin, des céréales et élève vaches, moutons, porcs et volailles. Vous avez l'assurance de manger local !

LA BRACE €€

Via Figoli, 41

✆ +39 0783 73328

Ouvert du mardi au dimanche, midi et soir. A partir de 30 € à la carte.

Cette bonne table d'Oristano se démarque par son cadre chaleureux et moderne, et une cuisine méditerranéenne inventive. En d'autres termes, c'est beau et de bon goût, de la salle à l'assiette. Les plats, soignés, sont admirablement présentés, comme ce poulpe aux pommes de terre et tomates ou ce filet de poisson à l'artichaut et aux palourdes. Les saveurs sont fraîches et tranchées. Les prix y sont un peu plus élevés qu'ailleurs, mais ça change des traditionnelles tables sardes. A noter, également, une belle carte des vins qui permet de découvrir la région.

COCCO & DESSI €€

Via Tirso, 31
+39 0783 300 720
www.coccoedessi.it
Ouvert tous les jours de 12h30 à 14h 30 et de 19h30 à 23h. Compter 40 € pour un repas. Réservation recommandée.

Cocco & Dessi fait partie des adresses bourgeoises d'Oristano. Le cadre, élégant, y est à l'avenant. Les chaises et tables sont juponnées, les verres ont des pieds, et la table est dressée à votre arrivée. Le restaurant propose une cuisine méditerranéenne où les saveurs dominantes sont la tomate, le basilic et l'huile d'olive. Mention spéciale pour la langouste cuisinée ici à la catalane, avec oignon, tomate, huile et sel. Le poisson du jour ne fait jamais défaut sur la carte. Les excellentes pizzas au feu de bois permettent de faire baisser l'addition.

LOCANDA DA RENZO €€

Siamaggiore
+39 0783 336 58
www.darenzo.it
Ouvert du mardi au samedi de 12h à 16h et de 20h à 23h ; le dimanche midi uniquement. Comptez 40 € le repas minimum.

Cette adresse « incontournable » est mentionnée un peu partout pour sa très bonne cuisine locale. Tous les habitants de la région connaissent cette table aux prix élevés, certes, mais au cadre enchanteur. Une ancienne ferme a été entièrement rénovée pour accueillir une belle salle de restaurant et quelques chambres. L'auberge est située aux abords de la route Oristano-Sassari. On y sert une délicieuse cuisine, orientée vers la mer, mais aussi les incontournables pâtes sardes : fregola et lorighitta. Réservation impérative le week-end.

LA DOLCE VITA

420 Via Cagliari
+39 0783 301532
Ouvert du lundi au samedi de 7h à 21h, jusqu'à 14h le dimanche. Wifi.

La Via Cagliari est une artère agréable de la ville, avec de larges trottoirs et de belles boutiques. La Dolce Vita, pâtisserie et salon de thé, est une belle adresse pour boire un verre, siroter un petit noir ou manger une pâtisserie à toute heure de la journée. On y sert aussi de quoi déjeuner sur le pouce à des tarifs raisonnables. La salle a été récemment refaite et offre un cadre cossu très confortable. Préférez l'agréable terrasse sur l'arrière de la boutique plutôt que les tables sur la rue si vous souhaitez être en extérieur.

FAMIGLIA ORRO

25 Via Giuseppe Verdi
+39 347 752 6617
www.famigliaorro.it
Ouvert du lundi au vendredi de 8h30 à 13h et de 16h à 19h30, de 9h à 13h le samedi. Fermé le dimanche.

La famille Orro vous invite à rencontrer la tradition sarde à travers le vin et la gastronomie. Trois générations vivent et travaillent sur ce domaine qui produit de bonnes idées cadeaux. Vernaccia (vin blanc), passito (vin de dessert aux arômes envoûtants) et tous les bons crus côtoient ici les recettes typiques : olives écrasées au fenouil sauvage, crème d'olives, d'artichauts, d'aubergines, d'asperges sauvages, de citron pimenté... Tous les produits proposés sont de qualité et les recettes d'autrefois bien mises en valeur. Livraisons à l'étranger.

PENINSULE DE SINIS

La péninsule de Sinis ferme le golfe d'Oristano par le nord. S'y étend un vaste dédale d'étangs et de marais où s'est développée une faune caractéristique. La côte s'étend de San Giovanni di Sinis jusqu'au Cap Mannu. A partir de San Giovanni s'aligne une suite de plages aux eaux limpides et poissonneuses. En revanche, le paysage, à l'intérieur des terres, est solitaire et désertique.

Au nord, le Cap Mannu domine la Méditerranée de ses falaises de calcaire jaunâtre. Les côtes sauvages sont tapissées de buissons de lentisque et de romarin. Les plages sont belles certes, mais on ne peut pas les comparer à celles de la Costa Verde, un peu plus au sud.

CHIESA DI SAN GIOVANNI

La remarquable petite église San Giovanni se situe à l'entrée de la bourgade du même nom, sur la route qui mène au site archéologique de Tharros. Elle fait partie des églises les plus anciennes de Sardaigne et remonte au début de l'ère chrétienne. Edifiée au VIe siècle, elle fut agrandie aux cours des IXe et Xe siècles en y adjoignant deux travées supplémentaires. Son intérieur, à peine éclairé par une fenêtre en façade, dévoile trois voûtes en berceau. Il faut visiter l'église de préférence au lever du soleil, quand les rayons viennent caresser son abside.

CAMPING NURAPOLIS €

Localita Is Arenas
✆ +39 0783 522 83
www.nurapolis.it
Compter de 6,50 € à 12,50 € par adulte selon la saison. Emplacement de 5,50 € à 11,50 €.

Adossé à la longue plage d'is Aruna, le camping Nurapolis est dissimulé dans la pinède qui offre son ombre bienfaitrice. On apprécie la relative tranquillité du coin qui procure la sensation de passer ses vacances en pleine nature. Ses 12 hectares permettent aussi de ne pas être trop les uns sur les autres. Les nombreux services à disposition permettent de passer des vacances en quasi-autarcie : supérette, restaurant, école de plongée, location de vélo ou de surf. Le camping est géré par la coopérative CTS qui œuvre à la protection de l'environnement.

AGRITURISMO LA MIMOSA €€

Marina di San Vero Milis ✆ +39 0783 411 442
www.lamimosaagriturismo.it
Compter de 64 € à 80 € pour une chambre double, petit déjeuner compris ; Possibilité de demi-pension.

Dans une végétation luxuriante, à 2 km de la mer et de la plage de Putzu Idu, cette ferme d'agritourisme offre 3 chambres confortables, 3 studios rustiques et 3 emplacements de camping. La maison est située en bordure de l'étang di Sale 'e Porcus. Il n'y a que le chemin à traverser pour aller tremper sa canne à pêche ou observer les oiseaux. Claudio Caria, le propriétaire, organise des excursions sur l'île du Mal au Ventre (Mal di Ventre). La cuisine typique s'appuie sur la poutargue, le caviar sarde dont Cabras, toute proche, s'est fait une spécialité.

CABRAS

Cette ville qui borde l'étang de Cabras est chère au cœur de tous les Sardes. C'est ici que l'on pêche le mulet dont les œufs précieux seront séchés pour donner la poutargue. Les passionnés d'ornithologie viennent poser jumelles et longues vues ici. On peut observer de grandes colonies de flamants roses, des cormorans, des hérons, mais aussi des busards et des faucons. La ville fut fondée au XIe siècle pour échapper aux raids des pirates d'Afrique du Nord qui mirent à sac Tharros à plusieurs reprises.

Transports

En bus, emprunter la ligne 427 qui relie Oristano à Cabras. Compter 15 mn et 1€ pour le trajet. 18 départs quotidiens. Fréquence entre 30 mn et 1 heure.

MUSEO CIVICO GIOVANNI MARONGIU ★★

Via Tharros
✆ +39 0783 290 636
www.museocabras.it
Ouvert tous les jours de 10h à 18h, jusqu'à 19h d'avril à octobre. Entrée : 6,50 €.

Le musée retrace chronologiquement l'histoire antique de la région, du Néolithique à l'époque romaine. Les fouilles réalisées sur le site de Cuccurru Is Arrius ont permis de retrouver 1 000 lingots de plomb provenant d'une épave romaine. De nombreux artefacts proviennent de l'ancienne cité de Tharros. Mais le fleuron du musée reste la fascinante série de statues géantes du site nuragique de Monte Prama, des « géants » de pierre absolument impressionnants.

SUD-OUEST

Maison de pêcheurs de la péninsule de Sinis.

CITE ARCHEOLOGIQUE DE THARROS ★★

✆ +39 0783 370 019
www.tharros.sardegna.it
Ouvert tous les jours d'avril à octobre de 9h à 18h. Fermé le lundi de novembre à mars. Billet combiné : 12 €.

Situées au bord de la mer, à l'extrémité de la péninsule de Sinis, les ruines de Tharros mêlent les époques. La presqu'île est occupée dès l'ère nuragique, avant de devenir une cité phénicienne, puis romaine. Malheureusement, Tharros a été mise à sac au XIe siècle et surtout au XIXe siècle. Des témoins de l'époque, dont Honoré de Balzac, évoquent les milliers de trésors découverts et volés par les pilleurs de tombes. Aujourd'hui, on peut se promener dans les anciennes rues romaines et contempler les ruines du temple érigé sur les fondations d'un lieu de culte carthaginois. Quelques vestiges se trouvent à l'extérieur du site. Ils sont présentés ici du nord au sud, en partant du village de San Giovanni di Sinis.

- **La nécropole nord.** Au nord du village, derrière la plage principale. Petite et assez méconnue elle compte des tombes des ères phéniciennes et puniques. Les Phéniciens incinéraient leurs défunts, soit en brûlant le corps directement dans la tombe, soit en utilisant un crématorium. Dans les deux cas, les os étaient disposés au fond de la tombe ensuite recouverte d'une dalle scellée. Il semble qu'à partir de l'époque carthaginoise les corps soient enterrés dans des tombeaux plus élaborés.

- **L'aqueduc-canal.** Au bout de la plage, en face des toilettes publiques. Il reste un bout bien visible de cet ancien aqueduc construit par les Romains pour irriguer la ville de Tharros. Il est vraisemblable que l'ouvrage reliait un puits situé à l'extérieur de la ville au château d'eau qui se trouvait au centre de la ville.

- **Su Murru Mannu.** A l'extrémité nord du site de Tharros se télescopent des vestiges de toutes les périodes antiques, à commencer par ceux d'un village nuragique. Les fondation des maisons circulaires demeurent bien visibles. Il semble que le village ait été abandonné avant l'arrivée des Phéniciens. Les bases d'un mur de fortification ceignent en partie le village. De l'autre côté de ce mur, le tophet mis au jour en 1962 fait partie des découvertes les plus importantes du site. C'est dans ce sanctuaire à ciel ouvert que les Carthaginois procédaient aux sacrifices. On y a découvert des urnes contenant des restes d'enfants ou d'animaux. Le temple était dédié au dieu Baal Hammon et à la déesse Tanit. Une ancienne forge du Ve siècle av. J.-C. clôt cette partie du site. On y fondait du fer venu des mines de Montiferru.

- **Le temple de Déméter.** A mi-chemin entre Su Murru Mannu et l'entrée du site. Il ne reste pas grand-chose de ce temple qui a été saccagé et pillé. Les restes de la chapelle votive datent de l'époque romaine mais la base de la structure remonte à l'occupation carthaginoise. Deux artefacts en argile faisant référence à Déméter, la déesse de l'agriculture et des moissons, ont été retrouvés sur le site. Le temple est relié par un *cardo maximus* à la ville.

- **La zone résidentielle.** Les vestiges des maisons de la cité de Tharros remontent à l'ère romaine, mais les plans et le style des maisons remontent à la période carthaginoise. Les toits des maisons étaient plats et faits en matériaux végétaux : bois, branchages, roseaux. De longues citernes étaient enterrées sous les maisons ou les rues pour stocker l'eau.

- **Le château d'eau.** Au bout du *cardo maximus*, les restes du château d'eau sont bien identifiables. Sa structure carrée était alimentée par un aqueduc. Le long du mur sud, on peut encore apercevoir les fondations d'un ancien bassin et d'une fontaine.

- **Les bains romains.** Les Romains ne pouvaient se passer de bains publics avec des piscines d'eau chauffée ou d'eau fraîche. La ville de Tharros en comptait trois. Le premier, à peine discernable, se trouve tout de suite à gauche en partant du château d'eau vers la mer. Au bout de cette rue se trouve le deuxième bain, en bien meilleur état. Le troisième se trouve à l'extrémité sud du site de Tharros. Il était construit sur trois étages et comprenait une salle de change, un frigidarium, un tepidarium et un caldarium. Les bains étaient alimentés par une citerne construite sur le site.

- **Le temple aux colonnes doriques.** Ce temple était le lieu principal de dévotion sous les Carthaginois. Il fut mis au jour par Gennaro Pesce en 1959. Cet archéologue napolitain suppose que le temple a connu trois phases successives. Lors de la première phase, les dévots creusèrent des trous dans le rocher pour y déposer des offrandes. Vers le IIIe siècle av. J.-C., un temple est érigé sur ce socle naturel. La partie supérieure du temple était ornée de colonnes doriques et de pilastres en relief. Les Romains ont probablement détruit ce temple et érigé par-dessus un nouveau sanctuaire de forme carrée.

- **Le temple tétrastyle.** Il reste deux colonnes encore debout de ce temple qui en comptait quatre et qui fut érigé au Ier siècle av. J.-C. Il était probablement dédié à à la triade capitoline, à savoir Jupiter, Junon et Minerve.

- **Le temple K.** Au sud du site, entre la route et les bains romains. Il reste encore quelques marches de l'escalier en basalte qui menait à un complexe monumental. Celui-ci comprenait un haut portique impérial et un petit temple de granit où des inscriptions puniques ont été décelées. En revanche, aucun élément n'a permis de définir à quel(s) dieu (x) le temple était dédié. Par conséquent, il porte le nom de «K», de la lettre apposée par son découvreur.

- **Pratique.** Restauration et parking à l'entrée. Plan du site fourni à la billetterie.

Colonnes corinthiennes sur les ruines de Tharros.

SPIAGGIA DI IS ARUTAS ★★★

Is Arutas

A 15 km du centre de Cabras.

Un bijou du Sinis, la terre des flamants, des étangs, des villes phéniciennes et romaines (Tharros). La plage d'Is Arutas est vraiment un site particulier : ses minuscules grains de quartz blanc, rouge et vert lui donnent des reflets uniques. Mais, malheureusement, elle est aussi la proie de vandales à la recherche de souvenirs. Inscrit dans une réserve marine, ce bout de côte est très apprécié des surfeurs, surtout quand souffle le mistral. Quand les eaux sont calmes, elles sont propices au PMT, alors n'oubliez pas votre masque de plongée.

CAMPING IS ARUTTAS €

Loc. Is Aruttas

✆ +39 0783 192 5461

www.campingisaruttas.it

Compter de 10 € à 17 € par adulte ; de 1 à 3 € pour une tente et de 4 € à5 € pour un camping-car.

Ce camping 3-étoiles est niché dans un très bel endroit. Is Aruttas est en effet réputé pour la beauté de ses eaux transparentes et pour sa plage de sable aux grains de quartz blanc, jaune, vert et rose. Sublime. A l'ombre des mimosas, ce camping vous accueille dans une ambiance familiale et chaleureuse pour un séjour au calme. Grand barbecue pour tous, location de vélos, animations pour enfants, activités sportives, jeux et spectacles... Un restaurant-pizzeria propose des menus ou des plats à la carte. Plusieurs excursions possibles aux alentours.

SUD-OUEST

© EVA BOCEK - SHUTTERSTOCK.COM

Spiaggia di is Arutas.

AGRITURISMO SA CANUDERA €

6 route Provinciale Sp ✆ +39 347 7096220

www.agriturismosacanudera.it

Compter entre 27 € et 42 € par personne, selon la saison. Réservation 3 nuits minimum.

Derrière les vignobles, cette belle maison s'étend de plain-pied. Les chambres climatisées entourent une grande pelouse. Très spacieuses, aménagées avec goût elles possèdent écran TV, réfrigérateur, petit coin salon et belle salle de bains. Ici, tout est impeccable, la patronne est très attentionnée envers ses hôtes officiant en cuisine. Elle vous concoctera des plats savoureux (très copieux) préparés avec des produits issus de leur ferme. Voilà un paisible pied-à-terre (à petit prix) pour visiter la région et vous reposer tout en profitant de ses superbes plages.

SU SATTU AGRITURISMO €

Loc. S'Arrieddu

✆ +39 347 717 1747

www.agriturismosusattu.it

Compter de 38 € à 45 € par personne, selon la saison.

Dans cet agritourisme traditionnel, l'hospitalité sarde est de mise. Les 6 chambres sont spacieuses et bien entretenues. Elles disposent toutes de la climatisation, d'un téléviseur, d'un frigo. Le wifi est également disponible. Régine, la maîtresse des lieux, vous concocte des spécialités avec des produits issus de la récolte de sa ferme. Ici tout est calme et tranquille. On est pourtant à deux pas de la plage de Torre Grande ou de San Giovanni di Sinis. Cette étape apaisante pour se ressourcer est idéalement située entre l'étang de Cabras et celui de Mistras.

ALBERGO DIFFUSO AQUAE SINIS €€

Via Cesare Battisti, 44 ✆ +39 0783 185 6050
www.aquaesinis.it

Compter de 69 € à 190 € pour une chambre double classique, petit déjeuner compris, selon la saison.

L'hôtel est réparti sur trois édifices datant du XVIIe siècle rénovés selon les critères de la bio construction. Les 17 chambres et 6 suites sont accueillantes et logées dans un cadre chaleureux. L'édifice principal, « Thermae », abrite un spa où sont proposés des soins et massages comprenant sauna, bain turc et piscine à remous. Le restaurant dispose d'une jolie terrasse panoramique, entourée de cours intérieures pavées, d'un jardin méditerranéen et d'une piscine extérieure.

B&B SA COTTILLA €€

Via IV Mori, 19
✆ +39 333 229 5405
www.sacottilla.it

Compter entre 75 € et 85 € la chambre double, petit déjeuner inclus. Entre 2 et trois nuits minimum requises.

Au centre de la cour intérieure, Sa Cottilla en sarde, trône un olivier. Antonio et Maria Elena les deux propriétaires de cette chaleureuse demeure proposent des chambres, doubles, triples ou pour famille de 4 personnes, toutes équipées avec salle de bains privative. Le petit déjeuner est servi autour d'une grande table ou en terrasse pendant la belle saison. Copieux et varié, il est servi selon la tradition italienne avec force douceurs et café. Une douche extérieure permet de se dessabler de retour de la plage. Antonio parle français.

HÔTEL GRAN TORRE SPORTING CLUB €€

Strada Pontille ✆ +39 0783 177 3004
www.hotelgrantorre.it

Compter entre 54 € et 122 € pour une chambre double «light», petit déjeuner compris. Ouvert du 3 mai au 10 octobre.

A 300 m de la plage de sable fin, cet hôtel est immergé dans un océan de verdure. Tout de blanc et de bleu vêtu, il possède une quinzaine de chambres spacieuses et lumineuses en rez-de-jardin avec terrasses privées. Facile à vivre, calme, l'hôtel possède un restaurant de spécialités locales, une grande véranda extérieure pour déguster les pizzas géantes au feu de bois et surtout une grande et superbe piscine avec son bain à remous. L'accueil chaleureux se fait en français.

HOTEL LIDO BEACH €€

75 via Bottego ✆ +39 0783 29 6901
www.hotellido.org

Compter entre 130 € et 240 € pour une chambre double, petit déjeuner compris. Ouvert d'avril à mi-septembre.

Ouvert en 2019, ce petit hôtel de 10 chambres possède un accès on-ne-peut-plus direct à la plage de sable blanc et offre une vue imprenable sur tout le golfe d'Oristano. Les chambres sont de plain-pied avec une ambiance cocooning propice à la relaxation absolue. Piscine avec bar extérieur, transats, terrain de tennis, école de voile, nombreux sports aquatiques à votre disposition. Restaurant avec spécialités de terre ou de mer à déguster avec les meilleurs crus locaux. Une boutique-hôtel incontournable par ces prestations de qualité et son service haut de gamme.

VILLA CANU €€

Via Firenze, 9
✆ +39 0783 290 155
www.hotelvillacanu.com

Compter de 80 € à 130 € la chambre double, petit déjeuner compris.

Au centre du village de Cabras, la Villa Canu est une maison ancienne qui date de 1886. Elle a été entièrement rénovée et aménagée avec des meubles de bois massif et des tissus en lin pour conserver le style typique de Sardaigne. Les 23 chambres sont réparties sur deux étages, dont 18 donnent directement accès à la belle cour et au jardin. La plupart des chambres sont mansardées et chaleureuses. Toutes sont équipées très confortablement. La Villa Canu donne également un accès au wifi gratuit et à une piscine relaxante, pour les réfractaires à l'eau salée.

LE DUNE €€

San Giovanni di Sinis
✆ +39 0783 370 089

Ouvert du mercredi au lundi de 12h30 à 22h. Fermé le mardi. Compter 30 € pour un repas.

Après avoir visité Tharros de bon matin pour éviter les grosses chaleurs et le soleil de plomb, ce restaurant permet de se ressourcer avant de s'offrir une après-midi sur l'une des belles plages de la péninsule de Sinis. Installé dans une maisonnette face à la plage de San Giovanni di Sinis, le restaurant propose une bonne cuisine à base de poisson préparée selon la tradition sarde. La spécialité des lieux est le *muggine agli aromi*, du mulet, la spécialité de la presqu'île de Sinis. A déguster sur la grande terrasse abritée sous une canisse.

SA BELL'E CRABASA €€

Piazza Principe Di Piemonte
✆ +39 328 654 9725
www.trattoriasabellecrabasa.com
Ouvert de 13h à 16h et de 20h à 22h. Fermé le lundi. A partir de 25 €.

Cette agréable et récente trattoria située dans le centre historique vous accueille dans un décor cosy habillé de tons clairs contrastés par la pierre et le bois. On s'y régalera de goûteuses spécialités sardes élaborées à base de produits frais et locaux, avec une mention spéciale pour les produits de la mer et les excellents poissons grillés. Le thon et les *spaghetti alla bottarga* sont à découvrir absolument. En dessert, les gourmands pourront craquer sur un cheese-cake à la ricotta. Une belle découverte. Pensez à réserver.

BOTTARGA DI MUGGINE DI GIOVANNI SPANU

Via Carducci (angolo via Lombardia)
✆ +39 0783 391 161
www.spanubottarga.com
Ouvert tous les jours de 9h30 à 13h30 et de 16h à 19h, fermé le dimanche, et le samedi après-midi en basse saison.

Cette activité familiale spécialisée dans la poutargue a pris du galon au fil des générations. Il s'agit aujourd'hui d'une entreprise bien implantée qui perpétue la spécialité de Cabras, la *bottarga di muggine*. Les poches d'œufs de mulet sont soigneusement prélevées et séchées et donnent le précieux caviar sarde, bien qu'une partie de la production soit d'importation... La petite entreprise propose également de la poutargue de thon, du mulet fumé et de la crème de poutargue.

MASKERE - GRAZIANO VIALE

Via Brigata Sassari, 34
✆ +39 0783 558 023
www.maskere.it
Ouvert au public uniquement en été.

Entre magie et croyances, drame et comédie, Graziano Vale voit dans le masque un désir de l'homme de se travestir et de s'immerger dans l'imaginaire. Il a effectué de nombreuses recherches et études sur la transformation du masque dans la culture méditerranéenne pour pouvoir perpétuer cette tradition. Originaire du nord de l'Italie, il arrive en Sardaigne pour se pencher sur les masques rituels phénico-puniques. Il a choisi d'y rester pour réaliser de façon artisanale des masques sardes typiques, des masques phéniciens ou de la *commedia dell'arte*.

SAN SALVATORE

Ce minuscule village coincé entre l'étang de Cabras et celui de Mistras est un tantinet insolite. Il a été réaménagé en 1965 dans un style mexicain pour les besoins des western spaghetti. La proximité immédiate du village ressemble à s'y méprendre au désert de l'Arizona. Le village est habité quelques jours par an en septembre à l'occasion de la Course des Pieds Nus. Sur la route en direction de Tharros se trouve le sanctuaire de San Salvatore. Il a été érigé au IVe siècle par les Romains sur un puits sacré de l'époque nuragique, dédié au culte de l'eau et utilisé ensuite par les Carthaginois et les Romains pour la célébration de leurs cultes.

PUTZU IDU ★

Putzu Idu se situe sur la côte entre Cabras et Santa Catarina di Pittinuri, à une vingtaine de kilomètres d'Oristano. Cette petite bourgade a gardé tout son charme : campagne verdoyante, marais-salants, plages de sable blanc, réserve naturelle. Les couchers de soleil et ses criques de quartz blanc valent vraiment le détour. La pêche et la récolte de fruits et légumes en font également une région où la gastronomie est reine. De nombreux golfs y sont installés, attirant une clientèle internationale. C'est aussi le point d'embarquement pour découvrir l'île de Mal di Ventre où plusieurs navettes par jour effectuent la liaison entre juin et septembre.

HÔTEL RAFFAEL €€

Via S'Architeddu, 56
✆ +39 078 352 118
www.hotelraffael.com
Compter de 90 € à 220 € pour une chambre double, petit déjeuner inclus. Ouvert de mi-mars à fin octobre.

A 25 km d'Oristano, cet hôtel quatre-étoiles est situé dans une réserve naturelle avec accès direct à une plage de sable blanc. Les 28 chambres avec terrasse sont spacieuses et lumineuses, bien qu'un peu passées de mode. Un grand jardin paysager entoure la piscine avec hydromassage. Le restaurant Le Nautilus est réputé pour sa gastronomie régionale et dispose d'une grande salle pour accueillir groupes et particuliers. De nombreuses activités sportives sont proposées : surf, plongée, équitation, golf, pêche en mer, excursions...

IS BENAS COUNTRY LODGE €€

✆ +39 078 352 8022
www.isbenaslodge.com
A partir de 90 € la chambre double et de 140 € la suite, petit déjeuner compris. Ouvert de fin avril à fin septembre.

Immergé dans la campagne paisible, à 2 kilomètres d'un golf 18-trous, cet ensemble luxueux est doté de 18 suites spacieuses avec terrasse. Tout exsude la sérénité, du mobilier de style rural anglais à l'immense jardin fleuri, en passant par la piscine. L'ensemble est bercé par le chant des oiseaux, le clapotis de l'eau et la brise légère. Le restaurant Carduus propose une sélection de plats de la mer ou de la terre. Idéal pour un séjour en amoureux. Sur place : locations de vélos, tennis, espace barbecue, observation des oiseaux.

HOTEL LUCREZIA €€€

14A Via Roma ✆ +39 0783 412078
www.hotellucrezia.it
Compter de 114 à 174 € pour une chambre double, petit déjeuner compris. Fermé de décembre à mars.

Autrefois moulin à huile dans une propriété agricole, cette bâtisse restaurée est devenue un petit hôtel de 7 chambres absolument charmant. Alors que la lourde porte se referme sur vous, vous accédez à un jardin sublime où est servi le petit déjeuner. Ambiance feutrée, pavés, poutres, canapés moelleux, grandes cheminées, voilà un lieu paisible parfait pour un séjour en tête-à-tête. Les chambres et les suites sont romantiques et délicates (une avec bain à remous). Chats et chiens de petite taille admis. L'accueil, souriant et attentionné, se fait aussi en français.

RIOLA SARDO

Sur les rives du Rio Foghe, ce village compte quelques maisons typiques du Campidano, construites en briques crues. On peut aussi y admirer la Casa Carta, une maison de maître du XVIIe siècle. Les nombreux nuraghes qui émaillent les environs témoignent d'un habitat très ancien. Les terres fertiles de Riola Sardo continuent de contribuer à la richesse de la ville. Fruits, légumes, et vigne sont largement cultivés. Le vernaccia, un vin blanc très parfumé, accompagne à merveille les crustacés et poissons. Si San Martino a les honneurs de la ville et de son église, ce sont les saints Joachim et Anne qui sont célébrés tous les 26 juillet.

SANTA GIUSTA

A 3 km au sud d'Oristano, Santa Giusta est une petite localité de 5 000 habitants. Elle mérite qu'on s'y attarde un moment pour la visite de sa Basilique Santa Giusta, surplombant la ville depuis la colline. Il s'agit de l'une des plus belles constructions romanes de Sardaigne. A l'entrée du village, on passe également devant le Stagno di Santa Giusta, un étang encore, qui réunit les amateurs de pêche. C'est aussi là que l'on peut voir les fassonis (barques en roseaux tressés typiques de la région d'Oristano) lors de la régate Is Fassonis qui a lieu tous les étés fin juillet début août. A ne pas manquer !

SUD-OUEST

© CAMILLE RENEVOT

Fassonis à Santa Giusta.

MARCEDDÌ

Marceddi est le point d'accès aux dunes de Piscinas depuis Oristano. Il s'agit d'un petit village de pêcheurs tranquille par lequel on passe pour se rendre aux dunes, en venant du Nord. Marceddi est aussi connu pour ses deux lagunes, les étangs de Marceddi et de San Giovanni. Autrefois ouverts sur la mer, ils sont désormais coupés de la grande bleue par un barrage Il peut être intéressant de s'y arrêter un moment. C'est notamment un très bon endroit pour s'adonner à l'ornithologie. Animé pendant la saison estivale, il l'est beaucoup moins dès le mois d'octobre. Vous trouverez facilement quelques bonnes adresses de restaurants de poisson sur le port.

DA LUCIO €

40 Via Lungomare
✆ +39 3488 379 894
www.ristorantedalucio.it

Ouvert tous les jours de 12h30 à 15h et de 20h à 23h. Fermé le jeudi hors saison. Compter 25 € pour un repas.

Da Lucio est l'adresse incontournable de Marceddi. Situé sur le front de mer, face aux bateaux de pêche, le restaurant existe depuis 1971 et sa réputation atteint tous les recoins de la Sardaigne. Il tire parti des nombreux atouts pélagiques des eaux environnantes : palourdes noires, mulet, sole, dorade, bar, crevettes... Petit plus de la maison : le vin est une pure production artisanale et l'ensemble de la cuisine répond du mouvement *slow food*, privilégiant ainsi les producteurs et produits locaux. Il est vivement recommandé de réserver, surtout en été.

MONT ARCI

Situé dans un parc géominéral à 812 m d'altitude, le mont Arci est connu pour ses extraordinaires gisements minéraux. Ses entrailles volcaniques regorgent d'obsidiennes, cette pierre qui a conduit les Phéniciens jusqu'aux rivages de la Sardaigne. Le parc est recouvert de chênes verts et de chênes lièges et sa végétation abrite une population de sangliers, renards, chats sauvages... La montagne abonde également en sources d'eau minérale. Certaines de ces eaux sont mises en bouteille et vendues sous les noms d'Aquafria et Sennisceddu. De belles promenades à cheval dans le parc naturel peuvent être organisées avec des agences de tourisme de la région.

LACONI

A la frontière entre la Barbagie et la Sardaigne méridionale, on peut dire que Laconi se trouve au centre de l'île sans trop mentir. Le village attire les amateurs de préhistoire, car on y a découvert une série de menhirs qui remontent au VIe siècle avant J.-C. Mais il attire surtout des dizaines de milliers de personnes à la fin août. Les pèlerins se rassemblent devant la maison natale de Saint Ignatius. Ils défilent ensuite en procession en marquant l'arrêt au musée d'Art sacré et à l'église Saint Ambroise. Le parc Aymerich qui se trouve à la sortie de la ville a été aménagé autour de l'ancien château de Laconi. Il n'en reste qu'une tour.

MUSEO DELLA STATUARIA PREISTORICA ★★

Piazza Marconi, 10
✆ +39 0782 69 32 38
www.menhirmuseum.it

Ouvert en été de 10h à 13h et de 15h30 à 19h. En hiver de 10h à 13h et de 15h à 18h. Fermé le lundi. Entrée : 5 €.

Le musée possède 40 spécimens de menhir, classés par type : pré-anthropomorphes (ceux qui représentent le phallus masculin), anthropomorphes (avec les yeux et la bouche) et statues menhirs, plus riches en détails. Le personnel du musée vous donnera les indications pour vous permettre de gagner le site d'Is Cirquittus, où l'on peut voir des dolmens et des cercles mégalithiques qui, 2 500 ans avant notre ère, servaient à calculer le lever et le coucher du soleil.

BUSACHI

Perdu aux confins de la Barbagie, à une trentaine de kilomètres au nord-ouest d'Oristano, on peut encore croiser des femmes en costume traditionnel sarde dans les ruelles de ce village. Les maisons de trachyte rose semblent s'enflammer dès que le soleil tape. Puisant dans des racines anciennes, Busachi était autrefois la capitale de la région médiévale du Barigadu. C'est aujourd'hui une ville réputé pour son lin qui entre dans la confection de nombreux produits artisanaux et qui met en valeur la broderie traditionnelle. L'église San Domenico siècle et celle de San Bernardino du XVIe siècle méritent une visite, ainsi que le petit musée consacré au lin.

FORDONGIANUS

Forum Traiani, l'ancien nom de Fordongianus, était la principale fortification romaine de l'intérieur de la Sardaigne. De cette époque sont encore visibles les ruines de l'aqueduc, de l'amphithéâtre et des thermes. Les eaux thermales de Fordongianus, riches en acide sulfurique, en chlore et en acide nitrosé sont exploitées depuis les Romains. Le très moderne Centro Terme di Sardegna ou le petit établissement thermal en bordure de Tirso permettent de perpétuer cette pratique. L'édifice le plus intéressant est la Casa Madeddu, datant du XVIIe siècle. L'église de San Lussorio bâtie vers 1100 sur un hypogée paléochrétien domine la campagne environnante.

CASA MADEDDU [CASA ARAGONESE] ★

Cette habitation aristocratique de la fin du XVIe siècle est construite en trachyte. Son toit bas et son préau à colonnades donnant sur la rue donnent l'impression de se trouver sur la place d'un vieux village aragonais. La maison est composée de six pièces communicantes. Son toit est fait d'une charpente en bois, soutenant une natte de roseaux entrelacés, et recouverte de tuiles. Portes et fenêtres sont ornées d'éléments décoratifs de style gothique importés par les Aragonais.

CHIESA DI SAN LUSSORIO ★

A environ 2 km de Fordongianus

Cette église médiévale édifiée au XIIe siècle par les moines de Saint-Victor de Marseille fait partie des joyaux romans de la Sardaigne. Après un effondrement au XIIIe siècle, le mur sud et le toit ont été reconstruits. Les Aragonais ont apporté leur touche en remaniant la façade au XIVe siècle. Mais ce sont les mosaïques de la crypte qui méritent l'attention. Elles datent du Ve siècle et recouvrent le tombeau de San Lussorio, martyr sarde de l'époque de Dioclétien. Il fut décapité pour avoir récité des psaumes chrétiens, alors qu'une loi l'interdisait.

CENTRO TERME DI SARDEGNA

Strada Provinciale 48, 1

✆ +39 0783 605 016

www.termesardegna.it

Ouvert tous les jours de 8h à 20h. Massage à partir de 32 € pour 25 mn.

Vaste centre thermal de 16 000 m², il est conçu comme un centre de bien-être. Il comprend, en plus de ses piscines d'eau thermale, un spa pour recevoir des soins de beauté et des massages, et un hôtel. Le centre a été entièrement rénové il y a peu et les larges baies vitrées de l'espace thermal laissent filtrer la lumière de façon très agréable. Malheureusement, la rénovation s'est arrêtée à la zone de soins et l'hôtel mériterait un sérieux coup de rafraîchissement. Si l'accueil y est agréable et professionnel, le cadre laisse à désirer.

Chiesa di San Lussorio à Fordongianus.

IGLESIAS ★★

Iglesias a toujours été très courtisée en raison de la richesse de son bassin métallifère. Les Pisans l'ont appelée Argentaria, en référence aux mines d'argent environnantes. Son autre richesse, ce sont ses églises, si nombreuses qu'elles lui ont valu le surnom de "ville des églises" au Moyen Age. Si les extérieurs de la ville n'ont rien de très engageant, on vous recommande vivement de vous y arrêter le temps d'une matinée et de flâner un moment dans ses nombreuses ruelles pittoresques.

Transports

Iglesias est reliée à Cagliari par le train et le bus 801. Il faut compter entre 1 heure et une 1 heure 30 de trajet selon le mode de transport.

CASTELLO DI ACQUAFREDDA ★★

Sur la route qui va de Siliqua à Villamassargia
castellodiacquafredda.com
Ouvert tous les jours de 9h30 à 17h30. Entrée : 4 €. Visite guidée sur réservation anticipée : 6 €.

Parfaitement intégré à son environnement, le château d'Acquafredda se distingue à peine du piton rocheux sur lequel il est érigé. Il fut construit au XVIe siècle par la famille pisane des Donoratico della Gherardesca, au sommet d'une étrange colline. Il ne reste que quelques pans de mur et le donjon central. Malgré cinq rénovations entreprises depuis les années 1980, le château demeure fragile. Les éboulements y sont fréquents. La vue exceptionnelle en revanche s'offre après une montée un peu raide, car le château s'élève tout de même à 256 mètres d'altitude.

CHIESA DI NOSTRA SIGNORA DEL PILAR ★

Village de Villamassargia

Cette charmante petite église pisane date du début du XIVe siècle. Une inscription taillée sur une pierre de la façade mentionne l'année de construction, 1318, ainsi que le nom de l'architecte, Arzocco di Garnax. L'église a été profondément remaniée au XVIe siècle, mais sa façade demeure d'origine. Elle comprend une rosace, de petits arcs et un clocher-mur. Le bénitier du XVIIe siècle est intéressant pour son fond gravé en relief qui laisse apparaître des poissons.

MINIERA DI MONTEPONI ★★

Loc. Monteponi ✆ +39 0781 27 45 07
www.igeaspa.it
Visites guidées organisées par Iglesias Mine Tour sur réservation par téléphone uniquement. Tarif : 10 €.

Cette vaste mine s'étend au sud de la ville. On en extrayait du plomb, du zinc et du cadmium. La Societa di Monteponi a été créée en 1850 pour exploiter les mines métallifères à la sortie d'Iglesias. Cette société connaît un essor considérable dans les années 1960, avant de finalement cesser toute activité en 1971. Les vestiges de ces mines sont impressionnants et témoignent de l'activité incessante qui animait cet endroit au XIXe siècle. C'est aujourd'hui un site à l'abandon ou presque qui a des allures de ville-fantôme. La mine de Monteponi fonctionnait en toute autonomie. Les mineurs, qui ont pu être jusqu'à 1 000, étaient logés sur place. On y trouvait aussi des magasins où dépenser sa paye. L'ensemble industriel minier de Monteponi s'est développé autour de l'élégant palais Bellavista, de style Liberty, où, dès 1866, la direction de la mine avait installé son siège. Dans un bâtiment non loin de là, on peut voir l'imposante et très évocatrice fresque, *La Miniera*, d'Aligi Sassu. La galerie Villamarina a été creusée à partir de 1852, à 174 mètres d'altitude. Elle fut ainsi baptisée en hommage au vice-roi de Sardaigne, le marquis de Villamarina. Elle est connectée aux deux puits les plus importants de la mine. Le puits Vittorio Emanuele creusé en 1863 permettait le passage des mineurs et de remonter le minerai. Le puits Sella creusé en 1874 abritait les pompes qui permettaient d'extraire l'eau des galeries. La visite s'intéresse aussi à la salle des compresseurs qui abritait une turbine à vapeur générant de l'électricité.

© RODOLFO BALDUSSI - SHUTTERSTOCK.COM

MINIERA DI SAN GIOVANNI - GROTTA DI SANTA BARBARA ★★

✆ +39 0781 27 45 07
www.visitiglesias.comune.iglesias.ca.it
Visite guidée obligatoire. Tarif 12 €.

De l'extérieur, la mine de San Giovanni ne semble pas différente des autres mines de l'Iglesiente. Les gisements étaient déjà connus du temps des Romains qui avaient sondé les sous-sols en quête de galène argentifère. Le village de Norman était réservé aux gestionnaires et employés, tandis que les maisons des mineurs se tenaient autour de la place Taylor. La compagnie Pertusola, qui avait obtenu la concession, appartenait à un lord anglais, d'où les noms anglophones. Les visiteurs d'aujourd'hui, comme les mineurs d'autrefois, grimpent dans les wagonnets d'un petit train électrique qui s'enfonce en une secousse dans l'obscurité souterraine. Au terminus de la course, le visiteur emprunte un ascenseur et une rampe d'escalier qui mène à une grotte surprenante. Elle a été découverte en avril 1952, alors que les mineurs étaient en train de creuser un four. Tout à coup, parmi les rochers, ils ont aperçu de la calcite blanche, ont creusé et ont débouché dans une caverne exceptionnelle. Ses concrétions blanches, ses colonnes, ses cristaux sombres et ses arabesques de calcite blanche semblent défier la force de gravité. Les stalagmites les plus impressionnantes flirtent ouvertement avec les plafonds couverts de cristaux tabulaires de barytine. Ces lamelles de cristaux bordeaux sont aiguisés comme des lames de rasoir. Pendant des centaines d'années, cette grotte est restée cachée au cœur du rocher. Elle a été dédiée à sainte Barbara, patronne des mineurs.

MUSEO DELL'ARTE MINERARIA ★★

Via Roma, 47
✆ +39 0781 350 037
www.museoartemineraria.it
Ouvert le week-end de juin à septembre de 18h à 20h30 ou sur réservation. Entrée : 5 €.

En 1871 a été ouverte à Iglesias une école pour les chefs de mine, avec un Musée minéralogique et un laboratoire. En 1911, l'école déménage dans des bâtiments financés par l'ingénieur Giorgio Asproni, à qui l'Institut est dédié. Le musée présente une intéressante collection de pierres rares trouvées dans la région de l'Iglesiente. Il expose également des machines d'origine et toutes sortes d'autres outils liés aux mines, des modèles réduits ainsi que de nombreuses photographies.

SPIAGGIA DI SA PUNTA E S'ARENA

A 15 km d'Iglesias. Fléchée depuis la SS 126 en direction de Gonnesa.

Cette belle plage de sable doré est la plus proche d'Iglesias. Longue et large, elle permet de profiter de la mer sans être le nez dans les pieds du voisin. Certes, il y a du monde en été, mais rien à voir avec les plages de la Costa Smeralda ou de Villasimius. Les flots aux eaux cristallines déclinent une polychromie qui va du vert céladon au bleu azur. Il est possible d'éviter le parking payant en se garant le long de la route qui mène à la plage.

B&B LA BABBAJOLA €

Via Giordano, 13
✆ +39 347 61 44 621
www.lababbajola.com
Compter 40 € pour une chambre avec salle de bains, petit déjeuner inclus.

Ce charmant B&B se trouve dans une petite rue cachée dans le centre historique, à deux pas de la cathédrale. Situé au deuxième étage d'un ancien palais espagnol, l'endroit est un appartement d'environ 200 m² décoré avec goût et de beaux meubles en bois. C'est ici que logeaient les serviteurs du palais. Le mobilier des chambres est simple mais parfaitement confortable. La demeure compte 4 chambres, dont une avec kitchenette équipée pour les longs séjours. Préférez la chambre « blanche » située sur l'arrière du bâtiment, beaucoup plus calme.

B&B MARE MONTI E MINIERE €

10 Via Trento ✆ +39 0781 41765
www.maremontiminiere-bb.it
A partir de 60 € pour une chambre double, petit déjeuner compris.

Bienvenue chez Beppe et Clélia, heureux propriétaires de ce B&B confortable et élégant. Il est le point de départ idéal pour la visite de la Sulcis Iglesente. Situé dans le centre d'Iglesias, Mare Monti Miniere se trouve à deux pas des commerces, bars et restaurants. Des livres et autres guides sont à disposition dans la bibliothèque commune pour vous renseigner sur les attractions touristiques mais les propriétaires, disponibles, ont un réel sens de l'hospitalité et sauront faire de votre séjour à Iglesias quelque chose d'inoubliable !

SUD-OUEST

HÔTEL ARTU €€

Piazza Sella, 15

✆ +39 0781 122 492

www.hotelartuiglesias.it

A partir de 70 € pour une chambre double, petit déjeuner compris.

Situé à la lisière du centre historique de la ville, c'est un hôtel de 18 chambres correctes dans les tons roses, dont certaines donnent sur la place principale. Fort heureusement climatisées, elles échappent au bruit et à l'animation qui règnent à l'heure de la *passeggiata*. Le tarif est tout de même un peu élevé étant donné le caractère suranné de la déco. Sans être vétuste, l'hôtel pourrait recevoir une rénovation. Le restaurant ouvert au public situé au premier étage propose une cuisine typique sarde de qualité, à nouveau dans un cadre sans charme.

BADDY'S €

Via Cappuccini, 16

✆ +39 0781 255 029

Ouvert tous les jours de midi à 15h et de 19h30 à 23h. Menu autour de 15 €.

Ce restaurant-pizzeria-spaghetteria un peu excentré est fréquenté par des habitués. A quelques encâblures du centre-ville, il se trouve à proximité de la gare ferroviaire. On prend place dans une grande salle aux poutres apparentes et tomettes au sol. Les habitants d'Iglesias apprécient l'établissement, moins pour son caractère rustique que pour sa grande variété de pizzas. On en dénombre 40 sortes différentes. Mais on y déguste aussi pâtes aux palourdes, friture de calamars, assiette de poulpes marinés ou poissons et gambas grillés.

IL PLANETARIO €

18 Piazza Quintino Stella

✆ +39 078 125 2861

Ouvert tous les jours de 6h à 2h. Compter 15 € pour un repas.

Cette pizzeria somme toute assez classique est installée directement sur la place principale d'Iglesias. Elle dispose d'une belle terrasse et d'une salle un peu tristounette. Les fumeurs sont vernis, car ils disposent d'une terrasse pour eux. Les non-fumeurs sont vernis, car ils peuvent profiter de leur repas sans inhaler la fumée de leurs voisins. Il est possible de manger à toute heure, notamment une planche de charcuterie et fromage, idéale pour un apéro à 2, 3 ou 4 personnes. L'endroit est plus brasserie que restaurant, mais il est tout indiqué pour une pause.

VILLA DI CHIESA €

Piazza Municipio, 8/10

✆ +39 0781 31641

Ouvert du mardi au dimanche, de midi à 15h et de 19h à 22h. A partir de 20 € pour un repas complet.

Le nom de ce restaurant est piqué au diminutif appliqué à Iglesias : «la ville aux églises». Il est vrai qu'elles sont nombreuses. La Villa di Chiesa est d'ailleurs installée à l'ombre de la cathédrale Santa Chiara d'Assisi, sur l'agréable place municipale. Mieux que la salle bourgeoise, la grande terrasse posée sur la place est abritée par de larges parasols blancs. Le chef propose une carte traditionnelle de plats d'inspiration sarde et de pizzas. Les antipasti sont bons et servis copieusement, mais surtout goûtez aux pâtes aux fruits de mer.

ANTICO CAFFE LAMARMORA

6 Piazza A. Lamarmora

✆ +39 339 418 1203

Ouvert du lundi au vendredi de 6h à 13h et de 15h à 22h.

La belle façade du Caffè La Marmora ne pourra qu'attirer votre regard et vous fera sans doute sortir votre appareil photo. Situé en haut de la Via Matteotti, celle avec les parapluies, ce petit bistro compte une clientèle locale fidèle qui vient à toute heure pour déguster un *ristretto* ou un verre de vin blanc. Nous avons eu un vrai coup de cœur pour cette salle mouchoir de poche, sa petite terrasse face à la fontaine et sa façade taguée, mais façon 1920. L'adresse sent bon l'art de vivre à l'italienne, celui où l'on prend son temps en regardant passer les gens.

BIRROTECA

101 Via Cagliari

✆ +39 347 091 4873

Ouvert tous les jours de midi à 16h et de 19h à 1h, jusqu'à minuit le dimanche.

Cette brasserie-restaurant vaut surtout pour son grand choix de bières artisanales. Les boissons sont soigneusement sélectionnées, jusqu'au soda de fabrication artisanale. C'est une bonne adresse pour partir à la découverte des bières artisanales de l'île et s'assurer qu'il n'y a pas que l'Ichnusa. La sélection se veut pointue et éclectique, avec la garantie d'avoir un maximum de choix à la pression. Il est possible de s'y sustenter avec un hamburger ou une viande grillée, mais sans conviction. La terrasse sur la rue piétonne est très agréable.

CARBONIA

Carbonia se trouve au centre de la région de Sulcis, connue pour ses richesses minières. Commencé au XIXe siècle, le développement de la région s'est affirmé des années 1920 à l'après-guerre. Carbonia est une ville nouvelle, qui tire son nom des mines de charbon qui ont fait sa richesse. Fondée en 1937 par Mussolini, elle est un exemple significatif de centre minier planifié. Au moment de son apogée, la ville a compté 60 000 habitants. Elle n'en compte plus que la moitié. Le visiteur tirera son intérêt de l'architecture régulière et imposante typique du style fasciste. Sur la piazza Roma se trouvent la mairie, l'église en trachyte rouge San Ponziano et la Torre Civica. Le théâtre aux lignes régulières fait aussi partie du centre-ville d'origine. La banlieue sud abrite les vestiges de la mine de Serbariu. Première et plus importante mine de charbon de la région, cette exploitation abandonnée a conservé ses deux puits presque intacts. Les mines de Carbonia ont fermé les unes après les autres dans les années 1960 et la toute dernière a tiré le rideau en 2018. Le minerai de mauvaise qualité était trop polluant et trop cher. Elle a été revalorisée par la création du Parc géominéralogique reconnu par l'Unesco. Au nord de la ville, les vestiges phéniciens de Monte Sarai livrent un témoignage essentiel sur la vie au VIe siècle av. J.-C. Abondamment fouillé et étudié, le site comprend les restes d'une vaste ville, avec ses maisons, son temple, sa nécropole et son tophet.

Tourisme

L'office de tourisme de la ville se trouve au 12 via Marconi. Il est ouvert du lundi au samedi de 9h à 13h et de 16h à 19h30. Horaires d'été : de 9h à 13h et de 17h à 21h et de 10h à 12h30 le dimanche.

Transports

A 68 km à l'ouest de Cagliari, il faut compter 1h15 en voiture. Carbonia et Cagliari sont reliées par trains et bus directs (ligne 802).

MUSEO ARCHEOLOGICO - VILLA SULCIS ★

Via Napoli, 1

✆ +39 0781 63512

Ouvert du mardi au dimanche de 10h à 14h et de 15h à 19h d'avril à septembre. Entrée : 6 €. Billet combiné : 10 €.

La Villa Sulcis, ancienne habitation du directeur des mines de Carbonia, a été réaménagée pour accueillir le Musée archéologique en 2008.Les trois salles exposent les collections anciennes de Pispisa et Doneddu issues de recherches privées et de fouilles sauvages. Elles sont enrichies d'acquisitions plus récentes. L'ensemble couvre une période couvrant la préhistoire au Moyen-Âge. On peut notamment y admirer la statue d'Astarté découverte sur le site phénico-punique de Monte Sirai.

MUSEO DEL CARBONE ★★

Grande Mine de Serbariu

✆ +39 0781 670 591

www.museodelcarbone.it

Ouvert tous les jours de 10h à 19h en juillet et août. Fermé le lundi le reste de l'année. Entrée : 8 €.

© GIANLUIGI BECCIU - SHUTTERSTOCK.COM

L'ancienne mine de charbon de Serbariu au sud de la ville accueille un musée dédié au minerai. Une visite guidée passionnante est menée à travers une ancienne galerie, la salle des lampistes et la salle des treuils. Pendant 45 min un guide fait découvrir l'histoire du charbon à Carbonia. La salle des lampistes rassemble outils et vêtements de travail, vieilles photos et films d'époque. Les treuils impressionnants activaient les ascenseurs qui transportaient ouvriers et charriots chargés de charbon. Visite en français possible sur réservation préalable.

SUD-OUEST

LE CHARBON DU SULCIS

Les dépôts carbonifères du Sulcis sont vieux de 20 millions d'années. La formation de couches de calcaire succède à des périodes de floraison de la végétation qui finit par se stratifier, créant la lignite de poix. Les fascistes portent l'extraction de ce charbon à son apogée qui est abandonnée progressivement dans les années 1960. Riche en soufre, le charbon du Sulcis est de basse qualité et sa combustion hautement polluante. Pour être utilisé massivement aujourd'hui, il nécessiterait des interventions de nettoyage qui seraient trop onéreuses.

NÉCROPOLE DE MONTESSU ★★

✆ +39 0781 80 60 77

Ouvert tous les jours de 9h à 17h.
Entrée : 5 €.

La nécropole de la culture d'Ozieri (datant de 5000 av. J.-C.) est creusée dans un amphithéâtre rocheux et comprend 35 tombes appelées *domus de janas*. On peut y voir deux tombes sanctuaires, les plus grandes de Sardaigne. Des dessins gravés dans la roche représentent des cornes de taureau, alors qu'à l'intérieur des tombes des spirales gravées symbolisent la divinité Dea Madre, la déesse mère. La visite dure environ 2 heures : de bonnes chaussures de marche sont recommandées, car la balade est assez longue et sur un terrain pentu.

PARCO ARCHEOLOGICO MONTE SIRAI ★★

Strada Statale 126 km 17

Ouvert de 10h à 19h en été. Fermé le lundi.
Ouvert jusqu'à 15 heures le reste de l'année.
Entrée : 6 €.

Le Parc archéologique de Monte Sirai livre un témoignage essentiel sur l'occupation phénicienne de la Sardaigne. Les premières traces retrouvées sur ce vaste site remontent au Néolithique. Mais ce sont les Phéniciens qui en ont fait un centre urbain d'importance vers 730 av. J.-C. Les vestiges laissent entrevoir une ville aux dimensions considérables. Les maisons étaient constituées de 4 blocs agencés autour d'une cour centrale. Des planchers surélevés, des murs plâtrés ou des canalisations permettent d'apprécier les avancées techniques de cette civilisation. Certaines des structures, comme le temple d'Astarté, ont été érigées à partir de pierres prélevées sur les constructions nuragiques. Des traces de destruction témoignent des incursions carthaginoises au VIe siècle av. J.-C. S'ensuit une phase de récession avec l'abandon de nombreuses zones d'habitation. Au IVe siècle av. J.-C., les fortifications sont renforcées et le tophet où se déroulaient les rituels sacrificiels est érigé. On note un nouveau développement résidentiel dans la première moitié du IIIe siècle av. J.-C. Il semble que le site ait été abandonné précipitamment vers 110 av. J.-C. Les artefacts retrouvés datant de cette période sont tous de grande taille. En revanche, il ne reste aucune trace des petits objets de la vie courante. Il est possible que le plateau ait été occupé de façon sporadique après cette période. Une pièce de monnaie datant du IVe siècle a été retrouvée à proximité du tophet.

TRATALIAS ★

Tratalias

Il ne reste de ce qui fut la ville la plus importante du Sulcis que ses bâtiments. Fondée en l'an 1000, les habitants ont été obligés de quitter la ville en 1980, après la création du lac artificiel de Monte Pranu. Ils ont reconstruit leurs habitations quelques centaines de mètres plus loin. Aujourd'hui, à visiter, il ne reste plus guère que la cathédrale Santa Maria di Monserrato du XIIIe siècle, la Casa Spagnola du XVIIe siècle et quelques maisons encore en état qui abritent des artisans à l'œuvre. Tratalias est devenu une destination touristique.

DOMUSNOVAS

Domusnovas fut fondée par les Pisans au Moyen Age, en raison de l'exceptionnelle richesse en eau et en ressources agricoles de son territoire. Les premières fortifications n'existent plus. Sur l'emplacement du château érigé au centre, sur la via Cagliari, on trouve aujourd'hui l'église de la Madonna Assunta, datant du XVIIe siècle. Cette petite ville possède des églises intéressantes, mais elle retient aussi l'attention pour son site archéologique, auquel on peut accéder depuis la via Cagliari, en prenant à droite la via Nuraghe et en poursuivant à gauche jusqu'à l'ensemble nuragique S'Omu e su Orcu, « la maison de l'ogre » en dialecte sarde.

VALLÉE D'ANTAS

Cette zone archéologique garde les ruines de trois civilisations qui ont choisi de s'installer dans cette vallée, riche en ressources minières. Le temple romain d'Antas est une merveille architecturale dressée au milieu d'une végétation luxuriante. Dédié à la divinité sarde Sardus Pater Babai, il a d'abord été un édifice punique édifié sur un site nuragique. Cette divinité, connue par les Carthaginois comme Sid Addir Babai et par la civilisation nuragique comme Sid Addir, a été reprise à l'époque romaine par les Sardes, qui utilisent toujours le mot babai en signifiant « père ». Sardus Pater était un chasseur et un guerrier vénéré de la vallée.

FLUMINIMAGGIORE

La petite ville minière de Fluminimaggiore est perchée dans la montagne. Elle s'étend le long du fleuve Mannu, bordé d'orangeraies et de roseaux. La ville a été fondée au XVIIIe siècle, mais il est probable qu'elle correspond à Metalla la Romaine. Sur la piazza Gramsci, on peut visiter le musée ethnographique aménagé dans un ancien moulin à eau. La ville est aussi connue pour son festival de peintures murales. Les célèbres grottes de Su Mannau se trouvent non loin et méritent vraiment une visite. Parmi les plus anciennes grottes au monde, les chambres de tailles variables s'enchaînent les unes derrière les autres, et les unes au-dessus des autres.

NECROPOLI NURAGICO DI ANTAS ★★

Suivre Vallée d'Antas sur la SS 126 entre Iglesias et Fluminimaggiore.

A quelques mètres du temple, trois tombes appartenant à une nécropole ont été découvertes en 1984 lors des fouilles menées par l'archéologue Giovanni Ugas. Deux d'entre elles contenaient des restes humaines calcinés sous une couche de terre noircie. Il s'agit très probablement de tombeaux de crémation remontant à l'âge du bronze. La troisième tombe ne contenait que les affaires des morts. Il s'agit avec certitude d'une nécropole remontant à l'ère nuragique.

TEMPIO DI ANTAS ★★

Tempio di Antas
✆ +39 0781 58 09 90
www.startuno.it

Ouvert de 10h à 13h toute l'année et de 17h à 20h de en été. Entrée : 4 €.

Le temple, qui date de l'époque d'Auguste et qui a été reconstruit au IIIe siècle, était édifié sur un ancien temple punique. Il est constitué de colonnes ioniques et d'un pronaos, le vestibule des temples grecs. L'adyton (cour des temples grecs) est scindé en deux parties car il abritait une chambre secrète où seuls entraient les prêtres. Découvert en 1836 et reconstruit en 1967, le temple contient une mosaïque et deux vasques pour les cérémonies de purification. Une statue du dieu, dont un doigt a été retrouvé, était placée dans la structure.

GROTTA DI SU MANNAU ★

Grotte di Su Mannau
✆ +39 0781 580 411
www.sumannau.it

Visite guidée entre 9h30 et 17h30, jusqu'à 18h30 en été. Sur réservation de novembre à mars. Entrée : 10 €.

Le parcours touristique de ces grottes est aménagé sur 500 m environ par un jeu de passerelles et d'escaliers qui nécessitent une condition physique correcte. Il offre la possibilité de visiter un site d'intérêt archéologique et spéléologique d'importance. La grotte était déjà fréquentée par les populations antiques. La première salle était utilisée pour le culte païen de l'eau comme en attestent les fragments de lampes votives retrouvés sur place. Elle est suivie par la salle du Sonno (sommeil), avec une énorme pigne tapissée de minuscules cristaux en calcite et d'interminables stalactites. Il semble que cette grotte soit l'une des plus anciennes au monde. Le lac Pensile abrite une espèce de crustacés isopodes visibles à l'œil nu, les *stenasellus* (crustacés isopodes). Le parcours monte et descend le long des parois rocheuses pour déboucher sur la chambre Ribaldone, la plus haute et la plus large du site. Une source d'eau et des petits lacs s'observent tout au long du parcours qui mène les visiteurs à travers un couloir entouré par des stalactites blanches, jusqu'au Pozzo Rodriguez, où on peut admirer une colonne de 8 m formée par la rencontre d'une stalactite et d'une stalagmite. Les amateurs de spéléologie peuvent réserver des visites guidées dans un parcours de 8 km de longueur qui leur est réservé et qui les conduira jusqu'à 1,5 km de profondeur. Tout l'équipement nécessaire pour la visite est mis à disposition des visiteurs par l'association qui organise les excursions (d'une durée de 3 à 8 heures).

MUSEO ETNOGRAFICO DI FLUMINIMAGGIORE ★

Piazza Gramsci ✆ +39 0781 58 09 90
www.startuno.it

Ouvert du mardi au dimanche de 10h à 13h et de 17h à 20h en été, de 10h à 13h et de 16h à 19h en hiver. Entrée : 3 €.

Le musée ethnographique se situe dans l'ancien moulin à eau du village et offre un voyage dans le temps. Sa riche collection met en lumière les métiers du passé. A l'intérieur des sept salles sont exposés des objets et des instruments de travail illustrant thématiquement le monde agricole et pastoral ancien. Quelques reconstitutions d'intérieurs, de la cuisine à la chambre à coucher, recréent avec précision le cadre de vie des habitants de la région. Ludique et intéressant.

ARBUS

Arbus se trouve à une quinzaine de kilomètres de Fluminimaggiore et, même si ce village ne vaut pas vraiment le détour, il tient une place très importante dans le folklore sarde. Arbus fait partie des rares villages où l'on pratique encore la coutellerie artisanale. Il a donné son nom à un type de couteau, l'arburese qui se reconnait à sa lame large et courbée. Paolo Pusceddu fabrique ces couteaux dont ses modèles sont exposés dans sa boutique qui tient aussi lieu de musée. La fête patronale qui se tient aux alentours du 15 juin donne lieu à un festival très coloré en costumes folkloriques d'époque. Les habitants y célèbrent Saint-Antoine de Padoue.

MUSEO DEL COLTELLO SARDO ★★

Via Roma, 15 ✆ +39 070 975 9220
www.museodelcoltello.it

Ouvert du lundi au vendredi de 9h à 12h30 et de 15h30 à 19h. Samedi et dimanche sur réservation. Entrée gratuite.

Deux pièces parmi celles qui sont exposées dans ce petit musée ont permis à leur créateur, l'artisan local Paolo Pusceddu, de rentrer dans le *Guinness des records* pour la confection des plus grands et des plus lourds couteaux pliants au monde. Les vitrines exposent les 4 types différents de couteaux sardes : *arburese, pattudese, guspinesa et corrina*. Des petites épées et des rasoirs des XVIIIe et XIXe siècles sont aussi exposés dans le musée. L'atelier de Paolo Pusceddu est installé dans une maison traditionnelle juste à côté du musée.

HOTEL SOFFIO DI VENTO €

localita Genna Frongia
✆ +39 070 975 6022
www.hotelsoffiodivento.com

A partir de 70 € pour une chambre double, petit déjeuner compris.

Situé à l'entrée d'Arbus sur un promontoire boisé, l'hôtel abrite une dizaine de chambres avec terrasse et vue spectaculaire. Spacieuses, lumineuses, climatisées elles sont meublées et décorées avec soin et délicatesse. Ici tout a été pensé pour un confort maximal, surtout la salle de bains. Chacune possède une douche multi-jets de massage mais aussi son sauna privé... Une très grande terrasse ombragée prolonge le restaurant apprécié dans toute la région. Idéalement situé pour visiter la zone minière de Montevecchio cet hôtel est une halte incontournable.

LE ROCCE BIANCHE €

Localité de Bidderdi
✆ +39 34 82 84 74 05
www.bidderdi.it

Compter entre 96 € et 153 € selon la saison pour une chambre double standard, petit déjeuner compris.

Pina et Roberto Cavalli, et Stefano leur fils, vous accueillent toute l'année chez eux. Le Rocce Bianche est un agritourisme authentique. Vous êtes dans une vraie ferme, qui grâce à vous peut développer son activité agricole. Ici, c'est Pina qui fait la cuisine avec les produits frais de chez elle et qui vous fait découvrir les petits plats que l'on mange sur son île. En effet, le petit restaurant est ouvert tous les soirs et accueillent ceux qui souhaitent se remplir la panse (les plats sont copieux et les boissons incluses). Immersion totale assurée.

HOTEL CORSARO NERO €€

Localita Portu Maga
✆ +39 070 977 236
www.hotelcorsaronero.com

Compter de 130 € à 220 € selon la saison pour une chambre double, petit déjeuner compris.

A 10 minutes d'Arbus, seul sur sa plage de sable blanc, ce petit hôtel est un véritable havre de paix. Les chambres spacieuses au mobilier sarde se prolongent par une vaste terrasse face à la mer. Les douches sont équipées de jets hydromassants. La vue panoramique vous permet d'admirer de somptueux couchers de soleil. Le restaurant est spécialisé dans les grillades de poissons, les crustacés et produits du terroir. L'endroit est idéal pour un séjour romantique ou pour se ressourcer. Accueil chaleureux, service attentionné. Un bon rapport qualité-prix.

MONTEVECCHIO

Ouvertes en 1848 les imposantes mines de Montevecchio assuraient un important rendement de plomb et de zinc, avec un pic d'activité durant les guerres mondlales. Elles ferment en 1991, renvoyant une partie de la population vers d'autres contrées. Seuls 300 habitants vivent encore sur l'ancien site qui jadis en comptait 3 000 ! Au titre des édifices dignes d'intérêt, l'église, les bureaux de la direction de la mine d'Inqurtosu et l'impressionnant site de Sant'Antonio permettent d'obtenir un bon aperçu de ce que pouvait être la vie d'un mineur. Le site de Montevecchio est immense et il est impossible d'en visiter tous ses recoins en une journée.

MINIERA DI MONTEVECCHIO ★★

Piazza Rolandi
✆ +39 3384 592 082
www.minieradimontevecchio.it

Ouvert de juillet à octobre, horaires consultables en ligne. Entrée : de 5 € à 14 € pour 1 à 4 site.

Avant de devenir un des sites extractifs les plus productifs d'Europe entre 1850 et 1960, la région de Montevecchio était déjà connue pour sa richesse en plomb et en zinc. Les Romains et les Carthaginois extrayaient déjà ces métaux à l'ouest d'Ingurtosu. Les Romains frappaient la roche dans des galeries minuscules. Les Carthaginois la chauffaient et la congelaient après pour la casser. Aux XIIIe et XIVe siècles, la cadence d'extraction fut augmentée par les Pisans et les Aragonais. Vers l'année 1850, l'entrepreneur sarde Giovanni Antonio Sanna obtient du roi de Sardaigne le droit d'exploiter le site, où il fait construire un village pour les mineurs. Payés avec une monnaie utilisable uniquement dans les magasins et les bars du village, les mineurs et leurs familles restent ainsi esclaves de leur patron. Les hommes travaillent dans les galeries souterraines, leurs femmes cassent les roches et séparent les poudres des métaux à l'extérieur. Les enfants travaillent aussi avec leurs parents, sans rétribution ni aucune forme de sécurité sociale. Quand la compagnie Piemontese Anglosarda obtint la gestion du site, la production s'accroît énormément, surtout pendant les deux guerres, avec une demande de matériaux pressante. Dans les années 1960, les minières de Montevecchio deviennent de plus en plus chères à exploiter et leur activité cesse définitivement au début des années 1990. Les ex-mineurs qui y travaillaient sont aujourd'hui des guides touristiques qui conduisent les visiteurs dans les galeries minières.

MONTE ARCUENTU ★★

Monte Arcuentu

© ALESSIO ORRU - SHUTTERSTOCK.COM

Symbole de la région d'Arbus, ce mont, et les collines qui l'entourent, offre une exceptionnelle variété de paysages et de faune. Pas moins de 100 espèces d'animaux ont été répertoriées et 40 espèces végétales sont protégées. Le cerf sarde est l'exemple le plus représentatif de cette zone. Des sentiers pour des randonnées à pied, à cheval ou à vélo ont été aménagés, permettant d'admirer la richesse naturelle de la région, ses montagnes et ses plages, ses mines et ses puits avec notamment le Pozzo Amsicora, symbole des dernières luttes syndicales des mineurs.

PALAZZINA DELLA DIREZIONE ★

Piazzale Rolandi
✆ +39 070 97 31 73
www.minieradimontevecchio.it

Se visite dans le cadre de l'une des visites guidées des mines.

Construit par Giovanni Antonio Sanna, cet immeuble avait la double fonction d'héberger le patron de la mine de Montevecchio avec sa famille et de donner une image de réussite aux hommes d'affaires de passage. Sanna aimait s'identifier à Napoléon en raison de sa puissance économique et faisait trôner ses portraits à travers la maison. D'importants travaux de rénovation ont permis de relancer les visites. La salle bleue est sans doute la plus riche en décorations.

SUD-OUEST

GUSPINI ★

Ce centre agricole et industriel à 6 km d'Arbus a toujours été parmi les plus riches de la région, même pendant la crise minière. L'église San Nicola di Mira a gardé sa structure du XVe siècle, de style gothique, et sa façade avec une rosace centrale. Pour les amateurs de géologie, la ville offre aussi un exceptionnel monument naturel : les basaltes en colonnes. Guspini garde dans ses environs des vestiges archéologiques très importants. Le fort nuragique de Saurecci occupe le mont du même nom. En poursuivant sur la même route on arrive au site de Neapolis. Les restes d'un village romain avec ses thermes et ses rues sont toujours visibles.

PORTIXEDDU

La longue plage de Portixeddu, à quelques kilomètres de Fluminimaggiore, est souvent exposée au vent. La mer y est fréquemment agitée, offrant au passage des paysages superbes, et un beau terrain de jeu aux «voileux» en tous genres. Les touristes privilégient cette petite station balnéaire pour sillonner le coin, plutôt que de se perdre dans les montagnes. Néanmoins, le nombre limité d'hébergements tend à démontrer que Portixeddu n'est pas encore en passe de devenir un haut lieu du tourisme sarde. L'étape est idéale pour les personnes désireuses de se tenir à l'écart du grand «barnum» estival qui peut se tenir dans d'autres régions de Sardaigne.

BASALTI COLONNARI ★

Basalti Colonnari

L'entrée du site qui est gratuite se fait par des jardins privés, pas toujours faciles à trouver. Il faut demander au propriétaire pour les visiter. On y arrive en suivant les indications pour les « Basalti Colonnari » depuis le centre-ville. Les basaltes en colonnes de Guspini sont des formations géologiques très rares, vieilles de 3 millions d'années environ. Ces murs de roche basaltique sont caractérisés par une structure en colonnes à base hexagonale, produites par l'expulsion et le refroidissement immédiat des coulées de lave.

TARTHESH HOTEL €€€

Via Parigi, 1
✆ +39 070 972 9000
www.tartheshotel.com

Compter entre 125 € et 231 € selon la saison pour une chambre double, petit déjeuner compris. 3 nuits minimum en août.

Les amateurs d'hôtel de charme ne manqueront pas cette adresse plantée au cœur d'un vaste jardin luxuriant. Véritable invitation à la relaxation, on peut passer ses journées entre la piscine, les hamacs tendus entre les arbres, les cours de yoga et le spa. Les chambres sont lumineuses et respirent la tranquillité campagnarde. Tout n'est que délicatesse et raffinement. Le soir, un dîner aux chandelles et une dégustation dans le cellier gastronomique vous sont proposés. Véritable coin de paradis, toute l'équipe vous attend pour un séjour d'exception.

SPIAGGIA DI SCIVU ★★

Spiaggia di Scivu

© CA IRENE LORENZ - SHUTTERSTOCK.COM

La plage de Scivu ressemble à une langue dorée entourée par de hautes dunes de sable. Un peu moins charmante que les dunes de Piscinas, elle est aussi moins fréquentée. Très fragile, on peut observer les méfaits de l'érosion à l'œil nu, avec la marche de sable qu'il faut parfois franchir pour aller à l'eau. L'accès à la plage se fait par une longue passerelle destinée à protéger les dunes. Une falaise divise en deux parties cette plage, mais l'autre partie ne peut être atteinte qu'après avoir cheminé un bon quart d'heure dans le maquis.

RISTORANTE CALA PEDRISCHEDDA €

Via Maestrale 1
✆ +39 389 979 5841
www.calapedrischedda.it
Ouvert en continu en saison. Compter 25 € pour un repas.

Grillades de poisson, pizzas et fruits de mer sont au menu de ce sympathique restaurant installé à l'entrée du petit village de Portixeddu. Sa valeur ajoutée tient à la belle et grande terrasse qui permet de profiter du paysage et d'admirer de beaux couchers de soleil. La mer se trouve juste de l'autre côté de la route. Les habitués suggèrent de tester *l'antipasto di mare*, à base de poisson et de fruits de mer, selon les arrivages de la pêche du jour.

BUGGERRU

C'est dans ce centre minier que s'est tenue la première grève de mineurs en Italie en 1904. Le village de Buggerru niché dans une gorge qui débouche sur la mer a su se réinventer après la fermeture des mines de zinc et de plomb en 1979. C'est aujourd'hui une destination touristique agréable, qui profite d'un développement modéré. Une voiture est indispensable pour rallier la plage San Nicolo ou l'hypnotique Cala Domestica, l'une des plus belles criques de Sardaigne. Les vestiges miniers et la galerie Henry se visitent à pied. Au sud de la sauvage Costa Verde, Buggerru est aussi très appréciée par les surfeurs, pour ses fortes vagues.

GALLERIA HENRY ★

Loc. Planu Sartu
✆ +39 0781 49 1300
www.igeaspa.it
Ouvert le dimanche de 10h à 13h et selon un calendrier en été. Entrée : 10 € ; entrée au Musée du mineur : 3 €.

Symbole de l'épopée minière de Bruggerru, la galerie Henry fut creusée dans la roche en 1865. Elle permettait le transport de minéraux dans des locomotives à vapeur depuis les chantiers d'excavation jusqu'aux stations de lavage. Aujourd'hui, un train électrique reprend le parcours pour déposer le visiteur au fond de la galerie longue d'un kilomètre. Le retour se fait par l'ancien chemin muletier qui longe l'intérieur de la falaise. De larges ouvertures permettant de faire entrer la lumière naturelle avaient été creusées et créent des points de vue spectaculaires.

RISTORANTE SAN NICOLO €€

✆ +39 0781 54 359
www.ristorantesannicolo.it
Ouvert tous les jours de 12h45 à 14h30 et de 20h à 22h30 de mai à octobre. Compter 35 € pour un repas.

Ouverte par un ancien mineur et sa famille, cette belle adresse qui donne directement sur la plage de San Nicolo sert une cuisine traditionnelle empreinte d'une touche créative. Parmi les spécialités de poisson et de viande, vous trouverez la salade d'artichaut et poutargue en entrée, la friture de poisson et l'incontournable fregola aux fruits de mer. Les pizzas ne sont disponibles que le soir, car cuites au feu de bois. Deux belles vérandas s'ouvrent tout droit sur la mer, de quoi profiter à souhait des belles soirées d'été dans une ambiance décontractée.

MASUA

Masua est veillé par l'imposant récif Pan di Zucchero (« pain de sucre ») très prisé des amateurs d'escalade libre. Le village abrite surtout l'ancienne mine de Porto Flavia. Celle-ci est célèbre pour sa longue galerie de 600 mètres creusée dans la falaise calcaire. C'était aussi un chef d'oeuvre d'ingénierie avec un système inédit pour charger les bateaux des précieux minerais de zinc et de plomb. Les minerais s'écoulaient par système de silos suspendus le long de la falaise. Les visiteurs qui ne craignent pas le vertige éprouveront une forte émotion devant le contraste offert par le monde obscur de la mine et le bleu intense de la mer.

WARUNG BEACH CLUB €€

Plage de Porto Cauli (3 km à l'ouest de Masua)
✆ +39 392 819 7964
www.warungbeach.it
Ouvert tous les jours de 9h à 21h en saison. Compter 35 € pour un repas le midi et 60 € le soir.

Ce bar-restaurant posé sur la plage, plutôt branché, offre un service de location de transats et de parasols et une cuisine recherchée. Il assure le service tous les jours du petit-déjeuner au dîner en saison et le week-end hors-saison. Les plats comme le tartare de thon rouge ou les spaghettis aux fruits de mer expriment toutes les qualités d'un jeune chef qui cherche à faire ses preuves. Burgers et pancakes ajoutent une touche décontractée au menu. Seul regret, des prix très élevés qui annoncent l'ambition des lieux : devenir un établissement sélect.

PORTO FLAVIA ★★

✆ +39 0781 274 507
www.comune.iglesias.ca.it
Visite guidée du mardi au samedi de 10h à midi et de 15h30 à 18h30. Entrée : 10 €.

L'exploitation minière à Masua démarre au milieu du XIXe siècle. Les sous-sols sont riches en plomb et en zinc et l'extraction va bon train. A la fin du siècle, ce sont 700 personnes qui travaillent ici. Un village minier se développe sur les collines environnantes, comprenant une école, un hôpital, des magasins et une église. Masua connaît un problème majeur dans sa configuration : l'absence d'un port qui permette à de gros navires d'accoster. De petits bateaux à voile sont chargés à la main, puis mettent les voiles sur Carloforte. En 1922, l'ingénieur Cesare Vecelli entrevoit le bout du tunnel. Il fait creuser deux galeries superposées dans la falaise, jusqu'à la mer. La galerie supérieure accueillait des silos pouvant stocker 10 000 tonnes de minerai. La galerie inférieure était équipée d'un tapis roulant qui acheminait le minerai jusqu'à une grue qui déposait les charges dans les cargos. Fini le chargement long et pénible, désormais les navires approvisionnant les fonderies d'Europe peuvent venir directement à la source. La visite qui dure une heure se déroule le long d'un trajet souterrain de 600 m qui débouche tout droit sur la falaise, offrant une vue imprenable sur le rocher Pan di Zucchero et la mer azur. Les plus passionnés d'histoire minière et de patrimoine industriel poursuivront par le Musée des machines qui expose une soixantaine de monstres de métal ainsi que des outils et des équipements spécialisés. Pour cela, il faut se rendre au village des mineurs situé sur les hauteurs.

NEBIDA ★

Situé à 2 km de Masua, Nebida fait partie du Parc Géominier Historique et Environnemental de la Sardaigne, reconnu par l'UNESCO, au même titre que la plupart des mines abandonnées de l'Iglesiente. Le village abrite les vestiges de la laverie Lamarmora dont les arches roses sont souvent reprise sur les dépliants touristiques de la région. Les femmes employées à la mine y nettoyaient les minéraux bruts avec de l'eau de mer. Pour y arriver, il faut descendre un escalier à flan de pente de 300 marches environ. Fatigant mais spectaculaire, le panorama permet de voir entièrement le littoral de Nebida, le golfe de Gonnesa, l'île Piana et l'île de San Pietro.

LAVERIA LAMARMORA

✆ + 30 0781 186 58 60
Visite guidée sur réservation à la Coopérative. Entrée : 10 €.

Posée au pied de la falaise, la Laveria Lamarmora figure parmi les sites d'archéologie industrielle les plus impressionnants de l'Iglesiente. Un escalier très raide de 300 marches descend jusqu'aux hautes arches, aux fours et aux cheminées. Construite en 1897, il ne reste plus que les parois en brique de la laverie qui occupaient plus de 2 000 m² sur trois niveaux. L'intérieur accueillait les équipements de séparation des minerais qui arrivaient de toutes les mines voisines, des locaux de stockage, la salle des fours et plusieurs machines à vapeur.

Village de Masua.

VILLA BREZZA MARINA €€

37 via S'Argiola
© +39 338 664 3135
www.sardiniaseahome.com
Compter de 85 à 190 € la nuit. Appartement 4 personnes.

Cet appartement est abrité dans une résidence rigolote qui donne directement sur la mer et le Pain de Sucre au loin. Les maisonnettes sont agglutinées les unes aux autres et colorées d'ocre, de blanc, de jaune ou de rose, ces couleurs très prisées dans les stations balnéaires du sud de l'Italie. L'appartement, modeste par la taille, est bien conçu et permet d'accueillir une famille de 4 personnes. Il comprend une salle de séjour avec un coin cuisine et un coin salle à manger, deux chambres et deux salles de bains et une agréable terrasse donnant sur la mer.

906 OPERAIO €

Passeggiata del Belvedere di Nebida
© +39 338 916 5388
Ouvert tous les jours d'avril à octobre de 9h à 23h. Compter 20 € pour un repas.

Cette adresse absolument surréelle mérite bien une halte. Le long de la promenade du belvédère de Nebida s'ouvre une merveilleuse terrasse avec vue plongeante sur la mer et le rocher Pan di Zucchero au loin. Les cuisines prennent place dans ce qui était le dépôt d'explosif des anciennes mines, tandis que les tables s'étalent sur la promenade ombragée. Les pizzas sont ici la grande spécialité, mais vous pourrez vous y arrêter pour un verre. 906 Operaio rend hommage aux mineurs morts lors de la révolte de 1906 protestant contre les conditions de travail inhumaines.

SERUCI

Le développement de Seruci s'est opéré grâce à l'activité minière, comme tant de localités du sud-ouest de la Sardaigne. Jusqu'en 2018, on y extrayait le charbon. Les mineurs sont encore sous le choc d'avoir définitivement posé leur casque. La mine de Seraci était la dernière en activité pour l'extraction du charbon en Sardaigne. Le site est occupé depuis très longtemps, car ce sont les vestiges nuragiques qui attirent les touristes dans cette petit commune. Pour y accéder, depuis la route pour la mine, prendre la première à droite. Un peu plus loin gisent une centaine de cabanes nuragiques récemment restaurées, mais les travaux continuent.

PORTOSCUSO

Portoscuso est une charmante station portuaire fondée au XVIe siècle par les Espagnols. Ses baies rocheuses et ses belles plages en font un ravissant lieu de villégiature. La tour de trachyte rouge date de l'époque espagnole. Restaurée par les Pisans, elle fut transformée en hébergement privé au milieu du XIXe siècle. Elle se visite désormais. L'église de la Madonna d'Itria, reconstruite en 1955 est aussi à voir. Elle a conservé ses murs, un crucifix et une statue en bois de la période espagnole. Le thonaire de Su Pranu est exposé entre l'église et le port. La pêche au thon a repris début 2000 en Sardaigne, après son interruption en 1970.

HÔTEL DON PEDRO €€

Via Vespucci, 15
© +39 0781 510 002
www.hotel-donpedro.com
Compter de 74 à 94 € pour une chambre double, petit déjeuner inclus.

Le Don Pedro permet de profiter du confort et surtout des services d'un hôtel 3-étoiles à prix tout à fait correct. Sa situation en arrière-plan de la marina de Portoscuso n'est pas des plus glamour, sa structure béton non plus. En revanche, sa vue sur mer et sa prise directe aux embruns est nettement plus plaisante. Le restaurant était en cours de rénovation lors de notre passage. Si jamais il n'avait pas rouvert, vous aurez l'embarras du choix en prenant la direction du port. On aime aussi la déco individualisée dans les chambres.

SA MUSCIARA €€

13 Lungomare Cristoforo Colombo
© +39 078 150 7099
www.ristorantesamusciara.it
Ouvert du mardi au dimanche de 12h à 14h 30 et de 19h30 à 22h. Fermé le lundi. Compter 45 € pour un repas.

Sa Musciara est la meilleure table de la région. Elle rend hommage au passé de port thonier de la ville avec un menu dédié au thon rouge en saison. La Musciara était d'ailleurs le nom du bateau du chef de la pêche de Portoscuso, dont une fenêtre placée sous la quille lui permettait de voir les prises en direct. Produits frais et simplicité forment le duo gagnant de cette table élégante qui s'ouvre sur la mer. La spécialité de la maison ? Les spaghettis dont la recette figure sur le site Internet. Réussirez-vous à les reproduire à l'identique ?

SANT'ANTIOCO ★

Située au sud-ouest de la Sardaigne, Sant'Antioco est la quatrième plus grande île d'Italie. Elle est reliée à l'île principale par un pont de 5 kilomètres à fleur de lagune qui amerrit précisément dans la ville de... Sant'Antioco. La bourgade, bien calme, semble se reposer sur ses glorieux lauriers. Rares sont les touristes à pousser jusqu'ici pour visiter le Musée d'ethnographie ou le musée d'archéologie Ferruccio Barreca. Sant'Antioco fut fondée en 770 av. J.-C. par les Phéniciens qui la baptisèrent Sulcis. Le musée conserve de nombreux témoignages de cette présence. Elle passa ensuite aux mains des Carthaginois, puis des Romains, et connut une longue période prospère grâce à son port de commerce où s'échangeaient les minerais. Mais les environs de la ville comptent aussi des vestiges archéologiques plus anciens tels que les menhirs de Sa Mongia et Su Para, les tombes des géants Su Niu et Su Crobu ou les nuraghes de Canai. Sant'Antioco (la ville) ne compte pas de plage et il faut prendre la voiture pour fouler le sable de Maladroxia ou de la longue plage de Coaquaddus. Le soir, le Corso Vittorio Emanuele II s'anime quelque peu. L'été, des artistes de rue prennent place. Pensez à faire le plein à la station-service qui se trouve à l'entrée de l'île sur la voie rapide, car dans l'île elles sont difficiles à trouver.

Balade

L'arrière-pays de Sant'Antioco est riche en petits bois de lentisques et de genévriers. La côte près de Su Cavu de su Logu est d'origine volcanique, comme en témoigne sa couleur noire. La localité de Canai, au sud de l'île, compte de nombreux nuraghi et tombes de géants.

Tourisme

L'Associazione Turisitica Proloco se situe sur la Piazza della Repubblica à Sant'Antioco. L'office de tourisme n'est ouvert qu'en saison.

Transports

Un pont à fleur d'eau relie l'île de Sant'Antioco à la Sardaigne. Delcomar assure la liaison entre Calasetta au nord de l'île et Carloforte sur l'île de San Pietro, à raison de 7 traversées quotidiennes. Compter 30 mn et 4 € pour la traversée.

Les bus ARST relient Sant'Antioco et Calasetta à Cagliari avec le bus direct 802. Compter 2 heures de trajet et 7 €.

BASILICA DI SANT'ANTIOCO MARTIRE ★★

Piazza Parrocchia, 22

✆ +39 0781 83 044

Ouvert tous les jours de 9h à 12h et de 15h à 17h15. Pas de visite pendant les offices.

© POINTBREAK - SHUTTERSTOCK.COM

Derrière une façade anonyme se cache un intérieur du Ve siècle d'influence byzantine remarquable. La basilique est dédiée au saint patron martyre de l'île, Sant'Antioco. La légende veut qu'Antioco, refusant de renier sa foi, aurait été envoyé par les Romains dans les mines d'Iglesias. Il prit la fuite dans un tonneau de goudron, d'où son teint plutôt mat. Sa dépouille est conservée sous l'autel. Le vaste réseau de catacombes datées du IIe au VIIe siècle mérite aussi la visite.

MUSEO ARCHEOLOGICO DI SANT'ANTIOCO 🏛 ★★

Via Moscati

✆ +39 0781 82105

mabsantantioco.it

Ouvert tous les jours de 9h à 19h, jusqu'à 18h d'octobre à mai. Entrée : 6 €.

Dans ce musée, on peut admirer des témoignages des époques prénuragique, nuragique, phénicienne, punique et romaine retrouvés sur l'île de Sant'Antioco. Le musée est plutôt petit. Il expose les urnes trouvées sur le site du tophet qui contenaient les restes carbonisés d'enfants et d'animaux. On y a aussi découvert des stèles gravées qui ont passionné les archéologues. Parmi les autres pièces exposées, bijoux et pièces d'orfèvrerie sont les plus étonnantes.

MUSEO ETNOGRAFICO ★★

Via Necropoli
✆ +39 0781 800 596
www.archeotur.it
Ouvert de 9h à 20h d'avril à septembre. Coupure entre 13h et 15h en hiver. Entrée : 3 €.

Le musée présente une riche collection de tous les objets de la vie quotidienne locale d'autrefois : le coin du pain, avec toutes les sortes de pains (pain pascal, *fregola*…) ; le coin du fromage, où sont expliquées les techniques de fabrication de la ricotta et du pecorino ; le coin du menuisier, avec d'anciens rabots en bois ; le coin de la vigne ; le coin des travaux des champs, rassemblant selles, charrues et jougs pour les bœufs. Aux portes du village hypogée, il a été aménagé dans une ancienne exploitation viticole datant du XVIIIe siècle.

VESTIGES ARCHEOLOGIQUES ★★

Area archeologica
Billet combiné : 13 €. Musée archéologique + Musée ethnographique + tophet + village hypogée + fort.

Le fort pisan (via Castello) fut construit en 1700 pour contrer les attaques éventuelles. En face du fort, un portique romain est érigé sur les ruines d'une structure datant de l'époque carthaginoise. Le village hypogée (via Necropoli) est une nécropole datant de l'époque punique, qui est devenue lieu d'habitation pour les familles les plus pauvres de l'île. Au tophet (via Moscati), les Phéniciens sacrifiaient les fils aînés des familles les plus importantes. La plupart des pièces retrouvées ici ont été déplacées au Musée archéologique de Sant'Antioco.

CAMPING TONNARA €

Loc. Calasapone
✆ +39 0781 809 058
www.campingtonnara.it
Compter de 6 € à 20 € par personne et de 8 € à 30 € pour l'emplacement selon la situation et la saison.

Sur la façade ouest de l'île, ce grand camping jouit d'une situation privilégiée aux abords de la belle Cala Sapone. La plage n'est pas très belle et très petite, mais les eaux translucides et les fonds rocheux sont parfaits pour le PMT ou la plongée. Le camping 4**** offre tous les services nécessaires à un séjour agréable avec notamment supérette, restaurant, pizzeria, bar et même une piscine. Le personnel est serviable et souriant. Un seul bémol, le manque d'ombre sur les emplacements. Si l'intimité est préservée par une haie, l'insolation n'est pas loin.

HÔTEL DEL CORSO €€

Corso Vittorio Emanuele, 32
✆ +39 0781 800 265
www.hoteldelcorso.it
Compter de 69 € à 100 € selon la saison pour une chambre double, petit déjeuner inclus.

Au cœur de la ville de Sant'Antioco cet hôtel 3*** propose des chambres accueillantes avec parquet briqué et salles de bain en marbre. Elles sont équipées du minimum vital pour passer un séjour agréable, dont la climatisation, un minibar et la télévision. Mais pour boire un verre, le bar de l'hôtel, qui fait aussi office de salle de petit-déjeuner, est bien plus agréable. Son bar en bois mouluré et les tables juponnées donnent la sensation d'être dans un café viennois. Le personnel aimable et attentionné fait de cette adresse une étape de choix.

HÔTEL SOLKI €€

Piazza Pertini
✆ +39 0781 800 521
www.hotelsolki.it
Compter entre 70 € et 110 € selon la saison pour une chambre double, petit déjeuner inclus.

La décoration des chambres, dans des tons pastel, trahit quelque peu la date de construction de cet hôtel dans les années 2000. Discret et tranquille, il est situé à deux pas de la petite marina de Sant'Antioco. Il dispose de 21 chambres confortables couleur de soleil. Ses grandes chambres quadruples sont parfaites pour les familles. Le petit déjeuner est servi dans la salle à manger située au rez-de-chaussée. S'il ne fait pas des étincelles, cet hôtel met à la disposition de ses clients le nécessaire pour un séjour agréable à proximité du centre-ville.

PIZZERIA RENZO E RITA €

Via Nazionale, 42
✆ +39 347 7128 566
Ouvert du jeudi au mardi de 18h à 23h. A partir de 10 € pour une pizza. Réservation conseillée.

« Renzo e Rita » est un bel exemple de pizzeria et restaurant bon marché à Sant'Antioco. Avec une carte élaborée de plats sardes et un large choix de pizzas, cette adresse devrait ravir le plus grand nombre. Le visiteur prend place dans une longue salle à manger climatisée. Mieux vaut s'installer au fond de la salle ou en terrasse, afin d'être éloigné du four à pizza. Le chef en propose une quarantaine de variétés et elles plaisent à la nombreuse clientèle d'habitués. A tel point qu'il vaut mieux réserver, car c'est souvent complet.

DEL PASSEGGERO €€

Lungomare Amerigo Vespucci, 52
✆ +39 0781 837 94
Ouvert tous les jours de 12h30 à 15h30 et de 20h à 23h30. Compter 30 € pour un repas.

Vous recevrez un accueil en français dans ce petit restaurant à l'écart du cœur de la ville. Il est situé à la sortie du pont qui relie Sant'Antioco à l'île de Sardaigne. Cette belle petite adresse en dehors des radars propose de nombreuses spécialités sardes, des poissons frais et des pizzas au feu de bois préparées le soir uniquement. Calamars frits, grosses gambas, crabes font partie du menu. La salle cossue insuffle une ambiance marine et corallienne. Nappes et serviettes en éventail, plantes vertes et compositions florales témoignent d'un sens du détail.

DA ACHILLE RISTORANTE €€€

Via Nazionale, 82 ✆ +39 078 183 105
www.hotel-moderno-sant-antioco.it
Ouvert tous les jours, midi et soir. Compter 40 € pour un repas.

On ne s'attend pas à trouver un restaurant aussi raffiné dans la petite localité de Sant'Antioco, et pourtant... Da Achille revisite toutes les meilleures spécialités italiennes et les cuisine à sa façon. Viandes, poissons, pâtes, sont joliment dressés dans une belle vaisselle. Le restaurant de l'hôtel Moderno fait l'unanimité auprès de ses habitants et des touristes de passage. Le cadre fait la part belle aux matériaux naturels et est relevé de petites touches de couleur originales. Ca change de la rusticité de nombreux restaurants sardes.

KITE VILLAGE SARDEGNA

Loc. Punta Trettu snc, Fraz. di Matzaccara
✆ +39 32 803 347 68
www.kitevillagesardegna.com
A partir de 45 € de l'heure. Fermé hors saison.

Punta Trettu, bien qu'encore peu connue, est l'un des meilleurs spots de kitesurf de la Sardaigne. Le vent s'engouffre sur cette étendue d'eau calme encadrée par la Sardaigne d'un côté et l'île de Sant'Antioco de l'autre. Ces éléments font de Punta Trettu l'endroit idéal pour commencer à pratiquer le kitesurf. Dans ce paradis perdu, trois amis passionnés ont créé un village sympa où l'on peut apprendre les bases du kitesurf ou perfectionner son style. Conçu comme un camping, il est possible de planter sa tente ou son camping-car. Nombreux services à disposition.

CALASETTA

La station balnéaire de Calasetta, à une quinzaine de kilomètres au nord de la ville de Sant'Antioco, est aussi la deuxième ville de l'île. Son plan à damier témoigne d'une fondation récente. Pour la partie historique, c'est à Sant'Antioco qu'il faut se rendre. Elle possède de bonnes installations touristiques. Ses petites ruelles étroites, bordées de maisons aux couleurs pastel, lui donnent du charme et assurent sa tranquillité. Si Sant'Antioco est plus animée, Calasetta offre une ambiance plus familiale. En raison d'une fréquentation touristique limitée, c'est un bel endroit pour s'approprier la Sardaigne et vivre comme les locaux.

FONDAZIONE MACC

Via Savoia, 2
✆ +39 0781 887219
www.fondazionemacc.it
Ouvert du mardi au dimanche 18h à 21h. Entrée : 4 €.

Le Macc (Museo d'Arte Contemporanea de Calasetta) expose la donation de l'artiste toscan Ermanno Lainardi, peintre abstrait qui vécut entre Paris et cette petite ville du Sulcis. La collection propose un camaïeu d'artistes internationaux, dont Albers, Fontana, Capogrossi, Hsiao Chin. Ce musée d'avant-garde, parmi les plus évocateurs de la Sardaigne pour l'art contemporain, séduit non seulement par ses œuvres, mais aussi par sa position donnant droit sur la mer. Les expositions régulièrement organisées suivent le même esprit pointu et ouvert.

TORRE SABAUDA

Via Marconi
Ouvert l'été uniquement. Entrée : 2 €.

Cette tour massive fut construite par les Espagnols dans la seconde moitié du XVIIIe siècle pour prévenir les attaques des pirates. Elle s'intègre dans le système défensif qui borde tout le littoral sarde. Elle est construite en pierre volcanique d'après les plans d'un ingénieur militaire piémontais. Grosse tour ronde, elle est en bon état et se visite de l'intérieur. Depuis le haut de sa terrasse, vous aurez une belle vue sur la plage de Sottotorre et sur le village. Au rez-de-chaussée, petite exposition de vestiges archéologiques retrouvés dans la région.

HÔTEL LUCI DEL FARO €€

✆ +39 0781 810 089
www.hotelucidelfaro.com
Compter de 116 € à 230 € selon la saison pour une chambre double, petit déjeuner compris. Fermé de novembre à mars.

Hôtel 3-étoiles en forme d'hacienda d'inspiration méditerranéenne, situé sur l'île de Sant'Antiaco dans un cadre idyllique sur une côte rocheuse donnant sur la mer. Les chambres spacieuses sont réparties autour d'un patio entourant une belle piscine et un court de tennis. Une navette gratuite vous conduira sur les plages voisines : équitation, trekking, plongée, windsurf, vélo, excursions en bateau... Grand restaurant sur la terrasse ombragée : spécialités à base de poissons et coquillages. Ambiance chaleureuse, délicate. Accueil en français.

LE SABBIE €€

Loc. Sottotorre
✆ +39 0781 899 043
www.lesabbie.com
A partir de 75 € pour une chambre double, petit déjeuner inclus. Ouvert du 1er juin au 30 septembre

Situé à la pointe nord de l'île de Sant'Antioco, cet hôtel de construction récente se trouve à deux pas de la plage de Sottotorre. Les propriétaires ont choisi des couleurs marines pour décorer les 30 chambres climatisées de leur établissement. Le bleu turquoise domine de la chambre à la salle de bain. Fonctionnelles et simples, elles possèdent le charme modéré des petits hôtels balnéaires, où l'on passe plus de temps à l'extérieur que dans sa chambre. La petite terrasse qui la précède permet d'ailleurs de prolonger la journée à la plage.

MAMA FINA €

55 Via Roma
✆ +39 0781 186 1567
Ouvert du mardi au dimanche de 11h à 15h et de 19h à 22h. Fermé le lundi. Compter 20 € pour un repas.

Cette épicerie fine familiale fait aussi office de petite cantine fraîche qui ravit les locaux comme les touristes. Ouverte à l'été 2016, Mama Fina est l'association de deux frères passionnés par la cuisine, qui rendent hommage à leur mama, nommée Fina. C'est donc une cantine familiale, qui prépare une dizaine de plats différents chaque jour, du couscous revisité au Pilau (le plat typique de Casaletta) en passant par des pâtes fraîches et du poisson sorti du bateau le matin même. Les plats peuvent s'acheter à emporter ou être dégustés sur la jolie terrasse.

DA PASQUALINO €€

Via Regina Margherita, 85
✆ +39 0781 884 73
Ouvert du mercredi au lundi midi et soir. Fermé le mardi. Compter 40 € pour un repas.

Pasqualino possède une certaine idée de l'élégance qui s'exprime dans le cadre de la salle à manger de cette trattoria traditionnelle. Les voilages aux fenêtres sont plissés, les nappes sur les tables sont doublées, le carrelage au sol est à damier. L'ensemble forme un tout un peu tristounet renforcé par le bric-à-brac du fond de salle. Heureusement, le talent du chef sauve le contenu des assiettes. Il mélange les influences sardes et ligures et perpétue la tradition de la *cascà* (couscous) ramené de Tunisie, tout en sublimant les produits de la mer.

SUD-OUEST

© AUTHOR'S IMAGE

Port de Calasseta.

CARLOFORTE ★★

La seule ville de l'île, Carloforte (7 000 hab.), est très influencée par les origines ligures de ses habitants. En 2004 la ville a été nommée commune honoraire de la province de Gênes, en raison des liens très forts entre la petite île sarde et la capitale de la Ligurie. Le dialecte, mais aussi l'architecture de Carloforte, présentent des caractéristiques uniques en Sardaigne. On s'en rend compte en arrivant au port, entouré par des petits immeubles datant du XIXe siècle, de style Liberty, aux tonalités légères de rose, vert et bleu. Ici, en été, tout le monde se donne rendez-vous pour la promenade du soir. La place centrale sur la rue qui longe le port est dominée par la statue de Carlo Emanuele III, à laquelle il manque un bras. Elle fut érigée en 1788 en l'honneur du roi ligure qui avait fondé la ville 50 ans auparavant. En suivant la via Tagliafico, on arrive à la piazzetta Repubblica, entourée par des magnolias, et on peut visiter l'église de style baroque tardif de San Carlo. Le centre de Carloforte offre des vues pittoresques : ses rues régulières, peu ouvertes au trafic et trop petites pour les véhicules, se transforment parfois en escaliers. Ses immeubles aux couleurs claires ont tous des petits balcons d'où les gens regardent la rue en été. Si vous quittez la zone du port en montant vers la partie haute, vous arrivez aux fortifications érigées par les premiers habitants de l'île, qui craignaient une invasion des Tunisiens. Ces fortifications ressemblent au plan d'un château sans compter que la rue qui les longe, s'appelle la via Castello, la rue du Château. Mais la coïncidence et la ressemblance s'arrêtent là car les tours et les arches n'appartiennent qu'à de simples murs de fortifications de la ville. Sur la via Castello, le palais du gouvernement, une ancienne prison, est aujourd'hui connue comme la Casa del Duca, elle abrite la maison du gouverneur et la première église de la ville.

Tourisme

L'office de tourisme se trouve sur le Corso Tagliafico (ouvert de 10h à 13h tous les jours et fermé hors saison).

Transports

Delcomar dessert l'île de San Pietro au départ de Calasetta sur l'île de Sant'Antioco et de Portovesme depuis la Sardaigne. Compter 30 min de traversée pour Calasetta et 4 à 4,50 €. Compter 40 min de traversée pour Portovesme et 4,50 à 4,90 €.

CAPO SANDALO ★

Capo Sandalo

A l'extrémité nord-occidentale de l'île, suivre la strada provinciale 104.

A 107 m au-dessus de la mer, le belvédère du Cap Sandalo domine la pointe ouest de l'île. Les couchers de soleil y sont inoubliables. D'ici vous pouvez aussi effectuer une session de *bird watching* en vous renseignant au kiosque de l'Oasi Lipu, l'association italienne qui protège les oiseaux (www.lipu.it). En descendant vers Cala Fico, on arrive à l'abri préféré des faucons de la reine, l'espèce protégée pour laquelle l'île de San Pietro est connue. Une énorme roche en trachyte gris en forme de figue, à quelques mètres de la côte, en accueille des dizaines.

CHIESA DEI NOVELLI INNOCENTI ★

Via dei Novelli Innocenti

Pour rentrer dans cette église, il faut demander la clef à l'église de San Pietro, sur la via Corvetto, à quelques mètres. Elle a été édifiée en 1796 sur les ruines d'une église datant de 1200. Selon la tradition, l'ancienne église avait été construite pour commémorer un groupe d'enfants morts lors du naufrage du bateau qui devait les transporter en Terre sainte pendant les Croisades. On y trouve les tombes de trois membres de la famille Porcile, qui contrôlait l'île en 1700.

CHIESA DELLA MADONNA DELLO SCHIAVO ★

Via XX Settembre

Très petite et non incluse dans les circuits touristiques, cette église est un bijou à découvrir absolument. Blanche à l'extérieur, ses murs sont peints en bleu céleste à l'intérieur. Cette église a été édifiée pour commémorer les pêcheurs de corail de Pegli, morts sous la domination tunisienne de l'île de Tabarka dont ils étaient originaires. Une statue de la vierge en bois, dans la niche au-dessus de l'autel, a été retrouvée sur une plage en Tunisie.

CHIESA DI SAN CARLO BORROMEO ★

Piazza San Carlo

Edifiée en 1738, cette église de style néo-classique est le fruit d'un financement assuré par les réfugiés de l'île de Tabarka en Tunisie. Elle est dédiée à San Carlo, l'un des trois saints patrons de la ville. Une pierre ramenée de l'abside de l'église de Tabarka a été enchâssée derrière l'autel. La statue de sainte Anne a aussi fait partie du voyage Tabarka-San Pietro. Dans le clocher, une petite lumière rouge indique le chemin aux bateaux qui rentrent dans le port pendant la nuit.

LE COLONNE DI CARLOFORTE ★

Le Colonne

A 20 mètres de la côte, deux colonnes rocheuses en trachyte rouge violacé émergent de l'eau et semblent veiller sur la petite île de San Pietro. Ces deux vigies de pierre scrutent l'horizon jusqu'aux rivages de Tunisie, les terres les plus proches. Les habitants en ont fait le symbole de leur île, l'élément le plus représentatif qui figure sur les dépliants touristiques. Très faciles à atteindre, il suffit d'emprunter le sentier balisé qui part de la plage de La Bobba. Si la promenade à flan de falaise est agréable, son but laisse une impression modérée.

MUSEO CIVICO DI CARLOFORTE ★★

Via Cisterna del Re, 20

✆ +39 0781 855 880

www.carloforte.net/museo

Ouvert de 9h à 13h et de 17h à 21h. Fermé lundi, mardi et mercredi matin. Entrée : 2 €.

Une visite du Musée municipal permet de se familiariser avec les singularités culturelles des îliens. Installées dans le fort de 1738, les 5 salles racontent l'histoire de cette communauté ligure venue de Tunisie à travers des documents des XVIIIe et XIXe siècles. Le musée expose également une embarcation typique de la pêche au thon et la reconstitution d'une conserverie. Une troisième salle présente une belle collection de coquillages méditerranéens.

OASI LIPU

Oasi Lipu

✆ +39 338 277 6307

www.lipu.it

Visite sur réservation par téléphone ou mail.

En été, la Ligue italienne pour la protection des oiseaux organise des séjours d'observation des faucons. Ce coin de falaise long de 6 kilomètres abrite une importante colonie de faucons de la reine. Elle a été déclarée aire protégée en 2011, afin de veiller sur la centaine de couples qui vient nidifier ici tous les étés. Les ornithologues amateurs observent et préservent les nids du braconnage depuis 1980. Le nom de ce rapace vient de la reine Eleonora d'Arborea qui, il y a 6 siècles, déclara les faucons « espèce protégée ». Pour les amoureux de la nature.

SUD-OUEST

Faraglioni Le Colonne.

SPIAGGIA LA CALETTA ★★

© ALESSIO ORRU - SHUTTERSTOCK.COM

La plage de la Caletta est considérée comme la plus belle plage de l'île, sans doute parce que c'est la plus grande de sable fin. Située au sud-ouest de l'île, elle descend en pente douce vers les eaux turquoise. Mais son exposition aux vents en fait surtout un spot apprécié des surfeurs. Un bar-restaurant en bout de plage, avec ses incontournables transats et parasols, permet de s'offrir un en-cas. De là part aussi un petit sentier qui grimpe au sommet de la pointe du Castello, d'où l'on peut profiter d'un magnifique point de vue sur la côte déchiquetée.

B&B IL GHIRO €

Piazza Repubblica, 7
✆ +39 338 205 0553
www.carlofortebedandbreakfast.it

Compter de 55 € à 85 € la chambre double, petit déjeuner compris.

Ce B&B familial est tenu par deux frères qui ont repris la petite maison typique de leur grand-père. Deux étages et deux chambres spacieuses donnent sur la place centrale. Il Ghiro signifie « le loir », de l'expression « dormir comme un loir », c'est effectivement le cas dans cet endroit charmant et écolo. Peinture bio aux murs, petit déjeuner préparé avec les fruits du jardin, du café bio, de l'eau filtrée, des confitures et biscuits maison, les frères Casanova pensent à tout. Si c'est complet, le Diaspro et le Four Rooms appartiennent à la même famille.

NICHOTEL €

Via Garibaldi, 7 ✆ + 39 781 855 674
www.nichotel.it

Compter entre 54 € et 179 € selon la saison pour une chambre double classique, petit déjeuner compris.

Le Nichotel est un hôtel bien tenu, qui bénéficie d'une bonne réputation à Carloforte. Les 17 chambres sont confortables et certaines laissent apparaître les vieilles pierres sur les murs. D'autres profitent d'une belle terrasse ou d'un balcon, mais elles sont nettement plus chères. L'hôtel possède quelques chambres familiales pour deux ou trois personnes, dont la plus grande jouit d'une magnifique terrasse avec vue sur le port. L'hôtel appartient à la famille Pomata, qui a également deux bons restaurants en ville, le Da Vittorio et le Pomata Bistrot.

CASA DI SALE €€

Loc. Gioia/Montagna
✆ +39 335 6057177
www.casadisale.com

Compter entre 80 € et 150 € pour une chambre double, petit déjeuner compris. Minimum de 3 nuits en haute saison.

A l'intérieur des terres, cette sublime maison d'hôtes invite à un séjour détente à l'enseigne de la nature. Les propriétaires Nadia et Michele, férus de yoga, proposent des cours pour tous les niveaux et des retraites de 5 jours à une semaine. Les quatre chambres, d'une intimité orientale, reflètent une douceur de vivre toute méditerranéenne. Les peintures à la chaux entre blanc éclatant et bleu tendre, la formidable terrasse qui surplombe le maquis font de votre séjour une caresse. Les délicieux petits-déjeuners sont préparés avec des produits bio.

DAU GALMAN €€

Loc. Bellavista
✆ +39 0781 852 088
www.galman.it

Compter entre 68 € et 110 € pour une chambre double, petit déjeuner compris.

Situé à quelques kilomètres de la ville, au cœur du maquis, cet hôtel bénéficie d'une position unique et isolée. Posé au sommet d'une butte, la vue depuis la terrasse et les chambres s'étend jusqu'à la mer et les collines de Sant'Antiocho. La vingtaine de chambres colorées donne la pêche. Le mobilier en rotin est un peu ancien et plutôt simple, mais la gentillesse des propriétaires fait vite oublier ce confort minimaliste. Depuis l'hôtel, et en voiture, vous pourrez alterner les plages du sud et de l'ouest de l'île en fonction de vos envies.

HÔTEL LA VALLE €€

Loc. Commende
+39 0781 857 001
www.hotellavalle.com
Compter de 60 € à 120 € selon la saison pour une chambre double, petit déjeuner compris.

L'Hôtel La Valle est en réalité une grande maison sur deux étages où la vie s'articule autour de la grande piscine. Les chambres meublées dans une évocation marine donnent sur le jardin méditerranéen d'où se dégagent de délicieux parfums de myrte, d'arbousier, de pins et de palmiers. Nos préférées sont celles du rez-de-chaussée avec leur petite terrasse et leur accès direct au jardin. Le petit déjeuner est servi sous la terrasse devant la piscine. L'hôtel organise régulièrement des réceptions et des mariages, ce qui rend la réservation parfois un peu délicate.

EOS DA SELO €

Via 1er Maggio, 4
+39 078 185 4727
Ouvert du mercredi au lundi de 20h à 2h. Fermé le lundi. Compter 15 € pour un repas.

Cette pizzeria se veut le rendez-vous des locaux qui apprécient qualité généreuse et tarifs serrés. Le restaurant ne paie pas de mine depuis la rue, mais les murs de pierre apparente et la terrasse sur l'arrière lui confèrent un certain charme. Les pizzas au feu de bois, à la pâte épaisse, sont garnies de produits frais : dés de tomate, fromage sarde, coques ou moules. Le restaurant propose également des pâtes, dont les *fregola* à la semoule, des assiettes de charcuteries ou de fromages sardes. Une bonne petite cantine typique.

PESCHERIA SANDOLO €€

Corso Battellieri, 28
+39 078 185 4355
www.pescheriasandolo.it
Ouvert tous les jours de 9h à 15h et de 17h30 à 23h. Compter 25 € pour un repas.

Le restaurant et poissonnerie Sandolo est une des institutions de Carloforte et une adresse à découvrir absolument. Au bout du port, la devanture blanche, les tables nappées de bleu et le carrelage blanc au mur nous rappellent que nous sommes dans une vraie poissonnerie. De la pêche à l'assiette, chaque jour les poissons et fruits de mer sont apportés ici et transformés en une belle carte fraîche : thon rosé et tomates cerises, oursins, belles crevettes, encornets, pêche du jour... pour les amateurs de poissons, vous êtes à la bonne place !

HOMARD ET LANGOUSTE « ALLA SARDA »

La pêche à la langouste est très répandue autour de la petite île de San Pietro. On déniche ce petit crustacé dans les anfractuosités rocheuses de la côte. De couleur claire et de petite taille, cette variété serait la plus savoureuse de Sardaigne. On la pêche également, ainsi que le homard, dans les eaux d'Alghero, de Bosa, d'Anglona ou de Santa Teresa di Gallura. De mai à août, les pêcheurs attrapent les crustacés avec des nasses en roseau et les gardent dans des cages immergées dans la mer appelées *maruffi*. Ils sont proposés sur les étals encore vivants, prêts à être cuisinés. Rares et coûteux, homards et langoustes sont considérés comme des mets d'exception.

Les recettes sardes sont nombreuses. La façon la plus classique est « à la catalane » : le crustacé est bouilli puis assaisonné avec de la tomate et de l'oignon cru ou avec un filet d'huile d'olive. Une autre recette consiste à ôter la chair de la carapace, à la couper en dés et à la mélanger avec de la chapelure pour la faire frire à la poêle. Langoustes et homards sont souvent accompagnés d'une mousse de ricotta et céleri, persil, basilic et tomate, ou alors cuisinés au jus d'orange. A Bosa, la recette locale recommande de couper la langouste en dés et de la faire frire avec des tomates cerises et de l'ail. A Oristano, la langouste est cuite dans un court-bouillon au vernaccia, puis assaisonnée avec une vinaigrette d'huile, citron, ail et poivre. Les meilleurs vins pour accompagner homards ou langoustes sont le vermentino ou le nasco di Cagliari.

SUD-OUEST

RISTORANTE DA VITTORIO €€

Corso Battellieri, 11
✆ +39 0781 855 200
www.ristorantedavittoriocarloforte.it
Ouvert de 12h à 14h30 et de 19h30 à 22h30. Fermé le lundi. Compter 35 € pour un repas.

C'est l'un des restaurants les plus traditionnels et les plus renommés de Carloforte. Reconnaissable à sa jolie devanture en bois toute arborée, en arrivant sur le port. Au menu : cuisine fraîche et assiettes sardes dans cet établissement de la famille Pomata considéré comme l'un des meilleurs de Carloforte. Ils détiennent aussi le bistrot Pomata non loin de là, avec une cuisine moderne et de bonnes pizzas pour ceux qui cherchent un lieu plus *trendy* que traditionnel. Spécialités de la maison : la *trippa* de thon et le thon *alla carlofortina*.

AL TONNO DI CORSA €€€

Via Marconi, 47
✆ +39 0781 855 106
www.tonnodicorsa.it
Ouvert de 12h30 à 14h30 et de 19h à 22h en été. Compter 50 € pour un repas complet.

Cet excellent restaurant de poisson évoque un temps où le thon rouge croisait en nombre dans les eaux de la Méditerranée. Heureusement, il reste bien d'autres ressources pélagiques qui finissent joliment cuisinées comme ces pâtes aux langoustines, ce ragoût de calamars ou ces grosses tagliatelles mêlées à de la tomate fraîche et des moules. Mais la spécialité à goûter absolument est le *cascà*, une variété de couscous tunisien. On s'attable à l'une des deux terrasses abritées, sans vue aucune, mais aux hautes chaises confortables.

DA ANDREA OSTERIA DELLA TONNARA €€€

Corso Battellieri, 36
✆ + 39 0781 855734
www.ristorantedaandrea.it
Ouvert de 12h30 à 14h30 et de 20h à 22h30. Fermé mercredi. Compter 50 € pour un repas.

Le chef Andrea Rosso connaît tous les secret du thon, mais, respectueux du travail des hommes et des rythmes de la nature, il évite de proposer ce poisson dans les périodes où la matière première n'est pas disponible. En saison, on trouvera le filet de thon en sel servi sur un lit de tomates juteuses et assaisonné d'un filet d'huile d'olive, les lasagnes faites maison au thon recouvertes de gouttes de pesto ou encore le thon rôti au jus de tomate et laurier.

DA NICOLO €€€

Via Cavour, 32
✆ +39 0781 854 048
Ouvert tous les jours en été de 13h à 15h et de 20h à 23h. Compter 40 € pour un repas.

Aménagé dans un ancien dépôt construit il y a quelque 250 ans sur le port, ce restaurant s'est imposé au fil des saisons comme la meilleure table de la ville. Nicolo Pomata, le chef, se reconnaît à son bandana noué sur sa tête qui ne le quitte jamais. A tel point que les locaux l'ont surnommé « le pirate ». Nicolo prend plaisir à valoriser le thon rouge, malheureusement en voie d'extinction. Alors il se rabat avec talent sur l'espadon cuisiné avec des aubergines alla parmigiana et mozzarella ou des maccheroni carlofortais au pesto, tomate et pecorino.

OBLO' PUB

Via Garibaldi 23
Ouvert tous les soirs de 21h à 3h.

Les opportunités de prolonger la soirée ne sont pas légion à Carloforte. L'Oblo est le rendez-vous des jeunes noctambules, car c'est le seul lieu qui ferme vraiment tard. Situé dans la rue Garibaldi, il se dégage de ce petit bar une ambiance de boîte de nuit. Pas tant pour le niveau sonore, que pour les néons roses et les lumières blanches qui font office d'éclairage. De toute façon, en été, les clients préfèrent s'attabler à la terrasse où les tables sont installées en travers de la rue piétonne. Quatre bières sont proposées à la pression.

PUB BARONE ROSSO

Via XX Settembre, 26
✆ +39 0781 857 022
Ouvert tous les soirs.

Ce bar sympathique rassemble ceux qui souhaitent prolonger le dîner avec un verre dans un cadre un peu kitsch. La décoration hétéroclite et très cocasse mêle bondieuseries, jouets, et propagande politique avec Sainte Vierge, peintures d'artistes sardes ou affiches communistes. Quelques tables cosy occupent l'entrée et le bar le bout de la salle. Bières artisanales et vins bio figurent à la carte. Le patron dépose avec chaque commande des petites préparations à déguster. Possibilité de commander de délicieux sandwiches et salades élaborés à la minute.

SUD-OUEST

NORD-OUEST

Délimité par la province de Sassari, le nord-ouest est une terre à l'histoire riche liée à ses invasions fréquentes par les Génois, les Pisans et enfin les Catalans. On parle encore un dialecte catalan à Alghero. Les villes, villages et sites d'intérêt sont nombreux, parcourus de vestiges archéologiques, de châteaux et fortins, de tours défensives. L'arrière-pays de Sassari est aussi l'une des toutes premières régions vinicoles de l'île, qui donne le vermentino qui se prête si bien aux apéritifs et repas de poissons et fruits de mer. En prenant la route vers les montagnes, on se perd dans des paysages ondulants parsemés de très anciennes églises romanes. Parmi les fleurons de la région, Castelsardo qui se dresse sur son promontoire, Alghero et son centre moyenâgeux ou le très protégé Parc national de l'Asinara attirent de nombreux touristes. Si vous arrivez en Sardaigne par ferry, vous débarquerez à Porto Torres.

Nord-Ouest
ISOLA ASINARA
LA PELOSA ★★
STINTINO ★★
PORTO TORRES
SP57
SP81
Ottava
SP57
SP93
Campanedda
SS131
ARGENTIERA
SP42
Bancali
SP18
SS291
SP69
SANTA MARIA LA PALMA
SS291
Pischina Salida
PORTO CONTE
FERTILIA
ALGHERO
Putifigar
SP12
SS292
SP105
SP12
20 KM
Montresta
SP49
SP19
BOSA ★★★★

Aglientu
SP90
Costa Paradiso
SP5
ISOLA ROSSA
SS133
SP10
La Tozza
SP74
VALLEDORIA
SP58
CASTELSARDO
La Ciaccia
CALANGIANUS
Lu Bagnu
La Muddizza
Santa Maria Coghinas
TEMPIO PAUSANIA
SP35
Bortigiadas
SP92
SS127
TERGU
SS134
SEDINI
Bulzi
SS672
SP29
SP17
PERFUGAS
Laerru
SS127
Erula
SP72
Martis
SP2
BERCHIDDA
SP75
SS392
E840
NURRA
SS672
SP16M
Tula
Oschiri
SP68
SS132
E840
SS597
Muros
Ploaghe
Codrongianos
SP97
Florinas
SS131
E840
SS729
SP37
Ardara
Chilivani
San Nicola
E25
SP20
SP63
OZIERI
PATTADA
SS131BIS
Siligo
Banari
SS128BIS
Bessude
Nughedu San Nicolò
Bonnanaro
Ittireddu
SP36
SP161
Torralba
SP50
Cheremule
SS131
SP113
SP6
Giave
SP21
Nule
Bultei
Anela
Cossoine
SP43
SP86
Mara
SS292DIR
Bonorva
Semestene
Bono
SP22
SP8
Padria
Burgos
Esporlatu
Bottidda
SP31
SP17
Illorai
Bolotana
SS129
Lei

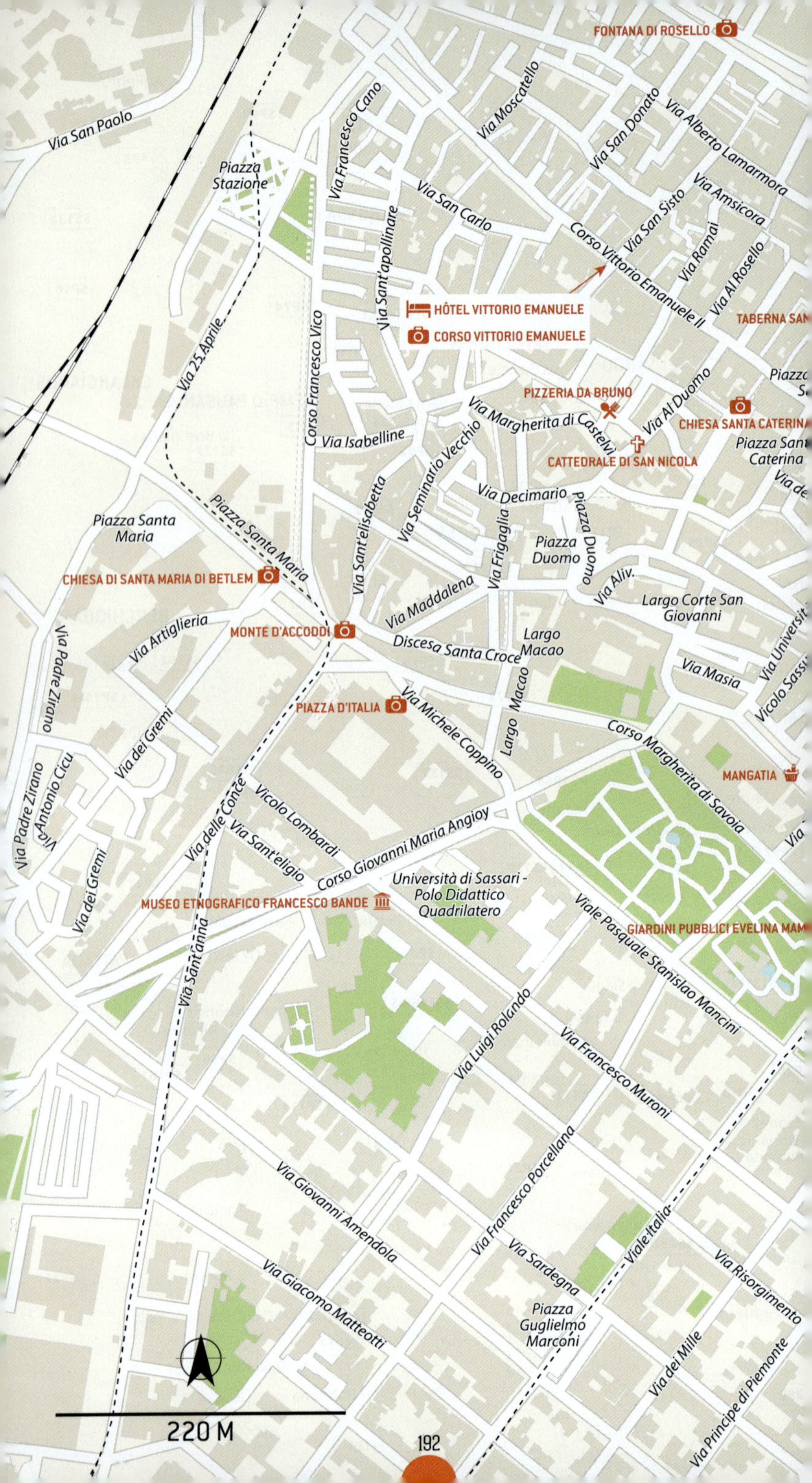

FONTANA DI ROSELLO
Via San Paolo
Piazza Stazione
Via Francesco Cano
Via Moscatello
Via San Donato
Via Alberto Lamarmora
Via Amsicora
Via San Carlo
Via Sant'apollinare
Via San Sisto
Corso Vittorio Emanuele II
Via Ramai
Via Al Rosello
HÔTEL VITTORIO EMANUELE
CORSO VITTORIO EMANUELE
Via 25 Aprile
Corso Francesco Vico
PIZZERIA DA BRUNO
Via Margherita di Castelvì
Via Al Duomo
CHIESA SANTA CATERINA
Via Isabelline
Via Seminario Vecchio
CATTEDRALE DI SAN NICOLA
Via Decimario
Piazza Duomo
Piazza Santa Maria
Piazza Santa Maria
Via Sant'elisabetta
Via Frigaglia
Piazza Duomo
Via Aliv.
CHIESA DI SANTA MARIA DI BETLEM
Via Maddalena
Largo Corte San Giovanni
Via Artiglieria
MONTE D'ACCODDI
Discesa Santa Croce
Largo Macao
Via Padre Zirano
Via Masia
Vicolo Sassu
PIAZZA D'ITALIA
Via Michele Coppino
Largo Macao
Corso Margherita di Savoia
Via dei Gremi
MANGATIA
Via Antonio Cicu
Via Padre Zirano
Via delle Conce
Vicolo Lombardi
Via Sant'eligio
Corso Giovanni Maria Angioy
Via dei Gremi
Università di Sassari - Polo Didattico Quadrilatero
MUSEO ETNOGRAFICO FRANCESCO BANDE
Viale Pasquale Stanislao Mancini
Via Sant'anna
Via Luigi Rolando
Via Francesco Muroni
Via Giovanni Amendola
Via Francesco Porcellana
Via Sardegna
Viale Italia
Via Risorgimento
Via Giacomo Matteotti
Piazza Guglielmo Marconi
Via dei Mille
Via Principe di Piemonte
220 M

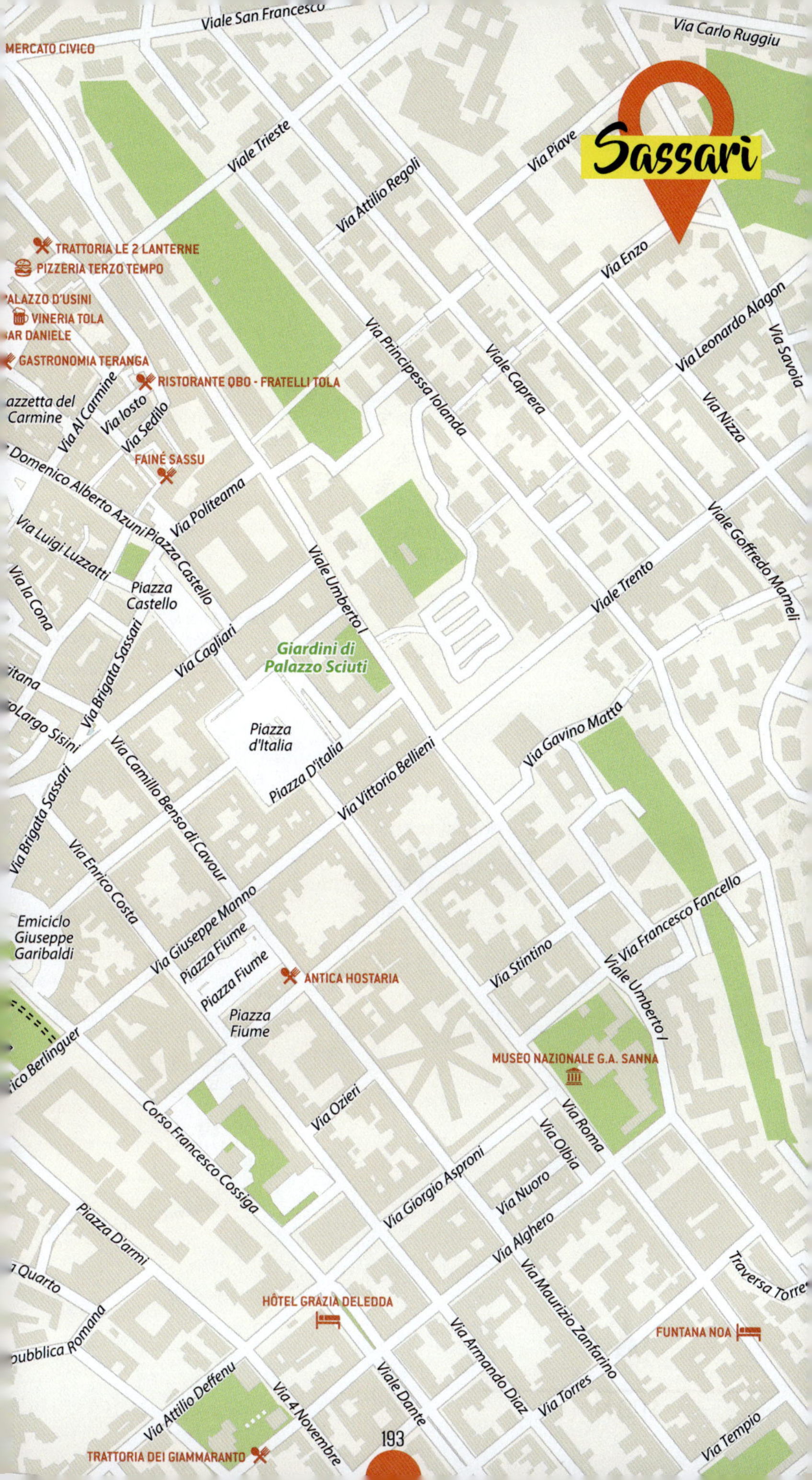
Sassari
Viale San Francesco
Via Carlo Ruggiu
MERCATO CIVICO
Viale Trieste
Via Piave
Via Attilio Regoli
Via Enzo
TRATTORIA LE 2 LANTERNE
PIZZERIA TERZO TEMPO
VINERIA TOLA
GASTRONOMIA TERANGA
RISTORANTE QBO - FRATELLI TOLA
Via Principessa Iolanda
Viale Caprera
Via Leonardo Alagon
Via Savoia
Via Nizza
Via Al Carmine
Via Iosto
Via Sedilo
FAINÉ SASSU
Via Politeama
Piazza Castello
Via Luigi Luzzatti
Piazza Castello
Via la Cona
Viale Umberto I
Viale Goffredo Mameli
Viale Trento
Via Brigata Sassari
Via Cagliari
Giardini di Palazzo Sciuti
Piazza d'Italia
Piazza D'Italia
Via Vittorio Bellieni
Via Gavino Matta
Via Camillo Benso di Cavour
Via Brigata Sassari
Via Enrico Costa
Emiciclo Giuseppe Garibaldi
Via Giuseppe Manno
Piazza Fiume
Piazza Fiume
Piazza Fiume
ANTICA HOSTARIA
Via Stintino
Via Francesco Fancello
Viale Umberto I
MUSEO NAZIONALE G.A. SANNA
Corso Francesco Cossiga
Via Ozieri
Via Roma
Via Olbia
Via Nuoro
Via Giorgio Asproni
Via Alghero
Piazza D'armi
Via Maurizio Zanfarino
HÔTEL GRAZIA DELEDDA
Via Armando Diaz
FUNTANA NOA
Viale Dante
Via Torres
Via Attilio Deffenu
Via 4 Novembre
Via Tempio
TRATTORIA DEI GIAMMARANTO

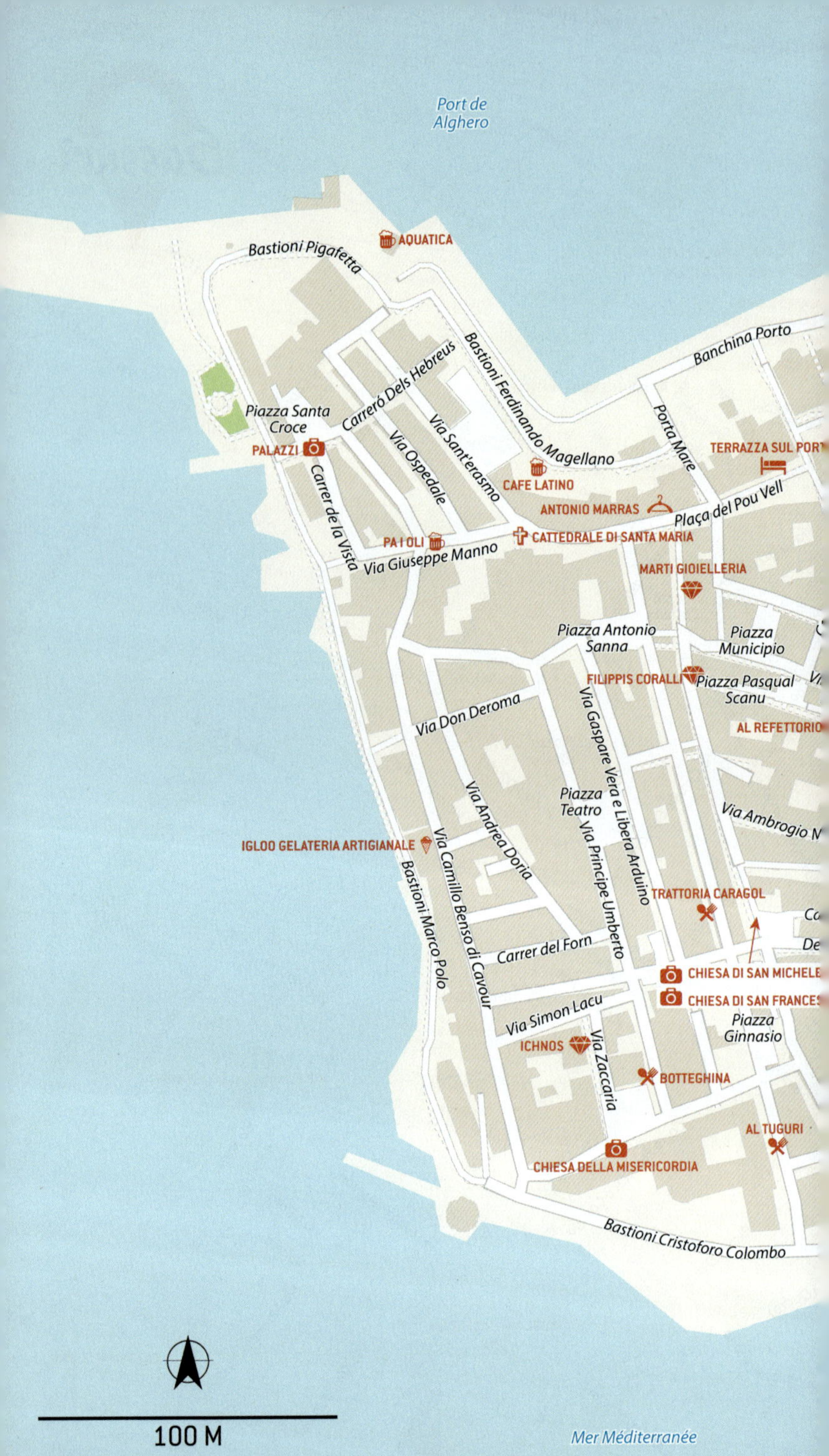

Port de Alghero
AQUATICA
Bastioni Pigafetta
Carreró Dels Hebreus
Bastioni Ferdinando Magellano
Banchina Porto
Piazza Santa Croce
PALAZZI
Carrer de la Vista
Via Ospedale
Via Sant'erasmo
Porta Mare
TERRAZZA SUL PORT
CAFE LATINO
ANTONIO MARRAS
Plaça del Pou Vell
PA I OLI
CATTEDRALE DI SANTA MARIA
Via Giuseppe Manno
MARTI GIOIELLERIA
Piazza Antonio Sanna
Piazza Municipio
FILIPPIS CORALLI
Piazza Pasqual Scanu
AL REFETTORIO
Via Don Deroma
Via Gaspare Vera e Libera Arduino
Via Andrea Doria
Piazza Teatro
Via Principe Umberto
Via Ambrogio M
IGLOO GELATERIA ARTIGIANALE
Via Camillo Benso di Cavour
Bastioni Marco Polo
TRATTORIA CARAGOL
Carrer del Forn
CHIESA DI SAN MICHELE
CHIESA DI SAN FRANCES
Via Simon Lacu
Piazza Ginnasio
ICHNOS
Via Zaccaria
BOTTEGHINA
AL TUGURI
CHIESA DELLA MISERICORDIA
Bastioni Cristoforo Colombo
100 M
Mer Méditerranée

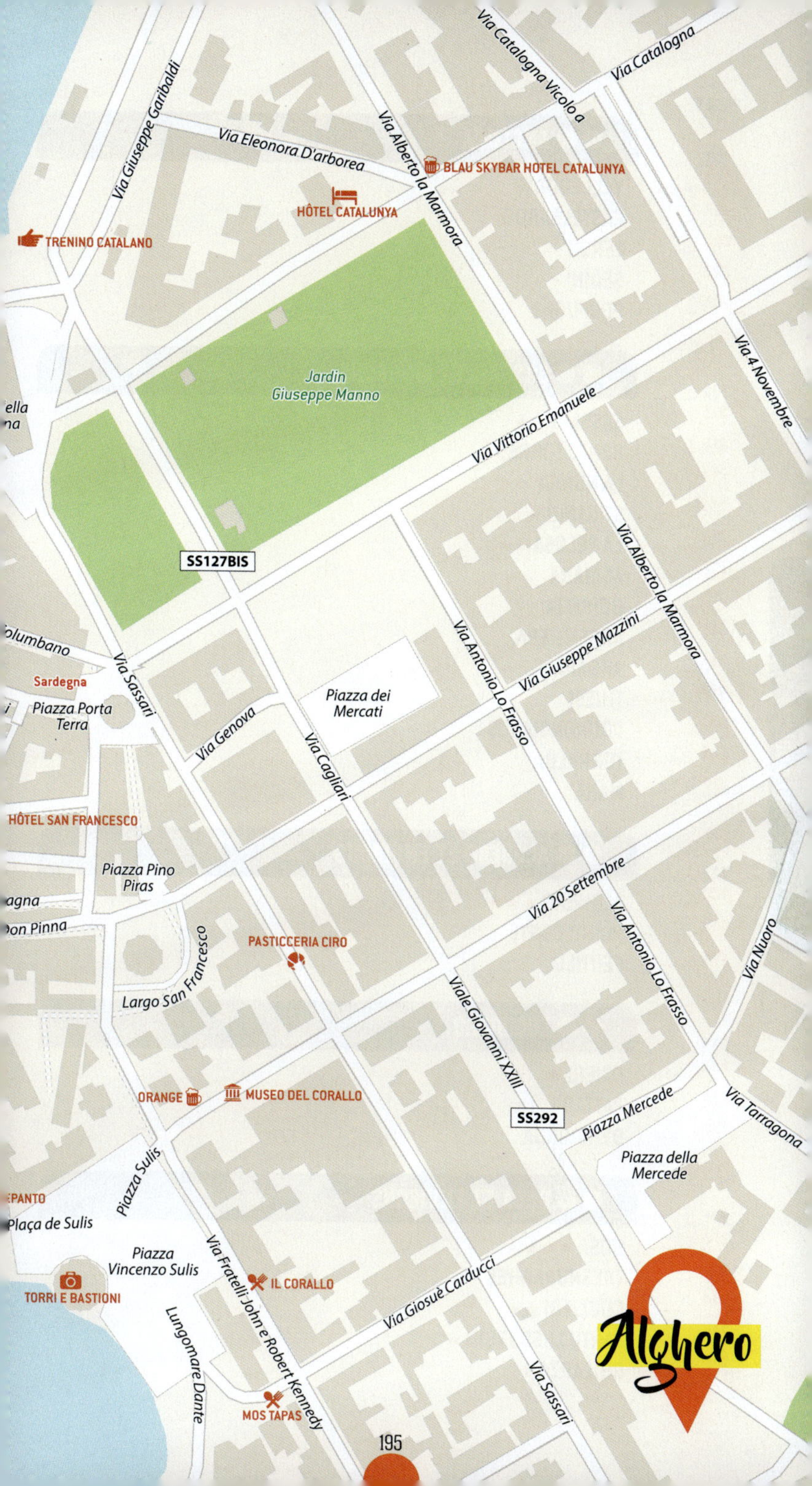

Via Catalogna Vicolo a
Via Catalogna
Via Giuseppe Garibaldi
Via Eleonora D'arborea
Via Alberto la Marmora
BLAU SKYBAR HOTEL CATALUNYA
HÔTEL CATALUNYA
TRENINO CATALANO
Jardin Giuseppe Manno
Via 4 Novembre
Via Vittorio Emanuele
SS127BIS
Via Alberto la Marmora
Via Antonio Lo Frasso
Via Giuseppe Mazzini
olumbano
Sardegna
Via Sassari
Piazza Porta Terra
Piazza dei Mercati
Via Genova
Via Cagliari
HÔTEL SAN FRANCESCO
Piazza Pino Piras
Via 20 Settembre
agna
on Pinna
Via Antonio Lo Frasso
PASTICCERIA CIRO
Largo San Francesco
Via Nuoro
Viale Giovanni XXIII
ORANGE
MUSEO DEL CORALLO
SS292
Piazza Mercede
Via Tarragona
Piazza della Mercede
Piazza Sulis
PANTO
Plaça de Sulis
Piazza Vincenzo Sulis
TORRI E BASTIONI
Via Fratelli John e Robert Kennedy
IL CORALLO
Via Giosuè Carducci
Lungomare Dante
Via Sassari
MOS TAPAS
Alghero

VALLEDORIA

Le village de Valledoria est surtout connu pour l'immense plage qui court sur plus de 8 kilomètres ininterrompus. Bordé par la rivière Coghina qui forme un lagon, Valledoria ne possède pas d'accès direct à la plage. En revanche, le village sert de base de ravitaillement aux énormes campings qui occupent ses abords. Historiquement, Valledoria était rattaché au judicat de Torres, avant d'être acheté par la très riche et très génoise famille Doria. Une importante épidémie de peste au XVe siècle manque de décimer la population. Il faut attendre le XIXe siècle et une migration intérieure venue de Tempio Pausania pour que le village reprenne vie.

CAMPING INTERNATIONAL VALLEDORIA €

Via La Ciaccia, 39
✆ +39 079 584 070
www.campingvalledoria.com

Compter entre 10 € et 15 € par personne selon la saison. Ouvert de fin mai à début octobre.

Au cœur d'une pinède odorante, ce camping de 10 hectares prend des allures d'usine quand l'été bat son plein. On y croise des personnes de toutes nationalités. L'accès à la plage se fait directement depuis les allées du camping. Malgré sa taille imposante, les services à bord sont relativement limités : un bar, une supérette, une piscine, un terrain de foot et quelques animations pour les plus jeunes. Le camping n'impose rien et laisse chacun profiter de ses vacances à son rythme.

CAMPING LA FOCE €

Via Ampurias, 110
✆ +39 079 582 109
www.foce.it

Compter de 26 € à 30 € selon la saison pour un emplacement de 2 à 6 personnes. Ouvert de fin avril à fin septembre.

Le camping de la Foce est tellement vaste qu'il se qualifie lui-même de village. Il borde la lagune de la Coghinas et dispose de son bac pour traverser la rivière et accéder à la plage. Outre les emplacements sous les arbres, le camping loue mobil-homes et bungalows pour ceux qui affectionnent le confort. Il compte une clientèle d'habitués, dont de nombreux Néerlandais, qui réservent d'une année sur l'autre. Ils apprécient l'ambiance club qui règne ici et les nombreuses activités proposées. Le seul espoir pour obtenir un emplacement est de venir hors saison.

CASTELSARDO

Au coucher du soleil, la vue sur cette cité médiévale perchée sur un promontoire rocheux est saisissante. C'est là l'un des sites naturels et humains les plus éblouissants de l'île. La vieille ville fortifiée descend de son promontoire vers la mer. L'autre versant a été envahi par une ville moderne peu esthétique. La ville vit de son activité traditionnelle de vannerie et du tourisme. L'été, des foules prennent d'assaut les fortifications, ses boutiques de souvenirs et ses plages, rompant avec la tranquillité des ruelles tortueuses. Mais alors que le tourisme se concentre aux alentours du Castello, le bas de la vieille ville, au-dessus de la mer, est resté très authentique. C'est un site remarquable qui mérite sa réputation de perle de la Sardaigne.

Histoire

La citadelle médiévale est fondée en 1102 par les Doria, une puissante famille de Gênes alliée à la seigneurie de Torres. Le bastion fortifié, appelé alors Castel Genovese, constitue avec Alghero l'un des deux centres de rayonnement de la puissance génoise en Sardaigne. Après plusieurs siècles de batailles contre les Espagnols, la forteresse réputée imprenable est conquise par les Aragonais en 1448. Ils la rebaptisent naturellement Castel Aragonese, mais les assauts étrangers ne prennent pas fin pour autant. Le fort manque de repasser sous domination génoise en 1527, après un siège de 3 jours. Il résiste la même année aux attaques des Turcs. En 1720, le traité de Londres fait passer Castel Aragonese sous le contrôle de la Maison de Savoie. A la suite d'une pétition, Carlo Emanuele III de Savoie accorde à la ville l'autorisation de changer de nom : elle deviendra Castelsardo en 1769.

Tourisme

L'office de tourisme se cache dans la citadelle, à côté du château, derrière une porte en bois peu visible. Il est ouvert de 10h à 12h et de 17h à 19h. Fermé le dimanche.

Transports

- L'arrêt principal pour les bus ARST se trouve sur la Piazza la Pianedda (billets dans les bureaux de tabac). Les lignes 721, 724 et 728 relient Castelsardo à Sassari en 50 min et le bus 728 à Santa Teresa Gallura en 1h40. Avec les Sardabus 112 et 113, on rend à la plage de La Ciaccia en 20 min (2 €).
- Le stationnement peut être délicat et la police se montre vigilante. Les marquages au sol bleus désignent un stationnement payant, tandis que le jaune est réservé aux résidents.

NORD-OUEST

CATTEDRALE DI SANT'ANTONIO ABATE ✞ ★★

Via Manganella

Entrée libre. Musée diocésain ouvert seulement l'été : 4 €.

La cathédrale se repère de loin, grâce à à son superbe clocher aragonais au clocheton orné de majoliques. Elle jouit d'un emplacement exceptionnel, face à l'onde bleue de la mer. D'apparence austère avec son enceinte fortifiée, l'église fut commencée d'être construite en 1597, mais il fallut deux siècles pour l'achever. A l'intérieur, l'autel est surmonté d'un intrigant retable représentant la Vierge à l'Enfant réalisé par un artiste sarde au XVe siècle.

CHIESA SANTA MARIA DELLE GRAZIE ★★

Via Regina Margherita, 2626

Ouvert tous les jours de 8h à 20h. Pas de visite durant les offices.

L'église médiévale de Santa Maria delle Grazie est particulièrement singulière : dépourvue de façade, son entrée se trouve curieusement située sur le côté droit de l'édifice. En contrebas du château, l'église possède un crucifix du XIVe siècle dit du « Christ noir », parmi les plus anciens conservés sur l'île. Depuis le XVIIe siècle, elle accueille la Confrérie de l'oratoire de la Sainte-Croix et est le théâtre d'une des plus belles liturgies de la Semaine sainte.

CENTRO STORICO ★★

Avec ses ruelles étroites et abruptes qui descendent du Castello à la cathédrale, avec une vue irrésistible sur la mer ou la campagne en contrebas, la vieille ville de Castelsardo diffuse un charme fou. De nombreuses bâtisses datant de la Renaissance ou de l'époque baroque se dévoilent au détour d'une rue. Il faut déambuler en prenant son temps, en levant le nez de temps à autre et en regardant ses pieds afin de ne pas rater une marche. Malgré le succès touristique de Castelsardo, il y demeure une ambiance encore authentique.

ROCCIA DELL'ELEFANTE ★★

Strada Statale 134, Km 19,300

A quelques kilomètres de Castelsardo, sur la route de Sedini, se dresse un rocher monumental en forme d'éléphant. De profil, la ressemblance est troublante. L'image est d'ailleurs reprise sur nombre de brochures touristiques pour vanter les charmes de la région. Des cavités ont été aménagées à la base de ce roc en trachyte. On suppose qu'elles devaient servir de tombeaux, il y a 2 000 ou 3 000 ans. Dans certaines de ces niches, on peut apercevoir des cornes de taureau gravées dans la pierre, en hommage au dieu taureau vénéré à cette époque.

NORD-OUEST

© LEVRANII - SHUTTERSTOCK.COM

Le village médiéval de Castelsardo.

MUSEO DELL'INTRECCIO MEDITERRANEO ★

Via Marconi
✆ +39 079 601 4769
www.mimcastelsardo.it
Ouvert de 9h à 0h30 en juillet août, de 9h30 à 21h30 en juin et septembre. Entrée : 3 €.

La visite du Musée de la Vannerie se combine avec celle du château. Il faut en premier lieu accéder à la terrasse des remparts qui offre une vue incroyable sur toute la vieille ville, la mer et les deux côtés de la côte. C'est là l'une des vues les plus imprenables que l'on puisse obtenir. La forteresse de Castelsardo date du XIIe siècle, quand la famille Doria fit bâtir ses remparts hauts perchés à 114 m de haut. Deux siècles plus tard, Eleonora d'Arborea, mariée à un chevalier Doria, a demeuré ici quelques années. Aujourd'hui, le château héberge un musée dédié à l'artisanat qui a fait vivre Castelsardo des siècles durant, la vannerie. Il expose des objets d'artisanat local et méditerranéen faits de fibres végétales tressées. La vannerie de Castelsardo possède ses particularités, tout en respectant la construction en spirale, très présente en Sardaigne. Les vanniers utilisent deux techniques principalement, le point torsadé ou le point fixe, qui permettent de dessiner des motifs. Il existe notamment tout une iconographie qui symbolise le fait religieux. Ainsi, le poisson symbolise le Christ, une croix le sacrifice, un lis la virginité, etc. Les vanniers utilisent du foin de mer, des tiges de blé, du raphia, ou encore des feuilles de palmier séchées. Au-delà des paniers et récipients, la vannerie produisait de nombreux outils destinés aux pêcheurs. Nasses, filets, mais aussi petites embarcations en foin étaient utilisés pour la pêche en mer ou dans les lacs.

AGRITURISMO MONTE ENTOSU €

S.P. 17 Nulvi ✆ +39 079 576 168
www.agriturismomontentosu.com
A partir de 70 € pour une chambre double, petit déjeuner compris.

Au bout d'une longue allée, dans la campagne de Castelsardo, cet agriturismo jouit d'un environnement paisible. Situé au sommet d'une colline, à l'ombre d'oliviers centenaires, on profite d'une vue plaisante et apaisante dès le petit déjeuner pris sur la terrasse. Les belles chambres indépendantes sont équipées de solides et beaux meubles campagnards. Les frères Manca produisent salaisons et fromages mis en valeur par leurs épouses au restaurant. Elles préparent également de beaux plats sardes typiques dont le fameux cochon de lait rôti. Sur réservation.

AGRITURISMO SA TANCA NOA €

Via Case Sparse ✆ +39 079 476 182
www.agriturismosatancanoa.com
A partir de 55 € la chambre double, petit déjeuner inclus. Repas environ 30 € par personne.

En plein arrière-pays, à une distance raisonnable des plages de Lubagnu et Valledoria, l'Agriturismo Sa Tanca Noa cumule les avantages. Ici, on profite du calme de la campagne au rythme du soleil, tout en étant proche de la mer et de Castelsardo. Les 6 chambres bien propres jouissent d'une situation privilégiée donnant sur un jardin intérieur à se partager. Le restaurant propose de belles recettes puisant dans le répertoire traditionnel de la Sardaigne et dans celui plus personnel de la famille. Bonne adresse pour un séjour rural confortable.

B&B CASA DORIA €

Via Garibaldi, 10
✆ +39 349 355 7882
www.casadoria.it
Compter entre 60 € et 75 selon la saison pour une chambre double avec petit-déjeuner.

Si loger dans Castelsardo vous tente afin d'en profiter tranquillement, sans personne, la nuit, cette chambre d'hôte fait partie des adresses de charme de la forteresse. Cette maison ancienne, cachée dans une ruelle, dispose de trois chambres doubles. Les propriétaires ont su sélectionner de beaux meubles artisanaux qui respectent le caractère historique de la résidence et de la ville. De petits objets venus d'un autre temps, comme un moulin à café, une bassine émaillée ou un pot à lait, font un clin d'œil au passé, sans être passéiste.

B&B LUPOLCIU E CALARINA €

Via Garibaldi, 42
✆ +39 340 373 2848
A partir de 70 € la chambre double, avec petit déjeuner. Fermé hors saison.

Située dans la citadelle, à quelques marches de la cathédrale, cette chambre d'hôte possède quatre chambres très bien tenues. De belles dimensions, certaines possèdent même un petit balcon avec vue sur mer. Stefania prépare de bons petits déjeuners servis sur le toit-terrasse à la vue imprenable. Elle prend grand soin de ses clients et prévoit même pizza et verre de vin pour les arrivées très tardives. Seul inconvénient, incontournable dans Castelsardo, les escaliers qui mènent à la maison. Mieux vaut voyager léger pour ne pas avoir à traîner son énorme valise.

B&B PRIMO SOLE €

28 Via Lombardia
+39 339 492 0362
www.realprimosole.com
Compter de 58 € à 86 € pour une chambre double, petit déjeuner inclus. Fermé hors saison.

Cette grosse villa installée dans la cité balnéaire voisine de Castelsardo propose 3 chambres et un appartement avec salles de bain privatives. Le plus de la maison est l'espace mis à disposition des clients, avec de grandes chambres aérées à la décoration méridionale. Elles sont longées d'un grand balcon qui donne sur la mer. L'accueil des propriétaires est charmant et ils sont ravis de partager leurs bons plans. La plage d'Ampurias, les commerces et les restaurants sont tous dans un rayon de moins de 200 mètres. Rapport qualité-prix intéressant.

OSTELLO GOLFO DELL'ASINARA €

Via Sardegna, 17
+39 079 474 031
www.ostellodicastelsardo.com
Compter 18 € en dortoir séparé hommes-femmes et 25 € par personne, pour une chambre double petit déjeuner inclus.

Cette auberge de jeunesse (*ostello della gioventù*) est gérée par une coopérative sociale. Les prix y sont donc serrés, mais le confort n'affiche aucune exagération. Toilettes et salle de bain sont partagées pour ceux qui choisissent le dortoir, tandis que les chambres possèdent leur salle de bain privative. Sa situation parfaite à proximité de la plage de la Madonnina et sa piscine sont une véritable aubaine à ce tarif. Possibilité de demi-pension pour un prix raisonnable.

MISTRAL PIZZERIA €

Via Sedini, 18
+39 079 471 050
Ouvert de 12h30 à 14h30 et de 19h30 à minuit. Carte à partir de 8 €.

Les Pintus ont trouvé l'emplacement idéal pour ouvrir un restaurant en dehors de la citadelle. Certes, c'est le long de la route, dans la ville nouvelle, mais la vue sur Castelsardo est imprenable depuis l'agréable terrasse. En plus de belles pizzas à la croûte moelleuse, le chef prépare des pâtes aux fruits de mer ou aux gambas généreuses, des assiettes de légumes grillés pour ceux qui surveillent leur ligne en vacances, des poissons grillés de la pêche du jour. Le cadre est simple et sans chichi, mais la qualité des assiettes et la vue en font une bonne adresse.

LA ROCCIA DELL'ELEFANTE €

SS 134
+39 079 470 290
www.rocciadellelefante.it
Ouvert tous les jours de 8h à 22h30. Compter 20 € pour un repas.

Ce bar-restaurant-chambre d'hôtes est situé au lieu-dit Mureddu dans la campagne de Castelsardo. L'endroit est idéal pour se restaurer ou se désaltérer avant de partir à l'assaut du Rocher de l'Eléphant, situé non loin. La carte, classique, offre un beau choix de pâtes, de plats d'inspiration sarde, et de pizzas servies uniquement le soir. L'agréable terrasse ombragée dispose d'une belle vue sur les montagnes environnantes. Quelques chambres récentes et accueillantes sont à disposition de ceux qui préfèrent se tenir à l'écart des foules.

AL CASTELLO €€

Via Marconi, 2/4
+39 079 604 6142
www.alcastellorestaurant.it
Ouvert tous les jours, midi et soir en été. Compter 40 € pour un repas.

Une terrasse ensoleillée au pied du château, un lieu avenant pour une cuisine fort appétissante, voilà ce qui vous attend après avoir grimpé en haut du Castello ! Homard du golfe de l'Asinara cuisiné à la catalane, langoustines fumées sauce basilic, *antipasti* de poisson selon la pêche du jour, steak de thon rouge, crème caramel à l'orange, *cannolo* à la ricotta ou moelleux au chocolat, voilà quelques propositions alléchantes concoctées par le jeune chef. Seul regret, parfois beaucoup d'attente et des portions qu'on aurait aimées plus abondantes.

LA GUARDIOLA €€

Piazza Bastione, 4
+39 079 470 755
www.ristorantelaguardiola.it
Ouvert tous les jours de 12h30 à 14h30 et de 19h à 23h. Compter 35 € pour deux plats.

Dans la dernière ligne droite pour le Castello, si vos jambes ne vous portent plus et que la faim vous tenaille, vous trouverez à La Guardiola une équipe professionnelle pour vous accueillir. Ce restaurant réputé, avec une vue vertigineuse sur la mer, fait partie des premiers de la ville à proposer une cuisine gastronomique. Le chef prépare des spécialités de la mer qui privilégient la qualité à la quantité. Beaucoup de plats font entrer les pâtes, d'autres proposent une déclinaison de poissons en quatre préparations : mariné, en ragoût, frit et grillé.

© KATHRIN39 - STOCK.ADOBE.COM

Le village de Castelsardo.

ROCCA 'JA €€

Via Sedini

© +39 079 470164

Ouvert tous les jours de 19h à 23h. Compter 30 € pour un repas. Fermé de novembre à mars.

A quelques encablures de Castelsardo Rocca 'Ja offre une vue imprenable sur la ville et la baie de l'Asinara. La cuisine étudiée puise dans le répertoire sarde. Alors bien sûr, il y a aussi les pizzas qui plaisent tant aux touristes et qui permettent de tenir son budget. Mais ce serait dommage de se priver des très belles spécialités du chef : thon mariné au moscato, sardines marinées au myrte, *gattuccio* en agliatail ou encore le fameux *risotto del timoniere*... Certes les prix sont assez élevés, mais la table panoramique vous les fera oublier.

IL CORMORANO €€€

Via Colombo, 7

© +39 079 470 628

www.ristoranteilcormorano.net

Ouvert tous les jours de 10h30 à 15h et de 19h à minuit en saison. Compter 50 € pour un repas complet.

Ce restaurant au pied de la citadelle possède une belle terrasse ombragée et une atmosphère tranquille assez engageantes. Le cadre chaleureux et discret accompagne une cuisine d'auteur harmonieusement présentée. La cheffe Diana Serra trouve son inspiration dans les produits locaux fortement orientés vers la mer qui s'étale sous vos yeux. Sa spécialité est le thon poêlé aux graines de pavot et courgettes, olives noires et tomates. Le service est plutôt lent, mais la cuisine en vaut la peine. Hélas, les prix sont peu trop élevés.

TERGU

A 10 km de Castelsardo, à l'intérieur des terres, Tergu abrite une joyau de l'architecture romane. L'édification de l'église Nostra Signora di Tergu remonte au XIIe siècle et affiche clairement son influence pisane. Construite en pierre de trachyte rose et de calcaire blanc ses dimensions étonnent dans ce cadre champêtre et à l'habitat clairsemé. Elle était en réalité rattachée à un monastère bénédictin qui a entièrement disparu. Une nécropole romaine contenant des stèles et des urnes funéraires à été mise au jour à proximité du nuraghe Colbu. Le village de Tergu, minuscule et tout en longueur, présente des maisons typiques de la campagne sarde.

SEDINI

Le joli village de Sedini et ses 1 300 habitants se trouve sur la route qui mène de Castelsardo à Perfugas. On peut y visiter une étonnante nécropole de l'époque prénuragique (v. 3000 - 2000 av. J.-C.) creusée à l'intérieur d'un imposant rocher de basalte. En plus d'avoir hébergé les morts, cette cathédrale nuragique servit plus tard de carrière, de prison, d'abri pour les bêtes ou pour les hommes et même de galerie marchande. Les alentours sont riches en églises, dont certaines intègrent le circuit des églises romanes. On peut citer les ruines du monastère Saint Nicolas de Silanis du XIIe siècle ou l'église de la Madonna del Rosario du XVIIe siècle.

L'église de Sedini.

PERFUGAS

Ce village, où les premières traces humaines remontent au Paléolithique, se trouve au cœur d'une région qui abonde en vestiges archéologiques. Le puits sacré Les nombreux nuraghes et églises romanes sont malheureusement parfois difficiles à trouver ou peu accessibles en voiture. A la sortie du village se trouve l'église de Santa Maria degli Angeli. Elle conserve un magnifique retable de San Giorgio. A l'ombre de l'église, sur la via Garibaldi, le puits sacré Perdio Canopoli en bon état de conservation remonte à la fin de l'Âge du Bronze. Quelques kilomètres plus loin, le nuraghe San Giorgio expose un exemple magistral de l'architecture nuragique.

SASSARI ★★

Deuxième plus grande ville de Sardaigne avec ses 127 500 habitants, Sassari présente un profil de ville industrielle quelque peu défraîchie. Malgré des abords peu engageants, elle n'en possède pas moins un riche patrimoine culturel. Son histoire, qui lui a assez tôt donné un rôle important, a laissé de nombreuses traces dans la ville. Le centre historique abrite un dédale de ruelles très authentiques qui relient musées, églises et placettes. L'ambiance tranquille, l'approximation de la propreté et le pittoresque de l'architecture ne sont pas sans rappeler la Calabre ou la Campanie. Centre universitaire important, Sassari accueille un grand nombre d'étudiants qui animent la ville pendant l'année. Les visiteurs ont tendance à bouder Sassari qui n'est pas au bord de la mer et qui se tourne peu vers le tourisme. Pourtant, se plonger dans l'ambiance de sa vieille ville est un vrai plaisir ; le visiteur curieux découvrira une ville charmante et d'une richesse culturelle insoupçonnée au premier abord. C'est ici qu'est célébrée la Fête *dei candelieri* au mois d'août, l'un des festivals religieux les plus pittoresques de Sardaigne. Sassari c'est aussi une identité gastronomique avec des spécialités locales comme les *lumache* (escargots) ou le *fainé*, une galette à base de farine de pois chiche. Les environs abritent de magnifiques églises romanes qui peuvent faire l'objet d'un circuit d'une journée.

Histoire

Les premières traces du site remontent à la préhistoire, avec le spectaculaire sanctuaire du Monte d'Accodi, à quelques kilomètres de la ville. Ancien bourg rural du giudicato de Torres, Sassari a connu un essor considérable au XIIIe siècle, grâce au commerce avec Gênes et Pise. C'est à cette époque qu'ont été élaborés des textes de loi ainsi qu'un code pénal, connus sous le nom de Statuti sassaresi, qui sont restés en vigueur jusqu'en 1771. Ainsi, le village médiéval de Tatthari se transforme petit à petit en Sassari, une ville prospère qui acquiert un rôle de premier plan. L'époque catalo-aragonaise a été une période de fort développement économique, artistique et intellectuel : de nombreuses tours et églises ont été construites, en calcaire, la roche typique de l'habitat local, et, en 1617, a été ouverte l'université de Sassari. En 1780 a eu lieu la célèbre « révolte du pain », une insurrection contre les autorités. Giovanni Maria Angioy, figure emblématique de la ville, a tenté de s'opposer à la Maison de Savoie en initiant un autre mouvement d'insurrection en 1796. En 1921, les vétérans de la brigade Sassari fonde le Parti sarde d'action, le premier organisme politique qui a appuyé les aspirations à l'autonomie sarde. À la fin du XIXe siècle, Sassari rivalise avec Cagliari dans la course au titre de capitale, les deux villes comptant à l'époque le même nombre d'habitants (40 000 chacune). Sassari compte aujourd'hui 130 000 habitants et, si elle ne revendique plus la suprématie en Sardaigne, elle reste cependant la capitale du Nord.

Tourisme

L'office de tourisme se trouve via Sebastiano Satta, derrière le Teatro Civico (théâtre municipal). Il est ouvert du lundi au vendredi de 9h à 13h30 et de 15h à 18h et le samedi de 9h à 13h30.

Transports

- **En train.** La gare ferroviaire se trouve à l'ouest de la vieille ville. Plusieurs trains directs quotidiens relient Sassari à Porto Torres (1,90 €), Olbia (8,10 €), Oristano (11 €) ou Cagliari (16,50 €).
- **En bus.** L'arrêt principal des bus ARST se trouve via Padre Zirano, à environ 10 mn à pied de la gare. Sassari est reliée par des bus directs notamment aux villes de Nuoro via Macomer (bus 9341), Alghero (bus 9323), Santa Teresa Gallura via Castelsardo (bus 728).
- **En bus municipal.** Sassari bénéficie d'un réseau de bus municipaux avec une dizaine de lignes urbaines. Le ticket coûte 1,30 € et est valable 90 mn. Vous devez vous les procurer dans les bureaux de tabac ou points presse.

NORD-OUEST

CATTEDRALE DI SAN NICOLA ✝ ★★

Piazza del Duomo ✆ +39 079 232 574

Ouvert de 8h45 à 12h et de 16h à 19h et le dimanche de 9h à 11h30 et de 17h à 19h. Museo Diocesano sur réservation.

C'est la cathédrale de Sassari, dédiée à saint Nicolas et construite au cours du XIIIe siècle. Il s'agit de la plus grande église de Sardaigne. Elle a subi de nombreuses modifications et mélanges de styles. Le beau portail en calcaire blanc du XVIIe siècle est richement décoré dans un style baroque espagnol. Il contraste fortement avec les lignes beaucoup plus simples de l'intérieur de la cathédrale datant du XVIe siècle. De mai à septembre, on pourra également jeter un œil au trésor de la cathédrale exposé dans le musée diocésain, dont l'entrée est payante.

Corso Vittorio Emanuele.

CHIESA DI SANTA MARIA DI BETLEM ★

Piazza Santa Maria

Ouvert uniquement durant les offices.

Fondée en 1106 par le juge Constantin, elle a été successivement occupée par les bénédictins et les franciscains. Elle est d'un style plus chargé que les autres églises de la ville. On s'attardera plus particulièrement dans la dernière chapelle à gauche, pour regarder les centaines d'ex-voto en forme de cœur accrochés aux murs. C'est aussi dans cette église que sont entreposés les *candelieri* que l'on promène à l'occasion de la fête des chandeliers, chaque 14 août.

CHIESA SANTA CATERINA ★

Piazza Santa Caterina

Ouvert uniquement pour les offices.

Tout proche du Duomo se dresse la très belle et très épurée église Santa Caterina datant du XVIe siècle. Elle est la première église sarde à traduire architecturalement la nouvelle liturgie de la Contre-Réforme codifiée lors du Concile de Trente (1545-1563). Les jésuites débarqués en Sardaigne en 1559 débutent la construction de leur église vingt ans plus tard. Les plans imaginés par le père Giovanni Bernardoni ont été profondément remaniés par Rome. L'église demeure dans les annales pour sa coupole octogonale et ses peintures de Bilevelt.

CORSO VITTORIO EMANUELE ★★

Corso Vittorio Emanuele

C'est l'artère principale de la vieille ville. Très animé, ce boulevard est bordé de somptueux palais aragonais du XVIe siècle comme la casa Guarino ou la casa Farris. Il part de la piazza Sant'Antonio et de l'église Sant'Antonio Abate et descend jusqu'à la piazza Castello et son musée de la Brigade de Sassari installé dans l'ancienne caserne La Marmora. Cette place doit son nom à un fort construit par les Espagnols en 1330 et détruit à la fin du XIXe siècle. C'est ici que se rendent les habitants de Sassari pour faire du shopping.

FONTANA DI ROSELLO ★★

Corso Trinita

✆ +39 079 200 8072

Ouvert le mardi et le dimanche de 10h à 13h, du mercredi au samedi de 10h à 13h et de 15h à 18h, fermé le lundi.

© FRANCESCO MALTINTI - SHUTTERSTOCK.COM

Au tout début du viale Umberto, un escalier en pierre, le Col di Lana, conduit à l'étonnante fontaine del Rosello. Ce monument datant de la Renaissance et devenu le symbole de la ville. Autrefois lieu de rendez-vous des notables de Sassari, cette fontaine reste très importante aux yeux des gens de la ville. Elle est datée du XVIe, fut détruite et reconstruite, et endommagée lors des révoltes de 1795. Elle symbolise le temps qui passe, avec ses 12 bouches en tête de lion qui renvoient aux mois calendaires, et ses 4 statues des quatre saisons.

GIARDINI PUBBLICI EVELINA MAMELI ★

Corso Margherita di Savoia

Ouvert de 9h à 17h (jusqu'à 21h en saison).

Les habitants de Sassari aiment à se retrouver les dimanches après-midi dans ce grand parc qui longe les murs de l'université. De belles et larges allées parcourent le parc, des bancs publics accueillent les amoureux qui se bécotent. Dans un pavillon moderne aux abords du jardin où sont exposées les œuvres d'artisans de la région, que l'on peut également acheter. Les prix sont plus élevés que dans les boutiques, mais on est sûr de l'origine des créations.

MONTE D'ACCODDI ★★

SS 131 route de Porto Torres km 222
✆ + 334 80 74 449
Ouvert du mardi au samedi de 9h à 18h et le dimanche de 9h à 14h. Visite sur réservation à InfoSassari. Entrée : 3 €.

Les vestiges du village prénuragique de Monte d'Accoddi composent un ensemble néolithique remarquable. Daté de 4300 à 3700 av. J.-C., il remonte à la culture d'Ozieri. Le site est unique dans le bassin méditerranéen et s'est développé dans le temps. Il a commencé par l'établissement d'un village appartenant à la culture d'Ozieri. Mais l'élément le plus impressionnant est la structure pyramidale qui devait faire office de temple. La pyramide comprend deux structures superposées appartenant à deux cultures différentes : Ozieri et Abealzu-Filigosa (2 800 av. J.-C.).

MUS'A - MUSEO SASSARI ARTE ★★

Via Santa Caterina, 4
✆ +39 079 231 560
https://musei.sardegna.beniculturali.it/
Ouvert du mardi au samedi de 9h à 18h. Fermé lundi et un dimanche sur deux. Entrée : 4 €.

L'ancien bâtiment du collège des jésuites abrite la pinacothèque de Sassari. Plus de 400 toiles et œuvres d'art y sont exposées. Le rez-de-chaussée abrite la collection d'art religieux de la période médiévale à la Renaissance. Madones, Christ en croix ou idoles païennes se côtoient. Au premier étage, vous pourrez admirer la collection Giovanni Sanna qui rassemble des œuvres du XVIe au XVIIIe siècle. Le dernier étage est dédié aux artistes sardes du XIXe siècle à nos jours.

MUSEO ETNOGRAFICO FRANCESCO BANDE ★★

Via Muroni, 44 ✆ +39 079 236 572
www.museobande.it
Ouvert du lundi au vendredi de 10h à 12h, le week-end sur réservation. Accès libre. Visites guidées sur réservation.

Ce musée des arts et traditions populaires accorde une place importante aux instruments de musique typiques sardes, comme les *launeddas* détenus autrefois par les bergers. Il est dédié à Francesco Bande, ardent défenseur des traditions sardes, qui a participé à leur vulgarisation sur l'île et dans le monde. Virtuose de l'accordéon et de l'accordéon diatonique, il a couru le monde avec ses instruments dans les années 1960 et 1970, revêtu de son costume traditionnel.

MUSEO NAZIONALE G.A. SANNA ★★

Via Roma, 64
✆ +39 079 272 203
www.museosannasassari.it
Ouvert de 9h à 20h du mardi au dimanche. Fermé le lundi. La billetterie ferme à 19h30. Entrée : 2 €.

Le Musée national de Sassari prend le nom de Giovanni Antonio Sanna en 1931. Ce député natif de la ville, amateur d'art, a donné sa collection d'antiquités au musée. Les différentes salles présentent les traces des civilisations qui se sont succédé en Sardaigne. On y voit des vases et des céramiques, de plus en plus raffinés et travaillés au fil des siècles. La pièce maîtresse du musée est la superbe collection de statuettes de bronze de l'époque nuragique dont le «modèle d'Olmedo».

Piazza Italia, la fameuse place de Sassari.

MUSEO STORICO DELLA BRIGATA SASSARI ★★

Piazza Castello, 9
www.assonazbrigatasassari.it
Ouvert du lundi au vendredi de 8h à 16h30, le samedi de 8h à 13h. Entrée libre.

Aménagé au rez-de-chaussée de la caserne La Marmora, ce musée retrace les exploits de cette légendaire brigade qui s'est distinguée dans les combats de la Première Guerre mondiale. Une unité tactique rassemblait des conscrits de Sassari et ses environs. Uniformes, documents et photographies témoigne de l'héroïsme de ces soldats à travers leurs différents combats. Une reconstitution de tranchée creusée par cette brigade lors de ses opérations se révèle particulièrement intéressante.

NECROPOLI DI MONTALE ★★

Via Medaglie d'Oro
lieu-dit Li Punti
✆ +39 079 2008072
Visites sur réservation à InfoSassaro. Entrée : 3 €.

Cette nécropole à 4 km du centre de Sassari fait partie des sites prénuragiques d'importance dans la région de Sassari. Découvert par hasard en 1982, l'ensemble architectural remonte à la culture d'Ozieri (vers 3300 av. J.-C.). La nécropole comprend six hypogées de type *domus de janas* creusées dans un affleurement de roche. Parmi ces tombeaux, seuls les deux derniers ont conservé leur structure d'origine. Les autres ont été réaménagés en abris à une époque ultérieure. La tombe 5 est la plus intéressante, car les bas-reliefs d'ornement sont encore visibles.

PALAZZO D'USINI ★

Piazza Tola

L'hôtel particulier qui abrite aujourd'hui la bibliothèque municipale date de 1577. Il s'agit du premier édifice de style Renaissance en Sardaigne. Il a été commandité par Don Jayme Manca, un important marchand et homme politique de Sassari. L'immeuble est construit sur les fondations d'une maison de style gothique tardif. Il a subi des modifications, dont l'ajout du troisième étage au XVIIIe siècle ou les ouvertures latérales qui encadrent l'imposant portail central. Les tableaux de fenêtre et le portique sont en pierres calcaires taillées en pointes de diamant.

NURAGHE DI SANTU ANTINE ★★

Torralba
✆ +39 079 84 74 81
www.nuraghesantuantine.it
Ouvert tous les jours de 9h à 20h en été. Départs visites guidées environ toutes les heures. Entrée : 8 €.

Situé à proximité du village de Torralba, c'est l'un des plus importants nuraghes de l'île. Il symbolise l'apogée de l'architecture de l'époque nuragique. Le début de sa construction remonte à l'âge du bronze moyen (environ XVe siècle av. J.-C.). Réalisé en blocs de trachyte, il est constitué d'une tour principale de trois étages qui s'élève à 17,50 m de hauteur. Celle-ci est entourée d'un puissant bastion avec un chemin de ronde et des couloirs qui font face, pour partie, à la cour intérieure où se trouve le puits. Un important village de huttes s'étend au pied de la tour. Les changements apportés à leur structure au IIe siècle permettent d'attester que le site a été occupé jusqu'à l'époque romaine. Une villa a même été ajoutée au sud du village. Le site n'a été que partiellement exploré et il pourrait révéler d'autres surprises. Les archéologues ont pu reconstituer une partie importante du nuraghe de Santu Antine d'après ses vestiges. Les modélisations sont particulièrement impressionnantes. La tour centrale se dressait au centre d'une cour et était entourée par trois tours massives qui étaient reliées par un épais mur défensif. Cette tour s'élevait à l'origine à 25 mètres de haut. L'entrée principale du nuraghe s'effectuait par une porte percée dans le mur sud et qui donnait directement accès à la cour. Seuls les deux premiers étages du donjon central sont encore accessibles. Chaque pièce possède un plafond en tholos. Les artefacts retrouvés sur ce site sont exposés au musée de Torralba.

PIAZZA D'ITALIA ★

Piazza Italia

La piazza d'Italia est majestueuse avec ses palais, dont l'imposant Palazzo della Provincia en style néoclassique ou le Palazzo Giordano de style néogothique. En son centre, des palmiers émerge la statue de Vittorio Emanuele II qui surveille les déambulations des passants. L'ingénieur Enrico Marchesi a soigneusement pensé l'emplacement de cette place nouvelle qui se voulait «le salon» de la ville. La place est située aux portes du cœur médiéval et le long de la via Roma, axe qui reliait Porto Torres à Cagliari à l'époque romaine.

NORD-OUEST

FUNTANA NOA €

Via Roma, 109
✆ +39 348 578 0746
www.funtananoa.it
Compter de 60 € à 70 € la chambre double, selon la saison.

La petite ville de Sennori, à seulement 10 minutes de Sassari, est un véritable havre de paix. Une Sardaigne encore intacte entre la ville de Sassari et Castelsardo. Le B&B que tient Paola depuis 8 ans est situé dans une demeure de la fin du XIXe siècle dans la rue principale de Sennori. Elle peut vous donner en français ses meilleures adresses dans les alentours. Un espace commun est mis à disposition avec la possibilité d'emprunter des livres ou d'écouter de la musique. Le matin, le petit-déjeuner fait maison est servi sur la terrasse avec vue.

HÔTEL GRAZIA DELEDDA €€

Viale Dante, 47
✆ +39 079 271 235
www.hotelgraziadeledda.it
A partir de 64 € pour une chambre double, petit déjeuner compris.

Situé en ville, à 500 mètres du centre historique, cet hôtel 4-étoiles s'adresse plutôt à une clientèle d'affaires. Il propose 140 chambres et 4 suites au charme sophistiqué et un peu suranné. Moquette et tentures fleuries rappellent un temps que les moins de 20 ans ne peuvent pas connaître... Les suites sont équipées d'une douche et d'un Jacuzzi, d'un dressing séparé de la chambre et d'un coin salon. Tous les services nécessaires à un séjour confortable et studieux sont prévus : bar, restaurant, grande salle de conférence, connexion Internet en wifi.

HÔTEL VITTORIO EMANUELE €€

Corso Vittorio Emanuele II, 100/102
✆ +39 079 235 538
www.hotelvesassari.it
A partir de 50 € la chambre double, petit déjeuner inclus.

Cet ancien hôtel situé au cœur de l'action, sur le très couru Corso Vittorio Emanuele II, a été entièrement restauré dans un style néoclassique en 1900. Le résultat peut s'avérer un peu kitsch parfois, mais l'hôtel est très bien tenu en plus d'être bien situé. Les chambres sont confortables avec des finitions classiques telles que les liseuses en tête de lit, un petit téléviseur à écran plat posé sur un meuble bureau, ou le sèche-cheveux dans la salle de bains. Le charme discret de la bourgeoisie règne ici en maître. A ce prix, un bon plan.

PIZZERIA TERZO TEMPO €

Via Lamarmora, 29
✆ +39 328 977 2310
Ouvert de 12h à 15h et de 19h à 23h, le samedi de 19h à 23h. Fermé le dimanche. Compter moins de 10 € pour une pizza.

Cette pizzeria qui ne paye pas de mine borde la jolie place Efisio et Pasquale Tola dans le centre historique. En guise de terrasse, le restaurant (comme les voisins) installe ses longues tables sur la rue, à l'italienne. Dans la salle, les murs affichent la passion du patron avec des écharpes, des maillots et de ballons de rugby. Au menu, une quarantaine de pizzas sont proposées à prix très doux et il y en a pour tous les goûts. Goûtez ainsi à la *Facebook*, à la *Tola*, à la *Special one* ou encore à la *Sarda*. Une adresse utile pour une petite faim.

FAINÉ SASSU €

Via Usai,17
✆ +39 079 236 402
Ouvert du lundi au samedi de 19h30 à 23h30. Compter 10 € environ.

Ici, une seule option, le *fainé* (prononcer fa-i-né) ! Les diverses garnitures feront que vous trouverez forcément quelque chose à votre goût. Cette spécialité de Sassari se rapproche de la socca niçoise et ne se déguste que pendant la saison hivernale selon les puristes. Elle était autrefois servie dans les rues de la ville, où le faiseur de fainé poussait son charriot équipé d'un brasero. Les charriots ont disparu et il faut désormais s'attabler au Fainé Sassu pour croquer cette délicieuse galette de farine de pois chiche, servie bien chaude.

GASTRONOMIA TERANGA €

10 Via Cesare Battisti
✆ +39 345 646 3033
Ouvert midi et soir jusqu'à 23h. Compter en 5 € et 10 € pour un repas.

Si vous commencez à saturer des saveurs sardes et que vous cherchez une option intéressante et bon marché autre qu'une pizza, ce restaurant est fait pour vous. Si les prix sont si bien tenus, c'est qu'on n'y mange que sur le pouce. Quiches, lasagnes, pizzas, kebabs, couscous... : vous trouverez de tout dans le petit restaurant de Youssouph, un Sénégalais francophone installé depuis 30 ans en Sardaigne. A ne pas manquer, ne serait-ce que pour refaire le monde avec Youssouph en dégustant de la *fataia*, une spécialité sénégalaise bien sûr.

MONTECRISTO €

Via Arborea, 4/B
✆ +39 345 811 6828
Ouvert tous les jours de 20h à 23h30. Compter 25 € pour un repas.

A deux pas de l'église du Rosario, bienvenue au Montecristo, une jolie petite adresse au cœur de Sassari. On y mange de très bonnes pâtes et de goûteuses pizzas. Le poisson obtient également les honneurs de la carte et se décline en tartares rafraîchissants, en beignets croquants ou en pavés poêlés. Un large choix de vins s'invite pour accompagner comme il se doit ces mets. On s'attable dans une belle salle voûtée où à la terrasse coincée dans une ruelle étroite derrière le bâtiment. Gardez une petite place pour l'un des beaux desserts faits maison.

RISTORANTE QBO - FRATELLI TOLA €

2B Via Mercato
✆ +39 342 74 174
Ouvert tous les jours de 13h à 15h et de 20h à minuit. Fermé le dimanche midi. Compter 35 € pour un repas.

Située à mi-chemin du Musée de la Brigade Sassari et du marché aux poissons, cette adresse propose une délicieuse cuisine faisant la part belle aux produits de la mer. Le cadre sympathique au mobilier hétéroclite fait penser à une galerie d'art moderne avec sa grande baie vitrée et ses escaliers en ferronnerie. L'agréable terrasse, la qualité des produits garnissant les assiettes, l'épure dans la présentation et le service attentionné sont à retenir.

TABERNA SANTONA €

Piazza Tola, 21
✆ +39 347 546 6752
Ouvert de 19h30 à 23h. Fermé le dimanche. Compter 15 € pour un repas.

Ce petit restaurant sans prétention est situé sur la très animée piazza Tola les soirs d'été. Il décline une cuisine méditerranéenne et sarde avant tout qui se distingue par des traditions encore bien vivaces. Les habitués en parlent comme d'une « cuisine de grand–mère ». Les plats sont proposés à la portion ou à la demi-portion, idéal pour rassasier toutes les faims sans gâcher. Le cadre aussi semble ne pas avoir bougé depuis deux générations. Le très beau carrelage ancien et usé par les ans donne le ton - bordeaux - de la décoration.

L'ANTICA HOSTARIA €€

Via Cavour, 55
✆ +39 079 200 066
Ouvert tous les jours de 13h à 23h30. Fermé le dimanche. Compter 40 € pour un repas complet.

Ce restaurant haut de gamme situé en plein centre-ville se cache derrière une façade ocre et des volets verts quelque peu défraîchis. Dans un décor étudié, avec rideaux d'organdi et chaises molletonnées, on y sert une cuisine pleine de finesse. Sa spécialité : la street-food sicilienne. On retrouve donc à la carte les *involtini di carne*, rouleaux de viande nappés de sauce, les *arancina siciliana*, des boulettes de riz, ou les célèbres et délicieuses *pasta alla Norma*, des pâtes préparées avec des aubergines, de la tomate et de la ricotta.

REMI €€

17 Via Coradduzza
✆ + 39 333 1378998
Ouvert le soir de 19h à 23h. Fermé le dimanche. Compter 25 € pour un repas.

Dans cette pizzeria gourmet, chaque pizza fait l'objet d'une recherche culinaire particulière. La créativité du jeune chef Sandro Cubeddu s'exprime à travers le choix de farines et de garnitures de première qualité, d'une fraîcheur sans pareille. Travaillées au levain naturel, on croque dans des pizzas gourmandes à la burrata, aux fleurs de courgette, au jambon cru, au thon et aux anchois sans oublier les crevettes et les olives. Une vraie expérience culinaire, accompagnée par des vins sélectionnés et par des bières artisanales exquises.

RISTORANTE DA VITTO €€

Loc. Badde Cossos Strd. Sassari-Sennori
✆ +39 079 36 02 45
www.ristorantedavito.it
Ouvert de12h30 à 14h30 et de 19h à 23h. Fermé le dimanche soir et le lundi. Compter 40 € pour un repas.

Bienvenue chez Vitto, le restaurant très familial situé à l'entrée de Sennori. Il s'agit d'une institution, à ne pas rater. Vitto vous reçoit chez lui dans sa belle maison à la grande salle à manger donnant sur la terrasse. La vue est y exceptionnelle : on aperçoit l'île d'Asinara en face et on devine la pointe de Stintino. On y sert une cuisine traditionnelle sarde et maison. Un seul menu réalisé en fonction des produits du jour. Huîtres, poulpes, sardines, spaghettis aux coques, légumes frais, faites confiance à Vitto, vous ne serez pas déçu !

TRATTORIA DEI GIAMMARANTO €€

Via Alghero, 69
✆ +39 079 274 598
www.giamaranto.com
Ouvert tous les jours de 13h à 15h et de 20h à 23h. Fermé le dimanche hors saison. Menu à partir de 30 €.

On sert dans cette salle voûtée, fraîche comme un jardin anglais, une très bonne cuisine classique. Les poissons remontés de la pêche du jour patientent sur un lit de glace déposé sur la desserte, les viandes sont saisies à point et les *primi piatti*, autrement dit les pâtes, se déclinent de plusieurs façons : à l'encre de seiche, aux palourdes, en raviolis farcis... L'ambiance très cordiale et le service agréable en font une bonne adresse à partager.

TRATTORIA LE 2 LANTERNE €€

28 Via Mercato
✆ +39 329 426 1706
Ouvert de 11h à 23h. Fermé le dimanche. Compter 25 € pour un repas.

Une jolie terrasse et une salle au décor sarde et aux couleurs chaleureuses donnent tout de suite envie de passer la porte de cette trattoria. Le restaurant Le 2 Lanterne offre toutes les meilleures spécialités de la région, parfaitement bien cuisinées. On y trouve notamment les escargots dont raffolent les habitants de Sassari, une tradition alimentaire qui remonte aux Romains paraît-il. La carte est complète et les menus très intéressants. Les *raviolis alla Gallurese* et les *fregolas con arselle* sont les spécialités de la maison à ne pas manquer.

BAR DANIELE

Piazza Tola, 7
✆ +39 320 446 5814
Ouvert tous les jours de 9h à 23h.

Ce pub installé sur la piazza Tola est toujours très fréquenté, notamment au déjeuner et à l'heure de l'apéritif. C'est le rendez-vous des expatriés à Sassari qui apprécient l'équipe sympathique et chaleureuse, autant que l'ambiance animée de la place. Le pub propose des en-cas à grignoter sur le pouce, comme sa formule déjeuner qui comprend un sandwich, une boisson et un café pour le prix d'un cocktail. Les bières locales sont également très bon marché, ce qui a pour but de fidéliser la clientèle. Un bar sans chichis ni prise de tête, comme on les aime.

VINERIA TOLA

Piazza Tola, 39
✆ +39 347 233 9796
Ouvert tous les jours de 18h à 2h. Fermé le dimanche hors saison.

La tournée de la piazza Tola, qui décidément possède tous les éléments pour une bonne soirée, comprend un arrêt dans ce bar à vin. L'établissement est tellement connu et apprécié qu'il n'a même pas d'enseigne pour se signaler. L'entrée, dans l'un des coins de la place, se remarque par ses deux grosses barriques, où quand toutes les tables de la terrasse sont prises, on finit par s'accouder pour patienter. L'endroit se prête à une dégustation-découverte des vins de Sardaigne. Des planches de fromage et charcuterie permettent de ne pas boire le ventre vide.

MANGATIA

Via dell'Università, 68
✆ +39 079 234 710
www.mangatia.com
Ouvert de 8h30 à 14h et de 17h à 20h, de 8h30 à 14h le samedi. Fermé le dimanche.

Pinuccio Mangatia est l'arrière-petit-fils du fondateur de cette épicerie typique. En 1922, Pietro Mangatia décide de promouvoir les bons produits du terroir d'Osilo. Il ouvre cette boutique qui se transmet de génération en génération. Chaque propriétaire appose sa patte, et élargit la gamme de produits proposés. Aujourd'hui, on y trouve de délicieuses charcuteries sardes, de beaux fromages bien affinés, mais aussi des produits venus du continent comme le jambon de Parme ou le parmesan Reggiano. Une très bonne adresse pour se fournir en bons produits locaux.

MERCATO CIVICO

Corso Trinità/ Piazza Mercato
Ouvert tous les matins du lundi au samedi jusqu'à 14h.

A l'origine, le marché de Sassari se tenait sur la piazza Tola. Après vingt ans de projets inaboutis et de travaux inachevés, le marché municipal de Sassari a ouvert ses portes en décembre 2012. Haut-lieu de la vie citadine, le marché de Sassari a repris sa place Piazza Mercato où au XVIIe siècle se trouvaient les abattoirs. Moderne et fonctionnel le nouveau bâtiment s'étend sur plus de 2 000 m^2 ; les produits alimentaires arrivent très frais des campagnes et des côtes limitrophes. A ne pas rater pour un bon aperçu d'une Sardaigne haute en couleur.

PORTO TORRES

Porto Torres est le point d'entrée de nombreux touristes venus de France et du nord de l'Italie. Un terminal aménagé accueille les géants des mers qui charrient camping-cars, voitures et camions dans une ronde interminable en été. La région est aussi une zone industrielle qui gâche le paysage de cette ville au passé très riche. A l'époque où elle était une colonie punique, les Romains ont fait de Turris Libisonis un centre urbain et commercial majeur, qu'il est resté jusqu'à aujourd'hui. Au Moyen Âge, la ville est la capitale du Judicat de Porto Torres, avant d'être abandonnée en raison des attaques incessantes de pirates. La ville tombe alors en déclin, jusqu'à son renouveau au XXe siècle. Les vestiges de Turris Libisonis se visitent et comprennent notamment des thermes bien conservés et de très belles mosaïques du début de notre ère. Le musée renferme les objets découverts pendant les fouilles.

Tourisme

L'office de tourisme se trouve dans le bâtiment administratif en face du débarcadère des ferries.

Transports

- **En bus.** Porto Torres est reliée aux principales villes du nord de l'île. L'arrêt principal des bus ARST se trouve sur le port de plaisance, au pied de la vieille ville. Une dizaine de liaisons quotidiennes sont assurées pour Alghero (bus 714), une quinzaine pour Sassari (bus 719 ou 727), une liaison directe pour Castelsardo (bus 9317).
- **En train.** La gare se trouve via Stintino, à l'ouest de la ville et 600 mètres du port. Porto Torres est reliée par des trains directs à Sassari (15 mn) et Cagliari (4 heures). Pour Olbia (2 heures 30), il faut changer à Sassari ou Ozieri.
- **En bateau.** Les compagnies maritimes suivantes proposent des liaisons vers Porto Torres. Corsica Ferries (✆ 0825 095 095) part de Toulon ; Moby (info@mobylines.de) part de Gênes. GNV (✆ +39 010 209 4591) part de Gênes.
- **Taxi.** La compagnie Baraghini est installée à Porto Torres. ✆ +39 347 570 7974.

ANTIQUARIUM TURRITANO ★★

Via Ponte Romano, 92
✆ +39 079 514 433
www.archeossnu.beniculturali.it
Ouvert de 9h à 18h. Fermé le mercredi.
Entrée musée : 4 € ; billet combiné musée + area archeologica : 7 €.

Le musée archéologique est situé dans le Palazzo du Re Barbaro, un bâtiment à deux étages à l'intérieur du site archéologique, au bout des lignes de la voie ferrée. Ici sont réunies les collections d'objets et d'artefacts mis au jour lors des fouilles. Dans la salle du bas sont exposées des collections de lampes à l'huile, de vases et d'ancres rappelant le passé commercial de la ville. Dans la salle du haut, des maquettes qui reconstituent la structure des thermes sont exposées à côté des mosaïques provenant de ces mêmes thermes.

BASILICA DI SAN GAVINO ★★

Piazza Martiri Turritani
✆ +39 348 899 6823
Ouvert tous les jours d'avril à octobre, de 9h à 13h et de 15h à 18h. Sur rendez-vous hors saison. Entrée : 3 €.

© S74 - SHUTTERSTOCK.COM

Edifiée vers l'an 1100, la basilique di San Gavino représente l'un des plus beaux et des plus importants vestiges romans de l'île. Elle a été érigée par des architectes de Pise sur une ancienne basilique paléochrétienne, dans laquelle avaient été ensevelis trois martyrs. Sa crypte en abrite toujours les reliques. La basilique possède également une pierre tombale byzantine et des sarcophages romains des IIIe-IVe siècles. On remarquera le plan original de cette basilique sans transept : elle ne possède pas de façade, l'entrée s'effectuant sur le côté.

PARCO ARCHEOLOGICO DI TURRIS LIBISONIS ★★

Antiquarium Turritano
✆ +39 079 514 433
www.ibiscoop.com
Ouvert de 9h à 17h30. Fermé le lundi et mardi. Billet combiné avec le musée : 7 €.

© FRANCESCO MARTINO - SHUTTERSTOCK.COM

On trouve sur ce site les ruines du palais du roi Barbare, gouverneur de la Sardaigne au IVe siècle. Autour des ruines s'étendent les vestiges de la cité romaine de Turris Libisonis (vers 46). Les thermes, relativement bien conservés abritent des mosaïques datant du IIe siècle. A l'extrémité du parc, des vestiges des *tabernae* (petites boutiques) longent la voie romaine. A quelques mètres des thermes, on peut voir le pont romain, à sept arcades, long de 140 m.

SPIAGGIA DI PLATAMONA ★★

Spiaggia di Platamona
A 5 km à l'est de Porto Torres, c'est l'une des plages les plus fréquentées de la région. Son sable blanc, ses eaux claires et protégées en font en effet une plage idéale pour les familles mais aussi pour les pêcheurs ou les amateurs d'ornithologie qui peuvent observer différentes espèces d'oiseaux autour des étangs situés juste derrière la plage. Les restaurants, campings et hôtels qui se sont installés tout autour y drainent aussi une population importante et c'est aujourd'hui l'une des principales plages des habitants de Sassari et environs.

CAMPING VILLAGGIO LI NIBARI €

✆ +39 079 310 303
www.campinglinibari.com
Compter de 8 € à 16 € par personne selon la saison ; de 16 € à 32 € pour un camping-car. Ouvert de mao à octobre.

Cet immense camping qui comprend près de 350 emplacements, des mobil-homes et des bungalows est installé juste en face de la plage Marina di Sorso qui prolonge celle de la Plamontana. La belle belle pinède diffuse son odeur bienfaisante et son ombre bienfaitrice. Le camping comprend une grande piscine, un espace de restauration, un bar et une supérette. Il est également possible de louer des transats, des parasols, des kayaks ou des pédalos pour agrémenter ses journées de plage.

HÔTEL ELISA €€

Via Mare, 6
✆ +39 079 513 260
www.hotelelisaportotorres.com
A partir de 70 € la chambre double, petit déjeuner inclus.

Superbement situé entre le port de plaisance et le débarcadère des ferries, cet hôtel correct dispose de 27 chambres très propres. Le poids des ans se trahit par la décoration vieillotte des chambres, plus que par leur état général. Elles sont très bien entretenues et possèdent le minimum syndical pour une nuit de transit. Elles sont aussi également suffisamment spacieuses pour accueillir un bureau, un mini-réfrigérateur et une télé. La plupart des voyageurs qui s'arrêtent ici le font en raison d'un départ ou d'une arrivée tardive de leur bateau.

PIZZERIA SAN GAVINO €€

Piazza Marconi, 12
✆ +39 079 510 300
www.sangavino.it
Ouvert tous les jours de 12h15 à 15h et de 19h à minuit. Compter 18 € pour un repas.

Il s'agit là du restaurant de Porto Torres, celui que tous les habitants de la ville connaissent et ont essayé au moins une fois. En retrait de la rue, bien dissimulé derrière une haie d'arbres, il est situé juste en face de la basilique San Gavino. Au menu, des bonnes pizzas dans une ambiance conviviale et chic avec de jolies nappes blanches qui recouvrent les tables. La pizza aux fruits de mer recouverte de moules et la pizza napolitaine sont un régal. Décor agréable et bon accueil, mais service parfois expéditif. Dommage.

Eglise Stella Maris de Porto Cervo.

BAR PASTICCERIA CRISTALLO

Piazza XX Settembre, 14
© +39 079 514 909
www.barcristallo.it
Ouvert tous les jours de 5h30 à 1h30, de 6h à 14h le lundi.

Ce café discret avec vue sur le port constitue une pause agréable après une longue traversée. Ses horaires élargis permettent de se restaurer et de se détendre à toute heure ou presque. La bonne idée ? Son grand choix de pâtisseries et viennoiseries permettant de faire un vrai petit-déjeuner. Pour les autres repas, la restauration n'est pas fantastique, mais l'emplacement de ce café avec sa petite terrasse est bien pratique pour ne pas perdre de temps.

GOLD BAR

11 Via Libio
© +39 347 834 6896
Ouvert tous les jours de 8h à 13h et de 15h à 3h ; à partir de 15h le dimanche.

Bien cachée derrière le port et l'hôtel Elisa, la place Garibaldi est l'un des endroits les agréables de Porto Torres pour se poser. Invariablement, le Gold Bar a installé ses tables sur la place, de l'autre côté de la rue. Elles sont peu nombreuses et prisées des habitués qui apprécient la pergola qui abrite du soleil. Café, thé, soda, bière sarde pour les habitués du matin... Spritz, rhum arrangé ou verre de vin pour ceux du soir. L'équipe sympathique et chaleureuse se tient à votre écoute. A l'heure de l'apéritif, un petit snack à grignoter est offert.

LA NURRA

Située entre le Capo Caccia au sud et les blanches plages de Stintino au nord, La Nurra est une région caractérisée par un contraste surprenant entre plaines fertiles et montagnes anciennes. Son littoral découpé est très apprécié des promeneurs qui gagnent des criques isolées en empruntant des sentiers parcourant le maquis. Deuxième plus grande plaine de Sardaigne, c'est aujourd'hui une terre essentiellement tournée vers la culture de la vigne. Elle recèle des mines longtemps exploitées, comme celle d'Argentiera dont on extrayait l'argent. On y a également découvert des tombes remontant au Paléolithique qui attestent d'une présence ancienne.

STINTINO ★★

Il n'y a pas si longtemps, Stintino n'était qu'un paisible village de pêcheurs situé à une vingtaine de kilomètres de Porto Torres. Sa position privilégiée sur le golfe de l'Asinara, ses plages splendides ont eu vite fait d'être repérées par les touristes qui ont transformé cette bourgade en destination estivale. Des complexes hôteliers sont sortis de terre un peu partout, faisant passer la population de 1 000 habitants en hiver à près de 20 000 en été ! Nombre des résidents à l'année descendent des 45 familles qui ont fondé le village en 1885, suite à leur exil de l'île de l'Asinara destinée à accueillir un pénitencier.

Tourisme

L'office de tourisme (+39 079 520 081) se trouve au 121 rue Sassari. Il est ouvert tous les jours de 9h30 à 13h et de 15h à 20h en été ; de 9h30 à 12h30 et de 16h à 17h30 en hiver, sauf le dimanche.

Transports

- **En bus**. Les bus ARST s'arrêtent à l'entrée de la ville, au bout du port. Une dizaine de bus quotidiens relient Stintino à Sassari (bus 727) via Porto Torres.
- **Depuis l'aéroport d'Alghero.** Le Sardabus ne circule que du 1er juin au 30 septembre (1h de trajet et 7,40 €). Le billet s'achète auprès du conducteur. Les horaires sont selon ceux des arrivées des vols. Le bus dessert Stintino sur la via Lepanto et La Pelosa.
- **Un grand parking** a été aménagé à l'entrée de Stintino, car il est difficile de se garer en ville. En revanche, il est assez éloigné du centre et mal adapté aux personnes à mobilité réduite.

AGENZIA LA NASSA

Via Tonnara, 35
© +39 079 520 060
www.agenzialanassa.it
Ouvert de 9h à 12h et de 16h30 à 19h30. Location de vélo 10 € / jr et voiture 50 € / jr.

Cette petite agence touristique locale donne les moyens au visiteur de passage de profiter de Stintino et de ses environs en toute liberté. Elle collabore étroitement avec les différents opérateurs locaux pour proposer un vaste choix d'activités à entreprendre dans le Parc national de l'Asinara. L'agence élargit son offre avec des excursions vers d'autres sites appréciés en Sardaigne dont l'archipel de La Maddalena. L'agence peut aussi fournir voitures ou vélos en location pour quelques heures ou quelques jours. Enfin, l'agence est une mine de bonnes adresses.

AGRITURISMO LA TANKITTA €

Localita Preddu Nieddu ✆ +39 334 3770118
www.latankitta.it

A partir de 40 € la chambre double, petit déjeuner inclus.

En plein centre de cette langue de terre qu'est la pointe nord de la Sardaigne, cet agriturismo offre une halte idéale pour un séjour à la campagne non loin des côtes et des eaux turquoise de La Pelosa. La ferme de Tankitta propose 11 chambres doubles tout confort avec salles de bains privatives. Le petit-déjeuner de type buffet italien est servi tous les matins dans la grande véranda. Des transats sont mis à disposition pour lézarder. Les environs magnifiques sont à découvrir à l'occasion d'une balade à pied, à vélo ou à cheval.

B&B IL PORTO VECCHIO €€

69 via Tonnara
✆ +39 079523212
www.bbstintino.com

A partir de 55 € la chambre double, petit déjeuner inclus. Ouvert de mai à octobre.

Bienvenue au Porto Vecchio, la plus ancienne chambre d'hôtes de Stintino ! Il est aisé de repérer cette maison trapue crépie de blanc. Située au-dessus de la marina, face au village de pêcheur, vous pourrez y apprécier l'hospitalité sarde, les balades à pied, les petits commerces et les alentours de Stintino (plage de la Pelosa, Porto Torres…). Une douzaine de chambres coquettes avec lit en fer forgé et boutis colorés. Les chambres familiales pour trois ou quatre personnes sont un peu exiguës : on a poussé les murs pour faire entrer les meubles.

CALA REALE €€

Loc. Ovile del Mercante
✆ +39 079 523 127
www.calareale.it

Compter entre 84 € et 184 € pour une chambre double standard selon la saison, petit déjeuner inclus. Fermé hors saison.

Entre les plages de La Pelosa et de Stintino, la plupart des chambres de cet hôtel 3-étoiles donnent sur la mer. L'ensemble est agréable, très « vacances ». Tout est fait pour profiter de l'extérieur et du soleil qui abonde. L'hôtel met à disposition une grande piscine avec deux bassins, un terrain de tennis et une navette gratuite pour la plage de La Pelosa. Les chambres sont simples et confortables, même si elles ne sont pas très grandes. Elles ont été récemment rénovées et les plus belles disposent d'une terrasse. Un bémol pour le manque d'insonorisation.

CLUB HÔTEL ANCORA €€

Loc. Ancora
✆ +39 079 527 085
www.hotelancora.info

Compter entre 90 € et 216 € pour une chambre double, petit déjeuner compris. 2 nuits minimum.

Ce complexe hôtelier est installé au milieu d'un vaste parc paysager, à 300 m de la mer et du petit port de l'Ancora. On aime sa dimension raisonnable, puisqu'il ne peut accueillir que 240 personnes. Les bâtiments n'excèdent pas 2 étages et toutes les chambres comprennent un balcon-terrasse. La déco pique un peu les yeux dans les chambres standard, avec ses couleurs criardes. On regrette aussi qu'il faille acheter la «carte club» pour pouvoir profiter des activités : canoë, windsurf, vélo, beach volley, tennis, aquagym, piano-bar ou la navette pour La Pelosa.

LA CALANCA €

Lungomare Cristoforo Colombo 3
✆ +39 348 090 8176

Ouvert midi et soir. A partir de 15 € pour un repas.

La Calanca fait figure de bonne adresse pour s'essayer aux spécialités locales cuisinées au gré des saisons et à prix doux. La cuisine est simple et appétissante, marine et estivale. La carte propose de bons poissons grillés, de goûteux raviolis, des pâtes à la poutargue, des desserts sardes… Le restaurant a été récemment rénové et offre un cadre très agréable, que ce soit à l'intérieur ou en terrasses. Et pour les terrasses, vous avez l'embarras du choix ! Soit celle de l'autre côté de la rue qui ne compte que quelques tables soit celle à l'étage, couverte.

MUSCIARRA €

1 Lungomare Cristoforo Colombo
✆ +39 079 523 212

Ouvert tous les jours de 6h30 à 22h en été. Compter 25 € pour un repas.

La Musciarra n'offre peut-être pas le meilleur rapport qualité-prix de la ville, mais l'adresse est très agréable. Située juste à côté de La Calanca, au bout du port de Stintino, les quelques tables de sa terrasse donnent directement dessus. On s'arrête ici pour boire un espresso ou un macchiato en journée, un cocktail ou un verre de vin à l'heure de l'apéro. L'établissement fait café, bar et propose aussi une restauration simple et légère. La carte propose des *antipasti*, des pâtes et quelques plats de viandes ou de poissons grillés.

L'ANCORA PORTICCIOLO €€

12 Viale la Pelosa
✆ +39 079527115
www.ristorantelancorastintino.it
Ouvert midi et soir. Pizzas à partir de 7 €.
Réservation conseillée en haute saison.

L'hôtel-club L'Ancora a privatisé la petite plage du lieu-dit, mais l'ouvre au public avec son restaurant. La carte propose des plats pas très originaux, mais qui ont le mérite d'être élaborés avec des produits frais. Elle est essentiellement tournée vers ce que les touristes recherchent en été : des poissons grillés, des saveurs méditerranéennes, des pâtes et pizzas légères pour le portefeuille. Il ne vaudrait presque pas la peine d'être visité si ce n'est que sa vue panoramique sur tout le Golfo dell'Asinara laisse pantois.

ASINARA SCUBA DIVING

Loc. La Pelosa
✆ +39 079 52 71 75
www.asinarascubadiving.com
Compter 45 € pour une plongée et 50 € pour une plongée dans le parc de l'Asinara.

C'est le centre de plongée de Stintino le mieux équipé et le mieux encadré. Situé près du yacht-club d'Ancora, il dispose d'une piscine pour s'initier à cette pratique et apprendre les gestes indispensables avant toute sortie en mer. C'est une bonne occasion pour passer son PADI Open Water Diver qui permet par la suite de descendre jusqu'à 18 m et de se faire plaisir en atteignant des spots un peu éloignés des côtes. L'Asinara Scuba Diving connaît tous les recoins de l'aire marine protégée de l'Asinara et peut aménager les plongées suivant le niveau du groupe.

CENTRO NAUTICO ISOLA D'ERCOLE

Porticciolo l'Ancora
✆ +39 335 7864047
www.isoladercole.it
Tarifs et réservations par téléphone.

Le Centre nautique Isola d'Ercole est avant tout une école de voile pour ceux qui souhaitent s'initier aux loisirs nautiques. Les cours peuvent être pris individuellement ou en groupe. Ce centre organise également des excursions pour l'île d'Asinara et les alentours. On aura aussi la possibilité de louer un bateau avec skipper pour partir à la découverte des sublimes côtes de la Sardaigne et ses criques isolées. Enseigne indépendante, elle est rattachée à l'hôtel-club Ancora.

LA PELOSA ★★

A quelques kilomètres au nord de Stintino, à quelques brasses du Capo di Falcone s'étale l'une des plus belles plages de la Sardaigne. Son sable fin et blanc et ses eaux turquoise parcourues de rochers sous-marins hypnotisent même les plus blasés. La mer est idéale pour se livrer au palmes-masque-tuba. Au bout de l'étendue de sable, la tour aragonaise de la Pelosa du VIIe siècle, qui délimite la plage et lui donne son nom, est d'une beauté exceptionnelle. Au loin, l'île de l'Asinara émerge des eaux couleur Maldives, alors qu'on a l'impression qu'il suffit de tendre le bras pour toucher le rivage de celle de Piana. Mais voilà... chaque médaille a son revers ! En haute saison, cette plage ni très longue, ni très large est surpeuplée. Mieux vaut donc ne pas y aller, et ce au moins jusqu'au 15 septembre. Le parking payant de bord de mer est pris d'assaut, et l'idée d'aller se garer un peu plus loin est vite oubliée à la vue des coteaux abrupts qui entourent la plage. Si vous êtes sportif, il existe un parking gratuit sur les hauteurs, à 5 min de marche... à l'aller. Une grosse portion de la plage est privatisée par un bar qui loue à prix d'or transats et parasols. Sur la partie publique, les serviettes et transats des baigneurs recouvrent le moindre grain de sable sec. Heureusement, dès que la foule estivale retourne à sa vie quotidienne, la plage de La Pelosa retrouve son charme inégalable et sa beauté originelle.

Transports

- **En bus.** ARST assure une liaison directe entre La Pelosa et Sassari (bus 727) via Porto Torres et Stintino. L'arrêt se trouve à l'entrée de la voie qui longe la mer.
- **Parking.** Les places sont chères à La Pelosa, et ce dans les deux sens du terme. Le parking est payant et il est très difficile de trouver une place. Mieux vaut prendre la navette gratuite au départ du parking de Stintino ou de votre hôtel si elle en dispose.

CLUB ESSE ROCCARUJA €€

Face à la plage de La Pelosa ✆ +39 079 527 040
www.hotelroccaruja.it
Compter de 142 à 402 en chambre double en pension complète et avec la carte de membre. Fermé d'octobre à mai.

Cet immense complexe hôtelier 4-étoiles est situé sur un terrain gazonné joliment aménagé et donnant directement sur la plage de Stintino. Celle de La Pelosa se trouve à moins de 500 mètres à pied, ce qui permettra notamment de s'économiser les difficultés de stationnement. Le club comprend tout le nécessaire pour passer des vacances sportives ou au contraire paresseuses : piscine, courts de tennis, plongée, voile, chaises longues et parasols. Les chambres sont lumineuses et confortables et comprennent frigo et climatisation. Nos préférées ont une terrasse.

CHAMELEON CLUBBING €€

Capo Falcone
✆ +39 079 527 148
Ouvert tous les jours de 8h à 2h en saison. Compter 50 € pour un repas.

Le Chameleon offre la meilleure vue sur les camaïeux de bleu et de vert du détroit de l'Asinara, sur le cap Falcone et la tour espagnole. Les meilleures tables sont aussi difficiles à obtenir qu'un ruban de sable désert sur la plage de La Pelosa passé 9h du matin. Elégante, un poil bling-bling, la terrasse compte de larges fauteuils de jardin et des tables nappées de blanc. Café, boisson fraîche, rosé, cocktail : il y a une boisson pour chaque moment de la journée et du champagne à toute heure. La carte privilégie poissons fins et crustacés.

WINDSURFING CENTER STINTINO

Deux locaux sur la Spiaggia di Pelosa
✆ +39 079 527 006
www.windsurfingcenter.it
Location canoë 10 €/h ou 55 €/jr ; planche à voile : 23 €/h. Excursions pour l'Asinara.

A l'extrémité est de la plage de La Pelosa, ce centre nautique loue à l'heure ou à la journée catamarans, planches à voile ou canoës. Le centre propose des cours collectifs ou individuels et organise également des excursions sur l'île d'Asinara à bord d'un catamaran. Une fois remis à niveau, cela vaut vraiment la peine de louer un petit catamaran ou un canoë, ne serait-ce que pour s'éloigner quelque peu de la foule et gagner des fonds marins moins fréquentés.

ASINARA

Un ancien centre pénitentiaire, devenu parc national en 1997, la superbe île a été préservée par plus d'un siècle d'isolement. C'est l'un des endroits les plus sauvages de Sardaigne. Ses habitants les plus célèbres sont les ânes albinos aux yeux bleu clair, auxquels l'île doit son nom. Sur une surface de 52 km², la flore et la faune se sont maintenues si parfaitement intactes que l'île est devenue Parc national en 1997. Le flux de touristes est régulé. Le débarquement sur l'île n'est possible que pour des visites guidées de quelques heures qui peuvent s'effectuer à pied, à cheval, en vélo ou même en voiturette électrique (sur la partie de route cimentée uniquement). En 2002, le gouvernement étend la protection aux eaux qui baignent l'île en créant une aire marine de 110 km². L'île devient un paradis à explorer tant sur terre que sous l'eau. Les premiers habitants de l'île sont les moines camaldules qui s'installent au Moyen-Âge. A partir du XVIIe siècle, l'Asinara est habitée par des paysans, des bergers et des pêcheurs. Ils sont délogés en 1885 pour construire un pénitencier. Aujourd'hui, ses murs gris abritent un centre didactique d'information sur la protection de l'environnement.

Transports

- **En bateau.** Delcomar assure une navette entre Porto Torres et Cala Reale au nord de l'île d'Asinara. Le trajet dure 1h15 et coûte 15 € A/R. Deux navettes sont assurées en basse saison et trois en haute saison. Des compagnies privées au départ de Stintino desservent Fornelli au sud de l'île d'Asinara à bord de bateaux de pêche reconvertis (renseignements à l'agence La Nassa).

PARCO NAZIONALE DELL'ASINARA

Via Josto, 7
✆ +39 079 503 388
www.parcoasinara.org
Accessible toute l'année.

L'institution qui gère la réserve naturelle et la zone marine accrédite les différents opérateurs présents sur l'île de l'Asinara. Visites guidées en jeep ou en petit train (pas très confortable), excursions à pied, en vélo ou à cheval, plongée et bien sûr baignades font partie du programme. Des ateliers pédagogiques pour enfants sont organisés régulièrement. Notez qu'en été l'affluence bat son plein et les plages du parc peuvent être vite bondées.

SPIAGGIA DI CALA SABINA ★★

Cala Sabina

© ELISA LOCCI - SHUTTERSTOCK.COM

Au nord de l'île et de Cala d'Oliva, cette petite crique bien protégée du vent et des courants est tapissée de sable blanc. Ses eaux translucides scintillent sous les rayons du soleil. Il n'y a que quelques brasses coulées à faire pour atteindre les fonds rocheux inscrits dans l'aire marine protégée. Les poissons s'y ébattent par centaines. Avec Cala Sant'Andrea et Cala d'Arena, cette plage est une vraie perle. Elle est assez éloignée des débarcadères et mieux vaut louer un vélo pour ne pas avoir à marcher des heures en plein cagnard.

OSTELLO CALA D'OLIVA €

✆ +39 346 17 37 043

www.sognasinara.it

Compter 100 € pour une chambre double en demi-pension.

Gérée par une coopérative, cette auberge de jeunesse a été aménagée dans les anciens logements des gardiens du pénitencier qui se trouvaient sur l'île au XIXe siècle. Les chambres, tout en étant plutôt spartiates, sont assez chères : c'est le prix à payer pour dormir dans un cadre unique au monde. L'auberge se trouve dans le bourg de Cala d'Oliva au nord de l'île, là où logent les gardiens du Parc. Les plus indépendants pourront louer des vélos pour rejoindre l'établissement, mais un service de navette assure également la liaison depuis le débarcadère.

ARGENTIERA

Cette ville a vécu de ses richesses minières pendant de long siècles et en particulier de l'argent qui lui a donné son nom. Les Romains exploitaient déjà ses sous-sols et l'extraction a cessé en 1963. Mais un semblant de vie persiste dans ce centre minier du XIXe siècle grâce au tourisme. Les bâtiments de la mine constituent l'un des plus beaux témoignages du passé industriel de l'île. La plage locale est très jolie et on y trouve une ou deux bonnes adresses de restaurants en descendant vers la mer. La baie de Porto Palmas, au nord d'Argentiera, est encore plus belle. C'est enfin le coin de nature le plus préservé dans ce coin de Sardaigne.

© TORRUZZLO - SHUTTERSTOCK.COM

Monastero San Pietro di Sorres.

ARDARA

Ardara connut son heure de gloire au Moyen-Âge lorsque les Juges de Torres décidèrent d'y implanter leur cour au XIe siècle. Lassés des attaques barbares à Torres, ils élurent domicile en été dans cette bourgade tranquille. On peut encore voir les ruines du château de Burgos et sa tour de 12 mètres. Mais le chef d'oeuvre architectural de ce village réside dans sa basilique Notre-Dame del Regno construite en 1107. Mariages, baptêmes et funérailles des membres de la dynastie régnante y étaient célébrés. Aujourd'hui, la fête patronale est célébrée le 9 mai et les chœurs d'homme entonnent les *sos gosos*, des louanges en l'honneur de la Vierge Marie.

CHIESA DI SANTA MARIA DEL REGNO ★

Ardara

Accès possible seulement pendant les offices.

A l'entrée du village d'Ardara s'élève une imposante et très ancienne église en trachyte noir. La façade est percée d'une fenêtre cruciforme et, juste en dessous, d'une fenêtre bilobée. L'intérieur contraste avec la sévérité de la façade : toutes les colonnes sont peintes de portraits de saints à l'échelle humaine, et l'autel est richement coloré. Consacrée en 1107, elle fut construite sur la volonté de la sœur du juge de Torres. Plusieurs juges y ont prêté serment.

THIESI

Cette bourgade de 3 000 âmes compte 5 églises, dont Santa Vittoria du XVe siècle qui affiche une élégante façade Renaissance. Début septembre, les nouveaux mariés défilent en procession jusqu'au sanctuaire de la Madonna di Seunis pour obtenir sa bénédiction et démarrer la vie commune sous de bons auspices. Ils sont accompagnés de groupes folkloriques et de cavaliers en costume. La petite ville est aussi connue pour ses spécialités culinaires comme les *impanadas*, des timbales farcies de porc parfumé aux aromates, le *ghisadu*, de la viande d'agneau cuite dans une sauce tomate ou encore le *succu*, de la fregola de blé dur cuite au bouillon.

CHIESA DI SANTA VITTORIA ★

Piazza Santa Vittoria, 1

Cette église fut construite entre 1400 et 1590 avec les fonds de la famille Manca, qui souhaitait rappeler ainsi la victoire des Catalans-Aragonais sur le Judicat d'Arborée. Leurs armoiries peuvent être observées sur le chapiteau situé à droite du petit arc de triomphe. Le toit simple à deux pentes a été adopté au moment de la construction des chapelles, l'architecte ayant jugé que cela donnerait plus de légèreté à l'édifice. La façade de l'église présente un style aragonais, tandis que l'esprit de la Renaissance s'exprime dans les arcs des chapelles.

BORUTTA

Entre le village de Thiesi et celui de Torralba, Borutta se niche dans le recoin d'une colline. On a découvert des restes de pierres taillées et de céramiques dans la grotte d'Ulari, qui attestent d'une présence humaine dès 3 500 av. J.-C. C'est aussi là qu'est abritée la plus grande colonie de chauves-souris de Sardaigne. Il faut essayer de venir à Borutta le 29 juin à l'occasion de la fête de San Pietro di Sorres. Les habitants revêtissent leur plus beau costume traditionnel et se rendent en procession montée jusqu'à l'église du monastère bénédictin. Derrière son élégante façade du XIIe siècle se cache un intérieur étonnant tout en blanc et noir.

MONASTERO SAN PIETRO DI SORRES ✝ ★★

Borutta

Visible à l'entrée du village de Borutta, l'église abbatiale du monastère bénédictin San Pietro di Sorres est l'un des plus beaux exemples d'art roman. Elle fut construite le long de la route historique qui reliait le nord de l'île au sud. On a retrouvé des tombes de la période byzantine et un nuraghe à proximité du site. L'extérieur de pierre calcaire dissimule un intérieur richement décoré, aux piliers alternant les blocs de calcaire blanc et de pierre de lave noire.

CODRONGIANOS

Adossé à une colline fermant un plateau à 300 mètres d'altitude, Codrongianos affiche un visage bien paisible. Le centre historique actuel s'est développé au cours des XVIIe et XVIIIe siècles autour de la petite église San Paolo. Celle-ci abrite en son sein de précieux tableaux de l'école du maître du baroque de Bologne Guido Reni. Mais c'est surtout la basilique Santissima Trinità di Saccargia qui attire les foules, notamment au moment des célébrations de la Pentecôte qui donnent lieu à une grande procession en costume folklorique. Véritable mille-feuille de basalte noir et de calcaire blanc, l'édifice impressionne par ses dimensions imposantes.

Tourisme

Les églises romanes de Sardaigne ont laissé un héritage religieux de toute beauté qui mérite que vous prévoyiez une journée d'excursion. Le circuit au départ de Sassari (vous ne manquerez pas au préalable de visiter dans cette optique la cathédrale San Nicola et l'église Santa Maria di Betlem) jusqu'à Semestene fait 150 kilomètres. Il faut bien compter une journée complète de visite avant de rentrer à Sassari pour la soirée. Condrongianos est la première étape de cette route au départ de Sassari. Suivront d'autres arrêts : Thiesi, Torralba, Mara, Pozzomaggiore et Semestene.

BASILICA DELLA SANTISSIMA TRINITÀ DI SACCARGIA ★★★

Codrongianos
✆ +39 347 00 07 882
www.comunecodrongianos.it

La basilique fait partie des plus célèbres églises romano-pisanes de Sardaigne. Consacrée en 1116, elle appartenait à un grand complexe monastique camaldule. La façade est constituée de pierres de taille de calcaire clair alternant avec du basalte sombre. Elle est divisée en deux rangées d'arcades ornées de décorations circulaires marquetées et de céramiques colorées. A l'intérieur, on découvre une superbe fresque exaltant la vie du Christ dont la conservation est remarquable.

TORRALBA

Porte d'entrée de la Vallée des Nuraghes, Torralba accueille également une très belle église romane. Son paysage de collines est parcouru de torrents et de sources qui ont favorisé l'installation humaine dès le Néolithique. De très nombreux vestiges archéologiques ponctuent la campagne dont Santu Antine, le plus important site nuragique après Barumini. A l'époque des Judicats, Torralba est rattachée à la *curatoria* de Cabu Abbas et au diocèses de Torres. Cela lui vaut l'édification d'une grande église champêtre au XIe siècle, Nostra Signoria di Cabu Abbas. Le village conserve une allure médiévale avec ses ruelles pavées et ses bancs de pierre.

CHIESA DI NOSTRA SIGNORA DI CABU ABBAS ★

Via Carlo Felice, 53, Toralba

Cette église champêtre de belle taille se trouve à 5 kilomètres des habitations les plus proches. De style roman, remontant aux XIIe et XIIIe siècles, Notre-Dame de Cabu Abbas est probablement construite sur un ancien lieu de culte païen, comme bon nombre d'églises sardes perdues au milieu de nulle part... Elle est construite en claveaux de calcaire blanc. L'intérieur, constitué d'une nef unique et sans chapelles, repose sur quatre arches en ogives.

MARA

Mara est un village de bergers perché sur un plateau qui domine un paysage de maquis méditerranéen. Les deux églises constituent les éléments notables du bourg. San Giovanni Battista date du XVIIIe siècle et reprend des éléments du style gothique-aragonais dans son clocher tandis que sa façade affiche des airs baroques. La région était dominée par la famille Doria qui a probablement construit le château de Bonighinu, ensuite passé aux mains des Arborea puis des Aragonais. La petite église Notre-Dame de Bonighinu aurait été érigée au XVIIe siècle suite à l'apparition de la Vierge venue régler un conflit entre les habitants de Mara et leurs voisins.

CHIESA DI NOSTRA SIGNORA DI BONU IGHINU ★

Mara

L'histoire de cette église est mal connue. Elle tient ses dimensions actuelles de travaux d'agrandissement et de restructurations d'une église médiévale. Elle était peut-être rattachée à un village abandonné par la suite. Son intérêt porte sur sa façade du XVIIIe siècle qui fait penser aux retables en bois en vogue à l'époque. Les «cumbessias» voisins, sorte d'abris pour pèlerins, témoignent de l'état de négligence global qui entoure cette église.

POZZOMAGGIORE

Cette petite ville compte une longue tradition équestre. La fête la plus vivace est l'ardia de San Costantino qui se déroule tous les 6 et 7 juillets. Une centaine de cavaliers tourne trois fois autour de l'église néo-romane San Costantino dans le sens inverse des aiguilles d'une montre puis après une courte dévotion, dans le sens opposé. Cette fête célèbre la victoire de Constantin sur Maxence, du christianisme sur le paganisme. Un musée du Cheval installé dans l'ancien couvent des Augustins montre l'attachement de Pozzomaggore à l'équidé. La plus belle des églises de la ville est San Giorgio, construite dans un style gothique tardif au XVIe siècle.

CHIESA DI SAN GIORGIO ★

Pozzomaggiore

Située dans le village de Pozzomaggiore, l'église paroissiale de style gothique aragonais est réalisée en claveaux de pierres calcaires. Remontant au XVIe siècle, elle a été construite par étapes successives. La date la plus ancienne figure sur la pierre tombale d'Elena de Leda (1551). La date de 1570 a été gravée sur l'arc de la troisième chapelle de droite, celle de 1598 sur la quatrième, etc. Le style de ces deux chapelles diffère de celui des autres. La nef est divisée en cinq travées, séparées entre elles par des arcs brisés, recouverte d'une voûte en étoile.

SEMESTENE

Semestene est un minuscule village de 160 habitants qui diffuse une atmosphère tranquille avec ses ruelles étroites et pavées et son église San Giorgio du XIIe siècle, mais largement remaniée au XVIIe. Le village est surtout célèbre pour son église romane San Nicola di Trullas situé à 2 kilomètres et demi sur le plateau de la Campeda. Elle a été construite au début du XIIe siècle sur les ruines d'une villa romaine et a côté d'un monastère camaldule, dont ne subsistent que des ruines. San Nicola di Trullas est considérée comme l'exemple le plus pur de l'art roman sarde. Début août, les habitants défilent en procession depuis le village.

CHIESA DI SAN NICOLA DI TRULLAS ★

Semestene

www.asaintnicolas.com

Située à environ 3 km du village de Semestene, cette église d'époque romane remonte au XIIe siècle. À l'exception de ses deux frontons, elle a conservé sa structure d'origine. Construite en calcaire, grès et trachyte, elle faisait partie d'un monastère donné aux moines camaldules en 1114. On peut d'ailleurs en voir les vestiges sur le côté. De style pisan-lombard, la façade de l'église est divisée en deux, et les côtés et l'abside sont décorés de petits arcs.

ALGHERO ★★★

Cette superbe ville fortifiée profite avantageusement de sa situation balnéaire, de son patrimoine catalan ou encore de son lien privilégié avec le corail rouge. La ville d'Alghero fait partie des destinations favorites des touristes en Sardaigne. D'allure prospère et coquette, Alghero vit de son très beau patrimoine catalan, de sa réputation accueillante et de sa superbe situation balnéaire. Sa vieille ville s'étend à plat face à la baie d'Alghero. Avec sa promenade en bord de mer et ses maisons blanches qui se dressent, elle aurait quelque chose d'Essaouira au Maroc ou encore de Cadix en Espagne. Les Français préfèrent la comparer à Saint-Malo, dont elle ne partage pourtant ni les couleurs, ni la physionomie. La ville fut entièrement repeuplée au XIVe siècle lors de la conquête aragonaise quand le roi expulsait la population locale pour y installer des familles catalanes. Cette métamorphose va marquer la ville pour toujours. Un quart de la population serait toujours locutrice de l'alguérois, une forme de catalan ancien mêlé de sarde. Les habitants revendiquent leurs origines fièrement et l'on peut voir partout des drapeaux catalans, aux côtés des noms de rues et indications bilingues. La vieille ville, avec ses rues pavées, ses églises et ses palais parfaitement entretenus diffuse un charme incroyable, et ce malgré sa forte fréquentation touristique. Boutiques de souvenirs, bars, restaurants et musées s'enchaînent et se côtoient d'une manière peu habituelle en Sardaigne. Malgré ce caractère un peu biaisé, la vieille ville n'en reste pas moins belle et agréable.

Histoire

Le nom d'Alghero dériverait du sarde aliga (algue), S'Alighera (le lieu de l'algue) étant encore utilisé par les paysans de la région pour désigner la ville. Les origines de la ville remonteraient au néolithique ancien, mais les premières traces importantes de présence humaine découvertes dans la région sont les *domus de janas* contenant des objets servant au culte du dieu taureau et de la déesse mère, caractéristiques de la culture d'Ozieri. Les nuraghi de Palmavera et de Siseri attestent d'une activité humaine significative entre 1500 et 500 av. J.-C : il semble que plusieurs villages nuragiques coexistaient à cette époque. A partir de l'an mille, les judicats ont de plus en plus de mal à repousser les attaques des pirates. Peu à peu, profitant de cette faiblesse passagère, des familles italiennes de Pise et de Gênes viennent s'installer sur la côte. Ainsi, la famille génoise des Doria aurait véritablement posé les fondations de la ville, quand, vers 1102, elle fortifia le village de pêcheurs pour en faire un point de défense stratégique sur la côte nord-ouest de l'île. En 1353, les Catalans, aidés des Vénitiens ennemis héréditaires des Génois, mirent fin à la domination de ces derniers lors d'une terrible bataille navale. Après cette victoire, Pierre d'Aragon occupa la ville et la repeupla de Catalans. Certains historiens soutiennent qu'il s'agissait principalement de prisonniers et de personnages peu recommandables dont les rois d'Aragon entendaient se débarrasser en Espagne. Mais cette version est réfutée par les Algherois. Charles Quint aurait trouvé la ville « gracieuse et bien située ». Au cours des siècles suivants, Alghero connut un essor économique et urbain sans précédent, grâce à des privilèges fiscaux et commerciaux. La fin de l'hégémonie espagnole, au XVIIIe siècle, sera suivie d'une période de troubles et de révoltes. Au XXe siècle, pendant la période fasciste, un vaste programme de développement est mené dans la région d'Alghero : création des villes de Fertilia et La Palma et assainissement des terres. Après la guerre, la fondation Rockefeller reprend cet effort en éradiquant la malaria de la région. A partir des années 1950, Alghero peut commencer à exploiter son potentiel touristique.

Tourisme

L'office de tourisme (tél. +39 079 979 054) se trouve au 2 via Cagliari dans l'ancienne Casa del Caffè. Il est ouvert du lundi au vendredi de 9h à 13h et de 15h30 à 18h30, le samedi de 9h à 13h. Les horaires sont prolongés en haute saison.

Transports

- **En bus.** La compagnie ARST (tél. +39 079 950 179) dispose d'un kiosque de billetterie sur la via Catalogna d'où partent les bus. Pour Sassari, une dizaine de bus directs (ligne 9323) mettent une heure. Pour l'aéroport d'Alghero-Fertilia, le bus 9312 met 25 minutes. Pour la grotte de Neptune et le cap Caccia le bus 9321 met 50 minutes. Pour le nuraghe Palmavera, le bus 9312 de 9h15 marque l'arrêt à la demande.

- **En train.** La gare d'Alghero se trouve via Don Mizoni, au nord de la ville et à 300 mètres à pied de la plage du Lido. Une dizaine de trains directs par jour relient Alghero et Sassari.

Ville d'Alghero.

CATTEDRALE DI SANTA MARIA ★★

Piazza Duomo
✆ +39 079 973 3041
Ouvert tous les jours de 8h à 22h, 19h en hiver. Montée au campanile de 10h30 à 13h et de 16h à 18h. Entrée : 3,50 €.

© HILDAWEGES PHOTOGRAPHY - SHUTTERSTOCK.COM

Construite sur une longue période, la cathédrale conserve les marques de ses multiples influences. Le campanile et les absides affichent un style gothico-catalan. La coupole octogonale et les piliers à colonnes doriques viennent de la Renaissance. Le mausolée est lui d'inspiration néoclassique. Bien que la ville fut choisie comme siège épiscopal dès 1503, la construction de la cathédrale ne démarra qu'en 1567. Les travaux traînant en longueur, elle ne fut consacrée qu'en 1730.

CHIESA DELLA MISERICORDIA

Via Misericordia
Cette petite église à la façade quelque peu austère a été édifiée en 1662. Le campanile avec son dôme de tuiles vernissées est de style colonial espagnol. A l'intérieur, un précieux Christ en bois du XVIe siècle figure aux côtés de plusieurs tableaux de l'école flamande. Le crucifix a été récupéré suite au naufrage d'un navire espagnol dans la baie de Porto Conte. Il est exhibé dans les rues d'Alghero à l'occasion des processions de la Semaine sainte.

CHIESA DI SAN FRANCESCO ★★

Via Carlo Alberto ✆ +39 079 980 330
hwww.complessosanfrancescoalghero.com
Ouvert de juillet à septembre de 9h à 13h et de 17h à 21h. Entrée : 2 € ; église + clocher 4 €.
Cette église est l'un des plus beaux exemples de l'architecture gothique catalane. On y aperçoit cependant le mariage harmonieux entre les différentes formes architecturales à travers les époques. Au gothique se rattachent le presbytère à la voûte en étoile, la grande rosace sur le fronton et la partie supérieure du XVIe siècle. Le cloître roman, en grès, comprend 22 colonnes reposant sur des bases polyédriques. En été, des concerts y sont organisés pendant le Festival international de musique d'Alghero. Un hôtel occupe désormais le couvent.

CHIESA DI SAN MICHELE ★★

Via Carlo Alberto
Visite possible uniquement durant les 30 minutes qui précède la messe.
Cette église édifiée en 1364 est l'un des plus beaux exemples de style baroque en Sardaigne. Son dôme couvert de tuiles vernissées multicolores symbolise la ville à lui tout seul. Saint Michel, patron de la ville d'Alghero, est représenté terrassant Satan à plusieurs reprises dans l'église. Il figure sur l'un des tableaux, et deux statues sont exposées dans la chapelle et au Musée diocésain. L'église servit de cathédrale le temps que Santa Maria soit achevée. Elle fut profondément remaniée au XVIIe siècle, lui conférant son caractère baroque.

MUSEO DEL CORALLO ★★

8 Via XX Settembre
✆ +39 079 989 7502
Ouvert tous les jours de 10h30 à 13h et de 17h à 21h. Entrée : 5 €.
Installé dans une belle villa Liberty, ce musée raconte l'histoire de cet organisme vivant précieux qu'est le corail, ou Corallium Rubrum et dont la pêche est une spécialité d'Alghero depuis des siècles. Les techniques de pêche, de transformation et de travail de bijouterie sont ici présentées. Un fascinant voyage à travers l'écosystème marin qui met également en garde sur la diminution inquiétante du corail rouge en Méditerranée. Les corailleurs sont en effet obligés aujourd'hui de plonger à plus de 100 m de profondeur pour en trouver !

NECROPOLI DI ANGHELU RUJU ★

Sur la route de Porto Torres ✆ +39 329 43 85 947
www.coopsilt.it

Ouvert de 9h à 19h de mai à septembre. Entrée : 6 € et 11 € avec une guide. Visite guidée en français sur réservation.

Découvert par hasard en 1903, ce site abrite le plus grand cimetière préhistorique de Sardaigne. 38 grottes artificielles funéraires (*domus de janas*) et un tombeau à fosses ont été creusés dans un affleurement de roche de grès tendre. Les tombeaux de la nécropole remontent à la culture d'Ozieri (3300-2900 av. J.-C.). Ils sont tous pluricellulaires et l'on peut voir, à l'intérieur de certains tombeaux, des têtes de taureau gravées sur la paroi et des symboles énigmatiques.

PALAZZI ★★

Résidences privées.

Le centre historique d'Alghero regorge de palais anciens. Nombreux sont ceux qui reflètent l'influence catalane. Parmi eux, le Palazzo d'Albis érigé sur la piazza Civica au XVIe siècle représente un remarquable vestige de l'architecture catalo-aragonaise de cette époque. Charles Quint y a séjourné en 1541. Plus tard, le palais est devenu la propriété de la famille d'Albis et a été la demeure du gouverneur de la ville. Le Palazzo Machin, édifié au début du XVIIe siècle, possède un magnifique portail Renaissance et des fenêtres de style gothico-catalan.

SPIAGGIA LA SPERANZA (POGLINA) ★★

Spiaggia La Speranza

Les habitants d'Alghero appellent cette plage *la spiaggia della Speranza* (« la plage de l'espoir »), en raison de la petite église construite par des marins sur ses hauteurs. Mais son vrai nom est Poglina. C'est une destination à ne pas manquer, sur la très belle route panoramique Alghero-Bosa. La plage est constituée de gros sable mélangé à des cailloux. Mais tout autour, la côte rocheuse et escarpée et les fonds marins poissonneux, en font une escale superbe.

SPIAGGIE ★★

Alghero, c'est aussi une immense plage, celle du Lido qui s'étire sur 3 kilomètres au nord de la marina. Bordée d'innombrables hôtels, elle est très fréquentée. Avec une voiture, prenez la route du nord sur une dizaine de kilomètres. Criques et petites plages charmantes s'enchaînent dont celles de Bombarde et de Lazzaretto. La plage de Porto Ferro, plus sauvage, est un bon spot de surf. Quant à la plage de Mugoni, c'est une plage prisée par les familles en raison de sa baie qui en fait un lieu de baignade protégé pour les enfants.

TORRI E BASTIONI ★★

© AUTHOR'S IMAGE

Construits par les Doria au XIIe siècle, puis fortifiés par les Catalo-Aragonais. La vieille ville d'Alghero était ceinte d'un épais mur défensif avec des tours de guet. Bien que réaménagés, la promenade est toujours possible sur ces remparts, l'idéal étant de choisir l'heure du coucher du soleil. Les fortifications sont donc ponctuées de plusieurs tours : la tour de La Maddalena, la tour de San Giacomo, octogonale, édifiée au XVe siècle, la tour de l'Espero Reial du XVIe siècle, mesurant plus de 25 m de hauteur, et la tour del Portal du XIVe siècle.

NORD-OUEST

INSULATOUR

Via XX Settembre, 30
+39 079 98 00 98
www.insulatour.it
Ouvert toute l'année.

Pour découvrir la Sardaigne sous tous ses angles voilà une équipe de professionnels à votre service. Elle prend le temps de construire avec vous des vacances et un parcours selon vos désirs. Quel que soit votre budget, vous obtiendrez les meilleures prestations (du B&B au palace 5-étoiles). Découvrez l'île hors des sentiers battus avec son histoire, son patrimoine, sa culture, sa nature sauvage et sa gastronomie. L'accueil est chaleureux, et peut se faire en français. Une adresse utile à découvrir sans faute. Pas de frais d'agence.

BUS PANORAMIQUE TROTTOLO

Départ du Port d'Alghero
+39 329 875 5555
www.trottolo.it
Tarif 1 jour : 18 €/adulte, 12 €/enfant de 6 à 15 ans. Horaires des départs variables selon la saison.

Ce bus ne rentre pas dans la vieille ville, mais emprunte la route jusqu'à Capo Caccia. Sur le chemin panoramique, il est possible de descendre à l'un des 12 arrêts prévus, incluant la grotte de Neptune et le nuraghe Palmavera. L'audioguide en français est très bien fait et permet aux touristes de connaître un peu de l'histoire locale. Certes cher, mais valable si on n'a pas d'autre moyen de transport, surtout à partir d'octobre quand le bus de ligne ne fait le trajet jusqu'à la grotte que tôt le matin. Tarif dégressif sur 2 jours.

TRENINO CATALANO

Port
+39 336 691 8636
Départ du port touristique. En juillet et août : départ toutes les 30 minutes de 10h à minuit. Adultes : 5 €.

A quoi reconnaît-on une ville touristique ? A son petit train, résolument ! La vieille ville d'Alghero étant interdite à la circulation ou presque, le train «catalan» est la solution pour en apprécier ses plus beaux monuments sans avoir à marcher. Des commentaires audio sont livrés à l'abord des principaux sites et monuments. Le train marque trois arrêts : remparts, piazza Sulis et piazza Civica. Vous pouvez y descendre et reprendre le train plus tard, pour peu qu'il y ait de la place. En haute saison, l'affluence est telle qu'il peut être pris d'assaut.

NOLAUTO ALGHERO

Via Vittorio Veneto, 11
+39 079 953 047
www.nolauto.it
A partir de 60 € / jr pour une voiture. Location de scooters, motos ou voiture avec chauffeur.

Depuis une trentaine d'années, Nolauto Alghero propose toutes les prestations liées à la location de voitures, bus, scooters et motos. Vous trouverez tout le choix possible à des tarifs intéressants. De la petite citadine bon marché à la familiale d'une capacité de 5/6 places et pourvue d'un grand coffre, vous avez le choix. Possibilité de location d'autobus grand tourisme. Le véhicule peut vous être livré dès votre arrivée à l'aéroport ou en ville. Service de taxi et de limousine avec chauffeur pour accompagner vos déplacements. Equipe professionnelle.

CICLOEXPRESS

Via Garibaldi
+39 079 986 950
www.cicloexpress.com
Ouvert du lundi au samedi de 9h30 à 13h et de 14h30 à 20h, le dimanche de 10h30 à 13h et de 12h30 à 20h.

Dans ce kiosque situé au bord de mer on peut louer des vélos (pour adultes et enfants, tandems...), des véhicules électriques (minibus, scooters) ou des véhicules pour handicapés pour se promener au long des plages. Scooters, motos et voitures (à partir de 40 €) sont aussi en location. Cette société organise des circuits pour vous faire découvrir la faune et la flore locale, des excursions pour aller à la pêche en mer, des tours complets de l'île et louer tous types d'hébergements. Une bonne adresse qui a fait ses preuves depuis une trentaine d'années.

AGRITURISMO AGAVE €

Santa Maria La Palma
+39 079 999 104
www.agriturismoagave.com
Compter entre 80 € et 110 € pour une chambre double, petit déjeuner compris. Ouvert de mai à octobre.

Bienvenue dans l'un des plus anciens *agriturismi* de la côte. A 9 km du centre d'Alghero et presque en face de la piste de l'aéroport, cette ferme est nichée dans un cadre très calme et reposant. Les 8 chambres sont simples, confortables et très propres. Certaines disposent d'une terrasse et toutes ont leur salle de bains privative. Le repas est convivial et abondant et préparé avec des produits maison. Il n'est pas rare que des personnes de l'extérieur s'invitent. A 9 km de la plage et loin de la foule, l'endroit est idéal pour un petit *break*.

ANGEDRAS €€

2 Via G. Frank
✆ +39 079 973 5034
www.angedras.it

Compter entre 90 € et 169 € pour une chambre double, petit déjeuner compris.

Cet hôtel de 31 chambres est parfait pour profiter d'Alghero. Il est situé à 10-15 minutes à pied du centre historique, et à deux pas de la mer. Les minuscules plages de Las Tronas et d'El Tro ainsi que plusieurs restaurants se trouvent à moins de 5 minutes à pied. La petite terrasse avec vue sur mer au premier étage est appréciable pour prendre le buffet du petit déjeuner qui se décline en version sucrée ou salée. Les chambres sont très propres et fraîches et possèdent balcon, wifi, et air conditionné. Un bon rapport qualité-prix.

HÔTEL ALMA DI ALGHERO €€

Via Lido, 29
✆ +39 079 985 616
www.hotel-alma-alghero.it

Compter entre 89 € et 274 € pour une chambre double standard, petit déjeuner compris. Parking privé 15 €/jr.

L'emplacement pratique de cet hôtel est son atout majeur. La plage du Lido n'est qu'à 50 mètres, et il faut compter une quinzaine de minutes à pied pour rallier le centre historique... De plus, l'hôtel dispose d'un parking privé, certes payant, mais le stationnement l'est aussi dans cette partie de la ville... Les chambres sont fonctionnelles, et disposent d'un balcon. Le petit déjeuner buffet est très copieux. Accueil très chaleureux et particulièrement serviable : on parle français ! Promotions exceptionnelles hors saison.

HÔTEL CATALUNYA €€

Via Catalogna, 20
✆ +39 079 953 172
www.hotelcatalunya.it

Compter entre 134 € et 190 € pour une chambre double classique, petit déjeuner inclus.

Au pied des jardins Giuseppe Manno et à un jet de pierre de la marina, l'hôtel Catalunya jouit d'un emplacement parfait. Les amateurs de gros caravansérails - l'hôtel compte 128 chambres - apprécieront la proximité de la plage et des bars et restaurants. Aussi propice pour un voyage d'affaires que pour un séjour loisirs, l'hôtel propose de nombreux services et des aménagements tout confort. Le bleu, le rouge et le jaune prédominent dans la décoration des chambres meublées dans un style classique. Réservation au bar panoramique avec sa petite terrasse recommandée.

HÔTEL PUNTA NEGRA €€

Strada Fertilia ✆ +39 079 930 222
www.hotelpuntanegra.it

Compter entre 179 € et 359 € pour une chambre double, petit déjeuner compris. Fermé de fin octobre à mi-avril.

Situé à 10 minutes de l'aéroport, cet établissement est entouré d'une pinède et face à la mer. Il abrite 96 chambres réparties sur deux étages. Toutes possèdent un balcon ou une terrasse dont certaines avec une vue sur mer à tomber. Son architecture méditerranéenne tout en voûtes, patios et escalier de pierre s'intègre parfaitement au cadre naturel. Les sportifs seront servis avec un accès privilégié à la plongée sous-marine, au surf, au jet-ski, au tennis ou encore à la pêche. Les soirées sont animées avec une ambiance musicale live et des dîners au feu de bois.

HÔTEL SAN FRANCESCO €€

Via Ambrogio Machin, 2
✆ +39 079 980 330
www.sanfrancescohotel.com

Compter de 90 € à 120 € pour une chambre double.

Les 21 chambres de cet hôtel ont investi le premier étage du couvent annexé à l'église de San Francesco, en plein centre historique. C'est ce qui fait son charme puisque le petit déjeuner est servi sous les arcades du cloître. Les chambres n'ont pas cet attrait et on ne peut que regretter le mobilier de petite facture et la déco minimaliste. On se console en jetant un œil sur le splendide cloître du XIIIe siècle et sur les tarifs plus qu'abordables. Les amateurs de calme et de spiritualité ne seront pas déçus. L'hôtel est géré par les frères du couvent.

LA TERRAZZA €€

56 Via Vittorio Veneto
✆ +39 340 859 2543
www.laterrazzadialghero.com

Comptez entre 50 € et 130 € selon la saison pour une chambre double, petit déjeuner compris.

Voilà une chambre d'hôtes confortable et un propriétaire qui sait recevoir. Mario vous accueille dans la bonne humeur et avec cette chaleur qui sied aux Italiens. Il se fait un plaisir de partager ses bonnes adresses en ville avec ses hôtes : restaurants, bars, boutiques, lieux insolites... Mario met à disposition de ses clients deux chambres avec salle de bains privative. Elles se partagent une agréable terrasse dotée de chaises longues et donnant sur les toits de la ville. Vous serez à 5 minutes à pied de la plage et du centre historique.

LA TERRAZZA SUL PORTO €€

19 Piazza Civica
✆ +39 079 933 7637
www.bblaterrazzasulportoalghero.it
Compter de 70 € à 150€ selon la saison pour une chambre double standard, petit déjeuner inclus.

La Terrazza Sul Porto profite d'un emplacement de rêve face à la marina d'Alghero et dos au centre historique, jouxtant le palais d'Albis et de Bolasco, s'inscrivant dans la riche histoire de la ville. Au dernier étage d'un bel immeuble du XIXe siècle, ce B&B a été rénové et modernisé tout en conservant le style d'époque. Cosy, simple, de bon goût et central, à ce tarif vous ne trouverez pas mieux. De là, tout est accessible à pied, les plages, la cathédrale, les musées, les bars et les restaurants. Et comme son nom l'indique, sa terrasse donne sur le port.

IL MARE DI ALIDA €€

Via Lido, 21
✆ +39 348 2309520
www.ilmaredialida.it
Entre 650 € et 1 200 € selon la surface et la saison.

Dans un bel immeuble faisant face à la plage du Lido, voici 12 appartements charmants, parfaits pour un séjour en couple ou en famille. Meublés avec goût, le décor gai et fonctionnel a tout pour assurer le maximum de confort. D'une propreté irréprochable, les deux ou trois-pièces disposent tous de lits confortables, de grandes salles de bains, de cuisines équipées, de télévision et d'un balcon avec vue sur la mer. La direction reste entièrement à disposition pour des conseils et des renseignements en tout genre. Parking gratuit.

VILLA LAS TRONAS €€€

Lungomare Valencia, 1
✆ +39 079 981 818
www.hotelvillalastronas.com
Compter de 201 € à 359 € pour une chambre double, petit déjeuner inclus. 3 nuits minimum en haute saison.

Tout simplement somptueux. Isolé sur un promontoire dominant la mer et faisant face à la ville, l'hôtel occupe l'ancienne résidence de la famille royale des Savoie en Sardaigne et conserve encore l'atmosphère d'un *buen retiro* aristocratique d'antan. Il compte 20 chambres, 3 suites et 2 junior suites, spacieuses et au mobilier ancien. Il propose une piscine à l'eau de mer nichée dans les rochers, un accès privé à la mer et une magnifique terrasse. L'hôtel est également doté d'un spa et d'un très beau jardin paysager qui révèle des senteurs de maquis.

LA BOTTEGHINA €

Via Principe Umberto, 63
✆ +39 079 973 8375
www.labotteghina.biz
Ouvert tous les jours de 12h à 15h et de 18h30 à 23h30. Comptez 15 € pour un repas.

Une petite salle à la décoration épurée se cache dans une ruelle de la vieille ville. Le patron promet une vraie cuisine faite d'ingrédients frais et de petite production locale. Les plateaux de dégustation de charcuterie ou de fromage sont très appréciés des habitués et accompagnent un verre de vin à l'heure de l'apéro. Le soir de généreuses pizzas de 50 cm sortent du four au feu de bois. La carte change régulièrement, les suggestions du jour sont affichées à l'ardoise. Le vrai plus de cette petite star, sa terrasse à l'étage. Voilà une bonne adresse !

NORD-OUEST

La cité catalane-aragonaise d'Alghero sur la côte ouest.

TRATTORIA CARAGOL €

69 Via Maiorca
✆ +39 393 262 3485
Ouvert de 12h à 14h30 et de 18h30 à 23h. Fermé le jeudi ? Compter 20 € pour un repas.

Voici une belle petite adresse comme on les aime ! Dans cette ruelle au calme s'est installé un couple passionné de bonnes choses. Dans leur trattoria typique de pierres voûtées et dans une salle tout en longueur, ils proposent des pâtes fraîches et faites maison. Vous trouverez également une carte terre et mer sur laquelle on peut sélectionner aussi bien du poisson frais que l'une de leurs spécialités à base d'agneau ou de sanglier. Cette trattoria charmante et gourmande, une fois n'est pas coutume, ne possède pas de terrasse.

AGRITURISMO SA MANDRA €€

Strada Aeroporto civile, 21 ✆ +39 079 999 150
www.aziendasamandra.it
Ouvert le samedi et le dimanche de 13h à 15h. Compter 40 € pour un repas.

SI vous passez vos vacances à Alghero, n'hésitez pas à vous rendre au moins une fois dans un agriturismo. Vous goûterez là à l'authentique cuisine sarde, savoureuse et généreuse. Sa Mandra n'échappe pas à la règle et propose une cuisine du terroir plantureuse : jambons artisanaux, raviolis à la ricotta et aux herbes, cochon de lait rôti. Ils proposent également un menu végétarien et un autre pour les cœliaques. La ferme propose 5 chambres charmantes pour qui souhaiterait y passer la nuit, mais elles sont en bout de piste de l'aéroport de Fertilia.

AL REFETTORIO €€

Vicolo Adami, 47
✆ +39 079 973 1126
Ouvert tous les jours de 12h à 15h30 et de 19h à 23h30. Compter 40 € pour un repas.

Une adresse pétillante dans le centre historique de la ville, où le talent du jeune chef Cristiano Andreini s'exprime avec brio. Par la mise en valeur des produits locaux, les recettes osent des mariages de saveurs aussi amusants que réussis. Les *tagliolini* en croûte de pecorino, à la sauge et à la boutargue ainsi que le feuilleté au *gelato* d'huile d'olive figurent parmi les plats signature du chef. On trouve aussi des spécialités locales comme les *culurgiones* à la sauce tomate. Les tables occupent une salle moderne intérieure ou le passage voûté de la ruelle.

AL TUGURI €€

Via Maiorca, 113
✆ +39 079 976 772
www.altuguri.it
Ouvert de 12h30 à 14h et de 19h30 à 22h. Fermé le dimanche. Menus de 40 € à 48 €.

Al Tuguri ne figure pas seulement parmi les bonnes tables d'Alghero, c'est probablement l'une des meilleures tables de Sardaigne. Le chef, Benito Carbonella, natif de Nuoro, propose une cuisine catalane raffinée et originale, alliant épices, parfums, herbes aromatiques et produits de la mer. L'établissement, ouvert en 1973, se compose de deux petites salles au décor rustique et intimes. Nous vous conseillons le menu dégustation de la mer, une véritable merveille. Les prix ne sont pas excessifs pour un restaurant d'une telle tenue.

IL CORALLO €€

20 Via F.lli Kennedy ✆ +39 079 982 772
www.ilcorallloristorante.it
Ouvert de 12h45 à 14h30 et de 19h45 à 23h. Fermé le mardi et le mercredi midi. Compter 30 € pour un repas.

Cette bonne adresse d'Alghero se tient un peu à l'écart du centre et de son animation. Ici, point de pizzas, mais des plats tournés vers la mer, travaillés avec des produits soigneusement sélectionnés et d'une grande fraîcheur. La présentation impeccable des assiettes et le cadre sobre donnent le ton : vous êtes dans un bistro gastronomique. Les assiettes dévoilent une originale bresaola de thon au fenouil, orange et réglisse ou un délicat retour de pêche au carpaccio d'artichaut et amandes. Ne manquez pas le tiramisu en dessert, l'une des spécialités du chef.

LA LEPANTO €€

135 Via Carlo Alberto
✆ +39 079 979 116
www.lalepanto.com
Ouvert de 12h30 à 14h30 et de 19h à 23h. Compter 40 € pour un repas.

En face de la tour de Sulis, juste à l'entrée de la vieille ville, on aperçoit la mer depuis la longue baie vitrée de ce restaurant. C'est ici que viennent les habitants d'Alghero lorsqu'une envie de langouste les saisit. C'est la spécialité de l'établissement et on peut les voir barboter en nombre dans l'aquarium à l'entrée. La carte, entièrement tournée vers la mer, propose les grands classiques : poisson grillé ou frit, pâtes à la poutargue, etc. Le cadre possède des allures de brasserie chic avec ses murs de pierres blanchies, ses voûtes et sa véranda.

MOS TAPAS €€

3 Via Giosue Carducci
✆ +39 079 983 429
Ouvert tous les jours de 12h à 15h et de 19h à 2h. Compter 30 € pour un repas avec un verre de vin.

Ce restaurant propose un choix appétissant de tapas d'inspiration italienne plus qu'espagnole. Nous avons craqué pour les sardines fumées servies avec de la burrata et des tomates : un délice ! Le cadre de la salle est très agréable, avec sa grande baie vitrée et les tableaux noirs qui affichent les suggestions du jour. Nous avons aussi aimé les canapés disposés sur le trottoir, parfaits pour siroter un verre de vin, un apéritif ou un digestif. Seul bémol, les portions pas bien grandes et qu'il faut multiplier pour se rassasier. L'addition grimpe vite.

LA PERGOLA €€

1 Viala I Maggio
✆ +39 079 950 531
www.ristorantelapergola.it
Ouvert tous les jours de midi à 15h et de 19h à 23h. A partir de 20 €.

De tous les restaurants et points de restauration à proximité de la plage du Lido, La Pergola est sans conteste l'une des meilleures tables. Située en face de l'hôpital, cachée derrière les arbres et la fontaine, elle se fait une spécialité de pizzas - vraiment délicieuses-, de poissons et de fruits de mer. Le chef aime mêler les influences sardes et catalanes, comme dans sa *fregola* préparée comme une paella. La grande terrasse installée sous les arbres et la grande salle élégante peuvent accueillir la moitié de la plage du Lido. Au moins !

AQUATICA

Marina del Porto di Alghero
✆ +39 079 983 199
www.aquaticarestaurant.it
Ouvert tous les jours de 8h à minuit de mai à septembre. Compter 50 € pour un repas.

Ce restaurant est posé directement sur la mer, face à la marina d'Alghero et au coucher du soleil d'un côté et la tour San Elmo de l'autre. Le cadre est tout simplement l'un des plus agréables de la ville. Vous êtes bercé par le clapotis des vagues sur le ponton depuis la terrasse, la brise marine s'engouffre à travers les baies vitrées grandes ouvertes de la salle. Ce restaurant-lounge très branché propose fruits de mer et poissons frais bien troussés, mais on le recommande plutôt pour boire un verre. L'ambiance douce et intime en fait un lieu très romantique.

BLAU SKYBAR HOTEL CATALUNYA

Via Catalogna, 22
✆ +39 079 953 172
www.hotelcatalunya.it
Ouvert tous les jours de 8h à 23h en été. Compter 30 € pour un repas.

Le bar au dernier étage de l'Hôtel Catalunya est un hymne au bleu du ciel qui joue ici le premier rôle. Depuis l'immense verrière qui regarde la ville, on aperçoit les toits d'Alghero, le campanile de Santa Maria fendant le ciel, le port et les bateaux ancrés aux pontons et même la plage de Punta Negra. Le panorama pousse jusqu'à Capo Caccio derrière lequel le soleil se couche en teintant le ciel de ses couleurs de feu ; le moment parfait pour un cocktail ou un dîner gourmet.

BON BONS

Via Einaudi, 21
✆ +39 079 978 171
Ouvert du mardi au samedi de 9h à 13h et de 17h à 20h, le dimanche uniquement le matin.

Cette délicate pâtisserie-biscuiterie est une invitation à croquer le répertoire des douceurs sardes. Présentoirs à l'ancienne, cloches à gâteaux en verre, dessus de comptoir en marbre blanc, ici même le cadre est exquis. Tous les produits de la tradition sucrée d'Alghero et de la Sardaigne se retrouvent dans cette délicieuse boutique. Pardulas au citron, amaretti à l'amande, seadas saupoudrés de sucre glace. beignets croustillants, rien ne semble avoir été oublié, pas même la tarte Mangia Blanc, spécialité d'Alghero à la crème de citron.

CAFE LATINO

Bastioni Magellano, 10
✆ +39 079 976 541
www.cafelatino.it
Ouvert tous les jours de 9h à 23h en été.

Sur les remparts d'Alghero, avec une superbe terrasse panoramique, une étape obligée après une balade en centre-ville. Ambiance jeune et informelle avec une vue superbe sur le port. Malgré la foule, l'adresse reste paisible et idéale pour se décontracter face à un cocktail bien mixé. Amuse-gueules de qualité servis avec l'happy hour, avec toasts, fougasses, pizzette et même des bouchées de poissons frais ou frits. Le petit-déjeuner vaut également le déplacement pour ses croissants fourrés à la confiture, à la crème ou au chocolat.

IGLOO GELATERIA ARTIGIANALE

27 Bastioni Marco Polo

Ouvert tous les jours de 13h à 00h45.

Impossible de ne pas céder au plaisir de la glace lors d'un séjour en Italie. Sur le Bastioni Marco Polo, à l'ouest du centre-ville et face à la mer, l'Igloo propose un large choix de glaces artisanales. Une vingtaine de parfums sont proposés quotidiennement. Autre spécialité très appréciée des Sardes : le granité rafraîchissant. Ici, pas de sirop, mais des fruits et de la glace pilée. Il y a toujours du monde dans le petit local, mais ça vaut la peine d'attendre un peu. Un délice !

ORANGE

2-4 Via XX Settembre

✆ +39 346 594 4925

Ouvert tous les jours de 7h à 4h.

Si l'on fait abstraction de la rue passante, ce bar possède tous les atouts : une grande terrasse animée, un choix de cocktails à prix très corrects, une déco acidulée et un buffet *happy hour* servi tous les soirs entre 19h et 20h30. Il est parfois difficile d'y obtenir une table en haute saison, notamment à l'heure de l'apéro. Les week-ends : *live music* avec de bons musiciens et en saison, soirées à thème pour une ambiance garantie. Parfait également pour un déjeuner sur le pouce avec un vaste choix de *panini*, *piadine* et salades.

PA I OLI

1 Via Ospedale

✆ +39 338 400 0628

OUvert tous les jours de 11h à minuit, d'avril à octobre.

Voilà un petit bar avec une âme et une sympathique sélection de vins au verre. Située à proximité de la cathédrale Santa Maria et à l'ombre du palais Carcassona, la terrasse ne compte que quelques tables. Le bar est installé dans une cave voûtée qui donne directement sur la rue. La patronne est mexicaine et prépare de délicieuses tapas - dont l'incontournable guacamole - pour accompagner votre boisson. Salades et plats sont servis dans de grandes assiettes à partager. Une alternative valable face aux adresses méditerranéennes.

PASTICCERIA CIRO

Via Sassari, 35/b

✆ +39 079 979 960

De mardi à samedi de 7h à 20h30, dimanche de 7h à 13h30.

Aves ses quatre vitrines occupant le rez-de-chaussée d'un immeuble moderne de la via Sassari, la pâtisserie Ciro est l'un des établissements emblématiques d'Alghero. Les habitants s'y donnent rendez-vous pour partager café et douceurs sucrées. Nombre de pâtisseries se présentent en petites bouchées, histoire de ne pas avoir à hésiter et de pouvoir succomber. Ne manquez pas les *bonboloni*, la tarte au caramel ou le *bavarese* au myrte. Très bonnes glaces également. C'est l'adresse à fréquenter pour le petit déjeuner ou la pause sucrée.

ANTONIO MARRAS

Piazza Civica, 9

✆ +39 079 979363

www.antoniomarras.it

Ouvert de 10h à 13h et de 16h à 21h.

Enfant d'Alghero, Antonio Marras est aussi né dans une famille tournée vers le textile et la mode. Il grandit dans la boutique de ses parents qui vendent des coupons de tissus aux ménagères d'Alghero. Puis ils s'orientent vers la mode en vendant des vêtements. Antonio a 22 ans lorsqu'il reprend la boutique familiale et se met à dessiner des collections de prêt-à-porter. Il rejoint la maison Kenzo en tant que directeur artistique pendant quelques années. Ses collections gardent la trace de ce passage avec des choix d'imprimés fleuris et flamboyants.

CANTINA SANTA MARIA LA PALMA

Loc. Santa Maria la Palma ✆ +39 079 999008

www.santamarialapalma.it

Ouvert 8h à 20h en été ; de 8h à 13h et de 14h à 18h30 en hiver. Visite et dégustations sur réservation.

A 10 km au nord d'Alghero, nous vous proposons une balade dans un vignoble historique qui remonte à 1949. Le gouvernement italien entreprend une grande réforme agraire et redistribue les terres agricoles entre les paysans de la Nurra. Près de 70 d'entre eux se lancent dans la viticulture et s'organisent en cave coopérative : la Cantina Santa Maria La Palma. Au total, ce sont 700 hectares qui produisent cannonau et vermentino, les cépages rouge et blanc emblématiques de Sardaigne.

DE FILIPPIS CORALLI

24 Via Carlo Alberto
✆ +39 079 978 100
Ouvert tous les jours de 9h à 23h en été.

La vitrine de cette boutique a conservé son ancienne devanture en bois, témoin de son ancienneté. Il s'agit en effet de l'une des plus anciennes enseignes spécialisées dans le corail à Alghero. Colliers, bagues, bracelets, le rouge prend les devants pour des bijoux de qualité. Vous pouvez acheter ici les yeux fermés si vous souhaitez ramener un souvenir en corail. L'enseigne compte de très belles pièces à des tarifs laissant songeur, mais aussi des créations plus modestes tout à fait abordables. Une très bonne adresse pour un cadeau original.

ICHNOS

25 via Gilbert Ferret
✆ +39 0799 78683
Ouvert toute l'année de 10h à 13h et de 16h à 20h. Fermé le dimanche.

Dans la rue principale du centre historique, cette boutique vintage regorge d'idées cadeaux originales, toutes en provenance des meilleurs artisans de Sardaigne. Couteaux de bergers, porcelaines, lampes, articles de décoration, articles textile brodés... : vous pénétrez dans une véritable caverne d'Ali Baba sarde. L'enseigne propose également les fameux bijoux en filigrane d'argent, ici conçus par des créateurs sardes : bagues, bracelets, colliers, broches... Accueil chaleureux en anglais, espagnol et quelques mots de français.

MARTI GIOIELLERIA

Via Carlo Alberto, 12
✆ +39 079 97 93 96
www.gioielleriamarti.com
Ouvert de 10h à 13h et de 16h30 à 20h.

Si vous êtes en quête de bijoux de créateurs, d'assurance d'authenticité, de pièces uniques et originales, alors la bijouterie Marti saura vous séduire. Elle a pignon sur rue depuis 1946, gage de sérieux. Le corail est bien sûr mis à l'honneur dans les nombreuses vitrines de cette boutique élégante qui a su conserver son cachet. Mais on peut également dénicher des bijoux en filigrane issus d'un très ancien savoir-faire sarde ou des créations en turquoise. La boutique possède aussi un petit atelier pour assurer les ajustements sur place.

SELLA E MOSCA ★

Route d'Alghero - Porto Torres
✆ +39 079 997 700
www.sellaemosca.com
Visite gratuite de juin à septembre du lundi au samedi à 17h30. Dégustation payante.

La région d'Alghero n'est peut-être pas celle où l'on fait les meilleurs vins en Sardaigne, mais c'est celle qui a toujours su le mieux les vendre. Cette visite guidée sera l'occasion de découvrir l'histoire du domaine Sella e Mosca, fondé en 1899. Un film est projeté avant la visite des caves en compagnie d'un sommelier qui explique le processus de vinification. Après un passage par le musée d'Archéologie, qui retrace également l'histoire du vignoble sarde, on déguste un *spumante* du domaine, tout en grignotant du pain *carasau*.

AQUATICA MARINA CLUB

Marina del Porto di Alghero
✆ +39 079 983 199
www.aquaticamarina.com
Ouvert toute l'année. Réservation conseillée pour un anneau dans la marina.

Cette société offre toutes les prestations liées à la mer à travers un service haut de gamme. Si vous possédez un bateau, Aquatica dispose de 60 emplacements dans la marina d'Alghero accompagnés d'un service de maintenance. Vente et location de bateaux à voile et à moteur de toutes catégories. Le centre propose : croisières journalières, excursions en bateau à moteur, canoë, voilier. Le service s'étend à la location d'appartements, motos, bicyclettes et à la réservation d'hôtel. Egalement un bar restaurant sur place ouvert de mai à septembre.

CAPO GALERA DIVING & CHARTER

Località Capo Galera
✆ +39 079 942 110
www.capogalera.com
Plongée à partir de 20 € sans guide et 45 € avec guide. Fermé du 15 novembre à avril.

Ce centre de plongée situé à 15 km d'Alghero à la pointe du cap Galera offre des tarifs très intéressants pour les plongeurs confirmés. Sans guide et au départ du centre, vous pouvez explorer la baie pour une vingtaine d'euros. Le centre propose également des plongées sur les meilleurs spots de la région que l'on atteint à bord de son bateau. Les instructeurs certifiés PADI et très expérimentés tenteront de débusquer le poisson qui manque à votre *log-book*.

PORTO CONTE

Porto Conte est l'une des plus belles baies de Sardaigne et un port naturel idéal. Elle est parsemée de tours espagnoles anciennes et d'hôtels et maisons de villégiature modernes. Le paysage devient encore plus pittoresque du côté occidental de la baie, dominé par le mont Timidone (361 m). Après avoir passé le Lago di Baratz, on suit la route jusqu'à arriver à Porto Ferro, la plus belle plage du coin. Des sentiers longent la côte, dévoilant panoramas somptueux et criques désertes comme la Cala del Turco. La compagnie de bus ARST dessert Porto Conte au départ d'Alghero entre 6 et 12 fois par jour selon la saison (ligne AC). Compter 15 min.

CAPO CACCIA

La presqu'île de Capo Caccia fait partie du Parc naturel régional de Porto Conte. Parcourue de hautes falaises calcaires, c'est ici que sont abritées les grottes de Neptune. La vue spectaculaire depuis la pointe du cap s'ouvre sur la baie de Porto Conte, la rade d'Alghero et toute la côte qui s'engage vers le sud. De nombreux sentiers de randonnée démarrent à la casa del Parco à Tramariglio menant à de petites calanques désolées. Prévoir de bonnes chaussures. Le bureau du parc est installé dans d'anciens bâtiments pénitentiaires.

NURAGHE PALMAVERA ★

Sur la route qui mène à Porto Conte
✆ +39 329 43 85 947
www.coopsilt.it

Ouvert tous les jours d'avril à octobre de 9h à 19h, de novembre à mars de 10h à 14h. Entrée : 5 €.

Construit en trois phases principales (XVe-Xe siècles av. J.-C., IXe siècle av. J.-C. et VIIIe siècle av. J.-C.), l'ouvrage comprend une muraille défensive ainsi que les vestiges d'un village d'une cinquantaine de cabanes de forme circulaire. Les archéologues estiment cependant que le village a pu abriter 150 à 200 cabanes. La plus grande était une « cabane de réunions » que l'on peut aisément reconnaître à son banc en pierre qui court le long de ses murs. Le village a été abandonné au VIIIe siècle av. J.-C. suite à un incendie.

PARC NATUREL RÉGIONAL DE PORTO CONTE ★

Loc. Tramariglio, 44
✆ +39 079 94 50 05
www.parcodiportoconte.it

L'accueil du parc se fait à Porto del Tramariglio. Plan, informations et visites guidées proposées.

Le parc naturel est une zone protégée depuis 1999 qui s'étend sur plus de 5 000 ha. Zone touristique depuis longtemps, ce promontoire s'élève à 326 m au-dessus de la mer et ses parois calcaires y plongent à pic. Il offre un panorama splendide sur le golfe de Porto Conte. De nombreux chemins de randonnée partent du centre d'accueil hébergé dans un ancien pénitencier. Vous pourrez récupérer des plans à l'accueil. De bonnes chaussures de marche sont indispensables.

La jolie crique le bombarde vers Fertilia.

GROTTA DI NETTUNO ★★★

Capo Caccia
✆ +39 079 946 540
Ouvert tous les jours de 9h à 19h en été, jusqu'à 15h en hiver. Entrée : 13 €.

De toutes les grottes dissimulées dans les falaises du cap Caccia, la grotte de Neptune est la plus célèbre. Elle représente l'une des plus belles curiosités d'Alghero et l'une des merveilles géologiques les plus précieuses du bassin méditerranéen. Cette vaste grotte de 2 500 m de longueur doit sa complexité aux nombreuses salles qui la composent, à ses vastes galeries et à ses lacs aux eaux limpides. Parmi eux, le lac La Marmora, long de 100 m, est l'un des plus grands lacs salés d'Europe. La partie de la grotte ouverte au public est accessible par bateau depuis Alghero quand la mer est calme. De nombreux opérateurs vous alpagueront sur le port. La grotte est également accessible à pied depuis le cap par un pittoresque escalier de 654 marches accroché à flanc de falaise. Comptez tout de même 20 minutes avec un bon rythme et pensez à la remontée... Une visite à ne pas manquer !

Bon à savoir. En cas de mauvais temps, la grotte peut fermer. Pour ne pas vous déplacer pour rien, téléphonez préalablement à l'office de tourisme qui vous renseignera. Prévoyez suffisamment d'argent liquide pour régler les entrées, car la carte bleue n'est pas acceptée. Il n'est pas facile de se garer près du site en cas d'affluence. Garez-vous le long de la route qui mène à la grotte dès que possible. Par ailleurs, le site est saturé en été et les visites guidées peuvent atteindre un nombre impressionnant de participants. Venez dès l'ouverture ou pour la dernière visite et, si vous le pouvez, privilégiez une visite hors saison.

© MARCOCIANNAREL

B&B SU SIRVONE €€

Loc. Maristella
✆ +39 320 776 8419
www.susirvone.com
Compter de 55 € à 130 € selon la saison pour une chambre double, petit déjeuner inclus.

Cette grande maison en position dominante se trouve sur les hauteurs de Porto Conte. On profite donc depuis la terrasse d'une magnifique vue sur la baie et la marina. C'est là que Martine sert ses délicieux petits déjeuners les jours de beau temps. Et s'il fait froid et que le temps vire au gris, alors il est pris dans la salle à manger au coin du feu. La maison compte trois chambres coquettes, dont une avec vue sur mer et terrasse. Elles possèdent toutes une salle de bains privée, la climatisation et un téléviseur. La propriétaire parle français.

PARCO AVVENTURA LE RAGNATELE

Loc. plage Le Bombarde
✆ +39 079 930338
www.parco-avventura.com
Ouvert tous les jours en juillet et août de 10h à 12h30 et de 15h à 19h. 9 € le parcours.

Marre de la plage ? Envie de pratiquer une activité physique et ludique ? Ce parc accrobranche est idéal pour amuser les plus petits comme les plus grands. L'aventure se joue dans une forêt de pins maritimes, avec ponts suspendus et toutes les composantes du genre. Dans le parc vous trouverez également des tables pour pique-niquer, quelques barbecues (location de matériel possible), une zone Internet, une piste cyclable et un bar (plats chauds, snacks et paninis).

FERTILIA

Fertilia est l'une de ces localités bâties sous le fascisme. Elle a été créée comme base pour l'assèchement des marais de la région et la création de nouveaux espaces agricoles. Elle accueille l'aéroport d'Alghero.

Transports

- **En avion.** A 10 km au nord d'Alghero, l'aéroport est desservi par EasyJet, Ryanair et Alitalia. Pas de vols directs depuis la France.
- **En bus.** La compagnie ARST relie l'aéroport de Fertilia à plusieurs grandes villes de Sardaigne. Nombreuses navettes pour Alghero par le bus ALFA ou la ligne 9312. 4 liaisons minimum pour Sassari par le bus 760. 4 liaisons minimum pour Bosa par le bus 9312.

OZIERI ★

Ozieri est la capitale du Logudoro ou « lieu d'or », nom donné en raison de la fertilité de ses terres qui produisent quantité de céréales et de pâturages. Cette région est riche d'un patrimoine archéologique exceptionnel, au point que la ville a donné son nom à une période du néolithique : la culture d'Ozieri. Située à 400 m d'altitude, la ville domine les vastes plaines environnantes. Ses ruelles étroites et escarpées ne se visitent qu'à pied. En y flânant, on ne manquera pas d'admirer les remarquables maisons patriciennes du XIXe siècle ni de goûter au suspiros, un gâteau aux amandes broyées et recouvert d'un glaçage de sucre au citron vert.

CATTEDRALE DELL'IMMACOLATA ✞ ★★

Piazza Duomo

De structure gothique aragonaise, cette église du XIVe siècle a connu de nombreux remaniements dont le dernier entrepris au XIXe siècle qui lui confère son caractère néoclassique. La cathédrale retient l'attention pour ses fresques et son orgue monumental, mais surtout pour sa toile du Maître d'Ozieri, artiste du XVIe siècle, le *Polittico della Madonna di Loreto*, chef-d'œuvre de la Renaissance sarde. Considéré comme l'un des plus grands peintres de Sardaigne, on ne sait rien de lui.

GROTTE DI SAN MICHELE ★★

Vicolo S. Michele

✆ +39 079 78 76 38

Ouvert du mardi au dimanche de 10h à 13h et de 15h à 18h en été. Entrée : 3 €.

La grotte est située à proximité de l'hôpital, au sud de la ville. Les découvertes effectuées dans cette grotte ont permis de baptiser la culture qui a succédé à celle d'Arzachena : la culture d'Ozieri. On y a notamment trouvé des restes humains, mais aussi des céramiques d'une grande finesse et des statuettes de divinités. La culture d'Ozieri (3200 à 2800 av. J.-C.) se distingue par son abandon de centres urbains pour gagner les campagnes et mener une vie plus rustique. Les habitants occupaient soit des grottes, comme à Ozieri, soit des cabanes de branchages.

MUSEO ARCHEOLOGICO ★★

Piazza Pietro Micca, 3 ✆ +39 079 785 1052

www.museo.comune.ozieri.ss.it

Ouvert du mardi au vendredi de 9h à 13h et de 15h à 19h, samedi et dimanche jusqu'à 18h. Fermé le lundi. Entrée : 5 €.

Situé dans l'ancien couvent des clarisses du XVIIIe siècle situé derrière la cathédrale, le musée rassemble une partie des objets découverts dans la grotte de San Michele. Les œuvres exposées proviennent essentiellement de donations privées qui ont permis de constituer une très belle collection de statues et de bronzes coutumiers de l'âge du bronze. Il expose aussi une importante collection numismatique dont des pièces des époques punique, romaine et médiévale trouvées dans le couvent. Remarquables également, les deux lingots en cuivre de l'époque nuragique.

PATTADA

Installé au sommet du Monte Lerno, Pattada est le plus haut village de la province de Sassari. Ses ruelles étroites culminent à 900 mètres d'altitude. Les maisons dressées en rangs serrés procurent un air austère à ce gros bourg. Il faut lever le nez pour dénicher les maisons bourgeoises de style néo-classique ou les édifices de style Art Nouveau. Pattada est connue dans toute l'Italie pour sa production de couteaux de berger, un artisanat pratiqué depuis des temps immémoriaux grâce au gisement de fer découvert durant l'Antiquité. Le village encore quelques couteliers traditionnels ainsi que Culter, un musée dédié à l'art du couteau.

BERCHIDDA

Ce gros village agricole d'environ 3 300 habitants est situé au sud du monte Limbara. L'activité essentielle de ce bourg est la production du vermentino, un vin blanc très apprécié en Sardaigne, qui accompagne notamment très bien les fruits de mer. Berchidda produit aussi un excellent pecorino très recherché. Le village est devenu célèbre grâce à Paolo Fresu, musicien et compositeur de jazz originaire de Berchidda. Ici, depuis des années, Fresu organise un festival de jazz qui accueille, en août,de grandes pointures de dimension internationale. Les concerts se déroulent dans le cadre enchanteur et merveilleux des forêts qui environnent Berchidda.

NORD-OUEST

BOSA ★★★★

Bosa figure parmi les joyaux de la Sardaigne. Cette petite ville historique à l'architecture très riche possède beaucoup d'allure. Son château perché sur la colline, sa vieille ville qui y est adossée, sa rivière Temo qui partage ville historique et anciennes tanneries en font un centre agréable à visiter. Préservée d'un développement immobilier anarchique grâce à son terrain hostile et son éloignement de la mer, elle conserve un charme intact. Son isolement fait qu'en dehors des tanneries, qui ont laissé un patrimoine architectural plutôt appréciable, la ville n'a pas vraiment pris la marche du développement industriel. En somme, elle diffuse une atmosphère très authentique, ses ruelles pittoresque contribuent à cette convivialité typique des vieilles villes d'Italie du Sud. Le tourisme se fond harmonieusement dans la vie locale. La mer est de plus à proximité, à Bosa Marina, où l'on trouve une jolie plage et une tour espagnole. Les environs sauvages et escarpés donnent l'impression que Bosa est un peu seule au monde, coincée sur sa petite cuvette côtière.

Histoire

Les origines de la ville de Bosa remontent à l'époque phénicienne. Par la suite, elle devient centre romain. Le cœur de la ville se situait autour de la charmante église romane de San Pietro, perdue au milieu des arbres. Au Moyen Age, elle est un port de commerce important, avant d'être quelque peu oubliée puis de retrouver un nouvel essor au XIXe siècle avec l'industrie des tanneries. Bâtie sur les rives du fleuve Temo (l'unique fleuve navigable de la Sardaigne, qui déborde souvent dans le quartier bas du vieux centre), Bosa est dominée par le château de Serravalle, forteresse militaire construite en 1112 par la famille génoise des Malaspina. La tour Maestra, en tuf rose, complétée en 1323 par les Pisans, devient l'emblème de la puissante famille et de son ouvrage défensif, au pied duquel s'étend le village médiéval. Le grand essor économique de la ville date du XIXe siècle et tient au développement de l'industrie du tannage. La vachette de Bosa, très recherchée, était exportée dans le monde entier, ce qui faisait de Bosa l'une des villes les plus riches de Sardaigne. C'est de cette époque que date le quartier industriel de Sas Conzas. On tannait le cuir dans cette succession d'usines en briques situées en face de Bosa, sur l'autre rive de la Temo. Ces tanneries, fermées en 1960, offrent aujourd'hui un très intéressant exemple de patrimoine industriel. Quant à la ville, après avoir perdu la suprématie dans le cuir, elle est tombée dans une sorte d'isolement et d'immobilisme dont elle semble n'être pas encore vraiment sortie. L'autre activité économique réputée de Bosa est la dentelle traditionnelle, qui elle continue à y être produite.

Quartiers

- **Le centre historique.** La vieille ville se situe sur la rive droite du Temo. Ses ruelles parallèles circulent entre le fleuve Temo et la colline du château. Les plus proches de la rivière sont les plus vivantes, tandis que celles qui sont en hauteur ne sont quasiment pas fréquentées par d'autres que leurs riverains. Le corso Vittorio Emanuele II, parallèle au Temo, est la principale voie commerciale de la vieille ville et, comme la place Costituzione, un lieu idéal pour flâner. Le long de la via Del Carmine, parallèle également et plus enfoncée dans la vieille ville, on peut voir des femmes assises devant leurs maisons et occupées à des travaux de dentelles traditionnelles de Bosa. Plus haut, la Via Ultima Costa est la principale artère de la ville haute. Sur l'autre rive du fleuve, la Via San Antonio est la principale rue du petit quartier des tanneries.
- **La marina.** L'accès à la mer de Bosa se situe à 2 kilomètres de la vieille ville, sur la rive gauche du Temo, après avoir traversé le pont. Bosa Marina est une petite station balnéaire agréable, et c'est là que la plupart des touristes se regroupent durant l'été pour profiter au maximum de la plage de sable fin. Ils cherchent l'ambiance animée des bars, des restaurants et des clubs. Comme dans toutes les stations balnéaires en Sardaigne, à la fin de l'été l'endroit se vide et les établissements ferment leurs portes en attendant la prochaine saison touristique

Tourisme

Il n'existe pas d'office de tourisme à proprement parler, mais plans et infos peuvent être obtenues au Musée Casa Deriu, situé au 59 Corso Vittorio Emanuele

Transports

- **En bus.** La compagnie ARST dessert Bosa au départ d'Alghero (bus 9312), d'Oristano (bus 703) ou Sassari (bus 701 ou 710). La compagnie Digitur dessert Bossa au départ de Porto Torres (bus 2003) via Sassari.

NORD-OUEST

CASTELLO MALASPINA ★★

Via del Castello

www.castellodibosa.it

Ouvert d'avril à août de 10h à 19h. Entrée : 5,50 €.

Bosa ne serait pas ce qu'elle est sans l'ombre protectrice de l'imposante forteresse de Malaspina. Ce château fut construit en 1112 par un marquis fort jaloux, qui dit-on fit réaliser un tunnel reliant le château à la cathédrale afin que sa belle épouse puisse se rendre aux offices sans être vue. Si la muraille de la forteresse est en bon état, il ne reste pas grand-chose du château si ce n'est ses hauts murs et ses tours partiellement en ruine. L'église Notre-Dame Regnos Altos date du XVᵉ siècle. Elle renferme de belles fresques de style espagnol.

CATTEDRALE DELL'IMMACOLATA CONCEZIONE ✝ ★

Lungo Temo G. Matteotti

La cathédrale actuelle fut construite entre 1804 et 1809 sur les ruines d'une église romane. Elle mêle le baroque et le néoclassique, tant en façade qu'à l'intérieur. La large nef à est flanquée de quatre chapelles latérales. Vous noterez les temperas murales représentant le *Paradis* de Dante et réalisées par l'artiste parmesan Emilio Scherer. L'église est devenue cathédrale au détriment de celle de San Pietro, église romane qui se trouve à quelques kilomètres sur la rive opposée.

CHIESA DELLA BEATA VERGINE DEL CARMINE ★

Piazza del Carmine

Cette église est édifiée en 1779 sur celle de la Madonna del Soccorso. Les carmes en héritèrent en 1606 alors qu'ils cherchaient un nouvel endroit pour installer leur couvent. Ils étaient jusque-là hébergés à côté de l'église Sant'Antonio Abate, mais leur couvent était devenu insalubre en raison de sa proximité avec la Temo. Le nouveau couvent des carmes a été conservé lors de la démolition de l'église de la Madonna del Soccorso. Il est abandonné depuis 1810.

CHIESA DELLA MADONNA DEL ROSARIO ★

Corso Vittorio Emanuele

Comme souvent, l'église du Rosaire a été construite sur les vestiges d'une église plus ancienne. Son remaniement date du XIXᵉ siècle et rend hommage au culte du rosaire qui fait l'objet d'une dévotion populaire très ancienne à Bosa. La fête de la Vierge du Rosaire se déroule tous les premiers dimanches d'octobre pour célébrer la victoire de la bataille navale de Lépante en 1571. L'église est entourée des palais Delitala et Don Carlo, tous deux du XVIIᵉ siècle.

Vue sur Bosa.

CHIESA DI NOSTRA SIGNORA DI SOS REGNOS ALTOS ★★★

Sa Costa

Nostra Signora de los Regnos Altos, enserrée à l'intérieur de la forteresse Malaspina, conserve les traces de son origine romane. De petite taille, elle ne révèle aucun élément architectural saillant. L'intérieur est décoré d'un beau cycle de fresques du XIVe siècle qui célèbre les vertus franciscaines de pauvreté, chasteté et humilité. Retrouvées en 1973 lors de travaux de restauration, elles démontrent l'importance que le message de saint François avait alors dans la région.

MUSEO DELLE CONCE ★★

✆ +39 0785 37 62 20

Ouvert tous les jours de 10h à 13h et de 16h à 18h en été. Entrée : 3,50 €.

Ouvert en 2011, le musée de la Tannerie se propose de raconter la vie et le travail des tanneurs à Bosa. Mais c'est aussi le seul musée consacré au travail des tanneurs en Italie. La tannerie (la *concia*) était en effet l'activité économique principale de la ville depuis le XVIIe siècle. Une collection de photographies et d'anciens ustensiles permet de mieux comprendre ce qu'étaient les différentes phases du travail des cuirs et des tissus. La grande salle au sol en verre, au 1er étage, permet d'observer le sous-sol de la tannerie de façon originale.

MUSEO CASA DERIU ★★

Corso Vittorio Emanuele, 59

✆ +39 0785 377043

www.bosaonline.com

Ouvert en juillet et août de 10h à 13h et de 17h à 20h. Entrée : 4,50 €.

Dans la principale rue de Bosa, ce beau bâtiment restauré en 1838 abrite le musée civique maison Deriu. Au premier étage alternent les expositions temporaires, puis au deuxième c'est un appartement bourgeois typique du XVIIIe qui est présenté. On observe le mobilier et les objets de décoration, dont la plupart venaient de Gênes, Pise ou Naples, villes très en vogue à l'époque. La visite se poursuit au troisième étage avec une exposition de Melkiorre Melis, peintre originaire de la ville et l'un des plus renommés de la période fasciste.

TRENINO VERDE

Bosa Marina

✆ +39 070 580 246

www.treninoverde.com

De fin juin à fin septembre, tous les samedis et le mercredi sur réservation. 15 € de Bosa à Macomer.

Le *trenino verde* est un train touristique qui emprunte les voies ferrées désaffectées des montagnes sardes. Il ne circule qu'en été et permet de découvrir la beauté de paysages naturels isolés qui plurent tant à l'écrivain britannique D.H.Lawrence. Le train prend son élan à Bosa Marina pour grimper jusqu'à Sindia, puis Macomer, située à 46 km dans les terres. Alimenté au diesel, il cahote tranquillement le long des pentes de l'arrière-pays, puis traverse le haut plateau de Campeda. Le point culminant de la ligne s'élève à 547 mètres d'altitude.

SAS CONZAS

Viale Alghero

Le quartier des tanneurs se trouve sur la rive opposée de la Temo et fait face au village médiéval de Bosa. Le travail du cuir revit à Bosa à partir du XVIIIe siècle, pour devenir une véritable production industrielle au milieu du XIXe siècle. Bosa atteint rapidement le statut de capitale de la tannerie en Italie pour la qualité de ses cuirs. Les ateliers longs et étroits s'empilent face à la rivière, car les besoins en eau sont importants. Au rez-de-chaussée, on trouve les cuves de lavage et de coloration, et à l'étage s'effectue la finition.

B&B ADA'S €

30 Via del Pozzo

✆ +39 329 797 1900

A partir de 55 € pour une chambre double, petit déjeuner inclus.

Ada's est une ravissante maison typique à la façade colorée ornée d'un puits en trompe-l'œil. Elle fait l'angle d'une petite place au détour d'une ruelle de la vieille ville de Bosa. Ouvertes en août 2016, les trois chambres sont très soignées et ont tout pour nous séduire : décoration plaisante aux couleurs vives, espace, lumière, salle de bains privative, wifi. Le copieux petit-déjeuner sucré/salé semble tout indiqué pour démarrer la journée du bon pied avant de partir sillonner les rues de Bosa, sa forteresse et ses églises.

NORD-OUEST

B&B LA TORRE DI ALICE €

Via del Carmine, 7
✆ +39 347 6671785
www.latorredialice.it
Compter de 55 € à 75 € la chambre double, selon la saison, petit déjeuner inclus.

La Tour d'Alice est une chambre d'hôtes chaleureuse qui exsude le charme provincial de bon goût. La petite auberge est idéalement située au bout d'une rue calme de la vieille ville. Elle possède 5 chambres toutes coquettes avec leurs boutis et dessus de lit en toile de Jouy. La combinaison des couleurs s'effectue de façon harmonieuse. Les petits-déjeuners sont de purs moments de délice. Vous avez le choix entre un menu salé ou un sucré. Sachez qu'Alice a grandi dans une pâtisserie... Attention en revanche aux moustiques, amenez vos répulsifs !

FINESTRA SUL FIUME €

63 Via lungo Temo De Gasperi
✆ +39 0785 373058
A partir de 55 € la chambre double, petit déjeuner compris.

«La Fenêtre sur la Rivière» propose deux chambres joliment pensées, une double et une triple. Vous aurez ainsi le choix entre la vue sur le château médiéval de Malaspina ou sur la rivière Temo et les anciennes tanneries. Les chambres à la décoration rétro possèdent une grande salle de bains avec baignoire et bidet. La terrasse au dernier étage permet d'embrasser les environs de Bosa en un coup d'œil. Le B&B, dont l'emplacement est le grand point fort, possède tout le confort nécessaire à la réalisation d'un séjour plaisant et touristique.

CORTE FIORITA €€

Via Lungo Temo De Gasperi, 45
✆ +39 0785 377 058
www.albergo-diffuso.it
Compter de 69 € à 149 € la chambre double, petit déjeuner inclus et entre 40 € et 80 € pour un appartement.

L'hôtel occupe une ancienne bâtisse restaurée en bordure du fleuve en plein centre. Plusieurs types de chambres, toutes spacieuses, sont disponibles, avec ou sans terrasse. Le petit déjeuner est servi dans la petite cour intérieure, très agréable, ou dans une petite salle au rez-de-chaussée quand il fait plus frais. Marco, le propriétaire, a fait l'acquisition d'une ancienne tannerie qu'il a transformée en résidence hôtelière confortable avec beaucoup de cachet. Il possède aussi deux appartements de deux chambres qu'il loue à un tarif très attractif.

HÔTEL AL GABBIANO €€

Viale Mediterraneo, 5
✆ +39 0785 374 123
www.hotelalgabbiano.it
A partir de 90 € pour une chambre double, petit déjeuner compris.

Cet hôtel récent est doté d'une trentaine de chambres assez simples et au goût incertain. Confortables et bien équipées, elles garantissent tout de même un séjour correct. Précédées d'un balcon, les chambres sur rue ont aussi une vue sur la mer. La plage se trouve juste en face de l'hôtel, il n'y a que la rue à traverser. Le restaurant sert une cuisine très correcte et un solide petit-déjeuner sous forme de buffet. Evitez les chambres mansardées sous les toits. Elles sont spacieuses, certes, mais beaucoup trop chaudes en été. Tarifs un peu élevés tout de même.

HÔTEL PALAZZO SA PISCHEDDA €€

Via Roma, 8
✆ +39 0785 3730 65
www.hotelsapischedda.com
Compter entre 75 € et 140 € la chambre double classique avec petit déjeuner.

Dans le quartier de Sas Conzas, cet établissement Art nouveau date de 1896 et était destiné à accueillir les hommes d'affaires et les voyageurs venus pour les tanneries de Bosa. On peut encore y voir les fresques d'origine peintes par Emilio Scherer, un artiste parmesan qui a œuvré dans la cathédrale de la ville. Les chambres décorées avec goût se montrent parfois un peu exiguës, même celles en duplex. La plupart d'entre elles disposent d'une terrasse ou d'un balcon.

SA BALZA GUEST HOUSE €€

45 Corso Vittorio Emanuele II
✆ +39 0785 374391
www.sabalza.it
A partir de 55 € la chambre double, petit déjeuner compris.

Trois belles chambres très confortables aménagées dans un bel immeuble datant du XVIIIe siècle vous attendent. Facile à identifier, on le reconnaît à sa façade ocre, son portail vert et son portique en grès rose. Les éléments de charme se dévoilent en franchissant le porche tels que les plafonds voûtés ou la cour intérieure. Très bien située, cette adresse est à deux pas des merveilles du cœur historique de la ville, de la rivière et des plages de sable blanc. Le personnel très accueillant vous guidera avec le sourire, et en français ! Bon rapport qualité-prix.

SA PISCHEDDA €

Via Roma, 8
✆ +39 0785 373 065
www.hotelsapischedda.it
Ouvert tous les jours de 12h30 à 14h30 et de 18h30 à minuit. Compter 25 € pour un repas.

Le restaurant de l'hôtel homonyme peut servir jusqu'à 400 couverts en août, et les clients se pressent sous son treillis de fleurs pour déguster une cuisine délicieuse à des prix tout à fait abordables. Les tagliatelles noires et blanches aux fruits de mer, les raviolis sardes à la tomate et au basilic ou encore le poisson-scorpion servi dans une sauce au basilic font la joie des gourmets. Hors saison, la grande salle design toute de blanc vêtue et à l'éclairage doux est aussi très agréable pour un dîner entre amis ou en amoureux.

SA NASSA €€

Lungo Temo de Gasperi, 13
✆ +39 347 78 14 166
Ouvert de 12h30 à 14h30 et de 19h à 22h30, tous les jours en été. Compter 30 € pour un repas.

Dès son ouverture en 2015, Sa Nassa s'est imposée parmi les meilleures tables de Bosa. Dans un cadre tout en pierres apparentes qui donne l'impression de dîner à l'intérieur d'un nuraghe, vous dégustez une bonne cuisine du pays. La salle est égayée par des tables nappées de blanc et des chaises jaune citron. Que vous soyez amateur de viande ou de poissons et crustacés, vous y trouverez votre bonheur. Mention spéciale pour le poulpe, mais aussi *la s'azada*, un plat de pâtes typique de Bosa à base de fruits de mer. Bon accueil d'Antonio, le chaleureux patron.

BORGO SANT'IGNAZIO €€

Via Sant'Ignazio, 33
✆ +39 0785 374 129
Ouvert de 12h30 à 15h et de 19h30 à 23h. Compter 35 € pour un repas.

Perché sur les hauteurs de Bosa, il faut être prêt à grimper plusieurs marches pour s'y attabler. Mais l'effort en vaut la chandelle, car le Borgo San't Ignazio offre une autre ambiance, un autre cadre, niché au cœur du quartier médiéval de Bosa. La belle salle voûtée aux murs de pierre et aux enduits irréguliers trahit l'âge de cette maison. On y picore des charcuteries et des fromages sardes, on y déguste des poissons *al forno*, des pâtes *al dente* ou des seadas *al miele*. La terrasse occupe la moitié de la ruelle, installée sous la treille ou au soleil.

GIOIELLERIA E LABORATORIO VADILONGA

Piazza IV Novembre, 23
✆ +39 0785 373148
www.gioielleriavadilonga.it
Ouvert de 9h à 13h et de 16h30 à 19h30.

Le filigrane de Bosa serait né dans cette bijouterie qui a ouvert ses portes dans l'immédiate après-guerre, en 1948. Vous y trouverez les plus jolis boutons sardes, des boucles d'oreilles et les caractéristiques bagues en or fabriquées artisanalement. La boutique voit défiler de nombreux couples d'amoureux qui viennent y choisir leurs alliances. Vadilonga dessine ses propres collections, mais grâce à son laboratoire sur place elle peut réparer un bijou abîmé ou cassé.

ESTRÒÒ €€

Piazza Gioberti, 5
✆ + 39 346 012 6618
Ouvert de midi à minuit. Fermé le mercredi. Compter 40 € pour un repas.

Dans un recoin pittoresque et tranquille de Bosa, au pied de la forteresse, on fait le plein de saveurs en découvrant une cuisine où les bons produits du terroir sont préparés avec audace et originalité. La cuisine colorée à souhait ose l'originalité avec une carbonara de poisson (le mariage entre moules et lardons grillés est une réussite), un carpaccio de viande d'âne, l'agneau en croûte d'olive et ses pommes de terre infusées aux poivrons et l'incontournable tiramisardo avec miel et ricotta. Le tout à savourer dans la jolie salle intérieure ou en terrasse.

BOSA DIVING CENTER

Piazza Paul Harris (face au port)
✆ +39 335 81 89 748
www.bosadiving.com
A partir de 45 € pour une plongée. Tarif dégressif.

Cette école de plongée propose plus que de simples immersions. Elle connaît parfaitement les fonds environnants et vous mènera sur des sites où vous pourrez vous livrer à de l'archéologie sous-marine. Passionnant ! Elle loue également de petits bateaux de moins de 40 CV qui ne nécessitent pas de permis. Vous pourrez donc partir explorer les criques isolées de la sublime côte déchiquetée autour de Bosa en toute liberté. Certifié PADI, le centre de plongée délivre les différents certificats, du «buble-maker» à l'»Advanced Open Water».

Dans le centre historique de Bosa.

TRESNURAGHES

S'il ne reste rien des trois nuraghes, on déambule au milieu de petits palais du XIXe siècle qui bordent S'Istradone. En bon village sarde, Tresnuraghes abrite plusieurs petites églises. Celle de San Lorenzo est construite avec le trachyte des mines environnantes. Santa Croce et San Giorgio, datant du XVe siècle, méritent un petit détour. Sur la côte, Porto Alabe est considéré comme le port de Tresnuraghes. Il est possible d'y trouver un hébergement très correct, peut être en raison de sa vaste plage dorée abritée par de petites dunes. En empruntant la route côtière vers le sud la tour de Cala Columbargia veille sur les énormes récifs de Corona Niedda.

VILLA ASFODELI €€

Piazza Giovanni XXIII 4

✆ +39 785 31 5052

www.asfodelihotel.com

Compter entre 85 € et 147 € pour une chambre double standard, petit déjeuner compris.

La Villa Asfodeli est une belle maison traditionnelle Sarde qui date de 1921. L'entrée se fait par la place de l'église San Giorgio. La Villa compte une vingtaine de chambres réparties entre la maison principale et l'annexe située au jardin. Ravissantes avec leur parquet ciré et leurs meubles anciens, elles jouent la note sarde avec tact. Dotée d'une conscience écoresponsable, il est demandé à tout invité de respecter les règles de la maison. Il y a la possibilité de louer des vélos, salle de fitness, sauna et piscine à disposition. Un véritable havre de paix !

LA BOUTIQUE FRANCOSARDO

Via Roma, 16

✆ +39 334 143 2474

www.laboutiquefrancosardo.com

Véronique et son mari Jean-Paul ont ouvert cette jolie boutique dans le but de faire connaître les produits locaux de Sardaigne. Vous y trouverez de l'huile d'olive, de la poutargue, des pâtes, des fromages, du pain *carasau*, des pâtisseries, des vins fins ou encore des liqueurs. Tout ce qui est fait en Sardaigne se trouve ici prêt à vous être envoyé à la maison avec tous les avantages : qualité optimum, prix minimum. L'accueil se fait en français. La boutique dépend d'une association destinée à renforcer les liens entre l'île et les pays francophones.

NORD-OUEST

MACOMER

La petite ville de Macomer construite sur le plateau granitique de Planargia s'élève à 563 m. Il n'est pas rare qu'il y neige en hiver ! C'est un important centre commercial et industriel, en particulier dans le secteur laitier. La production locale de pecorino qui s'exporte garantit des revenus importants à la ville. Macomer ne possède pas d'attractions touristiques particulières, mais la ville peut constituer un point de départ intéressant pour qui veut découvrir l'intérieur de cette partie de la Sardaigne marquée par un maquis dense et riche de jolis paysages. La ville possède aussi un trafic ferroviaire important et est reliée aux principales villes de l'île. Si vous y passez, vous pourrez toutefois jeter un coup d'œil à l'église de San Pantaleo, en trachyte rose, de style gothique aragonais (XVIe siècle). Le site de Macomer était déjà habité à l'époque de la civilisation nuragique (1800-500 av. J.-C.). Il en subsiste les tours de fortification. La ville a ensuite vu passer les Carthaginois, puis les Romains. Ainsi, les routes qui partent de Macomer sont riches en vestiges des civilisations passées.

Transports

- **En bus**. La compagnie ARST dessert Macomer au départ de Bosa avec une dizaine de liaisons quotidiennes (bus 9223) ; Oristano avec 4 liaisons minimum (bus 9343) ; Nuoro avec 5 liaisons (bus 9223 ou 9341).
- **En train.** La gare ferroviaire se trouve sur le corso Umberto I. Une dizaine de trains par jour pour Cagliari ou Oristano. C'est aussi le point de départ du Trenino Verde pour Bosa.

NECROPOLI DI SANT'ANDREA PRIU ★

Piana Santa Lucia

Ouvert de 10h à 13h et de 15h au coucher du soleil. Visite guidée : 6 €.

Sant'Andre Priu figure parmi les plus importantes nécropoles souterraines de Sardaigne. Avec ses 18 chambres funéraires, c'est l'une des plus vastes du bassin méditerranéen. Les *domus de janas* creusés dans un long éperon de trachyte datent de la fin du IIIe millénaire av. J.-C. (2400-2000). Ces tombes ressemblent à autant de petites chambres reliées entre elles. Certaines présentent des décorations qui devaient recréer un décor familier au défunt.

COMPLESSO ARCHEOLOGICO DI TAMULI ★★

Località Tamuli s.n
✆ +39 347 948 133
Ouvert tous les jours de 9h30 jusqu'à 30 mn avant le coucher du soleil. Entrée : 4 €.

© HILDAWEGES PHOTOGRAPHY - SHUTTERSTOCK.COM

Tamuli constitue un témoignage important de la culture nuragique pour ses 3 tombes de géants. Le premier tombeau bien conservé mesure 14 mètres de long et la moitié de large. Il est précédé par un exèdre, un demi-cercle pourvu de bancs en pierre. Malheureusement, les tombeaux 2 et 3 sont en très mauvais état de conservation. Un nuraghe se dresse un peu plus loin sur un éperon rocheux. La tour centrale est gardée par un bastion bilobé. Les vestiges d'un village se trouvent en contrebas.

NURAGHE E CHIESA DI SANTA SABINA ★★

Strada Statale 129 Trasversale Sarda

L'église a été édifiée au début du XIe siècle ; elle est plutôt basse, avec trois absides couvertes par des coupoles d'inspiration byzantine. C'est un exemple unique d'architecture dans l'île, puisque l'église présente une structure romaine, en même temps que des éléments paléochrétiens et byzantins. Situé à côté de l'église, le nuraghe de 1200 av. J.-C. concourt à donner à l'ensemble un aspect encore plus archaïque. Il comprenait aussi un village et deux *domus de janas*.

NECROPOLI DI FILIGOSA ET NURAGHES ★

Località Santa Barbara
Ouvert en saison de 10h à 13h et de 15h à 19h. Entrée : 3,50 €. Visite guidée 4 €.

Cette nécropole de quatre *domus de janas* (chambres funéraires) constitue une découverte archéologique importante. Trois des tombeaux sont creusés dans le tuf au pied d'une colline, tandis que le quatrième se trouve à un niveau plus élevé du rocher. Chaque tombeau compte plusieurs cellules funéraires réparties le long d'un couloir. Au bout de ses 11 mètres, on arrive dans la première chambre. Un lit funéraire a été aménagé dans l'un des murs. Il est surmonté de deux coupelles hémisphériques, tandis qu'au sol un grand cercle a été tracé, avec une coupelle au centre. Cette chambre conduit à six autres. Ce cimetière prénuragique comprend de grandes similitudes avec celui d'Abealzu situé à 60 km de là. De ces analogies, les archéologues en ont tiré une culture, celle d'Abealzu-Filigosa qui se serait développée entre 2700 et 2400 av. J.-C. Un puits a été découvert sur le site, contenant de nombreuses poteries romaines des époques républicaine et impériale. La colline de Filigosa est surmontée par les vestiges d'un ancien nuraghe, celui de Ruggiu. Beaucoup plus intéressant : le nuraghe Santa Barbara. Difficile d'accès, il faut se garer sur le parking prévu à cet effet sur la SS131 (juste après la sortie pour Macomer en direction de Sassari) puis grimper 600 mètres. Le nuraghe Santa Barbara est malgré tout parmi les plus photographiés pour sa tour centrale entourée d'un bastion quadrilobé. L'accès à la cour intérieure se fait par une entrée percée au sud-est.

NURAGHE OROLO ★★

Bortigali

Difficile à débusquer, le nuraghe se trouve au bout d'une petite route bitumée qui se perd dans la campagne. Restauré en 1998, il est en très bon état. Ses blocs de trachyte sont parfaitement rangés pour former une tour centrale et un bastion bilobé. L'accès se fait par une porte percée au centre du bastion, entre les deux petites tours. La tour centrale de 14 mètres comprend deux chambres à tholos presque intacts. L'escalier construit dans la maçonnerie et éclairé par des fentes dans le mur est absolument remarquable. Il mène à la seconde chambre.

CUGLIERI ★★

Cuglieri est situé au cœur de l'ensemble montagneux du mont Ferru. Le site sur lequel s'est développé ce gros bourg montagnard était déjà habité au Néolithique, sans doute en raison de la présence de cours d'eau. En 1160, le frère du juge de Torres y fit construire le château de Montiferru, devenu par la suite propriété de la famille Malespina avant de passer sous le contrôle de la Couronne aragonaise. L'office de tourisme (tél. +39 329 615 7011) se trouve sur la piazza Convento.

Transports

- **En bus.** La compagnie ARST dessert Cuglieri au départ d'Oristano (bus 703) et de Bosa (bus 9210 ou 703).

ANTICA CITTA DI CORNUS ★★

Contrada Lenaghe, Santa Caterina di Pittinurri

Il faut venir se promener dans cette ancienne cité punique au coucher du soleil ! Le panorama exceptionnel du massif de Montiferru et des falaises de Pittinuri gagne encore en beauté. Les Carthaginois firent construire cette ville au VIe siècle av. J.-C. sur les ruines d'un complexe nuragique. Les terres fertiles et riches en ressources naturelles, la proximité de la côte et des routes commerciales en faisaient un site de choix. Les Romains, lors de leur conquête de la Sardaigne, rencontrèrent une vive résistance à Cornus. Les Sardes et les Carthaginois s'allièrent pour repousser l'ennemi, mais finirent par céder en 215 av. J.-C. Lorsque les Romains finissent par autoriser la liberté de culte sur l'île au IVe siècle, Cornus devient un important centre épiscopal. Deux basiliques sont érigées et l'ancienne cité devient nécropole. On a retrouvé devant l'une des églises un baptistère et des tombes « *alla cappuccina* » sur le côté. Ont également été dégagées des cantines qui permettaient de pratiquer le rite du refrigerium. Il s'agissait de se livrer à un banquet sur la tombe, ou à côté de celle-ci, afin de célébrer le défunt. Cette tradition, païenne à l'origine, perdure encore dans certaines régions de Sardaigne où il est de coutume de partager un café, des biscuits et un pain en mémoire des morts. Dans la seconde basilique, les membres les plus éminents de la communauté étaient inhumés dans des sarcophages en pierre placés dans l'abside. Certains d'entre eux sont encore visibles sur le site.

BASILICA DI SANTA MARIA DELLA NEVE ★★

Via Basilica, 52

Les origines de cette basilique sont nimbées de mystère. Une légende raconte qu'elle a été construite au cours du XIIIe siècle pour abriter une statue de Vierge à l'Enfant échouée sur une plage voisine. Des écrits du XVe siècle mentionnent l'existence de cette église. Mais la structure actuelle date du XVIe siècle, sans aucune trace antérieure. Un dernier remaniement au XVIIIe siècle lui a conféré son style baroque. Elle offre une vue merveilleuse sur la mer.

CASTELLO DEL MONTIFERRU ★

Cuglieri

Les restes de ce château du XIIe siècle se dressent au sommet d'une colline basaltique à l'extérieur du village de Cuglieri. Sa position défensive ne l'a pas empêché de tomber entre les mains du juge d'Arborea, puis dans celles de la couronne aragonaise. L'île pacifiée, le château n'a plus d'utilité militaire et devient propriété privée. Il est définitivement abandonné en 1670. Des ruines du château s'étend une vue superbe sur les montagnes et sur la ville de Cuglieri. Le paysage environnant est caractérisé par des broussailles et des bois de châtaigniers.

SPIAGGIA DI S'ARCHITTU ★★

Au nord de la plage quelconque de S'Archittu, une vaste plateforme calcaire s'avance dans la mer. Elle est creusée d'une arche naturelle très photographiée. Le blanc du calcaire se détache sur le turquoise de la mer créant un contraste saisissant. Les jeunes grimpent au sommet de la plateforme pour se jeter de ce plongeoir naturel haut de 15 mètres qui a accueilli les Championnats du monde de plongeon de haut vol en 2001. Derrière la plage s'étendent des terrains de pâture quadrillés par des murets en pierre et parsemés d'oliviers.

SPIAGGIA DI SANTA CATERINA DI PITTINURI ★★

Loc. Santa Caterina di Pittinuri

Tout comme la plage de S'Archittu, elle est bordée d'un plateau calcaire qui prend toutes les couleurs du feu quand le soleil se couche. En fin de journée, l'ancienne tour de guet aragonaise de Lodi perchée sur son promontoire calcaire devient un but de promenade très romantique. Ce cadre de carte postale est très prisé pour les demandes en mariage ! On peut observer des vestiges nuragiques d'une grande valeur archéologique à côté de la petite église du village.

SANTU LUSSURGIU ★

La route entre Cuglieri et Santu Lussurgiu traverse un massif tourmenté tapissé de maquis. Le bourg de Santu Lussurgiu, accroché au flanc du mont Ferru est l'un des joyaux de l'urbanisme sarde. Il est facile de se perdre dans ses ruelles et passages, mais quel bonheur d'y flâner ! L'église Renaissance Santa Maria degli Angeli est entourée d'immeubles du XVIIIe siècle. La très rose église San Pietro veillle sur le quartier le plus ancien de la ville. Elle est célèbre pour sa production artisanale de couteaux sardes et pour la passion de ses habitants pour l'équitation. La petite ville fut érigée sur un volcan éteint, vidé par l'érosion hydrique.

COUNTRY RESORT CAPO NIEDDU €€

Podere ex Etfas di santa Caterina di Pittinuri, 1

✆ +39 0785 85 04 93

www.caponieddu.it

A partir de 160 € pour une chambre double, petit déjeuner compris.

Loin des sentiers battus entre Cuglieri et Santa Caterina di Pittinuri cet établissement est un havre de paix enchanteur ! Une dizaine de chambres splendides avec vue sur la mer accueilleront les golfeurs (18-trous), les passionnés d'équitation (centre équestre), les gourmands (gastronomie et caves) et ceux qui viennent se reposer (spa, massages, piscine). A deux pas de la mer, des prestations rares ! Hors saison, packages pour golfeurs à prix attractifs.

MUSEO DELLA TECNOLOGIA CONTADINA ★

Via Deodato Meloni, 1

✆ +39 0783 550 617

www.museotecnologiacontadina.it

Visite guidée sur réservation. Entrée : 4 € ; tarif réduit : 3 €.

Installé dans une maison paysanne datant du XVIIIe siècle, le Musée de la Technologie paysanne rassemble une collection-témoignage de 2 000 outils destinés aux activités bergères et agricoles. Certains d'entre eux ont été utilisés jusque dans les années 1960. On trouve ici des charrettes, des alambics pour la production d'eau-de-vie traditionnelle, des outils de labour et les fameux couteaux pliants qui ont fait la renommée des artisans de Santu Lussurgiu.

HOTEL LA BAJA €€

Via Su Paris De Sa Turre

✆ +39 0785 389149

www.hotellabaja.it

A partir de 98 € pour une chambre double, petit déjeuner compris.

En bordure de falaise, cet hôtel bénéficie d'une vue spectaculaire sur la mer et les criques voisines. Toutes les chambres profitent de ce spectacle depuis leur terrasse. Ameublement sobre, tissus douillets et murs jaunes apportent luminosité et gaieté. Les salles de bains sont équipées en produits de soin écologiques. L'hôtel dispose d'une grande piscine. L'accès direct aux plages de sable fin se fait par un sentier privé. Si vous aimez vous endormir bercé par le bruit des vagues, voici un havre de paix tout doux, loin du monde. Très belles prestations.

ALBERGO DIFFUSO ANTICA DIMORA DEL GRUCCIONE €€

31 via Michele Obinu

✆ +39 783 5520 35

www.anticadimora.com

Compter 90 € pour une chambre double, petit déjeuner compris.

Voici le plus bel endroit pour faire escale dans la région. Quatre bâtisses sur trois niveaux ont été entièrement rénovées avec goût durant 30 ans. Ce lieu au charme atypique propose une vingtaine de chambres. Certaines possèdent un confort design et moderne et un balcon dominant le village, et d'autres assument une décoration d'époque. Le bâtiment principal date du XVIIIe siècle. Une belle entrée avec terrasse arborée dessert le bâtiment principal en pierres voûtées. On adore !

ALBERGO DIFFUSO SAS BENAS €€

Piazza San Giovanni
✆ +39 0783 550379
www.sasbenas.it
A partir de 60 € la chambre double.

Cet hôtel est composé de cinq demeures juxtaposées. Les 13 chambres et 3 suites rendent hommage aux grands compositeurs classiques pour rappeler qu'ont séjourné ici des musiciens célèbres. L'hôtel a su conserver les voûtes en pierre et les pavements du XVe siècle. Le propriétaire de Sas Benas est lui-même musicien et musicologue. Il propose toute l'année des programmes culturels de littérature, de théâtre et des festivals musicaux. L'excellent restaurant complète cette étape de charme.

RISTORANTE ANTICA DIMORA DEL GRUCCIONE €€

31 via Michele Obinu
✆ +39 783 5520 35
www.anticadimora.com
Ouvert tous les soirs de 20h à 21h30.. Compter 35 € pour le menu unique, hors boissons.

Si vous ne comptez pas dormir dans cet *albergo diffuso*, vous pourrez profiter de son cadre authentique et charmant à l'occasion d'un dîner. Il est servi au jardin au printemps et en été et devant la cheminée dans la belle salle voûtée en hiver. Les paniers de fruits et légumes à l'entrée de la cour arborée sonnent comme un avertissement : produits frais uniquement. Le menu décline des saveurs et des produits sardes flirtant avec une cuisine moderne. Délicieux.

FRATELLI SALARIS

Viale Azuni, 253
✆ +39 0783 550 287
www.salariscoltelli.it
Ouvert du lundi au samedi de 8h30 à 19h. Fermé dimanche.

Les frères Salaris tiennent leur métier des générations précédentes qui, depuis des temps immémoriaux, se transmettent l'art de la forge et de la coutellerie. Respectueux de la tradition, ils fabriquent les couteaux de manière entièrement artisanale, de la forge de la lame en acier au manche en corne de bélier, de chevreuil ou en bois de bruyère ou d'ébène. Ils veillent à ce que leurs couteaux soient sans défauts afin de satisfaire une clientèle de connaisseurs particulièrement exigeante. Certaines pièces sont de véritables œuvres d'art.

VITTORIO MURA & FIGLI

Viale Azuni, 29
✆ +39 0783 55 07 26
Ouvert du lundi au samedi de 8h à 13h et de 15h à 19h.

Vittorio Mura, aujourd'hui décédé, était une véritable institution à Santu Lussurgiu. Il faisait partie de ces forgerons qui ont élevé la coutellerie au rang d'art. Ses « resolzas », couteaux à lame pliable, sont très recherchés et font l'objet d'un marché. Collectionneurs et touristes continuent de fréquenter son atelier, repris par ses trois fils. Il leur a transmis sa passion et son talent pour des couteaux ouvragés de haute facture. Les pièces les plus travaillées demandent des heures de travail, comme ceux avec lame damassée. Les prix peuvent alors s'envoler.

SAN LEONARDO DI SIETE FUENTES

C'est à se demander comment Montaigne a bien pu atterrir dans ce minuscule village ? Sur la route qui relie Macomer à Santu Lussurgiu, isolé sur les contreforts du Monte Ferru, ce village tire son nom des sept anciennes fontaines dont l'eau avait des propriétés diurétiques. Au cœur du village s'élève la charmante église San Leonardo du XIIe siècle. De style romano-pisan, elle fut édifiée par les Chevaliers de l'ordre de Saint-Jean-de-Jérusalem devenus plus tard ordre de Malte. Partiellement démolie, elle fut reconstruite au XVe siècle. L'ordre de Saint-Jean fit aussi construire un hôpital et deux couvents au XVIe siècle, mais dont il ne reste rien.

GHILARZA ★

La petite ville de moins de 5 000 habitants se dresse fièrement sur le plateau d'Abbasanta. Elle est d'ailleurs quasiment jumelée à la ville voisine éponyme. Ce bourg n'offre pas d'attractions particulières, si ce n'est la maison d'Antonio Gramsci. Le célèbre écrivain et idéologue communiste sarde continue d'attirer des visiteurs en pèlerinage. Les plus anciennes maisons sont de basalte noir. Les maçons de Ghilarza ont d'ailleurs tiré un savoir-faire unique du travail de cette pierre qui les a mené à travers le monde pour certains. L'office de tourisme se trouve au 95 via Matteotti (+39 333 621 5050) et est ouvert en haute saison.

CASA MUSEO DI ANTONIO GRAMSCI ★

Corso Umberto I, 36
✆ +39 0785 53075
www.casamuseogramsci.it
Ouvert tous les jours, sauf le mardi, de 10h à 13h et 15h30 à 19h30. Fermeture à 18h30 d'octobre à mars.

C'est dans cette maison qu'a grandi Antonio Gramsci, un intellectuel communiste du début du XXe siècle, dont la pensée et les écrits ont largement dépassé les frontières de l'Italie. Une fondation veille sur son héritage et tient ce musée qui donne à voir un peu de la vie de cet aventurier de la pensée. On peut notamment lire une lettre adressée à sa mère depuis sa prison de Milan, voir des jouets qu'il a fabriqués pour ses enfants, admirer d'anciennes photos...

NURAGHE LOSA ★★

Nuraghe Losa
✆ +39 0785 52 302
www.nuraghelosa.net
Ouvert tous les jours de 9h au coucher du soleil. Entrée : 5 €.

Losa est l'un des nuraghes les mieux préservés de Sardaigne. Il est constitué d'un bastion trilobé en basalte noir et entouré de deux grosses fortifications. Son aspect demeure imposant, malgré l'effondrement du sommet de la tour. Ses murs circonscrivent une superficie d'environ 300 m de longueur et de 100 à 200 m de largeur. La tour centrale date du XIe siècle av. J.-C. et les murs extérieurs du VIe siècle av. J.-C., soit de la période de la domination carthaginoise. On y voit aussi les vestiges de villages datant des époques punique et romaine.

POZZO SACRO DI SANTA CRISTINA ★

Paulilatino - Area di Santa Cristina
✆ +39 0785 554 38
pozzosantacristina.com
Ouvert de 8h30 jusqu'au coucher du soleil. Départ de la visite guidée toutes les heures. Entrée : 5 €.

Cette aire archéologique comprend les restes d'un important village nuragique constitué de huttes, mais dont il ne reste que les bases. Les toits étaient alors en branchages. L'attrait particulier de ce site réside dans les vestiges extraordinaires d'un puits sacré. Construit en gros blocs équarris, il a traversé les millénaires pour nous parvenir presque intact. Le temple de l'eau est constitué d'un vestibule, d'un escalier descendant à la chambre souterraine et d'une pièce coiffée d'une fausse coupole percée appelée tholos. Le temple, érigé vers l'an mille av. J.-C., était un lieu de rassemblement pour les populations nuragiques qui vouaient un véritable culte à l'eau. Du temps des Carthaginois, ce temple était consacré au culte de Déméter et de Perséphone, donc à la fertilité. La forme de ce lieu sacré est effectivement comparée à celle du sexe féminin. Au moment des équinoxes, en mars et en septembre, le soleil vient frapper la surface de l'eau par l'escalier et par le tour percé dans le tholos. En se tenant à l'entrée de la chambre souterraine à midi précise le 21 septembre ou à 11h le 21 mars, le soleil projette deux ombres simultanément sur l'eau. Ce phénomène attire les curieux.

▸ **Les objets mis au jour sur le site archéologique** sont exposés au Musée archéologique du village de Paulilatino (via Nazionale 127). Ouvert de 9h à 13h et de 15h à 17h30 en hiver ; de 15h30 à 18h30 au printemps ; et de 16h30 à 19h30 en été. Fermé le lundi.

NORD-OUEST

© GIGI PEIS - SHUTTERSTOCK.COM

Site archéologique de Santa Cristina.

PASSPORT

NORD-EST

Les plus belles portions de la côte sarde se trouvent dans cette partie de l'île. C'est comme si on avait jeté des émeraudes par poignées sur les rivages d'Olbia à Santa Teresa di Gallura. Les eaux chatoyantes d'une clarté et d'une profondeur exceptionnelles réjouissent autant sur terre que dans l'eau. Les richissimes qui ont développé les stations balnéaires de la Costa Smeralda ne s'y sont pas trompé. Porto Rotondo, Porto Cervo, Porto Rafaelo sont autant de noms évocateurs pour les nantis qui fréquentent les villas cossues et hôtels de luxe de ce coin de paradis en été. Les hermétiques au «bling-bling» se réfugient dans la charmante ville de Santa Teresa di Gallura et ses plages plus au sud. Certes moins belles, elles n'en sont pas moins attrayantes pour certaines. Le *Trenino verde* permet de découvrir la campagne et les montagnes autour de Tempio Pausania, la capitale culturelle de la Gallura.

Nord-Est

15 KM
SANTA MARIA
RAZZOLI
BUDELLI
ISOLA MADDALENA
I. SPARGI
Isole Marmorata
Reserva Naturale Isola Di Caprera
SANTA TERESA DI GALLURA
PALAU
ISOLA DEI GABBIANI
ISOLA CAPRERA
PORTO POLLO
PORTO RAPHAEL
CAPO D'ORSO
I. S. STEFANO
BAJA SARDINIA
PORTO CERVO
CANNIGIONE
CALA DI VOLPE
ARZACHENA
I. Mortorio
Golfo di Congianus
I. Le Camere
AGLIENTU
SAN PANTALEO
COSTA PARADISO
Luogosanto
Lago di Liscia
ISOLA ROSSA
PORTO ROTONDO
GOLFO ARANCI
MONTI ULTANA
Isola Asinara
TRINITA D'AGULTU
AGGIUS
I. Piana
STINTINO
Golfo Deli Asinara
Golfo Di Olbia
ISOLA TAVOLARA
CASTELSARDO
VIDDALBA
CALANGIANUS
VALLEDORIA
Bortigiadas
TEMPIO PAUSINIA
TELTI
OLBIA
ISOLA MOLARA
SS199
PORTO TORRES
PERFUGAS
BERCHIDDA
Monti
Sorso
Sennori
Nulvi
SS131
SAN TEODORO
ARGENTIERA
L.del Coghinas
Oschiri
SASSARI
E840
Ploaghe
Porto Conte
E25
Ardare
FERTILIA
Lago di Cuga
OZIERI
LODE
Lago di Podsada
Lago Bidighinzu
Budduso
SINISCOLA
C. Cascia
Villanova Monteleone
Mores
ALGHERO
Lago de termo
Bultei
SS131
Bonorva
OROSEI
Pozzomaggiore
I. Pagliosa
BOSA
NUORO
DORGALI

PAGES

OLBIA ★

Avec ses 59 000 habitants, Olbia est la troisième ville de Sardaigne, après Cagliari et Sassari. Quasiment dépourvue de patrimoine, elle fait pâle figure touristique à côté de ses consœurs. Mais elle est célèbre car on y trouve le deuxième aéroport de l'île, développé pour desservir les très attractives et fréquentées Costa Smeralda et côte de la Gallura. C'est également l'un des plus grands ports sardes, porte d'entrée de la Sardaigne pour de nombreuses liaisons maritimes vers l'Italie. Toute cette agitation n'atteint que quelques endroits très précis de la ville en été. Pour le reste, Olbia appartient à ses habitants. Ville moderne, dynamique et industrielle, elle est au cœur de la deuxième région économique de Sardaigne. Olbia sera sans doute rarement plus qu'une porte de passage pour le visiteur. Il manquera sa belle église romane San Simplicio de granit gris du XIe siècle ainsi que les vestiges de l'Olbia romaine qui constituent ses seuls grand arguments touristiques. Les amateurs d'archéologie iront faire un tour au musée qui présente l'avantage d'être gratuit. On peut retenir d'Olbia la beauté de son site naturel au cœur du golfe éponyme et la splendeur de la région environnante. Et comme souvent en Sardaigne, si l'on brave les mauvaises premières impressions esthétiques, on découvrira un centre-ville très agréable, avec le charme bien méditerranéen de ses avenues bordées de palmiers et de ses ruelles piétonnes ombragées. Pour conclure, si Olbia ne constitue pas une destination touristique en soi, c'est un passage quasi obligé pour l'accès au nord de la Sardaigne, et la plaisante ville souvent boudée des touristes mérite tout de même une petite promenade.

Histoire

Ville d'origine phénicienne, Olbia a été ensuite colonisée par les Romains, qui ont aménagé son port pour développer le commerce avec Rome. Affaiblie par les invasions des Vandales, elle a retrouvé de l'importance à partir du XIe siècle, devenant l'un des centres majeurs du giudicato di Gallura. Elle est restée une ville mineure jusqu'au XXe siècle, où l'industrie y a été développée à vitesse grand V. Elle acquit une dimension supérieure avec l'avènement du tourisme et la création dans les années 1960 de la Costa Smeralda comme bastion de la jet set. Son aéroport draine depuis un passage très important.

Tourisme

L'office de tourisme (tél. +39 078 955 2441) est situé au carrefour de la via Dante et du corso Umberto I. Il est ouvert tous les jours de 9h à 20h en saison, et de 9h à 13h et de 14h à 18h du lundi au vendredi hors saison.

Transports

▶ **En avion.** L'aéroport international d'Olbia-Costa Smeralda est relié à de nombreuses villes européennes, dont Paris, Lyon, Bordeaux, Nantes, Toulouse et Genève en été. A la limite sud de la ville, il faut compter 20 € en taxi pour rejoindre le centre-ville. Les lignes de bus 2 et 10 de l'ASPO desservent plusieurs arrêts en centre-ville. 1,50 € le ticket.

▶ **En voiture.** Les agences de location se trouvent dans un bâtiment à droite en sortant du terminal de l'aéroport. Environ une dizaine de compagnies qui pratiquent les mêmes tarifs et les mêmes conditions. A consulter sur www.geasar.it.

▶ **En ferry.** Olbia est un important port d'arrivée des ferries en provenance des différents ports d'Italie, en été. En hiver, les liaisons Olbia-Continent sont très limitées. Le port d'Olbia est située sur une avancée au bout de la vieille ville. Moby Lines (tél. +39 078 920 4013) assure des liaisons au départ de Gênes, Livourne, Civitavecchia (Rome). GNV (tél. +39 010 209 4591) dessert Gênes et Civitavecchia (Rome).

▶ **En bus.** L'arrêt se trouve à la croise de la via Venetto et du corso Umberto I. Les tickets peuvent être achetés dans les cafés situés juste en face. La compagnie ARST dessert Palau par le bus 601 (10 liaisons) ; Santa Teresa Gallura par le bus 601 (8 liaisons) ; Nuoro par le bus 514 qui dessert aussi l'aéroport d'Olbia (6 liaisons).

▶ **En train.** La gare se trouve au bout de la petite rue Giacomo Pala qui part du corso Umberto I. Olbia est reliée à Sassari (8 départs) ; Golfo Aranci (6 départs) ; Cagliari (6 départs dont trois liaisons directes).

▶ **Stationnement.** Les places sont rares dans la vieille ville et le stationnement est payant entre 8h et 20. Grand parking gratuit sur la via Porto Romano entre la voie ferrée et le port.

▶ **Transports en commun.** L'ASPO est la compagnie qui gère les bus publics à Olbia. La ligne 2 dessert l'aéroport d'Olbia ; la ligne 4 dessert la plage de Pittulongu ; la ligne 5 dessert Porto Rotondo. Billet : 1 € dans les bureaux de tabac, valable 90 mn.

© ANDREAS JUNG - SHUTTERSTOCK.COM

Basilica di San Simplicio.

BASILICA DI SAN SIMPLICIO ✝ ★★

Via San Simplicio

Visite guidée obligatoire de 9h30 à 17h30. Entrée : 4 €.

Cette remarquable basilique de style roman est l'édifice le plus emblématique d'Olbia et l'un des plus importants de la Gallura, voire de l'ensemble de la Sardaigne. Impressionnante pour une construction de cette époque, elle fut érigée en granit aux XIe et XIIe siècles. Sa façade dénote une influence toscane et lombarde de la même époque. Des restes de fresques romanes du XIIIe siècle décorent encore les parois intérieures. Elle est dédiée au saint patron de la ville.

MUSEO ARCHEOLOGICO DI OLBIA ★★

Isolotto di Peddona - Porto Vecchio

✆ +39 0789 28 290

Ouvert du mercredi au dimanche de 10h à 13h et de 17h à 20h. Entrée libre avec audioguide en français.

Le musée archéologique d'Olbia, facilement identifiable à son architecture d'avant-garde, se trouve face au vieux port. Il illustre l'histoire locale de l'époque des nuraghes jusqu'à la conquête romaine. Particulièrement intéressante, l'épave brûlée d'un navire qui se tient à l'entrée. Repêchée au large d'Olbia, elle remonte à 450 alors que les Vandales attaquaient la ville. L'attaque est reconstituée au moyen d'une installation multimédia saisissante.

OLBIA ROMANA ★★

Olbia a été choisie par les Carthaginois et les Romains comme principale escale commerciale de l'île. Les traces de cette activité, remontant au IIIe siècle av. J.-C., sont toujours visibles au centre-ville, même si elles sont assez mal indiquées. Une rue pavée a été découverte dans les environs du corso Umberto I. Un quartier punique a été aussi mis au jour en 2001 près de la via Nanni. Mais la plupart des vestiges exhumés sont le fruit de fouilles archéologiques sous-marines. Les vestiges abondent dans la baie. Ici comme ailleurs en Sardaigne, l'histoire et l'archéologie se rejoignent : les sites présentés ci-dessous sont une partie des nombreux vestiges nuragiques et romains d'Olbia.

- **Murs puniques :** des restes sont visibles dans le centre, rue Acquedotto et rue Torino. Ils datent de la moitié du IVe siècle av. J.-C.
- **Puits sacré de Sa Testa :** à Cala Saccaia. Prendre la route du port industriel en direction de Pittulongu et suivre « Cala Saccaia ». Il s'agit d'un puits sacré de l'ère nuragique et d'une vaste enceinte.
- **Ferme romaine de S'Imbalconadu :** cette ferme agricole datant de 125 av. J.-C. est bien mise en valeur. A 5 km de la route pour Padru, tout de suite après le pont sur la rivière Padrongianos, en venant d'Olbia.
- **Aqueduc romain :** le site antique le mieux conservé d'Olbia se trouve à Sa Rughittola. Suivre le chemin vicinal de Cabu Abbas en partant du passage à niveau de la rue Dei Lidi. L'aqueduc, datant du IIe siècle, captait les sources au pied de Cabu Abbas pour les acheminer jusqu'à Olbia, sur 3 km.

ADVENTURES HORIZON SARDEGNA

5 piazza pietro giudice
✆ +39 339 3611 910
www.horizonsardegna.it
Ouverte tous les jours de 9h à 19h.

Promouvoir la Sardaigne dans ses moindres recoins, c'est le pari que s'est lancé Anne-Claire. Elle conçoit des séjours à la carte en fonction de votre passion : sport, culture, œnologie... Tout est créé pour vous et choisi par vous. Passionné de 4x4, de voitures anciennes, de VTT, de moto, de kayak, de parapente, de plongée, de randonnée équestre ou pédestre, vous serez encadré par des guides locaux compétents. Cerise sur le gâteau : les chèques-vacances ANCV sont bienvenus.

AGRITURISMO STAZZU LI PALADINI €

SS 125 Olbia/Arzachena, km 327,8
✆ +39 0789 613 033
www.agriturismolipaladini.com
Compter entre 120 € et 130 € pour une chambre double, petit déjeuner inclus. Ouvert d'avril à octobre.

Ici, loin des lumières de la Costa Smeralda, on préfère vivre au rythme de la nature. Le patron, Alessandro Derosas, vous propose la simplicité de sa ferme et la chaleur de son accueil. L'atmosphère est celle d'un typique *stazzo* rural de la Gallura, où les chambres sont installées dans des maisonnettes en pierres rustiques. Absolument charmantes, elles se déclinent dans des couleurs différentes qui font leur thématique. La cuisine, exquise et copieuse, attire les locaux.

B&B PORTO ROMANO €

Via Nanni, 2
✆ +39 349 192 7996
www.bedandbreakfastportoromano.it
Compter entre 50 € et 90 € la chambre double selon la saison, petit déjeuner inclus.

A l'entrée du centre historique d'Olbia, au calme, se trouvent ces agréables chambres d'hôtes noyées dans la verdure. Les trois chambres à la décoration romantique sont spacieuses et toutes pourvues de leur salle de bains indépendante. Les petits-déjeuners sont servis sur la grande terrasse ombragée dès le retour des beaux jours. On y profite de la douceur du matin. La cuisine ouverte est à la disposition des hôtes ainsi qu'un coin lecture abondamment fourni. Accueil chaleureux garanti par la maîtresse de maison qui parle français.

CAMPING CUGNANA €

Loc. Cugnana
✆ +39 0789 331 84
www.campingcugnana.it
Compter de 12,50 € à 18,50 € par adulte emplacement tente compris. Ouvert de mars à septembre.

A proximité de Porto Rotundo, considéré par beaucoup comme la station balnéaire d'Olbia, ce camping occupe une longue bande de terre plantée d'arbres. Les emplacements et les 48 bungalows climatisés sont installés à l'ombre des palmiers et des pins. Adossé au golfe de Cugnana, les plages sont malgré tout éloignées, car le camping se trouve à l'embouchure d'une rivière. Vous pourrez vous rabattre sur la grande piscine, équipée d'un bassin peu profond pour les petits. Le restaurant-bar-pizzeria se trouve sur la plage de la piscine.

LA CASA DI PIER €€

Via S.Simplicio
✆ +39 347 7915334
A partir de 60 € la chambre double, petit déjeuner compris.

Dans le cœur historique d'Olbia. Adriana et Piermario ont réaménagé une ancienne maison pour créer cette chambre d'hôtes pleine de charme. Les chambres sont décorées avec soin dans un style tropical avec de beaux meubles en bois massif. Les salles de bains sont bien conçues quoiqu'un peu petites pour certaines. Le petit déjeuner est servi dans la vaste salle à manger, une fois encore agréablement meublée sous les toits. Le couple se met à votre entière disposition pour répondre à vos questions et participe pleinement à la réussite de votre séjour.

HÔTEL CENTRALE €€

Corso Umberto I, 85
✆ +39 0789 230 17
www.hotelcentraleolbia.it
Compter de 75 € à 144 € en chambre double, selon la saison, petit déjeuner compris.

Cet hôtel a parfaitement compris que son emplacement était son atout majeur. Il est en effet très central, planté au milieu du corso Umberto I, à deux pas des diverses attractions d'Olbia. Le *corso*, c'est la rue piétonne de la ville, celle des boutiques et des terrasses de restaurants. L'hôtel a profité d'une rénovation complète il y a quelques années et son intérieur bourgeois tourné vers le passé est assez réussi. Les chambres, très confortables, sont toutes équipées de salles de bains, tv, wifi et tout le nécessaire. Personnel très accueillant.

HOTEL FOR YOU €€

Via Acquedotto Romano, 9
✆ +39 0789 200 056
www.hotelforyou.it
A partir de 74 € la chambre double, petit déjeuner inclus. Fermé en hiver.

L'Hotel For You fait souffler un vent de modernité sur l'offre hôtelière d'Olbia intra-muros. Sa décoration tout en sobriété plaira à ceux qui ne goûtent guère au style rustico-sarde. Des œuvres contemporaines s'exposent joliment sur les murs. Les 64 chambres, dont deux suites, offrent tout le confort d'un 4-étoiles tout en restant fonctionnelles. La terrasse du restaurant est très agréable pour prendre un verre mais n'espérez pas y faire la fête jusqu'au petit matin car les voisins veillent. Une très bonne adresse avec un personnel aux petits soins.

HOTEL OLLASTU €€

Loc Costa Corallina
✆ +39 0789 36744
www.ollastu.it
Compter entre 111 € et 280 € pour une chambre double standard, petit déjeuner compris.

Perché sur la colline face a l'île de Tavolara, cet hôtel est immergé dans vaste parc à la végétation luxuriante. Il abrite une cinquantaine de chambres installées dans de discrets bungalows. Elles profitent de beaucoup d'espace, d'une terrasse ou d'un jardin privé. Le restaurant gastronomique avec vue panoramique pratique une cuisine légère et savoureuse. Patios fleuris, petits chemins ombragés vous conduisent aux deux piscines-jacuzzis, à la salle de fitness, aux terrains de sport, mais surtout aux plages de sable fin privées. Prestations de qualité.

K KULT €

39 Corso Umberto I
✆ +39 078 922 956
www.kkult.it
Ouvert tous les jours de 7h30 à 1h. Compter 25 € pour un repas.

Le lieu se définit comme une boutique-restaurant, entendre par-là un lieu branché, avec un décor moderne. La carte change quelque peu des restaurants traditionnels et se prête parfaitement à un déjeuner léger et frais. Antipasti, pâtes et salades se disputent avec un choix limité de pizzas et de légumes d'accompagnement. La carte peut sembler banale, mais le choix des ingrédients fait la différence. Ainsi une salade sera composée de radis, de carotte, d'orange, de fenouil... mais pas de salade. Avec son agréable terrasse, cette adresse a tout bon.

BARBAGIA €€

Via Galvani, 94
✆ +39 0789 516 40
www.ristorantebarbagia.com
Ouvert tous les jours de 12h30 à 15h et de 19h30 à 23h. A partir de 15 € pour un repas.

Ce restaurant met à l'honneur une cuisine familiale qui propose des plats traditionnels sardes très raffinés. Au menu, soupe de moules, *culurgiones di patate*, *maccarones*, *porcettu* ou agneau rôti... Cette vraie bonne cuisine de grand-mère célèbre la rusticité du répertoire sarde, tourné vers les solides produits de la terre plutôt que les ressources pélagiques. Le soir, le restaurant propose aussi des pizzas, mais il serait dommage de passer à côté des spécialités sardes. Prévoyez de l'attente, car l'adresse est très prisée des locaux.

DOLCEACQUA €€

Via Pala 4
✆ +39 0789 196 9084
www.ristorantedolceacqua.com
Ouvert tous les jours de 19h à 23h. Compter 40 € pour un repas complet. Réservation recommandée.

A deux pas du Corso Umberto I, cette adresse assez discrète tenue avec brio par Paola et son fils Enrico se révèle être une très bonne pioche. Dans un décor soigné et classique, avec ses tables à double nappage, ses assiettes étudiées, on se régale d'une cuisine sarde élaborée avec finesse : gnocchetti sardes frais, fregola crémeux aux fruits de mer, thon frais et son duo de sauces... En dessert on pourra craquer pour la ricotta au miel et au chocolat, un tiramisù au nougat ou les typiques seadas. Service attentionné et belle carte des vins à noter également.

IL MATTACCHIONE €€

Viale Aldo Moro 351
✆ +39 380 240 5368
www.ilmattacchione.com
Ouvert tous les jours de 19h30 à 22h30. Compter 40 € pour un repas complet.

Ce restaurant semi-gastronomique se définit comme une «trattoria moderne». On s'y attable dans un décor éclectique original avec des murs dans des tons d'orange et de jaune, un sol en damier, et, çà et là, des touches *vintage* ou contemporaines dans la déco. Dans les assiettes, le raffinement et l'inventivité opèrent : les portions sont réduites, les présentations très soignées et la cuisine recherchée. A la carte : carpaccio de poulpe, tataki de thon, soupe *gallurese* revisitée... Joli choix de vins sardes pour accompagner un excellent repas.

LA LANTERNA €€

13 Via Olbia

✆ +39 0789 23082

Ouvert tous les soirs de 18h à minuit. A partir de 20 € pour un repas.

La Lanterna fait partie des bonnes adresses d'Olbia pour s'initier aux spécialités sardes ou s'en régaler à nouveau. Située un peu à l'écart de la rue principale, on y mange d'excellentes viandes et de très bonnes spécialités de poissons savamment travaillées et présentées. Mais on y prépare aussi des pâtes et des pizzas, ce qui en fait un restaurant familial où chacun pourra se faire plaisir. Le chef aime prendre des risques, surtout lorsqu'il propose des sushis. Vous pouvez y aller les yeux fermés pour les spécialités locales..., pour le reste... à vous de voir.

OFFICINA DEL GUSTO €€

Piazza Matteotti, 1

✆ +39 0789 28 701

www.leofficinedelgusto.it

Ouvert du lundi au samedi de 12h30 à 14h30 et de 19h à 22h30. Fermé le dimanche. Compter 40 € pour un repas.

«L'Officine du Goût» fait partie des meilleurs établissements gastronomiques d'Olbia. En cuisine, un travail attentionné est porté à l'harmonie des saveurs. Il en sort des recettes créatives mijotées avec les meilleurs produits du terroir. Par exemple, le tartare de poisson et son *pecorino* grillé méritent un coup de fourchette, tout comme le thon cuit à la vapeur et ses herbes fraîches. En hiver, on se réchauffe dans la jolie salle interne, alors qu'en été on profite de la terrasse sur une petite place du centre de la ville.

ANTICAS LICANZIAS BISTRO

Via Olbia, 42

✆ +39 327 882 0797

www.anticaslicanzias.it

Ouvert tous les jours de 8h à 20h30 et jusqu'à tard en été.

Bistro et boutique, ce lieu tenu par la chaleureuse Paolina met à l'honneur le meilleur des produits sardes. Francesco, un de ses amis, tient boutique et parle parfaitement français. Prenez le temps de discuter avec lui, car il vous en apprendra beaucoup sur la Sardaigne. Il pourra aussi vous proposer une dégustation de pâtisseries, de pains, d'huiles, de vins et de liqueurs, afin que vous choisissiez le produit qui vous plaît le plus. On pourra s'installer en terrasse à l'ombre et au calme. Cuisine simple et savoureuse à base de produit locaux.

CANTINA DEL VERMENTINO

308 Viale Aldo Moro

✆ +39 078 960 0019

www.vermentinomonti.it

Du lundi au samedi de 9h à 13h et de 16h30 à 19h30.

La coopérative del Vermentino assure une production réputée et participe activement à la renommée des vins de Gallura. Le flaconnage et les étiquettes sont élégants. Le vermentino est bien sûr à l'honneur dans la cuvée Funtanaliras, et plus original en version vendange tardive pour la cuvée Arakéna. Côté rouge, la vinification se fait par assemblage de cabernet sauvignon, sangiovese et cagnulari pour le Galana ou en mono-cépage cannonau pour le Tamara. La cave propose également une liqueur de myrte ainsi qu'une grappa blanche ou élevée en barrique.

GOLFO ARANCI ★

Golfo Aranci est baignée d'eaux verdoyantes et bordées de criques sablonneuses. Le Cap Figari referme la baie de Golfo Aranci. La zone a été décrétée réserve naturelle pou sa flore et sa faune exceptionnelles. La ville, toute en longueur, avec deux belles plages de sable fin, s'étire en arc-de-cercle jusqu'au terminal maritime

Transports

- **Ferry.** La compagnie Corsica Ferries (tél. 0825 095 095) dessert Golfo Aranci au départ de Nice et Livourne.
- **Train.** La gare se trouve à la sortie du débarcadère des ferries. Liaisons quotidiennes avec Olbia.
- **Bus.** La compagnie ARST dessert Olbia deux fois par jour (ligne 610).

HOTEL GABBIANO AZZURO €€

Via dei Gabbiani

✆ +39 078 946 929

www.hotelgabbianoazzurro.com

Compter entre 172 € et 432 € pour une chambre double classic, petit déjeuner compris. Fermé de novembre à avril.

Cet hôtel de 80 chambres fait partie des pionniers de Golfo Aranci. La famille Da Tome prend grand soin de ses clients et veille à ce que l'établissement ne prenne pas une ride, malgré ses 50 ans. Doté d'une piscine, d'une plage privée face à l'un des seuls lagons de l'île, l'endroit est idéal pour des vacances en famille. Dernier ajout à cet hôtel, 5 suites superbes, avec vue sur le golfe et une piscine à débordement individuelle sur le toit. Très bel endroit pour un cocktail en terrasse, servi avec de délicieux snacks. Notre coup de cœur dans la région.

HÔTEL TABBY €€

Via Vasco De Gama, 8
✆ +39 0789 463 78
www.hoteltabby.it

Compter de 75 à 170 € pour une chambre double, petit déjeuner compris.

L'hôtel Tabby est un hôtel 3-étoiles situé à seulement 10 mètres de la plage de Golfo Aranci. L'hôtel possède 14 chambres, de la standard à la chambre quadruple, toutes aussi charmantes les unes que les autres. L'hôtel est très bien équipé et confortable. On y trouve d'ailleurs un centre de remise en forme, avec massages et soins. On y trouve également un bar et un service de restauration, accessibles toute la journée. Les alentours de l'hôtel sont aussi très agréables. Tous les services (restaurants, magasins, bars) sont à deux pas.

THE PELICAN BEACH RESORT €€

Loc. Pittulongu Strada Panoramica Olbia, Golfo Aranci ✆ +39 0789 390 94 – www.mobygest.it

Compter entre 154 € et 354 € pour une chambre double comfort, petit déjeuner compris. Fermé de mi-octobre à mi-avril.

L'hôtel a subi une rénovation complète et les chambres ont gagné en modernité. Vastes, elles manquent tout de même un peu de charme. Les chambres les moins chères occupent un immeuble situé de l'autre côté de la rue. Les plus chères profitent du cadre idyllique de la luxueuse «villa» posée en bord de mer. Le resort fait face à l'une des plus belles plages du golfe d'Oristano. Il comprend une piscine, un spa, un sauna et une salle de sport. Conçu comme un écrin romantique pour couples d'amoureux, l'hôtel n'accepte que les adultes.

VILLA MARGHERITA €€

Via Liberta, 91
✆ +39 0789 469 12
www.margheritahotel.net

Compter de 160 € à 330 € pour une chambre double classic, petit déjeuner compris. Fermé de novembre à mi-avril.

Ce très bel hôtel 4-étoiles, tenu par la famille Soldati, s'ouvre sur le golfe d'Aranci. Au fil des années, ils ont su transformé leur propriété en écrin de douceur. Relaxation et sérénité sont les maîtres mots d'un séjour à la Villa Margherita. Face au petit port de pêche, au bout de la longue plage de la ville, cet hôtel respire tout le calme que l'on recherche pour apprécier et profiter au mieux de ses vacances. Un grand soin a été apporté aux détails et on aime le charme discret, mais réel, des chambres. Personnel disponible et accueillant.

LA PECORA VIZIOSA €

132 Via Liberta
✆ +39 338 369 1743

Ouvert tous les jours de 17h à 23h. A partir de 10 € pour un repas.

Voici une vraie pizzeria napolitaine traditionnelle. Cela signifie que le restaurant n'est ouvert que le soir, car le four est au feu de bois, et que la pâte est plus épaisse et moelleuse que pour les autres pizzas. Le choix est infini, comme souvent, et tout dépendra de votre envie du moment : simplicité, légumes, fruits de mer, charcuterie et même des pizzas recouvertes... de frites ! La terrasse à l'étage est vite prise d'assaut et mieux vaut réserver. Sinon, il existe aussi un patio en extérieur sur l'arrière du bâtiment.

BLU €€

Via dei Gabbiani
✆ +39 392 958 6866

Ouvert tous les soirs de mai à octobre. Compter 50 € pour un repas complet.

Le restaurant gastronomique de l'hôtel Gabbiano Azzuro met les petits plats dans les grands pour vous faire découvrir, et réinventer, les spécialités sardes. Les produits sont soigneusement sélectionnés comme cette *fregula* noircie au charbon selon un procédé très ancien et artisanal. La carte est essentiellement tournée vers la mer, et les poissons proviennent de la pêche de la communauté napolitaine installée à Golfo Aranci depuis plus d'un siècle. Le chef propose une cuisine délicate et délicieuse, qui vaut vraiment le coup de s'y arrêter.

LA SPIGOLA €€

19 Via C. Colombo
✆ +39 078 946 286
www.ristorantelaspigola.it

Ouvert tous les jours de 7h à minuit. Compter 40 € pour un repas complet.

L'une des meilleures tables de Golfo Aranci est située sur la plage principale. On peut donc y venir à toute heure pour un rafraîchissement. Mais ce serait dommage de se priver de la table gastronomique tournée vers la mer, au sens propre comme au sens figuré. Bar en croûte de sel, moules au vin blanc, langouste à la catalane ou les incontournables *spaghetti alle vongole* font partie des spécialités de la maison. Idéal pour un dîner romantique sous les étoiles. L'établissement gère la plage privée qui se trouve juste devant. Possibilité de déjeuner léger.

TAVOLARA ★

Tavolara, désignée par Grazia Deledda comme « un petit mont sauvage », est une île dominée par un pic d'une hauteur de 500 m. La légende veut que Dante se soit inspiré de sa forme pointue pour dessiner la haute montagne du Purgatoire. Seule une partie de l'île est accessible, l'autre étant une zone militaire. Spalmatore di Terra accueille les visiteurs avec une plage où fleurissent les lis de mer au printemps. Les grottes sous-marines et la plage fossile immergée à 6 m de profondeur entre Tavolara et Verde attire de nombreux plongeurs.

Transports

- **Bateau.** Des navettes effectuent la liaison entre Porto San Paolo et l'île de Tavolara toutes les 30 mn environ entre 9h et 15h.

TAVOLARA DIVING & RESORT

4/6 Via Molara

✆ +39 3408392154

www.tavoladiving.it

Compter 50 € pour une plongée et 85 € pour une plongée double. Fermé de mi-novembre à Pâques.

Tavolara Diving vous emmène à la découverte des paradis sous-marins de Tavolara et de Molara. Entourées de nombreuses calles où le bleu vire à l'émeraude dès qu'on s'éloigne de la côte, les îles font partie de la réserve marine protégée. Plongée récréative, technique ou snorkeling se déroulent sur plus de 25 sites à des profondeurs variables allant de 10 à 85 m. L'encadrement est assuré par des plongeurs expérimentés qui connaissent parfaitement les fonds et les passes. Voici une adresse incontournable pour les amoureux de la plongée à tarifs compétitifs.

RISTORANTE DA TONINO RE DI TAVOLARA €€

✆ +39 0789 58 570

www.ristoranteareditavolara.com

Ouvert de mai à octobre, de 12h30 à 16h et de 19h30 à 22h30. Compter 35 € pour un repas.

Le propriétaire de cet établissement est vraiment le roi de Tavolara. Son ancêtre Giuseppe Berteleoni débarque de Gênes à la fin du XVIIIe siècle et se proclame souverain de l'île. En 1836, le roi Carlo Alberto de Savoie reconnaît officiellement cette étrange royauté. Aujourd'hui encore, à Buckingham Palace, on peut voir une photo de la famille Bertoleoni parmi les autres photos des familles royales. Une copie de cette photo est placardée dans le restaurant de Tonino.

MOLARA

Au sud de l'île de Tavolara, cette île est totalement inhabitée et beaucoup plus sauvage. Seuls des vestiges du village médiéval de Gurguray y subsistent, entre la végétation dense et les rochers granitiques. Plus douce et plus petite aussi, l'île de Molara reste malheureusement un paradis privé dont l'accès est interdit au public. Cependant, vous pouvez l'approcher en mer lors d'une excursion qui combine Tavolara et Molara. Les plongeurs pourront profiter de ses fonds rocheux absolument superbes qui font partie de l'aire marine protégée de Tavolara. La visibilité y est excellente et permet d'apprécier en détail de superbes coraux colorés.

Île de Tavolara.

PORTO ROTONDO ★★

Porto Rotondo se dispute avec Porto Cervo le titre de Saint-Tropez de la Sardaigne. Jet-set et célébrités italiennes se côtoient dans une atmosphère de fête et de luxe débridée. La célèbre localité touristique naît à la fin des années 1960 par la volonté de la famille vénitienne Donà delle Rose qui confie à plusieurs artistes et architectes de renom la tâche de réaliser un port et un village. Résidences et villas s'élèvent en demi-cercle autour de l'hôtel Sporting qui domine le port où sont amarrés de nombreux yachts et voiliers. Une promenade fait le tour de la crique marine et relie les différentes places entre elles. La balade dans les ruelles du bourg permet d'admirer un musée à ciel ouvert enrichi des œuvres des artistes convoqués au moment du développement de Porto Rotondo. Plus récemment, Emmanuel Chapelain a décoré d'une belle mosaïque le sol de la via del Molo. Côté shopping, vous ne trouverez à Porto Rotondo que des boutiques de luxe et des agences immobilières. Les restaurants sont beaucoup plus chers que la moyenne. Attention, il s'agit d'un lieu de villégiature, et tous les hôtels et restaurants sont fermés d'octobre à Pâques. Il faut donc y venir en été pour apprécier l'ambiance effervescente de la jet-set. Porto Rotondo est aussi le lieu de villégiature de Silvio Berlusconi qui possède une somptueuse propriété à l'est du village. C'est ici que se tenaient les fameuses soirées *bunga bunga* qui ont beaucoup nui à l'image exclusive et classe de la ville. Pour flâner dans ce joli port en toute quiétude, le mois de septembre semble être la bonne période. La foule quitte la localité et les prix baissent un peu.

Transports

- **Bus.** Porto Rotondo est desservie par ASPO, la compagnie de transports publics qui connecte Olbia à sa région. Environ 8 départs quotidiens entre 7h et 20h en été. Ligne 5.
- **Bateau.** Se rapprocher de la Marina di Porto Rotondo (tél. +39 078 934 203) pour louer un anneau ou bénéficier de ses services de ravitaillement.
- **Hélicoptère.** L'héliport est situé au sommet du village, dans la nature, 1585-369 sur la via Montighlu Rosa.

SPIAGGE ★★

La ville de Porto Rotondo compte plusieurs plages baignées d'eaux translucides, de celles qui font rêver sur les cartes postales. Plutôt petites, il faut y venir tôt pour espérer pouvoir y déposer sa serviette. Le stationnement à leurs abords peut s'avérer compliqué, même en scooter. Certaines disposent d'un parking payant, cher évidemment. Parmi les plages de Porto Rotondo, on peut citer Rudargia, la première en entrant dans la ville, les plages dei Sassi et delle Alghe (parking) ou celle de Punta di Volpe à la pointe de la presqu'île.

BABITOURS

ViaRudargia, 84
✆ +39 0789 354 94
www.babitours.com
Ouvert de 9h à 13h et 16h à 20h. Excursions de fin mai à fin septembre.

Cette agence est l'alliée des personnes désireuses de découvrir la Sardaigne côté mer. Elle organise des excursions en petits groupes pour l'archipel de La Maddalena. Le départ s'effectue en milieu de matinée. Un plat est servi à bord avant de débarquer à La Maddalena pour quelques heures, le temps d'apprécier son ambiance unique. Babitours propose aussi des excursions le long de la côte en quête de ses plus belles plages, ou à l'heure où le soleil se couche pour une escapade romantique. Les tarifs sont assez élevés, mais vous êtes à Porto Rotondo…

AGRISOLE €€

Loc. Casagliana, SS 125, km 3 327,8 (entre Olbia et Arzachena) ✆ +39 349 084 8163
www.agriturismo-agrisole.com/francese
Compter de 70 € à 90 € la chambre double, petit déjeuner compris. Réservation de 4 nuits minimum.

Si vous êtes allergique au luxe et préférez la campagne à la mer azuréenne, cet *agriturismo* est fait pour vous. Monica Derosas vous accueille chez elle et déroule le rite bien établi du séjour à la ferme. Les 8 chambres sont installées dans des bungalows à part. Elles offrent de l'espace, une agréable terrasse et une déco qui pique un peu les yeux. Les petits-déjeuners pantagruéliques sont servis dans la maison principale. Les délicieuses confitures sont élaborées par Monica et vendues au même titre que l'huile d'olive, la lavande ou les pâtes fraîches.

© SALVA.TOURS - SHUTTERSTOCK.COM

Porto Rotondo est célèbre pour ses plages.

HÔTEL SPORTING €€€

Via Clelia Donà dalle Rose, 16 ✆ +39 0789 340 05
www.sportingportorotondo.net
Compter entre 237 € et 1 000 € pour une chambre double vue jardin, petit déjeuner inclus. Ouvert d'avril à octobre.

L'hôtel emblématique de Porto Rotondo, le premier sorti de terre, ne souffre pas des affres du temps. Chambres et espaces communs sont parfaitement tenus et le moindre détail est pensé. Cet hôtel 5-étoiles a pour habitude de se plier aux caprices de célébrités mondialement connues. La conception de l'établissement, en longue enfilade, avec quelques lignes brisées pour casser la monotonie, est très réussie. La retenue est de mise côté services : deux piscines, une plage semi-privée et un restaurant gastronomique. Même les riches apprécient des vacances simples.

VILLA DELLA CAVA DEL TOM €€€

Via della Cava del Tom, 11/13
✆ +39 337 379 960
www.villacavadeltom.com
Villa à louer, tarif sur demande. 7 nuits minimum.

Mieux que l'hôtel de luxe ? La villa de luxe ! Celle-ci, tout en granit, offre une vue splendide sur la baie de Porto Rotondo. Insérée dans un écrin de verdure, elle comprend 4 chambres dans le bâtiment principal et trois dépendances équipées. Au total, ce sont 14 personnes qui peuvent séjourner ensemble. Le gestionnaire de cette villa de rêve peut fournir le personnel pour un séjour libéré de toute contrainte : majordome, chef, femme de ménage... Attention tout de même à la table de la salle à manger : elle est en cristal !

DA GIOVANNINO €€€

Piazza Quadrata, 11
✆ +39 0789 352 80
www.ristorantedagiovanninoportorotondo.it
Ouvert tous les jours de 10h à 14h et de 20h à 22h30. De 70 € à 100 € le repas complet. Réservation recommandée.

Il se dégage de cette adresse pour V.I.P. une ambiance rustique très raffinée. Tommettes anciennes, poêle émaillé ancien, tables en bois ciré, tous les codes de la salle à manger bourgeoise ancienne ont été repris. Pour une fois, la salle est plus agréable que la terrasse, très couverte pour garantir un maximum d'intimité aux clients. La carte propose les meilleurs et plus beaux produits nobles : risotto aux asperges sauvages et aux langoustines, soupe de fregola aux tomates, spaghettis à la bottarga... Très belle carte de vins avec les meilleurs crus.

TENDER ONE

Via del Molo, 19
✆ +39 078 934 523
www.tenderone.it

Vous ne pensiez pas venir à Porto Rotondo sans vous offrir une escapade - privée - en mer ? Avec Tender One, c'est chose faite. L'entreprise loue des bateaux de 40 à 350 cc. Le permis bateau étant obligatoire au-delà de 40 cc en Italie, vous serez gratifié d'un skipper. De toute façon, les fonds rocheux sont dangereux pour qui ne connaît pas bien la côte. Votre capitaine pourra vous emmener sur les belles criques des environs, celles que l'on n'atteint que depuis la mer. Il peut aussi vous déposer dans les ports environnants histoire de faire un peu de tourisme.

CALA DI VOLPE ★★

Cala Di Volpe n'est pas à proprement parler un village. Mais entre Porto Cervo et Porto Rotondo, c'est là, sur le golfe de Congianus, plus sauvage, que se retrouvent les rois du pétrole et de la haute-finance. Toutes les villas, immenses, sont construites autour de belles piscines dans des lotissements gardés. La très belle crique de Cala di Volpe attire aussi de nombreux bateaux. Très profonde, elle constitue un abri naturel idéal et son littoral est bordé de ravissantes criques de sable doré. Enfin, Cala di Volpe, c'est également un luxueux golf 18-trous, quelques luxueux hôtels et des plages privées avec parasol et transats payants.

HOTEL VALDIOLA €€

Cala Di Volpe
✆ +39 078 996 215
www.hotelvaldiola.it
A partir de 115 € pour une chambre double, petit déjeuner inclus. Ouvert d'avril à mi-octobre.

On ne sait pas ce que l'on préfère dans ce ravissant hôtel calé sur les hauteurs de Cala di Volpe... Les chambres sont juste ce qu'il faut de désuet pour tenir à l'écart une certaine clientèle un peu bling-bling. Elles sont suffisamment peu nombreuses (32) pour profiter d'un certain sentiment d'exclusivité. La vue sur la crique en contrebas est à tomber depuis la terrasse sur laquelle on prend le petit-déjeuner. La piscine toute en volutes est bordée de chaises longues et de parasols qui n'attendent que vous. Service de baby-sitter sur demande.

IL PICCOLO GOLF €€

Cala di Volpe
✆ +39 0789 965 20
www.ilpiccologolf.com
Compter de 79 € à 139 € la chambre double standard, petit déjeuner inclus. Ferme d'octobre à mai.

C'est peut-être là l'offre meilleur marché dans ce triangle d'or que forment Porto Rotondo, Cala di Volpe et Porto Cervo. Plus petit que certaines des villas du coin, cet hôtel compte 20 chambres. On apprécie son charme modeste, sa simplicité et sa dimension familiale, bien loin du clinquant environnant. Les plus belles chambres disposent de leur terrasse privée. L'hôtel possède sa piscine, même si la mer est au bout du chemin. Un inconvénient tout de même, et pas des moindres, il est situé juste à côté de la station d'épuration du golf.

CAPRICCIOLI €€€

Loc. Capriccioli ✆ +39 078 996 004
www.hotelcapriccioli.it
A partir de 240 € à 380 € pour une chambre double en demi-pension. Fermé de mi-octobre à mi-avril.

Capriccioli est une charmante presqu'île qui, fut un temps, devait ressembler au bout du monde. Le maquis subsiste entre les villas et les petits hôtels. Ici, point de méga-club de vacances ou de camping géant. Avec ses 45 chambres fraîches, aux lits en fer forgé peint de bleu, le Capriccioli affiche des dimensions agréables. En revanche, les chambres standard sont franchement exiguës. On privilégiera donc les longues journées au bord de la piscine ou sur la magnifique plage de Capriccioli. Elle est malheureusement bondée depuis qu'un grand parking a été aménagé.

FRADES LA TERRAZZA

Loc. Farina, face à Cala di Volpe
✆ +39 346 636 6238
frades.eu
Ouvert de 10h30 à 23h. Compter 40 € pour un repas. Fermé de mi-octobre à mi-avril.

Le spectacle de la nature de la Gallura commence ici dès le petit déjeuner. Il se poursuit tout au long de la journée avec un panorama à chaque fois différent selon la lumière. Cette superbe terrasse entourée par un paysage sauvage fascinant se trouve sur les hauteurs de Cala di Volpe. On aperçoit juste en face l'île Soffi et au loin le scintillement de Porto Rotondo. Ici la nourriture et les boissons sont rigoureusement sardes jusqu'au gin «made in Sardegna». Au coucher du soleil l'ambiance devient magique : une paix totale.

PEVERO GOLF CLUB

Loc. Cala di Volpe, 20
✆ +39 078 995 8000
www.golfclubpevero.com
Compter de 90 € à 145 € selon la saison pour 18 trous. Tenue de golf exigée, même pour les accompagnants.

Entre la crique de Cala di Volpe au sud et celle de Golfo Pevero s'étend l'un des plus beaux golfs au monde, pour son panorama en tout cas. Le vert tendre des fairways rejoint l'émeraude de la mer dans des enfilades somptueuses. Léché par la mer de deux côtés, il s'épanouit sur un terrain ondulé parcouru d'un maquis odorant. Les non-golfeurs peuvent patienter au club-house, au restaurant ou à la piscine ; le port de chaussures à clous est obligatoire sur les greens. Le golf a été conçu par Robert Trent Jones, un célèbre architecte de golf américain.

NORD-EST

PORTO CERVO ★★

Porto Cervo est, comme Porto Rotondo, le lieu de villégiature de la jet-set internationale et des multimillionnaires. Près de la moitié des infrastructures appartiennent au richissime Aga Khan qui a fait sortir de terre cette station balnéaire dans les années 1960. A l'époque, il a pu se procurer 30 000 hectares de terrain pour la modique somme de 25 000 dollars. Aujourd'hui, cette somme correspond plutôt au budget des plus flambeurs pour quelques jours de vacances passées sur un yacht ou dans une villa somptueuse. Flavio Briatore en est son plus fidèle ambassadeur. Le port fait étalage de yachts et voiliers somptueux. Dans la ville se succèdent résidences et boutiques de luxe, agences immobilières et restaurants. L'église Stella Maris saisit le regard du visiteur par l'éclat de sa blancheur et par sa silhouette surréaliste. Autour du port, les nombreuses résidences privées laissent peu de place aux plages publiques. Les hôtels rivalisent de luxe et de splendeur. Les prix aussi.

Sortir

Les clubs les plus fous et branchés de la Sardaigne sont ici. Mais tous sont dans les environs de Porto Cervo, dans la nature ou près des plages. Voiture nécessaire donc. Sinon, pour tout savoir sur les événements culturels de l'été, un site : www.promenadeduport.com.

Transports

- **En bus**. La compagnie ASPO relie Porto Cervo à Olbia avec 8 bus (ligne 5) par jour environ en été.
- **En taxi.** La compagnie Taxi Porto Cervo (tél. +39 338 862 8878) vous conduira dans les environs et jusqu'à l'aéroport d'Olbia.

MARINA DI PORTO CERVO

Casa il Ginepro, 1 A (sur le port)
✆ +39 0789 905 111
www.marinadiportocervo.com

Compter de 90 € pour un anneau en août et jusqu'à 2 500 € selon la longueur du bateau.

La marina di Porto Cervo déploie un service 5-étoiles pour une clientèle 5-étoiles : station-service, douches ouvertes 24h/24, supermarché, laverie... Le port compte 700 places dont un ponton spécial pour les yachts aux dimensions hors normes. Malgré sa belle taille, il est très difficile d'obtenir un anneau au cœur de l'été. Car Porto Cervo, c'est l'endroit où plus que de voir, il est important d'être vu. De toute façon, les tarifs laissent songeur et font singulièrement augmenter le tarif de location du navire. Mieux vaut mouiller dans une petite crique.

B&B BEDDA ISTA €

✆ +39 329 449 3930
www.beddaista.com

Compter entre 50 € et 120 € la chambre double selon la saison, petit déjeuner inclus.

On prend un peu de hauteur sur 2 kilomètres de route en lacet on entre dans cette charmante maison, avec un joli panorama sur la mer. Cette villa au calme est située à mi-chemin entre Baja Sardinia (à 3 km de la plage Baja Sardinia) et Porto Cervo, elle est équipée d'un parking avec un petit jardin, d'une terrasse et d'une cuisine équipée à disposition des clients. Trois chambres spacieuses avec salle de bains et Internet. La maison et ses trois chambres sont destinées à la clientèle. Très calme, c'est une bonne alternative pour une halte entre amis ou en famille.

BALOCCO €€

Loc. Liscia di Vacca, 1 ✆ +39 078 991 555
www.hotelbalocco.it

Compter entre 121 € et 330 € la chambre double «comfort», petit–déjeuner inclus. Fermé de mi-octobre à mi-avril.

On peut difficilement trouver plus beau, plus charmant, plus confortable que cet hôtel 4-étoiles au cœur de la belle côte d'émeraude. Voilà un établissement qui se dépeint comme un boutique-hôtel, avec justesse. Il ne compte qu'une trentaine de chambres précédées de leur terrasse. La déco est pensée comme un cocon de douceur dans des tons sable à peine relevés de couleurs tendres. Le mobilier, unique, est issu de l'artisanat sarde. Piscine, jardin, restaurant, terrasse panoramique, bar américain... : tout y est, rien ne manque. Une adresse à retenir.

DOLCE VITA HOTEL €€

Liscia di Vacca
✆ +39 078 991 855
www.hotel-dolcevita.it

Compter entre 99 € et 344 € la chambre double standard, petit déjeuner inclus. Fermé de novembre à avril.

Cet hôtel est situé sur les hauteurs de Porto Cervo, à 5 minutes du port. Il est une belle alternative aux hôtels de luxe à proximité de la plage, même si ses tarifs sont trop élevés en très haute saison. Les 24 chambres bien équipées sont réparties dans les deux étages d'une grosse villa et profitent de différents angles de vue sur la côte, ou sur l'hôtel d'en face pour les plus simples. Ce qui rassemble tout le monde, c'est le panorama du solarium sur le toit, avec une vue qui s'étend jusqu'à l'île de Caprera, et on y profite aussi des deux bains à remous.

Église de Porto Cervo.

CERVO HOTEL €€€

Piazzetta Di Porto Cervo
✆ +39 078 993 1111
https://www.marriott.fr/hotels
A partir de 220 € la chambre double, petit déjeuner inclus. Fermé de novembre à mi-avril.

Situé sur la célèbre piazzetta de Porto Cervo, cet hôtel 5-étoiles d'une centaine de chambres à l'élégance sobre est sans doute le plus fastueux de tous. Parmi les services inclus : plage privée, 3 piscines, 5 courts de tennis, un centre de remise en forme, un hammam, 5 restaurants, 2 bars et de nombreuses boutiques de marque. L'hôtel a bien intégré les codes de la démesure qui sévissent à Porto Cervo. L'établissement a été repris par le groupe américain Marriott qui l'a placé sous l'enseigne Sheraton, gage de luxe et de qualité.

ELIT PROMENADE CAFE €

Promendade du Port
✆ +39 392 148 7118
Ouvert tous les jours de 12h30 à 14h30 et de 19h30 à 22h30. A partir de 15 € le repas. Fermé de novembre à mars.

Oui, il est possible de se restaurer à un prix raisonnable à Porto Cervo ! Vous n'aurez guère plus d'une vingtaine d'euros à débourser pour un repas. A ce prix, la cuisine est simple, internationale, et servie en petites portions. Tartare de poisson, pâtes saupoudrées de parmesan râpé, hamburgers, salades estivales figurent au menu. La petite salle biscornue sert plus de desserte d'envoi aux serveurs que d'espace de restauration pour les clients. Après tout, le café n'est ouvert qu'en saison, et la grande terrasse abritée par une pergola suffit.

RISTORANTE SPINNAKER €€

Liscia di Vacca
✆ +39 078 991 226
www.ristorantespinnaker.comwww.ristorantespinnakerportocervo.com
Ouvert de 12h30 à 14h30 et de 19h30 à 0h30. Compter 30 € pour un repas. Fermé hors saison.

Mieux vaut réserver au Spinnaker, car c'est la bonne table de Porto Cervo. Sa réputation tient autant de son cadre que de ses assiettes mêlant fraîcheur, modernité et cuisine traditionnelle. Le chef ne fait pas de folies quant à l'approvisionnement, mais il sait accommoder ses produits avec talent : homard, langouste, crevettes, seiche, poulpe. A noter un beau choix de viande tout de même. Demandez la terrasse avec la vue sur la mer s'il reste des places : ce sont les meilleures tables, et elles sont très prisées dans cet établissement en vogue.

LA SCUOLA DELLA VELA

Loc. Poltu Quatu
✆ +39 078 999 769
www.scuolavela.com
Compter 350 € pour 6 jours de stage dériveur pour un enfant et 400 € pour un adulte.

Cela fait 40 ans que l'école de voile de Porto Cervo enseigne tous les secrets de l'empannage et du tirage de bords aux enfants et aux adultes désireux de parcourir un jour les océans. Pour commencer, les cours se déroulent dans la baie abritée au nord de Porto Cervo et de Poltu Quatu. Les dériveurs sont stationnés à Porto Cervo et les voilier à Poltu Quatu. Les séances durent 4 heures environ. Le club organise également des stages d'une semaine. Le voilier croise alors dans l'archipel de La Maddalena. Bateaux de régate, RIB sont disponibles à la location.

BILLIONNAIRE

Via Rocce sul Pevero
✆ +39 078 994 192
billionairelife-portocervo.com
Ouvert de juin à septembre.

Il fallait un club emblématique à Porto Cervo, comme Saint-Tropez a son VIP Room ou ses Caves du Roy. C'est le riche homme d'affaires et noceur invétéré Flavio Briatore qui s'est dévoué. Entre deux Grands Prix de Formule 1, il ouvre le Billionaire, un club très select qui annonce la couleur. Mieux vaut avoir le portefeuille bien garni pour espérer entrer dans cet établissement qui invite les plus célèbres DJ à se produire. Le droit d'entrée s'élève à plusieurs centaines d'euros pour atteindre plusieurs milliers pour le carré VIP.

SOTTOVENTO

Loc. Sottovento
✆ +39 392 004 3072
www.sottoventoclub.it
Ouvert en saison, tous les soirs de minuit à 5h.

Vous pourrez tenter votre chance dans cette boîte de nuit si vous avez été refoulé du Billionaire. Les deux clubs se trouvent juste à côté. Ils ne sont pas réellement en concurrence, mais plutôt complémentaires. Par conséquent, le droit d'entrée est lui aussi très élevé. C'est le prix à payer pour danser au rythme frénétique des meilleurs DJ aux côtés de célébrités. Le night-club appartient au roi de la vie nocturne de Rome, célèbre pour son restaurant Assunta Madre où se précipitent toutes les stars internationales de passage dans la ville éternelle.

BAJA SARDINIA

Comme nombre de stations balnéaires de la région, Baja Sardinia est le fruit d'un développement récent. Sa longue plage poudrée a très tôt attiré les hôtels de luxe. Ce bout de côte très découpée compte de nombreuses criques minuscules, pour certaines peu fréquentées. A l'est de la baie se dresse la colline Battistoni d'où l'on jouit d'un beau panorama sur la Costa Smeralda et l'archipel de La Maddalena.

Transports

- **Bus.** La compagnie Caramelli Tours dessert Baja Sardinia depuis Olbia (ligne 2606). Depuis l'aéroport d'Olbia prendre le bus de la compagnie Sun Lines. Depuis Arzachena, la compagnie ARST assure 5 liaisons quotidiennes (ligne 604) via Cannigione.

HÔTEL AIRONE €€

Strada Baja Sardinia
✆ +39 078 993 3021
www.aironehotel.eu
A partir de 100 € pour une chambre double, petit déjeuner compris. Fermé de mi-novembre à fin mars.

Dominant la superbe plage « Lu postu », cet hôtel de 70 chambres est situé au milieu d'un parc de 40 000 m^2 planté d'oliviers. Des patios voûtés et fleuris conduisent aux chambres. Aussi vastes que des suites, elles sont meublées et décorées aux couleurs de l'île : ferronneries, broderies, gravures... Le restaurant de spécialités locales profite de la vue panoramique. L'hôtel a de nombreux atouts : parcours santé, centre de fitness, court de tennis, terrain de foot, aire de jeux pour les enfants, piscine et bains bouillonnants. Prestations de qualité.

HOTEL TRE MONTI €€

Localita Baja Sardinia
✆ +39 078 995 0118
www.hoteltremonti.it
Compter de 100 € à 220 € pour une chambre double, petit déjeuner compris. Fermé hors saison.

A seulement 10 minutes à pied de Baja Sardinia et surtout à seulement 3 minutes d'une belle plage de sable blanc, ce petit hôtel de charme propose une vingtaine de chambres spacieuses. La décoration se décline dans des camaïeux de bleu, de rose ou de vert. Les meubles sont lasurés pour donner une touche d'élégance. Chaque chambre possède sa terrasse. Pas de piscine, mais la mer est au bout du chemin. Le restaurant propose une cuisine sarde typique avec du pain de carasau, des viandes rôties, de la fregola ou des seadas. Intéressant pour cette partie de l'île.

L'OASI €

Loc. Riolta
✆ +39 078 998 808
Ouvert midi et soir en saison. Compter 15 € pour un repas.

Il y a toujours du monde dans ce restaurant sans prétention. Et pour cause ! Le menu affiche des prix ridiculement bas pour la Costa Smeralda et les portions sont généreuses. Un plat de pâtes ou une pizza suffit à rassasier les faims les plus aiguës. Et pour ne rien gâcher, c'est bon. Fregola aux fruits de mer, encornet géant grillé, spaghettis aux moules, pizza napolitaine, 4 fromages ou capricciosa : le choix est plus que large ! On s'attable au milieu des locaux dans une grande salle sans charme ou sur la terrasse bondée.

AQUADREAM

✆ +39 078 999 511
www.aquadream.it
Ouvert tous les jours en été de 10h30 à 18h. Entrée : 22 € ; enfant : 15 €. Tarif réduit après 14h30.

Pour ceux qui ne se contentent pas des joies de la mer, des pâtés de sable et des poissons qui font des ronds, ce parc aquatique leur est dédié. Les nombreuses attractions font la joie des familles au complet. Une zone est dédiée aux plus petits, quand la majorité des toboggans sont accessibles à tous. Toboggan kamikaze, rivière, château mou, animations sont au programme. Une piscine est venue accroître la gamme de loisirs en 2020. Il est possible de manger sur place, des aires de repos et de pique-nique sont aussi à disposition.

RITUAL

Loc. La Crucitta
✆ +39 392 187 0104
www.ritual.it
Ouvert en été uniquement.

Ancré dans la roche de granit, le Ritual Club étonne par son apparence peu commune. Le minéral est partout. Les terrasses en étage dominent le maquis et la baie de Baja Sardinia depuis 50 ans déjà. La discothèque est l'une des premières à avoir vu le jour en Sardaigne. Si le club se veut plutôt chic, en réalité la clientèle du Ritual est très variée. Certains y viennent depuis des années, d'autres découvrent, mais tous se réunissent autour de la musique dans cet endroit unique où l'on peut profiter des nuits étoilées dans les jardins.

ARZACHENA ★★

Arzachena ne ressemble en aucun cas à ces villes sophistiquées de la côte. En elle-même, Arzachena ne présente que peu d'intérêt, si ce n'est l'étrange formation granitique en forme de champignon (*il fungo*) qui la domine. Les nécropoles et les nuraghes construits dans ses alentours témoignent d'une occupation très ancienne. L'église de Santa Lucia qui se situe en hauteur du village offre un beau panorama sur toute la région. L'office de tourisme est ouvert de 9h à 14h et de 15h à 19h du lundi au samedi et de 9h à 13h le dimanche.

Transports

- **Bus.** La compagnie ARST dessert Palau et Olbia 14 fois par jour (ligne 601) ; Santa Teresa Gallura 6 fois par jour (ligne 601).

NURAGHE ALBUCCIU ★

Località Albucciu

A seulement trois kilomètres d'Arzachena, ce nuraghe du XVe siècle av. J.-C. présente une typologie «en couloir» relative aux proto-nuraghes. Bien dissimulé sous les oliviers, il mérite une visite. Situé au sommet d'une colline, comme l'exigeait son rôle d'ouvrage défensif, le nuraghe offre une vue imprenable sur la plaine d'Arzachena. Il est en relativement bon état malgré quelques parties effondrées. On accède encore à ses deux étages. Le plafond en tholos de la grande salle elliptique est un ajout ultérieur. Un village de 80 huttes s'étend au pied du nuraghe.

COMPLESSO NURAGICO DI MALCHITTU ★★

Loc. Malchittu

✆ +39 078 981 391

Ouvert de 9h à 18h. Entrée : 4 €.

Pass 7 monuments : 20 € (valable une semaine).

Le Complexe nuragique de Malchittu assure la promotion des vestiges archéologiques de la région en leur dédiant un espace didactique : la tombe des géants Coddu Ecchju et Li Lolghi, le nuraghe La Prisgiona, Albucciu et Tempietto di Malchittu et bien d'autres... Ils sont sept au total, mais seuls certains sont immanquables et le *Petit Futé* les a listés pour vous. Vous pourrez vous procurer ici un pass dont le prix varie en fonction du nombre de sites choisis. Sachez qu'il faut compter une demi-journée pour en visiter deux. Les sites essentiels sont le nuraghe La Prisgiona, la tombe des géants de Li Lolghi et celle de Coddu Vecchiu.

Le complexe de Malchittu comprend un nuraghe, une grande hutte, des tombes et un temple datés du bronze moyen. La hutte présente un plan circulaire de large diamètre et des murs de pierres en saillie. Il faut remonter la colline le long d'une gorge étroite pour atteindre les restes du nuraghe adossé à un affleurement rocheux. A droite se trouve le temple. Le nuraghe est complètement effondré. En revanche, le temple est bien identifiable avec sa structure rectangulaire. L'entrée se fait par un vestibule qui longe la roche et débouche sur une grande pièce. Les offrandes étaient déposées sur la table du fond. Des niches ont été aménagées dans les parois et un foyer est dessiné dans le sol avec des pierres arrangées en cercle. Six tombes ont été découvertes dans les environs, mais elles sont dissimulées par la végétation.

© AUTHOR'S IMAGE

La Spiagga del Principe.

NURAGHE LA PRISGIONA ★★

Località Capichera

Ouvert de 9h à 18h. Entrée : 4 €.

Un des sites nuragiques les mieux préservés car il a longtemps été enseveli dans le sable. Ce n'est qu'au bout de longues fouilles que ce nuraghe a ouvert au public en 2009. Les visites guidées en français sont très intéressantes et reviennent largement sur la civilisation nuragique en général. Sinon, des explications en français sont fournies. Le nuraghe se compose d'une tour principale et de deux tours bilobées reliées par une muraille. L'ensemble est en bon état de conservation, tout comme les bases du village qu'il défend.

TOMBA DEI GIGANTI DI CODDU VECCHIU ★

Ouvert de 9h à 18h. Entrée : 4 €.

C'est l'une des rares tombes de géant d'accès facile. Elle se trouve à proximité du magnifique village nuragique de Prisgiona. Une stèle de 4,40 m de hauteur, formée de deux blocs de granit superposés, est percée d'une petite porte donnant sur un couloir funéraire couvert de 14 m de longueur. C'est l'un des monuments les plus emblématiques de la Sardaigne nuragique et son imposante entrée est maintes fois reprises sur les brochures vantant la destination.

TOMBA DEI GIGANTI DI LI LOLGHI ★★

Ouvert tous les jours de 9h à 18h. Entrée : 4 €.

Cette tombe des géants est remarquable par ses dimensions et sa position au sommet d'une colline. La façade de stèles alignées dessine un grand exèdre devant lequel se tenaient les cérémonies funéraires. Les 15 stèles sont agencées de façon croissante en partant de chaque côté, afin que la plus haute soit centrée. C'est dans celle-ci qu'est percée la porte qui mène au tombeau. Le couloir sépulcral était à l'origine couvert d'un toit et comprend deux parties de deux époques différentes.

NECROPOLE DE LI MURI ★★

Strada di Li Lolghi © +39 0789 83401

Ouvert du lundi au dimanche de 10h à 18h. Entrée : 4 €. Gratuit pour les -12 ans.

Découverte en 1939 par un instituteur d'Arzachena, la nécropole de Li Muri compte quatre cercles funéraires et une tombe à chambre remontant à l'ère prénuragique. Chaque cercle est formé de plaques de granit plantées dans la terre. En son centre, un ciste aménagé avec des plaques de pierre était destiné à recevoir des objets de culte. L'intérieur du cercle était ensuite recouvert de terre formant un tumulus. La chambre sépulcrale se trouve quelque peu à l'écart des cercles. Semi-enterrée, un tumulus la recouvrait sur trois de ses côtés. La chambre est précédée d'un bétyle, une forme de stèle plantée au milieu d'un carré délimité par un muret de pierre. Celui-ci symbolise la demeure d'un dieu, si ce n'est le dieu lui-même. L'allégorie divine permettait l'accomplissement de rites. Les traces d'ocre retrouvées à l'intérieur de la tombe laissent à penser que le défunt était peint de la couleur du sang qui symbolisait la régénération. Il semblerait que chaque cercle correspondait à une sépulture unique, en raison du peu de squelettes retrouvés. Néanmoins, dans le plus grand des cercles funéraires, les archéologues ont dégagé deux niveaux de déposition, séparés par des plaques de granit. Il est possible que cette tombe ait accueilli plus de corps. L'intérêt du site de Li Muri réside aussi dans les objets très raffinés mis au jour. Colliers en stéatite, coupelles et bols en pierre, lames de hache révèlent l'importance sociale des défunts. Ces objets sont actuellement exposés dans les musées archéologiques de Cagliari et de Sassari.

© MACROLIFE - SHUTTERSTOCK.COM

NORD-EST

B&B DOLCE LUNA €

✆ +39 339 621 0340

Compter de 80 € à 130 € la chambre double, petit-déjeuner inclus.

L'endroit est idéal pour celui qui cherche un peu de tranquillité et de silence tout en restant à proximité de la Costa Smeralda et des plages de rêve. La chambre d'hôtes est entourée d'un splendide jardin et jouit d'une belle piscine panoramique. Toutes les chambres sont décorées avec soin et toutes ont leur singularité. Certaines ont vue sur la piscine, d'autres sur le parc et d'autre sur Arzachena. Toutes sont complètement indépendantes avec salle de bain privée, air conditionné... Les propriétaires se montrent très accueillants et chaleureux.

LU PASTRUCCIALEDDU €

Localita Lu Pastruccialeddu ✆ +39 078 981 777

www.pastruccialeddu.com

Comptez entre 80 € et 120 € la chambre double selon la saison. Réservation minimum entre 2 et 4 jours.

Cette chambre d'hôtes charmante dans la campagne est une belle demeure en pierre avec piscine, à deux pas du centre-ville. L'endroit est bien situé pour profiter des plages ou des vestiges archéologiques des environs. Il se compose d'une dizaine de chambres sobrement et joliment décorées avec chacune son balcon. Le blanc y domine, ce qui ne laisse aucune place à un ménage négligé : c'est nickel ! Un accueil tout sourire en français et un délicieux petit déjeuner avec produits régionaux, tartes salées et sucrées faites maison en font une belle adresse familiale.

AGRITURISMO LA MESENDA €€

Loc. Malchittu ✆ +39 0789 819 50

www.agriturismomalchittu.it

Compter de 60 € à 100 € selon la saison pour une chambre double, petit déjeuner inclus. Ouvert toute l'année.

Ancienne étable, cette ferme est un petit paradis développé avec finesse et délicatesse en pleine nature. Composé de 6 chambres pleines de charme et d'intimité, les murs ont une histoire. Les propriétaires qui parlent français sont des passionnés d'histoire, d'archéologie et de gastronomie. Pleine de créativité, Judith, la maîtresse des lieux, prépare chaque jour le pain et les pâtisseries servis au petit-déjeuner : un vrai régal ! Pour vous détendre après une randonnée, vous pourrez vous plonger dans un super bain à remous.

ALDIOLA COUNTRY RESORT €€

SP 137 Lago del Liscia ✆ +39 079 66 80 26

www.aldiolacountry.com

Compter entre 89 € et 200 € pour une chambre double standard, petit déjeuner compris. Fermé de novembre à avril.

Dans la campagne sarde, à une demi-heure des plages de la Costa Smeralda, cet établissement membre des Relais du Silence s'élève sur une colline tapissée de chênes-lièges centenaires. Les 20 bungalows tout confort abritent de grandes chambres avec terrasse. Un soin particulier a été apporté à la décoration, réalisée à partir de pièces d'artisanat traditionnel sarde, comme les tissus brodés, la céramique et la ferronnerie. Piscine et restaurant s'ouvrent sur une terrasse panoramique donnant sur le lac de Liscia d'où la vue est imprenable.

HÔTEL PARCO DEGLI ULIVI €€

Localita Rena

✆ +39 078 981 888

www.hotelparcodegliulivi.com

Compter de 165 € à 308 € en chambre double standard, petit déjeuner inclus. 3 nuits minimum à certaines périodes.

Dans la campagne, cet ensemble de petites bâtisses sont réparties dans un immense parc vallonné planté d'oliviers. Les murs sont en pierres, les terrasses couvertes ont été construites à la manière des *stazzu* de la Gallura. De différentes capacités, les bâtisses sont joliment aménagées et reflètent bien le patrimoine de la région. L'endroit est vraiment calme et propice à la détente. Le restaurant gastronomique proche de la piscine à débordement surplombe un très beau paysage. Possibilité de faire du vélo, de l'équitation ou des visites archéologiques à proximité.

TENUTA PILASTRU €€

Loc. Pilastru

✆ +39 078 982 936

www.tenutapilastru.it

Compter entre 120 € et 220 € selon la saison pour une chambre double standard, petit déjeuner compris.

A deux pas d'Arzachena et de la Costa Smeralda, le Tenuta Pilastru offre tout le confort nécessaire dans un cadre enchanteur. Les bâtiments sont installés dans un parc planté d'oliviers et de gros rochers. Les chambres sont de petits pavillons indépendants, grandes, confortables, modernes et décorées dans le style typique sarde. Elles sont répandues tout autour de la maison principale. On y apprécie la piscine, le centre de bien-être avec le spa et l'excellence du restaurant. Il y a même une salle de conférence en cas de séjour professionnel.

LA TERRAZZA €

Viale Costa Smeralda, 51

✆ +39 078 982 575

Ouvert de 12h à 14h30 et de 19h à 22h30. Fermé le lundi. A partir de 15 € pour un repas.

Cette modeste table du centre d'Arzachena s'est taillée une solide réputation. La fidèle clientèle locale se mêle volontiers aux touristes avertis ou tombés là par hasard. La cuisine, simple, bonne, copieuse et à l'excellent rapport qualité-prix, additionnée à un service sympathique, semble faire l'unanimité. On y vient surtout pour dévorer un plat de pâtes, du poisson ou une pizza dans une bonne ambiance. Belle sélection de vins. La partie bar juste en dessous, Il Delfino, propose également de bons paninis à grignoter sur le pouce.

LU STAZZU €€

SP 73 Porto Cervo-Arzachena

✆ +39 0789 827 11

www.lustazzu.com

Ouvert tous les jours en saison de 12h à 14h30 et de 18h30 à 23h. Compter 40 € pour un repas.

Ce bon restaurant entre Arzachena et Porto Cervo propose aussi bien une cuisine de terre que de mer. Souvent copié mais jamais égalé, sa grande spécialité est le cochon de lait rôti à la broche. En été, les repas sont pris sur une magnifique terrasse installée au jardin. Compositions de bois flotté, oliviers, dallage en pierre, l'écrin naturel est valorisé et la vue porte jusqu'au golfe de Porto Cervo. Pâtes fraîches faites maison, antipasti… : tout est délicieux. Une alternative intéressante aux restaurants de la chère et bruyante Costa Smeralda.

LA PITRAIA €€

Via Calangianus, 22

✆ +39 079 669 381

Ouvert du jeudi au mardi, de midi à 14h et de 19h à 22h30. Fermé le mercredi. 35 € pour un repas.

Les spécialités maison sont les champignons (cèpes, girolles, truffes…) et le sanglier, alors autant venir en automne. Viande comme légumes sont admirablement préparés et présentés. Le pain *carasau* est fait maison, apporté chaud, baigné d'un filet d'huile d'olive et assaisonné de romarin. La décoration est rustique et chaleureuse, la cuisine locale et généreuse. Le chef participe à la perpétuation du répertoire culinaire sarde avec talent. Il propose également une très belle sélection de vins de l'île. Une adresse à découvrir !

CAPICHERA

Route vers S.Antonio di Gallura Km 4

✆ +39 0789 80800

www.capichera.it

De lundi à vendredi de 8h30 à 13h et de 14h à 17h30. Visite et dégustation sur rendez-vous.

Le domaine de Capichera est une institution œnologique en Sardaigne. A sa tête, la famille Ragnedda mène une politique de recherche et de développement autour des cépages autochtones de l'île depuis 40 ans. Le résultat est notoire : les vins d'ici ont un fort caractère. D'une grande qualité gustative, ils sont le fruit d'un affinage en barrique qui peut durer parfois jusqu'à vingt ans. Que vous soyez plus ou moins amateur de bons vins, une visite ici s'impose, ne serait-ce que pour admirer le paysage qui entoure caves et vignobles.

CANNIGIONE

A 10 km d'Arzachena, ce village de pêcheurs est resté un peu plus authentique et sauvage que les autres localités de la Costa Smeralda. Ces dix dernières années, Cannigione a connu un essor touristique qui a fait apparaître infrastructures hôtelières, restaurants et magasins. Les plages sont belles, mais pas très larges, et vous risquez de vous y sentir à l'étroit. Pour éviter la foule, il faut remonter vers Capo d'Orso et la plage de Tanca Manna. Cannigione offre une alternative plus populaire.

Transports

- **Bus**. La compagnie ARST relie Cannigione à Arzachena avec 8 liaisons quotidiennes (ligne 604) ; Porto Cervo avec 3 liaisons quotidiennes (ligne 604).

CONSORZIO DEL GOLFO

Port de Cannigione (kiosque)

✆ +39 078 988 418

www.consorziodelgolfo.it

Compter 50 € par adulte et 30 € par enfant. Frais de débarquement en sus. Ouvert d'avril à octobre.

Le Consorzio del Golfo propose des excursions en mer au départ de Cannigione, Baja Sardinia et Laconia. Un guichet de vente est installé dans un chalet en bois sur chaque port. La compagnie effectue des sorties en bateau tous les jours à destination de l'archipel de La Maddalena ou en direction des plus belles criques de la Costa Smeralda. Un snack est servi à bord, mais les boissons sont en sus. D'autre part, des frais de débarquement sont demandés pour les petites îles sans débarcadère. Il est possible de privatiser un bateau et dessiner sa croisière.

NORD-EST

VERDEMARE VACANZE

Lungomare Andrea Doria, 35
✆ +39 789 892 017
www.verdemarevacanze.it

Tarifs sur demande en fonction du programme établi.

Verdemare Vacanze est une agence vouée à répondre à tous vos besoins pendant vos vacances sur la Costa Smeralada. A commencer par l'appartement ou la villa qui vous accueillera le temps d'un séjour reposant ou au contraire énergisant. L'agence possède un catalogue de biens disponibles à la location. Elle organise également des excursions et des activités sympas dans la région : croisières à la journée pour découvrir la côte et profiter de criques désertes, escapade à La Maddalena, promenades à cheval, randonnée à pied, location de vélos...

HÔTEL MICALOSU €€

Loc. Micalosu
✆ +39 0789 86 326
www.hotelmicalosu.it

Compter de 109 € à 139 € pour une chambre double piccola, selon la saison. Fermé de fin octobre à mi-avril.

Il se dégage de cet hôtel un délicat mélange de campagne et de plage, tranquille et intime. Les 53 chambres sont réparties dans le bâtiment central ou dans les bâtiments annexes. Ici, pas d'entourloupe. Les plus petites chambres sont annoncées et facturées moins cher. Les plus belles offrent une vue imprenable sur l'archipel de La Maddalena au loin. De nombreux loisirs sont proposés comme la gym aquatique dans la piscine, l'équitation ou le golf. Bon restaurant avec des plats soignés. Un petit paradis à proximité de la célèbre Costa Smeralda.

CAMPING GOLFO DI ARZACHENA €

SP vers Cannigione, km 3,8 ✆ +39 0789 881 01
www.campingarzachena.it

Compter entre 15 € et 22 € par personne en tente et de 35 € à 55 € pour un camping-car. Ouvert du juin à septembre.

Mal situé sur la route d'Arzachena à Cannigione, ce camping possède le mérite de fonctionner comme un petit village. De taille modeste, les emplacements sont peu nombreux et à l'ombre, tout comme les mobil-homes ou les bungalows. Une résidence en arc de cercle, installée au bout du camping, comprend des chambres triples et doubles. Sur place, vous trouverez une grande piscine, un solarium, une salle de jeux, un bar-restaurant. Dommage que la plage soit aussi éloignée...

LA COLTI €€

Route d'Arzachena-Cannigione
✆ +39 0789 884 40
www.lacolti.it

Compter 35 € pour un repas. Réservation obligatoire. Ouvert d'avril à novembre.

Perdu entre Arzachena et Cannigione, un peu à l'écart de la route principale, on s'attable sur des bancs en bois dans une cour de ferme. La Colti vous accueille avec son atmosphère du milieu du XXe siècle, son ambiance authentique, sa cuisine régionale rustique. On aime l'accueil chaleureux, les charcuteries servies sur des planches, le cochon de lait qui rôtit sur le feu, la *mazza frissa* au goût de revenez-y, le vin de Gallura qui coule à flots modérés... La tradition paysanne est ici élevée au rang d'art, à la fois sérieuse et légère, vive et roborative.

CENTRO VACANZE ISULEDDA €€

Loc. La Conia ✆ +39 0789 860 03
www.isuledda.it

Compter de 15 € à 36 € par personne pour un emplacement. Ouvert d'avril à début novembre.

A la sortie de Cannigione vers Palau, cet immense camping occupe une presqu'île au bout de la plage de Tanca Manna. Entouré d'eau de toute part ou presque, il possède plusieurs plages privées, d'un ponton pour amarrer petits bateaux et RIB, d'un spa et d'animations, d'un centre de voile et de plongée, de deux bars et d'un restaurant-pizzeria, d'un supermarché... C'est sans doute l'un des plus beaux campings de l'île pour qui aime la foule et le soleil. Les emplacements manquent singulièrement d'ombre. Différentes possibilités de logements «en dur» également.

AREAMARE DIVING CENTER

Via Vespucci, 52
✆ +39 338 822 1135
www.areamare.com

Compter 75 € pour une plongée ; 38 € pour une sortie snorkeling. Ouvert toute l'année.

L'archipel de La Maddalena possède les eaux les plus claires de toute la Sardaigne et avec cela des milliers d'espèces sous-marines à découvrir. Les spots d'exception sont nombreux et les clubs de plongée pour les découvrir aussi. Areamare est présent depuis 1989 et rassemble des instructeurs passionnés qui plongent en toute saison. Ce centre présente l'avantage d'être certifié PADI et SSI. Révision des bases, cours pour débutants ou plongeurs confirmés, snorkeling, plongée nocturne ou Nitrox, les possibilités sont nombreuses. Equipe très sérieuse.

SAN PANTALEO

Le joli bourg de San Pantaleo est devenu le *buen retiro* de sculpteurs, peintres et céramistes en quête de tranquillité. En retrait de la Costa Smeralda, on y accède par une agréable route panoramique. Le village tout entier rend hommage à ce saint dont le culte est bien enraciné en Sardaigne. Il y est célébré avec faste entre le 27 et le 30 juillet. En été, les petites ruelles du bourg et sa place principale s'animent. Une brocante d'objets fabriqués par les artistes et artisans du village a lieu tous les jeudis, un rendez-vous à ne pas manquer.

LOCANDA SANT'ANDREA €€

Via Zara, 36
✆ +39 0789 652 05
www.locandasantandrea.com
A partir de 120 € la chambre double, petit déjeuner inclus. Fermé de novembre à mars.

Il n'est pas évident d'obtenir une chambre en pleine saison. C'est que l'hôtel ne compte que 12 chambres absolument charmantes, aux délicates couleurs pastel et profitant d'une vue éblouissante sur la campagne environnante, charmante elle aussi. On pourrait prendre le temps de descendre la fameuse pile de livres qui s'accumulent, un pied dans la piscine. Et puis le soir on sortirait prendre l'apéro sur la charmante place du village de San Pantaleo, histoire de se dégourdir les jambes. La nuit on dormirait la fenêtre ouverte au son des charmants grillons estivaux.

GIAGONI IN PIAZZA €€

Piazza della Chiesa, 6
✆ +39 0789 65 224
www.ristorantegiagoni.it
Ouvert midi et soir de mars à décembre. Compter 50 € pour un repas.

Gianni Giagoni a succombé au charme de la petite place du village de San Pantaleo pour poser ses casseroles. Intimiste et discret, le restaurant occupe une de ces maisons typiques de pierre et de tuiles canal. Des pots d'herbes odorantes décorent les tables tendues de blanc. Les verres scintillent à la flamme des bougies ou du soleil. L'atmosphère est élégante et l'ambiance décontractée. La cuisine repose sur la fraîcheur et l'authenticité des ingrédients. Les pâtes fraîches sont préparées par Mamma Natalina qui en connaît tous les secrets. Coup de cœur assuré.

PALAU

Palau est le point de passage obligé pour l'archipel de La Maddalena. A cette exception près, la ville ne présente pas d'intérêt particulier. Elle dispose cependant d'une bonne infrastructure touristique et de nombreux restaurants sur le port. Le long de sa côte se trouve le Capo d'Orso roche granitique sculptée par le vent à la curieuse silhouette d'ours.

Transports

La compagnie de bus ARST dessert Olbia 10 fois par jour (ligne 601 et 604) ; Santa Teresa Gallura 8 fois par jour (ligne 601). Delcomar assure la navette en ferry pour La Maddalena (toutes les 30 min environ entre 6h et 19h30 ; 7,90 € l'A/R). Liaisons supplémentaires l'été avec Maddalena Lines.

© LUCAFABBIAN - ISTOCKPHOTO.COM

Phare de Palau.

FORTEZZA DI MONTE ALTURA ★

✆ +39 0789 77 08 22
Ouvert entre 9h et 12h et 17h et 21h de juin à août. Entrée : 5 €. Fermé de novembre à mars.

Erigée à la fin du XIXe siècle par les Piémontais peu après l'unité italienne, la forteresse de Monte Altura visait à protéger l'île d'éventuelles attaques françaises. Appuyée par deux autres batteries militaires, celle de Monte Altura devait couvrir l'ouest. En position panoramique sur la route qui conduit de Palau à Porto Rafael, la vue s'étend jusqu'à la Corse. Une visite guidée obligatoire permet de mieux comprendre les aspects de la vie quotidienne jusqu'à la dernière guerre. En saison, la forteresse accueille des concerts et des manifestations culturelles.

NORD-EST

MUSEO ETNOGRAFICO

Loc. Montiggia
✆ +39 0789 770 822
Ouvert tous les jours de 10h à 12h. Entrée : 2,50 €, réduit 2 €. Fermé d'octobre à mai.

Ce musée permet de se pencher sur les traditions de Palau dans une série d'objets du quotidien débusqués dans les greniers de la ville. Ils sont répartis dans deux grandes salles, et rangés de façon thématique : vie domestique, viticulture, agriculture, élevage, moyens de transport et artisanat. Certains objets sont typiques de la Gallura, voire de Palau. Ainsi, la quenouille en bois incrusté était utilisée lors des fêtes de mariage qui se déroulaient à la forteresse. Au rayon des curiosités, le drap rembourré utilisé par les femmes pour monter à cheval.

SPIAGGE ★

La municipalité de Palau compte 21 plages, plus ou moins grandes. Punta Nera et l'Isolotto situées à droite du port de plaisance ; Palau Vecchio ou Porto Faro sur la route du Capo d'Orso ; la minuscule Galatea ou la grande La Sciumara comptent parmi les plus faciles d'accès. Les plus intimistes nécessitent un bon GPS et de marcher à travers le maquis, comme pour la spiaggia di Punta Cardinalino, celle de cala Stintino, ou, mieux encore, l'un des confettis de sable le long du sentier qui part de Punta Cardinalino pour rallier le phare du cap d'Orso.

TRENINO VERDE

Sur le port, à côté de la station maritime
✆ +39 078 970 70 25
www.treninoverde.com
Du mardi au samedi de juin à septembre.
Billet aller-retour : 21 € ; aller simple 14 €.

Ce train touristique circule en été sur les voies désaffectées des campagnes et montagnes sardes. Le vieux wagon de bois part tous les jours, tôt le matin, de Palau et s'enfonce dans les terres de Gallura en direction de Tempio Pausania. Pendant une cinquantaine de kilomètres, on voit défiler des paysages de collines tapissées de chênes-lièges et de broussailles de ciste ou de myrte qui se détachent sur le bleu immaculé du ciel. Le *trenino* monte et descend les côtes, longe des pentes escarpées, sans faiblir, et offre une agréable balade bucolique.

CAMPING BAIA SARACENO €

Loc. Punta Nera
✆ +39 0789 709 403
www.baiasaraceno.com
Compter de 10 € à 20 € par adulte ; 4 € pour l'électricité. Ouvert de mars à octobre.

Ce grand camping donne sur une plage de sable et de granit, à 5 km au sud-est de Palau. En plus des tentes et des camping-cars pour lesquels la réservation n'est pas nécessaire, il est possible de se loger dans des tukuls, petites cabanes en bois pour 2 personnes. Ces logements ne sont pas équipés de toilettes, il faut utiliser les installations communes du camping. Pour ceux qui recherchent un peu plus de confort, il existe encore l'option de se loger en mobil-home avec salle de bains. Bien équipé. Restaurant et nombreuses activités.

B&B L'ORSO & IL MARE €€

Vicolo Diaz B, 1
✆ +39 0331 222 2000
www.orsoeilmare.com
Compter de 75 € à 125 € la chambre double avec petit déjeuner. Fermé en mars.

Derrière cette maison ocre aux volets verts se cache une chambre d'hôtes très accueillante et surtout très bien située. C'est la plus proche du port d'où partent les ferries pour l'archipel de La Maddalena qui ne se trouve qu'à 5 minutes à pied. Les chambres à l'ameublement très «comme à la maison» sont au calme. Le généreux petit déjeuner devrait finir de convaincre les plus réticents. Mais attention, il n'est pas compris dans le prix annoncé par les propriétaires. Il faut ajouter un supplément de 10 € par personne. Un bel endroit si vous devez séjourner à Palau.

HÔTEL LA ROCCIA €€

Via dei Mille, 15
✆ +39 0789 709 528
www.hotellaroccia.com
Compter de 58 € à 106 € selon la saison pour une chambre double, petit déjeuner inclus.

A 300 m du port, ce petit hôtel sans prétention est bien localisé. Les 22 chambres ont opté pour le bleu de la mer et le jaune du soleil pour s'égayer quelque peu. Elles sont bien tenues, équipées d'une télé satellite et d'un balcon pour certaines. Mais il n'y a pas de minibar. La dernière rénovation date d'une vingtaine d'années et cela commence à s'en ressentir. Contrairement à ce que l'on pourrait penser, l'hôtel ne doit pas son nom au célèbre rocher du cap d'Orso, mais à la masse de granit qui domine son jardin et qui pénètre jusque dans le hall.

HÔTEL LA VECCHIA FONTE €€

Via Fonte Vecchia, 48
✆ +39 0789 709 750
www.hotelpalau.it
A partir de 88 € la chambre double classique. Fermé de novembre à mi-avril. 3 nuits minimum en août.

Cet hôtel de standing est très bien situé face au port de plaisance. Les belles bâtisses emboîtées comme une construction de Lego surplombent un vaste parking. L'ocre domine partout, des crépis extérieurs aux couloirs et aux chambres, dans des tons rosés, terreux ou jaunes. Les chambres sont cosy et celles de confort supérieur profitent de petites attentions complémentaires. Les plus belles suites ont carrément leur bain bouillonnant sur une terrasse qui domine la ville. Au rez-de-chaussée, le café propose viennoiseries et paninis croustillants.

RE FERDINANDO €

72 Via Fonte Vecchia
✆ +39 078 970 8584
Ouvert tous les jours de 11h à minuit. Compter 30 € pour un repas.

Parmi les nombreux restaurants qui longent le port de plaisance de Palau, cette grande pizzeria tire son épingle du jeu. Elle propose un choix varié de pizzas servies le midi comme le soir. Ce n'est certes pas le meilleur restaurant de la ville, mais le service est aimable et rapide, ce qui est avantageux dans l'attente d'une navette pour La Maddalena. Une petite terrasse sur rue précède la vaste salle où les tables carrées de 4 places s'alignent les unes derrière les autres. Les chaises de couleur vive apportent une touche de gaieté.

DA ROBERTINO €€

Via Nazionale, 20
✆ +39 0789 709 610
Ouvert tous les jours de 13h à 14h30 et de 20h à 22h30. Compter 30 € pour un repas.

Si de l'extérieur le restaurant ne paie pas de mine, Da Robertino est pourtant très renommé dans le centre de Palau, notamment pour ses plats de poissons et de fruits de mer qui suivent les arrivages de la pêche du jour. Spaghettis à la langouste et salade de poulpe et pomme de terre sont parmi les meilleurs plats du menu. Ses *linguine alla Robertino* sont devenues une légende, et son antipasto de poisson est souvent terminé après la première heure de service. Une belle adresse où le seul reproche sera le temps d'attente parfois un peu trop long.

OSTERIA DEL GUSTO €€

Via Nazionale
✆ +39 366 110 1666
Ouvert tous les jours midi et soir. Compter 30 € pour un repas.

Ce restaurant propose une cuisine qui change des habituelles trattorias et pizzerias. La carte est limitée, mais appétissante, et elle change toutes les semaines. On y retrouve poissons frais et crustacés frits. Le cadre, très agréable, rend hommage à la mer et ses richesses providentielles qui inspirent tant de restaurateurs de Sardaigne. Ici, le chef semble avoir une passion pour les poulpes, qui s'allongent de tous leurs tentacules sur des toiles étranges. Une toute petite terrasse vous accueille dans la petite rue perpendiculaire.

LA GRITTA €€€

Punta Palau, loc. Porto Faro
✆ +39 0789 708 045
www.ristorantelagritta.it
Ouvert midi et soir tous les jours saison et du jeudi au mardi d'octobre à avril. Compter 80 € pour un repas.

Le restaurant La Gritta a perdu son étoile au *Guide Michelin*, mais pas sa clientèle. L'aventure a démarré en 2007 et les habitants de Palau ont d'emblée été séduits par une cuisine inventive et sobre, relevée de condiments nouveaux tout droit sortis de la tête du chef. Les plats puisent dans le répertoire local de la Gallura, notamment pour la préparation des poissons. Le sommelier est parti à la pêche lui aussi, celui des meilleurs viticulteurs locaux qui travaillent leur terre avec passion. La carte est complétée par une belle sélection italienne et française.

UPPER

Terrazza della Stazione Marittima
✆ +39 366 4260451
www.upperpalau.it
Ouvert de 19h à 1h. Fermé le dimanche. Ouvert de mi-juin à mi-septembre.

Sa belle terrasse surplombe le port de plaisance de Palau, juste au-dessus de l'embarcadère des ferries. D'ici la vue sur la mer est tout simplement splendide : au premier plan l'île de la Maddalena et l'îlot de Santo Stefano, dans un cadre tout aussi resplendissant sous les rayons du soleil qu'au clair de lune. A l'heure de l'apéro, un riche buffet *happy hour* est mis en place par l'équipe sympathique. Il permet d'accompagner les boissons. Plus original, un buffet de sushis ravira les amateurs de poisson cru. Concerts tous les soirs.

RUMBERA

Porto turistico
✆ +39 348 006 2569
www.rumberacharter.com
Excursions à la journée sur l'archipel de La Maddalena de 65 € à 110 €. Opère de juin à septembre.

Le *Rumbera* est un beau voilier de 13 mètres qui effectue des excursions dans l'archipel de La Maddelana. L'équipe de skipper connaît les eaux, les rades, les criques et les fonds comme leur poche. Le départ s'effectue à 10h pétantes afin de pouvoir profiter de plusieurs endroits. Vous prendrez la route de Budelli, l'une des îles les plus septentrionales de l'archipel, réputée pour sa spiaggia Rossa, la plage de sable rose. Un déjeuner est prévu à bord. Le retour à Palau s'effectue aux alentours de 18h. N'oubliez pas votre masque et votre tuba !

CAPO D'ORSO ★★

Le capo d'Orso est ainsi nommé en raison de l'imposant rocher en forme d'ours sculpté par les vents. Il mérite une visite pour la route panoramique qui serpente à l'aplomb de falaises dominant les flots. L'ours en granit se trouve au sommet d'une colline de 120 m de hauteur, et est d'ailleurs visible de la mer. Cette sculpture naturelle a fasciné les navigateurs depuis les temps les plus reculés, puisque le Grec Ptolémée le mentionnait déjà dans ses ouvrages. Dans *L'Odyssée*, Homère mentionne aussi l'Artacia, la fontaine de l'ours, d'où les Lestrigoni, les géants cruels qui ont dévoré une partie de l'équipage d'Ulysse, puisaient de l'eau.

HOTEL CALA DI LEPRE €€€

✆ +39 0789 702 000
www.delphina.it
A partir de 196 € pour une chambre double standard, en demi-pension. Réservation d'une semaine minimum.

Cet énorme hôtel 4-étoiles occupe une position dominante au-dessus de la Cala di Lepre. Le panorama est absolument superbe : la vue embrasse la côte découpée de la Costa Smeralda d'un côté et les îles de La Maddalena de l'autre. Les 170 chambres occupent de petites villas en rez-de-jardin et disposent de leur entrée indépendante et de leur véranda privative. Le domaine est vaste et on pourrait presque se perdre dans ses allées arborées. Une grande piscine, des animations pour les enfants, un spa pour les parents... : tout est en place pour de bonnes vacances.

HÔTEL CAPO D'ORSO €€€

Parco di Cala Capra
✆ +39 0789 702 000
www.delphina.it
Compter de 360 € à 740 € pour une chambre double standard, en demi-pension. Réservation pour une semaine minimum.

Cet hôtel de luxe occupe un parc privé de 10 hectares qui comprend des espaces naturels, un golf, une plage privée, un petit port de plaisance, un terrain de tennis, une grande piscine et surtout un très agréable centre de thalassothérapie, L'Incantu. Jacuzzi, piscines d'eau de mer à différentes températures, hammam, salons de massage et de soin, salle de relaxation : tous les éléments sont là pour une cure de relaxation et de détente. L'eau est prélevée directement dans la mer, filtrée puis utilisée, sans ajout de produits chimiques.

Capo d'Orso se visite surtout pour ses rochers sculptés par le vent.

RESIDENCE IL MIRTO €€

Loc. Cala Capra
✆ + 39 0789 79 03 03
www.residenceilmirto.com
A partir de 450 € la semaine. Fermé d'octobre à mi-juin.

Entre les plages de Cala Capra et de Punta Cardinalino, cette résidence occupe une position privilégiée en pleine nature et face à la mer à 4 km de Palau. Les appartements vont du studio avec kitchenette au 3-pièces avec cuisine équipée. Tous disposent d'une belle terrasse et d'un aménagement fonctionnel de bon goût. Vous profiterez d'un parking privé, d'une réception, mais surtout d'une énorme piscine d'eau de mer. Les résidents peuvent aussi profiter de certains services de l'hôtel Capo d'Orso, le 5-étoiles voisin : accès au restaurant, au spa ou au golf.

PORTO RAFAEL

Au début des années 1960, le comte espagnol Rafael Neville débarque dans la baie de Nelson. Il en tombe amoureux et s'y fait construire une immense propriété. D'autre maisons suivent et Porto Rafael se transforme en village luxueux dans l'esprit de la Costa Smeralda. Outre son prénom, le comte Neville ia laissé son empreinte, si bien que les habitants qui l'ont connu vous en parleront avec admiration. Dans une végétation granitique se cachent de superbes villas donnant sur la mer émeraude et sur les rochers rosés de La Maddalena. Depuis le village, il faut tenter de gagner les hauteurs pour profiter de la vue spectaculaire depuis la pointe d'un rocher.

TOMBA DEI GIGANTI DI LI MIZZANI ★★

Tombe Dell'energia

Après avoir gravi une pente assez raide, vous débouchez sur cette tombe, datant du milieu de l'âge du bronze, particulièrement bien conservée. La stèle centrale est un monolithe imposant, de 2,80 m de hauteur et 1,50 m de large. Elle donne accès à une chambre funéraire rectangulaire longue de plus de 6 m. Le village nuragique dont dépendait cette nécropole est tapi dans la nature à quelques centaines de mètres de là, tout comme les vestiges du nuraghe.

PORTO POLLO

A 8 km de Palau, cette presqu'île est le paradis des amateurs de windsurf et de kitesurf. La plage spectaculaire de Porto Pollo s'étend des deux côtés de la presqu'île plus souvent appelée sur les cartes L'Isuledda,. Un côté est réservé aux planchistes et autres sports nautiques et l'autre à la baignade. La presqu'île accueille un immense camping ainsi que de nombreux clubs de planche, de kitesurf et de plongée. Il règne un climat jeune et chaleureux sur les deux plages de cet endroit très particulier. Le lieu est un village de vacances, sans vraie structure ni services habituels et à mille lieux de l'esprit un peu bling-bling de la Costa Smeralda.

HÔTEL LE DUNE €€

Loc. Porto Pollo
✆ +39 0789 704 013
www.hotelledune.it
Compter entre 75 € et 100 € par personne en demi-pension par jour et entre 525 € et 700 € par semaine.

L'hôtel-restaurant Le Dune fait partie des options les plus confortables de Porto Pollo. Situé juste en arrière-plan de la plage, l'ambiance y est détendue et la clientèle entièrement tournée vers la planche à voile ou le kitesurf. Ici, on parle zéphyr, alizées, force et direction des vents du matin au soir. Ses 27 chambres, un peu exiguës, sont décorées selon les traditions sardes avec lit en fer forgé et dessus de lit brodé au point de croix. Les chambres du rez-de-chaussée possèdent leur coin jardin, d'autres ont un balcon. Très bon restaurant.

SPORTING CLUB SARDINIA

Porto Pollo
✆ +39 0789 704 016
www.portopollo.it
A partir de 60 €/jr pour la location d'une planche à voile, 100 €/jr pour un kitesurf.

Le Sporting Club Sardinia fait partie des tout premiers centres de location. Cela fait 30 ans qu'il occupe la plage de Porto Pollo pour dispenser du matériel dernier cri, tant côté planche que côté kite. Le centre donne des cours dès l'âge de 4 ans. Douches chaudes à disposition de la clientèle. Il est également possible de louer un local pour entreposer son propre matériel et ne plus avoir à le charger et le décharger sur le toit de la voiture. Vous n'aurez plus qu'à vous précipiter à la plage dès que le vent soufflera dans la bonne direction.

LA MADDALENA ★★★

Archipel, île et ville portent le même nom : La Maddalena. L'île occupe une place centrale dans l'archipel et s'étend sur 20 km². Elle est reliée à Palau par des navettes maritimes qui tournent constamment. La ville concentre l'essentiel de la population de l'île avec ses 11 000 habitants. C'est un charmant port de pêche pris d'assaut dès le retour des beaux jours. Les restaurateurs et les hôteliers profitent de cette période estivale pour faire monter les prix, si bien que les îliens ont surnommé la ville « le petit Paris ». Une route panoramique fait le tour de l'île, offrant de magnifiques point de vues sur les îles voisines. Elle est même reliée à l'île de la Caprera par un pont-digue de 400 mètres de long. Aussi est-il conseillé, si l'on reste pour la journée au moins, d'embarquer sa voiture sur le ferry, d'en louer une sur place ou de se procurer un scooter pour pouvoir rouler les cheveux au vent. La route mène également à de nombreuses plages parmi les plus belles de Sardaigne : Spalmatore et Cala Trinita sont notamment connues pour leurs eaux transparentes et leurs rivages préservés. La ville se visite facilement à pied. La balade à travers les ruelles piétonnes est très agréable.

Tourisme

L'Office de tourisme (tél. +39 078 973 6321) se trouve via XX Settembre, au-dessus du port de plaisance. Il est ouvert toute l'année de 8h30 à 13h30 et 15h30 à 19h30.

Transports

Une voiture n'est indispensable que si vous comptez visiter l'île et atteindre ses criques les plus isolées. La ville de La Maddalena se visite à pied.

- **Ferry.** La compagnie Delcomar assure des liaisons toute l'année entre Palau et La Maddalena. Départ toutes les 30 mn environ entre 6h et 19h30. Compter 7,90 A/R pour un passager et 16,20 € A/R pour une petite voiture. La compagnie Maddalena Lines n'assure un service qu'en été, à des tarifs plus élevés. Durée de la traversée : 15 mn.
- **Bus.** La compagnie Turmo Travel assure les liaisons dans l'île de La Maddalena. Deux lignes circulent : Nido d'Aquila à Due Mari / Colonna Garibaldi à Suareddu.

CHIESA SANTA MARIA MADDALENA ✞ ★

Via Ilva, 1

Edifiée en 1780, l'église Sainte-Marie-Madeleine a d'abord eu des dimensions très modestes. En 1793, elle est consacrée à la sainte patronne de l'île. Pendant la brève occupation française, la toiture de l'église est frappée par un boulet de canon, sans gros dégâts. Une statue en bois de la sainte provenant de Ligurie et datant du XVIIe siècle se tient dans la niche du chœur de l'église. Deux chandeliers et un crucifix en argent donnés à la paroisse par l'amiral anglais Horatio Nelson en 1804 sont aujourd'hui gardés dans le Musée diocésain qui se trouve juste à côté. Entre 1814 et 1819, l'église est modifiée grâce aux dons du baron génois Giorgio Des Geneys, de la Marine royale sarde et de la population. Un cadran solaire est alors posé sur la façade de style bas-baroque et quatre niches sont aménagées pour placer des statues des évangélistes. Mais elles sont aujourd'hui vides. Dans la troisième chapelle à gauche, on peut admirer un tableau figurant saint Philippe Neri du peintre sassarais Antonio Cano, donné par le vice-consul de Bonifacio en 1820. La grande cloche a été fondue à Gênes par Giulio Pagano. En 1952, nouvelle restauration : la structure est allongée de 8 m avec une nouvelle arcade et la façade abattue est remplacée par une autre, de couleur blanche. En 1967, une mosaïque circulaire de sainte Marie-Madeleine est placée au-dessous du cadran solaire. En 1993, on rétablit l'ancienne façade de 1814 et on restaure le toit et les couleurs de l'intérieur de l'édifice.

MUSEO DIOCESANO 🏛 ★

Via Ilva, 1

✆ +39 0789 737 400

Ouvert du mardi au dimanche de 10h à 13h et de 15h à 20h. Fermé le lundi. Entrée : 2 €.

Situé dans la sacristie de l'église, le musée possède les deux chandeliers et le crucifix en argent donnés par l'amiral Nelson à la paroisse en 1804. Une lettre manuscrite de l'amiral lui-même se trouve dans ce musée. On trouve aussi des donations effectuées par les fidèles : des bijoux en or et corail offerts par des femmes qui désiraient avoir un enfant ou assurer aux maris marins une protection pendant leurs voyages, par exemple. On peut aussi voir des tableaux et des objets sacrés, des documents et des reproductions des costumes traditionnels de l'île.

PARC NATIONAL DE L'ARCHIPEL DE LA MADDALENA ★★

Via Giulio Cesare, 7
✆ +39 0789 79 02 33
www.lamaddalenapark.it
Bureau d'information ouvert au public du lundi au vendredi de 9h30 à 12h30, mardi et jeudi également de 15h30 à 17h30.

Avec ses 50 ha et ses 180 km de côtes, il s'agit du premier parc national créé en Sardaigne en 1996. Le parc comprend la soixantaine d'îles et d'îlots et l'aire marine qui les entoure. Il était temps, car chaque année des cohortes de touristes y débarquent, attirés par ses rochers granitiques sculptés par le vent, ses eaux cristallines et ses petites plages paradisiaques. L'archipel est une réserve naturelle exceptionnelle grâce à sa faible anthropisation. Seule l'île de La Maddalena est habitée à l'année. La plupart des îles sont demeurées vierges de toute construction. Sa position stratégique dans cette partie du bassin méditerranéen a permis à quelques célébrités d'y débarquer. Napoléon Bonaparte ou l'amiral Nelson ont foulé son sol. Guiseppe Garibaldi a débarqué sur l'île de la Caprera et y est resté jusqu'à l'année de sa mort en 1882. Les îles de La Maddalena et de Caprera, reliées par une digue, peuvent être visitées en voiture. Néanmoins, mieux vaut aborder l'archipel en bateau pour profiter des îles plus isolées, des eaux bleu curaçao, des dauphins joueurs et des splendides fonds marins. De nombreuses compagnies proposent des excursions en mer au départ de Palau, de La Maddalena, de Santa Teresa Gallura et de tous les petits ports environnants. Les amateurs de plongée seront séduits par l'excellente visibilité ainsi que les sentiers archéologiques sous-marins aménagés. Le Parc national de La Maddalena mérite définitivement une visite.

SPIAGGE ★★

Connues pour leur aspect sauvage et pour la clarté exceptionnelle de leurs eaux, les plages principales de l'île méritent toutes une mention. Elles offrent des belles vues panoramiques sur les côtes de la Sardaigne.

- **Punta Tegge** (à 2,5 km à l'ouest). Elle tire son nom des roches de granit poli dont elle est entourée, car *teggj* signifie « tuiles ».
- **Cala Francese** (à 5 km au nord-ouest). Un peu difficile à trouver et à atteindre, cette crique garde les traces d'une ancienne carrière de granit et offre des fonds spectaculaires. De là, on peut voir le sanctuaire de la Madonnetta dei Pescatori, édifié sur une petite colline.
- **Bassa Trinita** (à 5,3 km au nord). Elle est très facile à rejoindre en suivant les indications des routes principales. C'est l'une des plus grandes plages et l'une des plus fréquentées aussi. Son sable blanc est d'origine granitique, et son nom vient de la petite église du XVIIIe siècle situé non loin.
- **Monti di à Rena** (à 5,1 km au nord). Cette belle plage en col d'amphore est délimitée par une grande dune en galets fins.
- **Cardellino** (à 5,5 km au nord). Face à l'île du Cardellino, sa position fait qu'elle est toujours à l'abri des vents.
- **Cala Lunga** (à 6,6 km au nord-est). A la pointe nord de l'île cette plage est entourée d'un très riche maquis méditerranéen. Elle est toujours prise d'assaut par les bateaux et les touristes du village résidentiel situé à côté.
- **Cala Spalmatore** (à 5,1 km au nord-est). Cette plage est très facilement accessible en voiture ou en bus. Elle propose aussi des services avec transats et bar.

© FREEARTIST

L'archipel de La Maddalena Crique sur l'archipel de La Maddalena.

ISULE

✆ +39 388 9378651

A partir de 40 € la visite guidée. Ouvert toute l'année.

Cette association coopérative ISULE a pour objectif de vous faire découvrir toutes les beautés de La Maddalena et des îles voisines à pied, en vélo ou en bateau. Elle propose des visites guidées culturelles, des parcours pédestres à thématiques et l'observation en bateau des baleines, des dauphins mais aussi la découverte des îles voisines (surtout Budelli à la plage de sable rose). Les membres d'ISULE sauront émerveiller petits et grands lors de ces expériences inoubliables ! De la gentillesse et des prestations exceptionnelles à prix serrés.

ABBATOGGIA CAMPING VILLAGE €

✆ +390789 738044

wwwabbatoggiavillage.it

A partir de 34 € pour une tente ou un camping-car. Bungalow climatisé à partir de 217 €. Ouvert de fin mai à septembre.

Implanté sur 7 hectares, en pleine nature avec un accès direct à plusieurs plages de sable fin, ce complexe procure un vrai dépaysement. Il comprend un petit supermarché, un restaurant, un bar, une école de voile, et un centre aéré pour enfants. Les bungalows en bois sont équipés d'une chambre et d'une salle d'eau, d'un salon avec divan et kitchenette, d'une grande terrasse. Fans de baignades ou de promenades dans la nature, voilà un camping-paradis plein de convivialité et de confort.

CAMPING LA MADDALENA €

Via G. Mary

✆ +39 0789 728 051

www.campingmaddalena.it

Compter entre 14 € et 18 € par adulte et de 8 € à 9 € par enfant. 4 € pour l'électricité. Ouvert de juin à septembre.

A seulement 2 km du port, au nord, ce camping est situé juste à la sortie de La Maddalena à proximité d'un grand supermarché. De grands pins parasols projettent une ombre bienveillante sur les campeurs et les bungalows et «tukuls», ces huttes en dur qui ne comprennent qu'une chambre. Ici, pas d'animations, de piscine, de soirées spectacles, mais un camping familial à l'ancienne. La Cala Peticchia n'est pas loin, mais il n'y a pas de plage à proximité. Seuls quelques bancs de sable gisent à moins de 500 mètres à pied. Voiture ou vélos sont indispensables.

VIA DEL CENTRO €

8 Via Italia

✆ +39 347 014 6640

www.viadelcentro.com

Compter de 70 € à 110 € la chambre double. Au 2e étage sans ascenseur.

Extrêmement bien située, la chambre d'hôtes Via del Centro occupe un immeuble élégant de la fin du XVIIIe siècle. Les hôtes vous accueillent chaleureusement au sein de leur très bel appartement. Très spacieux, il s'étend sur 180 m² et a été entièrement rénové. Trois chambres délicates offrent un peu de couleur dans cet appartement où le blanc éclatant domine. Chaque chambre est décorée avec soin de meubles anciens chinés dans les brocantes sardes. Grand séjour à partager. On ne peut que regretter que le petit-déjeuner ne soit pas inclus dans le prix.

EXCELSIOR €€

Via Amendola, 7

✆ +39 0789 721 047

www.excelsiormaddalena.com

Compter de 69 € à 229 € pour une chambre double, petit déjeuner compris. Ouvert de mai à octobre.

Cet hôtel sympathique a été construit sur le port en 1956 et rouvert en 2008. Vous n'aurez aucune excuse si vous manquez votre bateau pour la Sardaigne ! De style néoclassique teinté de design moderne, l'Excelsior mérite son nom. Luxe, calme et volupté au salon, confort, détente et cocon dans les chambres, vue, romance et plaisir au restaurant... : voilà le programme imaginé par cette adresse impeccable. Vous profitez des services d'un 4-étoiles, comme le petit déjeuner en chambre, mais avec les tarifs d'un hôtel 3-étoiles. Une bonne affaire.

MIRALONGA €€

Via Don Vico

✆ +39 0789 722 563

www.miralonga.it

A partir de 70 € la chambre double, petit déjeuner inclus.

En direction de Punta Tegge, cet hôtel s'est installé dans le bourg touristique qui s'est développé à la sortie de La Maddalena. Agréables mais sans charme, les chambres sont un peu tristes avec leur carrelage blanc. Heureusement, la vue sur la mer et un minuscule port de plaisance font vite oublier ce désagrément. L'hôtel propose des forfaits pour s'initier à la plongée et des excursions dans les îles de l'archipel. Un très bon restaurant et une petite piscine rehaussent l'offre de services. La plage la plus proche se trouve à 700 mètres.

RESIDENZA MORDINI - BOUTIQUE-HOTEL €€

3 viaPrincipe Amedeo ✆ +39 0789 737325
www.residenzamordini.com
Compter de 80 € à 188 € pour une chambre double matrimoniale, petit déjeuner compris. Ouvert toute l'année.

Construite au début du siècle dernier, cette propriété familiale a été choyée par trois générations qui lui ont forgé une âme. Chambres personnalisées et suites spacieuses sont équipées d'un mobilier années 1930. Sauna, bain turc, hydromassage et chromothérapie sont disponibles dans le centre de bien-être. Dans la verrière accolée à l'hôtel se trouve le Bistrot Novecento pour déguster de fantastiques apéritifs-cocktails. Grande piscine extérieure. Une belle adresse à découvrir.

VILLA MARINA €€

Via Ammiraglio Magnaghi, 12
✆ +39 0789 738 340
www.hotelvillamarina.it
Compter de 54 € à 139 € pour une chambre double, petit déjeuner compris. Ouvert de mai à octobre.

L'hôtel est installé sur les hauteurs de la ville, au-dessus du port de plaisance de Cala di Mangiavolpe et de la place Umberto I. Il propose à ses clients des chambres toutes simples et fonctionnelles. Meubles basiques, salles de bains de poche (mais avec bidet et sèche-cheveux !), leur avantage est l'espace dans les chambres, très correct pour un hôtel de cette catégorie. Elles sont toutes climatisées, et les produits de toilette sont fournis. Le véritable atout de cet hôtel, vous l'aurez compris, ce sont ses tarifs très étudiés.

RESIDENZA MORDINI - TENUTA MONGIARDINO GUARDIOLI €€€

✆ +39 0789 737325
www.residenzamordini.com
Compter de 800 € à 1 500 € la semaine pour une maison avec jardin et services.

Immergé dans la nature sur un immense terrain, le domaine offre à la location 3 maisons de grand luxe avec piscine et service hôtelier. Toutes ont été retapées avec délicatesse. Meublées dans un style campagnard d'époque mais dotées de tout le confort moderne, elles sauront vous faire passer des vacances hors du temps dans un cadre d'une beauté exceptionnelle avec vue plongeante sur l'île de la Caprera. Une adresse loin de tout mais avec un confort maximum pour un séjour privilégié.

RESIDENZA MORDINI - LE TERRAZZE MORDINI €€

3 via principe Amadeo
✆ +39 0789 737325
www.residenzamordini.com
Compter de 800 € à 1 500 € la semaine pour un appartement 4/5 personnes.

Ces appartements se trouvent dans un complexe de construction récente au milieu d'un parc aux arbres centenaires avec une piscine et un barbecue. Tous possèdent 2 chambres et 2 salles de bains et une grande terrasse aménagée. L'ameublement a été soigneusement sélectionné dans une gamme moderne et de qualité. Très fonctionnels, vous disposez d'un téléviseur, d'une machine à laver, de la climatisation et du wifi. Possibilité de prendre le petit déjeuner à la Residenza Mordini.

VERA NAPOLI RESTAURANT €

4 Largo Speri
✆ +39 0789 737 430
www.ristoranteveranapoli.com
Ouvert de midi à 15h et de 19h à 22h. Fermé le lundi. Compter 20 € pour un repas.

Cette bonne table du centre-ville propose un vaste choix de spécialités de poissons frais, de pâtes maison, de pizzas cuites au feu de bois et d'autres surprises. La propriétaire participe régulièrement aux Master Chef à travers le monde et ramène des idées de recettes originales. Si vous avez une envie particulière, elle pourra vous concocter un festin sur mesure et sur commande. La carte de vins sélectionne les meilleurs vignobles régionaux. A deux pas de la place Umberto Ier, voilà un endroit charmant avec un bon rapport qualité-prix. Accueil en français.

ARAGOSTA €€

Via Amendola, 38
✆ +39 078 973 8373
Ouvert de 12h à 15h et de 19h à minuit. Compter 25 € pour un repas.

C'est le restaurant que nous ont conseillé les locaux. Et pour cause, les tarifs pratiqués sont plus que raisonnables, chose rare à La Maddalena. La cuisine n'a rien d'exceptionnel, mais l'ensemble est tout à fait correct. Comme de nombreuses tables de la région, il s'est fait une spécialité des poissons et fruits de mer. La carte classique est longue comme le bras et on y retrouve un grand choix de pâtes, des pizzas, des poissons et coquillages frits, et de la langouste grillée... bien sûr. Le restaurant est situé en bordure de la marina.

© STEVE ALLEN - SHUTTERSTOCK.COM

Parc national de l'archipel de la Maddalena.

LA GROTTA €€

Via Principe di Napoli, 3
✆ +39 0789 737 228
www.lagrotta.it
Ouvert de 12h à 15h et de 18h à minuit. Compter 50 € pour un repas. Fermé hors saison.

Le restaurant propose une cuisine de poissons et crustacés dans une ruelle du centre historique, juste à côté du port de Cala Gavetta. Chaises en paille, nappes blanches et belles présentations... : tous les détails sont là pour passer un agréable repas, mais c'est certainement la glacière à poisson qui attire le regard. L'antipasto de poisson avec plusieurs petites entrées de la mer, les spaghettis aux palourdes et la liqueur de myrte maison remportent le premier prix parmi les plats proposés. Seul regret, les prix sont décidément très élevés.

LA LOCANDA DEL MIRTO €€

Loc. Punta della Gatta
✆ +39 078 973 9056
www.ristorantilamaddalenasardegna.com
Ouvert de 12h à 15h et de 19h30 à 1h. Compter 40 € pour un repas. Fermé d'octobre à Pâques.

Même sur l'île très touristique et finalement assez peu développée de La Maddalena, on peut s'écarter de la ville pour dégoter une petite auberge de campagne. En pleine garrigue et toisé par d'imposants rochers de granit, ce restaurant a aménagé une véranda sur le devant de la maison et posé des tables dans le jardin. Les cochons de lait sont rôtis à la broche dans la grande cheminée, les pâtes sont noircies à l'encre de seiche, les antipasti sont remontés de la mer tous les jours. On adore le cadre rural et authentique et l'ambiance informelle.

SOTTOVENTO €€

Vico Dandolo, 9
✆ +39 345 501 9623
Ouvert de 12h30 à 14h30 et de 20h à 22h30, le midi uniquement le lundi. Compter 35 € pour un repas.

Cet excellent restaurant se distingue parmi la flopée qui occupe les environs de la marina de la Cala Mangiavolpe. Le chef propose une cuisine assez originale, essentiellement à base de poisson. Les habitués ne se lassent pas en particulier du délicieux carpaccio de poulpe, de la savoureuse brochette de moules ou de l'étonnante raie au safran. On y cuisine aussi le *porcetto*, dont notamment un porcelet aux myrtes sauvages, servi sur pain *bissau* et accompagné de pommes de terre à la menthe. Les raviolis maison valent également le détour.

TRATTORIA DA BOCCHETTA €€

Largo Matteotti 11
✆ +39 347 929 1499
www.ristorantedabocchetta.com
Ouvert midi et soir. Compter 40 € pour un repas.

Un triomphe de poissons, coquillages et crustacés dans ce restaurant au cadre soigné du centre-ville, qui joue la carte gastronomique. En terrasse ou dans la salle intérieure le service est attentionné et la cuisine recherchée. Le plus grand soin est apporté aux matières premières, résolument locales. Mention spéciale pour le *crudo di pesce* (émincé de poisson cru qui explose de fraîcheur), pour la *fregola* aux moules ainsi que pour la soupe de poisson. Excellente carte des vins. On regrette simplement des prix parfois un peu trop élevés.

BELLAMIA GELATERIA

Piazza Umberto, 1
www.bellamiagelateria.it
Ouvert tous les jours de 9h à 1h, jusqu'à 2h le week-end.

La très grande amplitude horaire d'ouverture de ce glacier confirme qu'on ne plaisante pas avec les glaces en Italie. Il faut pouvoir satisfaire son envie à toute heure ! Installé sur la grande place Umberto I, Bella Mia attire l'œil avec sa terrasse aménagée, son gazon synthétique et ses plantes en plastique. Le cadre est un peu kitsch, mais ce n'est pas grave car les glaces y sont délicieuses et préparées de façon artisanale. Les parfums du jour, nombreux, sont conservés à l'abri de la lumière dans des bocaux en inox. Il ne reste plus qu'à choisir.

LEUDO LEONIDAS

✆ +39 338 708 9300
www.leudoleonidas.com

Pour vivre l'émotion de naviguer sur un authentique *leudo* génois, ces bateaux à voile latine employés jadis pour le transport de marchandises, le *Leonidas* vous attend dans le port de La Maddalena ou peut vous récupérer à Palau. C'est le sympathique skipper Ivan Zanchetta qui vous accompagnera d'une plage à l'autre à bord de son 15 mètres. Le *Leonidas* est une reconstitution fidèle sortie du chantier naval en 2006. Le projet est tellement bien réalisé qu'on penserait que la cabine en teck lustré a vu passer des générations. Mais non !

AREA 11 DIVER

Via Don Vico
✆ +39 0789 722 563
area11diver.net

Ce centre ESA est associé à l'hôtel Miralonga et propose d'explorer de nombreux sites sous-marins. Avec pas moins de 16 spots différents, dont de nombreux sont situés autour de l'île de La Caprera, vous pourrez choisir en fonction de votre niveau et de ce que vous cherchez à inscrire à votre log-book. Le centre propose tous les cours nécessaires pour apprendre, se mettre à niveau ou progresser en plongée. Du «Smile Diver» pour les petits au «Diver Leader» pour pouvoir enseigner, les offres de cours sont nombreuses. ESA est un programme de certification italien.

NONNA CLO CHARTER

✆ +390789727631
www.charternonnaclo.com
100 € par personne la journée avec repas à bord sur la base de 6 passagers.

Nonna Clo est une société qui possède plusieurs voiliers de luxe effectuant des excursions au départ de La Maddalena, Palau ou Olbia. Des mini-croisières de 2 à 6 jours sont également possibles à destination de l'archipel de La Maddalena, des îles Lavezzi ou du sud de la Corse avec un équipage hautement qualifié. D'une longueur de 16,75 m, le *Sun Odissey* peut faire voyager 4, 6 ou 8 passagers individuels ou en petit groupe. Les cabines sont climatisées, et possèdent leur salle de bains. Prestations de luxe pour un voyage privilégié entre amis ou en toute intimité.

CLUB NAUTICO LA MADDALENA

Localita La Ricciolina
✆ +39 333186 1654
A partir de 30 €/heure en cours individuel.
Fermé en semaine hors saison.

Cette école de voile a vu passer nombre d'enfants de La Maddalena, et aussi ceux des vacanciers qui reviennent d'une année sur l'autre. Situé juste en face de l'île de Giardinelli, il est juste au sud du petit village de Piras. Cours individuel ou collectif, cours à l'unité ou stage d'une semaine, à vous de voir ce qui convient à votre niveau. Cours et stages sont aussi organisés pour les enfants, par groupe d'âge. Laser, catamaran, le club possède différents types d'embarcations.

SEA ADVENTURES

✆ +39 340 0823305
www.sea-adventures.net
A partir de 40 € l'excursion en zodiac.

Faire découvrir les merveilleuses îles de l'archipel cher à son cœur, voilà le défi lancé par Paolo qui parle couramment le français. Partez visiter Budelli, Spargi, Razzoli, Lavezzi, toutes inhabitées, et pourquoi pas la réserve naturelle de Bonifacio en Corse ! Par temps calme, vous pourrez même observer des dauphins et toute la faune qui les accompagne. Des croisières adaptées sur mesure pour petits et grands ou groupes d'amis. Une référence locale incontournable pour son sérieux, sa créativité et son enthousiasme ! Très bon rapport qualité-prix.

CAPRERA ★

Deuxième plus grande île de l'archipel, Caprera est l'île de Garibaldi. Le père de l'unité italienne y vécut 20 ans et y mourut en 1882. L'île est reliée à La Maddalena par un pont-digue datant de 1891. La flore de cette île est particulièrement préservée : forêts de pins, chênes-liège, maquis méditerranéen planté de myrte et de lentisque. La Casa dell'Eroe surplombe cette petite île où Giuseppe Garibaldi, alors âgé de 49 ans, pose définitivement son bagage en 1856. Avec l'argent hérité de son frère, il peut construire une maison désormais aménagée en musée. Depuis 2012, un musée interactif toujours consacré à Garibaldi est installé dans la forteresse.

COMPENDIO GARIBALDINO DI CAPRERA ★★

Isola Caprera

✆ +39 0789 727 162

www.compendiogaribaldino.it

Ouvert du mardi au dimanche de 9h à 20h.
Entrée : 7 €.

Un musée et un cimetière font partie de ce centre, aménagé dans la maison que Garibaldi occupa durant les dernières années de sa vie. Il découvre l'île pendant son exil de 1848 et s'y installe définitivement en 1852.

On y visite sa chambre à coucher ornée des portraits de sa dernière femme et de ses enfants. Tous les meubles y sont conservés, avec des reliques comme une mèche de cheveux de la première femme de Garibaldi, Anita, morte à Venise après la fuite de Rome. Des chaises roulantes utilisées par le héros qui avait été blessé à une jambe lors d'une bataille sont aussi visibles ainsi qu'un lit de camp et son lit de mort. La légende prétend qu'il s'est éteint en regardant la pointe de Bonifacio par sa fenêtre. Des portraits des camarades de Garibaldi sont exposés à l'entrée de sa maison, ainsi que ses décorations gagnées en Italie et en Uruguay. On peut aussi voir un portrait de Garibaldi réalisé par l'artiste Saverio Altamura en 1860 et un buste sculpté par Leonardo Bistolfi après sa mort. Un arbre planté par Garibaldi à l'occasion de la naissance de sa dernière fille Anita est toujours dans le jardin. Dans les écuries, on trouve la tombe du cheval de Garibaldi, Marsala. La tombe du héros, en granit, est très simple. A ses côtés se trouvent les tombes de sa femme, de deux de ses filles et de l'un de ses fils. Dans le jardin, un moulin est toujours visible. En descendant de l'esplanade du cimetière vers la mer, on atteint la Cala Garibaldi, où le héros amarrait ses bateaux.

MEMORIALE GIUSEPPE GARIBALDI ★★

✆ +39 0789 727 162

Ouvert de 10h15 à 19h15 en été. Fermé mercredi.
Entrée : 6 €.

Installé dans l'ancienne forteresse militaire Arbuticci, ce musée, ouvert en 2012, vaut le détour ne serait-ce que pour la vue imprenable qu'il offre sur Caprera. C'est aussi un musée interactif intéressant qui revient sur toute la vie de Giuseppe Garibaldi de sa naissance à sa mort. Cependant, les informations ne sont données qu'en italien. Pour pallier ce manque, un petit dépliant en français vous est distribué à l'entrée mais cela ne permet pas de comprendre le musée in extenso.

CAVALLA MARSALA

Loc. Stagnali

✆ +39 347 235 90 64

Ouvert de 9h à 20h30.

Etonnant tout ce que l'on peut trouver à l'intérieur de ce Parc national ! A quelques centaines de mètres du petit village de Stagnali se trouve un centre équestre. L'occasion est trop belle pour les amateurs d'équitation de découvrir le maquis de Caprera à cheval. L'idéal, pour ceux qui peuvent, est de réserver une promenade à l'heure où le soleil se couche. Il fait alors moins chaud, et la vue du soleil rasant sur les roches de granit rose est tout simplement saisissante. Le centre donne également des cours. Location de bombe et de cravache.

CENTRO VELICO CAPRERA

Loc. Punta Coda Caprera

✆ +39 02 86 45 21 91

www.centrovelicocaprera.it

Compter 1 100 € pour un stage débutant d'une semaine.

L'école de voile la plus réputée d'Italie siège à Caprera. Ce n'est pas un hasard, car dans l'archipel rares sont les journées sans vent. Le centre organise des stages d'une ou deux semaines pour tous les niveaux, dès l'âge de 12 ans. Dériveur, voilier habitable, mais aussi des cours sur des embarcations spéciales de type yacht ou régate en Class 40, des cours pour devenir skipper ou suivre une master class avec un marin confirmé, ce centre est décidément très sérieux. Les stages comprennent les cours, le logement et la pension complète.

SPIAGGE ★★

Moins fréquentées par les touristes et moins bruyantes que celles de l'île principale, les plages de Caprera sont beaucoup plus belles. Entourées par quelques bateaux pendant l'été, elles sont très appréciées par les passionnés de régates en raison du vent d'ouest qui souffle à plus de 40 km/h sans interruption. Ici se trouve l'école de voile la plus importante d'Italie, le Centro Velico di Caprera, fondé en 1967. Un point négatif cependant : les voitures qui circulent sur les pistes de sable à travers l'île, participant alors à la pollution sonore.

- **Cala Garibaldi.** C'est la première plage que l'on rencontre après avoir traversé le pont. Baignée par des eaux cristallines, cette plage au sable dorée est une belle première halte.
- **Du côté est de l'île,** accessible uniquement par un sentier que l'on ne peut emprunter qu'accompagné d'un guide, la Cala Coticcio est considérée comme l'une des plus belles plages de Sardaigne. Surnommée Tahiti, elle se caractérise par des rochers en granit rose. Malheureusement, en été, elle est prise d'assaut. Plus au sud, Cala Brigantina, protégée par le mont Telaione, est très appréciée des amateurs de snorkeling.
- **Dans l'extrémité sud de l'île,** sur l'isthme qui unit Caprera à la petite île Rossa, la plage de Cala Portese est entourée par des petites dunes de sable très fin.
- **Dans le nord de l'île Rossa,** trois petites plages roses ne sont accessibles qu'en bateau, mais il faut faire attention aux récifs cachés à quelques mètres de la côte.
- **Du côté est de l'île Rossa,** une épave gît sur l'estran de la plage blanche del Relitto. Cette zone du parc est intégralement protégée : la pêche sportive et les plongées en immersion sont interdites. Non loin de là, en poursuivant vers le sud, la plage de Punta Rossa, entourée par des récifs en granit rose, est aussi protégée. En revenant vers l'isthme qui unit Caprera à l'île Rossa, on arrive aux deux petites plages de Cala Portese. Elles sont situées de part et d'autre du chemin qui traverse l'isthme, l'Istmo dei Due Mari.
- **En poursuivant vers le sud-ouest de Caprera,** on peut facilement atteindre la plage de Porto Palma en voiture. Les toutes petites plages de Monte Fico, à l'extrémité de l'île, ne sont accessibles qu'en bateau.
- **Dans l'ouest de l'île, la Cala di Stagnali,** où les pêcheurs amarrent aujourd'hui leurs embarcations, a été utilisée par les militaires du village Stagnali comme point d'approvisionnement au début de 1900.
- **Si vous arrivez par le bus**, vous pouvez descendre à la première crique par un petit chemin en terre. Elle est très belle.

© JENNY STURM - SHUTTERSTOCK.COM

SANTO STEFANO

Située entre Palau et La Maddalena, l'île de Santo Stefano possède un patrimoine naturel exceptionnel en raison de ses formations granitiques claires. Aujourd'hui, l'île, qui a longtemps été une base militaire, est inhabitée.

Histoire

Napoléon a dirigé depuis la forteresse San Giorgio ses bombardements contre l'île de La Maddalena. Non loin de la côte, sur la façade ouest, l'Isolotto Roma a connu une histoire tragique. Le 9 septembre 1943, le cuirassé *Roma* quitte La Spezia et met le cap sur Malte pour rejoindre les forces alliées. Ce n'est qu'en arrivant à la hauteur de l'île de Santo Stefano que le commandant aperçoit les canons allemands pointés sur lui. Le navire est bombardé et coulé. Seuls 600 membres d'équipage seront sauvés.

L'île aujourd'hui

Au sud, la Cala Vela Marina abrite un môle construit au début du XXe siècle et utilisé pour les trafics de granit ou pour des opérations militaires. Non loin se trouve toujours le buste inachevé de Costanzo Ciano, membre de la famille du gendre et ministre de Benito Mussolini. La statue, commandée par le gouvernement fasciste aurait dû mesurer 13 mètres et faire partie du musée de la famille Ciano près de Livourne. Les petites plages de Punta di Santo Stefano et Cala Levante ne peuvent être qu'atteintes en bateau. La côte orientale de l'île est par contre interdite. Elle fut jusqu'à récemment un site militaire de l'Otan et une base de sous-marins nucléaires américains. La présence de cette base dans l'un des endroits les plus spectaculaires du parc a toujours déchaîné des polémiques féroces. Des accidents, comme celui du sous-marin nucléaire *Hartford* échoué près de Caprera, ont provoqué des craintes sur les dangers potentiels. En 2003, un agrandissement massif de la structure, construite en 1972, qui comptait déjà 2 sous-marins et 3 000 militaires, a été décidé par le gouvernement italien. Mais finalement, la base a été démantelée en raison du changement de stratégie militaire des Etats-Unis.

FORTE DI SAN GIORGIO ★

Isola Santo Stefano

Construit à la fin du XVIIIe siècle, il s'agit du premier fort érigé dans l'archipel. A l'époque, les Piémont-Savoie décident de renforcer les défenses militaires dans la zone et de créer une base de ravitaillement pour la marine royale. Sa position très en hauteur lui permettait d'assurer une fonction de vigie pour protéger la Sardaigne. C'est d'ici que Napoléon III a tiré ses boulets de canon sur l'église de La Maddalena en 1859. Depuis la terrasse du fort, on profite d'une vue panoramique sur tout l'archipel et sur la côte nord de la Sardaigne.

ISOLOTTO ROMA ★★

Isolotto Roma

Le monument très visible a été érigé sur l'Isolotto en mémoire des marins italiens tués ici pendant la Seconde Guerre mondiale. En septembre 1943, l'Italie antifasciste du général Badoglio signe l'armistice avec l'alliance anglo-américaine. Le général ordonne à toutes les flottes de la Marine royale de rallier les ports tenus par les nouveaux alliés. L'amiral Begamini dirige ses bateaux de Ligurie vers La Maddalena. Il s'aperçoit trop tard que l'île est tenue par les Allemands et son navire est coulé avec 1 948 marins à bord. 1 352 périront.

SPIAGGIA DEL PESCE ★★

Della Paura

La plage del Pesce, sur l'Isolotto Roma, fait face à la plus grande plage de l'île Santo Stefano, presque intégralement privatisée par l'affreux resort qui la borde. Les deux plages sont distantes d'un kilomètre à peine, et les très bons nageurs peuvent s'amuser à entreprendre la traversée à la nage. De nombreux bateaux mouillent aux abords de cette petite plage protégée en raison des beaux fonds et des eaux translucides propices au palmes-masque-tuba. Visible pendant la traversée de Palau à La Maddalena, elle donne un très bon aperçu de la beauté de l'archipel.

SPARGI

A l'ouest de La Maddalena, l'île de Spargi est réputée pour les très belles plages de sa côte orientale. Tous les circuits organisés s'arrêtent dans les eaux émeraude de la Cala Corsara, qui tire son nom des pirates corses qui y trouvaient refuge. Les rochers de granit ont été sculptés par les vents dans des formes évocatrices : bouledogue, tête de sorcière... Au nord de Spargi, les deux petites îles de Spargiotto et Spargiottello sont interdites aux bateaux et aux visiteurs. Plusieurs espèces aviaires protégées comme le *marangone*, la mouette corse et l'oiseau de la tempête, couvent ici. En 1939, l'épave d'un navire romain est découverte.

BUDELLI

L'île de Budelli au nord-ouest de La Maddalena abrite la célèbre Spiaggia Rosa, ainsi appelée pour la teinte rose de son sable. Sa teinte est due à une forte présence de coquillages *Miniacina maniacea* concassés. Elle a été immortalisée par Michelangelo Antonioni dans une longue séquence de son film *Deserto rosso* en 1964. Très protégée, il est désormais interdit de s'en approcher en bateau ou de fouler son sable. Vous ne l'admirerez jamais mieux que sur les cartes postales (retouchées ?) vendues dans les boutiques de souvenirs de La Maddalena. Dans le nord, on rejoint les plages du Passo Cecca di Morto, notamment la Spiaggia di Cavalieri.

SPIAGGE ★★

Toutes les plages de Spargi se concentrent sur les côtes est et sud de l'île. Au nord et à l'ouest, les falaises de granit tombent à pic dans la mer et sont battues par les vents et les flots. Comme dans les autres îles de l'archipel, le trafic peut se montrer intense en été. Les plages de sable blanc, les fonds rocheux et des eaux d'une clarté exceptionnelle attirent baigneurs et plongeurs.

- **Cala Corsara.** C'est la plus belle plage de cette petite baie très abritée. Son sable d'un blanc laiteux et à la finesse farineuse donne envie de ne plus repartir. C'est aussi la plus fréquentée, car le mouillage des bateaux est aisé. Idéal pour un pique-nique.
- **Cala Conneri.** Appelée aussi Cala dell'Amore, « cale de l'Amour », cette petite plage se trouve sur la côte est de Spargi. Encadrée par de gros rochers, la plage voisine est tout aussi charmante.
- **Cala Granara.** Au sud-est de Spargi, cette plage forme une petite crique aux eaux calmes parfaites pour pratiquer le paddle.
- **Cala d'Alga.** Cette plage, au sud-ouest de Spargi, est caractérisée par son sable rose. Elle est abritée derrière une barrière rocheuse à moitié immergée. Non loin d'ici, Cala Piscioli tire son nom des nombreux poissons qui habitent ses eaux.
- **Cala Soraia.** Connue aussi comme Cala Boomerang pour sa forme en demi-lune, elle est caractérisée par son sable blanc. On y arrive en passant par les plages de Cala Boniffazzinca et Cala Canniccio. Ces plages sont entourées de grands rochers de granit sculptés par le vent, alors que l'intérieur est couvert d'un maquis dense et intact.

NORD-EST

Budelli est réputé pour ses plages.

PORTO DELLA MADONNA ★

C'est ainsi qu'est appelée la lagune entre les îles de Budelli, Razzoli et Santa Maria. Des fonds blancs et une eau cristalline font de cet endroit l'un des plus enchanteurs de l'archipel. De nombreux centres de plongée viennent jusqu'ici pour explorer parmi les plus beaux fonds de l'archipel. Il est possible d'obtenir un bel aperçu depuis la surface rien qu'avec un masque, mais gare aux courants. Mais au plus fort de la saison estivale, les bateaux sont tellement nombreux certains jours que le bleu curaçao de la mer s'entrevoit entre les bateaux.

SPIAGGIA ROSA ★★

Spiaggia Rosa
Accès interdit.

C'est une plage mythique. La plus photographiée et la plus courue pour son sable rose. La couleur est due à un micro-organisme qui vit dans la posidonie, une plante des fonds marins côtiers. En 1999, la Spiaggia Rosa est devenue une aire protégée par le conseil du parc de La Maddalena. Depuis, il est interdit de se baigner et d'accoster en bateau le long de ses eaux, afin de sauvegarder cet écosystème délicat. Le metteur en scène Michelangelo Antonioni tomba amoureux de cette plage et, en 1964, il y tourna le film *Deserto Rosso*, avec Monica Vitti.

SANTA MARIA

L'île de Santa Maria est située au nord-est de l'archipel. C'est la plus verdoyante et la plus plate du groupe d'îles septentrionales de La Maddalena. On y trouve la superbe Cala Santa Maria, proche d'un petit lac salé riche en faune aviaire. Y demeurent aussi quelques habitations, un phare et même les vestiges d'un couvent où des frères bénédictins venus de Bonifacio ont trouvé refuge au Moyen Age. Le nom de l'île vient d'une église, dédiée à la Vierge et rattachée au couvent, détruite pendant les incursions turques. Enfin, pour la petite anecdote, c'est sur cette île que Roberto Begnini, le célèbre acteur italien, possède une résidence secondaire.

RAZZOLI

Cette île solitaire est sans doute la plus sauvage de l'archipel, dont elle marque la limite nord-ouest. Ses plages ne sont pas à la hauteur de celles de Caprera ou Spargi, mais ses récifs sont quand même dignes d'une mention, pour l'aspect que l'érosion leur a donné. Si vous êtes arrivés jusque-là, la Cala Lunga, langue de mer qui pénètre profondément à l'intérieur de l'île mérite de s'y plonger. Ses eaux calmes comparées à celles des contours de l'île sont parmi les plus intéressantes de cette île. Un sentier part de la petite bâtisse en bord de mer pour gagner le phare situé sur les hauteurs de l'île. Une destination pour jouer les aventuriers.

Spiaggia Rosa.

TEMPIO PAUSANIA ★

Tempio Pausania est dominée par le majestueux mont Limbara. Ses ruelles pavées, ses églises de granit et son ambiance conviviale sont caractéristiques de la Gallura. A partir du XIIe siècle palais et églises se développent autour du centre antique de la piazza Gallura. Le gris du granit dégage une atmosphère un peu maussade l'hiver. Relativement peu touristique, elle offre un visage à mille lieues des villes de la côte. L'office de tourisme se trouve sur la piazza Gallura. Il est ouvert de 10h à 13h et de 16h à 19h (fermé samedi après-midi et dimanche).

Transports

▸ **Bus**. La compagnie ARST dessert Sassari (ligne 9327) et Olbia (ligne 602) avec 6 bus par jour.

CATTEDRALE DI SAN PIETRO ★★

Via San Pietro

© FRANCO VOLPATO - SHUTTERSTOCK.COM

Fondée au XVe siècle et agrandie au cours des siècles suivants, la cathédrale de la ville a été entièrement remaniée vers 1830. Seules la base du clocher et la façade nord d'origine subsistent. Une nouvelle façade de style néoclassique a été imaginée pour le pignon sud. Le plan à nef simple donne l'illusion d'un transept avec les deux grandes chapelles qui se trouvent sur les côtés du chœur. Elle accueille deux beaux autels en bois du XVIIIe siècle, tandis que le maître-autel, la chaire ou les fonts baptismaux sont en marbre de Gênes.

MONTE PULCHIANA ★

Monte Pulchiana

Avec son étrange forme cônique, le monte Pulchiana (674 m) trône sur un décor chaotique de gros rocs de granit et de maquis. La route qui part de la SS 133 à 10 km de Tempio permet de s'inviter dans ce paysage insolite. On rejoint ensuite la route d'Aglientu ; on peut alors prendre à gauche vers Cant. Scuptu, puis à droite vers l'église San Pietro di Ruda. On traverse alors un paysage magnifique. La route rejoint alors San Filippo, d'où on peut gagner la Valle di Luna, pour faire un tour complet de ce paysage somptueux, et revenir par Aggius.

NURAGHE MAJORI ★

Via Calatifimi, 21

Ouvert de 9h30 à 19h en saison. Entrée : 3 € ; visite guidée : 3,50 €. Sur réservation hors saison.

A la sortie nord de la ville, sur la route du Monti Pulchiana. Le site, daté aux alentours de 1400 av. J.-C., est de taille modeste. Il est sans doute le mieux conservé des 22 nuraghes de la région de Tempio Pausania et il présente la particularité d'être à la fois «en couloir» et à «tholos». Son entrée est orientée de sorte à ne pas avoir à subir le mistral et à profiter de la lumière. A l'intérieur, un couloir central sépare le nuraghe en deux pièces ovales, couvertes d'un toit à tholos. La salle de gauche abrite une colonie de chauves-souris d'avril à octobre.

STAZIONE DI TEMPIO PAUSANIA ★

Via Stazione

✆ +39 079 631157

Ouverte en haute saison. Se renseigner à l'office de tourisme pour les horaires. Entrée libre.

Ce petit bijou de style Liberty, l'Art nouveau italien, a été construit à la fin des années 1920. Dans la salle d'attente, les murs sont décorés de grandes peintures du célèbre artiste sarde Giuseppe Biasi (1885-1945). Elles représentent les villages et les paysages que le train local traversait sur son passage, avec les personnages figurant en costumes traditionnels. Voisin de la gare, l'atelier-hangar conserve de rares exemplaires de locomotives et de wagons anciens.

NORD-EST

MONTE LIMBARA ★★

Monte Limbara

Le plus beau panorama de la partie septentrionale de l'île est celui qui se déploie du mont Limbara (1 359 m), la montagne au sud de Tempio Pausania. On y accède par une route qui grimpe en virages serrés sur une dizaine de kilomètres à travers une pinède. Des sentiers permettent d'atteindre différents points de vue comme celui de la Madonna, le sommet ou la Punta Balistreri hérissée de crêtes pierreuses. La vue s'étire jusqu'à la mer et, par beau temps, on peut même voir la Corse. Les colonnes granitiques forment un terrain de jeu pour les amateurs d'escalade.

TRENINO VERDE

Via Stazione Vecchia
✆ +39 079 631447
Circule de juin à septembre, du mardi au samedi. Tarif : 21 € A/R.

Le *Trenino verde* effectue un voyage plaisant à travers les paysages d'anciennes lignes désaffectées. Le trajet entre Tempio Pausania et Palau est l'un des plus pittoresques. Le train qui roule entre 25 et 40 km/heure permet d'admirer à loisir la végétation et d'apercevoir des points de vue de carte postale. Il fait étape à Luras, au lac de Liscia et à Arzachena, avant d'atteindre le port de Palau. L'arrêt est possible dans chacune des gares, pour profiter des localités et terminer le voyage le lendemain. Il faut compter 3h30 pour effectuer le trajet.

AGRITURISMO IL MUTO DI GALLURA €€

Loc. Fraiga (sur la route de Tempio Pausania)
✆ +39 079 620 559
www.mutodigallura.com
Compter 120 € pour une chambre double, petit déjeuner compris. Réduction dès la 2e nuit. Compter 40 € pour un repas.

Cet ancien *stazzu*, le refuge des bergers sardes, a été admirablement rénové pour accueillir 10 chambres. Elles sont réparties dans différents bâtiments de la ferme. Vastes et joliment aménagées, elles font la part belle à l'artisanat sarde. C'est l'esprit de la maison : faire (re)découvrir la campagne sarde aux touristes de passage. Au programme : animaux, culture bio et randonnées à cheval, mais également piscine, sauna, fitness. Les maîtres de maison savent recevoir.

AGRITURISMO STAZZO LA CERRA €€

Loc. Stazzo la Cerra ✆ +39 347 560 6462
www.agriturismolacerra.it
Compter 80 € pour une chambre double avec petit déjeuner. Menu fixe 35 €. Ouvert de mars à octobre.

La Cerra est un magnifique agritourisme qui trône seul sur une colline perdue dans la campagne. La maison d'hôtes se trouve dans un corps de ferme aménagé à la façon d'un *stazzo*. Chacune des 5 chambres possède son accès indépendant qui se fait par une grande terrasse. Les parties communes, tapissées de chêne-liège pour une parfaite isolation, sont spacieuses et agréables. En plus d'un accueil chaleureux et de chambres fraîches en été, la cuisine typiquement locale est délicieuse.

IL GALLO DI GALLURA €€

Corso Matteotti, 28
✆ +39 079 632025
www.ilgallodigallura.com
Compter entre 60 € et 80 € pour une chambre double, selon la saison.

« Le coq de Gallura » est l'une des plus agréables chambres d'hôtes de Tempio Pausania. Ses 5 chambres récentes occupent trois niveaux d'un immeuble ancien du centre-ville. Elles sont aménagées dans un style sarde, avec lits en fer forgé, tons pastel et beaucoup de détails de qualité. Pour ne rien gâcher, les salles de bains sont tout aussi plaisantes. L'emplacement de l'établissement est parfait. Dans une ruelle calme, à deux pas de la rue piétonne reconnaissable à ses pavés peinturlurés de couleurs vives, vous êtes à proximité des restaurants.

IL MELOGRANO DA CLAUDIO €€

Via Vittorio Emanuele
✆ +39 079 674043
www.hotelilmelograno.net
Compter 90 € pour une chambre double.

Cet hôtel à taille humaine ne comprend que 10 chambres au charme simple d'un village de campagne. Vous recevrez ici un accueil chaleureux de Claudio, ou de son épouse, car l'hôtel est tenu en famille. Confortables et raisonnablement spacieuses, les chambres sont équipées de la climatisation et l'accès au wifi se fait partout dans l'hôtel. Un petit-déjeuner est servi tous les matins. L'hôtel abrite également un restaurant. On y mange de bonnes spécialités sardes, principalement du poisson. Très belle carte et cuisine originale. Jardin très agréable.

LOCANDA AL VECCHIO CORSO €

Via Roma, 96
✆ +39 079 630 709
www.alvecchiocorso.it
Ouvert midi et soir. Compter 30 € pour un repas.

En plein centre-ville, voici un bistrot d'habitués, dont la cuisine abondante et savoureuse fait rarement des déçus. Les plats à base de produits puisés dans le terroir de Gallura permettent de découvrir les saveurs locales au fil des saisons : sanglier et champignons, viandes braisées, gnocchis au ragoût de viande, *culurgiones* de pomme de terre et moelleux au chocolat. Le cadre s'accorde parfaitement au menu : rustique. Une belle sélection de flacons des environs se déguste avec le repas, mais aussi dans le coin aménagé en bar à vin, sur un tonneau.

NORD-EST

LA PINETA DI ALESSANDRO LORICO €

Viale San Lorenzo, 17

+39 079 630 570

Ouvert de 19h à minuit. Fermé le lundi. A partir de 10 € pour une pizza.

Cette pizzeria sympathique fait partie des bonnes adresses que les habitants de Tempio Pausania connaissent tous. Elle est située aux abords de la vieille ville, non loin du repérable bâtiment de la Région autonome de Sardaigne, tout en rondeur. Ne vous fiez pas à son apparence sans trop de prétention, les pizzas y sont excellentes. Le choix est varié, avec aussi quelques spécialités sardes, comme les *seadas* au miel. La queue qui se forme à l'heure du dîner est plutôt bon signe.

TRATTORIA GALLURESE €

Via Novara, 2

+39 079 639 3012

Ouvert tous les jours de 12h à 15h et de 19h à 22h. A partir de 15 € pour un repas.

Il suffit de repérer les jardinières qui ornent les bords de fenêtre et les pots de fleurs qui encadrent la porte pour savoir qu'on est arrivé à bon port. Perdue dans une petite ruelle du centre-ville, à proximité de l'office de tourisme, cette adresse charmante ressemble à un refuge de montagne avec sa façade en granit et ses petites ouvertures. C'est ici qu'il faut venir pour goûter parmi les meilleures spécialités de la région. Les propriétaires vous guideront avec volubilité dans le choix de votre plat. La salle se trouve à l'étage, sous les toits.

IL PURGATORIO €€

Via Garibaldi, 9

+39 079 601 6692

Ouvert du mardi au dimanche de 11h à 23h. Compter 35 € pour un repas.

Ni paradis, ni enfer, Dani et Pier vous invitent au purgatoire pour goûter à une cuisine typique de Gallura. Le talent du chef s'exprime dans des plats raffinés aux saveurs équilibrées et très agréablement présentés. Le plaisir du palais commence par celui des yeux. La salle fait la part belle aux pierres apparentes, mais avec une touche de modernité dans les meubles pour éviter le piège de la rusticité. Les raviolis à la ricotta, au sucre et à l'écorce de citron, accompagnés de sauce tomate, sont exquis, tout comme l'agneau aux olives. Purgatoire, vraiment ?

CANTINA GALLURA

Via Val di Cossu, 9

+39 079 631 241

www.cantinagallura.net

Du lundi au vendredi de 8h30 à 12h30 et de 14h30 à 18h30, le samedi de 9h à 13h. Fermé le dimanche.

Ce domaine vinicole existe depuis 1956. Avec de longues années d'expérience acquises et transmises, la Cantina Gallura produit des vins de caractère qui respectent le terroir et les cépages locaux. C'est l'histoire de la Sardaigne qui se raconte dans les verres. Le domaine est réputé pour son vermentino, seul vin sarde protégé par une AOC. Avec une belle collection de 7 vermentino différents, du petit vin plaisir pour l'apéritif au vin pétillant des jours de fête, le domaine a su tirer profit d'un vin blanc qui se travaille de façon simple ou élégante.

CALANGIANUS

A 5 km de Tempio, en direction d'Olbia, la tranquille petite ville de Calangianus est entourée de forêts de chênes-liège. L'industrie du liège s'y est fortement développée et les alentours du village abondent en ateliers et en petites usines. C'est ici que se trouve la seule école professionnelle italienne du travail du liège. La petite place du village accueille quelques terrasses de café où se rassemblent les habitants du coin. C'est également une région de production de miel amer, très utilisé dans la fabrication des *seadas*, gâteaux fourrés de pecorino frais et aux zestes de citron, frits dans l'huile et recouverts de ce miel amer et de sucre.

MUSEO DEL SUGHERO ★★

Via San Francesco, 3

+39 079 66 20 34

www.museodelsughero.com

Ouvert du lundi au samedi de 10h à 13h et de 15h à 18h.

Inauguré en 2011, le Musée du liège de Calangianus retrace l'histoire du travail traditionnel de ce matériau dans la région. Orgueil du pays, il est aménagé dans l'ancien couvent des Franciscains qui remonte au XVIIIe siècle. Sur deux étages sont exposés les anciens outils de travail, machines et ustensiles employés autrefois pour la culture et le travail du liège. On y voit aussi une collection hétéroclite d'objets réalisés en liège : damier, crèche de Noël... Une section multimédia illustre à travers des vidéos toutes les étapes de ce travail. Intéressant !

TOMBA DEI GIGANTI DI PASCAREDDA ★

07023 Calangianus

Accès libre.

De tous les vestiges nuragiques qui subsistent autour de Calangianus, le tombeau des géants de Pascaredda est le plus intéressant. Les cérémonies funéraires se tenaient dans le large exèdre fermé par la rangée de stèles. Il en reste 10 du côté gauche et 6 du côté droit de la stèle centrale. Cette dernière, percée d'une porte, a perdu sa partie supérieure. La tombe elle-même est encore bien préservée avec son petit couloir et les 12 dalles restantes de son plafond.

AGGIUS ★

Entouré par les formes insolites des monts d'Aggius ce petit village est l'un des plus pittoresques de Sardaigne. Il a préservé son caractère ancien et se distingue par sa solide architecture de granit. Aggius est le dernier le centre de production de tapis en laine sarde traditionnel de la région. Un musée ethnographique occupe un ancien atelier de tissage. Aggius est aussi un point de départ pour visiter la « vallée de la lune », de gros rochers granitiques émergeant d'un plateau. Le village a été classé d'intérêt national par la Commission italienne du tourisme.

Transports

- **Bus.** La compagnie ARST dessert Tempio Pausania avec 13 bus quotidiens (ligne 9316).

CHIESA DI SANTA CROCE ★

Datant de 1709, cette petite église en granit est l'une des plus anciennes de la ville. À l'origine, elle comptait deux travées, mais l'agrandissement entrepris en 1763 a modifié son plan rectangulaire pour en faire une église toute simple avec une travée unique couverte d'un toit à deux pentes. Sans décoration, elle constitue un exemple de la très simple architecture typique de la Gallura. Son élément le plus notable est son pignon en fenêtre à lancette devant accueillir une cloche. Après un effondrement partiel en 1983, l'église a été restaurée en 1984.

MEOC ★

Via Monti di Lizu, 6

✆ +39 079 621 029

www.museodiaggius.it

Ouvert de 10h à 13h et de 15h à 19h en été.

Entrée : 4 €. Fermé en janvier.

Si vous ne deviez visiter qu'un seul musée ethnographique lors de votre séjour en Sardaigne, ce doit être celui-ci. Pas parce que c'est le plus grand, mais parce que sa disposition muséale est particulièrement intéressante. Installé dans un ancien atelier de fabrication de tapis, il met en valeur ce savoir-faire traditionnel de ce coin de la Gallura. Des démonstrations sur les anciens métiers à tisser sont régulièrement organisées. On peut également y admirer d'anciens costumes folkloriques portés pour les fêtes ou la reconstitution d'une maison traditionnelle.

TELTI

Situé sur une colline verdoyante, Telti est un village tranquille, construit récemment autour de deux chapelles au cœur des forêts de la Gallura. Le village se trouve à proximité de Tertium, une ancienne station militaire romaine sur la route d'Olbia. Après avoir été partiellement détruit lors de la longue guerre entre les Aragonais et les Juges d'Arborea, il a été abandonné avant de renaître de ses cendres vers 1800. Il s'est développé au XVIIIe siècle autour de l'église Santa Victoria et la pizza Duomo où l'on peut admirer des fresques murales. Elles représentent des scènes de la vie quotidienne sarde d'antan et sont parfois accompagnées de poèmes.

HORIZON SARDEGNA

3 Via Saetta ✆ +39 339 361 1910

www.horizonsardegna.it

Comptez 80 € par personne la journée en 4x4 (déjeuner compris), 190 € la journée entière pour 2 (déjeuner compris).

Horizon Sardegna propose des excursions en 4x4, moto, enduro, quad, VTT, kayak, trekking et autres activités de loisirs dans tout le nord de la Sardaigne. Cette agence très dynamique organise des séjours multi-activités en famille ou entre amis. Elle pimente vos vacances d'un soupçon d'aventure, mais dans un cadre sécurisé. Partez à la découverte de l'arrière-pays et des sites authentiques et préservés. L'ambiance est excellente et la bonne humeur sera au rendez-vous. Anne-Claire, la directrice, est française et répondra dans les plus brefs délais à vos demandes.

NORD-EST

Panorama d'Aggius.

MUSEO DEL BANDITISMO ★★

Via Pretura
✆ + 39 349 453 32 08
www.museodiaggius.it
Ouvert de 10h à 13h et de 15h30 à 18h30 en été. Entrée : 4 €.

Aggius tire sa réputation de son tissage de tapis en laine. Mais elle tient sa célébrité dans l'île pour avoir été l'épicentre du banditisme pendant près de trois siècles, du XVIe siècle au XIXe siècle, de la domination espagnole à celle des Savoie. Les habitants d'Aggius étaient passés maîtres dans la contrebande de blé. En 1766, le vice-roi promulgue un décret promettant la destruction de toute maison abritant un bandit. Une exposition retrace son histoire à travers une collection d'armes, d'objets, de photographies et de documents divers.

NURAGHE IZZANA ★

Nuraghe Izzana

Le nuraghe d'Izzana est le mieux conservé de la Gallura. Il est malheureusement un peu difficile d'accès, au bout d'une piste en terre poussiéreuse. Il fait partie de ces nuraghes «mixtes», à l'architecture en couloir, mais aux plafonds à tholos. Pour cette raison, les archéologues pensent qu'il remonte aux environs de 1 500 av. J.-C. La tour, originale, présente un plan triangulaire pour une hauteur actuelle de 7 mètres. Le nuraghe comprend deux entrées. La chambre centrale s'élève sur toute la hauteur de la tour et présente un plafond à tholos.

VALLE DELLA LUNA ★

Valle della Luna

© AUTHOR'S IMAGE

Situé sur les monts d'Aggius, on prend la route panoramique, indiquée en montant à la sortie du village. Là, un premier parking permet d'admirer les énormes rochers, aux formes étranges, posés dans la nature. En continuant cette panoramique sur 12 km, on arrive sur un plateau parsemé de ces gros blocs granitiques : c'est la vallée de la Lune. Il s'agit là d'un des coins les plus pittoresques de la Gallura, avec son étendue quasi-désertique et ses formes insolites. L'endroit, très photogénique, ne porte pas son nom par hasard...

LI CRIASGI €

Va di Li Criasgi
✆ +39 347 586 6783
A partir de 60 € la chambre double, petit déjeuner compris.

Cette adorable chambre d'hôtes combine l'accueil typique de la Gallura au confort moderne. Les trois chambres mises à disposition par les propriétaires sont décorées dans le style sarde dans une belle harmonie de couleurs, où rouge brique et blanc dominent. Les lits à volutes en fer forgé témoignent d'un grand savoir-faire artisanal et d'une créativité romantique. On regrette cependant que la salle de bains soit partagée. Les possibilités de randonnées sont nombreuses dans la région et les propriétaires se feront un plaisir de vous renseigner.

LA VIGNAREDDA €€

Via Gallura, 14
✆ +39 079 620 818
www.lavignaredda.it
A partir de 100 € la chambre double.

Une maison de maître en granit, dans le vieux village d'Aggius : le décor est planté pour cette chambre d'hôtes de qualité. Elle propose 4 appartements et 2 chambres avec salle de bains privée. Chacune des chambres possède une agréable terrasse, suffisamment grande pour prendre un bain de soleil. Celle située au 2e étage profite d'une vue splendide qui s'étire sur la campagne jusqu'au mont Limbara. Certes, les chambres coûtent plus cher que les appartements, mais le lieu est superbe et toutes les options sont de qualité. Belle adresse !

SANTA TERESA DI GALLURA ★

A l'extrême nord de l'île, aux abords de l'archipel de La Maddalena, Santa Teresa di Gallura est une station balnéaire charmante qui a su préserver son naturel. L'authenticité est d'autant plus frappante en arrivant de la Costa Smeralda. Très fréquentée par les locaux, elle possède une ambiance chaleureuse et avoisine des très beaux sites naturels. La grande place centrale s'anime en fin de journée quand le centre-ville se piétonnise tous les soirs pour profiter des glaciers, des restaurants et des boutiques. La jolie plage de Rena Bianca est léchée par des eaux claires turquoise. Enfin, la promenade de bord de mer qui longe les tours espagnoles permet d'apercevoir les falaises calcaires de Bonifacio. Santa Teresa di Gallura est le port d'entrée des touristes venus de Corse. La traversée ne prend que 40 min et il est tout à fait possible d'aller arpenter les rues de Bonifacio et de rentrer dormir à Santa Teresa di Gallura.

Histoire

Des traces d'habitations préhistoriques ont été découvertes à proximité du port indiquant une implantation humaine dès le IVe millénaire av. J.-C. A l'époque de la domination romaine, une structure urbaine voit le jour. Longonis était un bourg de pêcheurs installé aux abords du port. La ville a connu une forte croissance grâce à ses ressources en granit, intensivement exploitées par les Romains. Une fois raffinée, la précieuse roche servait à la construction de riches villas romaines ou bien de temples. On a même retrouvé du granit de Santa Teresa di Gallura sur des colonnes du Panthéon. Au Moyen Age, les Pisans ont renforcé la ville et son port pour en faire un avant-poste militaire et commercial pouvant faire face à la Corse, alors sous la domination des Génois. La ville prend le nom de Longosardo et se développe de façon spectaculaire aux XIIIe et XIVe siècles. En 1384, Eleonora d'Arborea y fait construire un château dont il ne reste aujourd'hui plus aucune trace : il a été détruit au début du XVe siècle par les Génois, qui ont laissé la ville aux mains des pirates et des bandits. Il faut attendre 1808 pour que la ville se relève tout à fait de cette période troublée. La ville prend le nom de Santa Teresa et adopte un plan urbanistique régulier à angles droits. Pour la peupler, il a attiré des habitants en leur octroyant gratuitement des parcelles de terrain.

Tourisme

L'office de tourisme (tél. +39 078 975 4127) se trouve sur la piazza Vittorio Emanuele I (ouvert de 9h à 13h et de 16h à 20h en été).

Transports

- **Bus.** La compagnie ARST dessert Olbia (ligne 601) via Palau et Arzachena 7 fois par jour ; Sassari (bus 728) via Castelsardo 4 fois par jour. La compagnie Turmo Travel dessert l'aéroport d'Olbia 6 fois par jour en été.
- **Ferry.** La compagnie Moby Lines (tél. 0800 901 144) assure 4 départs par jour pour Bonifacio en haute saison. Compter 40 mn de traversée et 29 € pour un passager et une voiture.

CAPO DI MONTE RUSSU ★

Capo di Monte Russu

A 8 km à l'ouest de Santa Teresa, cette presqu'île granitique cache une grande plage qui permet d'éviter quelque peu la foule estivale. Certes, ce n'est pas la plus belle des environs, mais sa longueur et sa profondeur permettent d'accueillir du monde. Un sentier parcourt la côte, entre maquis et rochers, et permet de rejoindre quelques autres petites criques encore plus tranquilles. Les eaux claires permettent de pratiquer le snorkeling, mais gare aux courants. Ce coin de côte offre de belles plages sauvages et des couchers de soleil mémorables.

COMPLESSO NURAGICO DI LU BRANDALI ★★

Località Lu Brandali

Ouvert de 9h30 à 13h et de 15h30 à 18h30.
Entrée : 2 €. Visite guidée : 6 €.

Cet ensemble présente les grandes caractéristiques des vestiges nuragiques avec un nuraghe, un village, et un tombeau des géants. La tombe des géants ne comprend plus que le plan dessiné par les pierres des fondations. Les stèles et les plafonds ont disparu. Les vestiges du village se dessinent très nettement un peu plus haut. Les murets de huttes sont bien visibles. En revanche, le nuraghe composé de deux tours ne se visite pas, car il n'a pas encore été fouillé.

CAPO TESTA ★★★

Capo Testa

Le Capo Testa, promontoire granitique relié par un isthme, figure parmi les très beaux endroits sauvages de la Sardaigne. Les rochers polis par les vents donnent à ce lieu une dimension majestueuse. Au bout de la route, on arrive au phare.

- **Cala Spinosa**, en contrebas du restaurant, est une crique de rochers polis plongeant dans une eau émeraude face à la Corse. Vaut le détour.
- **Cala Grande**. Au sud-ouest de la péninsule. Une petite communauté hippie a élu domicile dans les grottes de granit ou dans des cabanes aménagées aux abords de cette plage. Etonnant.

© AGATHE ANDRIEU

La péninsule de Capo Testa.

SPIAGGIA DI RENA BIANCA ★★

Spiaggia di Rena Bianca

C'est la plage principale de Santa Teresa di Gallura. Elle se trouve en contrebas de la vieille ville. Très fréquentée en été, les places de parking ne suffisent pas à accueillir tout le monde et la pente est très raide pour remonter en ville par la suite. Calée entre l'île di Municca et le cap Falcone, cette crique bordée de sable fin est appréciée pour ses eaux émeraude à peine agitées par des vagues quand le vent souffle. Une portion de la plage est aménagée avec des transats et parasols en location. Snacks et restaurants à proximité.

TORRE DI LONGOSARDO ★

Torre di Longosardo

Ouvert tous les jours de 10h à 13h et de 15h à 18h, de 16h à 20h en été. Entrée : 2 €.

Santa Teresa di Gallura est dominée par un magnifique exemple défensif construit par les Aragonais. Ils avaient érigé un système de tours défensives tout le long des côtes sardes pour pouvoir faire face rapidement à l'arrivée d'éventuels envahisseurs. La tour de Santa Teresa, appelée aussi Torre Spagnola, la «tour espagnole», date du XVIe siècle et offre un superbe panorama sur la côte de granit de la Gallura et sur les falaises blanches de Bonifacio en face. Dressée sur le promontoire naturel de la pointe Falcone, les locaux l'appellent «torre Longosardo».

AGRITURISMO LA VALLETTA €

Loc. Caresi

✆ +39 328 311 6406

Compter de 60 € à 120 € la nuit pour un appartement. Menu fixe à 35 €.

Entre mer et campagne, La Valletta propose 4 maisonnettes indépendantes réparties sur la ferme. Chacune d'entre elles possède deux chambres et peut accueillir 4 personnes. On peut organiser des barbecues sur la terrasse, jouer dans le jardin devant la maison, profiter des chaises longues au soleil. Notre préférée est la maison blanche, sur la hauteur. La vue s'étend jusqu'à la côte découpée et les couchers de soleil sont simplement extraordinaires. L'agriturismo ouvre sa table le soir aux hôtes venus de l'extérieur, sur réservation.

CAMPING LA LICCIA €

SP de Castelsardo, km 59

✆ +39 0789 755 190

www.campinglaliccia.com

Compter de 8 € à 16 € par adulte. Ouvert de fin mai à fin septembre.

A 6 km au sud de Santa Teresa di Gallura, ce vaste camping occupe une petite colline surplombant la mer et la plage. Si les emplacements profitent de l'ombre des arbres, on ne peut pas en dire autant des bungalows, très exposés au soleil et non climatisés. Mini-club pour les enfants de 3 à 10 ans, animations en soirée et piscine font partie des services inclus. Attention, le port du bonnet de bain est obligatoire. Ce camping accueille une clientèle familiale qui a ses habitudes. Et cette année, on est ravis de constater que les tarifs sont en baisse.

LA TERRAZZA DI LILLY €

Via Bonifacio
✆ +39 484 631 099
www.terrazzalilly.com
Compter de 80 € à 130 € selon la saison pour une chambre double, petit déjeuner compris. CB non acceptée.

Marcello et Sabrina vous accueillent chaleureusement au sein de leur chambre d'hôtes idéalement située. Juste au-dessus de la plage de Santa Teresa di Gallura, en bordure de la pointe Falcone, elle profite d'une vue sur la mer dégagée. On pourrait passer des heures sur sa terrasse à regarder le ressac. La villa se trouve à seulement 300 m du village et un accès mène directement à la plage. Les chambres dans le style traditionnel sarde sont très confortables et dotées de salles de bains privées. Un bon petit-déjeuner est servi tous les matins sur la terrasse.

HÔTEL CORALLARO €€

Spiaggia Rena Bianca
✆ +39 0789 755 475
www.hotelcorallaro.it
Compter de 140 € à 270 € pour une chambre double standard, selon la saison, petit déjeuner inclus.

L'hôtel offre toutes les prestations que l'on est en droit d'attendre d'un 4-étoiles. Il est situé à 2 min de la plage Rena Bianca. Certaines chambres ont une terrasse ou un balcon avec vue sur la mer. Le dîner est servi au bord de la grande piscine. Nous avons apprécié l'accueil chaleureux et souriant de la jeune équipe de l'hôtel. Très au courant des activités à Santa Teresa et plus généralement en Gallura, elle vous renseignera volontiers sur les possibilités de sortie : excursions à cheval et en bateau, trekking, quad, restaurants…

MODERNO €€

Via Umberto, 39
✆ +39 0789 754 233
www.modernohotel.eu
Compter de 75 à 150 € pour une chambre double, selon la saison. Fermé de novembre à mars.

L'hôtel est considéré par ses habitués comme une chambre d'hôtes en raison de l'accueil chaleureux des propriétaires. On s'y sent très vite comme à la maison. L'immeuble rose de trois étages faisant le coin d'une rue est aisément reconnaissable. Sa situation en plein centre-ville en fait une bonne adresse pour ceux qui aiment sortir en fin de journée. La maison est décorée de façon typique avec quelques beaux objets artisanaux. Les petites chambres aux deux derniers étages ont du charme même si elles sont assez simples. La plage est à 10 min à pied.

IL GROTTINO €

Via del Mare, 14
✆ +39 078 975 4232
Ouvert de 12h à 15h et de 19h à 23h30, tous les jours en saison. Compter 30 € le repas. Fermé de janvier à mars.

Nous avons aimé ce restaurant au bon rapport qualité–prix. On y sert une cuisine fraîche, préparée à la minute dans un cadre ensoleillé. Les murs peints d'un jaune éclatant, les moulures bien blanches montrent l'effort des patrons pour accueillir leur clientèle dans une salle plaisante. Au menu, poissons frais, antipasti, pâtes et surtout de délicieuses pizzas qui font la joie des locaux. Le restaurant est authentique et le personnel très accueillant lui donne tout son charme. Ici, touristes et locaux se mélangent. Pensez à réserver, c'est souvent complet !

TROPICAN €

Spiaggie Rena Bianca
✆ +39 391 138 6210
Ouvert tous les jours de 10h à minuit. Compter 15 € pour un repas.

Entre deux baignades sur la plage de Rena Bianca, pourquoi ne pas venir se restaurer ici ? A l'étage, l'espace restauration propose un grand choix de pizzas. Il est assez prisé le soir, à l'heure où le soleil se couche, car vous êtes aux premières loges, face à la mer. Au rez-de-chaussée, la caféteria permet de se désaltérer d'une boisson fraîche et de grignoter léger à toute heure. La cuisine n'est pas fantastique, les produits ne sont pas très qualitatifs, mais les tarifs sont raisonnables. On peut y venir en laissant sa serviette sur la plage.

AGRITURISMO SALTARA €€

Loc. Saltara
✆ +39 0789 755 597
www.agriturismosaltara.com
Compter 30 € pour un repas ; menu à 48 €. Réservation obligatoire.

Saltara est un endroit exceptionnel. Vous serez tout d'abord charmés par le lieu. Une ferme–auberge très bien aménagée en pleine nature. Les *bungalows* sont bien équipés et tout confort. Vous serez émerveillés par le silence et le calme paisible ainsi que par l'accueil chaleureux que vous réservent les hôtes Natalia et Mario. Le menu, très copieux (comme l'est aussi le petit-déjeuner), propose de délicieuses spécialités maison (antipastis, pâtes maison, viandes et poissons), aucune impasse n'est faite sur le dessert, à tomber !

AZZURA €€

Via del Porto, 19
✆ +39 078 975 5555
www.azzurraristorante.it
Ouvert de 12h30 à 14h30 et de 19h à 23h. Compter 30 € pour un repas. Réservation conseillée en été.

Légèrement à l'écart de l'hypercentre, ce restaurant se repère de loin avec sa façade bleue. D'ailleurs, est-ce elle qui a donné son nom au restaurant ? Ou l'inverse ? Une vaste véranda couverte accueille les gourmets pour déguster une cuisine de spécialités de poissons et de fruits de mer. Nous vous conseillons de goûter les *antipasti del mare* et les tagliatelles Azzura (*vongole*, *bottarga* et *pomodoro*). *Pizze* au feu de bois pour les traditionalistes. En haute saison, les places à l'extérieur sont chères et le restaurant ne désemplit pas.

DA THOMAS €€

Val d'Aosta, 22
✆ +39 349 692 9613
www.ristorantedathomas.com
Ouvert de 12h à 15h et de 19h à 23h. Compter 35 € pour un repas. Réservation conseillée.

Ce restaurant situé dans une rue parallèle à l'artère principale de Santa Teresa di Gallura est considéré comme l'un des meilleurs de la ville. Il vous accueille dans une ambiance familiale et chaleureuse et dans un cadre qui s'efforce de ressembler à une cabine de bateau. Avec ses poutres apparentes, son parquet, ses murs blancs et quelques éléments marins, on s'y croirait ! Le chef prépare une cuisine fraîche, bien élaborée, composée de spécialités sardes et de quelques plats typiques de la Gallura. Vous y passerez un moment agréable.

CAFFÈ CONTI

2 Via Regina Margehrita
Ouvert tous les jours de 7h30 à 23h, à partir de 9h le vendredi.

Les quelques tables installées devant la porte du café sont vite prises d'assaut par les habitués à l'heure de la *passeggiata*. Les touristes se rabattent le plus souvent sur la terrasse sur le côté, un peu à l'écart de l'animation de la place de la mairie. L'endroit se prête à la découverte de l'Ichnusa, la bière sarde, ou d'un vin blanc local comme le vermentino. Des planches de charcuterie et de fromage ainsi qu'un choix restreint de pâtes sont servis aux heures de repas. La position est idéale pour embrasser la place en un seul regard et regarder les flâneurs.

ENOTECA LA BOTTEGA

Via XX Settembre, 5
✆ +39 0789 75 42 16
Ouvert tous les jours de 9h30 à 0h30.

Depuis plus de 50 ans, cette épicerie-bar à vin est devenue une sorte de sanctuaire des produits de la Gallura. Juste derrière la place principale de Santa Teresa, on s'installe en terrasse sur l'un des tonneaux, pour piocher dans une sélection des meilleurs vins de l'île et croquer dans d'appétissantes planches de fromages et de charcuteries artisanaux. Confitures, conserves, huiles d'olive et sucreries locales sont autant proposées à la dégustation sur place qu'à emporter. A tester pour l'apéro ou à toute heure de la journée.

IL BARETTO

23 Piazza Vittorio Emmanuele
✆ +39 338 804 1501
https://ilbarettosantateresa.com
Ouvert tous les jours de 8h à 2h.

LE bar de Santa Tersa di Gallura se trouve sur la place principale. Vous retrouverez une sélection de cocktails classiques et un choix de créations originales, avec au moins 5 mojitos différents. Les cocktails sont délicieux et servis dans des pots à confiture ou des timbales en argent. Une carte légère permet d'accompagner sa boisson. Même si la terrasse est bien plus agréable, il faut jeter un œil à l'intérieur. Les bouteilles d'alcool sont suspendues au bout de cordes au-dessus du bar afin de gagner de la place dans son espace minuscule.

CAPO TESTA YACHTING

Sur le port
✆ +39 0789 741 060
www.capotestayachting.com
A partir de 1 400 € la semaine. De mai à octobre.

Spécialisé dans la location, le Capo Testa Yachting propose plusieurs types de voiliers de croisière. Vous pouvez ainsi partir à la journée ou à la semaine et découvrir la Sardaigne sous un autre angle. La flotte, exclusivement composée de bateaux Bénéteau, propose des voiliers de 2, 3 ou 4 cabines. Il est ainsi possible de s'offrir une agréable croisière avec une bande d'amis ou en famille élargie. Les itinéraires sont proposés entre la Sardaigne et la Corse. Pour un court séjour, vous pouvez opter pour une excursion dans l'archipel de La Maddalena.

DIVING MEDITERRANEO

Via del Porto, 16
✆ +39 0789 759 026
www.divingmediterraneo.it
Compter 40 € pour une plongée.

Umberto Pellizzari, ancien champion du monde de plongée, est à l'origine de ce club. Plusieurs options sont possibles, de l'immersion standard à la plongée en nocturne en passant par le baptême de plongée pour les débutants. Le club, certifié PADI et Wase, permet d'obtenir ces certificats. Le club a pour habitude d'explorer l'un des 17 sites répertoriés aux alentours de Santa Teresa di Gallura. Grotte de Cernia, l'un des plus beaux spots de Sardaigne avec ses coraux géants, ou mérous géants des îles Lavezzi font partie du programme.

AGLIENTU

Si le village est au cœur d'un beau paysage de basse montagne, c'est surtout sa petite station balnéaire, Porto di Vignola, à 5 km d'Aglientu, qui attirera le visiteur. C'est là l'un des plus jolis coins de la côte, avec une tour espagnole, une très belle plage et de toutes petites infrastructures : quelques bars-restaurants et un camping. Non loin d'Aglientu, on peut visiter l'église rurale de San Pancrazio, un sanctuaire édifié au cours du XVIIIe siècle au milieu d'une forêt. Le 5 août, à l'occasion de la fête de San Pancrazio et de la fête des saucissons, du fromage et du vin sont offerts aux visiteurs au centre d'Aglientu. A 15 km de Santa Teresa.

SPIAGGIA DI VIGNOLA ★

Spiaggia di Vignola

A une quinzaine de kilomètres au sud de Santa Teresa di Gallura, cette belle plage de sable fin fait office d'Éden estival. Ses eaux translucides et ses proportions agréables en font l'une des plus belles plages de la région. C'est la plage municipale de la petite localité de Porto di Vignola, encore très peu développée sur le plan touristique. Par conséquent, la plage demeure accessible même au cœur du mois d'août et il est facile de s'y garer. Une ancienne tour de guet espagnole domine son escarpement en bout de plage. Très jolie carte postale.

ISOLA ROSSA

Cette station balnéaire ferme l'une des plus longues plages de Sardaigne qui s'étire presque jusqu'à Castelsardo située à 25 km de là. Installée sur le territoire de la commune de Trinità d'Agultu, Isola Rossa tire son nom de l'île à laquelle elle fait face. Sa très belle place encadrée de gros blocs de porphyre rouge a très tôt attiré les touristes. Il faut dire que le cadre est idyllique et le jeu des couleurs surprenant : blanc du sable, vert de la mer, rouge de la roche, bleu du ciel. Rien ne manque pour former une carte postale parfaite. Isola Rossa semble ne plus finir de se développer et malheureusement sa plage est surpeuplée en été.

SPIAGGE DI ILA ROSSA ★★

Les plages et petites criques qui s'intercalent entre les promontoires de porphyre rouge d'Ila Rossa méritent le détour. Les eaux incroyablement claires laissent entrevoir les fonds rocheux. Spectacle vertigineux.

- **Spiaggia Longa.** La grande plage d'Ila Rossa, sursaturée en été, redevient très agréable une fois la foule partie. Elle est coupée au tiers par une terrasse aménagée au-dessus d'un bloc de rochers.
- **Spiaggia di Robinson.** Cette plage située juste au sud de la plage principale a conservé son caractère sauvage. Son lit de galets n'attire pas trop les visiteurs, mais ses eaux translucides et les pics de porphyre affleurant en font un endroit idéal pour le snorkeling.
- **Spiaggia Marinedda.** Au nord de la plage Longa, celle-ci en forme de croissant de lune est abritée par de puissants rochers. Bien moins grande que sa voisine, elle tout aussi fréquentée. Parking gratuit.
- **Cala Calboni.** Cette plage secrète mérite d'arriver en premier, car il n'y a la place que pour une ou deux serviettes. Abritée dans une toute petite crique et orientée sud, il faut se perdre sur les chemins poussiéreux au nord de la Marinedda pour la dénicher.
- **Spiaggia Li Caneddi.** En contrebas du Calarossa Village, la plage est réputée pour la clarté de ses eaux. Les rochers affleurant forment une piscine naturelle de toute beauté au nord de la plage.
- **Cala Tinnari.** La plage de galets et de sable gris n'est pas des plus belle. Mais les piscines naturelles de Tinnari, juste au-dessus, méritent d'enfiler son masque, ses palmes et son tuba.

HOTEL TORRERUJA €€

Via Tanca della Torre
✆ + 39 078 979 0336
www.delphinahotels.fr
Compter de 156 € à 336 € selon la saison pour une chambre double, petit déjeuner compris. Fermé de novembre à fin mai.

L'hôtel Torreruja a été repris en gestion par le groupe Delphinia en 2020, un gage de qualité. Le groupe s'occupe d'hôtels parmi les plus beaux de Sardaigne. Le point fort de cet établissement est son magnifique centre de bien-être et de thalassothérapie, avec piscine d'eau de mer chauffée, Jacuzzi, sauna, hammam, salles de soin et salle de gym. L'hôtel propose par ailleurs 124 chambres, quelques suites et 2 restaurants. La grande terrasse du restaurant fait face à une tour aragonaise et au coucher du soleil. L'endroit ravira les plus romantiques.

VIDDALBA

Adossé aux montagnes de Ruiu, ce petit village décline une identité pastorale. Ses environs sont parcourus de forêts odorantes de pin et d'eucalyptus, de montagnes rocheuses, de rivières poissonneuses et d'eaux thermales. Les environs de VIddalba se conçoivent comme un grand terrain récréatif, où l'on peut s'adonner à la pêche ou à la randonnée. Dans le village situé à seulement quelques kilomètres de Valledoria, il est possible de visiter un musée archéologique et l'église de San Giovanni Battista, datant du XIe siècle et restaurée en 1929. Bien qu'à la frontière avec l'Anglona, Viddalba veille jalousement sur ses traditions folkloriques de Gallura.

MUSEO ARCHEOLOGICO ★★

Via Giovanni Maria Angioy
✆ +39 079 580 514
www.museoviddalba.it
Ouvert de 10h à 13h et de 16h à 19h en été. Entrée : 3 €.

Ce musée garde les vestiges de la nécropole punique et romaine de San Leonardo, découverte dans la région, ainsi que des pièces d'époque préhistorique. Les 80 stèles lithiques de la nécropole sont entreposées ici, pour éviter les pillages sur le site. Elles remontent à la fin du Ier siècle av. J.-C. De forme rectangulaire ou trapézoïdale, ces stèles sont décorées de feuilles de palme et portent des inscriptions gravées dans leur pierre. Ces stèles marquaient les tombes cinéraires. Le musée renferme aussi des céramiques, remontant au Néolithique pour certaines.

TERME DI CASTELDORIA

Loc. Li Caldani - S.P. Bortigiadas Km 1,5
✆ +39 079 580 128
www.termecasteldoria.it
Compter 25 € la journée en piscine thermale, 6 € pour une heure. A partir de 55 € pour une journée de soins.

Ces thermes, déjà fréquentés à l'époque romaine, utilisent les eaux du fleuve Coghinas. A Casteldoria, celles-ci jaillissent à une température naturelle de 76 °C. Le nom du fleuve est dû à la température de ses eaux : *coghinas* veut dire « cuisine » en sarde. Le centre est spécialisé dans les cures de physiothérapie et d'équilibre psychophysique. Vous pouvez profiter d'une cure bien-être si vous ne disposez pas d'une prescription médicale. Les soins sont effectués avec des produits exclusifs utilisant, entre autres, les boues thermales aux vertus détoxifiantes.

Isola rossa.

CÔTE EST ET CENTRE

La Barbagie est le cœur battant de l'île, la garante de l'âme sarde. Les multiples envahisseurs n'ont jamais réussi à atteindre ces coins reculés de montagne et ses habitants. Ils se retranchaient de plus en plus loin, de plus en plus haut dans les montagnes, occupant les grottes et les anciens villages nuragiques. Les Sardes le reconnaissent eux-mêmes. Les habitants de Barbagie sont restés comme hermétiques aux différentes civilisations. C'est comme s'ils ne les avaient jamais côtoyées. Les villages austères de Barbagie forment un formidable conservatoire des traditions folkloriques. L'histoire locale s'inscrit en peinture sur les murs d'Orgosolo, les fêtes patronales se jouent en costume traditionnel, l'artisanat s'exprime de multiple manières. La côte offre les plus belles criques de l'île, accessibles uniquement en bateau, ou de longues plages sauvages et préservées du tourisme de masse.

Côte Est et Centre
OLBIA
GOLFO DI OLBIA
ISOLA TAVOLAR
Monti Ultana
Aéroport. Inter. Costa Smeralda
ISOLA MOLA
BERCHIDDA
Monti
L. del Coghinas
SAN TEODORO
Monte Niedu
BUDENI
Monti Di Ala
POSADA
Montaguto
Torpe
S. Giov
Altopiano Di Budduso
L. di Posada
PATTADA
Budduso
LODE
SINISCOLA
ONANI
Monti Remule
BITTI
Monte Albo
IRGOLI
LOCULI
ONIFAI
Orune
OROSEI
GALTELLI
Serra D'orotelli
Caletta di Osalla
NUORO
DORGALI
Lado di Cedrino
CALA GONONE
ORANI
OLIENA
Barbagia Ollola
Pta. sos Nidos 1349 m.
Grotta del Blue Marino
GOLF OROS
Sarule
OTTANA
ORGOSOLO
Mte Tiscali 515 m.
Cala di Luna
MAMOIADA
GAVOI
Sopramonte
Cala Sisine
L. di Cucchinadorza
Lago di Gusana
SANTADI
FONNI
TEULADA
Ovodda
Bruncu Spina 1829 m.
BAUNEI
STA. MARI
NAVARRES
BARESSA
ORROLI
Alto del Flumendosa
Villagrande
Lago di Tortoli
ARBATA
SAN SPERATE
Arzana
TORTOLI
Capo Bella
LANUSEI
MANDAS
Ogliastra
BARUMINI
Grotta su Marmuri
Torre di Bari
ULASSAI
JERZU
CARDEDU
Lago del Flumendosa
Lago del Flumineddu
Nurri
ORROLI
Tortenia
Escalaplano
Lago Mulargia
Salto Di Quirra
12 KM
Senorbi
San Vito
Villaputzu
Monastir
Muravera
Dolianova
Sinnai
Sestu
Maracalagonis
COSTA REI
C. Ferrato
Stagno di Cagliari
CAGLIARI
Castiadas
Piscina Rei
VILLASINIUS
GOLFO DI QUARTU
Golfo di Carbonara

NUORO ★

Nuoro jouit d'un site pittoresque occupant le sommet d'un col au pied du mont Ortobene. La ville moderne n'est pas très avenante, mais il faut persévérer pour découvrir une vieille ville assez agréable. Un mélange de lenteur méditerranéenne et de rudesse montagnarde donne à Nuoro cette ambiance typique de la Barbagie. Ville natale de l'écrivaine Grazia Deledda, prix Nobel de littérature en 1926, et du poète Sebastiano Satta, Nuoro est fière de sa culture. Le corso Garibaldi, rue commerçante, et la place Vittorio Emanuele constituent le centre de la ville. Perdez-vous dans le vieux quartier de San Pietro au charme authentique. Nuoro est désertée en raison du manque d'activité économique mais reste une excellente base pour explorer la région alentour.

Histoire

Des traces de la civilisation byzantine laissent à penser qu'un village existait au VIIe siècle. Nuoro a appartenu au judicat de Torres jusqu'en 1326, puis est passée aux mains de celui d'Arborea. En 1300, en dépit des guerres qui dévastent l'île, Nuoro acquiert de l'importance et devient la plus grande cité du diocèse d'Ottana. En 1600, Nuoro compte 1 600 habitants et comprend deux bourgs : celui de Seuna, le quartier des paysans et celui de Santu Predu, le quartier des bergers. Ils sont séparés par le Bia Majore, l'actuel corso Garibaldi. Au XIXe siècle, Nuoro connaît la période la plus dévastatrice de son histoire, quand le roi piémontais Carlo Felice promulgue un édit instaurant la propriété privée, créant ainsi de nombreux conflits entre paysans et bergers. En 1836, Nuoro obtient le statut de ville et devient le centre administratif du royaume du Piémont de 1848 à 1859. En 1926, quand la Sardaigne rejoint l'Italie, on lui attribue le statut de capitale de province.

Tourisme

L'office de tourisme (+39 078 423 8878), sur la piazza Italia, est ouvert du lundi au vendredi de 8h30 à 14h et le mardi de 15h30 à 19h.

Transports

Nuoro est reliée à Cagliari, Oristano et Olbia par la SS 131. La compagnie ARST dessert Olbia (ligne 514) avec 6 bus par jour ; Cagliari (ligne 9342 ou 433) avec 3 bus par jour ; Orgosolo (ligne 509) avec 10 bus par jour ; Tortoli (ligne 302) avec 4 bus par jour ; l'arrêt se trouve viale Sardegna. La gare est via Giovanni Ciusa Romagna (un train direct pour Marcomer 7 fois par jour).

CATTEDRALE DI SANTA MARIA DELLA NEVE ✝ ★★

Piazza Santa Maria della Neve

Imposante et majestueuse, la cathédrale domine la place arborée du même nom. Elle fut construite au XIXe siècle lorsque Nuoro fut élevée au rang d'évêché. La première pierre fut posée en 1835 et il fallut 20 ans pour achever la construction de la cathédrale. Deux tours encadrent le bâtiment, tandis que quatre colonnes de granit soutiennent le frontispice. L'intérieur est constitué d'une nef centrale encadrée de trois chapelles reliées par des arches.

MUSEO CIUSA 🏛 ★★

Piazza S. Maria della Neve, 8

✆ +39 0784 253 052

Ouvert tous les jours de 11h à 20h en été. Fermé le lundi. Entrée : 3 €.

Ce musée est dédié au sculpteur Francesco Ciusa, l'initiateur de la sculpture moderne en Sardaigne et dont l'influence a eu son importance en Italie. La collection permanente comprend une soixantaine d'œuvres et de moulages exposés dans l'ancien tribunal de Nuoro rénové en 2016. Cette exposition résume une carrière intense qui s'est déroulée du début du XXe siècle jusqu'aux années 1940. Le cycle *I Cainiti* rend hommage à la Sardaigne archaïque de l'arrière-pays du Nuoro. Au rez-de-chaussée, un grand espace est dédié aux expositions temporaires.

MUSEO D'ARTE PROVINCIA DI NUORO (MAN) 🏛 ★★

Via Satta, 27

✆ +39 0784 252 110

www.museoman.it

Ouvert du mardi au dimanche de 10h à 20h. Fermé le lundi. Entrée : 5 €. Gratuit le premier dimanche du mois.

Le MAN a réussi en peu de temps à se faire une réputation au-delà de la Sardaigne. Ce palais rénové du XIXe siècle expose les œuvres d'artistes sardes importants, parmi lesquels Mario Delitala, Biasi, Floris, le sculpteur Francesco Ciusa, Manca et Nivola. Ce musée en perpétuelle évolution est le point de départ d'un voyage à la découverte de la production contemporaine, avec une attention particulière accordée aux jeunes talents et aux artistes de la région.

MONTE ORTOBENE - STATUA DEL REDENTORE ★★

Le mont Ortobene (995 m) est la mascotte de Nuoro. Il domine fièrement la ville de ses pentes abruptes et de ses forêts de chênes verts. La via Ortobene se prend à la sortie de la ville puis s'élève dans un beau paysage escarpé de montagne sur 5 km environ. La route tortille sérieusement. Le sommet proprement dit est recouvert d'arbres, mais sur les dizaines de mètres avant l'arrivée, la vue est splendide sur la vallée, Oliena et le Supramonte. Plusieurs parkings aménagés permettent d'admirer la vue. Sur le plateau du sommet, il faut aller jusqu'aux stands de vente (à la fin de la boucle si on suit le sens unique en voiture,) et prendre le chemin à droite dans le dernier virage. Il mène à la statue du Redentore, le Rédempteur, qui domine la ville de Nuoro. Cette statue en bronze, de 7 m de hauteur, œuvre du sculpteur Vincenzo Jerace, a été élevée ici en 1901. De là, la vue sur les sommets de la Barbagie est imprenable. Une petite excursion à faire absolument en raison du splendide panorama qu'elle permet de découvrir. Nous conseillons vivement de flâner sur le petit plateau du sommet qui est très animé le soir venu. Beaucoup d'habitants de Nuoro viennent y passer leur fin de journée à la belle saison, on dirait même que c'est l'endroit le plus animé de la ville. On peut effectuer un tour et redescendre sur Nuoro par l'autre versant (sud) qui offre de magnifiques vues également. Ne pas manquer, sur la gauche quelque 2 km en contrebas, une étonnante bergerie troglodytique.

© LOUIELEA - SHUTTERSTOCK.COM

MUSEO DEL COSTUME ★★

Via Mereu, 56
✆ +39 0784 257 035
www.isresardegna.org
Ouvert tous les jours de 10h à 13h et de 15h à 20h en été. Fermé le lundi. Entrée : 5 €.

Situé sur une colline qui domine la ville, ce musée est l'un des plus intéressants de Nuoro. Les nombreuses salles nous donnent l'impression de nous balader dans un village. Les costumes sardes de diverses époques y sont présentés, faisant ressortir les spécificités de chaque région. Sont également exposés de nombreux bijoux, des instruments de musique, des répliques de spécialités culinaires. Enfin, les dernières salles, très étonnantes, rassemblent les costumes portés par les habitants des villages de la région pendant le carnaval.

MUSEO DELEDDIANO - CASA NATALE DI GRAZIA DELEDDA ★

Via Grazia Deledda, 42 ✆ +39 0784 258 088
www.isresardegna.org
Ouvert de 10h à 13h et de 15h à 20h en été. Fermé le lundi. Entrée : 3 €.

Au cœur du vieux quartier de Santu Predu se cache la maison natale de la célèbre romancière Grazia Deledda. Elle y a écrit ses premiers romans, avant de se marier en 1900 et de déménager à Rome. L'œuvre de l'auteure a été récompensée par un prix Nobel de littérature en 1926, qui aujourd'hui encore fait la fierté des habitants de Nuoro. Objets personnels, textes et même le fameux prix y sont exposés. On regrette que les indications ne figurent qu'en italien.

MUSEO NAZIONALE ARCHEOLOGICO ★★

Via Manno, 1
✆ +39 0784 316 88
Le musée était fermé pour rénovation lors de notre visite.

Le musée national se situe dans un ancien palais du XVIIIe siècle. L'exposition se concentre surtout au rez-de-chaussée et le visiteur peut y voir les objets résultant de plusieurs années de fouilles et recherches archéologiques. Nombre de ces objets proviennent de donations privées ou ont été rassemblés par les spéléologues du Club des Grottes du Nuoro au début du XXe siècle. Pour en connaître un peu plus sur les civilisations qui ont habité l'île depuis la Préhistoire.

TOMBA DI GRAZIA DELEDDA ★★

La tombe de Grazia Deledda se trouve dans la petite église de Nostra Signora della Solitudine, à la sortie de la vlle. L'écrivaine sarde venait s'y recueillir et c'est ici qu'elle a été inhumée à sa mort en 1936. Le tombeau de granit noir est installé dans une niche sur la droite de l'allée centrale. Grazia Deledda est la seule femme de lettres italienne à avoir été distinguée par le prix Nobel de littérature, en 1926. L'œuvre de Grazia Deledda puise son inspiration dans la Sardaigne de sa jeunesse, entrecroisant les thèmes de l'amour, de la douleur et de la mort.

B&B CASA SOLOTTI €

Località Monte Ortobene
✆ +39 0784 339 54
www.casasolotti.it

Compter entre 52 € et 70 € pour une chambre double, petit déjeuner compris.

Logée dans une belle villa à 2 km du sommet du monte Ortobene, la Casa Solotti est un endroit pittoresque tenu par deux amoureux de la nature. Cela fait plus de 10 ans que Mario Zizi et Frédérique proposent un accueil chaleureux et en français aux touristes de passage. Les six chambres sont réparties sur deux étages d'une aile de la maison. Mais attention, toutes n'ont pas leur salle de bains privative. En revanche, elles partagent une terrasse avec vue imprenable sur les sommets. Les hôtes conseillent volontiers sur les randonnées à faire dans la région.

B&B SILVIA E PAOLO €€

Corso Giuseppe Garibaldi, 58
✆ +39 0784 312 80
www.silviaepaolo.it

Compter 65 € pour une chambre double, petit déjeuner inclus.

Voilà une adresse agréable pour celles et ceux qui souhaitent séjourner en centre-ville de Nuoro. La maison ne saurait être plus centrale, à seulement quelques pas de la piazza Vittorio Emanuele I. Silvia et Paolo mettent à disposition trois chambres correctes aux meubles anciens chinés dans les brocantes. Les parties communes sont ravissantes et lumineuses. La maison dispose d'un toit-terrasse sympathique où l'on prend les petits déjeuners à la belle saison. Attention, seule une chambre possède sa salle de bains privative...

HOTEL SANDALIA €€

Via Einaudi, 14
✆ +39 0784 38353
www.hotelsandalia.com

A partir de 85 € pour une chambre double, petit déjeuner compris. Possibilité de demi-pension.

L'endroit pourrait sembler peu engageant, en bordure d'une route à 4 voies à la sortie de la ville. Mais voilà, l'accueil plaisant et surtout les chambres confortables en font une adresse qui mérite d'être signalée. Les 49 chambres affichent une décoration contemporaine qui se singularise de l'habituel cachet rustique des hôtels de Barbagie. Bien conçu, l'hôtel répond aux besoins d'une clientèle d'affaires avec le wifi dans toutes les chambres. Sa position légèrement excentrée permet de sortir rapidement de la ville tout en étant au calme.

IL RIFUGIO €

Via Mereu, 28/35
✆ +39 784 232 355
www.trattoriarifugio.com

Ouvert de 12h45 à 15h et de 19h45 à 23h30. Fermé le mercredi. Compter 20 € pour un repas.

Ne vous arrêtez surtout pas à l'immeuble peu avenant dans lequel est hébergé ce restaurant. Il Refugio pratique le *slow food* ou encore une certaine philosophie du plaisir. Ce concept, né en Italie dans les années 1980, avait pour but de contrecarrer les effets néfastes du fast-food. Ici, on sait ce que l'on mange, le chef connaît ses producteurs et sélectionne des produits de qualité. Il les accommode selon le répertoire classique sarde, voire même et surtout de la Barbagie. On aime le cadre avec les vieilles photos en noir et blanc qui ornent les murs.

RISTORANTE MONTI BLU €

Piazza Sebastiano Satta
✆ +39 0784 231443
www.montiblu.com

Restauration du mardi au dimanche, de 13h à 15h et de 20h15 à 23h30. A partir de 25 € pour un repas.

Sans conteste notre coup de cœur à Nuoro. Boutique et restaurant à la fois, on peut y venir à toute heure, soit pour une séance shopping, soit pour un repas délicieux. La grande terrasse installée sur la place est très agréable le soir. Aux heures chaudes, la salle élégante habillée de noir et blanc et climatisée s'impose. On s'y attable sous de grandes guirlandes de houblon et on y déguste une cuisine typiquement italienne très créative. Raviolis à l'encre de seiche, pâtes aux moules et crevettes, mi-cuit de thon rouge... C'est beau et bon à la fois. On adore !

RISTORANTE ENOTECA CIUSA €€

Viale Ciusa, 55 ✆ +39 0784 257 052
www.ristoranteciusa.it
Ouvert de 13h à 15h et de 20h à 23h. Fermé le lundi. Compter 35 € pour un repas.

Nuoro compte quelques très belles tables et Ciusa en fait partie. Son atmosphère raffinée n'empêche pas de se régaler de plats simples, comme une assiette de charcuteries fines ou un carpaccio de bœuf au pecorino. Mais ce serait dommage de se priver de la cuisine créative du chef, qui suit le fil des saisons. Il propose des plats inspirés saupoudrés d'un grain de fantaisie, comme ces supions aux févettes fraîches ou le poulpe frit présenté de façon très originale. A ne pas manquer : le *filindeu*, des pâtes maison très fines servies en sauce de poisson.

CREAZIONI ANTONELLO

Via Malta, 13
✆ +39 0784 390 08
orodisardegna.wordpress.com
Ouvert de 9h à 13h et de 16h à 20h. Fermé le dimanche.

Le filigrane sarde est « le fil d'or » porté déjà par les Phéniciens et travaillé comme la plus précieuse des broderies. Dans cet atelier, on part d'une recherche approfondie sur les matériaux archéologiques et les anciens ornements, avec leurs significations symboliques, pour aboutir à la conception de bijoux uniques. Antonello réussit à capter la lumière en façonnant l'or en spirales et dentelles. Bagues, pendentifs et broches sont réunis dans des collections aux noms de rêve : Organza, Corbula, Soffioni… Le résultat est d'une délicatesse surprenante.

OTTANA

Situé dans la vallée du fleuve Tirso, Ottana aurait été fondée à l'époque de la civilisation nuragique. C'est pourquoi la ville est riche en sites archéologiques dont des domus de janas, des nuraghes et des tombes de géants. Mais ce qui fait la grande popularité d'Ottana c'est surtout son important carnaval et son gâteau typique, le S'Angule, qui était autrefois un ex-voto. Célébré le troisième dimanche de mai, la particularité du festival tient à la fabrication d'un gâteau délicat à base de semoule, de miel et de safran. Devenu symbole religieux, ce gâteau rond était à l'origine une expression païenne destinée à remercier la terre de sa générosité.

OLIENA

Avec sa petite église Santa Maria du XVe siècle, Oliena est une ville pittoresque. Etalée à mi-pente des monts du Supramonte, la ville est renommée pour ses costumes, ses broderies et ses vins. Gabriele D'Annunzio a lui-même nommé le vin le plus connu de la ville, tant il le trouvait bon, le Nepente. Oliena a gardé et cultive ses traditions artisanales. Vous y trouverez des magasins de couteaux, de poterie, de cuir, des boutiques de vin ou d'huile d'olive. Ce qu'on remarque en premier en pénétrant dans la ville, ce sont les peintures murales qui expriment les préoccupations sociales, politiques et philosophiques de ses habitants. On remarquera notamment le trompe-l'œil d'une vieille dame au balcon avec un fusil. La fresque la plus emblématique est celle de *S'incontru* qui raconte le rite de la Rencontre pendant les fêtes pascales. Un groupe de femmes descend le Christ de sa croix et, durant la Semaine sainte, les habitants d'Oliena partent à sa recherche dans les églises du village, jusqu'au samedi où il est retrouvé. Le dimanche de Pâques, une statue de la Vierge est menée en procession à la rencontre du Christ ressuscité. A l'extérieur de la ville se dressent deux sanctuaires, celui de Nostra Signora di Monserrato et celui de San Giovanni, sur la route de Dorgali, près duquel jaillit la source naturelle de Su Gologone, verte et pure.

Balade

Oliena est aussi le point de départ pour les randonneurs désirant s'attaquer aux montagnes du Supramonte. Ce vaste massif calcaire, à l'aspect dolomitique, domine la Punta Corrasi. Ces lieux mystérieux et d'un accès difficile abritent le village nuragique de Tiscali. Attention ! Ne partez pas seul et mal équipé pour le Supramonte, où les chemins de randonnée sont difficiles. Il est vivement recommandé de bien s'équiper et de partir avec des guides ou des agences spécialisées dans le trekking.

Tourisme

L'office de tourisme (tél. +39 346 661 2992) se trouve sur la piazza Berlinguer. Il est ouvert du lundi au samedi de 9h à 13h et de 16h à 19h en été.

AREA ARCHEOLOGICA DI TISCALI ★

Ouvert de 9h à 19h de mai à septembre, jusqu'à 17h le reste de l'année. Entrée : 5 €.

Commencez par prévoir de bonnes chaussures de randonnée : l'ascension qui mène au site demande en effet d'escalader quelques rochers. Il faut compter 2 heures d'ascension à pied pour atteindre ce village préhistorique dissimulé à l'intérieur d'un gouffre. La doline, dont la voûte s'est écroulée, est constituée de roches calcaires d'origine organique datées de 160 à 180 millions d'années. La présence de l'homme dans cette doline remonte à plus de 14 000 ans. Des fouilles y ont mis au jour des vestiges de la civilisation nuragique. Les habitants de la vallée de Lanaitto auraient, à la suite de conflits avec des populations voisines, mais surtout après l'arrivée des Romains en Sardaigne, déserté leurs villages et seraient venus chercher refuge dans cet endroit reculé. Malgré tout, les probabilités pour que le village ait été habité de façon permanente sont faibles. Il n'y a aucun point d'eau aux alentours et les terres cultivables sont quasi inexistantes. Le village est composé des vestiges de deux groupes d'habitations. Le premier groupe comporte une quarantaine de cabanes dont certaines sont rondes, d'autres carrées ou rectangulaires. Le deuxième comprend une vingtaine de cabanes rectangulaires plus petites que les précédentes. Les murs étaient montés avec de larges pierres soudées entre elles par de la boue, et la toiture était constituée de matériaux végétaux. Le lieu est difficilement accessible sans guide, en raison de l'absence totale de signalisation.

COMPLESSO NURAGICO SA SEDDÀ E SOS CARROS ★★

Ouvert de 9h 19h de mai à septembre, jusqu'à 17h le reste de l'année. Entrée : 5 €.

Ce village nuragique occupe un petit plateau à flanc de montagne, dans les Supramonte. Il se visite à l'occasion d'une randonnée pédestre un peu sportive. On peut y ajouter la visite des grottes de Sa Oche et de Corbeddu toutes proches. Le village était pourvu d'un temple sacré qui servait à la fois de source pour les besoins des habitants du village et de lieu de culte. La fontaine centrale est décorée de gravures représentant des têtes de béliers.

SORGENTI SU GOLOGONE ★

Ouvert de 9h à 19h en été, jusqu'à 17h le reste de l'année. Entrée : 2 €.

De cette source karstique coule une eau verte et transparente. La source, qui déverse 300 litres d'eau par seconde, est la plus importante de Sardaigne et l'une des plus importantes d'Italie. Les montagnes s'écartent en une étroite faille pour cracher cette source puissante. Le lieu est propice à la contemplation et il attire les mélancoliques, les peintres de paysages, mais aussi les plongeurs et spéléologues qui partent explorer les entrailles du Supramonte en remontant la source. Sur la route d'Oliena à Dorgali, à 200 m de l'hôtel Su Gologone.

Village nuragique sa Seddà e sos Carros.

SUPRAMONTE ★

Les vallées d'Oliena, d'Orgosolo, de Dorgali et d'Urzulei sont encerclées par des montagnes abruptes qui forment un paysage lunaire. Le mont Corrasi culmine à 1 463 m. Le haut plateau calcaire du Supramonte est l'une des régions les plus sauvages d'Europe. L'eau y est rare, mais la faune y est variée : renards, sangliers, mouflons et aigles... De nombreuses excursions sont possibles, de différentes durées et difficultés. Elles sont numérotées et parfaitement renseignées. Vous pouvez emprunter les services d'un guide si vous manquez d'expérience.

COOPERATIVA TURISTICA ENIS

Localita Monte Maccione ✆ +39 0784 288363
www.coopenis.it
Excursion pour Tiscali tous les week-end. 4 personnes minimum. Tarif : 38 €. Autres randonnées sur demande.

Cette agence locale propose des sorties culturelles qui comprennent la visite des quartiers historiques de Nuoro, la découverte de la production du cannonau, les métiers d'autrefois à Oliena, les villages nuragiques et les tombes des géants... L'agence loue également des vélos électriques et organise aussi des randonnées ou des excursions en 4x4 pour découvrir la somptueuse nature des environs. La coopérative peut également préparer votre pique-nique en vue d'une rando solo ou guidée.

SARDEGNA NASCOSTA ★

Via Masiloghi, 35
✆ +39 0784 288 550
www.sardegnanascosta.it
Compter 65 € pour un excursion au Monte Corrasi.

Depuis 20 ans, Fabrizio fait découvrir sa magnifique région du Supramonte et de Barbagie aux nombreux touristes. Les options et formules de balades en 4x4 ou à cheval, de randonnée, de canoë et même de spéléologie sont nombreuses et accessibles à tout âge et à partir de 3 ou 4 personnes. Les excursions sont parfaitement encadrées et prévoient des haltes pour reprendre son souffle, parfois autour d'un déjeuner servi par les bergers. En français, ce passionné du terrain explique la culture et la nature de cette riche partie de la Sardaigne.

AGRITURISMO GUTHIDDAI €

✆ +39 0784 286 017
A partir de 90 € pour une chambre double, petit déjeuner compris. Compter 38 € pour un menu.

Cet agriturismo profite de la beauté des paysages spectaculaires de la vallée qui va d'Oliena à Dorgali dans laquelle il est situé. Entourée de vergers et de potagers, la maison blanche aux volets bleus et couverte de fleurs étincelle de lumière et abrite une dizaine de chambres de tailles variables. Elles sont installées dans d'adorables maisonnettes disposées en carré et qui forment une cour intérieure. Le restaurant propose une cuisine solide et typique de la Barbagie. L'accueil chaleureux et le service attentionné en font une excellente adresse de charme.

HÔTEL S'ENIS MONTE MACCIONE €

Loc. Monte Maccione
✆ +39 0784 288 363
www.coopenis.it
Compter de 55 € à 89 € pour une chambre double, petit déjeuner compris.

Cette coopérative est à la fois un hôtel, un restaurant et un centre d'excursion, le tout au sommet du mont Maccione. Le lieu est idéal pour les amoureux de la nature et les sportifs. Une vingtaine de chambres spacieuses avec salle de bains, dont certaines avec terrasse panoramique, vous accueillent. L'ameublement est simple et sans climatisation, car les nuits sont souvent fraîches. Le restaurant propose des spécialités sardes et de bonnes pizzas au feu de bois.

HÔTEL SU GOLOGONE €€

Loc. Su Gologone
✆ +39 0784 287 512
www.sugologone.it
Compter de 208 € à 370 € pour une chambre double classic, petit déjeuner compris. Fermé de novembre à mars.

A quelques kilomètres à peine d'Oliena, entourée par une nature sauvage et envoûtante, voici une adresse magique, originale et insolite. Giovanna Palimodde a créé un hôtel d'exception unique en son genre qui propose à ses clients de s'immerger dans les traditions de la Barbagia. Ce havre de paix avec ses 70 chambres, toutes différentes les unes des autres, sa piscine, son jardin botanique, son potager, ses terrasses panoramiques et son restaurant gourmet est en réalité un conservatoire des arts et des traditions populaires locales.

RISTORANTE SU GOLOGONE €€

Loc. Su Gologone ✆ +39 0784 287 512
www.sugologone.it
Compter entre 25 € et 55 € pour un repas. Fermé de novembre à mars.

Le meilleur de la tradition gastronomique de la Barbagie se trouve dans ce fabuleux restaurant. Ici, les femmes cuisinent comme autrefois et font cuire le pain au feu de bois. Il faut absolument goûter au très copieux et succulent buffet d'*antipasti* sardes, aux raviolis à la ricotta ou au fromage local (*sa casizolu*). Tous les soirs, le cochon de lait est rôti à la broche dans la grande cheminée. Le repas s'achève avec les traditionnelles *seadas* recouvertes de miel. Les prix restent raisonnables. Une étape obligée en visitant la région.

RISTORANTINO MASILOGHI €€

Via Galiani, 68
✆ +39 0784 285 696
www.masiloghi.it
Ouvert tous les jours de midi à 23h30. Menu découverte à 35 €.

Ce joli restaurant aux murs d'un blanc laiteux s'impose dans un cadre ravissant avec ses casseroles en cuivre et ses assiettes en faïence suspendues. Malgré son nom qui pourrait laisser penser à un mouchoir de poche, il dispose d'une soixantaine de places à l'intérieur et du même nombre à l'extérieur. On y déguste des spécialités locales (*pane frattau*, raviolis au pecorino, *culurgiones*, *pane carasau*, *porcettu* à la broche…). Le repas s'accompagne de nepente d'Oliena ou de cannonau, les cépages du coin. Attention toutefois : service un peu lent et prix élevés.

AZIENDA PUDDU

Loc. Orbuddai
✆ +39 0784 288 457
www.aziendapuddu.it
Ouvert du lundi au samedi de 8h à 13h et de 15h30 à 19h30.

Quoi de mieux que de se procurer sa charcuterie ou son vin directement à la source ? Cette exploitation agricole, un peu perdue dans la campagne au nord d'Oliena, produit d'excellentes salaisons, dont notamment de délicieux jambons crus ou du lard fumé. Côté cave, les vins bio de la famille Puddu font preuve d'excellence. Des raisins cannonau, ils produisent le rosé Tiscali et le nepente, à la couleur rouge foncé. Mais la curiosité locale est le «blanc de noir», obtenu à partir du pressage délicat de raisins rouges de provenance locale.

ORGOSOLO ★★

Avec ses 4 500 habitants, Orgosolo est une petite ville on ne peut plus sarde, dont la réputation de fierté et de dureté dépasse largement les frontières de la Barbagie. Elle est connue dans toute l'Italie pour avoir été le creuset sarde du banditisme, comme en témoigne le film de Vittorio De Sica, *Bandits à Orgosolo*. Synonyme des luttes sardes pour le progrès social et l'autonomie, bastion d'un grand nombre de famille de bergers, Orgosolo est la patrie d'habitants altiers qui jusqu'il y a encore quelques années n'accueillaient pas nécessairement l'étranger à bras ouverts. Mais c'est surtout pour les nombreuses fresques murales que l'on vient se perdre ici. Les tableaux figuratifs représentent les combats politiques et les velléités indépendantistes de ses habitants dans un cadre typique de village de montagne. La ville laisse entrevoir la Sardaigne profonde. Il ne faut pas s'étonner si d'un coup on ne comprend plus rien à ce que les habitants racontent, car la plupart discutent en sarde et cela vaut pour les plus jeunes. En fin de journée, à la sortie de la messe, on croise des femmes vêtues de noir de la tête aux pieds, comme des religieuses avec leur chapelet entre les mains.
Fiers à la limite du dédain, les hommes d'Orgosolo regardent le visiteur d'un œil méfiant, voire menaçant. Mais depuis quelques décennies, avec l'amélioration des conditions de vie, ce village n'est plus ni dangereux ni inaccessible.

Balade

Vous pourrez vous promener à Orgosolo en toute quiétude. Prévoyez une demi-journée ou quelques heures si vous êtes de passage, cela suffit pour découvrir cette petite ville au charme unique : ses ruelles étroites et ses tableaux à ciel ouvert permettent en effet aux visiteurs d'appréhender l'histoire de la Sardaigne, par les revendications murales de ses habitants. L'idéal est de se balader dans le village en fin de journée vers 18h, c'est l'heure à laquelle les femmes, toutes vêtues de noir, rentrent de la messe, c'est aussi à ce moment-là que l'activité reprend dans les rues, c'est donc l'occasion d'humer l'atmosphère de cette ville si singulière. Le coucher du soleil donne alors aux peintures murales une toute autre dimension.

La ville aujourd'hui

Situé à 18 km au sud d'Oliena, Orgosolo attire les touristes avec les fresques murales qui ont envahi le cœur du village. Réalisées à partir des années 1960, et encore aujourd'hui, plus de 150 peintures murales expriment des idées politiques à la fois indépendantistes et gauchistes, et, plus généralement, les préoccupations sociales et métaphysiques des habitants de la région. Presque toutes les façades de la petite rue principale, où les hommes du village, très nombreux, se rassemblent pour prendre un café ou discuter, sont recouvertes de fresques colorées. Le village est ainsi un véritable musée en plein air. La ville est d'ailleurs jumelée avec Belfast, partageant avec elle une histoire de peintures murales et de lutte pour l'autonomie...

Transports

- **Bus.** La compagnie ARST relie Nuoro (ligne 509) avec 6 bus quotidiens.

DOMUS DE JANAS DI SU CALAVRICHE ★

Ce domus de janas surprend par sa position élevée, au sommet d'un gros rocher isolé à l'apparence tourmentée que lui ont donnée les intempéries. Les trois petites tombes ont été directement creusées dans la roche, formant des niches. Très anciens, les archéologues les font remonter à 3500 av. J.-C. La présence d'ocres rouge et jaune sur la roche souligne les structures des pilastres et fausses fenêtres. Depuis Orgosolo, parcourir la SP58 en direction de Nuoro pour 7 km environ.

NURAGHE MEREU ★★

Au sommet d'une colline, en face de la gorge de Gorropu, se dresse le nuraghe « blanc ». Sa couleur unique tient à la qualité de la pierre utilisée, du calcaire blanc. A ses côtés, des huttes de calcaire en bon état attestent de la présence d'un ancien village. Le nuraghe de Mereu est non seulement célèbre pour son *tholos* (faux dôme) en parfait état, mais aussi pour sa situation exceptionnelle. Il surplombe la gorge de Gorropu, le canyon le plus profond d'Europe, et domine la forêt Sas Baddes, l'une des toutes dernières forêts primaires du bassin méditerranéen.

B&B JANNAS €

Localita Norguruzzuri
✆ +39 333 842 9801
www.jannasorgosolo.it/it
Compter 80 € pour une chambre double, petit déjeuner compris.

A mi-chemin entre Oliena et Orgosolo, cette chambre d'hôtes est installée dans une maison typique de montagne en pierre. Elle offre une vue panoramique sur le Supramonte d'Orgosolo et ses affleurements calcaires. Très agréable, elle comprend une imposante piscine et 4 chambres confortables. Le restaurant traditionnel est décoré d'anciens outils paysans : ambiance rustique, grande cheminée et recettes locales cuisinées par la maman de la propriétaire. Authenticité, calme, ambiance familiale, voilà un lieu idéal pour visiter le cœur de la Sardaigne.

B&B ORGOSOLO €

28 Via Calamida
✆ +39 340 074 6565
Compter 55 € pour une chambre double, petit déjeuner compris.

Cette maison typique de trois étages transformée en chambre d'hôtes est nichée dans le cœur historique d'Orgosolo, dans une petite ruelle très calme. Elle a été entièrement rénovée pour accueillir trois chambres doubles. Elle compte bien évidemment sa fresque en façade, qui représente notamment la *Statue de la Liberté*. Les chambres sont spacieuses et meublées simplement. L'une d'entre elles fait office de chambre familiale avec son lit double et ses lits superposés. Le petit déjeuner est servi tous les matins en libre-service.

B&B VERANOS €

22 Via Trieste
✆ +39 348 060 2310
Compter 50 € pour une chambre double, petit déjeuner compris.

La rue qui mène à cet hôtel est étroite, attention si vous êtes en voiture, garez-vous un peu avant. Situé en plein cœur d'Orgosolo, cette petite maison typique affiche une décoration très colorée, depuis son entrée bleu et jaune jusque dans les chambres aux dessus-de-lit bayadères. Pas très grandes, elles sont agréablement meublées de lits en fer forgé et de commodes en bois massif. Le couple qui tient cette chambre d'hôtes est adorable et prépare un petit déjeuner très copieux, avec toutes sortes de biscuits et de produits locaux.

© HUGO CANABI - ICONOTEC

MURALES DI ORGOSOLO ★★★

Unique en son genre, l'expression murale d'Orgosolo mérite le détour. Apparue au début du XXe siècle, elle est en premier lieu un outil de communication utilisé par un groupe d'anarchistes. Ils utilisèrent les murs des maisons pour y faire naître des fresques politiques destinées à être vues du plus grand nombre. La technique fut reprise par la Résistance, durant la Seconde guerre mondiale, pour s'étendre aux villages voisins. Les artistes se sont emparés du mode d'expression pour l'ouvrir plus largement à la culture, aux coutumes et aux traditions sardes. Une promenade dans les rues d'Orgosolo se transforme en lecture silencieuse de revendications politiques aussi bien que de témoignages de la vie quotidienne. De nombreuses représentations de bergers ou de bandits sardes côtoient des dessins de *mamuthones*, les hommes masqués du carnaval de Mamoiada, ou de femmes sardes parties chercher de l'eau à la fontaine. Parmi les œuvres les plus célèbres, on découvre des messages pacifistes. Une représentation de Charlie Chaplin en soldat dit « Une autre guerre ? Non merci » ; ou un vieux monsieur sarde appuyé sur sa canne reprend une citation de Bertold Brecht « Heureux le peuple qui n'a point besoin de héros ». A l'entrée du village, sur la route venant de Nuoro ou Oliena, un rocher peint représentant un visage de bandit est censé effrayer tout étranger pénétrant dans le village. Les artistes continuent d'enrichir d'œuvres peintes les murs d'Orgosolo, singulier musée à ciel ouvert qui présente la pensée politique de ses habitants.

AI MONTI DEL GENNARGENTU €

Loc Settiles ✆ +39 0784 402 374
www.aimontidelgennargentu.it
Ouvert tous les jours de midi à 22h. Compter 35 € pour un repas.

En pleine nature, cet établissement respire l'authenticité. Poutres, cheminées typiques, service en bois et jambons suspendus, on savoure ici une cuisine artisanale préparée à l'ancienne avec des produits qui notamment gambadent dans le jardin ! Spécialités régionales, vins locaux et digestif maison. Le pane fratau, les ravioles, cochon grillé à la broche et le tiramisu sont un vrai délice ! Tables et bancs de sont dispersés dans le jardin de cette campagne pour les groupes. Une étape de caractère, à 3 km audessus d'Orgosolo.

A DOMMO €

Corso Repubblica, 206
✆ +39 333 4458 788
Ouvert midi et soir. Compter 20 € pour un repas.

Cette trattoria ouverte en 2016 est la bonne surprise gourmande en ville. Ne vous faites pas avoir par le premier restaurant de fritures sur le parking de la place principale, A Dommo est bel et bien le seul endroit correct au cœur d'Orgosolo. Il se trouve juste en face du café Da Candela qui affiche sur sa façade la tragédie de Gaza en 2000. Au menu de ce restaurant mouchoir de poche à l'intérieur épuré, des produits locaux bien cuisinés. Le chef met à l'honneur les pâtes, les *gnocchetti* et les raviolis saupoudrés ou farcis du fromage local.

IL PORTICO €

Via Giovanni XXIII, 34
✆ +39 078 440 2929
www.ristoranteorgosolo.it
Ouvert de 12h à 15h et de 19h à 22h.
Menus de 16 € à 30 €.

Installé sur une placette dans un gros immeuble en pierre aux cadres de fenêtres peints en jaune vif, le restaurant se la joue très discret. Pas de panneau pour annoncer les lieux et l'entrée se fait sous la terrasse de l'immeuble. Il Portico propose une bonne cuisine de spécialités sardes, avec de bonnes charcuteries et des fromages de montagne, des raviolis et des pâtes fraîches faites maison assaisonnés de sauce *al raghu*, ou de sauce tomate à la saucisse. Le cadre est à l'avenant de la cuisine : net et rustique. Une qualité typique à prix modeste.

LE SUPRAMONTE €

✆ +39 0784 401015
www.supramonte.it
Ouvert toute l'année, sur réservation.
A partir de 25 € pour un repas.

Les bonnes adresses gastronomiques ne pleuvent pas dans le centre d'Orgosolo, mais tout près d'ici, tous vous indiqueront le chemin du Supramonte. Ce camping-chambre d'hôtes propose aussi une véritable expérience culinaire sarde en pleine forêt. On s'installe sur les bancs sous les arbres et on déguste de multiples produits locaux « à la bonne franquette » : charcuteries, cochon grillé à la broche, côtes d'agneau, fromage de brebis et desserts maison, le tout à volonté. Le bon vin aidant, le repas se termine souvent par des chants sardes.

DÉJEUNER TYPIQUE AVEC LES BERGERS €€

Località Sarthu Thitthu
✆ +39 0784 401015
Comptez entre 20 et 35 €, selon le menu que vous aurez défini avec le berger.

La plupart des agences locales qui organisent des excursions en Barbagie proposent un déjeuner avec les bergers. Dans les petits villages, comme celui d'Orgosolo, le berger jouit d'une aura particulière. Il symbolise l'identité culturelle sarde et perpétue un mode de vie qui tend à se singulariser. En été, il parcourt les montagnes avec son troupeau de brebis, qu'il trait sur place. Le fromage est produit dans les cabanes d'estive. Il vous fera également déguster les charcuteries.

CANTINE DI ORGOSOLO

Via Ilole
✆ +39 0784 403096
www.cantinediorgosolo.it

Née en 2006 de la réunion de 19 petits producteurs cette coopérative a pour but de vous présenter les meilleurs crus de cannonau, corsés, et veloutés. Les vendanges ont lieu dès la 3e semaine de septembre jusqu'à octobre. La récolte se fait méticuleusement à la main pour préserver le côté artisanal. N'hésitez pas à venir déguster autour des gros tonneaux le Locoe, le Rosavalia, le Soroe ou le fameux Urulu, un vin qui a du panache et du corps pour accompagner viandes, grillades, fromages. Ambiance chaleureuse garantie. Expédition à l'international très soignée.

FONNI

A plus de 1 000 mètres d'altitude, la petite ville de Fonni est la plus haute de Sardaigne. Elle est protégée par la chaîne du Gennargentu aux pentes enneigées en hiver. Fonni est d'ailleurs le point d'accès à la seule station de sports d'hiver de l'île, Bruncuspina. L'été, Fonni devient une destination prisée des amateurs de randonnée. Les forêts de chênes séculaires sont peuplées de mouflons, de cerfs, d'aigles royaux, de sangliers… Grazia Deledda a écrit à propos de ce village qu'il était comme « un vautour au repos ». A quelques kilomètres de la ville, les lacs de Gusana et de Cucchinadorza offrent de beaux paysages champêtres. Fonni est aussi un centre archéologique d'exception. Ses environs abritent 18 villages nuragiques, 25 tombes de géants, 55 *domus de janas* et 45 nuraghes. Le village conserve quelques constructions traditionnelles en granit, comme la basilique de la Madonna dei Martiri. Il expose quelques fresques murales comme à Orgosolo. Les plus intéressantes sont celles représentant le carnaval avec ses masques zoomorphes. Autre temps fort de la ville, la fête de la Madone célébrée le premier dimanche de juin. A cette occasion un grand défilé est organisé où chevaux et cavaliers sont à l'honneur. Ils portent en procession le Su Cohone 'e Vrores, un pittoresque pain fleuri destiné à servir d'offrande. Ensuite, ces cavaliers s'exhibent dans les traditionnelles *parillas*, des démonstrations acrobatiques avec les chevaux lancés au galop dans les rues de la ville.

Tourisme

L'Office de tourisme (www.fonniturismo.it) se trouve au 1 via Zunni.

TOMBA DEI GIGANTI DI BIDISTILI O DURANE ★★

SS389 dir/B

Le tombeau date de l'époque nuragique. Sur la gauche, la vaste exèdre abrite un petit bétyle autour duquel ont été retrouvés des fragments de poteries. La petite chambre mortuaire, de forme rectangulaire, est constituée par de larges dalles orthostatiques. L'abside régulière contribuait à donner au monument l'aspect d'une barque renversée rappelant les *navetas* de Minorca aux Baléares. Les écuelles carénées attestent de la présence de lits funéraires.

AGRITURISMO PARCO DONNORTEI €€

46 via San Antonio
✆ +39 0784 58 575
www.agriturismodonnortei.com
Compter 80 € pour une chambre double, petit déjeuner compris.

Cette maison en pleine montagne dispose de son parc animalier privé ouvert aux visiteurs. Les 25 chambres donnent directement sur la nature. Tout ce qui est servi dans l'assiette provient de la production de cette ferme située juste en face. Le restaurant au premier étage a aussi sa baie vitrée sur les montagnes. En plein hiver l'endroit est enneigé, l'été il est verdoyant. Des activités sont organisées dans le parc, une halte parfaite pour les familles ou les amoureux de la nature.

Procession pendant la fête de la Vierge des Martyrs.

AGRITURISMO SU PINNETTU €€

Loc Donnortei ✆ +39 0784 570 96

www.agriturismosupinnettu.it

Compter 80 € pour une chambre double, petit déjeuner compris.

En pleine nature, cet agritourisme attire par sa construction ronde au toit de chaume et aux murs de pierres typiquement sardes. Il ressemble à ce que devaient être les huttes des villages nuragiques. Côté cuisine, tout est fait maison : fromages, pâtes, pain... Derrière la maison, vous pourrez voir le potager et le verger ainsi que les vaches et les chèvres qui broutent paisiblement. L'atmosphère est à la convivialité et la simplicité. Quatre chambres quadruples avec salle de bains. L'endroit est un peu plus rustique que son voisin d'en face, *Il Donnortei*.

IS CUBAS €

N7 entre Fonni et Desulo sur la gauche (station service)

✆ +39 347082 1936

Ouvert tous les jours de 6h à 20h. Compter 30 € le repas.

Avant d'arriver à Desulo, sur cette belle route en lacet, vous trouverez une station-service. C'est là qu'un couple dynamique et ambitieux tient son restaurant qui permet d'apporter un peu de vie à cet endroit reculé. La bonne adresse est insoupçonnée à ceux qui se contentent de faire le plein, mais les locaux la connaissent tous. Le restaurant comprend une terrasse extérieure et quelques tables à l'intérieur, dans une atmosphère proprette. L'endroit se prête à une pause conviviale. On se laisse guider par les bons produits et le sourire des hôtes.

MIRAMONTES €€

N7 à la sortie de Fonni, 300 m après le panneau en direction de Desulo.

✆ +39 0784 57311

www.ristorantemiramontes.com

Ouvert de midi à 18h, jusqu'à 22h le week-end. Fermé le mercredi. Compter 30 € pour un repas.

Ce chalet de pierre sur le bord de route à la sortie de Fonni domine les montagnes, et sert une cuisine de la nature à l'assiette. Ici, on ne plaisante pas avec la qualité des produits sardes, ni avec la viande. Pour les amateurs de viandes et de bonne cuisine traditionnelle c'est ici qu'il faut aller dans les parages. Une terrasse arborée à l'extérieure pour les beaux jours et de grandes fenêtres avec un beau panorama sur les montagnes lorsqu'il neige rendent l'endroit charpenté très chaleureux. C'est la bonne adresse du coin.

MAMOIADA ★

Mamoiada est connue pour son carnaval et ses costumes inquiétants, et ne présente pas d'intérêt particulier en dehors de cette période. En février, on accourt de toute la Sardaigne pour les voir. Les *mamuthones* arborent un masque noir, une épaisse cape en poils d'animaux et d'énormes cloches pesant jusqu'à 50 kg. Ils se transforment en créatures étranges, mi-homme, mi-bête. Les masques en bois sont réalisés par des artisans locaux qui se transmettent ce savoir-faire depuis des générations. On peut aussi les acheter chez les producteurs et visiter leurs ateliers.

Tourisme

L'office de tourisme (tél. +39 078 459 0764) se trouve au 13 via Sardegna.

MUSEO DELLE MASCHERE MEDITERRANEE ★★★

Piazza Europa, 15

✆ +39 0784 569 018

www.museodellemaschere.it

Ouvert de 10h à 13h et de 15h à 18h en été, du mardi au dimanche le reste de l'année. Entrée : 4 €.

Grâce à une mise en scène multimédia, on entre ici dans la magie des couleurs et des sons du carnaval *barbaricino* : la technologie permet aux visiteurs d'assister aux danses des *mamuthones*. Ce n'est donc pas une simple exposition de masques et de costumes de la Barbagie que propose le musée. Il s'agit plutôt d'un cours magistral sur les traditions populaires et les rituels des *mamuthones*, et sur le syncrétisme entre rites païens et christianisme. Passionnant.

DA TITINA €

Via Vittorio Emanuele II, 124

✆ +39 0784 560 65

www.bebdatitina.it

A partir de 70 € la chambre double, petit déjeuner inclus.

A la sortie nord de Mamoiada, juste avant la station-service, cette grande maison se cache dans un grand jardin très verdoyant. Les arbres y sont nombreux et permettent de jouer à cache-cache avec les oies, les canards et les perdrix des propriétaires. La décoration très personnelle fait que l'on se sent tout de suite «comme à la maison». Coquettes avec leurs têtes de lit molletonnées et leurs meubles rustiques, elles disposent de tout le nécessaire pour un séjour agréable. Si le propriétaire vous trouve sympathique, il vous fera goûter sa gnôle faite maison.

GAVOI ★

Ce petit village de pierre authentique avec ses étroites ruelles pavées compte à peine 2 500 habitants. Pittoresque, charmant et chaleureux, c'est un bourg dans lequel tout le monde se connaît. Ses quelques belles adresses se comptent sur les doigts d'une main. Tous les matins, le village se réveille au son des cloches de l'église de San Gavino. Le village est réputé pour son festival de littérature et ses produits locaux, comme la ricotta et le pecorino qui, ici, sont exceptionnels. Les montagnes et le lac Gusana lui offrent de jolis panoramas à explorer à l'occasion de randonnées. Un hameau paisible tout en pierre au charme inaltérable.

Lac de Gusana.

LAGO DI GUSANA

9 km au sud de Gavoi par la SS128

Le grand lac de Gusana est un réservoir artificiel construit en 1960. Il s'étend sur une quinzaine de kilomètres entre les montagnes, les collines et les forêts de chênes-lièges, de chênes verts, de cerisiers ou de peupliers. Quelques hôtels occupent le tour de ce lac pour permettre aux amateurs de vacances nature et sportives de profiter de son paisible environnement. Vous êtes là au centre de la Barbagie, que les Sardes qualifient eux-mêmes de Sardaigne authentique. C'est un endroit idéal pour séjourner en famille, ou pour les amateurs de pêche ou de canoë.

AGRITURISMO ANTICHI SAPORI €

Via Cagliari, 168

✆ +39 0784 520 21

www.agriturismodasperanza.com

A partir de 60 € pour une chambre double, petit déjeuner inclus.

Cette grande maison a été transformée en auberge et est conservée « dans son jus ». Il ne s'agit pas à proprement parler d'un agriturismo, puisqu'il n'y a pas de ferme ici. Vous êtes dans le village de Gavoi. En revanche, l'établissement garantit une ambiance familiale et rustique. La maison compte 9 chambres dont 5 seulement disposent de leur salle de bains privative. Les autres doivent partager. La maîtresse des lieux, Speranza, est un vrai cordon bleu.

HÔTEL GUSANA €

Loc. Lago di Gusana

✆ +39 0784 530 00

www.albergogusana.it

Compter 70 € pour une chambre double, petit déjeuner inclus. Fermé de décembre à mars.

Cet hôtel très calme est installé sur la rive nord-ouest du lac. Il comprend 35 chambres propres avec salle de bain, au style assez vieillot, mais l'atmosphère y est chaleureuse et le panorama superbe. L'endroit est tenu par la même famille depuis plus de 40 ans et tous parlent un peu le français. On y trouve un restaurant typique apprécié, une façade jaune fleurie, une piscine, une petite aire de jeux au coin du jardin pour les enfants et terrasse face au lac avec un beau panorama sur les montagnes. Un hôtel familial très paisible. Activités et promenades autour.

B&B SANTA RUGHE €€

Dans le centre historique de Gavoi

✆ +39 078 453 774

www.santarughe.it

Compter 70 € pour une chambre double, petit déjeuner compris.

A village authentique, son adresse authentique. Cet ancien bâtiment de pierre abrite 6 belles chambres avec pour certaines, un balcon donnant sur la petite rue, en face de l'église San Gavino. Les chambres ont une literie double et confortable, le wi-fi et une salle de bains. L'endroit est très bien tenu et Marinella tient également l'excellent restaurant du même nom, où les petits déjeuners sont servis. Au réveil, ricotta fraîche, jus de fruit pressé, tartes maison, confiture et miel locaux, jambon fumé et autres délices locaux...

ORANI

Situé en plein cœur de la Sardaigne, ce village est la ville natale de Constantino Nivola, grand sculpteur du XXe siècle. C'est Nivola qui a réalisé les graffitis sur la façade de la petite église de style gothique tardif de Nostra Signora d'Itria, à la périphérie de la ville. Orani offre aussi des points panoramiques évocateurs sur le monte Gonare. Ses environs sont explorés pour ses églises champêtres souvent situées en position dominante et qui peuvent faire l'objet d'une excursion en VTT. Le sanctuaire Nostra Signora di Gonare reçoit des centaines de fidèles tous les 8 septembre pour célébrer une messe et reprendre les chants traditionnels.

CHIESA DI SANT'ANDREA APOSTOLO ★

Piazza XX Settembre, 11

L'ancienne église, toujours visible à la sortie de la ville, est abandonnée au XVIIIe siècle. Une nouvelle église paroissiale doit voir le jour dans le centre d'Orani, mais le manque de fonds ralentit le démarrage des travaux. Ce n'est qu'en 1867 que le projet est confié à un architecte de Nuoro, manifestement très influencé par le style néoclassique. Un polyptyque du XVIe siècle et des fresques réalisées par Stanis Dessy et Mario Delitala sont conservés à l'intérieur.

MUSEO COSTANTINO NIVOLA ★★

Via Gonare, 2 ✆ +39 0784 730 063

www.museonivola.it

Ouvert de 10h30 à 19h30. Fermé le mercredi. Entrée : 5 €.

Le musée, une ancienne blanchisserie, rend hommage à Costantino Nivola, l'enfant du pays. Ce sculpteur, peintre et designer a collaboré avec Le Corbusier, Niemeyer ou Sert pour réaliser des sculptures destinées à des places et bâtiments publics. On peut y admirer ses sculptures en marbre, des primitives grands-mères et des travailleurs sardes d'inspiration cubiste, de même que ses tableaux et œuvres graphiques. Y sont également présentées des œuvres réalisées avec la technique du *sand casting*, qui consiste à faire couler du plâtre dans du sable modelé en négatif.

CHIESA SAN ANDREA E TORRE PISANA ★★

© MLINO_94 - SHUTTERSTOCK.COM

Cette église aujourd'hui en ruine fut abandonnée au XIXe siècle pour celle, plus grande et plus moderne, du centre-ville. Elle a probablement été construite au XVIIe siècle et présentait un plan en croix grecque. Le clocher est la seule partie bien conservée de cet édifice. Construit en pierre volcanique, il a mieux résisté aux affres du temps que le reste de l'église en pierres mélangées. Il est traditionnellement attribué aux Pisans, alors qu'en réalité son style est aragonais.

SARTORIA MODOLO ★

141 Corso Garibaldi

✆ +39 0784 749 90

www.sartoriamodolo.com

Cette boutique de mode est connue et représentée dans le monde entier. Paolo Modolo, son fondateur, a connu un parcours des plus romanesque. Jeune homme, il est employé à la mine voisine. Le soir, en rentrant chez lui, il se met à coudre. Un de ses premiers clients est Costantino Nivola qui lui paye son costume avec une toile dédicacée. Pendant 22 ans, Paolo creuse les galeries et coud des costumes. Ses modèles inspirés de l'habit paysan sont repérés et atterrissent sur les podiums de Cagliari d'abord, puis de Florence, Milan, Tokyo...

COSTA REI ★★

Entre le cap Ferrato au nord et le mont Nai au sud, cette plage de sable fin et blanc s'étend sur 10 km autour d'une baie d'eau cristalline. C'est ainsi que la Costa Rei se présente aux visiteurs, qui la choisissent pour ses bonnes infrastructures touristiques. Au sud de la Costa Rei, Cala Sinzias entoure une plage sableuse. Dans cette admirable baie, on peut trouver du calme même en été.

Transports

- **Bus.** La compagnie ARST dessert Costa Rei au départ de Cagliari (ligne 101) via Castiadas.
- **Location.** Noleggio Maracaibo (+39 070 994 7155 / www.noleggio-maracaibo.com) loue voitures et scooters à Castiadas (livraison du véhicule possible).

MENHIRS DI PISCINA REI ★★

Près de Piscina Rei, dans le nord de la Costa Rei, on peut encore admirer un alignement de 22 menhirs datant de l'époque néolithique, soit 5 000 av. J.-C. A même pas 200 mètres de la plage, ils bordent un chemin poussiéreux. Ils seraient disposés selon des positions astrales bien précises. Malheureusement, le site n'est pas très entretenu et la végétation empêche d'en apprécier sa particularité. Un défaut assez fréquent dans la région de Piscina Rei qui compte plusieurs complexes mégalithiques de ce genre, le plus souvent très difficiles d'accès.

SPIAGGIA DI PISCINA REI ★★

Une superbe étendue de sable fin et doré, mouillée d'eau cristalline, s'étend sur plus de 6 km. La plage de Piscina Rei occupe le milieu de la baie. Moins fréquentée que certaines plages plus connues, notamment celle qui fait face à Costa Rei, elle est facile d'accès. Un gros rocher sous-marin attire quelques poissons que vous pourrez observer avec un masque et des palmes. Il gît à 50 mètres de l'estran. Derrière cette portion de plage, un vaste étang un peu boueux faisait autrefois office de saline. Il accueille quelques espèces d'oiseaux intéressantes.

AGRITURISMO LA SORGENTE €

Loc. L'Annunziata ✆ +39 070 99 49 108
www.allasorgente.it
A partir de 60 € pour une chambre double, petit déjeuner compris.

Au cœur de la campagne sarde, entouré par les oliviers, l'*agriturismo* tenu par Sandro et Cristina vaut le détour de quelques kilomètres dans l'arrière-pays de Costa Rei. La ferme ne manque de rien : élevage de moutons et de cochons, potager, oliviers et myrte, et piscine. Les chambres simples mais accueillantes se partagent de jolies maisonnettes autour du jardin. Les repas se prennent dans le bâtiment principal et ils sont pantagruéliques. Oublié le régime ! Une adresse à ne pas manquer, autant pour la sympathie des gérants que pour la qualité des services.

AZIENDA AGRICOLA ERBE DI BRAI LOI €

Localita Feraxi
✆ +39 070 99 15 89
www.hof-brailoi.net
A partir de 65 € pour une chambre double.

Passionnés par la culture biodynamique, les propriétaires allemands ont posé leurs valises en Sardaigne en 1987. Ils sont partis de zéro et ont créé leur univers eux-mêmes. L'endroit est exceptionnel pour découvrir les herbes aromatiques. A 3 km de la plage, c'est à côté de grandes plantations parfumées que vous pourrez loger soit en studio tout équipé pour 3 personnes, soit en bungalow de bois pour 5 personnes, équipé d'une kitchenette. Original, éducatif, voilà un séjour dépaysant !

B&B LUNA & LIMONI €

10 Via Tigellio Cucca
✆ +39 347 525 6646
www.lunaelimoni.it
Compter de 69 € à 129 € selon la saison pour une chambre double, petit déjeuner compris.

Citronniers et orangers créent d'interminables alignements dans ce coin de campagne. La chambre d'hôtes est entourée d'un immense verger d'agrumes dont s'occupent les propriétaires. A disposition des clients, 4 chambres indépendantes et un studio. Le petit déjeuner est servi sous la pergola couverte par les branches des citronniers. Une option avec cachet, aux tarifs abordables, idéal pour ceux qui cherchent à fuir les grands complexes de luxe de la région. Sans compter que la maison possède également une jolie piscine pour se rafraîchir en cas de grosse chaleur.

B&B SOL E LUNA €

✆ +39 320 782 2529
www.solelunacastiadas.it
Compter de 40 € à 80 € selon la saison, pour une chambre double, petit déjeuner compris. Pas de CB.

Bien qu'à 2 kilomètres de la plage de Santa Giusta, il flotte ici comme un air de vacances en bord de mer. La maison toute simple est installée au milieu des champs et des vergers d'agrumes. Elle dispose de trois chambres spacieuses donnant sur une vaste terrasse et d'un bungalow indépendant fabriqué avec des matériaux naturels. Le petit déjeuner se prend dans un coquet pavillon de jardin et est concocté à partir de produits locaux. Tout est fait maison, la patronne prône la politique du kilomètre zéro. Vous pouvez venir accompagné de votre chien.

VILLAGIO CAROVANA €

Localita Masone e Pardu
✆ +39 347 723 4845
www.villaggiocarovana.it
Compter entre 114 € € et 134 € pour une chambre double selon la saison.

Ce «village» s'adresse à ceux ayant des difficultés physiques ou économiques et promeut le tourisme solidaire et écologique. En pleine campagne sur une colline plantée d'oliviers, la maison principale se repère de loin avec ses couleurs vives. On perçoit d'emblée la joie de vivre et l'ambiance de partage qui y règne. Dans le jardin, les 8 chambres sont spacieuses, climatisées, confortablement meublées et dotées de salle d'eau privative. Les repas sont servis autour d'une grande table conviviale. Des excursions à vélo peuvent être organisées.

AGRITURISMO IL NURAGHE €€

Muravera ✆ +39 340 579 5491
www.agriturismoilnuraghe.it
Compter entre 70 € et 90 € selon la saison, pour une chambre double, petit déjeuner compris.

A 6 km de la plage Torre Salinas, cette ferme-auberge est implantée sur 20 hectares de terres agricoles. Bovins, moutons, chèvres et volailles y sont élevés en pleine nature. Et la ferme produit vins, huile d'olive, fruits et légumes. Les 8 chambres climatisées sont de couleurs tendres. Les repas sont servis en saison dans la véranda. Vittoriana, la maîtresse de maison est un vrai cordon bleu. Fière des recettes d'autrefois, elle vous fera goûter des plats transmis par sa grand-mère qui peuvent s'élever au nombre de 19 les jours de fête !

AGRITURISMO PRAIDIS €€

Castiadas
✆ +39 338 8610741
www.praidis.it
Compter entre 80 € et 120 € pour un appartement 2 personnes, petit déjeuner compris.

Au cœur d'un vignoble, à deux pas de la mer, cette ferme-auberge est composée de différentes structures en bois et pierres. Chacune héberge des appartements de capacité variable avec cuisine équipée et un salon avec cheminée ouverte. Les meubles sculptés de fleurs ou de raisins ont été faits sur mesure. Ici, la qualité et le patrimoine se reflètent partout. Au centre se situe le restaurant, qui sert un menu très copieux de spécialités sardes. Une oasis de tranquillité pour découvrir la région à prix doux et avec un confort maximum !

I MENHIRS €€

Castiadas
✆ +39 070 994 9272
www.imenhirs.it
À partir de 80 € hors saison la chambre double, petit déjeuner compris.

Ce petit hôtel ouvert en 2008 abrite une dizaine de chambres doubles avec terrasses privatives donnant sur un vaste jardin fleuri. Meublées avec délicatesse elles reflètent tout le patrimoine sarde dans ses matériaux et ses couleurs. Dessus de lit et rideaux sont brodés de motifs traditionnels à la signification bien précise. Le restaurant est composé d'une vaste salle en pierres où sont servis les dîners et petits déjeuners. Si vous souhaitez déguster la bonne cuisine, il est impératif de réserver. De gestion familiale, le service est attentionné et courtois.

ROSSOFIORE B&B €€

Valle di Monte Porceddus
✆ +39 349 358 8710
www.bed-and-breakfast-costarei.com
À partir de 75 € la chambre double avec petit déjeuner.

Immergée dans le superbe cadre naturellement boisé d'une colline, cette propriété s'étale sur 5 hectares garantissant calme et sérénité. La maison comporte 2 étages : le premier est réservé aux hôtes avec une entrée indépendante. Les 3 chambres répondent aux doux noms de Fleur des Bois, Pervenche et Iris. Spacieuses, lumineuses, décorées avec soin, ici la priorité va à la qualité avec une tendance écologique. Au rez-de-chaussée : l'accueil, la vaste cuisine où sont préparés les petits déjeuners, et la véranda jouxtant le jardin où ils sont servis.

GARDEN BEACH RESORT €€€

Loc. Cala Sinzias
✆ +39 070 995 037
www.hotelgardenbeach.it
Compter de 315 € à 720 € selon la saison pour une chambre double classic en demi-pension.

Ici tout est fait pour des vacances en famille et pour que chacun y trouve son compte. Des activités sont prévues pour les enfants et les adultes, il y a la plage de sable fin avec ses transats et deux piscines, une salle de sport, des courts de tennis, un bar animé le soir, un amphithéâtre pour les spectacles, un centre de plongée... Les possibilités entre farniente et vacances sportives sont nombreuses. Les chambres, bien conçues mais quelconques, vous donneront envie de profiter des grandes pelouses bordées d'oliviers et de tous les espaces publics.

AFFITTA CAMERE ROSANNA €

SP km 19,150
✆ +39 070 994 7204
affittacamererosanna.it
A partir de 65 € pour une chambre double en basse saison.

A 7 km de la mer et de la plage de Costa Rei, immergée dans la nature, cette grande maison abrite 5 chambres confortablement meublées avec salles de bains privatives. Le petit déjeuner copieux est servi par Rosanna, la souriante maîtresse des lieux. Elle peut se charger de confectionner vos repas du soir sur demande. Dans le jardin, des appartements avec une ou deux chambres et une terrasse ombragée sont à louer pour quelques jours. Ils comprennent une kitchenette et vous gagnez en indépendance. Parking privé, sécurisé. Très bon rapport qualité-prix.

MASONE MURGIONI €€

Localita Masone Pardu
✆ +39 334 359 1253
www.masonemurgioni.it
Compter de 350 € à 1 300 € pour une maison 4 personnes.

Andrea, qui parle français, possède un petit catalogue de maisons et appartements à louer à la semaine ou au mois dans la région de Costa Rei. Les logements sont mieux équipés que nombre de locations saisonnières, et pour cause, ils appartiennent à des propriétaires privés et non à des groupes immobiliers. Certaines maisons possèdent une piscine et un jardin. Que vous choisissiez un appartement ou une maison, vous bénéficierez d'un accès extérieur. Ils peuvent accueillir jusqu'à 4 personnes. Nombreux services : parking, Internet, transfert aéroport...

TILIGUERTA CAMPING VILLAGE €€

Localita Capo Ferrato
✆ +39 070 991 437
www.tiliguerta.com
A partir de 27,50 € pour un emplacement électrifié. Fermé de fin octobre à mi-mai.

A côté du camping ombragé, les villas de charme et les bungalows vous accueillent les pieds dans l'eau. Les structures sont entourées d'un jardin avec terrasse, véranda et solarium. Et pour profiter à fond de son séjour, outre la grande piscine, l'institut bien-être propose des cours de Pilates et de shiatsu, ainsi qu'une découverte de l'ayurveda. A disposition également : école de voile, windsurf, centre de plongées, tourisme équestre, locations de vélos, scooters, motos et autos.

Cala Sinzias sur la Costa Rei.

ISOLA VERDE €

49 Via C. Colombo
✆ +39 070 991 319
Ouvert tous les jours de 8h à 23h. Compter entre 10 € et 25 € pour un repas.

Outre le choix très varié de pizzas à la pâte fine et croustillante, vous trouverez à la carte de ce restaurant de solides plats de pâtes, des planches de charcuterie, des poissons grillés..., rien que du classique de station balnéaire, mais avec un bon rapport qualité-prix. La grande salle ouverte sur une terrasse se la joue un peu chic avec son nappage en tissu épais. En saison, la terrasse est littéralement prise d'assaut et mieux vaut réserver. Malgré un nombre de tables élevé et une salle toujours pleine, le service est aimable et efficace.

PIZZA FOLLE €

Localita Olia Preciosa
✆ +39 070 994 9091
www.pizza-folle.it
Ouvert de 7h à 22h30 tous les jours de mai à septembre. Compter 15 € pour un repas.

Ce lieu est destiné aux amoureux des pizzas car ici le pizzaiolo les accommode de 75 façons différentes. Salées, sucrées, avec farine de blé ou sans gluten, il y en a pour tous les goûts et toutes les sensibilités. Un détour par cette institution s'impose que vous soyez seul ou entre amis. La maison a beau être perdue dans un quartier résidentiel d'Olia Preciosa, la salle et la terrasse ont beau pouvoir accueillir une centaine de personnes, c'est souvent plein. Locaux comme touristes sont séduits par l'originalité des pizzas et les petits prix.

ARAXI E MARI €€

Localita San Pietro
✆ +39 070 995 144
www.araxiemari.it
Ouvert tous les jours de 12h à 14h et de 19h à 23h. Fermé le mardi. Compter 40 € pour un repas.

Araxi e Mari fait partie des bonnes tables à fréquenter pour s'initier à la cuisine sarde. Giorgia Guidetti veille à ce que tous les produits utilisés dans son restaurant soient élevés ou récoltés sur l'île, comme la semoule ou la farine qui servent à faire les pâtes fraîches, le safran de San Gavino, la boutargue, les cochons de lait ou le vernaccia, le vin d'Oristano. C'est dans une salle ouverte sur un grand jardin que vous pourrez déguster du porc à la broche, des grillades de poisson, des salades de poulpe ou des spaghettis. Bon rapport qualité-prix.

SA MARIGHEDDA €€

Localita Maloccu
✆ +39 070 9949270
www.samarighedda.it
Ouvert midi et soir, sur réservation. Compter de 32 € à 38 € pour un repas.

Cette auberge est de construction récente. La grande salle de restaurant valorise l'artisanat local et la grande pergola aérée s'ouvre sur le jardin. S'il ne s'agit «que» d'un restaurant et pas d'une ferme, les produits sont soigneusement sourcés et proviennent de fermes environnantes. Tout ce que vous mangerez est fait maison et vient du répertoire traditionnel sarde : raviolis frais, flans aux légumes, panadas, tomates *culurgionis*, malloreddus faits main... Trois types de menus sont proposés en fonction de la saison. Assiettes généreuses et ambiance chaleureuse.

SU NURAXI €€

47 Via Ichnusa
✆ +39 070 991 9020
Ouvert tous les jours de 12h à 15h et de 19h30 à minuit. Compter 30 € pour un repas.

Pour une soirée sous les étoiles de Costa Rei dans un environnement chic sans être guindé, c'est ici qu'il faut venir. On apprécie la belle terrasse arborée, le grand choix de plats, entre pâtes et pizzas, mais aussi les nombreuses spécialités sardes. Il y a même un menu dédié, et le cochon de lait rôti à la broche est disponible sur précommande. La grande salle véranda permet d'agrandir la terrasse. Malgré les dimensions impressionnantes de ce restaurant, la réservation est impérative en haute saison. C'est tout le temps complet.

ESCURSIONI E TREKKING DOLCELUNA

Villagio de San Priamo
✆ +39 348 51 77 340
www.escursionismosardegna.com

Natifs de la région, Andrea et Veronica ont décidé de créer en 2012 cette agence pour faire découvrir leur belle région. A chaque jour une nouvelle aventure ! Ce qu'ils proposent : trekkings à pied, à vélo, en VTT, parcours en mini bus. Un grand choix de prestations pour voir la plage blanche, les grottes et pays de fantasmes, l'histoire et l'archéologie régionales, visiter des ateliers de tissus et broderies, partager une journée avec les bergers... Tout est possible !

BARISARDO

Barisardo est une petite ville réputée pour ses textiles : tapis, couvertures, pièces en lin. Elle se trouve sur le plateau Teccu 'e Su Crastu, au beau milieu de collines verdoyantes recouvertes de vignes et de vergers. De fondation très ancienne, elle possède des vestiges de la civilisation nuragique comme le nuraghe Sellersu, les domus de janas de Pizzu'e Monti et de Funtana Su Rettore qui sont un peu plus loin sur les collines Su Pranu. Le centre du village est riche en maisons rustiques et tours datant de la domination espagnole. La compagnie ARST dessert Cagliari (ligne 103) avec trois bus par jour et Nuoro (ligne 302) une fois par jour.

CHIESA DELLA BEATA VERGINE DEL MONSERRATO ★

Via Monte Grappa, 1A

Cette église est l'une des plus belles de l'Ogliastra par l'harmonie de ses proportions et par sa décoration intérieure. Son clocher baroque du XVIIIe siècle se détache du bleu du ciel. L'église a été construite grâce à la contribution de la population de Barisardo tout au long du XVIIe siècle. Une légende raconte que le marbre de la chaire proviendrait d'une erreur de livraison. Un navire aurait déchargé ici des tonnes de marbre fin destiné à Bari... dans les Pouilles.

TORRE DI BARI ★

La plage de Sa Marina di Barisardo côtoie une petite pinède et une massive tour défensive en granit et basalte. La tour fut édifiée au XVIe siècle par les Espagnols pour défendre le village des incursions de pirates. A l'époque, les Espagnols entreprennent de construire un chapelet de tours sur les côtes sardes pour prévenir toute velléité d'attaque. Dédiée à saint Antoine, elle est haute d'environ 13 mètres. Directement en bout de plage, elle est accessible à tous, et le panorama du haut des escaliers de cette petite tour est à voir.

CAMPING L'ULTIMA SPIAGGIA €

Località Planargia ✆ +39 0782 293 63

www.campingultimaspiaggia.it

Compter de 25 € à 49,50 € pour un emplacement 4 personnes selon la saison. 7 nuits minimum en très haute saison.

Ce grand camping a beau posséder son accès direct à la plage de Planargia, il compte aussi une très belle piscine, avec notamment un bassin peu profond pour les petits. Les modalités de logement sont très variées, de l'emplacement de camping classique à la tente aménagée de lits, au mobil-home avec grande terrasse pour famille nombreuse. L'environnement est calme et parfait pour des vacances en famille. Le camping possède également un bar et un restaurant, un plus non négligeable !

CAMPING LA PINETA €

Loc. Planargia

✆ +39 0782 293 72

www.campingbungalowlapineta.it

Compter de 5 € à 10 € par adulte et de 4 € à 10 € pour une tente. Fermé de novembre à mars.

Ce camping 3-étoiles profite d'un environnement très ombragé en retrait de la plage Foxi Bau Eni. De taille raisonnable il offre une ambiance familiale où les habitués sont nombreux à revenir d'une année sur l'autre. Tiziana et Giuliano gèrent cet établissement depuis 20 ans et veillent à préserver cette atmosphère plaisante. Les services sont nombreux, mais pas tape-à-l'œil : pas de piscine, mais des ateliers artistiques ou d'éveil pour les enfants, pas de soirées spectacles, mais des concerts de groupes locaux. Ce camping propose un retour aux basiques.

APPART-HÔTEL DOMUS DE JANAS €€

Via della Torre, 24

✆ +39 0782 280 81

www.domusdejanas.com

A partir de 50 € la chambre double, petit déjeuner compris. Ouvert d'avril à fin octobre.

A 40 m de la plage de sable fin de Torre di Bari, l'endroit est paisible, reposant et surtout très fleuri. De grands balcons ou de splendides terrasses équipés de chaises longues permettent de lézarder au soleil. Les belles chambres sont décorées dans le style sarde. L'atout principal est la vaste piscine, le grand Jacuzzi et le coin fitness. Un restaurant propose des spécialités locales. Un bon point également pour la gestion familiale et la qualité des prestations.

CARDEDU

Cardedu est le village le plus récent de l'Ogliastra. Légèrement en retrait de la côte, il s'est développé au mitan du XXe siècle, quand le vieux village de Gairo a été emporté dans une crue aussi rapide que violente. Pour autant, l'occupation de la région est très ancienne. Le territoire de la commune abrite quelques domus de janas et de nombreux vestiges de nuraghe et même un temple-puits. Mais les touristes viennent surtout pour les longues plages en enfilade de la côte et la mer émeraude : Lispedda, Marina de Cardedu, Museddu ou encore Sa Perda Pera. Le développement hôtelier raisonnable permet de ne pas se sentir étouffé, notamment à la plage.

© DANIELE FANNI - SHUTTERSTOCK.COM

Domus de Janas à Cardedu.

SPIAGGIA DI COCCOROCCI [MARINA DI GAIRO] ★★

Quel joli nom pour cette belle plage. A quelques kilomètres au sud de Cardedu, les montagnes d'origine volcanique s'arrêtent et une plage se forme dans le maquis méditerranéen. Une plage absolument incontournable, avec ses rochers bien ronds et lissés par la mer verte. Des milliers de cailloux noirs, verts, gris et rouges donnent au littoral des nuances de couleurs extraordinaires. Possibilité de s'arrêter le long de la côte, sur les nombreuses criques isolées.

HÔTEL CARDEDU €€

Loc. su Scusorgiu
✆ +39 0782 769 004
www.hotelcardedu.com
Compter de 55 € à 85 €, petit déjeuner compris. Fermé de novembre à mars.

Situé à mi-chemin entre les belles plages d'Ogliastra et les montagnes, cet hôtel incite à la détente et au farniente. Une vingtaine de chambres aux couleurs pastel ont été pensées pour votre confort : matelas orthopédique, écran plasma. Les chambres sont néanmoins simplement meublées sans réel effort de décoration. Le petit déjeuner buffet à base de produits frais de tradition sarde est pris face à la belle piscine. Des vélos [VTT ou électriques] sont disponibles pour découvrir la région. Voilà un lieu paisible où il fait bon jouer les prolongations !

HOTEL CORTE BIANCA €€€

Localita Foddini
✆ +39 078 224 031
www.hotelcortebianca.it
Compter entre 118 € et 332 € selon la saison pour une chambre double standard, petit déjeuner compris.

Ouvert en 2018, ce resort de taille modeste combine de nombreux avantages. Conçu comme un hameau, il est absolument charmant avec ses petites maisons blanches de deux étages, réparties autour de la piscine. Un chemin traverse la vaste propriété pour rallier la plage, dont une portion a été privatisée. Un restaurant-bar a été installé sous les pins, offrant une pause ombragée. Le restaurant principal sert une délicieuse cuisine, variée, mélange de buffet et de plats cuisinés au choix. La demi-pension est donc vivement recommandée.

REJNA RÉSIDENCE HÔTEL €€

Loc. Campu Mannu
✆ +39 0782 24079
www.rejnaresidencehotel.it
Compter de 110 € à 228 € selon la saison pour une chambre double, petit déjeuner compris.

A 600 m de la plage de sable blanc de la baie Marina de Cardedu, l'établissement est situé dans un environnement calme. Il fonctionne comme une résidence hôtelière. Vous pouvez opter pour l'autonomie, ou au contraire profiter des services hôteliers. Chaque appartement dispose d'une chambre avec salle de bains, d'un coin-cuisine équipé et d'un petit salon ; mobilier sobre et décoration élégante. Cet ensemble entoure la grande piscine à jets hydromassants. Le restaurant propose une carte à base de crustacés et de produits du terroir.

CÔTE EST ET CENTRE

JERZU ★

En vous enfonçant un peu dans les montagnes environnantes vous parviendrez au village de Jerzu, réputé pour son vin rouge, le cannonau. Tout autour, des vergers, des oliviers et, un peu plus loin, des bois de chênes-lièges. Mais le village a été si endommagé qu'aujourd'hui seules les petites ruelles du centre historique présentent quelque intérêt. La région autour d'Ulassai et de Jerzu est célèbre pour ses étranges formations rocheuses. Les rochers calcaires, modelés par le vent et de fortes averses, ont donné vie à des figures fantastiques. Le village est également connu pour son festival de vin et de musique qui a lieu tous les ans, en août !

HOTEL RIFUGIO D'OGLIASTRA €€

Loc. Sant'Antonio
© +39 320 606 3728
www.hotelrifugiodogliastra.it
Compter de 60 € à 70 € selon la saison pour une chambre double, petit déjeuner compris.

Ce complexe hôtelier, niché en pleine nature au cœur des *tacchi* de Jerzu, offre des chambres propres et spacieuses avec toutes les commodités. L'endroit constitue une bonne base pour explorer les environs et procure un bon aperçu de ce que la région donne à voir : un spectacle naturel impressionnant. Sa table propose des savoureuses recettes locales comme les fameux *culurgiones* (raviolis farcis de pomme de terre à la sauce tomate) et l'agneau grillé.

DA CONCETTA €

Corso Umberto Primo, 111
© +39 0782 70224
Ouvert midi et soir. Compter 25 € pour un repas.

Ce restaurant traditionnel est une étape culinaire typique, la seule à ce jour dans Jerzu. Une salle rustique avec des tables de bois nappées, sur lesquelles sont servies des spécialités bien cuisinées comme les culurgiones et autres entrées maison. Avis aux amateurs de viande la carte est plutôt terrienne : ragoût de mouton, côtes de porc et cochon de lait sont au menu ! Une bonne halte à 5 km de la grotte de Marmuri. L'endroit est 100 % local, les serveurs parlent uniquement l'italien, mais ils ont un menu traduit en français.

ANTICHI PODERI DI JERZU

Via Umberto I, 1 © + 39 0782 70 028
www.jerzuantichipoderi.it
Ouvert de 8h30 à 13h et de 14h30 à 18h, le dimanche matin uniquement. Dégustation sur réservation.

L'Antichi Poderi est l'une des plus anciennes coopératives de viticulteurs de la Sardaigne. L'aventure a démarré dans les années 1950 et, au fil du temps, les vignerons ont construit patiemment une réputation d'excellence. Tous les producteurs de Jerzu livrent leur raisin ici, qui est pressé, puis élevé pour donner des Cannonau puissants et fiers, comme les Sardes. La coopérative perpétue l'esprit des pionniers en produisant un vin caractéristique qui ne répond pas forcément aux critères de l'époque. Mais elle développe aussi des vins plus légers et accessibles.

ULASSAI

Sous ses airs austères, Ulassai regorge de trésors touristiques et culturels. Ce petit village typique des montagnes de l'Ogliastra défend ardemment la culture sarde. La municipalité a créé un centre numérique de conservation de la poésie sarde ainsi qu'un Musée d'Art Contemporain installé dans l'ancienne gare. Mais les touristes viennent surtout pour les impressionnantes cascades de Lequarci, les grottes Su Marmuri les plus grandes d'Europe, ou encore pour quelques vestiges nuragiques très bien conservés. Le village voit aussi passer les amateurs de sports extrêmes et d'escalade à l'air libre qui profitent des vertigineuses roches calcaires de Tacchi.

LA STAZIONE DELL'ARTE ★★

SP11
© +39 0782 787 055
www.stazionedellarte.com
Ouvert tous les jours de 9h à 20h. Entrée : 6 €.

Sur le site d'une ancienne gare ferroviaire, plusieurs maisonnettes exposent des œuvres de l'artiste Maria Lai (1919-2013), originaire d'Ulassai. Première femme artiste à concevoir une forme d'art entre le land art et la performance, Maria Lai s'exprime à travers ses œuvres en impliquant toute la communauté du village. Elle transforme le pays et les campagnes environnantes en une œuvre émouvante où art contemporain et tradition se rencontrent. Le guide vous présentera plusieurs œuvres de l'artiste, en vous expliquant les messages qu'elle a voulu faire passer.

GROTTA DI SU MARMURI ★★★

Piazzale Grotte sui Marmuri
✆ +39 0782 79 859
www.grottasumarmuri.it
Visite guidée uniquement. Pour s'inscrire contacter le site ou appeler. Entrée : 10 €.

La grotte de Su Marmuri doit impérativement figurer à votre carnet de visite si vous êtes dans les parages d'Ulassai. Il s'agit de la plus vaste d'Europe. Son nom signifie «marbre» en sarde, en raison de l'aspect particulier de sa roche calcaire. La bouche de la grotte est située à 880 mètres d'altitude. Il faut progresser sur un sentier ardu, puis gravir 200 marches pour l'atteindre. Profonde de 850 mètres, avec des parois hautes de 70 mètres par endroit, elle est vraiment impressionnante. Les différentes salles ont été formées il y a 150 millions d'années par un fleuve souterrain aujourd'hui disparu. Les salles les plus impressionnantes sont sans aucun doute la *Grande Sala* profonde de 72 mètres et large de 30 mètres, ainsi que la salle des Cactus abritant deux stalagmites de 28 mètres de haut. Et si vous ne savez pas faire la différence entre une stalactite et une stalagmite, souvenez-vous que la stalactite tombe et la stalagmite monte. Dans un cas comme dans l'autre, ces formations sont le résultat de l'agrégation lente de milliards de gouttent d'eau transportant des sédiments calcaires. La faune de cette grotte intéresse également les spécialistes, notamment la vaste colonie de chauves-souris qui s'y est établie. Comptez un peu plus d'une heure de visite guidée passionnante, une sorte d'immersion dans un autre monde. Prévoyez des chaussures de marche et un bon pull, car à l'intérieur de la grotte les températures baissent sensiblement. La température ambiante de 10 °C ne varie jamais.

OLINTO FANTOZZI

Via Garibaldi 6
✆ +39 339 588 1134
www.escursioniinogliastra.it
Compter entre 60 € et 75 € par personne, selon le type d'excursion.

Olinto est un guide expérimenté et dynamique qui exerce cette profession depuis 15 ans. Il organise des excursions à pied, en voiture ou en quad depuis son village d'Osini. Il connaît chaque recoin de cette région qui l'a vu naître, chaque plissement de montagne, chaque caprice du terrain. Il connaît également les plantes et les animaux qui habitent ces montagnes. Olinto vous aidera à déterminer la sortie idéale en fonction de vos attentes et de votre état de forme. Il peut notamment vous emmener à la Scala San Giorgio, une gorge profonde des environs.

CHARLIE B&B SARDINIA €

Via Cerina 2
✆ +39 345 0705 768
www.charliesardinia.it
Compter entre 55 € et 75 € pour une chambre double, petit déjeuner compris.

A l'entrée d'Ulassai en arrivant de Jerzu, cette belle maison d'hôtes de 3 chambres rend hommage au cinéma. Laura Lai, la propriétaire, est une passionnée du septième art et de l'âge d'or hollywoodien. Le nom de « Charlie » n'a pas été donné à sa maison par hasard... Notre chambre préférée est celle dédiée à Audrey Hepburn, mais elles sont toutes très cosy et on se sent vite comme à la maison. Cependant, le vrai plus de l'établissement, c'est sa terrasse qui offre une vue imprenable sur toute la vallée. Un bon plan à prix doux.

HOTEL SCALA SAN GIORGIO €

Localité Taccu Osini
✆ +39 0782 076 137
www.scalasangiorgio.it
A partir de 70 € pour une chambre double, petit déjeuner compris.

A flanc de montagne, non loin des grottes de Su Marmuri, cet hôtel est un havre de paix. Les 11 chambres sont simples et modernes. L'élément chaleureux est apporté par les poutres apparentes. Les plus fauchés peuvent poser leur tente au camping voisin qui appartient à la même famille (sanitaires à disposition). Le restaurant, très correct, propose de bonnes spécialités régionales. L'hôtel se prête parfaitement à un point de départ pour des randonnées ou pour explorer des sites moins fréquentés comme le nuraghe Urceni ou la gorge Scala di San Giorgio.

SU BULLICCIU €€

Piazza le grotte Su Marmuri

✆ +39 0782 79 859

Ouvert tous les jours de 12h à 15h. Compter 32 € pour un repas. Fermé entre octobre et mars.

Ce restaurant a beau se trouver sur le site très touristique des grottes Su Marmuri, ce n'est pas du tout un piège à touristes. Bien au contraire, il s'agit de l'un des meilleurs endroits de la région. Cette adresse gérée par la coopérative en charge des visites propose pour des prix raisonnables une délicieuse cuisine sarde traditionnelle. Le repas typique se compose d'*antipasti*, d'un *primi piatti*, d'une viande rôtie, d'un dessert et d'une boisson. Le repas est servi dans une salle rustique aux pierres et poutres apparentes. Une bonne adresse.

COOPERATIVA TESSILE SU MARMURI

Via Funtana Serì

✆ +39 0782 790 76

www.sumarmuri.it

Ouvert du lundi au vendredi de 8h à midi et de 14h à 18h ; jusqu'à 19h et le samedi de juin à septembre.

Quelques ouvrières expérimentées perpétuent la tradition textile qui se transmet de mère en fille depuis des générations dans la région. La boutique est là pour vendre les produits mais avec un peu de chance il vous sera possible de visiter l'atelier de cette petite coopérative installée en bordure du *tacco* d'Ulassai. On peut alors voir fonctionner les métiers à tisser et acheter du très beau linge de maison (tapis, serviettes, nappes...) de production artisanale.

GAIRO

Si vous êtes dans les environs d'Ulassai, ne manquez pas de faire un tour à Gairo Vecchio à 8 km de là. Ce village a été abandonné dans les années 50 après des pluies torrentielles. Les glissements de terrain ont obligé la population à quitter les habitations, pour reconstruire une nouvelle ville, 1 km plus haut. Laissées entièrement à l'abandon, les ruines du vieux village en contrebas ont pris des airs de ville fantôme. Un décor surréaliste, où les maisons n'ont plus ni toitures ni fenêtres, où la végétation a repris ses droits. L'endroit n'est pas très connu et toujours quasi désert, ce qui lui donne une allure encore plus fantomatique.

LANUSEI

Calée sur les contreforts du massif du Gennargentu, Lanusei domine la vallée d'Arbatax et offre des panoramas splendides sur la mer turquoise. Des traces archéologiques témoignent d'une présence humaine très ancienne, mises en lumière au Parc de Seleni avec son nuraghe et ses deux tombes de géants. Au Moyen-Âge, la ville passe entre les mains génoises, puis pisanes et enfin aragonaises. La cathédrale Santa Maria Maddalena voit le jour au XVIe siècle, mais ses fresques somptueuses de Mario Delitala datent du XXe siècle. Lanusei connaît son âge d'or au XIXe siècle, lorsqu'elle devient capitale de l'Ogliastra, avant de retourner dans un ennui paisible.

OSTELLO LA NUOVA LUNA €

Via Indipendenza, 35

✆ +39 0782 410 51

www.lanuovaluna.it

Compter 20 € en chambre commune et 50 € pour une chambre double. Prévoir son linge de toilette.

En plein cœur de Lanusei, l'Ostello la Nuova Luna est une auberge de jeunesse comme il y en a encore trop peu en Sardaigne. Installé dans un bel immeuble ocre typique de la ville, l'établissement propose 4 chambres communes comprenant 4 à 7 lits et 3 chambres doubles possédant leur salle de bains privative. L'ensemble est correctement maintenu et chambres et sanitaires sont très propres. Une cuisine et une grande salle à manger permettent de prendre ses repas sur place. Il est aussi possible de se poser sur la grande terrasse, plus agréable aux beaux jours.

VILLA SELENE €€

Localité Coroddis

✆ +39 0782 424 71

www.hotelvillaselene.net

A partir de 70 € pour une chambre double, petit déjeuner compris. Possibilité de demi-pension.

Au coeur de l'Ogliastra, la Villa Selene est un hôtel de charme à l'intérieur d'un grand parc privé. A 700 m d'altitude, il a tout l'aspect d'un hôtel à la montagne et pourtant, les plages sont à quelques kilomètres seulement. Le personnel de la Villa Selene est à votre écoute pour répondre à toutes vos exigences. De nombreux services sont à disposition : piscine, restaurant panoramique. La villa est le cadre idéal pour un séjour en famille, en amoureux mais également dans le cadre du travail. La villa sait s'adapter aux besoins et envies de chacun.

TORTOLI

La région de Tortoli-Arbatax attire les touristes par sa magnifique côte, ses falaises de porphyre rouge et ses longues plages de sable fin. La ville de Tortoli est un centre important de la région de l'Ogliastra. Cette vaste cuvette côtière, d'un accès assez difficile, est délimitée par les montagnes de la Barbagie, qui se dressent à l'horizon jusqu'à 1 000 m d'altitude. Tortoli, abritée des vents par les montagnes du Gennargentu, et aux environs autrefois recouverts de marécages et d'étangs, était sujette aux épidémies de paludisme. Le peu de vestiges archéologiques qui subsistent montre que la région était considérée comme insalubre. Mais les temps ont bien changé. Le paludisme a été éradiqué, les sols sont asséchés pour donner place à des terres fertiles cultivées et permettre le développement du tourisme. La ville possède aujourd'hui un centre agréable avec de petites places et des ruelles bordées de boutiques. Le soir, les nombreuses terrasses de restaurant s'emplissent dans la rue principale et l'ambiance est animée. Par ailleurs, les prix du logement et de la restauration sont beaucoup moins élevés que sur la Costa Rei plus au sud. C'est donc un bon camp de base pour rayonner dans le coin, d'autant que la ville est à seulement une heure et demi de Cagliari ou d'Olbia. Traversée par le SS 125, elle est le point de départ sud de la portion panoramique qui traverse le Parc national du golfe d'Orosei jusqu'à Dorgali. Les lacets s'enchaînent dans un paysage lunaire, très appréciés des motards notamment. Un des principaux points d'intérêt de Tortoli, ce sont ses magnifiques plages à perte de vue, à seulement 5 minutes du centre-ville. Arbatax, son port ancré à la base du cap Bellavista, forme une avancée sauvage et attire les photographes pour ses falaises de porphyre rouge veinées de calcaire grisâtre. Le port d'Arbatax ne fait pratiquement plus qu'un avec la ville de Tortoli et c'est un important point de départ pour toutes les excursions en bateau vers le golfe d'Orosei. Elles permettent de découvrir la multitude de plages sublimes qui s'y trouvent et qui ne sont accessibles qu'en bateau. Ce port était déjà connu au XIIIe siècle sous le nom d'Abataxara. La tour de guet du XVIe siècle en roche granitique, située à l'entrée du village, a été construite par les Espagnols pour protéger la côte des pirates. Aujourd'hui, le port est aussi le point d'accostage principal sur la côte orientale de la Sardaigne pour les bateaux venant de Civitavecchia et Cagliari.

Tourisme

Un point d'information est installée via Lungomare à Arbatax, en face du port. Il est ouvert du lundi au samedi de 9h à 22h et le dimanche de 12h à 22h.

Transports

- **Bus.** La compagnie ARST dessert Arbatax (bus 305 ou 9130) au moins 4 fois par jour ; Cagliari (ligne 103) 4 fois par jour ; Nuoro (ligne 302) 3 fois par jour.
- **Ferry.** La compagnie Tirrenia (+39 027 602 8132 / www.tirrenia-traghetti.it) assure une liaison entre Arbatax et Cagliari, et Arbatax et Civitavecchia.

ROCCE ROSSE ★

Via Lungomare

De hauts filons d'écueils en porphyre rouge s'allongent verticalement sur la mer à hauteur du cap Bellavista. Très fréquentées par les amateurs de plongée, les Rocce Rosse figurent parmi les symboles de la Sardaigne. Elles sont couvertes par la mer jusqu'aux côtes de Santa Maria Navarese, plus au nord. Si l'on s'en réfère aux posters des offices de tourisme, les Rocce Rosse grandeur nature sont quelque peu décevantes. Relativement petites, bordées par un vilain terrain vague en bordure du port, le site n'a pas tellement de grandeur.

HELIOS TURISMO

Port d»Arbatax

✆ +39 368 754 6384

Compter de 60 € à 70 € pour une journée d'excursion en mer.

Une des meilleures compagnies pour découvrir les plages mythiques du golfe d'Orosei en une journée. Sergio et son fils mettent vraiment l'ambiance et ils se débrouillent en français. Ensuite, la nourriture est excellente et au moment du repas, ils mettent les petits plats dans les grands, et on mange attablé de bons petits plats sardes, loin du sempiternel pique-nique d'excursion. Enfin, le temps d'arrêt à chaque stop permet de vraiment profiter des lieux et de se baigner dans les eaux des plus belles plages de Sardaigne. Cala di Mariolu est inoubliable !

SPIAGGE DI TORTOLI E ARBATAX ★★

Il suffit de longer la côte vers le sud pour y trouver de superbes plages. En une journée on passe d'un sable fin et blanc paradisiaque aux roches roses et rouges pour finir par des galets noirs, le tout baigné dans un camaïeu de bleus.

- **Lido di Orrì** : l'une des premières grandes plages, très appréciée pour son sable blanc, et la mer totalement transparente. On peut aller sur les roches en bout de la plage pour profiter du panorama. Une cage métallique, œuvre en acier inoxydable du sculpteur milanais Massimo Kaufmann, symbolise la solitude de l'homme face à la grandeur de la nature qui le rend prisonnier. C'est aussi la première plage sur laquelle tout le monde s'arrête à la haute saison, alors que d'autres semblables et plus tranquilles se cachent si vous continuez à rouler.
- **Cea** : un peu plus au sud, on arrive à la localité de Cea et sa magnifique Spiaggia di Cea (dites Scoglius Arrubius) aux récifs rouges, sables blancs, mer turquoise, et deux grandes roches en porphyre rouge émergeant de la mer, ce qui fait sa particularité.
- **Su Sirboni** : une crique plus sauvage, bordée de roches rouges qui mérite le détour, la balade sur les roches jusqu'au sable rosé et le plongeon. Prendre le petit escalier sur la route au niveau de Sa Perda Pera.
- **Coccorocci** : en contournant la montagne plus au sud on redescend vers cette longue plage de galets blancs, gris et noirs qui lui donne cet aspect de plage noire. Elle est assez majestueuse, encadrée par ses falaises et sa végétation.

© GABRIELE MALTINTI - SHUTTERSTOCK.COM

PORT D'ARBATAX

Marina di Arbatax
✆ +39 0782 667 405
www.marinadiarbatax.it

Le golfe d'Orosei offre des vues parmi les plus belles de l'île, sur des côtes qu'on ne peut pas atteindre que par la mer. La plupart des visites en bateau partent d'ici. On peut s'arrêter à la Cala Mariolu, après la merveilleuse Cala Goloritzé, ou aller jusqu'aux grottes du Bue Marino, en passant par Cala Sisine et Cala Luna. Le long des quais du port, vous trouverez plusieurs loueurs saisonniers de bateaux pour partir à la découverte des criques le temps d'une journée. En général, on peut s'y fier, mais demandez bien ce que le tarif inclut.

CAMPING TELIS €

Loc. Baia di Porto Frailis
✆ +39 0782 667 140
www.campingtelis.com

Compter de 9 € à 17 € pour un adulte ; e 8 € à 11 € pour une petite tente. Ouvert toute l'année.

Situé dans la magnifique baie de Portu Frailis, au sud d'Arbatax, le camping-village 4-étoiles jouit d'un emplacement parfait et propose des prestations de standing. Niché dans une garrigue d'eucalyptus et de mimosas en bordure directe de la baie, il a privatisé la minuscule plage au bénéfice de ses clients. Mais attention, ici, pas de sable fin mais des galets et des cailloux, il faut prévoir des sandalettes en plastique. Supermarché, piscine comprenant deux bassins, bar, restaurant et aire de jeux abritée font partie des services à demeure.

B&B LE STANZE DI PATIKA €€

Monsignor Virgilio, 51 ✆ +39 333 843 3317
www.lestanzedipatika.com

Compter entre 78 € et 138 € selon la saison pour une chambre double, petit déjeuner inclus.

Amoureuse de sa région, Patika vous la fera découvrir en vous en racontant les histoires. La maison d'hôtes est parfaitement bien située, à deux pas des merveilles du golfe d'Orosei. Il y a trois chambres spacieuses de couleurs différentes, à chacune sa symbolique et sa décoration. La propriétaire, qui est vraiment aux petits soins avec ses clients, possède aussi une boutique juste en bas. On peut s'y procurer de beaux bibelots et autres décorations réalisés par les artisans de la région. Une adresse coup de cœur où l'on se sent immédiatement bien.

HOTEL ABBA E MURTÀ €€

SS 125, km 134
✆ +39 345 6263242
www.hotelabbaemurta.it
Compter de 90 € à 190 € selon la saison pour une chambre double, petit déjeuner compris.

Ce bel hôtel campagnard s'adresse aux amateurs de calme, de plaisirs champêtres et de beauté simple. Immergé dans 5 hectares de jardins, de vigne et de bosquets, cet établissement reflète les traditions sardes dans toute leur authenticité. Les différents bâtiments de la propriété ont été restaurés dans le respect de l'ancien. Ils hébergent 17 chambres spacieuses, sobres et élégantes, ainsi que 3 appartements. Un restaurant de spécialités régionales, une vaste piscine et un centre équestre sont à disposition pour agrémenter votre séjour.

HOTEL VECCHIA MARINA €€

Viale Europa ✆ +39 0782 667 020
www.hotelvecchiamarina.com
Compter de 70 € à 120 € selon la saison pour une chambre double classic, petit déjeuner compris. Fermé hors saison.

A seulement 300 mètres de la plage de Porto Frailis, cet hôtel est situé dans une maison cossue aux faux airs de villa californienne. Il dispose d'une vingtaine de chambres spacieuses et lumineuses avec salles de bains bien équipées. La décoration est sobre et élégante : murs blancs, poutres apparentes, mobilier rustique typiquement sarde comme les armoires à façades en osier. L'hôtel est entouré d'un jardin exotique où l'on vous servira le petit déjeuner. Un parking privé permet de se garer à l'arrière du bâtiment. Accueil sympathique : on parle français !

PIZZERIA DA SCATTU €

Via Monsignor Virgilio, 36
✆ +39 0782 695 472
Ouvert de 12h à 15h et de 17h à minuit. A partir de 10 € pour une pizza.

Entre deux glaciers, une salle de sport et les cafés de l'animée et passante rue Monsignor Virgilio, cette adresse ne saute pas aux yeux. Six rangées de tables sont dressées devant le restaurant, abritées sous des parasols blancs. Une fois à l'intérieur, on réalise le succès de cette adresse sans prétention et sans âme. Une grande tente a été plantée dans la cour de la maison pour servir de salle. Et elle est souvent pleine. Une structure en bois et des tables nappées font oublier le caractère préfabriqué du cadre. La longue carte de pizzas moelleuses aussi.

ARBATASAR €€

Via Porto Frailis 11
✆ +39 0782 651 800
www.arbatasar.it
Ouvert midi et soir. Fermé entre novembre et mars. Compter 40 € pour un repas.

Il faut venir dans cet hôtel 4-étoiles pour son restaurant, réputé parmi les meilleurs d'Arbatax. Il est installé en surplomb du port, dans une rue sans charme. La salle de restaurant un brin chic mérite une mention à elle toute seule pour son cadre soigné, son service diligent, son agréable terrasse extérieure donnant sur la piscine. Le chef concocte une cuisine méditerranéenne originale. Le carpaccio de sériole s'accompagne de fraises, celui de thon est relevé d'oignons nouveaux. Crevettes grillées ou crème brûlée sont beaucoup plus classiques.

CÔTE EST ET CENTRE

Rochers de granit rouge d'Arbatax.

DA LENIN €€

24 Via Matteotti
✆ +3934854 4 55 55
Ouvert de 19h30 à 22h. Fermé le dimanche. Compter 35 € pour un repas.

Cette table ne s'adresse pas qu'aux nostalgiques de la révolution bolchévique ou aux inconditionnels des pirojkis. Ni sa carte ni son cadre ne font penser à la Russie. C'est une maison cossue de la banlieue de Tortoli qui a été transformée en restaurant chic. On y déguste les meilleures pâtes fraîches de la ville et la fameuse fregola sarde. Les repas sont pris sur une grande terrasse couverte donnant sur un petit jardin de plantes exotiques. Il y a toujours du monde et donc un peu d'attente, mais cela en vaut la peine. Service un peu guindé.

SA BUTTEGA €€

Via Mons Virgilio 46A
✆ +39 0782 624 230
Ouvert de 12h à 15h30 et de 19h à 23h. Fermé le lundi. Compter 20 € pour un repas.

Sur l'artère principale et pas très engageante de Tortoli, Sa Buttega est considérée comme l'une des meilleures tables de la ville. Il ne s'agit pas d'un restaurant gastronomique, ni même d'un bistrot bobo, mais d'une pizzeria qui ressemble à tant d'autres depuis l'extérieur. La salle est réconfortante avec ses pierres apparentes, ses enduits peignés et ses pots de fleur sur les tables. On vient pour la sympathie du patron mais surtout pour les bons petits plats maison et les croustillantes pizzas. Une valeur sûre aux prix plus que corrects.

ACQUACHIARA PORTO FRAILIS

Via San Gemiliano 43
✆ +39 0782 667 509
Ouvert de 8h à minuit. Fermé hors saison.

Il ne s'agit pas d'une boîte de nuit, mais d'un bar-lounge branché qui permet d'animer les soirées. Aux abords de la baie de Porto Frailis, l'établissement donne directement sur la mer. Il ouvre dès le petit-déjeuner. Sa terrasse installée dans un jardin soigné est très courue à l'heure de l'apéritif, car la vue est idéale pour profiter du coucher du soleil en sirotant un cocktail. Des concerts et des soirées thématiques y sont régulièrement programmés.

PANE E DOLCE - LA RISTORERIA

Via Monsignor Virgilio, 72
✆ +39 0782 623 396
www.paneedolce.it
Ouvert tous les jours de 8h30 à 23h30.

Chaîne de boulangeries et pâtisseries traditionnelles la plus connue en Ogliastra, Pane e Dolce possède son adresse à Tortoli. Son magasin principal dans la ville se trouve dans l'artère centrale, comme il se doit. On peut s'y procurer du pain mais aussi des gâteaux et biscuits sardes typiques, qui peuvent venir égayer le petit déjeuner. L'enseigne propose une courte carte de pizzas et de sandwiches à grignoter sur place ou à emporter. C'est un peu l'équivalent du Pain Quotidien sarde.

LA TERRA DI PATIKA

Via Mons Virgilio 51
✆ +39 333 8433317
www.laterradipatika.com
Ouvert de 10h à 13h et de 17h à 21h, fermé le dimanche. En août, ouvert jusqu'à environ minuit.

Cette ravissante boutique met en avant tout le savoir-faire artisanal des différentes régions de Sardaigne à travers une sélection pointue d'objets qui reflètent la grande modernité des traditions. Elégants et raffinés, les jolis objets originaux sont à mille lieues du répertoire folklorique, tout en puisant dedans. Tapis de laine, torchons ou coussins brodés, gourdes en argile, bijoux précieux, beaucoup des articles sont uniques. On est aux antipodes du *made in China* et du kitsch. L'idéal pour faire quelques emplettes typiques avant le retour.

VELAMARE ARBATAX

Port touristique d'Arbatax
✆ +39 338 422 8788
www.velamarearbatax.it
Compter entre 150 € et 250 € pour un voilier 4 personnes.

Le propriétaire Marco Nonnis est un amoureux de la mer qui vous transmet sa passion. Velamare loue des bateaux à voile, à moteur pour un jour ou une semaine. Il est possible de louer un voilier sans skippeur pour peu que vous fournissiez les certificats nécessaires. Pour les non-initiés, l'école de voile propose des leçons ou des cours de windsurf. Il est également possible de louer des embarcations gonflables à moteur pour partir explorer les criques alentour. Un permis bateau n'est pas nécessaire, mais prudence tout de même, car les accidents sont fréquents.

GIRASOLE

Le village de Girasole se trouve à quelques kilomètres au nord de Tortoli. Ce bourg compte un peu plus d'un millier d'habitants, mais son histoire remonte à 2000 ans av. J.-C. Les Romains fondent ici le port le plus important de la région. Son nom de «Tournesol» est certifié depuis le Moyen Âge. Aujourd'hui, Girasole est connu pour sa plage dorée, pour sa petite église de style gothique-catalan du XVIe siècle. La Madonna di Monserrato est célébrée tous les premiers dimanches de septembre avec force cavalcades en costume. Les hôtels proposent un hébergement encore moins cher que dans les localités voisines de Tortoli et Santa Maria Navarrese.

L'ULIVO €€

Localita Sa Cruxi
✆ +39 0782 668956
www.hotelulivo.it
A partir de 55 € à 140 € selon la saison pour une chambre double, petit déjeuner compris.

A 2 km de la plage à la mer cristalline, cet hôtel immergé dans la nature abrite une dizaine de chambres de différentes capacités. Spacieuses et climatisées, presque toutes ont une jolie terrasse. Le restaurant propose des menus de spécialités sardes et une cuisine méditerranéenne. La carte des vins est très représentative de la bonne cave du patron. Les repas sont servis au bord de la grande piscine tandis que le petit déjeuner est pris sur le toit. Accueil chaleureux, gestion familiale : ideal pour un séjour en toute quiétude.

URZULEI

Situé dans le nord de l'Ogliastra, près des communes de Baunei, de Dorgali et d'Orgosolo, Urzulei est traversée par de nombreux cours d'eau, dont le Flumineddu et le fleuve Coda di Luna dont l'embouchure se situe sur la célèbre plage de Cala Luna. Le petit village possède de nombreuses églises à visiter mais il est aussi très connu pour ses très belles peintures murales qui représentent des scènes du passé de la Sardaigne et qui sont en réalité la reproduction de photos d'époque. Le Supramonte d'Urzulei est apprécié pour la source Sa Rutta 'e s'Edera, et les impressionnantes gorges de Gorropu qui façonnent le plus grand canyon d'Europe.

GOLA DI GORROPU ★★★

Campo Base Gorropu ✆ +39 328 897 6563
www.gorropu.info
Accessible de 10h30 à 17h30. Entrée : 5 €. Randonnée guidée : de 20 € à 70 € par personne selon le circuit.

Avec ses parois rocheuses qui s'élancent à 500 m, ce canyon est une merveille de la nature sarde et un immanquable. Ce canyon est considéré comme le plus grand d'Europe et il est vraiment très impressionnant.

Pour y accéder il faut suivre une route de montagne pendant 1h depuis Urzulei et garer sa voiture sur le parking du camp de base Gorropu, situé entre Urzulei et Orgosolo. Un centre d'information se trouve juste en face du parking et les guides se feront un plaisir de vous renseigner. Nous vous recommandons l'aller-retour en Jeep pour accéder au sentier, plus bas, qui mène au canyon. Il faut 20 minutes en voiture pour y accéder puis 2h de marche tranquille pour atteindre l'entrée du canyon. Les gorges très escarpées peuvent sembler impressionnantes et d'un niveau difficile mais rassurez-vous en suivant les petits points verts sur les pierres, c'est très faisable. Nous avons même vu des mamans avec leur bébé dans un landau le faire et de jeunes enfants escalader les pierres. Prévoyez juste une bouteille d'eau et de bonnes chaussures de marche, ainsi qu'une petite collation. Comptez 45 minutes pour accomplir le parcours vert du canyon, quand les points sont jaunes là c'est vraiment difficile et réservé aux pros de l'escalade car les pierres sont plus abruptes et plus glissantes aussi. Rebroussez chemin. Quand vous serez revenu à l'entrée du canyon, buvez quelques gorgées d'eau dans la rivière : c'est de l'eau de source pure et parfaitement potable. Vous pouvez aussi en profiter pour remplir votre bouteille.

ARTESSILE

Localité Toppunu
✆ +39 0782 649 253
www.artessile.com
Visite sur rendez-vous.

Elena Mulas confectionne avec talent des tapis, des tapisseries, des rideaux et des accessoires en textiles selon une méthode traditionnelle sarde ancienne qu'elle est la seule à perpétuer sur l'île. Elle utilise des matériaux naturels nobles comme la laine, le lin ou le coton. Elle mêle également l'asphodèle à la laine, pour former des motifs lumineux, qui semblent être faits de fils d'or. En prenant rendez-vous, Elena vous accueillera et vous montrera son travail opéré sur des machines d'époque dans son atelier, situé à la périphérie d'Urzulei.

CASEIFICIO GRUTHAS

Loc. Giustizieri
✆ +39 320 954 6262
www.gruthas.it

La Sardaigne est réputée pour son pecorino, le meilleur de toute l'Italie semble-t-il. Alors pourquoi ne pas se rendre à la source et visiter une fromagerie traditionnelle ? A seulement quelques kilomètres d'Urzulei, cette fromagerie transforme lait de chèvre et de brebis en délicieux fromages. Elisabetta Arba a hérité de l'entreprise de son père et perpétue la tradition. Vous pourrez vous procurer du percorino bien sûr, mais aussi du capra toute l'année. La production se déroule entre août et décembre et il est alors possible de visiter la fabrique.

PEDRA LONGA ★

Une aiguille rocheuse domine deux très belles criques aux eaux turquoise. Pedra Longa est un monolithe pyramidal de roche calcaire dolomitique qui surgit des eaux pour s'élever à 128 m. Il se trouve emboîté dans la partie de la côte qui s'étend de Santa Maria de Navarrese à Capo di Monte Santo. Cette côte rocheuse est caractérisée par de hautes falaises. Les anciens navigateurs choisirent Pedra Longa comme point de repère, l'aiguille fermant au sud la région du Supramonte. Ils l'appelèrent Guglia, Aguglia ou Agugliastra, *guglia* signifiant « aiguille ».

SANTA MARIA NAVARRESE

Santa Maria Navarrese est la dernière station balnéaire avant le Parc nationale du golfe d'Orosei et Cala Gonone. C'est le point de départ de nombreuses excursions en bateau pour les fabuleuses criques de la côte, adossées aux vertigineuses falaises de cette partie du littoral : Cala Sisine, Cala Mariolu, Cala Follo, Cala Gortize ou la splendide Cala Lune. La petite station balnéaire de Santa Maria Navarrese dispose de quelques hôtels accueillants et d'une jolie plage. Depuis la place de l'église, une oliveraie longe une plage granuleuse aux eaux transparentes. La tour espagnole de Santa Maria Navarrese (10 m de hauteur) date de 1785.

CHIESA DI SANTA MARIA DI NAVARRA ★

Piazza Principessa di Navarra

Face à la plage, on peut admirer cette petite église du XIe siècle. Selon la légende, elle fut construite par une fille du roi de Navarre, rescapée d'un naufrage. Cette histoire a été confirmée en 1955 par la découverte d'un reliquaire en argent en forme de cœur, réalisé selon le style arabe caractéristique de la Navarre à l'époque. Le reliquaire est gardé dans le musée diocésain de Lanusei. Près de l'église, on peut admirer un olivier millénaire de 9 m de hauteur.

HÔTEL NICOLETTA €

Via Lungomare
✆ +39 0782 614 045
www.hotelnicoletta.info

Compter de 80 € à 140 € selon la saison la chambre double, petit déjeuner inclus.

Parfaitement situé à quelques encablures de la plage, de l'église Santa Maria ou encore de la tour espagnole, cet hôtel est abrité dans une grosse maison peinte en rouge brique. Elle se tient en retrait d'un jardinet planté de gazon et de fleurs qui donne le ton. Ici, tout est coquet et bien entretenu. Les 28 chambres sont élégantes dans leur tonalité marron glacé. La plupart disposent de leur balcon ou d'une terrasse. Le personnel est très agréable et accueillant. Un bon rapport qualité–prix pour la région, qui s'avère être l'une des plus chères de la côte.

HOTEL AGUGLIASTRA €€

Piazza Principessa di Navarra, 27
✆ +39 0782 615 005
www.hotelagugliastra.it

Compter de 76€ à 124 € selon la saison pour une chambre double, petit déjeuner compris. Fermé de novembre à avril.

Directement sur la place du vieux village, derrière l'église Santa Maria, vous ne sauriez être mieux situé. Plages et restaurants ne se trouvent qu'à quelques mètres. L'hôtel est absolument charmant et le supplément «vue sur mer» vaut la peine d'être payé. Les grands balcons donnent sur le bleu de la mer et les rochers qui affleurent. La décoration des 19 chambres décline une ambiance marine et estivale des plus plaisante. Un seul regret, le manque d'intimité, notamment à la terrasse du restaurant qui donne directement sur la rue.

GROTTES ET CRIQUES DU GOLFE D'OROSEI ★★★

La seule façon de savoir quelle est la plus belle crique du golfe d'Orosei est d'entreprendre une excursion en bateau et de les essayer toutes. Les plages de sable blanc sont baignées par des eaux turquoise translucides et adossées à de hautes falaises infranchissables. Le spectacle est entier.

- **Cala Goloritzè.** Surmontée d'une aiguille rocheuse, encadrée de rochers troués de toutes parts, la crique semble sortie d'un rêve. La toute petite plage de galets blancs est la plus photographiée de l'Ogliastra. Elle est protégée depuis 1995 et revient régulièrement dans les palmarès des plus belles plages d'Italie. Les eaux exceptionnelles tirent leur clarté des sources naturelles sous-marines qui s'écoulent à 200 mètres de là. La plage s'est formée en 1962 suite à un éboulement rocheux.
- **Cala dei Gabbiani.** Moins fréquentée que Goloritzè ou Mariolu, cette crique présente les mêmes caractéristiques exceptionnelles : des eaux cristallines aux nuances bleu-vert, une falaise polie par les vents, une plage de gravier blanc. Elle figure souvent dans les recensements des «plages les plus secrètes d'Italie».
- **Cala Mariolu.** Le *mariolo*, ou phoque moine, était un habitué de ces eaux, il y a encore 40 ou 50 ans. Pour les habitants de Baunei, Cala Mariolu signifie « poudre de neige », comme les cailloux blancs qui caractérisent sa merveilleuse plage aux eaux transparentes et turquoise idéales pour le snorkeling. On comprend immédiatement pourquoi Cala Mariolu est considérée comme l'une des plus belles plages d'Europe.
- **Cala Mudaloru.** Au bout d'une profonde ravine, cette crique est délaissée des itinéraires touristiques car elle est à l'ombre une grande partie de la journée. Idéale pour les journées de grosse chaleur.
- **Piscines de Vénus.** Le bonheur ici consiste à plonger de rochers affleurant dans une eau curaçao.
- **Cala Luna.** Ce n'est peut-être pas la plus belle plage de cette portion de littoral, mais sa largeur permet d'en profiter tranquillement, et surtout ses grottes sont l'occasion d'explorations et de photos inoubliables.
- **Grotte del Fico.** Au nord de la Cala Mariolu, ces grottes se visitent entre 10h et 15h30 tous les jours entre mai et octobre. Cette grotte découverte en 1957 servait d'abri aux phoques moines. Elle n'est ouverte au public que depuis que les phoques ont déserté le littoral. Visite guidée et payante.
- **Grotte del Bue Marino.** La grotte n'est accessible que par la mer. Des plateformes s'enfonçant dans ses entrailles ont été aménagées et des éclairages positionnés.

HÔTEL SANTA MARIA €€

Viale Plammas, 30
✆ +39 0782 615 315
www.albergosantamaria.it
Compter de 85 € à 155 € selon la saison pour une chambre double standard, petit déjeuner compris.

Tenu depuis plusieurs générations par la même famille, cet établissement est à 150 m de la plage. Beaucoup de charme se dégage de cette bâtisse entourée par une terrasse ombragée (style tonnelle à l'ancienne) et un jardin luxuriant, ambiance calme et naturelle. Les chambres au mobilier de caractère sont spacieuses et possèdent balcon ou terrasse. Celles au rez-de-chaussée sont particulièrement agréables car immergées dans la végétation. Possibilité de demi-pension. Spécialités de poisson, cuisine typique sarde. Accueil en français.

NASCAR HOTEL €€

Viale Pedras, 1
✆ +39 0782 615 314
www.nascarhotel.eu
Compter de 170 € à 225 € selon la saison pour une chambre double standard, petit déjeuner inclus.

Cette grande maison en pierre est l'un des plus anciens édifices du village. Elle est devenue son meilleur hôtel qui dispose d'une douzaine de chambres, toutes différentes. Chacune développe un thème en relation avec la nature. Le mobilier est sobre, les rideaux sont en lin et les salles de bains sont surprenantes. Un vaste choix de mets issus du terroir sont servis dans le restaurant à l'imposante cheminée. Créativité et sobriété diffusent une atmosphère délicate et originale. Un vrai petit bijou à découvrir pour un séjour privilégié.

LANTHIA RESORT €€€

Via Lungomare
✆ +39 0782 615 103
www.lanthiaresort.com
Compter de 210 € à 425 € selon la saison pour une chambre double classic, petit déjeuner compris. Fermé d'octobre à mai.

Cette résidence à l'architecture moderne est plantée au centre d'un parc paysager. Végétation luxuriante, murs protecteurs, c'est un havre de paix loin de la foule mais proche de tout. Les 28 chambres et suites avec bain à remous se répartissent sur deux niveaux. Larges terrasses et balcons donnent sur la grande piscine à débordement ou sur les collines voisines. Le petit déjeuner buffet est agrémenté du chant des cigales. Les tarifs comprennent le parasol et les transats sur la plage juste en face. Quiétude et prestations de qualité pour un séjour privilégié.

L'OLIVASTRO €

Via Lungomare, 1
✆ +39 0782615513
www.lolivastrobar.it
Ouvert tous les jours de 8h à 3h en saison.

Ce café de bord de mer joue l'offre multi-cartes pour satisfaire les besoins des vacanciers selon les heures de la journée. Son habillage bleu et blanc lui confère un côté charmant. Les tables en terrasse, en contrebas de la route, profitent de l'ombre des oliviers centenaires. Café et gâteaux pour le petit déjeuner, pizzas et bruschettas au déjeuner ou à l'heure de l'apéro, cocktail en soirée, la vue est toujours imprenable. On peut aussi y goûter la spécialité arabe *ramhadam*, une sorte de pizza sur une base de pain de pommes de terre.

BAUNEI

A 10 km au nord de Santa Maria Navarrese, cette petite ville se dresse sur un éperon rocheux à la limite du Parc Naturel du golfe d'Orosei. Elle est connue pour ses belles maisons blanches « à tour » et ses petites rues « à escalier » adossées à la montagne. Son artisanat est aussi très apprécié : tissage et gravure sur bois. En suivant la SS 125, on arrive à la place centrale où se trouve l'ancienne façade de l'église de San Nicola. Le reste de la structure, datant de 1700, a été privé de sa nef et une nouvelle façade a été construite à l'arrière. Face à l'entrée de l'église, on peut s'arrêter à une terrasse panoramique à pic sur la montagne.

ALTOPIANO DI GOLGO ★

En suivant la SS 125 et les indications depuis le centre-ville, on prend la route panoramique vers l'église champêtre de San Pietro, sur le haut plateau du Golgo, à 10 km environ du village.

L'altiplano de Golgo est un lieu de randonnée qui allie nature et culture. Les bergeries sont encore utilisées. Une église en pierre accueille toujours des fêtes religieuses. Face à l'église, vous verrez un menhir nuragique anthropomorphe, car on peut y voir une tête humaine creusée dans la pierre. En revenant vers Baunei, suivre les indications pour le nuraghe Coe Serra. Enfin, en poursuivant, il est possible de s'arrêter au bord du gouffre Su Sterru, une faille de 300 m de profondeur. C'est également le point de départ des randonnées vers la Cala Goloritze.

Plage de Biriola, près de Baunei.

CALA GOLORITZÉ ★★★

Accès : 6 €. Espèces uniquement.

Cette superbe crique sauvage de petits cailloux blancs, mouillée d'eaux turquoise et translucides, est classée au patrimoine mondial de l'Unesco. Elle est accessible uniquement en randonnée pédestre ou par la mer au départ de Cala Gonone ou de Santa Maria Navarrese. La plage figure régulièrement au palmarès des plus belles plages de Sardaigne et même d'Italie.

▸ **Accès.** Dans le centre-ville de Baunei, après l'église prenez la route qui monte à droite. Roulez pendant 9 km jusqu'au panneau Cala Goloritzé, à droite. Allez jusqu'au deuxième parking.

▸ **La randonnée** est assez simple à l'aller avec toutefois quelques risques de glisser sur les cailloux quand la descente est raide. Il faut compter une bonne heure de marche, 1h30 en prenant son temps. La remontée est plus ardue, elle vous prendra jusqu'à une demi-heure de plus (tout dépend de votre niveau). Prévoir des chaussures fermées, le chemin est caillouteux et il serait dangereux de vous lancer tongs aux pieds.

Pour profiter de cette plage et de la mer d'un bleu presque laiteux, mieux vaut partir le matin tôt car ce morceau de paradis est à l'ombre dès 15h. Possibilité de pique-niquer sur les tables de bois juste avant l'accès à l'escalier de la plage. Toujours penser à emporter avec soi 2 litres d'eau et une collation en cas de coup de mou.

▸ **Attention,** la superficie de la plage étant réduite, on conseille de visiter ce petit paradis hors saison, car l'été la plage est vite bondée et perd de son charme (à moins bien sûr que l'on y arrive tôt le matin).

© MANISCULE

CALA SISINE 📷 ★★

C'est la plage principale du golfe d'Orosei avec la Cala Luna. De toute beauté, elle est entourée de forêts et séparée de Cala Luna par des grottes. En 1987, cette région du golfe fut déclarée zone protégée pour la sauvegarde du phoque moine, mais trop tard. Si l'accès à pied par le biais d'une randonnée est possible, la plupart des visiteurs y débarquent en bateau. Une fois au parking, il faut compter environ 30 minutes de marche jusqu'à la plage, alors qu'en voiture il faut compter presque une heure en roulant à une allure réduite.

NURAGHE BAU NURAXI 📷

Depuis Baunei, il faut prendre la direction de Triei, village situé en bas des pentes, en direction du sud. Des indications depuis le centre de ce village vous mèneront au complexe nuragique de Bau Nuraxi. Les ruines de ses tours en granit sont toujours visibles malgré l'abandon qui caractérise cet endroit. Il comprenait un village (qui se trouve de l'autre côté de la route) et un rempart défensif. En poursuivant pendant 5 km sur la même route, on arrive à la tombe des géants d'Osono, une structure en granit dont l'entrée et l'intérieur sont très bien préservés.

COOPERATIVA GOLORITZÉ ☛

Loc. Golgo
✆ +39 368 702 8980
www.coopgoloritze.com

A partir de 70 € pour une chambre double.
Compter 25 € pour un repas.

Cette coopérative est située sur l'altiplano de Golgo et fait office de refuge pour les randonneurs. Elle propose des excursions à cheval, à pied ou en voiture vers toutes les principales destinations des environs. Le dépaysement est garanti et l'ambiance authentique dans cette auberge entourée de nature sauvage. 6 chambres simples et confortables sont à disposition des touristes de passage. L'étape idéale si vous prévoyez de partir en promenade sur ces hauteurs. Un restaurant propose de savoureuses spécialités régionales servies sur une très belle terrasse.

DORGALI ★★

La petite ville de Dorgali domine la vallée de Cedrino habitée depuis des millénaires. Aujourd'hui encore, on peut y voir de nombreux nuraghes. Dorgali est connue depuis longtemps pour son artisanat : bijoux en filigrane, tapis colorés en point oriental, céramiques, cuir. Les ruelles du village, à flanc de montagne, sont assez pittoresques et valent un petit tour. L'office de tourisme (www.dorgali.it), 108 via Lamarmora, est ouvert du lundi au vendredi de 10h à 13h et de 16h à 20h.

Transports

- **Bus.** La compagnie ARST dessert Nuoro (ligne 520 ou 303) 10 fois par jour ; Cala Gonone (ligne 520) 7 fois par jour ; Tortoli (ligne 521 ou 303) 2 fois par jour.

CALA CARTOE ★★

Loc. Cala Cartoe

Cala Cartoe est une longue étendue de sable doré encadrée par deux collines du Supramonte. Les couleurs sont étonnantes : du calcaire très blanc au sud, du basalte très sombre au nord. Comme toujours, les eaux transparentes et les rochers forment des conditions idéales pour le palmes-masque-tuba. On y accède en voiture en prenant la direction d'Orosei. Cette plage a servi de décor à quelques scènes du remake du film italien *Travolti da un insolito destino nell'azzuro mare d'Agosto*, rebaptisé *A la dérive* avec Madonna et Adriano Giannini.

GROTTE DI ISPINIGOLI ★★

Corso Umberto, 37

✆ +39 0784 96243

Visite guidée toutes les heures en juillet entre 10h et 18h ; jusqu'à 19h en août et 17h en septembre. Entrée : 8 €.

La longue colonne crayeuse de 38 m qui relie la voûte au sol fait la spécificité de cette grotte, son caractère unique. Un escalier de 280 marches descend à la base de la grotte, qui est entourée d'autres groupes de concrétions crayeuses spectaculaires. Dans ce gouffre de 80 m, où la température affiche une constante à 15 °C, un cours d'eau et un fantastique jeu de lumière créent une ambiance féerique. Les spéléologues expérimentés poursuivent jusqu'aux Abysses des Vierges, un étroit corridor qui s'étire sur 12 km pour relier la grotte de San Giovanni su Anzu.

MUSEO ARCHEOLOGICO DI DORGALI ★★

Via Lamarmora

✆ +39 349 442 5552

www.museoarcheologicodorgali.it

Ouvert de 9h30 à 13h et de 15h30 à 18h de mai à septembre. Entrée : 3 €.

Abrité dans une ancienne école primaire, le Musée d'archéologie de Dorgali présente un aperçu condensé de l'histoire très ancienne des lieux. Les trois salles présentent des vestiges archéologiques trouvés pour beaucoup dans les grottes des environs. La première salle étudie l'ère néolithique, la deuxième la culture nuragique et la troisième la période romaine. Outils en os, poteries et céramiques, reproductions de statues en bronze (les originaux sont à Cagliari)...

Dorgali.

MUSEO CIVICO SALVATORE FANCELLO ★

Corso Umberto, 37
✆ +39 0784 927242
www.dorgali.it
Ouvert de juillet à septembre, de 9h30 à 12h30 et de 16h30 à 19h30. Sur réservation le reste de l'année. Entrée libre.

Dans le centre du village, ce musée est dédié au céramiste Salvatore Fancello, qui mourut pendant la Seconde Guerre mondiale. L'enfant de Dorgali a exprimé son talent dans le modelage et le dessin. Son œuvre la plus remarquable est conservée ici. Il s'agit d'un rouleau de terre cuite long de 7 mètres et décoré de scènes de la vie champêtre et d'animaux fantastiques. Il l'a réalisé en 1938 et offert à son célèbre ami et artiste Costantino Nivola à l'occasion de son mariage.

TOMBA DEI GIGANTI DI S'ENA E THOMES ★

Strada Provinciale 38 Km 19 08022

Tout à coup, au bout d'un chemin de terre tapi dans le maquis, se dresse une stèle massive de près de 4 mètres de haut. Elle marque l'entrée de la tombe des géants de S'Ena et Thomes. C'est la plus importante et la plus photographiée de l'île. La chambre sépulcrale, réalisée selon la technique des dalles dressées, est longue de 11 mètres. Les grandes dalles de couverture étaient autrefois surmontées d'un grand extrados lithique qui donnait à l'ensemble l'apparence d'une tête de bovidé.

VILLAGGIO NURAGICO SERRA ORRIOS ★

SP38
Ouvert de 9h à 13h et de 15h à 19h en été.
Entrée : 5 €.

Ce village nuragique figure parmi les mieux conservés de la Sardaigne. Les fondations de la soixantaine de cabanes se détachent nettement du sol. On peut encore observer les sols pavés ou dallés dans certaines d'entre elles. Certaines ne présentent qu'une pièce unique quand d'autres sont articulées en plusieurs pièces, qui devaient servir à abriter les animaux. Les murs étaient en pierre et les toits couverts de branchages. Ils étaient peut-être imperméabilisés avec de l'argile ou du liège. Dans les murs, on peut encore voir des niches aménagées pour le rangement d'objets. Les cabanes s'ouvrent sur une cour au centre de laquelle on trouve un puits. Le village est divisé en trois quartiers reliés entre eux par des passages et des ruelles. Le village comprenait deux temples à mégaron qui laissent entendre que le village a été influencé par des peuples de la mer Egée. En effet, ces structures sont typiques de la culture mycénienne. Les deux temples devaient être dédiés au culte des eaux. Ils sont protégés par une enceinte et précédés d'une antichambre. Un banc de pierre court le long du mur de la chambre principale. De nombreuses céramiques ont été retrouvées sur le site et permettent d'affirmer que le village a été habité de l'âge du bronze à l'âge du fer. Elles sont aujourd'hui conservées au Musée archéologique de Dorgali. A l'apogée de son développement, ce sont 300 personnes qui devaient peupler ce village. Un marché se tenait aux abords des temples.

Tombe des géants de Thomes.

AGRITURISMO BIRIDDO €

✆ +39 338 2110 395
www.biriddo.com
A partir de 60 € pour une chambre double, petit déjeuner compris.

Loin de la foule et du bruit, cet agritourisme est une oasis verdoyante où poussent les oliviers, les plantes grasses et les orchidées. Il propose différents types d'hébergements : tente, chambre classique, chalet en bois avec 1 ou 2 chambres (séjour minimum demandé). Ambiance cordiale autour du barbecue géant ou au restaurant, car le propriétaire est un fin cordon-bleu qui vous accueille plus en ami qu'en client. Si vous aimez la nature, le calme, voilà un petit paradis insolite à découvrir. (Les animaux de compagnie sont admis).

AGRITURISMO SU BARCU €€

✆ +39 389 278 7254
www.agriturismosubarcu.it
Compter entre 80 € et 110 € selon la saison pour une chambre double, petit déjeuner inclus. Fermé de décembre à février.

Cet agrotourisme loue de petits appartements de 4 personnes avec, outre une jolie chambre adjacente à la salle de bains, un agréable coin salon, un espace cuisine et une superbe terrasse. Confort, élégance et luminosité : tout est paré de blanc et de turquoise. La bâtisse principale est quant à elle réservée aux hôtes. Le petit déjeuner se prend dans la maison familiale, à deux pas de là. Les structures sont installées au cœur de 70 ha verdoyants émaillés d'oliviers centenaires et de vignobles, avec en toile de fond la mer. Les plages ne sont qu'à 2 km.

AGRITURISMO CANALES €

Loc. Canales
✆ +39 0784 967 60
www.canales.it
Compter entre 60 € et 80 € selon la saison pour une chambre double, petit déjeuner compris. Pas de CB.

Dominant le lac Cedrino, une belle maison de pierres sèches veille sur une magnifique vallée arborée. Les six chambres sont simples, avec leur lit en fer forgé, les tables de nuit, l'armoire dans un coin de la pièce et la petite salle de bains. Elles s'ouvrent sur le grand jardin fleuri qu'il faut traverser pour rejoindre la salle de restaurant. Les propriétaires tiennent aussi une table d'hôtes qui propose des viandes rôties et des pâtes artisanales. Possibilité de louer un kayak ou un vélo pour explorer le lac et la région.

HÔTEL IL QUERCETO €€

Via Lamarmora, 4
✆ +39 0784 965 09
www.ilquerceto.com
Compter de 89 € à 149 € selon la saison pour une chambre double, petit déjeuner inclus.

L'hôtel situé légèrement à l'extérieur de Dorgali offre calme, confort et atmosphère chaleureuse. Au sommet de l'hôtel, une terrasse panoramique est ouverte pour le petit déjeuner et rien ne vaut de commencer la journée face au mont Tiscali. Le restaurant innove toujours avec des spécialités maison. A déguster : les petites « bouchées » faites avec de la ricotta, des légumes et du lait. Au total, 42 chambres spacieuses et bien équipées avec balcon. Une grande piscine intérieure chauffée permet de se délasser et de prendre des cours de plongée.

AGRITURISMO MURISTENE €

Loc. Muristene
✆ +39 339 686 5292
www.muristene.com
A partir de 70 € en chambre double, petit déjeuner inclus. Fermé de décembre à février.

Cette ferme occupe une quarantaine d'hectares constellés d'arbres centenaires. L'hospitalité sarde s'exprime grâce aux hôtes de la maison, Marianne et Pantaleo. Attentionnés, ils partagent de bon cœur recettes anciennes et coutumes locales. Ici, tout est élaboré ou récolté sur place : les pâtes fraîches, l'huile d'olive, la viande, le lait, le fromage, les gâteaux et même le vin. Les chambres, dotées d'une terrasse, affichent leur caractère rustique qui sied bien aux lieux. L'accueil est souriant et la discrétion et la bienveillance sont de mise.

AGRITURISMO MURISTENE €

Loc. Muristene
✆ +39 339 686 5292
www.muristene.com
A partir de 70 € en chambre double, petit déjeuner inclus. Fermé de décembre à février.

Cette ferme occupe une quarantaine d'hectares constellés d'arbres centenaires. L'hospitalité sarde s'exprime grâce aux hôtes de la maison, Marianne et Pantaleo. Attentionnés, ils partagent de bon cœur recettes anciennes et coutumes locales. Ici, tout est élaboré ou récolté sur place : les pâtes fraîches, l'huile d'olive, la viande, le lait, le fromage, les gâteaux et même le vin. Les chambres, dotées d'une terrasse, affichent leur caractère rustique qui sied bien aux lieux. L'accueil est souriant et la discrétion et la bienveillance sont de mise.

COLIBRI €

Via Gramsci, 14
+39 0784 960 54
www.ristorantecolibridorgali.it
Ouvert midi et soir en été. Fermé le lundi hors saison. Compter 30 € pour un repas.

La terrasse de cette maison a été couverte et aménagée en véranda pour y accueillir la salle du restaurant. On le repère avec son néon vert qui affiche fièrement «Colibri». Le nom est repris un peu partout, sur la vitrine, à l'entrée, sur les desserts et même les bouteilles de vin «de la maison». Les tables sont alignées le long des baies vitrées. Le restaurant est tenu par une famille qui prodigue un accueil chaleureux et informel. La cuisine reprend les grands classiques sardes : le *porceddu* (à commander à l'avance) et les raviolis sont délicieux.

ISPINIGOLI €€

Loc. Ispinigoli
+39 0784 952 68
www.hotelispinigoli.com
Ouvert midi et soir. Compter 35 € pour un repas.

Les frères Mula veillent sur leurs fourneaux depuis 1980. Ils ont transformé la maison familiale en hôtel-restaurant. On ne peut que les remercier d'avoir ouvert leur terrasse à la vue spectaculaire aux gourmets. Sous vos yeux s'étalent les montagnes du Gennargentu, la plaine et le golfe d'Orosei. Le plaisir continue lorsque les assiettes arrivent. Ispinigoli est l'une des meilleures tables de la région et le secret est bien éventé : c'est souvent complet. La cuisine sublime les spécialités sardes, comme les *anzolettos* à goûter absolument.

SANT'ELENE €€

Loc. Sant'Elene
+39 0784 945 72
www.hotelsantelene.net
Ouvert midi et soir en saison. Compter 25 € pour un repas. Sur réservation.

La terrasse pittoresque de ce restaurant donne directement sur le mont Saint-Hélène voisin. On déguste ici des spécialités sardes préparées avec les produits du terroir. Légumes et herbes aromatiques proviennent du potager bio de la maison. Les propriétaires pratiquent la politique du «km 0». Ils veillent aussi à régaler les végétariens et les végans, ainsi que les personnes soumises à un régime sans gluten, avec des préparations spéciales. La cuisine sublime les parfums des produits frais du terroir. Le repas s'achève avec l'incontournable *mirto*.

CANTINA DORGALI 1953

Via Piemonte, 11 +39 0784 961 43
www.cantinadorgali.com
Ouvert en saison du lundi au vendredi de 8h30 à 14h et de 15h à 19h. Le samedi de 9h à 13h et de 15h à 19h.

Le terroir de Dorgali se prête à la culture du cannonau, ce cépage sarde qui donne de délicieux vins rouges. La coopérative de Dorgali a été fondée en 1953 et rassemble les viticulteurs de la région. Ce sont près de 650 hectares qui sont plantés dans les montagnes environnantes et dont les raisins sont toujours vendangés à la main. Les vins de cette coopérative ont été récompensés dans de nombreux concours agricoles, en Italie comme à l'étranger. La plus grande fierté de ces hommes est la médaille «Cangrande» remise par le président de la République en 2016.

ENOTECA VINARIUS

Via Umberto, 46
+39 078 494 915
Ouvert de 9h à 20h. Fermé le dimanche.

Les deux gros stores rouges à arceaux protègent la vitrine et les bouteilles de cette cave à vin des rayons ardents du soleil. Vous serez reçu ici avec le sourire. Le patron vous aiguillera dans vos choix et vous aidera à déterminer quel est le cannonau de Dorgali qui sied le mieux à votre palais. Il organise d'ailleurs des dégustations des meilleurs crus locaux. Il ne se cantonne pas pour autant pas aux vins de la ville. Vous pourrez vous procurer du vermentino blanc de la Gallura, de la liqueur de myrte artisanale ou de la grappa.

NIEDDU OREFICERIA

Via Lamarmora, 98
+39 0784 96 079
www.nieddoreficeria.com
Ouvert du lundi au samedi de 9h30 à 13h et de 16h à 20h.

Les frères Nieddu perpétuent ensemble la tradition de l'orfèvrerie en filigrane avec des créations contemporaines qui puisent dans un savoir-faire archaïque. L'aventure a commencé avec Cristian qui ouvre son atelier à Dorgali en 1995. Il entraîne dans son sillage ses deux frères Francesco et Salvatore qui apportent leur contribution professionnelle à cette entreprise familiale. Les créations mêlent or ou argent, éclats de corail, perles ou pierres semi-précieuses, définissant de nouvelles stylistiques et enrichissant ainsi le répertoire du filigrane.

CALA GONONE ★★★

Cala Gonone est l'un des sites les plus remarquables du littoral d'Orosei. Nichée au pied d'une haute falaise de calcaire, Cala Gononone prodigue une atmosphère conviviale. La station possède une vaste plage aux eaux émeraude, et c'est d'ici que partent les bateaux qui permettent de découvrir, vers le sud, les plus belles plages des côtes sardes.

Tourisme

L'Office de tourisme se trouve dans le Musée Foca Monaca sur la viale Bue Marino. Il est ouvert de 9h à 13h et de 15h à 19h en saison.

Transports

- **Bus.** La compagnie ARST dessert Nuoro (ligne 520) via Dorgali 5 fois par jour.

ACQUARIO DE CALA GONONE ★

Via La Favorita ✆ +39 0784 92 0052
www.acquariocalagonone.it
Ouvert de 10h à 17h, jusqu'à 20h en août. Entrée : 12 €.

L'Acquario a pour vocation de faire découvrir la faune et la flore de la Méditerranée et de la Sardaigne. 25 bassins présentent 300 espèces marines dans 450 000 litres d'eau. Les repas sont servis tous les après-midi. Autour de la vasque tactile, certaines espèces n'hésitent pas à sortir de l'eau en attente de caresses. Un pavillon est réservé aux poissons tropicaux et aux coraux. A l'issue de ce voyage vers les abysses, vous pourrez vous rafraîchir sur la terrasse panoramique et contempler les eaux cristallines du golfe d'Orosei.

AREA ARCHEOLOGICA DEL MANNU ★★

Ouvert d'avril à octobre de 10h à 12h et de 16h à 19h, Visite guidée obligatoire. Entrée : 3 €.

L'aire archéologique est accessible par la route en lacets qui descend de Dorgali vers Cala Gonone. Le nuraghe est situé au sommet d'une colline basaltique qui offre un beau point de vue sur les environs. Il est entouré de restes d'habitations ceintes d'un mur de garde. Le village a été découvert sous des ruines romaines en 1990. Le nuraghe s'est malheureusement effondrée sur lui-même. Quatre niches ont été aménagées dans le mur extérieur, probablement pour les gardes.

GROTTE DEL BUE MARINO ★★★

Grotte del bue Marino
Visite guidée obligatoire. Entrée au Ramo Sud : 8 €, entrée au Ramo Nord : 10 €. Fermé de novembre à mai.

Parmi les merveilles naturelles à ne pas manquer si vous êtes dans la région, les grottes du Bue Marino portent le nom du phoque moine, un gentil mammifère marin dont elles étaient le refuge jusque dans les années 1970. Le développement du tourisme de masse et l'ouverture des grottes au public dans les années 1950 ont malheureusement fait fuir les phoques qui sont désormais une espèce en voie d'extinction.

La grotte est parcourue par 16 km de galeries et se divise en deux branches principales :

- **Ramo sud** : accessible par bateau (depuis Cala Gonone). Après une demi-heure de traversée, le bateau vous dépose à l'entrée de la grotte et l'on continue à pied le long d'un chemin qui s'enfonce à l'intérieur de la cavité. La visite dure environ 45 minutes. Il s'agit de la partie la plus spectaculaire aménagée sur près de 8 km. Les concrétions calcaires découpées et ciselées par le temps, prennent ici des reflets blancs et rouges (présence de fer) et se reflètent merveilleusement dans les eaux turquoise de la grotte. A la sortie, des gravures néolithiques représentant des figures dansantes témoignent que les lieux étaient habités il y a 5 000 ans.
- **Ramo nord** : accessible uniquement à pied depuis Cala Fuili (45 min, bifurcation et panneaux pour les indications), cette partie de la grotte ravira les amateurs de spéléologie. Sur près de 800 m, on découvre un réseau de galeries fossiles et deux lacs, le lago Smeraldo alimenté par une remontée d'eau salée, et le lago Abissale qui s'enfonce sur 12 m, sur les 40 dénombrés au total sur ses 9 km.

© ELISA LOCCI - SHUTTERSTOCK.COM

CÔTE EST ET CENTRE

PLAGES ET CRIQUES ★★

Accessibles en bateau uniquement.

Les plages et les criques aux abords de Cala Gonone sont parmi les plus belles de Sardaigne. Au sein même du bourg, la spiaggia Centrale et celles contiguës de Palmasera, Sos Dorroies et S'Abba Meica sont mouillées par des eaux claires mais n'échappent pas à la foule estivale. Cala Fuili est la dernière plage atteignable en voiture. Les suivantes ne le sont qu'à pied ou en bateau.

- **Cala Luna**. Cette merveilleuse plage de sable blanc, enchâssée au pied d'une falaise calcaire percée de six grottes, est un refuge idéal contre le soleil d'été. En arrière-plan, un bois de lauriers se reflète dans les eaux d'un petit étang. Accessible à pied par un sentier depuis Cala Fuili. 2 heures de marche environ.
- **Cala Sisine**. Encastrée entre deux flancs de collines recouvertes de maquis, une grande plage aux eaux calmes et limpides.
- **Cala Biriola et Piscina di Venere**. Il s'agit là de la partie la plus belle et impressionnante de toutes les criques. Cala Biriola est plus intime, Piscina di Venere plus spectaculaire avec ses eaux d'un azur incomparable. Attention, seuls les petits bateaux s'y arrêtent pour une pause baignade d'une vingtaine de minutes.
- **Cala Mariolu**. Large et superbe plage partagée en plusieurs petites criques par de grands rochers qui la divisent ; tous les grands bateaux y font escale, donc elle est malheureusement souvent bondée en haute saison.
- **Cala Goloritzé**. Crique célèbre pour sa beauté, mais les bateaux n'ont pas l'autorisation de s'en approcher. Accessible à pied au départ du haut-plateau du Golgo *(voir Baunei)*.

CAMPING CALA GONONE €

Via Collodi, 1
✆ +39 3421 028 249
www.calagononecamping.com

Compter de 10 € à 20 € pour un adulte ; de 3 à 4 € pour l'électricité. Ouvert de fin mars à début novembre.

Niché dans une forêt de pins très dense, ce camping est très agréable. Les emplacements sont grands, les bungalows espacés et les services tournés vers le sport et la vie au grand air. Piscine, terrain de foot, de tennis et de basket, aire de jeux pour les enfants sont compris dans le prix du séjour. En payant un supplément, vous pourrez partir en randonnée avec un guide, faire de l'équitation, de l'escalade ou du parapente, plonger dans les eaux cristallines ou partir explorer les sublimes criques et grottes du golfe d'Orosei en bateau.

HOTEL CALA LUNA €€

Lungomare Palmasera, 6
✆ +39 0784 931 33
www.hotelcalaluna.com

Compter de 84 € à 168 € selon la saison pour une chambre double standard, petit déjeuner compris.

Cet hôtel est situé sur la promenade principale face à la plage. Il offre une atmosphère chaleureuse et une bonne qualité de services. Ses 27 chambres avec salle de bains ont presque toutes vue sur la mer. Trois salles de restaurant sont à votre disposition à l'intérieur mais aussi sous une véranda ombragée de fleurs ou sur la splendide terrasse en surplomb de la mer. De 18h à 21h l'apéritif est servi avec un buffet gratuit. Cuisine soignée avec spécialités de la mer ou typiques de la tradition sarde. Vins locaux. Gestion familiale. Accueil chaleureux.

Plages et criques.

HÔTEL COSTA DORADA €€

Lungomare Palmasera, 45
✆ +39 0784 933 32
www.hotelcostadorada.it
A partir de 115 € pour une chambre double standard, petit déjeuner compris.

Face à la plage principale, cet hôtel 4-étoiles à l'atmosphère romantique est un havre de paix. La structure est une immense demeure de caractère aux formes généreuses. Le restaurant avec sa tonnelle chargée de grappes de raisins domine la mer. Cuisine variée et traditionnelle, souvent à base de poisson. Toutes les chambres ont une terrasse et vue sur la mer ou la montagne. Certaines chambres ont douche et Jacuzzi. La qualité des prestations est garantie par Alessio (qui parle parfaitement français) et sa sœur, troisième génération de la famille Mulas.

HÔTEL LA FAVORITA €€

Lungomare Palmasera, 30
✆ +39 0784 931 69
www.lafavoritacalagonone.com
Compter de 68 € à 120 € selon la saison pour une chambre double standard, petit déjeuner compris.

Entièrement rénové, cet hôtel face à la mer offre désormais des chambres spacieuses et raffinées dotées de belles salles de bains. Les tonalités de jaune, de blanc, de bleu, et le style marin donnent beaucoup de gaieté à l'ensemble. Au rez-de-chaussée, la salle du restaurant met en avant des spécialités sardes traditionnelles ou revisitées, des plats à base de poisson ou d'énormes pizzas cuites au feu de bois. Air conditionné, wifi gratuit dans tout l'édifice et grand parking surveillé pour les motos font partie des services à disposition.

HÔTEL POP €€

Piazza Porto, 2
✆ +39 078 493 185
www.hotelpop.it
Compter de 80 € à 152 € selon la saison pour une chambre double, petit déjeuner compris.

Ce petit hôtel tout blanc est situé à 100 mètres de la plage juste derrière le port de plaisance. Toutes les chambres ont un balcon avec vue sur la mer ou la montagne. L'attrait principal de l'endroit est la splendide terrasse du restaurant face à la mer (ouvert de 12h à 15h30 et de 18h30 à 23h). Il faut parfois attendre tant les clients sont nombreux, car il est l'un des plus réputés de la région. Un choix exceptionnel de plats à base de fruits de mer (20 sortes d'*antipasti*). Pour les gourmets et les gourmands, voilà une bonne adresse !

LA POLTRONA €

Iscrittiore
✆ +39 328 27 89 758
Ouvert midi et soir en saison. Compter 35 € pour un repas.

A mi-chemin entre mer et montagnes, ce restaurant situé sur un rond-point à la sortie de la ville fait face à un beau panorama. La terrasse ombragée vous permettra de profiter du bleu de la mer et du vert des collines tout en dégustant des spécialités locales simples et bonnes : pâtes faites maison, pizzas croustillantes, poissons du jour (calamar au miel, thon grillé), desserts du pays (sorbet à la myrte). Aire de jeux pour les enfants, parking. Service attentionné. A noter son emplacement à proximité de l'aquarium de Cala Gonone.

AL PORTO DA SIMONE €€

Piazza del Porto, 2
✆ +39 339 270 2597
www.hotelpop.it
Ouvert de 12h à 23h30. Compter entre 45 € pour un repas.

Le restaurant de l'hôtel Pop doté d'une splendide terrasse est connu dans toute la région. La grande terrasse ombragée vous accueille pour déguster crustacés et poissons pêchés le jour même. La spécialité est la daurade et autres poissons cuits dans une croûte de sel, mais on s'y régalera également de pâtes fraîches faites maison, de pizzas et des meilleurs plats typiques de la région. Superbe carte de vins locaux, liqueurs sardes et desserts faits maison. Des plats de qualité et du choix à un prix raisonnable. Une bonne adresse.

DA GRAZIANO IL PESCATORE €€

Via Vasco de Gama, 22 ✆ +39 0784 93195
www.ristorantedagrazianoilpescatore.it
Ouvert de 12h à 14h30 et de 19h à 23h. Fermé le lundi hors saison. Compter 45 € pour un repas.

Ce restaurant situé dans une petite ruelle qui descend vers la plage, un peu caché, est spécialisé dans le poisson et les crustacés. Une grande terrasse est installée sur le devant, mais elle ne suffit pas à accueillir tous les clients. Au déjeuner : crabes, langoustes, écrevisses, homards, soles, mulets, thon... arrivent sur votre table encore frétillants. Recettes locales à déguster en terrasse ou dans la salle voûtée, à accompagner d'un vin régional. Vente directe du poisson dans sa boutique toute proche. Bon rapport qualité-prix.

RESTAURANT LA FAVORITA €€

Lungomare Palmasera, 30 ✆ +39 078 493 169
www.lafavoritacalagonone.com

Ouvert midi et soir en saison. Compter 35 € pour un repas.

L'hôtel La Favorita dispose d'un restaurant panoramique tout de bleu et blanc vêtu, habillé d'une décoration marine chic. Barque à l'intérieur pour se régaler entre amis, coin jeux pour les enfants, bar pour siroter son apéritif... Tout a été prévu pour profiter au mieux de son repas. La carte propose un large choix, dont de délicieux plateaux de fruits de mer, de poissons, des pâtes fraîches et surtout un grand choix de pizzas cuites au feu de bois. Petit apéritif offert en passant votre commande. Ambiance chaleureuse et service plein de gentillesse.

ACTIVE HOLIDAY SARDINIA

via thomes
✆ +39 3293 12 5202
www.activeholidaysardinia.com

Ouvert de 8h30 à 19h. Compter 40 € pour une demi-journée d'excursion.

L'agence organise des circuits en vélos électriques avec repas chez les bergers. Seul, en famille ou en groupe, voici une façon originale et facile de découvrir les endroits insolites du cœur de la Sardaigne : vestiges nuragiques, grottes, lacs préservés, vignobles... A la fois culturels et ludiques, les circuits d'Alberto raviront les plus curieux. Pour les adeptes de la randonnée, il vous accompagne été comme hiver dans les montagnes du Gennargentu. Organisé, souriant, Alberto parle couramment français ! A découvrir lors de votre prochain séjour en Sardaigne.

ARGONAUTA DIVING SARDINIA

Viale Emilia ✆ +39 347 530 4097
www.argonauta.it

Compter 52,50 € pour une plongée et 26 € pour l'équipement complet ; 42 € pour une sortie snorkeling.

Les fonds sous-marins de la Cala Gonone sont d'une beauté exceptionnelle et l'Argonauta montre combien il est possible de les visiter sans les abimer. Vous embarquerez sur un yacht de 13 m, pour des plongées diurnes ou nocturnes : tombants, grottes, épaves... Argonauta promeut et organise aussi des stages de plongée pour enfants et débutants. Possibilité d'hébergement juste au-dessus du centre de plongée. Accès au niveau PADI moniteur sur demande.

BLUE & GREEN BEST

Viale cristofo colombo
✆ +39 348 8052679
www.blubest.it/greenbest

Compter 70 € pour une journée de randonnée.

Pour découvrir cette merveilleuse région, voilà une société incontournable : créativité, rigueur, prestations de choix et surtout prix compétitifs. Les activités sur terre et sur mer proposées sont variées : tour gastronomique, croisière dans le golfe, journée avec les bergers, excursion à cheval, spéléologie, escalade, apnée, pêche en mer, ski nautique, observation des dauphins et de la faune du golfe d'Orosei... Service de location à la journée de mountain bike, scooter 125cc, kayak double, stand-up paddle mais aussi du matériel d'escalade ou de plongée.

PRIMA SARDEGNA

Lungomare Palmasera, 32
✆ +39 0784 933 67
www.primasardegna.com

A partir de 35 € pour une demi-journée d'excursion. Fermé de novembre à mars.

Avec ses 25 d'expérience, Prima Sardegna est devenue la référence des excursions touristiques dans la région. La société propose des visites de sites nuragiques, de vignobles, mais aussi des randonnées en Barbagie. La société est spécialisée dans la location de kayaks et de VTT. Vous pouvez même vous offrir les services d'un guide qui vous mènera à la découverte des meilleurs spots de la région. L'agence propose aussi des voitures et scooters en location. Enfin, elle organise des croisières pour les criques et les grottes du golfe d'Orosei.

VELIERO DOVESESTO

Box n° 2 (sur le port)
✆ +39 0784 934 51
www.dovesesto.it

Compter entre 85 € et 125 € par personne croisière en voilier dans le golfe di Orosei.

Le *Dovesesto* est un magnifique voilier quatre fois centenaire amarré dans le port de Gonone. Il effectue des croisières d'une journée dans le golfe d'Oroseil. L'itinéraire varie en fonction des vents et des conditions météorologiques. Mais le capitaine effectuera des arrêts dans les somptueuses criques bleu curaçao du littoral : Cala Sisine, Cala Goloritzè, Cala Mariolu, Cala Luna... Une échelle latérale permet de remonter à bord. Le canot embarqué permet de visiter les grottes marines. Le départ s'effectue tous les matins à 10h30 et le retour en fin de journée.

OROSEI ★★

Epousant un méandre du fleuve Cedrino, légèrement en retrait de la mer, Orosei a donné son nom au célèbre golfe de la côte nord-est de la Sardaigne. Capitale historique de la Baronie, Orosei a été un centre important au Moyen Age et au XVe siècle. Elle comptait 900 habitants et était la ville la plus riche de la Gallura. Le centre-ville, typiquement méditerranéen, est riche en petites ruelles, places fleuries, maisons anciennes ; riche aussi en églises puisque la ville en dénombre pas moins de 18. Orosei est située dans un cadre naturel d'une grande beauté, entre la lagune formée par l'embouchure du fleuve Cedrino et la longue plage Marina di Orosei. Les charmantes criques Cala Liberotto, Cala Ginepro et Cala Sa Curcurica attirent les amateurs de palmes-masque-tuba avec leurs eaux cristallines et leurs fonds rocheux. Un peu plus au nord se trouve la réserve Bidderosa qui conserve un côté sauvage.

Tourisme

L'office de tourisme (www.orosei.it) se trouve sur la piazza del Popolo. Il est ouvert de 8h à 13h et de 16h à 21h en été.

Transports

- **Bus.** La compagnie ARST dessert Dorgali (ligne 521) 3 fois par jour ; Nuoro (ligne 529 ou 514) 10 fois par jour.

CALA GINEPRO ET CALA LIBEROTTO ★★

Località Cala Ginepro

© NITO - SHUTTERSTOCK.COM

Le pays autour de ces deux plages commence à peine à se développer touristiquement. Les hôtels sont encore en nombre limité. Par conséquent, la fréquentation touristique est raisonnable, même au cœur de l'été. Situées au nord d'Orosei, Cala Liberotto est la plus grande des deux et est formée d'une succession de criques interrompues par des rochers granitiques qui forment des tombants amusants à explorer avec un masque et un tuba. Plus étroite, Cala Ginepro est plus vite bondée.

MUSEO DON GIOVANNI GUISO ★

Via Musio, 2 ✆ +39 0784 997 084

Ouvert de juin à septembre, de 9h30 à 12h30 et de 17h à 19h30. Sur rendez-vous le reste de l'année.

Le noble Nanni Guiso a fait don à la ville d'une extraordinaire collection de modèles réduits de théâtres datant du XVIIIe siècle à nos jours. En bois ciselé, peints à la main et enrichis de mobilier de scène, ils recréent à la perfection les atmosphères des grands opéras : la Venise nocturne de Don Carlos, la Provence parfumée de Violetta… Sont également exposés des dessins et des costumes du XIXe siècle. La bibliothèque dotée de livres rares consacrés à la Sardaigne, comme cette *Storia della Magia* (*Histoire de la magie*), de 1587, se visite également.

JEBEL SARDINIA

Via Della Pieta, 9

✆ +39 338 305 4973

www.jebelsardinia.it

A partir de 45 € pour une journée de randonnée.

Créée par un groupe d'amis francophones, cette agence dynamique propose des excursions à pied, en 4x4, en bateau ou en kayak. A vous la Sardaigne véritable, pour un jour ou plus. Au programme : les sites archéologiques, les réserves naturelles, les repas authentiques avec les bergers, les randonnées le long du littoral ou encore la découverte des vins et de la gastronomie sarde. Nuitées à la belle étoile, sous la tente ou à l'hôtel, tout est possible. Sergio et Simon sauront vous enchanter avec des anecdotes, beaucoup d'infos et une réelle connaissance du terrain.

© DC1975
Golfe d'Orosei.

CAMPING SA PRAMA €

Localia Cala Liberotto
✆ +39 0784 910 72
www.campingsaprama.com
Compter de 7 € à 13 € par adulte ; de 6,50 € à 13,50 € pour une tente selon la taille. Ouvert de mai à octobre.

De taille humaine avec un accès direct à la plage de sable blanc où l'eau de la mer est cristalline, ce camping est géré par une coopérative locale. Le personnel est particulièrement attentif à votre bien-être et votre sécurité. Tout se passe en parfaite harmonie : du restaurant avec sa terrasse (pizzas, spécialités sardes) à la petite boutique approvisionnée en fruits, légumes, produits laitiers par la ferme voisine. Idéal pour un séjour en toute tranquillité ou comme pied-à-terre pour découvrir cette belle région. Très bon rapport qualité-prix.

ALBERGO DIFFUSO MANNOIS €€

32 via Giovanni Maria Angioy ✆ +39 0784 991040
www.mannois.it
Compter de 80 € à 170 € selon la saison pour une chambre double, petit déjeuner compris.

Mannois, ce sont 19 chambres soigneusement aménagées dans trois bâtisses historiques du centre-ville, de la maison du XIXe siècle jusqu'au petit palais de caractère. Cet hôtel figure parmi les très bonnes adresses où séjourner à Orosei. Chaque chambre possède charme et cachet dans le respect du bâtiment. Les murs laissent apparaître leurs vieilles pierres ou les plafonds sont tendus de tiges d'osier. Le petit déjeuner gourmet est servi dans la jolie cour arborée extérieure. Une équipe sympathique et aux petits soins. Un très bel endroit.

HÔTEL FUILE 'E MARE €€

Cala Liberotto ✆ +39 078 491 9039
www.hotelfuileemare.com
Compter de 85 € à 130 € selon la saison pour une chambre double, petit déjeuner compris. Fermé de novembre à mars.

A deux pas de la mer, cet hôtel autrefois villa de famille a conservé un charme désuet, voire intimiste. Un portail doté d'une grille en fer forgé tapissée de fleurs vous accueille et laisse place à une vaste demeure hôtelière entourée d'une luxuriante végétation. Les 18 chambres de l'hôtel (avec vue sur la mer ou sur le parc) sont meublées avec goût et raffinement. Une vaste terrasse, où sont servis les repas, surplombe le parc et la superbe piscine. On baigne dans une ambiance paisible où l'on se sent privilégié. Parfait pour un séjour en amoureux.

HOTEL S'ORTALE €€

Via Sortale 5
✆ +39 0784 998055
www.sortale.it
Compter de 70 € à 130 € selon la saison pour une chambre double, petit déjeuner compris.

Ne vous fiez pas à son aspect extérieur sans grand charme, cet hôtel possède tout ce qu'on aime en vacances : un accueil familial très attentif, des chambres spacieuses, confortables, à la décoration soignée, un petit coin de verdure étudié. Le restaurant propose des plats sardes de qualité faits maison, des pâtes fraîches jusqu'aux gâteaux du petit déjeuner. Voilà la recette de ce bel endroit accueillant, où l'on se sent rapidement comme chez soi, avec le confort hôtelier des plus grands. Parking privé à disposition. Excellent rapport qualité-prix.

SU BARCHILE €€

Via Mannu, 5
✆ +39 0784 98879
www.subarchile.it
Compter de 59 € à 109 € pour une chambre double standard, petit déjeuner compris. 7 nuits minimum en août.

Ce petit hôtel de centre-ville dissimule 10 chambres coquettes à la décoration personnalisée puisant dans l'artisanat local. L'accueil est chaleureux et très direct. La direction fait la promesse de vous «accueillir en hôte et vous laisser repartir en ami». Le restaurant de poisson fait partie des bonnes tables de la ville. Les spécialités régionales incluent les *macarrones de busa su barchile* (pâtes *bucatini* à la sauce de langoustines, homards et clovisses). Mais vous pouvez vous tourner vers de plus classiques poissons grillés, fritures, calmars ou crustacés.

TIRRENO RESORT €€

Loc. Cala Liberotto
✆ +39 0784 990 653
www.arenasresorts.com
Compter de 140 € à 236 € pour un bungalow classic, petit déjeuner compris. 3 à 7 nuits minimum.

Situé à 3 minutes à pied de la plage, ce complexe spacieux est constitué d'un bâtiment principal, de bungalows avec terrasse ou jardin, d'une grande piscine de 1 600 m² avec Jacuzzi, de restaurants et de bars. Un lieu magique pour la détente et le farniente, mais également pour des vacances actives : tir à l'arc, minigolf, tennis, location de VTT, trekking, plongées sous-marines. Soirées musicales à thèmes. Un endroit spacieux mais intime à la fois, qui s'adresse aux familles autant qu'aux célibataires. Grand parking sécurisé pour voitures et motos.

CLUB HOTEL TORRE MORESCA €€€

Cala Ginepro © +39 0784 912 30
www.torremoresca.it
Compter de 176 € à € 415 € selon la saison pour une chambre double standard en pension complète.

Cet hôtel 4-étoiles propose des services d'hôtel club. Par conséquent, une réservation minimum de 7 nuits est obligatoire et le séjour s'entend en pension complète. Vous venez ici pour passer des vacances, sans avoir besoin de mettre le nez dehors. Les services et activités sont nombreux : piscine, plage privatisée, animations, salle de sport, mini-club pour les enfants et les ados... Les repas sont servis sous forme de buffet. Le concept a un peu vécu, tout comme les chambres vieillottes et sans grand charme. A ce prix, c'est un peu décevant.

LA TAVERNA €

Piazza G.Marconi, 6
© +39 0784 998 330
Ouvert de 9h à minuit. Compter 15 € pour un repas.

Impossible de faire plus typique que ce petit restaurant. Son nom d'abord qui signe la promesse d'un repas simple mais savoureux. Son cadre ensuite. Les tables sont installées sous les vieux arbres qui projettent leur ombre sur une petite place. Elles sont recouvertes de nappes à carreaux pour compléter la scénarisation de carte postale. La Taverna propose des plats typiquement sardes bien rustiques ou des pâtes fraîches faites maison. On peut aussi surveiller sa ligne avec un poisson grillé servi avec des légumes frais. Un vrai bonheur.

BAR YESTERDAY

Via Nazionale, 48
© +39 339 488 5407
Ouvert de 9h à 1h en saison.

Ce bar est installé dans une adorable maison de pierre traditionnelle bordée d'une cour pavée. Les tables en fer sont posées sous une treille et un vieil olivier. L'atmosphère intimiste et bucolique invite à un moment de pause : petit-déjeuner, rédaction de son carnet de voyage en journée, lecture d'un bon livre, partage d'un verre avec des amis. C'est toujours la bonne heure pour se poser ici. L'équipe prépare des bruschettas, paninis et hot-dogs histoire de ne pas rester le ventre vide. Certains soirs, des concerts sont organisés.

PATRIZIA DELOGU GIOIELLERIA

Via Nazionale, 1
© +39 0784 99 83 77
www.gioiellidelogu.it
Ouvert de 9h30 à 13h et de 16h30 à 19h30. Fermé le dimanche.

Patrizia sillonne les ateliers artisanaux de Sardaigne en quête de belles pièces depuis 1979. On trouve dans sa bijouterie de belles bagues en filigrane d'or, des colliers de corail ou de pierres semi-précieuses, des céramiques originales. Patrizia recherche la beauté dans tous les articles qu'elle sélectionne, que ce soit des pièces uniques ou des objets de grande production. Si le critère peut sembler particulièrement subjectif et aléatoire, le résultant est convaincant.

VALLE DEL CEDRINO - COSTA DEGLI OLIVI

SS 125 km 225
© +39 0784 997 103
Ouvert de 8h30 à 13h et de 15h à 18h30. Fermé le dimanche.

De nombreuses fois honorée des meilleures distinctions, cette société coopérative produit des huiles d'olive dans le respect de la tradition artisanale. Les fruits font l'objet d'une pression à froid. Il en résulte des produits de qualité, parfumés et goûteux. Disponible en flacons ou en bidons, de différentes qualités selon l'utilisation, vous pourrez la glisser dans votre valise ou vous la faire livrer chez vous. Production de miel et de savons également.

OROSEI DIVING CENTER

Marina d'Orosei
© +39 338 947 9980
www.oroseidivingcenter.com
A partir de 54 € pour une plongée.

Ce centre de plongée certifié ESA vous emmène inspecter les très beaux fonds du golfe d'Orosei. Vous pourrez voir des poissons étranges, des gorgones et autres coraux colorés, des étoiles de mer et des oursins, de l'infiniment grand et du tout petit, grâce à une excellente visibilité. La plongée préférée des instructeurs s'adresse aux plongeurs expérimentés. L'épave du *KT12* gît sur un banc de sable entre 23 et 34 mètres de fond. Il s'agit d'un ancien navire de guerre allemand coulé en 1943. Le profil des canons se distingue encore bien nettement.

GALTELLI ★★

Siège de l'évêché jusqu'en 1495, Galtelli conserve d'importants témoignages architecturaux de son passé, comme le château de Pontes et la cathédrale Saint-Pierre, aux nombreuses fresques du XIIe siècle. L'auteure Grazia Deledda s'est inspiré de ses ruelles et de son folklore religieux pour dépeindre le village de Galte dans son roman Roseaux au vent. Le village est dominé par le massif calcaire du mont Tuttavista. La gigantesque paroi de Sa Preta Istampata est étonnante, avec ce trou bien régulier qui s'ouvre dans sa partie supérieure. Une statue du Christ en croix est plantée au sommet du mont et devient lieu de pèlerinage à Pâques et début mai.

© SHEVCHENKO ANDREY - SHUTTERSTOCK.COM

Galtelli.

MUSEO ETNOGRAFICO SA DOMO E SOS MARRAS 🏛 ★

Via Garibaldi, 12

✆ +39 0784 90 472

Ouvert de 10h à 12h30 et de 16h à 20h en été. Entrée : 3 €.

Dans une ancienne demeure bourgeoise du XVIIIe siècle, ce musée très bien conçu reconstitue l'intérieur domestique traditionnel des communautés rurales de Galtelli. La scénarisation raconte le mode de vie et les traditions des habitants de Galtelli, jusqu'à il n'y a pas si longtemps. La bergerie, la cave, l'entrepôt, les jeux d'enfants, le trousseau de la mariée... : tout est là ! Le plus intéressant est sans doute le métier à tisser en bois du XVIIIe siècle.

SINISCOLA

Le territoire de Siniscola dessine une succession de montagnes abruptes et de plages de carte postale. Du sommet du monte Albo âpre et sauvage on contemple le ruban de sable du Capo Comino léché par une mer bleu cobalt. La localité de La Caletta, la station balnéaire de Siniscola, est bien pourvue en hôtels et restaurants et abrite un port. La ville de Siniscola n'a rien de particulier à offrir si ce n'est ses quelques églises éparpillées dans le centre. A Siniscola, on passe sans trop s'y attarder.

Transports

- **Bus.** La compagnie ARST dessert Olbia (ligne 514) avec 10 bus par jour ; Nuoro (ligne 514) avec 10 bus par jour ; Dorgali (ligne 521) avec 2 bus par jour.

SPIAGGE DI SINISCOLA 📷 ★

Le grand attrait de la commune de Siniscola est sans aucun doute ses longues plages qui s'étirent en forme de croissant de lune entre La Caletta et le cap Comino. Plus découpée passé le cap Comino en direction d'Orosei, la côte est ponctuée de criques sablonneuses et de plages presque désertes qu'il faut gagner à pied : spiaggia S'Aliterru, Cala Miolli, spiaggia Su Tamariche, Cala Muriska. A partir de la spiaggia Cannazzellu, le littoral renoue avec les longues et larges bandes de sable fin : Sa Mandre 'e Pische ou la populaire Berchida.

CAMPING LA MANDRAGOLA ⛺ €

Viale dei Pini

✆ +39 0784 819 119

www.villaggiomandragola.com

Compter de 7,50 € à 13,50 € pour un adulte ; de 4 € à 7 € pour un emplacement. Ouvert de mai à octobre.

Installé dans une vaste pinède touffue aux abords du petit village de pêcheurs de Santa Lucia, le camping de La Mandragola se repose sur son environnement propice à de bonnes vacances. Les arbres, en rangs si serrés qu'il est parfois difficile de planter sa tente entre deux troncs, fournissent une ombre bienfaitrice et protègent du vent. L'accès aux plages se fait à pied. Il y en a 3 dans un rayon inférieur à 500 mètres. Santa Lucia, malgré sa taille réduite, compte plusieurs restaurants et bars. Les tarifs sont tout de même un peu élevés.

CAMPING SELEMA €

Loc. Santa Lucia
✆ +39 342 8149801
www.selemacamping.com
Compter de 6,50 € à 14 € pour un adulte ; de 5 € à 16,50 € pour un emplacement selon la taille et la saison.

Ce camping ne se trouve qu'à 350 m du village de Santa Lucia et possède un accès direct à la plage du village. Les infrastructures sont excellentes avec des sanitaires neufs et plaisants. Des frises de carrelage bleu cobalt viennent égayer les blocs équipés de l'eau chaude. Des machine à laver à jetons sont disponibles pour laver son linge. Le camping dispose d'un beau panel de services, avec une petite épicerie de dépannage, un restaurant-pizzeria, un terrain de tennis et une piscine. Le camping est abrité dans une pinède odorante très agréable.

L'ARAGOSTA €€

Via Ciusa, 33
✆ +39 0784 810 046
www.laragostahotel.com
Compter de 69 € à 170 € selon la saison pour une chambre double standard.

Situé sur le flanc du Montelongu, cet hôtel confortable et élégant est proche de la mer. Il domine les criques voisines et propose un séjour de qualité. L'Aragosta dispose de 27 chambres spacieuses et meublées sobrement. Le hall, vaste mais intime, offre des coins de lecture et de détente ainsi qu'un piano bar. Il dispose aussi d'une piscine et de larges terrasses ombragées pour admirer les îles lointaines. Le restaurant propose des plats raffinés, principalement à base de poisson et de fruits de mer. Les plats sardes les plus typiques sont également à l'honneur.

POSADA

Perché sur un éperon calcaire, le village de Posada offre des panoramas somptueux sur la plaine et l'anse de Su Tiriarzu. Ses maisons colorées se détachent du vert des montagnes, ses ruelles étroites témoignent d'une histoire riche et tourmentée remontant à des temps très anciens. Un statue d'Hercule retrouvée permet d'attester de la présence d'un village étrusque dès le Ve siècle av. J.-C.. Le pape Urbain II cite le village dans un document officiel en 1095. Le château du XIIIe siècle qui domine Posada servait de résidence aux juges durant la période du Judicat. Son déclin s'opère à partir du XIVe siècle alors que les Sarrasins multiplient les raids.

CASTELLO DELLA FAVA ★

Piazza Castello
Ouvert de 9h à 17h. Entrée : 3 €.

Le Castello della Fava domine la région de Posada. Imposant au sommet de son piton rocheux, on le voit apparaître depuis la route qui relie San Teodoro à Siniscola. On y accède facilement depuis les ruelles escarpées du centre du village de Posada. D'ailleurs, de nombreux panneaux indiquent sa direction. Cet édifice du XIIIe siècle fut édifié par les souverains du Judicat de Gallura, puis passa entre les mains des différents conquérants de la Sardaigne. Du haut de la tour crénelée, les paysages marins et rupestres s'étirent à perte de vue.

AGRITURISMO GUPARZA €

Loc. Guparza
✆ +39 0784 854 528
www.agriturismoguparza.com
Compter de 80 € à 130 € selon la saison pour une chambre double, petit déjeuner inclus.

Nichée au milieu de la nature se dresse une magnifique bâtisse aux allures de ferme-auberge dont les 13 chambres sont réparties sur la propriété pour profiter de sa tranquillité. Tout est prévu pour se reposer : coin lecture, terrasses ombragées, grande piscine, chaises longues sur les vastes pelouses... La salle de restaurant au charme d'antan avec poutres apparentes et cheminée est spacieuse. Tout sent l'authenticité, le naturel, à commencer par la cuisine sarde de fabrication maison. Possibilité de promenades à cheval et de randonnées au départ de la ferme.

CAMPING ERMOSA €

Loc. Su Tiriarzu
✆ +39 078 485 3010
www.campingermosa.com
Compter de 7 € à 13 € pour un adulte ; de 7 € à 12 € pour une tente. Ouvert de mai à septembre.

La force de ce camping est sa position en retrait immédiat de la plage de Posada. A quelques minutes en voiture de Budoni, de ses bars et restaurants, le camping offre le calme de Posada. De taille modeste, il est fréquenté par une clientèle plutôt jeune attirée par les petits prix. Restaurant, bar et terrain de tennis sont disponibles à demeure. Le camping peut vous recommander ses partenaires pour pratiquer le kayak, le yoga, la plongée, la pêche sportive ou le kitesurf. Un bémol cependant, le manque d'arbres et des emplacements très exposés.

HOTEL RISTORANTE DONATELLA €€

Via Gramsci
✆ +39 078 485 4521
www.hoteldonatella.it
Compter de 70 € à 115 € selon la saison pour une chambre double, petit déjeuner compris.

Le bâtiment récent et sans charme abrite 25 chambres décorées avec goût et des couleurs lumineuses. Cet hôtel tout confort n'est qu'à quelques kilomètres des très belles plages de Posada et San Teodoro. Cet établissement est idéal pour des vacances en famille, du fait notamment de ses prix très raisonnables. On y mange également très bien (petit-déjeuner continental, belle carte de spécialités et pizzas au feu de bois). De plus, possibilité de louer une voiture et des vélos à l'hôtel.

BUDONI

A 60 km de la Costa Smeralda, ce village est idéalement situé entre San Teodoro et Posada. Avec plus de 20 km de plages de sable blanc, c'est le point de départ de nombreuses activités sportives et touristiques. Si le village s'est entièrement voué à l'accueil d'un tourisme de masse, il reste une bonne option de séjour pour la visite de la région avec quelques bonnes adresses tant au niveau hébergement que restauration.

Tourisme

L'office de tourisme (www.prolocobudoni.it), situé 202 via Nazionale, est ouvert de 9h30 à 12h30 et de 15h30 à 20h30 du lundi au vendredi et de 10h à 12h ; de 16h30 à 18h le samedi.

CALA DI BUDONI ★★

Longue de 4 kilomètres et bordée d'une pinède, vous trouverez toujours un coin tranquille où poser votre serviette. S'il s'agit bien de la même plage tout du long, son nom change du nord au sud. Ainsi, des panneaux avec des indications différentes pointent en réalité tous vers la même plage : spiaggia Sant'Anna, sa Capannizza au sud, spiaggia Salamaghe ou Li Cucutti au nord. Un petit bout de la plage, entre Salamaghe et Cucutti, est réservé aux chiens qui peuvent enfin s'ébrouer. Avec leurs fonds rocheux, les plages du nord sont plus propices au snorkeling.

BUDONI BEACH HOTEL €€

Loc. Porto Ainu
✆ + 39 392 90 15 635
www.budonibeachhotel.com
Compter de 128 € à 188 € selon la saison pour une chambre double classic, petit déjeuner compris. Fermé d'octobre à mai.

Situé sur la côte, dans l'ancien bourg de pêcheur de Budoni, cet établissement compte des clients fidèles séduits par ses nombreux atouts. Meublés dans le style sarde traditionnel, les petits pavillons avec terrasse sont disposés autour d'un joli jardin. Les couleurs claires des tissus appellent à la fraîcheur dans chacune des mini-suites équipées de tout le confort moderne. L'atmosphère coquette et informelle invite à la détente. Une merveilleuse plage de sable fin s'étend à 300 m de l'hôtel. On prend le petit-déjeuner sur la terrasse de la maison principale.

LU STAZZU €

118 Via Nazionale
✆ +39 0784 844 448
www.ristorantinolustazzu.it
Ouvert de 12h30 à 14h30 et de 19h à 23h30. Compter 25 € pour un repas.

Elisa et Renato vous accueillent dans leur restaurant mouchoir de poche avec beaucoup d'attention. Le cadre est simple et agréable, les tables sont en bois, carrées et peintes de frais. Les chaises aux galettes de paille sont couvertes d'un coussin pour ne pas garder les traces. Les plats proposés puisent dans le répertoire traditionnel sarde. N'hésitez pas à demander la carte dans votre langue. Plusieurs menus thématiques ont été élaborés pour répondre aux différentes envies : menu de la terre, menu de la mer et le dîner sarde, sur réservation.

SHARDANA €€

c/o Pineta Sant'Anna
✆ + 39 334 102 6814
www.ristoranteshardana.it
Ouvert de 7h à 2h. Compter 45 € pour un repas.

Au cœur de la pinède de Budoni, une très belle adresse aussi chic que choc ! Le jeune chef audacieux laisse libre cours à sa fantaisie en imaginant une cuisine enthousiasmante où les produits régionaux s'habillent de modernité. Pour vous donner une idée, les *culurgiones* sont ici à la truffe noire, le thon en sauce à la moutarde et à la pistache et le parfait glacé oublie la noisette pour se lancer dans la mangue. Un cadre qui se prête également pour boire un verre à l'heure de l'apéritif, étant donné que le bar s'est construit une solide réputation.

SAN TEODORO ★★

Le village côtier de San Teodoro se situe dans les régions de la basse Gallura. La localité connaît un fort développement touristique lié au succès de la Costa Smeralda voisine. Promoteurs hôteliers et touristes cherchent de nouveaux endroits à moindre coût. Le littoral offre de grandes plages de sable et de petites baies, paradis des amateurs de plongée, de pêche sportive et de kite-surf. La vaste zone humide côtière, une des plus importantes d'Europe, accueille des colonies de flamants roses.

Tourisme

L'Office de tourisme (www.santeodoroturismo.it) se trouve sur la piazza Mediterraneo. Il est ouvert du lundi au samedi de 9h à 13h et de 16h à19h.

SPIAGGIA LA CINTA ★★

Via del Tirreno

Très proche du centre de San Teodoro et facile d'accès, mais encore préservée, la plage est saturée au cœur de l'été. Pour y arriver, il suffit de suivre la Via del Tirreno et les panneaux jusqu'à l'un des deux accès pourvus de grands parkings payants. Le cadre est magnifique, l'eau plus que transparente et il est possible de faire une randonnée, à pied ou à cheval, le long de la lagune et des étangs de San Teodoro, où les flamants roses et autres oiseaux ont trouvé leur bonheur. Un parcours santé sillonne la plage sur une distance de 3 km.

CAPO CODA CAVALLO ★

www.codacavallo.it

Souvent comparée aux paradis marins de Polynésie, la plage est surnommée « Tahiti Beach ». Cachée par une pinède protégée, cette baie profonde orientée vers le nord est bordée d'un mince ruban de sable blanc et poudreux. Il est si étroit que l'on ne peut guère installer plus de deux rangées de serviettes ou de transats. Il est possible de louer un kayak pour aller explorer la petite île de Proratora qui pointe à 200 mètres de la plage. Un sentier à travers la pinède monte jusqu'au cap Coda Cavallo d'où l'on peut voir l'île de Molara.

CAMPING SAN TEODORO LA CINTA €

Via del Tirreno

✆ +39 0784 865 777

www.campingsanteodoro.com

Compter de 21 € à 41 € pour 2 personnes en tente. De 3 à 7 nuits minimum. Ouvert de mai à mi-octobre.

Difficile d'être mieux situé que ce camping 3-étoiles, juste derrière les dunes de la plage La Cinta. Ceux qui aiment le soleil et la chaleur peuvent même planter la tente ou poser le camping-car face à la mer. Pour l'ombre, il faut s'installer un peu plus en retrait sous les pins. Le camping propose quelques bungalows au confort très sommaire, avec une chambre composée d'un lit double et de lits superposés, une salle avec un coin kitchenette et une terrasse.

SPIAGGIA DI CALA BRANDINCHI ★★

Parking 2€/h en été.

Cala Brandinchi est sans doute la plus belle perle du collier de plages autour de San Teodoro. Même si la plage est très fréquentée en été, elle conserve un aspect sauvage. Le sable est fin, doux et blanc, les tonalités de la mer vont du bleu au turquoise. Sans oublier la pinède et les lis, à quelques mètres de l'eau. Par ses couleurs et la formation rocheuse de l'île de Tavolara au loin, elle fait penser à une plage de Tahiti, d'où son surnom de «Tahiti Beach».

DUE LUNE RESORT €€€

Loc. Puntaldia

✆ +39 0784 864075

www.duelune.com

Compter de 240 € et 540 € selon la saison pour une chambre double, petit déjeuner compris. Fermé de novembre à mai.

Cet établissement de haut standing est posé sur une falaise dans un paysage de rêve face à la mer. En plus du beau terrain de golf qui borde la propriété et du spa pour occuper ses journées, le Due Lune propose tous les services d'un hôtel de sa catégorie. Dans cet imposant établissement situé sur un terrain de 80 hectares, le cadre est épuré et le calme assuré. Les chambres habillées de tons pastel, les lits et fauteuils en rotin, les salles de bains claires et les terrasses devant toutes les chambres assurent un confort apaisant.

OSTERIA DEL MAR GRIGLIERA €€

Via del Tirreno
✆ +39 338 508 2610
Ouvert de 18h à minuit. A partir de 25 € par personne.

Ici c'est la patronne qui est aux fourneaux pour vous concocter des spécialités à base de viandes, de poissons, le tout arrosé des meilleurs vins de la région. Elle passe toutes ses soirées au-dessus d'un barbecue pour sortir des viandes et poissons marinés puis grillés qui sauront régaler vos papilles. La terrasse vite remplie en été est posée à même la rue. Ici, pas d'entourloupe, la carte très complète et variée est affichée à l'entrée du restaurant.

BITTI

A quelques kilomètres d'Onani, Bitti abrite le village nuragique de Su Romanzesu et le puits sacré de Poddi Arvu. On pourra également visiter le musée de la Civilta Contadina, consacré à la vie et aux traditions populaires. La route est longue pour arriver à Bitti. On sait de suite que l'on vient de faire son entrée dans une Sardaigne profonde. Les paysages sont ponctués de petites églises champêtres esseulées. Le touriste est regardé du coin de l'œil mais il est pourtant le bienvenu. Entre Bitti et Orune se trouve le puits sacré Su Tempieso. Le monument est composé d'un vestibule rectangulaire surmonté de deux arches monolithiques.

LODE

Ce petit village possède toute une série de fresques murales illustrant d'anciennes traditions locales et scènes de la vie quotidienne. Ces toiles à ciel ouvert se concentrent dans le centre historique autour de la piazza Villanova. La fresque *Su ballu 'e s'Arza* évoque ainsi une méthode ancestrale sarde pour soigner les blessures dues aux insectes. Quant à la fresque *Sas mascheras Nettas*, elle fait référence aux masques des carnavals de Sardaigne, une longue tradition encore préservée aujourd'hui. Situé au pied du mont Calvario et aux abords du Parc régional Tepilora, le village constitue un excellent point de départ pour de belles randonnées.

HOTEL SU LITHU €€

✆ +39 0784 413012
www.sulithu.it
Compter de 80 € à 160 € selon la saison pour une chambre double, petit déjeuner compris.

Accroché à flanc de montagne comme un balcon, cet hôtel offre une vue panoramique. Comme dans une grande maison de famille, vous découvrirez au détour des pièces communes l'histoire et le patrimoine local. Les chambres sont chaleureuses et spacieuses avec un mobilier de grande qualité et un linge de maison raffiné. Toutes ont des terrasses aménagées. Doté d'une vaste piscine, cet hôtel est idéal pour un séjour relaxant en toute tranquillité. La carte du restaurant propose des mets sardes traditionnels, mais également des plats internationaux.

ONANI

Reprenant la tradition de certains villages de Barbagie, Onani affiche des façades murales peintes. Mais ici, elles sont l'oeuvre d'un artiste local connu, Diego Asproni qui est venu orner les murs de ses peintures dans les années 1980. D'autres fresques ont été réalisées par les étudiants de l'académie de Brera, sur le thème de la paix. La petite église Saint-Pierre, de style roman, était autrefois l'église de la paroisse. Elle a été remplacée par l'imposante chiesa del Sacro Cuore (toutes proportions gardées) qui domine le village. Les amateurs de ruines pourront photographier les restes de la petite église Santa Maria à la sortie du village.

TERRA PINTADA

Via Brigata Sassari, 74
✆ +39 0784 414 072
www.terrapintada.com
Ouvert du lundi au vendredi de 9h à 13h et de 15h30 à 19h30. Samedi sur rendez-vous. Fermé le dimanche.

C'est l'atelier de Robert Carzedda, qui a consacré sa vie au grand art de la céramique. Sa technique est strictement traditionnelle, avec des variations significatives. Carzedda connaît la tradition, mais il l'enrichit d'apports personnels sur le plan décoratif. Plats, plateaux, vases sont conçus avec des formes inédites qui, tout en maintenant la fonctionnalité des objets, en varient les lignes. Les couleurs utilisées sont le vert, le bleu, le bleu azur et le rouge. Vous trouverez un autre atelier Terra Pintada à Orosei, ouvert uniquement en haute saison.

PASSPORT

ORGANISER SON SÉJOUR

Se préparer pour un séjour en Sardaigne ne nécessite pas de précautions particulières. La Sardaigne est dans l'Europe, par conséquent il n'y a pas de formalités administratives, de problème de taux de change ou d'adaptateur électrique à prévoir. Le seul vrai souci est de s'y prendre assez tôt dans ses réservations : vol ou ferry, location de voiture et hôtel sont pris d'assaut au mois d'août. Si vous envisagez de vous rendre en Sardaigne en-dehors de cette période, non seulement les prix seront moins élevés, mais vous aurez l'embarras du choix. N'hésitez pas à faire jouer la concurrence. Seules les personnes en quête de séjour original ou sportif regarderont de près les offres des agences de voyages, généreuses en propositions : croisière en voilier, randonnée équestre, visite des sites archéologiques avec un guide-conférencier, spéléologie dans les grottes... Parce que la Sardaigne ne se limite pas à ses plages.

ORGANISER SON SÉJOUR

ARGENT

La monnaie utilisée en Sardaigne est l'euro. Il n'y a donc pas de taux de change qui s'applique. Certaines banques prélèvent un forfait pour un retrait ou un paiement à l'étranger. Renseignez-vous auprès de votre banque avant le départ pour éviter les mauvaises surprises.

BUDGET / BONS PLANS

Le niveau de vie en Sardaigne est sensiblement le même qu'en France. Il faut compter un minimum de 40 € par jour et par personne si vous dormez dans un hôtel simple ou en camping, en s'offrant un repas en extérieur et en effectuant quelques visites payantes. Pour un hôtel confortable avec piscine, une voiture de location et deux repas en extérieur, le budget par personne démarre à 130 €. Pour des vacances en bord de mer en haute saison, il faut compter un minimum de 170 € par jour et par personne. Pour des vacances de luxe, il n'y a pas de limite. Porto Cervo fait partie des destinations les plus réputées pour la jet-set en été. Entre hôtels de luxe, clubs privés, yachts de milliardaires..., tout est possible.

PASSEPORT ET VISAS

La Sardaigne fait partie de l'Union européenne et aucune formalité particulière n'est à signaler pour pénétrer dans le pays. Vous devez tout de même être muni d'une pièce d'identité pour les contrôles dans les aéroports ou les ports d'embarquement.

PERMIS DE CONDUIRE

Si vous venez en Sardaigne avec votre propre véhicule, il est indispensable d'avoir votre permis de conduire, les papiers du véhicule ainsi qu'un certificat d'assurance à jour.

SANTÉ

Attention aux conditions d'entrée si vous voyagez avec votre animal de compagnie. Renseignez-vous avant votre départ pour savoir comment il pourra vous accompagner. Il vous faudra a minima un carnet de vaccination à jour, avec un vaccin antirabique datant de moins d'un an. Assurez-vous aussi que votre lieu de résidence accueille les animaux. Ils sont interdits dans les taxis, les bus et les restaurants.

Route côtière vers Alghero.

L'ASSURANCE VOYAGE, LE BON RÉFLEXE POUR PARTIR L'ESPRIT TRANQUILLE

avec CATHERINE DIBOUES, responsable du marché voyage, loisir et mobilités chez Allianz TraveL

En cas d'annulation de voyage, peut-on bénéficier d'un remboursement des frais engagés ?
L'assurance voyage propose une indemnisation lorsque l'on doit abandonner son projet de séjour pour une raison indépendante de sa volonté. Contrairement aux idées reçues, les assurances liées aux cartes bancaires ne proposent pas toutes une assurance annulation.

Que se passe-t-il en cas de retard de vol ?
Avec l'assurance voyage Allianz Travel, les frais supplémentaires liés à l'attente sont pris en charge, à partir de 2h de retard. Il peut s'agir des frais de restauration, de transport lors d'un changement d'aéroport ou d'une éventuelle nuit d'hôtel.

L'assurance voyage couvre-t-elle la perte ou le dommage des bagages ?
Allianz Travel indemnise les voyageurs en cas de bagages endommagés ou perdus par la compagnie aérienne. Cela comprend l'indemnisation du bagage et son contenu.

Quelles sont les destinations couvertes par votre zoning Europe svp ? Est-ce uniquement l'UE ou l'ensemble du continent européen ?
Les pays européens ont des accords avec l'administration française. Avant de partir, il faut demander la carte européenne d'assurance maladie. La sécurité sociale et la mutuelle prennent alors en charge les frais médicaux, selon leurs barèmes. Les frais médicaux étant majoritairement plus élevés qu'en France, l'assurance voyage permet de se voir remboursé du reste à charge.

En cas de souci de santé sur place, que faut-il faire ?
En cas de doute ou pour des symptômes légers, nous proposons un service de téléconsultation médicale, par téléphone et en visio, qui permet d'être conseillé et orienté par un professionnel ainsi que d'obtenir une ordonnance si besoin. Pour une situation plus grave, il est nécessaire d'appeler les urgences locales, dont les numéros sont disponibles sur notre application mobile. Une fois à l'hôpital et dans un état stable, on appelle Allianz Travel pour déclencher les procédures de prises en charge. Notre centre d'assistance fonctionne 24h/24, 7j/7.

SÉCURITÉ

La Sardaigne ne présente aucun risque sécuritaire particulier. Il convient tout de même de ne pas laisser d'effets de valeur dans son véhicule et de le fermer systématiquement sur les parkings.

DÉCALAGE HORAIRE

Il n'y a pas de décalage horaire entre la France et la Sardaigne. L'île passe à l'heure d'été et à l'heure d'hiver le même jour qu'en France.

LANGUES PARLÉES

La Sardaigne reconnaît deux langues officielles : l'italien et le sarde. Le français est couramment parlé sur les sites touristiques, notamment dans le nord de l'île toute proche de la Corse.

COMMUNIQUER

Vous ne rencontrerez que rarement des problèmes de réseau mais ils sont à prévoir dans les montagnes. Tous les hôtels et campings sont désormais équipés d'Internet.

ELECTRICITÉ ET MESURES

Le réseau électrique est en 220 V et les prises sont les mêmes qu'en France. Vous n'aurez pas besoin d'adaptateur pour votre rasoir ou votre sèche-cheveux.

BAGAGES

La crème solaire est impérative en été, que vous choisissiez des vacances à la mer ou à la montagne. Un chapeau pour se protéger durant les heures chaudes, des lunettes de soleil, un maillot de bain sont à avoir à portée de main en permanence en été. Il faut également prévoir un bon pull en toute saison, car le vent souffle fréquemment. Prévoyez vos médicaments si vous suivez un traitement ainsi que l'ordonnance, en cas de perte ou de dégradation.

LES PHRASES CLÉS

Bonjour, je voudrais réserver un billet aller/retour pour…
Salve, vorrei prenotare un biglietto di andata e ritorno per…

J'ai raté mon avion. Je voudrais échanger mon billet s'il vous plaît.
Ho perso l'aereo. Vorrei cambiare il biglietto, per favore.

Mon vol est très en retard. Ma correspondance sera bien assurée ?
Il mio volo è in ritardo. La coincidenza è assicurata?

Mes bagages ont été égarés, à qui dois-je m'adresser ?
I miei bagagli sono stati persi. A chi devo rivolgermi?

Louez-vous des voitures avec chauffeur ?
Noleggiate auto con conducente?

Je n'ai presque plus d'essence. Où se trouve la station-service la plus proche ?
Sono quasi a secco di carburante. Dov'è la stazione di servizio più vicina?

S'Y RENDRE

Il est très aisé de se rendre en Sardaigne au départ de la France. Il faut compter 2 heures 30 de vol pour les liaisons directes au départ de Paris, Bordeaux, Marseille, Lyon, Toulouse, Nantes ou Strasbourg. La multiplication des compagnies aériennes à bas coût a démocratisé l'accès à la Sardaigne. Les tarifs sont tirés vers le bas et les dessertes se sont démultipliées. L'autre option est d'embarquer sur un ferry au départ de Marseille, Nice, Toulon ou un port italien. Cela permet de ne pas avoir à louer de voiture ou de moto sur place et de voyager en toute liberté. La traversée dure entre 7 heures et 10 heures en fonction du port d'embarquement. Les ports sardes desservis se trouvent au nord de l'île. Il faut donc sortir la calculette pour voir quelle est l'option la plus avantageuse : vol à bas coût et location de voiture sur place ou traversée de la France et ferry avec le véhicule à bord.

AIR INDEMNITE

25 bis, avenue Pierre Grenier
BOULOGNE-BILLANCOURT
✆ 01 85 32 16 28
www.air-indemnite.com

Des problèmes d'avion (retard de vol, annulation ou surbooking) gâchent le séjour de millions de voyageurs chaque année. Selon la réglementation, ceux-ci ont droit jusqu'à 600 € d'indemnité par passager ! Mais devant la complexité juridique et les lourdeurs administratives, très peu parviennent en réalité à faire valoir leurs droits. Pionnier français depuis 2007, ce service en ligne simplifie les démarches en prenant en charge l'intégralité de la procédure : analyse et construction du dossier, échanges avec la compagnie, suivi jusqu'au versement des sommes dues.

AIR FRANCE

✆ 36 54

Réservations en ligne ou par téléphone, tous les jours de 6h30 à 22h.

Air France propose des vols toute l'année pour la Sardaigne. Ils décollent de l'aéroport Paris-Charles de Gaulle et atterrissent à Cagliari-El-mas. Hors saison, 4 vols directs sont assurés toutes les semaines. La cadence s'intensifie avec l'arrivée du mois de juillet. Les vols deviennent quotidiens pendant deux mois, toujours entre les deux capitales. Comptez 2 heures 20 de vol. Réserver très à l'avance pour obtenir de bons tarifs, surtout si vous voyagez avec un bagage en soute. Les premiers prix des billets ne comprennent qu'un bagage en cabine.

ALITALIA

✆ 0892 655 655
www.alitalia.com

La compagnie italienne propose de nombreux vols quotidiens avec escale à destination de la Sardaigne. Les départs s'effectuent quotidiennement de Paris-Charles de Gaulle, mais aussi de Bordeaux, de Toulouse, de Marseille ou de Lyon. L'arrivée s'opère à Cagliari, Olbia-Costa Smeralda ou Alghero. Les escales s'effectuent à Rome ou à Milan. Le temps de vol est de 2 heures 30 environ, auquel il faut ajouter le temps d'escale. Le temps perdu en escale est récupéré à l'arrivée, si vous n'envisagez pas de résider dans le sud de la Sardaigne.

EASYJET

✆ 08 20 42 03 15

EasyJet assure des liaisons entre la France et la Sardaigne, mais à une fréquence aléatoire. Ainsi, il existe des vols entre Paris-Orly et Olbia tous les samedis de fin avril à mai, le mardi et le samedi en juin, septembre et octobre, tous les jours en juillet et août. Les vols entre Paris-Orly et Cagliari sont assurés du mardi au samedi entre le 29 juin et le 4 septembre. Le tarif d'appel ne comprend que le strict minimum : le billet et un petit bagage en cabine. Pour disposer d'un bagage en soute, du choix du siège, il faut payer plus.

RYANAIR

✆ 08 92 56 21 50

www.ryanair.com

Ses vols décollent de Beauvais, dans l'Oise, avec des navettes assurées en bus depuis Paris, Porte Maillot. On aime souvent ses prix attractifs, mais ses conditions de voyages un peu moins. Pour vous rendre en Sardaigne sans supplément, par exemple, il vous faudra maintenant voyager avec un sac qui se place sous le siège passager. Et le billet est non-remboursable. Mais ces conditions de transports mises à part, il faut reconnaître à Ryanair des rotations intéressantes à prix très doux, dont une liaison Beauvais-Cagliari, deux fois par semaine.

TRANSAVIA

✆ 08 92 05 88 88

www.transavia.com

Transavia est une filiale à bas coût de la compagnie Air France / KLM. La compagnie assure de nombreuses liaisons au départ du Terminal 3 de Paris-Orly et d'autres aéroports de province à destination de villes d'Europe. La Sardaigne ne manque pas à l'appel. La compagnie dessert par une liaison directe l'aéroport de Cagliari-Elmas et Olbia au départ de Paris et de Lyon-Saint-Exupéry. Les tarifs proposés par Transavia sont tout à fait raisonnables, mais grimpent au fur et à mesure que la date de départ approche. Mieux vaut réserver tôt pour les prix d'appel.

VOLOTEA

✆ 08 99 23 20 50

www.volotea.com

Service client au téléphone de 7h à 19h, 7 jours sur 7.

La compagnie barcelonaise créée en 2012 se définit comme la compagnie des capitales régionales européennes. Opérant depuis de nombreuses grandes et moyennes villes en France, Volotea dessert Cagliari et Olbia depuis l'Hexagone. Des vols directs sont assurés au départ de Bordeaux, Lyon, Marseille, Nantes, Strasbourg et Toulouse à destination de Cagliari. Des vols directs sont assurés au départ de Bordeaux, Marseille, Nantes et Strasbourg à destination d'Olbia. Les tarifs sont extrêmement attractifs, mais tout ou presque est en supplément.

AÉROPORT DE BEAUVAIS

✆ 08 92 68 20 66

www.aeroportparisbeauvais.com

Si plusieurs vols directs relient Beauvais à l'Europe du Sud avec des prix alléchants, le terminal de cet aéroport reste difficile d'accès et le prix d'une place de parking beaucoup trop élevé pour s'y garer pour toutes ses vacances. De plus, le terminal unique crée des embouteillages au check-point, ce qui peut être un vrai problème avec les horaires de l'avion. Le tout est peu assisté par le personnel en service épuisé par cette logique low cost. Si vous n'avez pas de voiture, il y a une navette à Paris (Porte-Maillot). Aller-retour : 32 €.

AÉROPORT DE PARIS-ORLY

✆ 39 50

www.orly-aeroport.fr

Situé au sud de Paris, l'aéroport d'Orly permet de rejoindre le nord de la Bourgogne (la région sénonaise ou le pays d'Othe en particulier) en 1 heure à peine. Il constitue donc une très belle alternative pour les voyageurs internationaux désireux de visiter la région. Côté transferts, il vous faudra compter environ 30 minutes pour gagner Paris (via les RER B ou C ou les navettes) d'où vous pourrez prendre le train, Gare de Lyon ou de Bercy. Et si vous préférez la voiture, l'autoroute A6 est tout à côté, ainsi que l'A5 (pour gagner Sens).

AÉROPORT DE PARIS ROISSY-CHARLES-DE-GAULLE

✆ 39 50

www.parisaeroport.fr

Situé à 23 km au nord-est de Paris, l'aéroport Roissy-Charles de Gaulle était le 2e d'Europe et 10e du monde pour le trafic passagers (72,2 millions en 2018). L'aéroport CDG compte trois terminaux ; les terminaux 1 et 2 accueillent les compagnies internationales, alors que le terminal 3 est consacré aux vols charters. A terme, un nouveau et gigantesque terminal, le T4, devrait permettre à l'ensemble de passer la barre des 100 millions de passagers.

AÉROPORT MARSEILLE-PROVENCE

Marignane
✆ 0 820 811 414
www.marseille.aeroport.fr

Pour accéder à Marseille-Provence, vous avez le choix du train LER qui s'arrête à la gare Vitrolles-Aéroport-Marseille-Provence puis une navette gratuite ou des 5 lignes de bus de la métropole Marseille–Aix-en-provence : cartreize. Si vous choisissez cette option, vous avez deux lignes express depuis Marseille–Saint-Charles et Aix-en-Provence. Pour Moscou, vous avez une ligne directe vers Sheremetievo avec Aéroflot, ainsi que des possibilités en escales avec la Lufthansa.

TRENITALIA

✆ +39 89 20 21
www.trenitalia.com
Numéro d'assistance aux personnes à mobilité réduite : 02 32 32 32.

La compagnie nationale italienne gère le réseau ferroviaire sarde. Il existe trois lignes principales au départ de Cagliari. La première dessert le sud-ouest de la Sardaigne avec les villes d'Iglesias et de Carbonia. La deuxième longe la façade ouest pour remonter jusqu'à Sassari et Porto Torres, via Oristano. La troisième permet de rallier le nord-est de l'île et les villes d'Olbia et de Golfo Arranci. La ligne contourne les montagnes de la Barbagie par l'ouest et le nord. Cette ligne dessert Oristano et Macomer. Les billets peuvent être achetés sur Internet.

EASY VOLS

✆ 08 99 19 98 79
www.easyvols.fr

Pour voyager malin, il faut faire ses recherches en toute efficacité, sans perdre trop de temps à jongler d'un site à un autre. Pour trouver le bon vol au bon prix, l'idéal est la plateforme comparatrice de vols. Easyvols permet de comparer en temps réel les prix des billets d'avion chez plus de 700 compagnies aériennes et pas seulement des compagnies low-cost. Vous pouvez économiser jusqu'à 70 % du prix si vous êtes prêts à saisir au vol les meilleures offres. Des avis avisés de clients sont aussi consultables sur le site Internet.

LE BUS DIRECT-PARIS AÉROPORT

Avenue Sud ✆ 01 64 02 50 14
www.lebusdirect.com
Tarif aller simple : L1 12 € ; L2 et L4 18 € ; L3 22 €.

Les cars Air France, désormais rebaptisés «Le bus direct», desservent Roissy et Orly 1, 2, 3 et 4, 7j/7. Fréquence : toutes les 25-30 min.

- **Ligne 1 :** Orly-Montparnasse-Trocadéro-Paris-Étoile de 6h30 à 23h50. Sens inverse 4h40-21h40.
- **Ligne 2 :** Roissy-CDG-Porte Maillot-Étoile/Champs-Élysées de 5h30h à 23h30. Sens inverse 5h-22h.
- **Ligne 3 :** Roissy-CDG-Orly de 6h10 à 21h50. Sens inverse 6h35-21h50.
- **Ligne 4 :** Roissy CDG-Gare de Lyon-Montparnasse de 5h45 à 22h45. Sens inverse 5h15-21h45.

MISTERFLY

PARIS
✆ 08 92 23 24 25
www.misterfly.com
Ouvert du lundi au vendredi de 9h à 21h.
Le samedi de 10h à 20h.

MisterFly.com est le nouveau-né de la toile pour la réservation de billets d'avion. Son concept innovant repose sur un credo : transparence tarifaire ! Cela se concrétise par un prix affiché dès la première page de la recherche, c'est-à-dire qu'aucun frais de dossier ou frais bancaire ne viendront alourdir la facture finale. Idem pour le prix des bagages ! L'accès à cette information se fait dès l'affichage des vols correspondant à la recherche. La possibilité d'ajouter des bagages en supplément à l'aller, au retour ou aux deux... tout est flexible !

EUROMER & CIEL VOYAGES

5 - 7, quai de Sauvages
MONTPELLIER
✆ 04 67 65 95 12
www.euromer.com
Ouvert du lundi au samedi de 9h à 18h45
et le samedi de 9h à 17h45.

Cette agence de voyages agit depuis plus de vingt ans afin de faciliter les voyages vers les îles de ses clients. C'est la référence des traversées maritimes. Elle opère des liaisons vers la Sardaigne, le bassin méditerranéen (Corse, Grèce, Italie, Espagne, Malte, Croatie, Baléares...), le Maghreb (Maroc, Algérie, Tunisie...) ou encore vers l'Europe du Nord, l'Irlande et l'Angleterre. Les agents seront disponibles et à l'écoute afin d'aménager à vos côtés vos traversées. L'échelle des prix pratiqués est large, son rapport qualité-prix est indéniable.

SÉJOURS ET CIRCUITS

La Sardaigne fait partie des destinations prisées des Européens en vacances. Elle attire la plupart de ses touristes en été, qui viennent profiter du soleil, des plages propres et d'une eau à 27°C. Mais la richesse de la Sardaigne ne s'arrête pas là. Sa longue histoire qui démarre dès le Néolithique, son terrain accidenté et varié, une culture folklorique toujours profondément vivace sont autant d'atouts que les voyagistes saisissent à pleine volée. Les propositions sont nombreuses pour vous offrir le meilleur de l'île : croisière en voilier, circuit archéologique avec un guide-conférencier, randonnée équestre, séjour aventure dans les montagnes de la Barbagie, autotour à votre rythme et circuit sur-mesure, découverte de l'île en autocar et en groupe... Vous ne pourrez que trouver des modalités de séjour à votre convenance parmi la très grande offre. Autre point positif, les tarifs très abordables. Alors foncez !

ALLIBERT TREKKING

37, boulevard Beaumarchais
PARIS
✆ 01 44 59 35 35
www.allibert-trekking.com
Agence ouverte de 9h à 19h du lundi au vendredi et de 10h à 18h le samedi.

Parmi les doyens du voyage « sac à dos », Allibert a dépassé les 40 ans d'existence, avec une passion, celle de parcourir le monde. Allibert Trekking est un tour-opérateur fondé par trois guides de haute montagne qui vous font partager leur amour d'un voyage respectueux, proche des hommes et de la nature, avec plus de 1 400 circuits différents dans le monde. Allibert Trekking propose des itinéraires en famille adaptés à l'âge de l'enfant : étapes plus courtes, objectifs intermédiaires, haltes..., et possède la certification ATR (Agir pour un Tourisme Responsable).

ALMA VOYAGES

573, route de Toulouse
VILLENAVE-D'ORNON
✆ 05 56 87 58 46
www.alma-voyages.com
Ouvert du lundi au vendredi de 9h à 18h30 et le samedi de 9h30 à 17h30.

Chez Alma Voyages, les conseillers connaissent parfaitement les destinations proposées. Chaque client est suivi par un agent attitré ! Une large offre de voyages avec l'émission de devis pour les voyages sur mesure vous sera proposée. Alma Voyages pratique les meilleurs prix du marché et travaille avec Kuoni, Beachcombers, Jet Tour, Marmara, Look Voyages... Si vous trouvez moins cher ailleurs, l'agence s'alignera sur ce tarif et vous bénéficierez en plus, d'un bon d'achat de 30 euros sur le prochain voyage. Catalogue sur le site Internet.

AMPLITUDES

60, rue Sainte Anne - **PARIS**
✆ 01 44 50 18 58
www.amplitudes.com
Ouvert du lundi au vendredi de 10h à 19h et le samedi jusqu'à 18h. Contact clients agence de Toulouse (second numéro).

Spécialiste des voyages sur mesure, en solo, en couple ou en groupe, des voyages en famille et des circuits privatifs depuis près de 30 ans, l'agence de voyages toulousaine Amplitudes et son antenne parisienne proposent des formules adaptées avec comme ligne directrice : « hors des sentiers battus ». Le catalogue est dense : ils vous emmènent en Italie, en Colombie, aux États-Unis, au Cap-Vert, au Bénin et dans bien d'autres pays encore. Les propositions sont disponibles sur le site Internet. Informations pratiques et conseils d'experts avec l'équipe en agence.

ARTS ET VIE

251, rue de Vaugirard - **PARIS**
✆ 01 40 43 20 21
www.artsetvie.com
Autres agences : Grenoble, Lyon, Marseille et Nice. Du lundi au vendredi 9h-12h et 13h-17h, non-stop à Paris et à Lyon.

Depuis 50 ans, Arts et Vie développe un tourisme ouvert au savoir et au bonheur de la découverte. L'esprit des voyages culturels Arts et Vie s'inscrit dans une tradition associative et tous les voyages sont animés et conduits par des accompagnateurs passionnés et formés par l'association. Pour la Sardaigne, un circuit de 8 jours est programmé : découverte des trésors de patrimoine, de nature et de rivages méditerranéens, de la civilisation nuragique, trajet au cœur de l'arrière-pays et repas campagnard sarde typique sont ainsi prévus.

LA BALAGUÈRE

48, route d'Azun
ARRENS-MARSOUS
✆ 05 62 97 46 46
www.labalaguere.com
Ouvert du lundi au vendredi de 9h à 17h et le samedi de 10h à 12h et de 14h à 17h30.

La Balaguère, spécialisée dans la randonnée et le trek, propose des séjours avec ou sans guide, pour les familles et petits groupes, pour tous les niveaux, du débutant au marcheur expérimenté. En Sardaigne, deux séjours rando de 8 jours en groupe accompagné ou en liberté sont proposés : « Sardaigne avec le mythique et sauvage Selvaggio Blu » et « Sardaigne, de la Giara di Gesturi aux plages de la Costa Verde ». Ces itinéraires sans trop d'engagement physique sillonnent des sentiers mythiques avec la nature sauvage pour seul cadre.

CERCLE DES VACANCES

31, avenue de l'Opéra
PARIS
✆ 01 40 15 15 11
www.cercledesvacances.com
Ouvert du lundi au vendredi de 9h à 20h et le samedi de 10h à 18h30.

Les conseillers du Cercle des Vacances sont des spécialistes qui partageront avec vous leurs conseils et leurs petits secrets pour faire de votre voyage une expérience inoubliable et personnalisée. Confiez-leur vos habitudes de voyages, les différentes régions que vous souhaitez découvrir et élaborez ensemble un voyage sur mesure, qui vous ressemble. Leur agence en plein cœur de Paris vous accueille du lundi au samedi pour vous proposer des séjours, des circuits et des vols à prix économiques avec un original service de conciergerie.

BRAVO VOYAGES

7, rue des Dames-Augustines
NEUILLY-SUR-SEINE
✆ 01 41 34 13 09
www.bravovoyages.com
Du lundi au vendredi de 9h30 à 18h30.

Tour-opérateur spécialiste uniquement de l'Italie, Bravo Voyages est une valeur sûre depuis 1993. Il n'y a pas un coin de la Botte italienne et de ses îles que ces spécialistes n'aient à leur catalogue. Du séjour balnéaire tout confort en Sicile ou en Sardaigne, à l'autotour d'une semaine dans les Pouilles, en passant par le week-end à Rome ou à la croisière en ferry, les offres sont nombreuses, diverses et toujours attrayantes. Attendez-vous à recevoir de nombreux conseils avisés sur la destination d'Italie que vous désirez visiter.

CLUB FAUNE VOYAGES

50, rue de Passy
PARIS
✆ 01 42 88 31 32
www.club-faune.com

Animé par une équipe de passionnés du voyage, Club Faune a élaboré un circuit de 10 jours à travers la Sardaigne. Vous récupérez votre véhicule à Olbia et mettez le cap sur Alghero, puis descendez vers le sud pour atteindre les rivages de Cagliari. La remontée s'effectue par la façade est et les montagnes du Supramonte avant de rendre la voiture à Olbia. L'hébergement s'effectue en hôtel de charme ou de luxe, dont quelques nuits au fantastique Phare du Cap Spartivento réaménagé en cocon exclusif ou au très chic relais de campagne Su Gologone.

CATLANTE CATAMARANS

36, quai Alphonse Le Gallo
BOULOGNE-BILLANCOURT
✆ 01 55 20 90 90
www.catlante-catamarans.com
Ouvert lundi au dimanche de 9h à 20h.

Avec plus de 18 ans d'expérience, Catlante propose de partir à la découverte des plus belles îles du monde à bord d'un catamaran lors de croisières d'exception. Des îles Vierges britanniques à la Thaïlande, en passant par la Polynésie, l'agence vous permettra de partir en croisière. Tout est inclus à bord, même les boissons sur la plupart des destinations. Avec des navires répondant aux normes de sécurité les plus strictes et respect de l'écosystème des îles. L'agence vous permet également de privatiser ses navires à la carte.

COMPTOIR DES VOYAGES

2-18, rue Saint-Victor - **PARIS**
✆ 01 53 10 30 15
www.comptoir.fr
Ouvert du lundi au vendredi de 9h30 à 18h30, et le samedi de 10h à 18h30.

Comptoir des Voyages a comme concept de vendre une destination animée par de vrais spécialistes originaires ou ayant vécu dans le pays. Très connue, cette agence propose des séjours d'en moyenne une à deux semaines, avec des thématiques différentes.. En Sardaigne, l'agence propose 3 circuits : « L'esprit sarde » (8 jours), « La Grande boucle de Sardaigne » (15 jours), « La Sardaigne plein soleil » (8 jours). L'enseigne adopte une approche écologique de neutralité carbone et compense ses émissions de CO^2 en abondant à un programme de reforestation.

GRAND ANGLE

52, rue du Tortolon
AUTRANS-MÉAUDRE EN VERCORS
✆ 04 76 95 23 00
www.grandangle.fr
Lundi-vendredi, 8h30-12h30 et 13h30-18h30 ; samedi, 9h-12h et 14h-17h.

Spécialiste de la randonnée et du trek, Grand Angle propose toutes sortes de randonnées : à pied, à vélo, à ski nordique, en raquettes, accompagnées ou en liberté. L'une de ses spécialités ? les grandes traversées en Europe. Le tour-opérateur réalise aussi des voyages sur mesure selon les envies et les goûts des voyageurs. Les séjours vont de 8 à 14 jours et certains sont accessibles en famille. Vous avez aussi le choix entre les rando guidées ou libres. En Sardaigne, retenez le circuit en vélo de 8 jours dans le Nord et la Costa Smeralda.

INTERMÈDES

10, rue de Mézières - **PARIS**
✆ 01 45 61 90 90
www.intermedes.com
Du lundi au jeudi de 9h à 19h et le vendredi de 9h à 18h. Le samedi de 9h30 à 16h.

Intermèdes, c'est une autre façon de voir le monde. Avec son équipe de spécialistes passionnés par le voyage culturel au service de particuliers ou de groupes, cette agence vous conseillera un voyage accompagné d'un conférencier ou une croisière de qualité à dimension humaine ou encore un circuit original, mais aussi l'accompagnement sur les chemins de pèlerinage. Les groupes sont limités à 25 participants. En Sardaigne, Intermèdes propose un circuit qui traverse les plus grands sites nuragiques de l'île ainsi que de nombreux vestiges romains.

NOMADE AVENTURE

40, rue de la Montagne-Sainte-Geneviève
PARIS
✆ 01 46 33 71 71
www.nomade-aventure.com
Ouvert du lundi au samedi de 9h30 à 18h30. Circuits sur mesure. Activités.

Nomade Aventure est une agence qui vous change de vos habitudes sédentaires. Avec ses voyages placés sous ls thèmes de la nature, de la culture et de la rencontre, elle vous propulse vers de nouvelles aventures. Loin des meutes de touristes, vous mettrez à profit les bonnes connaissances des agents sur la région en profitant à la fois de circuits originaux et de spots incontournables. En Sardaigne, deux options s'offrent à vous « Du Supramonte aux calanques d'Orosei » et « Le Selvaggio Blu, version originale ! », deux randonnées de 8 jours.

TERRES DE CHARME

3, rue Villebois-Mareuil
PARIS
✆ 01 55 42 74 10
www.terresdecharme.com

Terres de Charme et Iles du Monde ont fusionné : le premier apporte à cette nouvelle entité son exigence de charme et de rareté et des voyages très étudiés en termes de rythme et d'enchaînements ; le second apporte une grande connaissance des îles et de la mer. En Sardaigne, vous êtes invité à allier tourisme balnéaire et découverte d'une terre de traditions ancestrales et de nature sauvage à travers deux circuits : « Le Sud Sauvage » et « Le Nord Véritable ». En choisissant de découvrir le sud, vous dormirez dans un phare et visiterez le patrimoine minier.

TREKKING

www.trekking.fr
Produits axés sur la sécurité, pochettes, ceintures de voyages, sacoches, accessoires de photos...

Trekking n'est ni un tour-opérateur ni une agence de voyage mais un spécialiste des accessoires pour les randonneurs et les globe-trotteurs. Sur son site Internet, il propose dans son catalogue tout ce dont le voyageur a besoin : trousses de voyage, ceintures multi-poches, sacs à dos, sacoches, étuis... Une mine d'objets de qualité pour voyager futé et dans les meilleures conditions. Pour les passionnés de randonnée, de trekking ou tout simplement les voyageurs avertis qui aiment les équipements aux petits oignons et les gadgets !

TSELANA TRAVEL

15, rue Monsigny - **PARIS**
✆ 01 55 35 00 30
www.tselana.com
Du lundi au jeudi de 10h à 19h, le vendredi de 10h à 18h et le week-end sur rendez-vous.

Créée en 2003 par trois passionnés des paysages désertiques de l'Afrique australe, Tselana Travel est une agence de voyages haut de gamme, qui propose un très large choix de destinations pour des voyages à l'écart des circuits touristiques habituels. Des Caraïbes au Kenya, en passant par l'Islande, la Turquie, le Sri Lanka ou la Malaisie, Tselana Travel associe vos envies (aventure, insolite, romantique, famille, désert, plongée, safari...) à sa connaissance approfondie des destinations pour vous proposer un voyage placé sous le signe du luxe et du raffinement.

BRAVO CLUB

✆ 08 21 23 26 26

www.bravoclub.com

Bravo Club propose, dans le monde, une vingtaine d'hôtels très confortables et idéalement situés, avec des formules *all-inclusive* comprenant vols, transports, hébergement, restauration et boissons mais aussi spectacles et activités sportives encadrées par des animateurs enthousiastes. Toujours à taille humaine pour conserver un esprit « club » familial et convivial, les Bravo Clubs sont idéals pour découvrir des destinations traditionnelles en Europe ou plus atypiques et lointaines, avec les enfants, sans stress ni mauvaise surprise.

GO VOYAGES

www.govoyages.com

Go Voyages propose le plus grand choix de vols secs, charters et réguliers au meilleur prix au départ et à destination des plus grandes villes. On y trouve de tout et surtout, facilement. On a la possibilité également d'acheter des packages sur mesure « vol + hôtel » et des coffrets cadeaux. En plus, on y trouve un grand choix de promotions sur tous les produits sans oublier la location de voitures et les navettes aéroport par exemple. La réservation est simple et rapide, le choix multiple et les prix peuvent être très compétitifs.

PROMOVACANCES

✆ 08 99 65 48 50

www.promovacances.com

Ouvert du lundi au vendredi de 8h à minuit. Le samedi de 9h à 23h. Dimanche de 10h à 23h.

Promovacances est une agence de voyage en ligne qui propose de nombreux séjours touristiques, des week-ends, ainsi qu'un très large choix de billets d'avion à tarifs négociés sur vols charters et réguliers, des locations, des hôtels à prix réduits. En plus de cette importante offre, n'hésitez pas à guetter en ligne des promotions de dernière minute et les bons plans du jour. Enfin, des informations pratiques sont à consulter en ligne pour préparer votre voyage : santé, formalités, aéroports, voyagistes, compagnies aériennes.

ADVENTURES HORIZON SARDEGNA

5 piazza pietro giudice

OLBIA

✆ +39 339 3611 910

www.horizonsardegna.it

Ouverte tous les jours de 9h à 19h.

Promouvoir la Sardaigne dans ses moindres recoins, c'est le pari que s'est lancé Anne-Claire. Elle conçoit des séjours à la carte en fonction de votre passion : sport, culture, œnologie... Tout est créé pour vous et choisi par vous. Passionné de 4x4, de voitures anciennes, de VTT, de moto, de kayak, de parapente, de plongée, de randonnée équestre ou pédestre, vous serez encadré par des guides locaux compétents. Cerise sur le gâteau : les chèques-vacances ANCV sont bienvenus.

AGENZIA LA NASSA

Via Tonnara, 35

STINTINO

✆ +39 079 520 060

www.agenzialanassa.it

Ouvert de 9h à 12h et de 16h30 à 19h30. Location de vélo 10 € /jr et voiture 50 € / jr.

Cette petite agence touristique locale donne les moyens au visiteur de passage de profiter de Stintino et de ses environs en toute liberté. Elle collabore étroitement avec les différents opérateurs locaux pour proposer un vaste choix d'activités à entreprendre dans le Parc national de l'Asinara. L'agence élargit son offre avec des excursions vers d'autres sites appréciés en Sardaigne dont l'archipel de La Maddalena. L'agence peut aussi fournir voitures ou vélos en location pour quelques heures ou quelques jours. Enfin, l'agence est une mine de bonnes adresses.

COOPERATIVA TURISTICA ENIS

Localita Monte Maccione

OLIENA

✆ +39 0784 288363

www.coopenis.it

Excursion pour Tiscali tous les week-end. 4 personnes minimum. Tarif : 38 €. Autres randonnées sur demande.

Cette agence locale propose des sorties culturelles qui comprennent la visite des quartiers historiques de Nuoro, la découverte de la production du cannonau, les métiers d'autrefois à Oliena, les villages nuragiques et les tombes des géants... L'agence loue également des vélos électriques et organise aussi des randonnées ou des excursions en 4x4 pour découvrir la somptueuse nature des environs. La coopérative peut également préparer votre pique-nique en vue d'une rando solo ou guidée.

INTERVIEW

LE VOYAGE-SUR-MESURE

AVEC STEVEN LE CHEVALIER ET MATHIEU VALLY DE QUOTATRIP

Quel est le concept de l'agence QuotaTrip ?

Quotatrip est la première plateforme de mise en relation entre voyageurs et agences locales. Grâce à elle, les voyageurs peuvent enfin échanger en direct avec des agences qui sont sur place et concevoir un voyage unique, au meilleur prix et 100% personnalisé.

Pourquoi voyager avec des agences locales ?

À l'inverse des agences traditionnelles, les agences locales sont des expertes de la destination choisie. Ce sont aussi les mieux placées pour concevoir des séjours qui sortent des sentiers battus. Elles sont ainsi en mesure de répondre à l'ensemble des envies, le voyageur rentre dans l'univers de l'equi-tourisme = le tourisme sans intermédiaire.

Quels sont les autres avantages pour les voyageurs ?

Il y a une multitude d'avantages. Cela permet notamment de ne pas voyager comme tout le monde, d'organiser de manière simple et rapide un séjour sur mesure et au meilleur prix. Fini les mauvaises surprises, les voyageurs posent toutes les questions qu'ils souhaitent et bénéficient d'un accompagnement sur mesure, de la conception du projet jusqu'à sa réalisation en toute sécurité car les agences référencées sont sélectionnées et recommandées par les journalistes des guides du Petitfute en toute impartialité.

Les démarches sont-elle simples à effectuer ?

Les sites de voyage en ligne font perdre beaucoup de temps aux internautes sans pour autant répondre entièrement à leurs désirs. QuotaTrip propose un formulaire simple et rapide qui permet de décrire les souhaits, les envies et les besoins. L'internaute reçoit aussitôt gratuitement et sans engagement les offres de trois ou quatre agences locales avec qui il peut ensuite échanger afin de personnaliser son projet grâce à la messagerie mise en place.

Quelles sont les destinations proposées ?

Notre plateforme propose plus de 21 000 projets de voyage sur plus de 100 destinations à travers le monde. De l'Amérique latine en passant par l'Asie et l'Afrique, nos mille agences partenaires sont là pour répondre à vos projets de voyage.

Décrivez votre projet de voyage. Echangez en direct avec les agences locales et partez au meilleur prix.

***Plus d'informations** : quotatrip.com*

©D.R

©D.R

©D.R

ESCURSIONI SARDEGNA SECRETA

7 Via Esterlizi
VILLASIMIUS
✆ +39 345 574 2421
www.escursionisardegnasecreta.it

Amoureux de sa terre natale, Roberto vous la fait découvrir en 4x4. Depuis une quinzaine d'années, il sillonne inlassablement les pistes insolites pour vous en faire profiter : minières de Montevecchio, faune, flore et patrimoine dans toutes les régions de l'île. Il organise aussi des randonnées, des repas insolites et des sorties personnalisées. Bonne humeur et émerveillement garantis ! Pour les individuels ou les groupes, départ de Cagliari, d'Olbia ou d'ailleurs.

HORIZON SARDEGNA

3 Via Saetta - **TELTI** ✆ +39 339 361 1910
www.horizonsardegna.it

Comptez 80 € par personne la journée en 4x4 (déjeuner compris), 190 € la journée entière pour 2 (déjeuner compris).

Horizon Sardegna propose des excursions en 4x4, moto, enduro, quad, VTT, kayak, trekking et autres activités de loisirs dans tout le nord de la Sardaigne. Cette agence très dynamique organise des séjours multi-activités en famille ou entre amis. Elle pimente vos vacances d'un soupçon d'aventure, mais dans un cadre sécurisé. Partez à la découverte de l'arrière-pays et des sites authentiques et préservés. L'ambiance est excellente et la bonne humeur sera au rendez-vous. Anne-Claire, la directrice, est française et répondra dans les plus brefs délais à vos demandes.

EASYVOYAGE

✆ 08 99 19 98 79
www.easyvoyage.com

Le concept peut se résumer en trois mots : s'informer, comparer et réserver. Des infos pratiques sur plusieurs destinations en ligne (saisonnalité, visa, agenda...) vous permettent de penser plus efficacement votre voyage. Après avoir choisi votre destination selon votre profil (famille, budget...), le site vous offre la possibilité d'interroger plusieurs sites à la fois concernant les vols, les séjours ou les circuits. Grâce à ce moteur performant, vous pouvez réserver directement sur plusieurs bases de réservation (Lastminute, Go Voyages et bien d'autres).

JETCOST

www.jetcost.com

Jetcost compare les prix des billets d'avion et trouve le vol le moins cher parmi les offres et les promotions des compagnies aériennes régulières et *low cost*. Le site est également un comparateur d'hébergements, de loueurs d'automobiles et de séjours, circuits et croisières. L'interface du site Internet est très simple d'utilisation. Après avoir lancé la recherche, on peut affiner les résultats en fonction de ses choix afin de trouver le vol le plus intéressant, la durée du trajet, les éventuelles escales ou encore l'aéroport d'arrivée.

QUOTATRIP

www.quotatrip.com

QuotaTrip est une nouvelle plateforme de réservation de voyage en ligne qui met en relation des voyageurs à la recherche d'expériences authentiques et uniques et des agences de voyages locales sélectionnées pour leurs compétences et leur sérieux. Le réseau de QuotaTrip couvre près de 200 destinations du monde entier. Le but de ce rapprochement est simple : proposer un séjour entièrement personnalisé aux utilisateurs. QuotaTrip promet ainsi l'assurance d'un voyage serein, sur mesure, sans intermédiaires et sans frais supplémentaires.

SE LOGER

Logement chez l'habitant dans un village de montagne, échange de maison pendant les grandes vacances, prêt de canapé chez un étudiant, partage de la vie monastique, villa de rêve les pieds dans l'eau, hôtel-club avec animations pour toute la famille, camping au bord de la plage, roulotte ou cabane dans les arbres... Les plateformes de logement se multiplient sur Internet pour proposer des hébergements pour tous les budgets. Du voyage «zéro euro» au séjour «no limit», la Sardaigne offre toutes ces possibilités. Il vous faudra faire preuve de beaucoup d'imagination pour ne pas trouver ce que vous recherchez. A savoir tout de même, les tarifs sont démultipliés au mois d'août, quand il devient difficile de trouver un grain de sable pour poser sa serviette. Nous vous proposons une sélection de plateformes spécialisées d'hébergements qui vous aideront à dégoter le prix juste ou l'idée originale pour se loger.

BEWELCOME €€

www.bewelcome.org

Le système est simple, être hébergé chez l'habitant, partout dans le monde. C'est le site Internet qui se charge de contacter les accueillants et les postulants puis de les mettre en contact, que ce soit en ligne ou dans la vraie vie. Avec leur carte interactive, les profils *des « welcomers »* s'affichent, avec leurs disponibilités. Certains font part de leurs projets de voyage afin de pouvoir trouver des affinités, des opportunités d'action avec les membres du site. Pour un voyage solidaire ! De nombreuses offres en Europe du Sud.

COUCHSURFING €€

www.couchsurfing.com

Tarif d'adhésion autour de 20 €.

Couchsurfing est le service d'hébergement gratuit en ligne regroupant le plus d'adhérents. Il suffit de s'inscrire pour accéder aux profils des locaux ou faire sa demande d'hébergement pour quelques jours voire quelques mois. En échange, vous pouvez par exemple inviter votre hôte à manger, lui offrir quelque chose de votre pays ou bien l'accueillir chez vous. Le site Internet met en place des systèmes de contrôle : notation des membres, numéro de passeport exigé à l'inscription, etc. Les participants ont accès à des hébergements volontaires dans plus de 200 pays.

HELPX €€

www.helpx.net

Des fermes biologiques, des B&B, des hôtels où l'étranger aide tout en bénéficiant, selon les hôtes, d'un hébergement, de repas ou de cours de langues selon le travail fourni. Un panel de lieux, partout dans le monde, où vivre durant une année ou moins, afin d'améliorer une langue ou vivre une expérience hors du commun pendant une année de césure. Lors de notre dernière visite sur le site, des propriétaires de *guesthouse* proposaient lit + déjeuner en échange de quelques heures de travail au sein de la *guesthouse*. Peut être une bonne affaire pour les plus jeunes.

HOME EXCHANGE €€

www.homeexchange.fr.

Désormais affilié à HomeExchange, le leader mondial de l'échange hébergement, Troc Maison avait ce slogan : « Échangez… ça change tout ». L'idée reste la même : un site Internet pour échanger son logement (studio, appartement, villa…) moyennant un abonnement annuel (130 €) à l'agence en ligne, qui se charge de la présentation du bien et de la mise en contact des intéressés. Quand 50 % du budget vacances des Français passent dans le logement, le principe ne peut que fonctionner. Le choix est large avec plus de 400 000 offres dans 187 pays.

HOSTELBOOKERS €

www.hostelbookers.com

Depuis 2005, cette centrale de réservation en ligne permet de planifier son séjour à prix corrects dans le monde entier. Afrique, Asie, Europe, Amérique... HostelBookers est spécialisé dans les logements peu onéreux (auberges de jeunesse ou *hostels*...) mais proposant des services et un cadre plutôt soignés. Pour chaque grande ville, le site propose une sélection pointue d'enseignes partenaires et vous n'aurez plus qu'à choisir l'adresse la plus pratique, la mieux située, ou tout simplement la moins chère. Une plate-forme bien pratique pour les baroudeurs.

SIXTINA €

30, rue de Washington
PARIS
✆ 01 45 61 97 52
www.sixtina.com

Compter 30 € de frais d'ouverture de dossier.

Dormir dans un couvent ou dans un monastère en Italie peut rendre un voyage plus atypique, voire spirituel. Le site de Sixtina référence plusieurs types de logements. En plus de ceux déjà cités, des maisons de pèlerins, des auberges tenues par des religieux, par exemple. Si le voyageur souhaite participer aux activités religieuses, c'est bien sûr possible. La plupart des établissements sont mixtes, cela dépend de l'ordre de la maison. Certaines structures sont également soumises à des horaires d'ouverture plus ou moins stricts.

LOC'APPART €€

75, rue de la Fontaine-au-Roi - **PARIS**
✆ 01 45 27 56 41
www.locappart.com

Accueil téléphonique du lundi au vendredi de 9h30 à 13h et de 14h à 18h. Réception sur rendez-vous.

Loc'Appart propose de la location d'appartements et de maisons en Italie pour un minimum de trois nuits à partir du jour d'arrivée de votre choix. L'accueil téléphonique est assuré par des responsables de destinations à Paris ayant une bonne connaissance des villes et des hébergements proposés puis, sur place, par des correspondantes bilingues franco-italiennes qui interviennent en cas de problème. Des offres « pour vivre ailleurs comme chez soi » sont déclinées dans toute l'Italie, de Milan à Palerme en passant par Bologne.

VAOLO

✆ +1 418 317 6466
www.vaolo.com

Plateforme internet locations.

VAOLO est une plateforme de réservation en ligne d'hébergements durables et responsables mise en place par l'ONG québécoise de tourisme durable Village Monde. Ce récent site collaboratif permet de découvrir des villages hors des sentiers battus, des communautés éloignées des circuits touristiques de masse et d'aller loger chez eux, sans aucun intermédiaire. Une bonne façon de faire des rencontres authentiques ! On vous le conseille notamment pour une découverte de la face cachée de l'Anneau d'Or, avec ses habitants de la campagne russe.

LOVE HOME SWAP €€

www.lovehomeswap.com

Partir en vacances seul, en famille ou avec un groupe d'amis sans payer le logement, c'est possible si vous avez vous-même un hébergement à proposer. Echanger votre studio, votre appartement à Paris ou Marseille contre une villa en Croatie, un château en Espagne (très rare !), une villa à Sydney, une immense maison avec piscine à Miami ou un superbe appart à Tokyo, c'est l'idée. Tout est permis, mais il faut que cela convienne aux deux parties. Pour bénéficier de tous les avantages, il faut aller sur le site Internet anglais et s'abonner.

WORKAWAY €€

www.workaway.info

Ici, le système est simple : être nourri et logé en échange d'un travail. Des fermes, des maisons à retaper, ou plus simplement des vendanges ou cueillettes... Une expérience unique en son genre où l'on ne paye pas son hébergement avec de l'argent mais en rendant des services. Ce mode de logement alternatif, s'il n'est pas de tout repos, est de plus en plus populaire. Lors de notre dernière visite, des hôtes proposaient le gîte et parfois le couvert, majoritairement en échange de la pratique de l'anglais avec eux... Un bon deal !

SE DÉPLACER

Sauf à avoir réservé un hôtel qui donne directement sur la plage, les probabilités sont élevées pour que vous ayez besoin d'un véhicule lors de votre séjour. Les tarifs de location de véhicule sont un peu plus élevés que sur le continent, car le parc est limité. Il est d'ailleurs indispensable de réserver le plus tôt possible votre véhicule. Vous bénéficierez de tarifs plus avantageux, mais surtout vous aurez vraiment le choix du véhicule. Il est très compliqué de trouver un véhicule à louer à la dernière minute en plein mois d'août... même chez les petits loueurs locaux. Vous retrouverez les grandes enseignes de la location auprès desquelles vous avez peut-être un code promo ou une carte de fidélité. Elles sont a minima présentes dans les trois aéroports principaux de l'île : Cagliari, Olbia et Alghero. Si vous ne comptez pas bouger durant toute la durée de vos vacances, un taxi depuis votre point d'arrivée sera plus avantageux.

AUTOSERVIZI MEREU

Piazza Giovanni XXIII, 38
CAGLIARI
✆ +39 070 494 345
www.autoservizi.com

Cette compagnie à gestion familiale est le grand spécialiste de la location. Vous pouvez louer une voiture avec ou sans chauffeur, mais surtout des véhicules de grande capacité tels des minibus et autocars. La société organise des tours de Sardaigne, dont vous pouvez déterminer les différentes étapes en amont. Certains circuits sont fixes en fonction du thème choisi. Enfin, Autoservizi possède une flotte adaptée aux personnes à mobilité réduite. La compagnie est présente dans toutes les grandes villes de Sardaigne et d'Italie.

CARBUSTEC

1/B via Sassari - **CAGLIARI**
✆ +39 070 498 399
www.carbustec.com
Ouvert du lundi au samedi de 9h à 13h et de 16h30 à 19h. Le dimanche de 10h à 11h et de 18h à 19h.

Un grand choix de véhicules disponibles : motos, de la plus puissante à la Vespa tranquille, voitures sortant de la gamme habituelle, mini ou décapotables à des prix serrés. Ouverture annuelle (y compris le dimanche). Grâce à leur nouvelle implantation tout près de la gare ferroviaire vous pourrez accéder à l'aéroport en 5 minutes (liaison en petit train chaque 20 minutes). Politique des prix serrés avec des véhicules économiques. Accueil et réservation en français (Pier Paolo). Des prestations sérieuses avec conseils sur mesure. Très bon rapport qualité-prix.

AVIS

Via Liguria, 17
ORISTANO
✆ +39 0783 310 638
www.avis.com
Ouvert du lundi au vendredi de 9h à 13h et de 15h30 à 19h et le samedi de 9h à 12h.

Curieusement, l'agence de location de voitures est mal située... quand on n'est pas véhiculé. A 500 mètres au nord du centre-ville, elle est loin de la gare et encore plus de l'aéroport. Vous pourrez toutefois y louer une petite citadine pour une courte escapade, une berline pour entreprendre le tour de l'île ou un monospace si vous vous déplacez en famille ou avec beaucoup de bagages. Les clients fidèles à la marque et souscrivant au programme de fidélité Avis Preferred peuvent bénéficier d'un surclassement ou de jours de location gratuits.

HERTZ

Aéroport
OLBIA
✆ +39 0789 660 24
www.hertz.com
Ouvert tous les jours de 8h à minuit.

La compagnie américaine figure parmi les leaders mondiaux de la location de véhicules. Hertz dispose de comptoirs dédiés dans les aéroports sardes de Cagliari, Olbia ou Alghero, mais aussi à Sassari ou à Santa Margherita di Pula. On les repère de loin avec les couleurs jaune et noire distinctives de son logo. La compagnie propose une grande variété de véhicules à la location, de la petite citadine qui se faufile et se gare partout, en ville ou à la plage, au monospace qui permet de faire rentrer les enfants, les jeux de plage, les transats, le parasol...

NOLAUTO ALGHERO

Via Vittorio Veneto, 11
ALGHERO
✆ +39 079 953 047
www.nolauto.it
A partir de 60 € / jr pour une voiture. Location de scooters, motos ou voiture avec chauffeur.

Depuis une trentaine d'années, Nolauto Alghero propose toutes les prestations liées à la location de voitures, bus, scooters et motos. Vous trouverez tout le choix possible à des tarifs intéressants. De la petite citadine bon marché à la familiale d'une capacité de 5/6 places et pourvue d'un grand coffre, vous avez le choix. Possibilité de location d'autobus grand tourisme. Le véhicule peut vous être livré dès votre arrivée à l'aéroport ou en ville. Service de taxi et de limousine avec chauffeur pour accompagner vos déplacements. Equipe professionnelle.

RADIO TAXI CAGLIARI ROSSOBLU

Via del Duomo, 19
CAGLIARI
✆ +39 070 66 55
www.radiotaxirossoblu.com
24h/24. Compter 17 € de l'aéroport au centre-ville.

A Cagliari, les taxis sont blancs. La compagnie Rossoblu se distingue par un bandeau bleu et rouge apposé sur les portières de ses véhicules. Les conditions tarifaires sont identiques à celles de la compagnie Quattro Mori. Une surcharge est également appliquée par tranche de 5 min entre le moment de l'appel à la compagnie et celui de la prise en charge par le taxi à votre adresse. La compagnie assure les courses longue distance avec des tarifs fixes.

RADIO TAXI QUATTRO MORI

Via Is Maglias, 5b
CAGLIARI
✆ +39 070 400 101
www.cagliaritaxi.com
24h/24. 17 € de l'aéroport au centre-ville.

Aisément reconnaissable à ses voitures blanches bardées d'un grand autocollant jaune et rouge, la flotte de taxis de Cagliari s'est montée en coopérative en 1981. Tous équipés d'un système GPS, ils empruntent non seulement le meilleur itinéraire en fonction du trafic, mais la centrale peut aussi repérer le taxi le plus proche de votre lieu de prise à bord. Un supplément s'applique la nuit entre 22h et 7h, les jours fériés, au-delà de 10 kg de bagage et du troisième passager. Le paiement par carte de crédit est accepté dans tous les véhicules.

CICLOEXPRESS

Via Garibaldi - **ALGHERO**
✆ +39 079 986 950
www.cicloexpress.com
Ouvert du lundi au samedi de 9h30 à 13h et de 14h30 à 20h, le dimanche de 10h30 à 13h et de 12h30 à 20h.

Dans ce kiosque situé au bord de mer on peut louer des vélos (pour adultes et enfants, tandems...), des véhicules électriques (minibus, scooters) ou des véhicules pour handicapés pour se promener au long des plages. Scooters, motos et voitures (à partir de 40 €) sont aussi en location. Cette société organise des circuits pour vous faire découvrir la faune et la flore locale, des excursions pour aller à la pêche en mer, des tours complets de l'île et louer tous types d'hébergements. Une bonne adresse qui a fait ses preuves depuis une trentaine d'années.

NEWWAY SARDINIA

Via Sardegna, 91 - **CAGLIARI**
✆ +39 347 053 3196
www.newwaysardinia.com
Location de mars à décembre. Tarif : 11 € de l'heure et 15 € pour 24h.

New Way Sardinia a choisi une implantation centrale, entre la via Roma qui longe la marina et l'église Sant'Eulalia. L'agence propose des visites guidées en Segway et en vélo. Elle offre également des scooters électriques en location qui permettent de gagner en autonomie, notamment lors d'un court séjour. Les circuits sillonnent la vieille ville à la découverte de ses plus beaux coins et de ses richesses historiques. Ceux qui prennent la clé des champs vous mèneront au phare du Cap Sant'Elia ou aux étangs de Molentargius pour admirer les flamants roses.

PRO BIKE

Corso Vittorio Emanuele, 118
PULA
✆ +39 070 920 8077
www.probikeinresort.com
Compter de 15 € à 70 € par jour. Vélos enfants à 8 € par jour.

Pro Bike est le loueur de vélos de la région et le commerce présente l'avantage de délivrer ladite bicyclette directement sur votre lieu de villégiature. Les tarifs peuvent sembler élevés, mais le choix se fait parmi une sélection de vélos dernier cri de très haute technologie. Vélo de ville, à assistance électrique, de route ou VTT, vous pourrez sélectionner le deux-roues qui conviendra le mieux à vos sorties. Pro Bike propose une multitude de services complémentaires bien utiles, comme la location d'un GPS, d'un casque ou des sorties accompagnées.

RESTER

La Sardaigne compte une petite communauté francophone, assez éclatée sur l'île. Les Français qui travaillent en Sardaigne, sont généralement dans le secteur du tourisme. La communauté compte aussi une petite communauté de retraités qui viennent chercher ici un climat généreux, pour un coût moins élevé que sur la Côte d'Azur. Beaucoup de Sardes parlent français, notamment dans les zones très touristiques. Il est donc aisé de s'installer en Sardaigne, même s'il n'y a pas d'infrastructures institutionnelles destinées à la communauté française, de type Lycée Française ou Alliance Française. La Sardaigne fait partie de l'espace Schengen. Par conséquent, les formalités d'installation sont simplifiées. Il n'y a pas besoin de visa, vous pouvez travailler et vous bénéficiez d'une protection médicale. Les travailleurs saisonniers sont très recherchés dans les milieux de l'hôtellerie et de la restauration.

ACTION CONTRE LA FAIM

14, boulevard de douaumont
PARIS
© 01 70 84 70 70
www.actioncontrelafaim.org/
Par téléphone de 9h à 13h et de 14h à 18h.

ONG internationale spécialisée dans la lutte contre la faim dans le monde, active dans les domaines de la nutrition, santé, sécurité alimentaire, de l'eau, de l'assainissement. L'association intervient dans des situations de crise. Le but étant de rendre les populations autonomes d'un point de vue de la nutrition, en apportant une aide concrète et en formant les intervenants locaux qui prendront le relais. Ses missions de volontariat durent de trois mois à un an en Afrique, Asie, Amérique, Europe centrale, dans le Caucase, au Moyen-Orient et dans les Caraïbes.

AGENCE POUR L'ENSEIGNEMENT FRANÇAIS À L'ÉTRANGER

23, place de Catalogne
PARIS
© 01 53 69 30 90
www.aefe.fr

Cette agence, sous tutelle du ministère des Affaires étrangères, anime et gère un réseau de près de 500 établissements d'enseignement français à l'étranger, dans près de 140 pays. 370 000 élèves, dont 40 % de Français, fréquentent ces établissements. Offres d'emploi à l'international pour les titulaires de la fonction publique (Education nationale principalement) et informations sur la politique pédagogique, la scolarité et l'orientation émaillent le site Internet de cet organisme.

CIDJ

www.cidj.com

Le Centre d'Information et de Documentation Jeunesse a été créé en 1969, sous la tutelle du ministère de la Jeunesse et des Sports. Le site Internet est bien fait et très complet. La rubrique « Partir à l'étranger » fournit des informations pratiques aux jeunes qui ont pour projet d'aller vivre à l'étranger. Il y a une rubrique spécifique dédiée à chacun des thèmes suivants : travail, étude, stage, volontariat international et séjours linguistiques. Pour vous aider dans vos démarches, vous pouvez avoir un entretien gratuit avec un conseiller du CIDJ.

ÉDUCATION NATIONALE

www.education.gouv.fr
Modalités sur www.france.diplomatie.fr/mfi.

Vous êtes enseignant ou fonctionnaire d'État, vous souhaitez travailler à l'étranger ? Consultez le site du ministère de l'Éducation nationale, il informe sur les conditions de mobilité dans le monde. Cette initiative peut s'inscrire dans un parcours professionnel. Elle permet d'exercer son métier dans des conditions spécifiques, ou un autre métier et diversifier ainsi son expérience en enrichissant ses compétences. Les personnels d'encadrement peuvent aussi postuler dans des organismes internationaux ou de l'Union européenne.

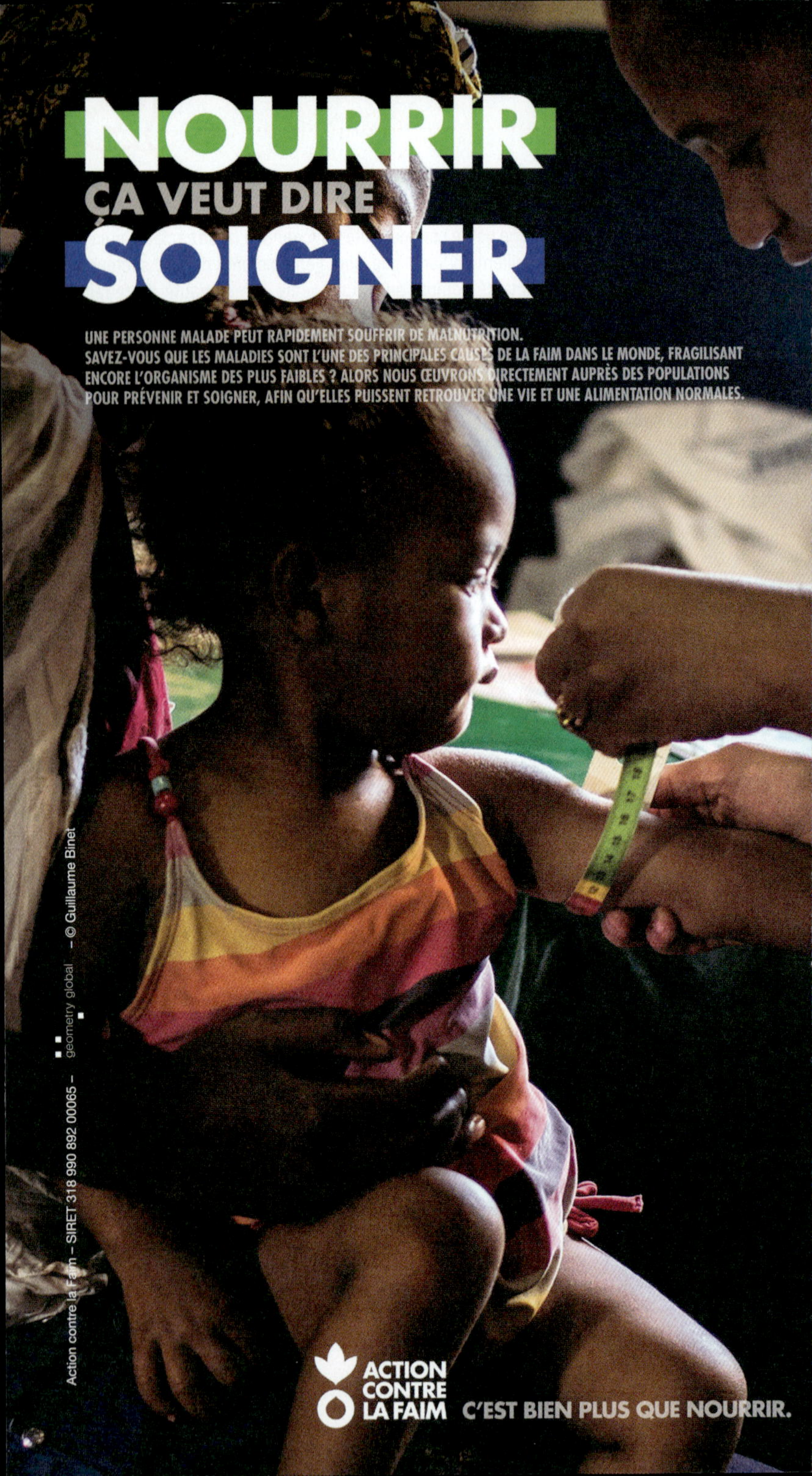
NOURRIR
ÇA VEUT DIRE
SOIGNER
UNE PERSONNE MALADE PEUT RAPIDEMENT SOUFFRIR DE MALNUTRITION.
SAVEZ-VOUS QUE LES MALADIES SONT L'UNE DES PRINCIPALES CAUSES DE LA FAIM DANS LE MONDE, FRAGILISANT ENCORE L'ORGANISME DES PLUS FAIBLES ? ALORS NOUS ŒUVRONS DIRECTEMENT AUPRÈS DES POPULATIONS POUR PRÉVENIR ET SOIGNER, AFIN QU'ELLES PUISSENT RETROUVER UNE VIE ET UNE ALIMENTATION NORMALES.
ACTION CONTRE LA FAIM
C'EST BIEN PLUS QUE NOURRIR.
Action contre la Faim – SIRET 318 990 892 00065 – geometry global – © Guillaume Binet

MINISTÈRE DES AFFAIRES ÉTRANGÈRES

www.diplomatie.gouv.fr

Il est bon d'y jeter un œil avant votre départ pour connaître les formalités de départ et y glaner de bons conseils. Dans la rubrique « Services aux citoyens » vous trouverez un guide de l'expatriation, les démarches à effectuer, les modalités de demandes de documents officiels. Les informations mises à disposition dans l'espace politique, économie et socio-culturel, sont fort utiles pour les personnes qui s'intéressent aux enjeux et réalités du pays.

CAPCAMPUS

www.capcampus.com

CapCampus fut l'un des premiers portails étudiants français en ligne. Dans la rubrique dédiée aux stages et aux premiers emplois, vous trouverez aussi des offres pour l'étranger, classées par pays. Celles pour les Etats-Unis ne sont pas très nombreuses, le mieux est de consulter le site régulièrement pour ne pas passer à côtés des offres intéressantes. Le site est également utile pour se familiariser avec la vie aux Etats-Unis, car il propose également toutes les informations pratiques pour bien préparer son départ et son séjour à l'étranger.

WEP FRANCE

95, avenue Ledru Rollin
PARIS
✆ 01 48 06 26 26
www.wep.fr

WEP propose plus de 50 projets éducatifs et séjours linguistiques dans une trentaine de pays pour une durée allant de une semaine à 18 mois. Quel que soit votre projet d'études aux Etats-Unis, vous trouverez sur le site de WEP une rubrique qui y sera consacrée : étudier au lycée, dans une université, partir en séjour linguistique, faire une expérience professionnelle dans le cadre d'un stage ou vivre en immersion dans une famille américaine. Possibilité également de planifier des programmes combinés (études et projet humanitaire par exemple).

CLUB TELI

Les Clarets
SAINT-PIERRE-D'ENTREMONT
✆ 04 79 85 24 63
www.teli.asso.fr

Le Club Teli est une association d'aide à la mobilité internationale créée voici bientôt 30 ans, forte de 4 000 adhérents en France et dans 65 pays. Si vous souhaitez séjourner à l'étranger, quel que soit votre projet, vous trouverez par le biais de ce club des infos et des offres de stages, de jobs d'été et de travail pour francophones. Si vous avez besoin d'aide pour envoyer des candidatures, le Club peut vous aider à mettre votre CV aux normes du pays où vous souhaitez partir. Pour bénéficier de ces aides et informations, il faut adhérer.

BUSINESS FRANCE

77, Boulevard Saint-Jacques
PARIS
✆ 01 40 73 30 00
www.businessfrance.fr

L'Agence pour le développement international des entreprises françaises travaille en étroite collaboration avec les missions économiques. Le site Internet recense toutes les actions menées, les ouvrages publiés, les événements programmés et renvoie sur la page du Volontariat International en Entreprise (VIE). Fondée en 2015, cette structure est née de la fusion entre Ubifrance et l'Agence française pour les investissements internationaux. Elle est affiliée au Ministère de l'Europe et des Affaires étrangères et au Ministère de l'Économie et des Finances.

VIE - VOLONTARIAT INTERNATIONAL EN ENTREPRISE

www.civiweb.com

Si vous avez entre 18 et 28 ans et êtes ressortissant de l'Espace économique européen, vous pouvez partir en volontariat international en entreprise (VIE) ou en administration (VIA). Il s'agit d'un contrat de 6 à 24 mois rémunéré (avec un renouvellement de 24 mois possible) et placé sous la tutelle de l'ambassade de France. Tous les secteurs et métiers sont concernés et vous bénéficiez d'un statut public protecteur. Offres à consulter sur le site Internet.

INDEX

© BERNARD BIALORUCKI

La ville historique de Bosa.

© BERNARD BIALORUCKI

La vieille ville de La Maddalena.

M

EDITION

Directeurs de collection et auteurs : Dominique AUZIAS et Jean-Paul LABOURDETTE

Auteurs : Astrid LATAPIE, Marie-Isabelle CORRADI, Mathias DESHOURS, Juliette COURTOIS, Mathilde LEROY, Amandine GLEVAREC, Baptiste THARREAU, Romain RISSO, Priscilla PARARD, Sylvie DEL COTTO, Anne-Sophie LAMOTTE, Agathe ANDRIEU, Camille RENEVOT, Nicolas LANDRU, Jean-Paul LABOURDETTE, Dominique AUZIAS et alter

Directeur Editorial : Stéphan SZEREMETA

Rédaction Monde : Caroline MICHELOT, Morgane VESLIN, Pierre-Yves SOUCHET, Natalia COLLIER

Rédaction France : Elisabeth COL, Tony DE SOUSA, Mélanie COTTARD, Audrey VEDOVOTTO

FABRICATION

Responsable Studio : Sophie LECHERTIER assistée de Romain AUDREN

Maquette et Montage : Julie BORDES, Delphine PAGANO

Iconographie et Cartographie : Anne DIOT assistée de Julien DOUCET

WEB ET NUMERIQUE

Directeur Web : Louis GENEAU de LAMARLIERE

Développeurs : Adeline CAUX et Kiril PAVELEK

Intégrateur Web : Mickael LATTES

Webdesigner : Caroline LAFFAITEUR

Community Traffic Manager : Alice BARBIER, Mariana BURLAMAQUI et Vincent PHAM

DIRECTION COMMERCIALE

Directeur commercial : Guillaume VORBURGER assisté de Manon GUERIN

Responsable Régies locales : Michel GRANSEIGNE

Responsables Développement régie inter : Jean-Marc FARAGUET et Guillaume LABOUREUR

Chefs de Publicité Régie internationale : Camille ESMIEU

Chefs de Publicité Régie nationale : Caroline AUBRY, François BRIANCON-MARJOLLET, Perrine DE CARNE MARCEIN,

Régie SARDAIGNE : Marie-France LEPERE

DIFFUSION ET PROMOTION

Directrice des Ventes : Bénédicte MOULET assistée d'Aissatou DIOP

Responsable des ventes : Jean-Pierre GHEZ assisté de Nelly BRION

Relations Presse-Partenariats : Jean-Mary MARCHAL

ADMINISTRATION

Président : Jean-Paul LABOURDETTE

Directrice des Ressources Humaines : Dina BOURDEAU assistée de Sandra DOS REIS et Eva BAELEN

Directrice Administrative et Financière : Valérie DECOTTIGNIES

Comptabilité : Jeannine DEMIRDJIAN

Recouvrement : Fabien BONNAN assisté de Sandra BRIJLALL et Vinoth SAGUERRE

Responsable informatique : Elie NZUZI-LEBA

PETIT FUTE SARDAIGNE

LES NOUVELLES EDITIONS DE L'UNIVERSITE
18, rue des Volontaires - 75015 Paris.
✆ 01 53 69 70 00 - Fax 01 42 73 15 24
Internet : www.petitfute.com
SAS au capital de 1 000 000 € - RC PARIS B 309 769 966
Couverture : Costumes traditionnels sardes
© Atzori Riccardo - Shutterstock.com
Impression : IMPRIMERIE CHIRAT - 42540 Saint-Just-la-Pendue
Achevé d'imprimer : mai 2021
Dépôt légal : 14/06/2021
ISBN : 9782305055077

Pour nous contacter par email, indiquez le nom de famille en minuscule suivi de @petitfute.com
Pour le courrier des lecteurs : info@petitfute.com

IMPRIMÉ EN FRANCE